SCHWEIZERISCHES PRIVATRECHT

Schweizerisches Privatrecht

HERAUSGEGEBEN VON

MAX GUTZWILLER · HANS HINDERLING
ARTHUR MEIER-HAYOZ · HANS MERZ
PAUL PIOTET · ROGER SECRÉTAN †
WERNER VON STEIGER · FRANK VISCHER

HELBING & LICHTENHAHN VERLAG AG
BASEL UND FRANKFURT AM MAIN

«Schweizerisches Privatrecht»
erscheint in französischer Sprache
im Universitätsverlag Freiburg i.Ue.
unter dem Titel:

«Traité de droit privé suisse»

ACHTER BAND

Handelsrecht

ZWEITER TEILBAND

HERAUSGEGEBEN VON

WERNER VON STEIGER

em. Professor an der Universität Bern

HELBING & LICHTENHAHN VERLAG AG
BASEL UND FRANKFURT AM MAIN

CIP-Kurztitelaufnahme der Deutschen Bibliothek

Schweizerisches Privatrecht / hrsg. von
Max Gutzwiller... – Basel; Frankfurt am Main:
Helbing und Lichtenhahn
    Teilw. mit d. Erscheinungsorten: Basel,
    Stuttgart

NE: Gutzwiller, Max [Hrsg.]

Bd. 8. Handelsrecht.
Teilbd. 2. Hrsg. von Werner von Steiger. – 1982.
ISBN 3-7190-0776-6

NE: Steiger, Werner von [Hrsg.]

© 1982 by Helbing & Lichtenhahn Verlag AG, Basel
ISBN 3 7190 0776 6
Bestellnummer 21 00776
Satz und Druck: Basler Druck- und Verlagsanstalt, Basel
Einband: Max Grollimund, Reinach

Die Kapitalgesellschaften

Die Aktiengesellschaft   Seite 1
CHRISTOPH VON GREYERZ
Professor an der Universität Bern

Die Gesellschaft mit beschränkter Haftung   Seite 315
HERBERT WOHLMANN
Dr. iur., Basel

Vorwort

In unserem Vorwort zum Band VIII/1 des Schweizerischen Privatrechts wurde die Fortsetzung des Werkes in einem Halbband VIII/2 angekündigt, der das Recht der Kapitalgesellschaften, der Genossenschaft und der Wertpapiere enthalten sollte. Infolge verschiedener Umstände, insbesondere von Mutationen im Mitarbeiterteam, hat sich das Herausgeberkollegium zu einer nochmaligen Unterteilung in einen Teilband VIII/2, umfassend das Recht der Kapitalgesellschaften und einen Teilband VIII/3, umfassend das Recht der Genossenschaft und der Wertpapiere, entschlossen. Zum vorliegenden Band sei noch folgendes bemerkt:

Der Beitrag von Professor CHRISTOPH VON GREYERZ zum Aktienrecht wurde geschrieben während die Bemühungen für eine Revision der geltenden Regelung dieser Materie noch im vollen Gange waren – und es jetzt noch sind. Eine erste Expertenkommission vertrat die Auffassung, daß zur Zeit nur eine punktuelle, die bisherige Struktur der Aktiengesellschaft beibehaltende Teilrevision vorgenommen werden solle, wofür sie formulierte Anträge und weitere Empfehlungen vorlegte (sogenannter Zwischenbericht vom Mai 1972). Die Vernehmlassungen zu diesem Bericht weisen die verschiedensten Ansichten auf: Verzicht auf jegliche Revision im jetzigen Zeitpunkt; Ablehnung von Teilrevisionen zugunsten einer Totalrevision; zahlreiche Abänderungs- oder Ergänzungsvorschläge zum vorgelegten Entwurf; wenige vorbehaltlose Zustimmungen (siehe die Zusammenstellung der Vernehmlassungen durch das Bundesamt für Justiz vom Mai 1978). Eine hierauf ernannte (von Professor CHRISTOPH VON GREYERZ präsidierte) zweite Expertenkommission hielt am Konzept einer Teilrevision fest. Sie erstattete ihren Bericht Ende 1981. Eine amtliche Stellungnahme steht zur Zeit noch aus, und das weitere Schicksal der Revision bleibt, in sachlicher und zeitlicher Hinsicht, im Ungewissen. Unter diesen Umständen hielt es das Herausgeberkollegium als gerechtfertigt, eine de lege lata (mit Hinweisen auf die Reformbestrebungen) geschriebene Darstellung des Aktienrechts im vorliegenden Band erscheinen zu lassen. – Auch der Beitrag von Dr. HERBERT WOHLMANN zum Recht der Gesellschaft mit beschränkter Haftung wurde de lege lata geschrieben. In Anbetracht der Problematik dieser Gesellschaftsform hat aber der Verfasser zukünftigen Entwicklungen, auch unter Berücksichtigung ausländischer Gesetzgebung, besondere Aufmerksamkeit geschenkt. Beiden Autoren dieses Bandes sei für ihre aufopfernde Arbeit der beste Dank ausgesprochen.

Bern, im August 1982   Der Herausgeber

INHALT

Die Aktiengesellschaft

Allgemeine Literatur zum Aktienrecht 3

Erstes Kapitel
Grundlagen

§ 1. Rechtliche Struktur und wirtschaftliche Funktion 7
    I. Strukturelemente 7
    II. Wirtschaftliche Funktion 17
§ 2. Geschichte und Stand des schweizerischen Aktienrechtes 22
    I. Die Aktiengesellschaft im alten OR und in den Vorentwürfen zur Revision von 1936 22
    II. Die Entwicklung der Aktiengesellschaft seit 1936 29
    III. Stand, Auslegung und Zukunft des Aktienrechtes 37
§ 3. Ausländisches Aktienrecht und Sonderformen 41
    I. Ausländisches Recht 41
    II. Sonderformen 52
§ 4. Begriff und Bedeutung des Grundkapitals 58
    I. Der Begriff 59
    II. Die sieben Funktionen des Grundkapitals 61
    III. Sicherung der Kapitalaufbringung 66
    IV. Erhaltung des Grundkapitals 68
§ 5. Die Aktien 71
    I. Begriff 71
    II. Nennwertsystem 73
    III. Arten von Aktien 75
    IV. Aktiengattungen 77
    V. Zerlegung und Zusammenlegung von Aktien 79

Zweites Kapitel
Entstehung

§ 6. Rechtsverhältnisse vor der Entstehung 81
    I. Gründungsgesellschaft 81
    II. Rechtshandlungen vor der Entstehung 82
    III. Vorgesellschaft 83
    IV. Doppelgesellschaft 84

§ 7. Die Gründung 85
    I. Gründungsarten 85
    II. Einfache Gründung 87
    III. Qualifizierte Gründung 91
    IV. Besondere Gründungsarten 95
    V. Eintragung ins Handelsregister 96
    VI. Folgen der Umwandlung 98

§ 8. Die Statuten 100
    I. Begriff, Funktion und Form 100
    II. Rechtsnatur und Auslegung 101
    III. Inhalt und Wirkung der Statuten 103
    IV. Notwendiger Statuteninhalt 105
    V. Bedingt notwendiger Statuteninhalt 108

§ 9. Die Statutenänderung 109
    I. Zuständigkeit 109
    II. Verfahren 110
    III. Sonderfall: Sitzverlegung 112

Drittes Kapitel
Aktionärrechte

§ 10. Übertragung der Mitgliedschaft 114
    I. Allgemeines 114
    II. Form der Übertragung 118
    III. Art der Übertragung 121
    IV. Beschränkung der Übertragbarkeit der Namenaktie ... 126
    V. Berechtigung Mehrerer an der Aktie 131

§ 11. Verlust der Mitgliedschaft 134
    I. Ausschluß und Austritt 134
    II. Kaduzierung 137
    III. Das Verbot des Erwerbes eigener Aktien 137
    IV. Amortisation 140

§ 12. Mitwirkungsrechte 141
    I. Allgemeines 142
    II. Das Recht auf Mitgliedschaft 143
    III. Das Recht auf Verurkundung der Mitgliedschaft 144
    IV. Das Recht auf die Art der Aktie 145
    V. Das Recht auf freie Übertragbarkeit der Mitgliedschaft 145
    VI. Das Stimmrecht 146
    VII. Recht auf Teilnahme an der Generalversammlung .. 148
    VIII. Debatte- und Antragsrecht 148
    IX. Recht auf Einberufung und Traktandierung 149
    X. Die Kontrollrechte 149
    XI. Das Recht auf Einsetzung eines Sonderprüfers 154

§ 13. Die Vermögensrechte 154
    I. Das Recht auf Dividende 155
    II. Das Recht auf den Liquidationsanteil 158
    III. Das Bezugsrecht 159

§ 14. Die Pflichten des Aktionärs 162
    I. Beitragspflicht 162
    II. Verbot der Nebenleistung 163
    III. Treuepflicht 163

§ 15. Aktionärsschutz 164
    I. Problem 164
    II. Schutz der Minderheit 167
    III. Klagerechte des Aktionärs 178

Viertes Kapitel
Organisation

§ 16. Die Generalversammlung 181
    I. Allgemeines 181
    II. Die Befugnisse 182
    III. Einberufung und Durchführung 186
    IV. Beschlußfassung 189
    V. Die Anfechtung 191
    VI. Nichtigkeitsklage 194

§ 17. Die Verwaltung 196
    I. Stellung 197
    II. Befugnisse 198
    III. Wahl und Abberufung 200
    IV. Organisation 204
    V. Kompetenzdelegation 206
    VI. Vertretungsmacht 208
    VII. Aktienrechtliche Organhaftung 210

§ 18. Die Kontrollstelle 211
    I. Stellung und Organisation 212
    II. Prüfungspflicht 214
    III. Berichterstattungspflicht 217
    IV. Nebenpflichten 220

Fünftes Kapitel
Finanzielles

§ 19. Rechnungslegung 223
    I. Allgemeines 223
    II. Bilanz 225
    III. Gewinn- und Verlustrechnung 229
    IV. Geschäftsbericht 230
    V. Bewertungsregeln 230
    VI. Reserven 235
    VII. Rückstellungen 239
    VIII. Konsolidierung 240
    IX. Offenlegung 242

§ 20. Die Gewinnverwendung 244
    I. Bilanzgewinn 244
    II. Reservezuweisung 247
    III. Dividenden 249
    IV. Tantième 252

§ 21. Kapitalerhöhung 253
    I. Arten und Formen der Kapitalerhöhung 254
    II. Gründe für die Kapitalerhöhung 255
    III. Das Kapitalerhöhungsverfahren 256
    IV. Genehmigte Kapitalerhöhung 260
    V. Bedingtes Kapital 261

§ 22. Andere Arten der Kapitalbeschaffung 263
    I. Partizipationsscheine 263
    II. Wandelobligationen 268
    III. Optionsanleihe 270

§ 23. Kapitalherabsetzung 271
    I. Arten der Kapitalherabsetzung 271
    II. Formen der Kapitalherabsetzung 273
    III. Verfahren 274
    IV. Sonderfälle 276

Sechstes Kapitel
Auflösung und Verantwortlichkeit

§ 24. Die Auflösung 278
    I. Voraussetzungen 278
    II. Wirkungen 282
    III. Liquidationsverfahren 284
    IV. Fusion 286
    V. Umwandlung 289

§ 25. Die Verantwortlichkeit 289
    I. Ersatzpflichtige 291
    II. Anspruchsberechtigte 292
    III. Schaden 294
    IV. Rechtswidrigkeit 295
    V. Verschulden 296
    VI. Verantwortlichkeit mehrerer 297
    VII. Geltendmachung 300

Siebentes Kapitel
Besondere Aktiengesellschaften

§ 26. Die Kommandit-Aktiengesellschaft 302
    I. Eigenart 302
    II. Abgrenzungen 303
    III. Stellung der Verwaltung 304
    IV. Aufgaben der Aufsichtsstelle 306
    V. Geringe Verwendung 306

§ 27. Gemischtwirtschaftliche Aktiengesellschaften 307
    I. Begriff und Eigenart 308
    II. Entsendung und Abberufung 311
    III. Rechtsstellung und Verantwortlichkeit 313

Die Gesellschaft mit beschränkter Haftung

Allgemeines Literaturverzeichnis 317

§ 28. Zur Aufgabe und Systematik 318

Erster Abschnitt
Grundfragen des geltenden GmbH-Rechts

§ 29. Begriff und charakteristische Merkmale der GmbH 319
    I. Zur Begriffsbildung 319
    II. Der Begriff der GmbH 319
    III. Vom Begriff zur Beschreibung durch charakteristische Merkmale 320
    IV. Die charakteristischen Merkmale der GmbH 320

§ 30. Typologie im GmbH-Recht? 324
    I. Zur Methode der Typologie im Gesellschaftsrecht 324
    II. Keine sinnvolle Anwendung der Typologie in der GmbH . . . 324
    III. Exkurs: Die GmbH als Basis für die Typologie im Aktienrecht . . . 325

Zweiter Abschnitt
Entstehung und Statuten der GmbH

§ 31. Die Entstehung der GmbH 326
    I. Ausgangspunkte 326
    II. Die Stadien der Entstehung der GmbH 328
    III. Die Gründungsarten 333

§ 32. Die Statuten 340
    I. Ausgangspunkte: Zur Rechtsnatur der GmbH-Statuten . . 340
    II. Begriff und Wesen der Statuten 340
    III. Die Änderung der Statuten (Art. 784 OR) 341
    IV. Der Statuteninhalt 343

Dritter Abschnitt
Mitgliedschaft und Mitgliederbewegung

§ 33. Die Mitgliedschaft 348
    I. Begriff und Inhalt der Mitgliedschaft 348
    II. Voraussetzungen der Mitgliedschaft und Zahl der Mitglieder . . 349
    III. Grundprinzipien des mitgliedschaftlichen Verhaltens . . . 350
    IV. Einteilung der Mitgliedschaftsrechte nach ihrer Rechtsgrundlage . . 353
    V. Einteilung nach der Entziehbarkeit der Rechte 354
    VI. Einteilung der Rechte und Pflichten nach ihrem Inhalt . . 356

§ 34. Die Aufnahme neuer Mitglieder in die GmbH 357
    I. Der Eintritt eines neuen Gesellschafters anläßlich eines Kapitalerhöhungsverfahrens 357
    II. Die Übertragung eines Mitgliedschaftsanteils 357
    III. Die Fortsetzung der Gesellschaft mit den Erben (oder Rechtsnachfolgern aus Güterrecht) eines Gesellschafters (Art. 792 OR) 361
    IV. Neue Gesellschafter und Recht auf Geschäftsführung 362
§ 35. Austritt und Ausschluß eines Mitglieds der GmbH 363
    I. Ausgangspunkte 363
    II. Austritt und Ausschluß aufgrund der Statuten 363
    III. Der Austritt aus wichtigen Gründen 364
    IV. Der Ausschluß aus wichtigen Gründen 365
    V. Vermögensrechtliche Folgen des Ausscheidens 367
    VI. Der Eintrag im Handelsregister 370

Vierter Abschnitt
Die finanzielle Struktur der GmbH

§ 36. Die Stammeinlage und der Gesellschaftsanteil 371
    I. Ausgangspunkte 371
    II. Begriff und Funktionen von Stammeinlage und Gesellschaftsanteil 372
    III. Die Stammeinlage als Teil des Gesellschaftskapitals 372
    IV. Der Gesellschaftsanteil als Inbegriff der Rechte und Pflichten 373
    V. Die Verurkundung der Beteiligung 373
    VI. Das Eigentum mehrerer Personen an einem Gesellschaftsanteil 374
    VII. Beschränkte dingliche Rechte an Gesellschaftsanteilen 375
    VIII. Die Übertragung von Gesellschaftsanteilen 377
    IX. Die Teilung von Gesellschaftsanteilen 377
    X. Das Anteilbuch (Art. 790 OR) 377
    XI. Der Erwerb eigener Anteile (Art. 807 OR) 378
§ 37. Veränderungen des Stammkapitals 380
    I. Ausgangspunkte 380
    II. Die Kapitalerhöhung 380
    III. Die Kapitalherabsetzung 382
§ 38. Vermögensrechte der Gesellschafter 384
    I. Ausgangspunkte 384
    II. Das Recht auf Gewinn 385
    III. Das Recht auf Beteiligung am Liquidationserlös 388
    IV. Das Bezugsrecht der Gesellschafter 389
§ 39. Die vermögensmäßigen Verpflichtungen des Gesellschafters 389
    I. Ausgangspunkte 389
    II. Die Einzahlungspflicht des Gesellschafters 390
    III. Die Nachschußpflicht 393
    IV. Die Pflicht des Gesellschafters zu weiteren Leistungen (sogenannte Nebenleistungspflicht) 395
    V. Die Haftung des Gesellschafters 397

§ 40. Die Jahresrechnung der GmbH 401
    I. Übernahme der aktienrechtlichen Regelung 401
    II. Sonderfragen 402
    III. Die mit den Jahresrechnungen befaßten Organe 403

Fünfter Abschnitt
Die Organisation der GmbH

§ 41. Die Gesellschafterversammlung 404
    I. Die Gesellschafterversammlung als «oberstes Organ» 404
    II. Möglichkeit der Ersetzung der Gesellschafterversammlung durch die Urabstimmung 406
    III. Die Kompetenzen der Gesellschafterversammlung beziehungsweise der Urabstimmung (Art. 810 OR) 407
    IV. Zur Durchführung der Gesellschafterversammlung 408
    V. Das Stimmrecht der Gesellschafter 413

§ 42. Die Geschäftsführung in der GmbH 414
    I. Begriff der Geschäftsführung und Terminologie 414
    II. Flexible Ordnung der Geschäftsführung 415
    III. Die Bestellung der Geschäftsführer 415
    IV. Die Rechtsstellung der Geschäftsführer 418
    V. Die Vertretung im besonderen 421
    VI. Der Entzug der Geschäftsführungsbefugnis 423
    VII. Das Konkurrenzverbot der Geschäftsführer 425

§ 43. Die Kontrolle in der GmbH 426
    I. Zum Begriff der Kontrolle 426
    II. Die Organisation der Kontrolle in der GmbH 426
    III. Beurteilung der Regelung der Kontrollrechte 427
    IV. Die Überwachung in der GmbH 428

§ 44. Die Verantwortlichkeit von Geschäftsführung und Kontrolle 430

Sechster Abschnitt
Die Beendigung der GmbH

§ 45. Auflösung und Liquidation der GmbH 432
    I. Die Einleitung des Liquidationsstadiums durch die Auflösung 432
    II. Auflösungsgründe 433
    III. Die Liquidation der GmbH 437

Siebenter Abschnitt
Würdigung der GmbH und Ausblick

§ 46. Die Geschichte der schweizerischen GmbH 441
    I. Die GmbH als Neuschöpfung des Gesetzgebers, zunächst in Deutschland . . . 441
    II. Die Entwicklung in der Schweiz bis 1937 441
    III. Die weitere Entwicklung der GmbH und des GmbH-Rechts 442

§ 47. Die wirtschaftliche Bedeutung der GmbH in der Schweiz 443
    I. Statistik 443
    II. Folgerungen 444

§ 48. Rechtsvergleichung 445
    I. Ausgangspunkt 445
    II. Kleine AG oder GmbH 446
    III. Ausländische Lösungen 446
    IV. Folgerungen aus der Rechtsvergleichung 451

§ 49. Die GmbH im Verhältnis zur AG 452
    I. Die GmbH als rechtliche Mischform von Kollektivgesellschaft und AG 452
    II. Vor- und Nachteile der GmbH im Verhältnis zur AG 453
    III. Die Rechtsprechung des Bundesgerichts zur Klein-AG und die GmbH 454

§ 50. Die Zukunft der personalistischen Kapitalgesellschaft 454

Register

Gesetzesregister 461

Sachregister 471

Übersicht über das Gesamtwerk «Schweizerisches Privatrecht» 485

Abkürzungsverzeichnis XIX

Abkürzungsverzeichnis

ABGB	=	(Österreichisches) Allgemeines Bürgerliches Gesetzbuch (1811)
Abh.schweiz.R.	=	Abhandlungen zum schweizerischen Recht (Bern. Heft 1, 1904 – 100, 1924. Neue Folge Heft 1, 1924 ff.)
AcP	=	Archiv für die civilistische Praxis (Tübingen 1818–1944, 1948 ff.)
ADHGB	=	Allgemeines Deutsches Handelsgesetzbuch, 1861
AG	=	Aktiengesellschaft
AS (Amtliche Sammlung)	=	Eidgenössische Gesetzessammlung (seit 1948: Sammlung der Eidgenössischen Gesetze)
ASA	=	Archiv für schweizerisches Abgaberecht (Bern 1932/33 ff.)
BankG	=	BG über die Banken und Sparkassen, vom 8. November 1934
Basler Studien	=	Basler Studien zur Rechtswissenschaft (1932 ff.)
BB	=	Bundesbeschluß
BBl	=	Bundesblatt der Schweiz. Eidgenossenschaft
Berner Kommentar	=	Kommentar zum schweizerischen Zivilrecht (Bern 1910 ff.). Seit 1964: Kommentar zum schweizerischen Privatrecht
BG	=	Bundesgesetz
BGB	=	(Deutsches) Bürgerliches Gesetzbuch (1896)
BGE	=	Entscheidungen des schweizerischen Bundesgerichts, Amtliche Sammlung (1875 ff.)
BGer	=	Bundesgericht
BJM	=	Basler Juristische Mitteilungen (1954 ff.)
BlSchK	=	Blätter für Schuldbetreibung und Konkurs (Wädenswil 1937 ff.)
Botschaft	=	Botschaft des Bundesrates
BR	=	Bundesrat
BRB	=	Bundesratsbeschluß
BRVO	=	Verordnung des Bundesrates
BS	=	Bereinigte Sammlung der Bundesgesetze und Verordnungen 1848–1947
Bull	=	Bulletin
BV	=	Bundesverfassung der Schweizerischen Eidgenossenschaft, vom 29. Mai 1874
BVers.	=	Bundesversammlung
CCfr.	=	Code civil français (1804)
CCit.	=	Codice civile italiano (1942)
Ccomm.fr.	=	Code de commerce français (1807)
C.E.E., CEE	=	Communauté Economique Européenne
D	=	Dalloz, Jurisprudence Générale, Recueil périodique et critique de Jurisprudence, de Législation et de Doctrine, Paris
dAktG	=	Deutsches Aktiengesetz, vom 6. September 1965
Décret	=	(Französisches) Décret du 23 mars 1967 sur les sociétés commerciales, mit Abänderungen und Ergänzungen bis 1970
GmbHG	=	(Deutsches) GmbH-Gesetz
EFTA	=	European Free Trade Association
EG	=	Europäische Gemeinschaften

EGKS	= Europäische Gemeinschaft für Kohle und Stahl
EJPD	= Eidgenössisches Justiz- und Polizeidepartement
EinfVO	= Einführungsverordnung
Erw	= Erwägung
EWG	= Europäische Wirtschaftsgemeinschaft
Freiburger Arbeiten	= Arbeiten aus dem juristischen Seminar der Universität Freiburg i.Ue. (1946 ff.)
GBV	= Verordnung betr. das Grundbuch, vom 22. Februar 1910
GmbH	= Gesellschaft mit beschränkter Haftung
GV	= Generalversammlung
HGB	= (Deutsches) Handelsgesetzbuch, 1897
HGer	= Handelsgericht
HReg	= Handelsregister
HRV	= Verordnung über das Handelsregister, vom 7. Juni 1937
IPR	= Internationales Privatrecht
JT, JdT	= Journal des Tribunaux (Lausanne 1853 ff.)
KartG	= BG über Kartelle und ähnliche Organisationen, vom 20. Dezember 1963
KGer, KtGer	= Kantonsgericht
MSchG	= BG betreffend den Schutz der Fabrik- und Handelsmarken, vom 26. September 1890/22. Juni 1939
NF	= Neue Folge
NJW	= Neue Juristische Wochenschrift (München 1947 ff.)
ObGer	= Obergericht
OG	= BG über die Organisation der Bundesrechtspflege, vom 16. Dezember 1943
OR (rev. OR)	= BG über das Obligationenrecht, vom 30. März 1911/18. Dezember 1936
PatG	= BG betreffend die Erfindungspatente, vom 25. Juni 1954
Pra	= Die Praxis des schweizerischen Bundesgerichts (Basel 1912 ff.)
RabelsZ	= Zeitschrift für ausländisches und internationales Privatrecht, begründet von RABEL (Berlin und Tübingen 1927 ff.)
Repertorio	= Repertorio di Giurisprudenza patria (Bellinzona 1869 ff.)
Rev. crit.	= Revue critique de législation et de jurisprudence (Paris 1853 ff.)
SchKG	= BG über Schuldbetreibung und Konkurs, vom 11. April 1889/ 28. September 1949
SchlT OR	= Schlußtitel (Schlußbestimmungen) zum OR
SAG	= Die Schweizerische Aktiengesellschaft (Zürich 1928 ff.)
Schweiz. Privatrecht	= Schweizerisches Privatrecht (Basel 1967 ff.)
Sem. jud.	= La Semaine judiciaire (Genf 1879 ff.)
SHAB	= Schweizerisches Handelsamtsblatt
SJK	= Schweizerische Juristische Kartothek (Genf 1941 ff.)
SJZ	= Schweizerische Juristen-Zeitung (Zürich 1904 ff.)
SR	= Systematische Sammlung des Bundesrechts (1970 ff.)
StenBullNR	= Stenographisches Bulletin der Bundesversammlung, Nationalrat
StenBullStR	= Stenographisches Bulletin der Bundesversammlung, Ständerat
StGB	= Schweizerisches Strafgesetzbuch, vom 21. Dezember 1937
StPO	= Strafprozeßordnung
URG	= BG betreffend das Urheberrecht an Werken der Literatur und Kunst, vom 7. Dezember 1922/24. Juni 1955
UWG	= BG über den unlauteren Wettbewerb, vom 30. September 1943
VE	= Vorentwurf der Arbeitsgruppe für die Überprüfung des Aktienrechtes mit Begleitbericht der Eidg. Justizabteilung zum Vorentwurf zum BG betr. die Änderung des 26. Titels des Obligationenrechts (Die Aktiengesellschaft), Bern 1975

VO	=	Verordnung
VVG	=	BG über den Versicherungsvertrag, vom 2. April 1908
WuR	=	Wirtschaft und Recht (Zürich 1949 ff.)
ZBGR	=	Schweizerische Zeitschrift für Beurkundungs- und Grundbuchrecht (Wädenswil 1920 ff.)
ZBJV	=	Zeitschrift des bernischen Juristenvereins (1865 ff.)
Zbl	=	Schweizerisches Zentralblatt für Staats- und Gemeindeverwaltung (Zürich 1900 ff.)
ZGB	=	Schweizerisches Zivilgesetzbuch, vom 10. Dezember 1907
ZHR	=	Zeitschrift für das gesamte Handels- und Konkursrecht (Stuttgart 1907 ff.)
ZPO	=	Zivilprozeßordnung
ZR	=	Blätter für zürcherische Rechtsprechung (1902 ff.)
ZSR	=	Zeitschrift für Schweizerisches Recht (Basel 1852 ff.; NF 1882 ff.)
Zürcher Beiträge	=	Zürcher Beiträge zur Rechtswissenschaft (Aarau 1905 ff., Zürich 1962 ff.)
Zürcher Kommentar	=	Kommentar zum Schweizerischen Zivilgesetzbuch (Zürich 1909 ff.)

Die Aktiengesellschaft

CHRISTOPH VON GREYERZ

Allgemeine Literatur zum Aktienrecht

Vorbemerkungen

1. Stand der Literatur: Ende 1981 mit gelegentlichen Nachträgen.
2. Die im allgemeinen Literaturverzeichnis und eingangs zu den einzelnen Paragraphen aufgeführten Werke werden in der Regel nur mit dem Namen des Verfassers, gegebenenfalls mit einem zusätzlichen Stichwort zitiert.

Schweizerisches Recht

BÄR, R. Aktuelle Probleme des Aktienrechtes, ZSR 85 II, 1966, S. 321 ff.
BÄR, R./ROTH, A. Enquête comparative sur les sociétés par actions: Suisse, in: MARIO ROTONDI, Inchieste di diritto comparato, Bd. 4, Teil 3, Deventer 1974, S. 2093 ff.
BÜRGI, W. F. Zürcher Kommentar, Bd. V/5b: Die Aktiengesellschaft, 1.–3. Halbbd., Zürich 1957–79.
– Das Problem des Minderheitenschutzes im schweizerischen Aktienrecht, SAG 29, 1956/57, S. 81 ff.
– Bedeutung und Grenzen der Interessenabwägung bei der Beurteilung gesellschaftsrechtlicher Probleme, in: Etudes de droit commercial en l'honneur de Paul Carry, Genève 1964, S. 1 ff.
– Die Bedeutung der tragenden Ideen des schweizerischen Aktienrechtes in der Gegenwart, in: Festschrift für Walther Hug, Bern 1968, S. 273 ff.
FORSTMOSER, P. Handbuch des schweizerischen Aktienrechts, Bd. I/Liefg. 1: Grundlagen, Gründung, Kapitalveränderung, Zürich 1981.
FORSTMOSER, P./MEIER-HAYOZ, A. Einführung in das schweizerische Aktienrecht, 2. Aufl., Bern 1980.
FUNK, H. Kommentar des Obligationenrechtes, 2. Bd.: Das Recht der Gesellschaften, Aarau 1951.
GOLDSCHMIDT, G. Grundfragen des neuen schweizerischen Aktienrechts, St. Gallen 1937.
GUHL, TH./MERZ, H./KUMMER, M. Das schweizerische Obligationenrecht, 7. Aufl., Zürich 1980.
HIRSCH, H. Problèmes actuels du droit de la société anonyme. L'organisation de la S.A., ZSR 85 II, 1966, S. 16 ff.
JÄGGI, P. Ungelöste Fragen des Aktienrechtes, SAG 31, 1958/59, S. 57 ff.
MEIER-HAYOZ, A./FORSTMOSER, P. Grundriß des schweizerischen Gesellschaftsrechtes, 2. Aufl., Bern 1976.
NENNINGER, J. Der Schutz der Minderheit in der Aktiengesellschaft nach schweizerischem Recht, Basler Studien, Heft 105, Basel/Stuttgart 1974.
NOBEL, P. Aktienrechtliche Entscheide. Praxis zum schweizerischen Aktienrecht, Bern 1976.
PATRY, R. Précis de droit suisse des sociétés, vol. II: La société anonyme, les sociétés mixtes, Berne 1977.
SCHLUEP, W. R. Die wohlerworbenen Rechte des Aktionärs und ihr Schutz nach schweizerischem Recht, Zürich/St. Gallen 1955.
SCHUCANY, E. Kommentar zum Aktienrecht, 2. Aufl., Zürich 1960.
SIEGWART, A. Zürcher Kommentar, Bd. V/5a: Die Aktiengesellschaft, Allgemeine Bestimmungen (Art. 620–659), Zürich 1945.

von Steiger, F. Das Recht der Aktiengesellschaft in der Schweiz, 4. Aufl., Zürich 1970.
von Steiger, W. Betrachtungen über die rechtlichen Grundlagen der Aktiengesellschaft, ZBJV 91bis, 1955, S. 334 ff.
– Zürcher Kommentar, Bd. V/5c: Die Gesellschaft mit beschränkter Haftung, Zürich 1965.
Vischer, F./Rapp, F. Zur Neugestaltung des schweizerischen Aktienrechtes, Bern 1968.
Weiss, G. Zum schweizerischen Aktienrecht, Bern 1968.
Wieland, K. Handelsrecht, 2 Bde., München/Leipzig 1921/31.
Wohlmann, H. Die Treuepflicht des Aktionärs. Die Anwendung eines allgemeinen Rechtsgrundsatzes auf den Aktionär, Zürich 1968.

Probleme der Aktienrechtsrevision, Berner Tagung für die juristische Praxis, Bern 1972.

Teilrevision des Aktienrechtes, Sondernummer der Schweizerischen Aktiengesellschaft, SAG 48, 1976, S. 1 ff.

Zwischenbericht des Präsidenten und des Sekretärs der Arbeitsgruppe für die Überprüfung des Aktienrechtes zum Vorschlag für eine Teilrevision des Aktienrechtes, Lausanne/Bern 1972.

Begleitbericht der Eidg. Justizabteilung zum Vorentwurf zum Bundesgesetz betreffend die Änderung des 26. Titels des Obligationenrechtes (Die Aktiengesellschaft), Bern 1975.

Vorentwurf für eine Teilrevision des Aktienrechtes. Zusammenstellung der Ergebnisse des Vernehmlassungsverfahrens zum Vorentwurf vom September 1975, hrsg. von der Eidg. Justizabteilung, Bern 1978.

Bundesrepublik Deutschland

Ballerstedt, L. Kapital, Gewinn und Ausschüttung bei Kapitalgesellschaften, Tübingen 1949.
Baumbach, A./Hueck, A. Aktiengesetz, Kurzkommentar, 13. Aufl., München 1968.
Biedenkopf, K./Koppensteiner, H. Kölner Kommentar zum Aktiengesetz, hrsg. von W. Zöllner, Bd. 1/1. Liefg., §§ 1–53, Köln/Berlin/Bonn/München 1970; Bd. 3/1. Liefg., §§ 291–328, Köln/Berlin/Bonn/München 1971.
Emmerich, V./Sonnenschein, J. Konzernrecht. Ein Studienbuch, München 1973.
Gessler, E./Hefermehl, W./ Eckardt, U./Kropff, B. Aktiengesetz. Kommentar, 1. Liefg. (Vorbem. §§ 1–22), München 1973; Bd. II (§§ 76–147), München 1973/74; Bd. III (§§ 148–178), München 1973; 6. Liefg. (§§ 291–318), München 1976.
Grossfeld, B. Aktiengesellschaft, Unternehmenskonzentration und Kleinaktionär, Tübingen 1968.
Großkommentar zum Aktiengesetz, hrsg. von C. H. Barz, U. Klug, J. Mayer-Landrut, H. Wiedemann, H. Brönner, K. Mellerowicz, P. Schilling, H. Würdinger, Bde. I–IV, 3. Aufl., Berlin/New York 1973–1975.

VON GODIN, R./WILHELMI, H. Aktiengesetz. Kommentar, 4. Aufl., neu bearb. von S. WILHELMI, Bd. I (§§ 1–178); Bd. II (§§ 179–410), Berlin/New York 1971.
IMMENGA, U. Die personalistische Kapitalgesellschaft. Eine rechtsvergleichende Untersuchung nach deutschem GmbH-Recht und dem Recht der Corporations in den Vereinigten Staaten, Bad Homburg 1970.
KUEBLER, C. F. Gesellschaftsrecht, Heidelberg/Karlsruhe 1981.
MESTMÄCKER, E.-J. Verwaltung, Konzerngewalt und Rechte der Aktionäre. Eine rechtsvergleichende Untersuchung nach deutschem Aktienrecht und dem Recht der Corporations in den Vereinigten Staaten, Karlsruhe 1958.
RASCH, H. Deutsches Konzernrecht, 5. Aufl., Köln 1974.
REHBINDER, E. Konzernaußenrecht und Allgemeines Privatrecht. Eine rechtsvergleichende Untersuchung nach deutschem und amerikanischem Recht, Bad Homburg 1969.
REINHARDT, R./SCHULTZ, D. Gesellschaftsrecht, Tübingen 1981.
REUTER, D. Privatrechtliche Schranken der Perpetuierung von Unternehmen. Ein Beitrag zum Problem der Gestaltungsfreiheit im Recht der Unternehmensformen, Frankfurt a.M. 1973.
WÜRDINGER, H. Aktienrecht und Recht der verbundenen Unternehmen, 4. Aufl., Heidelberg 1981.

Österreich

HÄMMERLE, H./WÜNSCH, H. Handelsrecht, Bd. 2: Gesellschaften, Graz/Wien/Köln 1978.
KASTNER, W. Grundriß des österreichischen Gesellschaftsrechts, 2. Aufl., Wien 1976.
SCHIEMER, K. Handkommentar zum Aktiengesetz, Wien 1980.

Frankreich

CHAMPAUD, C. Le pouvoir de concentration de la société par action, Paris 1962.
HÉMARD, J./TERRÉ, F./MABILAT, P. Sociétés commerciales, t. I et II, Paris 1972/74.
LEFEBVRE, F. Mémento pratique: Sociétés commerciales, 8. Aufl., Paris 1977.
PAILLUSSEAU, J. La société anonyme, technique d'organisation de l'entreprise, Paris 1967.

Großbritannien

GORE-BROWNE, On Companies, 43. Aufl., London 1977.
GOWER, L. C. B. The Principles of Modern Company Law, 3. Aufl., London 1969.
HADDEN, T. Company Law and Capitalism, London 1972.
HAHLO, H. R. A Casebook on Company Law, London 1970.
PALMERS' Company Law, 21. Aufl., London 1968.
RANKING & SPICER's Company Law, 11. Aufl., London 1970.
SEALY, L. S. Cases and Materials in Company Law, Cambridge 1971.
TUNC, A. Le Droit Anglais des Sociétés anonymes, Paris 1971.

Europäische Gemeinschaften

LUTTER, M. Kapital, Sicherung der Kapitalaufbringung und Kapitalerhaltung in den Aktien- und GmbH-Rechten der EWG, Karlsruhe 1964.
– (Hrsg.). Die europäische Aktiengesellschaft. Eine Stellungnahme zur Vorlage der Kommission an den Ministerrat der Europäischen Gemeinschaften über das Statut für europäische Aktiengesellschaften vom 30. April 1975, Köln/Berlin/Bonn/München 1976.
NOBEL, P. Europäisierung des Aktienrechtes. Materialien für die schweizerische Totalrevision, Diessenhofen 1974.
PENNINGTON, R. R. Companies in the Common Market, 2. Aufl., London 1970.
PIPKORN, J. Zur Entwicklung des europäischen Gesellschafts- und Unternehmensrechtes, ZHR 136, 1972, S. 499–516 und ZHR 137, 1973, S. 35–69.
SCHMITTHOFF, C. M. The Harmonization of European Company Law, London 1973.
TSCHÄNI, R. Funktionswandel des Gesellschaftsrechtes. Die europäisch-gemeinschaftlichen Versuche einer strukturellen Unternehmenskontrolle – illustriert am Verhältnis von Gesellschafts- und Wettbewerbsrecht, Bern 1978.
WIEDEMANN, H. Gesellschaftsrecht, Bd. 1, München 1980, S. 48 ff.

Vereinigte Staaten von Amerika

CARY, W. L. Cases and Materials on Corporations, 4. Aufl., Mineola 1970.
CONARD, A. F. Corporations in Perspective, Mineola 1976.
HENN, H. G. Handbook of the Law of Corporations and other Business Enterprises, 2. Aufl., St. Paul 1970.
VAGTS, D. F. Basic Corporation Law. Materials, Cases, Text, 2. Aufl., Mineola 1979.

International

ROTONDI, M. Inchieste di diritto comparato. I grandi problemi della società per azioni nelle legislazioni vigenti, Padua 1976.
International Encyclopedia of Comparative Law, Vol. XIII: Business and Private Organizations, hrsg. von A. F. CONARD, Chapters 1, 3, 4, 6, 11, 12A und 13, Tübingen ohne Jahrgang (im Erscheinen begriffen).

Erstes Kapitel

Grundlagen

§ 1. Rechtliche Struktur und wirtschaftliche Funktion

Literatur

Zum Durchgriff: E. HOMBURGER, Zum «Durchgriff» im schweizerischen Gesellschaftsrecht, SJZ 67, 1971, S. 249 ff.; U. DROBNIG, Haftungsdurchgriff bei Kapitalgesellschaften, Frankfurt/Berlin 1959; R. SERICK, Rechtsform und Realität juristischer Personen. Ein rechtsvergleichender Beitrag zur Frage des Durchgriffs auf die Personen oder Gegenstände hinter der juristischen Person, Bern/Tübingen 1955.

Zum Konzernrecht: M. ALBERS-SCHÖNBERG, Haftungsverhältnisse im Konzern, Zürich 1980; S. CAFLISCH, Die Bedeutung und die Grenzen der rechtlichen Selbständigkeit der abhängigen Gesellschaft im Recht der Aktiengesellschaft, Winterthur 1961; L. DALLÈVES, Problèmes du droit privé relatifs à la coopération et à la concentration des entreprises, ZSR 92 II, 1973, S. 559 ff.; J. N. DRUEY, Aufgaben eines Konzernrechtes, ZSR 99 II, 1980, S. 275 ff.; A. VON GRAFFENRIED, Über die Notwendigkeit einer Konzerngesetzgebung. Die Regelung der Europäischen Aktiengesellschaft als Beispiel?, Bern 1977; A. HIRSCH, La cession du contrôle d'une société anonyme: responsabilité des administrateurs envers les actionnaires, in: Lebendiges Aktienrecht, Festgabe zum 70. Geburtstag von Wolfhart Friedrich Bürgi, Zürich 1971, S. 183 ff.; F. P. OESCH, Der Minderheitenschutz im Konzern nach schweizerischem und amerikanischem Recht, Winterthur 1971; A. PETITPIERRE-SAUVAIN, La cession de contrôle, mode de cession de l'entreprise, Genève 1977; A. VON PLANTA, Die Haftung des Hauptaktionärs, Basel/Frankfurt a. M. 1981; R. RUEDIN, Vers un droit des groupes de sociétés?, ZSR 99 II, 1980, S. 151 ff.; B. SLONGO, Der Begriff der einheitlichen Leitung als Bestandteil des Konzernbegriffs. Betriebswirtschaftliche Analyse und Folgerungen für einen Konzernbegriff de lege ferenda, Zürich 1980; N. C. STUDER, Die Quasifusion, Bern 1974; K. TAPPOLET, Schranken konzernmäßiger Abhängigkeit im schweizerischen Aktienrecht, Zürich 1973; M. ZWEIFEL, Holdinggesellschaft und Konzern, Zürich 1973.

I. Strukturelemente

Die Aktiengesellschaft ist gekennzeichnet durch die Festigkeit des Kapitals und die Übertragbarkeit der Mitgliedschaft: Stetigkeit der Rechtsträgerschaft mit freier Veräußerlichkeit der Gesellschaftsanteile zu verbinden, ist die entscheidende Leistung der Aktiengesellschaft. Die Auflösung des Widerspruchs zwischen Stabilität der organisatorischen und finanziellen Struktur und Mobilität der Beteiligung gibt der Gesellschaft das Gepräge. Diesen Gegensatz und seine Aufhebung zu erkennen, trägt zum Verständnis der für die schweizerische Rechtswirklichkeit bedeutendsten Gesellschaftsform mehr bei als eine noch so erschöpfende Begriffsumschreibung. Nicht was eine Aktiengesellschaft ist, ist wichtig, sondern in welcher Weise sie funktioniert und welchem Zweck sie dient.

Von einer Definition der Aktiengesellschaft wird deshalb abgesehen[1]. Nicht nur läßt die Komplexität der Erscheinung keine einigermaßen knappe und zweckmäßige Umschreibung zu, eine solche wird auch nicht benötigt, da infolge des konstitutiven Handelsregistereintrages zweifelsfrei feststeht, wann eine Aktiengesellschaft vorliegt und es somit nicht zu Abgrenzungsschwierigkeiten, die mittels der *differentia specifica* gelöst werden müssen, kommen kann[2]. Eine Aktiengesellschaft ist einzig, was als solche im Handelsregister eingetragen ist. Ob eine Personenverbindung als Aktiengesellschaft in das Handelsregister eingetragen werden darf, entscheidet sich nicht allein in Anwendung der Legaldefinition von Art. 620 Abs. 1 OR, sondern vielmehr danach, ob die Statuten alle notwendigen und gleichzeitig keine gegen zwingende Vorschriften verstoßende Bestimmungen enthalten[3]. Doch für eine Umschreibung des normativen Begriffes der Aktiengesellschaft genügt es nicht, die unentbehrlichen und die unzulässigen Statutenbestimmungen zu nennen, denn einerseits ist die Liste des notwendigen Statuteninhalts (Art. 626 OR) umfangreicher als erforderlich, enthält also Bestimmungen, die zur Charakterisierung der AG nichts beitragen, andererseits ergibt sich die Eigenart der AG nur unzulänglich aus den gesetzlichen Normen; schließlich sind nicht alle zwingenden Aktienrechtsvorschriften begriffsbestimmend. Nicht jeder Verstoß der Statuten gegen zwingendes Recht nimmt der Gesellschaft die aktienrechtliche Eigenart. Aus dem Gesagten folgt, daß für die Beurteilung der Frage, ob eine besondere Gestaltung der gesellschaftlichen Verhältnisse zulässig oder unzulässig sei, weder allein die Legaldefinition noch eine von der Rechtstheorie ausgearbeitete Begriffsumschreibung entscheidend sein kann[4]. Der Entscheid erfolgt vielmehr in Anwendung der anerkannten Interpretationsmethode und wirft insofern nicht grundsätzlich neue Fragen auf. Der Begriff der Aktiengesellschaft stellt somit nur ein Interpretationselement unter vielen anderen dar.

---

[1] Für die Definitionen vgl. WIELAND, Bd. II, S. 3; FORSTMOSER/MEIER-HAYOZ, S. 175; CAFLISCH, S. 106 f.; W. OTT, Die Problematik einer Typologie im Gesellschaftsrecht, Abh. schweiz. R 412, Bern 1972, S. 24; A. MEIER-HAYOZ/W. R. SCHLUEP/W. OTT, Zur Typologie im schweizerischen Gesellschaftsrecht, ZSR 90 I, 1971, S. 296; JÄGGI, Ungelöste Fragen, S. 66 f.
[2] SIEGWART, Einleitung, N. 1 und N. 1 zu Art. 620 OR.
[3] Aus diesem Grunde kennt das schweizerische Recht keine de facto-Corporation, CAFLISCH, S. 38 und dortige Zitate.
[4] Vgl. zu den Elementen der Auslegung A. MEIER-HAYOZ, Berner Kommentar zum ZGB, Bd. I: Einleitung, Bern 1966, N. 179 zu Art. 1 ZGB.

Selbst Art. 620 Abs. 1 OR enthält keine eigentliche Definition, sondern lediglich eine Aufzeichnung von vier dem Gesetzgeber als besonders kennzeichnend und abgrenzend erscheinenden Merkmalen: Gesellschaft, eigene Firma, zum voraus bestimmtes Kapital, Zerlegung in Aktien und Beschränkung der Haftung[5]. Auf die für die AG charakteristischen Merkmale oder Strukturelemente ist im einzelnen einzugehen.

1. Die Aktiengesellschaft ist eine Körperschaft und somit weder eine Anstalt noch eine Personengesellschaft[6]. Eine körperschaftliche Struktur weisen diejenigen Personenverbindungen auf, welche auf den Mitgliederwechsel angelegt sind, deshalb die Willensbildung der Versammlung der jeweiligen Mitglieder zuweisen und die Geschäftsführung und Vertretung einem andern Organ, der Verwaltung, übertragen. Die Körperschaften sind auch meist auf die Dauer angelegt und umfassen als Regel eine große Zahl von Mitgliedern. In der Mitgliederversammlung gilt das Mehrheitsprinzip[7].
Diese und die übrigen Merkmale der Körperschaft treffen auf die Aktiengesellschaft in ihrer typischen Ausgestaltung ohne weiteres zu: Die Gesellschaft vermag den Wechsel im Bestand der Mitglieder zu überleben und genießt demnach, was die Engländer als *perpetual succession* bezeichnen[8]. In diesem Sinne ist die Gesellschaft unsterblich und somit in der Lage, große Vermögenswerte dauernd demselben Zweck gewidmet zu erhalten[9]. Darin liegt für viele der Hauptvorzug der Aktiengesellschaft, für andere aber eine Gefahr, da das zeitlich unbeschränkte Weiterdauern eine Anhäufung und Bindung von Kapitalien ermöglicht, die wettbewerbsrechtlich bedenklich ist. Gegen diese langfristige Vermögensbildung ist der Gesetzgeber im Gegensatz zu Familienstiftung und Familienfideikommiß und zur mehrfachen Nacherbeneinsetzung (Art. 335 und 488 Abs. 2 ZGB) nicht eingeschritten. Er hatte auch keine Veranlassung hierzu, mußte er doch nicht voraussehen, daß die «perpetual succes-

---

[5] Vgl. andere Legaldefinitionen in § 1 dAktG, Art. 73 Loi sur les sociétés commerciales.
Zur Bedeutung der Legaldefinition ist auf P. FORSTMOSER, Berner Kommentar, Bd. VII/4: Genossenschaft, Bern 1972/74, N. 4 zu Art. 828 OR zu verweisen: Verstößt eine sich als AG ausgebende Person gegen die zwingenden Vorschriften der Legaldefinition (BGE 77 I, 1951, S. 519; 99 I, 1973, S. 664), so wird sie nicht eingetragen; wird durch eine nachträgliche Statutenänderung Art. 620 OR verletzt, so ist diese Eintragung abzulehnen; überdies kann der statutenändernde Generalversammlungsbeschluß nach Art. 706 OR beim Richter angefochten werden.
[6] GESSLER/HEFERMEHL/ECKARDT/KROPFF, N. 50 zu § 1 dAktG.
[7] MEIER-HAYOZ/FORSTMOSER, S. 53 ff.; SIEGWART, N. 17 ff. Vorbem. zu Art. 530–551 OR; WIELAND, Bd. I, S. 408; REINHARDT, Rz. 45.
[8] W. BLACKSTONE, Commentaries on the laws of England, 1826, Vol. I, S. 475–477; L. C. B. GOWER, S. 75; vgl. auch die «perpetual existence» in § 102 (b) (5) Delaware Corporation Law und die «perpetual duration» in § 202 (a) (1) New York Business Corporation Law.
[9] Zur Problematik der «Unsterblichkeit» der Aktiengesellschaft und deren wettbewerbsrechtlichen Auswirkungen vgl. GROSSFELD, S. 85 ff.

sion» der Körperschaft, zusammen mit der Trennung von Besitz und Herrschaft[10], die Aktiengesellschaft aus dem Gesellschaftsrecht herausführen und ihr stiftungsähnliche Züge geben und sie somit zur Anstalt werden lassen könnte. Der Stiftung nähert sich die AG, wie schon SIEGWART dargelegt hat[11], an, wenn nicht nur, wie das bei allen Gesellschaften der Fall ist, die Person des Aktionärs in den Hintergrund tritt, sondern das persönliche Substrat an Bedeutung verliert, wie bei Einmanngesellschaften, insbesondere bei vollständig beherrschten Tochtergesellschaften. Anstaltliche Züge weisen aber auch die großen Publikumsgesellschaften auf, bei denen die Macht endgültig von der Generalversammlung auf die Verwaltung übergegangen ist, so daß eine echte Willensbildung und Selbstbestimmung durch die Beteiligten fehlt.

Auch die weitere körperschaftliche Eigenschaft, der Organisationsaufbau *in abstracto,* kommt der Aktiengesellschaft zu. Er ist Ausgleich zum Wechsel in der Mitgliedschaft und zu der damit verbundenen Labilität. Ihr wird eine stabile Struktur für Beschlußfassung, Verwaltung sowie Geschäftsführung gegenübergestellt. Die Beschlußfassung und die Ausübung des Stimmrechtes und der Kontrollrechte der Aktionäre erfolgt nicht formlos und jederzeit, sondern in bestimmten Bahnen und Formen. Die Willensbildung geht in einer Versammlung der Aktionäre vonstatten. Die Geschäftsführung steht nicht jedem Mitglied zu, sondern ausschließlich einem oder mehreren von der Generalversammlung eigens dazu bestimmten Personen. Die Institutionalisierung der Beschlußfassung und das Prinzip der Drittorganschaft[12] sind grundlegend für die körperschaftlich organisierten Personenverbindungen und Voraussetzung für deren Funktionieren.

Dem körperschaftlichen Prinzip entsprechend gilt für die Beschlußfassung beider Organe das Mehrheitsprinzip. Ob dieses Prinzip auf grundlegenden demokratischen Erwägungen beruht oder lediglich ein organisatorischer Behelf zur Erhaltung der Funktionsfähigkeit ist, kann hier dahingestellt bleiben.

Die Verfassung der Aktiengesellschaft, also die Normen, welche Zweck und Mittel der Gesellschaft, Bestellung und Zuständigkeit der Organe, Firma und Sitz der Gesellschaft bestimmen, sind, immer entsprechend ihrer körperschaftlichen Natur, in schriftlichen Statuten niedergelegt. Ist ein Gesellschaftsvertrag anläßlich der Gründung der Gesellschaft durch gegenseitige Willensübereinkunft zustande gekommen, lösen die Statuten sich vom Willen der Gründer und werden zur objektiven Rechtsnorm, die auf alle Mitglieder, auch die später

---

[10] Vgl. hinten § 1 II 4.
[11] SIEGWART, Einleitung, N.19; über die AG als Institution im Sinne von Hauriou vgl. W. VON STEIGER, Betrachtungen über die rechtlichen Grundlagen der Aktiengesellschaft, ZBJV 91bis, 1955, S.339.
[12] MEIER-HAYOZ/FORSTMOSER, S.62.

beitretenden, ähnlich wie Gesetzesvorschriften, Anwendung finden, ungeachtet dessen, ob der neue Aktionär den Inhalt der Statuten kennt oder sie auf sich angewendet wissen will, sofern er sie nur kennen kann[13].

Im Gegensatz zum Gesellschaftsvertrag, der in der Regel nur einstimmig geändert werden kann, unterstehen Statutenänderungen grundsätzlich dem Mehrheitsprinzip.

2. Die Aktiengesellschaft genießt eigene Rechtspersönlichkeit und ist eine juristische Person[14]. Sie ist demnach Anknüpfungspunkt für Rechtsbeziehungen, Trägerin von Rechten und Pflichten. Einer Personenverbindung eigene Rechtspersönlichkeit zuerkennen, heißt nichts anderes, als ihr in der Weise Rechte und Pflichten zuzuschreiben, wie wenn sie eine natürliche Person wäre. Die juristische Person ist eine Verweisungsnorm und damit lediglich eine Rechtstechnik.

Welchen Umfang die Rechtspersönlichkeit annimmt, entscheidet sich ausschließlich nach der klaren Bestimmung in Art. 53 ZGB, wonach juristische Personen aller Rechte und Pflichten fähig sind, die nicht die natürlichen Eigenschaften des Menschen, wie das Geschlecht, das Alter oder die Verwandtschaft, zur notwendigen Voraussetzung haben. Die Rechtsfähigkeit ist nicht auf den Zweck der Gesellschaft beschränkt[15], ebensowenig auf die Vermögensrechte allein. Wie jeder juristischen Person kommt auch der AG der Schutz der Persönlichkeit zu, wenn auch im einzelnen stets abzuklären ist, ob und wie weit die auf das Persönlichkeitsrecht gegründeten Ansprüche Eigenschaften voraussetzen, die nur dem Menschen zukommen[16].

Die eigene Rechtspersönlichkeit richtet sich auch gegen innen, besteht auch gegenüber den Aktionären. Daraus folgt, daß die Rechtsbeziehungen des Aktionärs sich in solchen gegenüber der Gesellschaft erschöpfen, daß die Aktionäre unter sich durch keine Rechtsbeziehungen verbunden sind, die ihren Grund im Aktienrecht haben.

Die eigene Rechtsfähigkeit der Gesellschaft wird anerkannt; Gesellschaft und Aktionär, Gesellschaftsvermögen und Privatvermögen der Aktionäre bleiben getrennt, dies grundsätzlich auch dann, wenn wirtschaftliche Identität zwischen Gesellschaft und Aktionär besteht, wenn die Gesellschaft somit von einem Aktionär beherrscht wird, sei es, daß eine eigentliche Einmanngesellschaft vorliegt, sei es, daß die Gesellschaft sich in einer konzernmäßigen Abhängigkeit befindet. Daß mehrere Gesellschaften eine wirtschaftliche Einheit

---

[13] Zur hier vertretenen modifizierten Normentheorie vgl. insbes. SOERGEL/SCHULTZE-VON LASAULX, Kommentar zum BGB, Bd. 1, 11. Aufl., Stuttgart 1978, Rz. 10 zu § 25 BGB, N. 10 zu § 25 BGB; für die AG vgl. WÜRDINGER, S. 35.
[14] Über Beginn und Ende der Rechtspersönlichkeit vgl. hinten § 7 V 3 und § 24 III 4.
[15] GESSLER/HEFERMEHL/ECKARDT/KROPFF, N. 12 zu § 1 dAktG.
[16] BGE 95 II, 1969, S. 489 (mit Zitaten); vgl. auch die Kritik in SJZ 66, 1970, S. 242 f.

bilden, darf nicht dazu führen, die rechtliche Eigenständigkeit der einzelnen Gesellschaft zu mißachten und sie auch rechtlich als Einheit zu behandeln. Trotz wirtschaftlicher Identität bleiben Gesellschaft und Aktionär verschiedene Rechtssubjekte, von denen jedes sein eigenes Vermögen hat[17].

Die juristische Selbständigkeit ist indessen nicht ohne Grenzen. Einigkeit besteht darüber, daß die juristische Person unter bestimmten Voraussetzungen mißachtet werden darf. Schwierig und entsprechend umstritten ist die Frage, unter welchen Voraussetzungen im einzelnen der Durchgriff, sei es auf die Aktionäre, sei es auf deren Vermögen, vorgenommen werden kann. Erachtet man die juristische Person als eine rein rechtstechnische Figur, so könnte man geneigt sein, die rechtliche Selbständigkeit der Gesellschaft schon dann zu mißachten, wenn sie mit einer Rechtsnorm kollidiert, die höherwertig erscheint. Indessen ist zu überlegen, daß, wenn der Gesetzgeber eine Personenverbindung oder ein Vermögen zum Rechtssubjekt erhebt und als solches im Rechtsverkehr auftreten läßt, es der Rechtssicherheit abträglich und dem Verkehrsschutz nachteilig wäre, wenn der Normenkonflikt leichtfertig und häufig zu Lasten der juristischen Person ginge und diese schon deshalb beiseite geschoben werden könnte, weil ein Durchgriff angemessene Lösungen brächte. Es braucht mehr, um die rechtliche Selbständigkeit mißachten zu dürfen: Die juristische Person muß zweckwidrig verwendet werden, bloß vorgeschoben sein; ihre Aufrechterhaltung muß als Rechtsmißbrauch erscheinen. Die scharfe Scheidung zwischen Gesellschaft und Aktionär muß nicht stets und bedingungslos aufrechterhalten bleiben. Unter bestimmten Umständen darf die rechtliche Selbständigkeit der Gesellschaft ignoriert und der beherrschende Aktionär mit der Gesellschaft identifiziert werden.

Nach herrschender Lehre und Bundesgerichtspraxis fällt die rechtliche Selbständigkeit der Gesellschaft und des Aktionärs nur dann außer Betracht, wenn es der Grundsatz von Treu und Glauben im Verkehr mit Dritten verlangt[18]. Nicht die juristische Person verstößt gegen Treu und Glauben, sondern die Verwendung oder die Ausgestaltung der juristischen Person erscheint als rechtsmißbräuchlich und wird darum nicht geschützt. Sie ist bloß vorgeschoben, dient der Gesetzesumgehung, wird zweckwidrig verwendet. Nur in diesen Fällen darf die eigene Rechtspersönlichkeit der Gesellschaft mißachtet werden, damit eine Norm, die an sich einzig auf den Aktionär zuträfe, auf die Gesellschaft angewendet werden kann, oder damit eine Norm, die für die AG gilt, nicht zur Anwendung gelangt. Beispiel für die erste Art des Durchgriffs

---

[17] BGE 92 II, 1966, S. 160.
[18] BGE 92 II, 1966, S. 160; 85 II, 1959, S. 115 f.; 81 II, 1955, S. 459; 72 II, 1946, S. 76; 71 II, 1945, S. 274; GUHL/MERZ/KUMMER, S. 563; SIEGWART, Einleitung, N. 164 und N. 28 zu Art. 625 OR; WIELAND II, S. 394; CAFLISCH, passim; MERZ, N. 286 ff. zu Art. 2 ZGB.

bildet die Unterwerfung einer AG unter die dem Aktionär obliegende Vertragspflicht[19], weil die AG lediglich zu Umgehungszwecken verwendet wurde. Hierhin gehören auch die Fälle, in denen die Übertragung sämtlicher Aktien oder der Aktienmehrheit als Übertragung des Gesellschaftsvermögens, insbesondere der Liegenschaft einer Immobiliengesellschaft, angesehen wird[20]. Zur zweiten Art des Durchgriffes gehören insbesondere alle Fälle des Haftungsdurchgriffes, alle Fälle also, in denen der Gesellschafter für die Schulden der Gesellschaft einzustehen hat, weil die Gesellschaft als bloß vorgeschoben angesehen wird oder weil sie in sachwidriger Weise ausgestaltet, insbesondere unterkapitalisiert ist.

In bezug auf den Haftungsdurchgriff stellt sich die Frage, ob die eigentliche Einmanngesellschaft und die vollständig beherrschte Tochtergesellschaft verschieden zu beurteilen seien, indem bei dieser eher und leichter durchgegriffen werden könne, als bei jener[21]. Etliches spricht dafür. Eine Konzerngesellschaft wird häufiger und entschiedener im Interesse der Muttergesellschaft oder anderer Konzerngesellschaften geführt. Die Konzerngesellschaft kommt in den Augen der Vertragspartner und Gläubiger – gewollt oder ungewollt – in den Genuß der Kreditwürdigkeit der ganzen Gruppe. Die Gläubiger wähnen, nicht mit der Tochter, sondern mit der Gruppe zu kontrahieren oder nehmen ohne Zögern und häufig zu Recht an, die Mutter werde die Tochter nicht fallen lassen. Die Vermögen einzelner Konzerngesellschaften werden vermischt. Sind solche Voraussetzungen gegeben, frägt es sich, ob die beherrschende Gesellschaft nicht rechtsmißbräuchlich handelt, wenn sie der notleidenden Tochter nicht zuhilfe eilt. Der Konzern erweckt, insbesondere durch die einheitliche Leitung und das einheitliche Auftreten gegenüber Dritten, den Anschein einer wirtschaftlichen Einheit und damit eines einheitlichen Haftungssubstrates, so daß es in der Tat wider Treu und Glauben verstoßen kann, die rechtliche Selbständigkeit einer Tochtergesellschaft, die als ein rechtlich unselbständiges Departement erscheint, anzurufen und die Haftung auf das allenfalls bewußt gering gehaltene Vermögen der Tochter zu beschränken.

Kann einzig bei Rechtsmißbrauch durchgegriffen werden, so ergibt sich zwingend, daß weder Aktionär noch Gesellschaft unter Berufung auf die wirtschaftliche Identität die Aufhebung der rechtlichen Getrenntheit verlangen dürfen.

Kein eigentlicher Durchgriff liegt vor, wenn in gewissen Fällen, wie beim Entscheid der wirtschaftlichen Zugehörigkeit zu einem Land, die Eigenschaften der Aktionäre, wie beispielsweise Nationalität, Sitz oder Wohnsitz in Betracht gezogen werden, um zu entscheiden, ob die Gesellschaft einer bestimmten Norm unterworfen wird oder nicht; ein Rechtsmißbrauch oder eine Gesetzesumgehung liegt in derartigen Fällen nicht vor. Wenn somit zur Bestimmung der Nationalität oder der Feindeigenschaft einer Gesellschaft auf die Nationalität der Aktionäre zurückgegriffen wird, liegt kein Durchgriff vor.

---

[19] Zu verweisen ist auf den Fall BGE 71 II, 1945, S. 272 ff.
[20] Vgl. den instruktiven Fall in BGE 92 II, 1966, S. 160, wo die Frage, ob die Abtretung der «quasi-Gesamtheit» der Aktien einer Immobiliengesellschaft ein Vorkaufsrecht an dem im Eigentum der Gesellschaft stehenden Grundstück auslöst, verneint wurde.
[21] Vgl. A. PETITPIERRE-SAUVAIN, Droit des sociétés et groupes, responsabilité des actionnaires dominants, retrait des actionnaires minoritaires, Genève 1972, insbes. S. 109 ff.

3. Die Aktiengesellschaft ist eine **Kapitalgesellschaft**. Das Kapital ist zentraler Begriff des Aktienrechts: es ist entscheidend für Mitgliedschaft und Haftung. Die Person des Aktionärs ist von geringer Bedeutung. Seine Beziehungen zur Gesellschaft sind locker. Bei Inhaberaktien entschwindet er gar in die Anonymität. Im Vordergrund steht das Kapital: Die Rechte der Mitglieder richten sich nach der Kapitalbeteiligung; dies gilt nicht nur für die Vermögensrechte, sondern auch für die Mitverwaltungsrechte: maßgebend für das Stimmrecht ist der Nennwert der Beteiligung (Art. 692 Abs. 1 OR), maßgebend für das Recht auf die Dividende und auf Anteil am Liquidationsergebnis der auf die Aktie einbezahlte Betrag (Art. 661 OR). Das Bezugsrecht richtet sich ebenfalls nach dem Nennwert der alten Aktien (Art. 652 OR). Ebenso ist für die Minderheitenrechte nicht die Zahl der Aktionäre, sondern deren Beteiligung am Grundkapital entscheidend. Die Pflichten des Aktionärs beziehen sich allein auf das Kapital: er ist einzig zur Deckung der gezeichneten Aktien verpflichtet (Art. 620 Abs. 2 und 680 Abs. 1 OR). Nur eine Verletzung dieser sachlichen Leistungspflicht berechtigt die Gesellschaft, den Aktionär aus der Gesellschaft auszuschließen (Art. 681/82 OR). In ähnlicher Weise können die für die Auflösung der Gesellschaft maßgebenden wichtigen Gründe nur sachlicher Natur sein (Art. 736 OR). Die Aktiengesellschaft ist in diesem Sinne keine eigentliche Personenverbindung, sondern ein Zusammenschluß von Kapital und verbrieften Mitgliedschaftsrechten.

Das Kapital ist nicht nur Maßstab der Mitgliedschaft, sondern wegen seiner Funktion der Vermögensbindung auch Garantie für Gläubiger und Aktionäre. Den Gläubigern ist das Kapital Grundlage für den Kredit, dem Aktionär bietet es Gewähr für die Erreichung des Gesellschaftszweckes. Das Grundkapital stellt sicher, daß ein entsprechendes Mindestvermögen vorliegt, daß insbesondere keine Dividende ausgerichtet wird, solange keine Gewinne erzielt worden sind. Diese Funktion des Grundkapitals hängt eng mit der ausschließlichen Haftung des Gesellschaftsvermögens und der beschränkten Beitragspflicht der Aktionäre zusammen.

Es ist bekannt, daß diese kapitalistischen Merkmale der AG in der Rechtswirklichkeit mehr oder weniger stark abgebaut und durch personalistische Elemente ersetzt werden können. Als personalistische Elemente sind anzuführen die Stimmrechtsaktien, die Vinkulierung von Namenaktien, die statutarischen Übernahmerechte, die Stimmbindungsverträge, die Aktionärdarlehen, die Aktionärbürgschaften u. a.[22].

---

[22] Vgl. A. MEIER-HAYOZ, Personengesellschaftliche Elemente im Recht der AG, in: Festschrift für Walther Hug, Bern 1968, S. 377–395; DERSELBE, Der Zug zur personalistischen Kapitalgesellschaft in der Schweiz, in: Gedenkschrift Franz Gschnitzer, Innsbruck 1969, S. 303–316; OTT, a.a.O. (Anm. 1).

4. Nach dem Grundsatz des **Haftungsausschlusses** haftet für die Verbindlichkeiten nur das Gesellschaftsvermögen. Die Aktionäre haften für die Verbindlichkeiten der Gesellschaft nicht persönlich (Art. 620 Abs. 2 OR). Die Aktionäre sind nicht verpflichtet, mehr zu bezahlen als den Ausgabebetrag der Aktie; sie können auch durch die Statuten nicht zu mehr, insbesondere nicht zu Nachschüssen oder zur Übernahme einer persönlichen Haftung für die Gesellschaftsschulden angehalten werden (Art. 680 Abs. 1 OR). Unter diesem Gesichtspunkt kann von beschränkter Haftung gesprochen werden, kann also gesagt sein, die Haftung sei auf das Gesellschaftsvermögen beschränkt.

Daß einzig das Gesellschaftsvermögen haften soll, ist die normale, aber keineswegs logisch notwendige Folge der eigenen Rechtspersönlichkeit der Gesellschaft. Es wäre möglich, wenn auch unzweckmäßig, im Gesetz vorzusehen, daß die Aktionäre primär und solidarisch mit der Gesellschaft oder subsidiär hinter der Gesellschaft für die Gesellschaftsschulden haften. Der Gesetzgeber hat von einer solchen Regelung abgesehen und hat auch die statutarische Nebenleistungspflicht untersagt, mit Grund, da sonst die Aktiengesellschaft ihre Hauptfunktion: langfristige Vermögensbindung gekoppelt mit freier Veräußerlichkeit der Anteile, kaum erfüllen könnte.

Aus dem Gesagten ergibt sich, daß die Ausschließlichkeit der Haftung gegen außen und die Beschränkung der Beitragspflicht gegen innen Korrelate sind, die gemeinhin mit der an sich unzutreffenden Bezeichnung «beschränkte Haftung» versehen werden. Die beschränkte Haftung sollte in ihrer praktischen Bedeutung allerdings nicht überschätzt werden. Sie ist in den wenigsten Fällen einziges oder auch nur ausschlaggebendes Argument für die Errichtung einer Aktiengesellschaft. Häufig wird der Aktionär angehalten, auch mit seinem Privatvermögen für die Verbindlichkeiten einzustehen und verliert damit die Vorteile der Getrenntheit von Gesellschafts- und Privatvermögen.

Haftet den Gläubigern ausschließlich das Gesellschaftsvermögen, so hat das Gesetz, da der Aktiengesellschaft die natürliche Kreditfähigkeit fehlt, dafür zu sorgen, daß ein gewisses Mindestreinvermögen zu Beginn der Gesellschaft aufgebracht und während ihrer Dauer erhalten bleibt. Hiefür sorgen die verschiedenen Vorschriften über die Sicherung der Aufbringungen und die Erhaltung des Grundkapitals[23].

Vom Grundsatz des Haftungsausschlusses gibt es, abgesehen vom Durchgriff, keine Ausnahmen. So sind beispielsweise zu Unrecht bezogene Dividenden, Bauzinse und Tantièmen der Gesellschaft zurückzuerstatten, nicht den Gesellschaftsgläubigern abzuliefern (Art. 678/79 OR); ebenso geht der mit der Verantwortlichkeitsklage erhobene Anspruch auf Ersatz des der Gesellschaft durch die Verwaltung zugefügten Schadens auf Leistung nicht an die Aktio-

---

[23] Vgl. hierzu hinten § 4 III und IV.

näre, sondern ebenfalls an die Gesellschaft (Art. 755 OR). Unser Gesetz kennt überdies – anders als das deutsche Recht der verbundenen Unternehmen – keine Vorschrift, wonach bei gewissen Unternehmensverbindungen die Hauptgesellschaft für die Verbindlichkeiten der abhängigen Gesellschaft einzustehen hat.

5. **Übertragbarkeit der Mitgliedschaft**: Die vom Aktionär auf die Aktie geleistete Einlage bleibt infolge der Garantiefunktion des Grundkapitals dauernd an die Gesellschaft gebunden. Der Aktionär kann die Einlage nicht herausverlangen (Art. 680 Abs. 2 OR), die Gesellschaft darf sie nicht zurückerstatten. Da Einlage, Teilbetrag des Aktienkapitals und Mitgliedschaft untrennbar miteinander verbunden sind, kann der Aktionär nicht aus der Gesellschaft austreten, noch kann er aus der Gesellschaft ausgeschlossen werden. Gleichwohl ist der Aktionär nicht auf Gedeih und Verderben mit der Gesellschaft verbunden: er kann seine Aktie veräußern und seine Mitgliedschaft übertragen. Die Aktienzahl und die Anzahl der Mitgliedschaftsstellen bleibt konstant, nicht hingegen die Zusammensetzung der Mitglieder und der Umfang des Mitgliederkreises. Dies zeigt erneut die Unpersönlichkeit des Aufbaus der Aktiengesellschaft.

Die Mitgliedschaft ist nicht nur übertragbar, sondern überdies in einem Wertpapier, einem sogenannten **Mitgliedschaftspapier**, verkörpert. Der Aktionär ist berechtigt, von der Gesellschaft die wertpapiermäßige Verbriefung der Aktie und die Aushändigung der Urkunde zu verlangen. Erfolgt die wertpapiermäßige Ausgestaltung der Mitgliedschaft in der Form eines Inhaberpapiers oder Orderpapiers, wird die Übertragbarkeit erhöht und die Zirkulationsfähigkeit der Mitgliedschaft gefördert. Überdies wird die Aktie börsenfähig. Dies ermöglicht dem Aktionär, seine Investition in der Gesellschaft leicht zu verwerten, sei es zu verpfänden, sei es zu veräußern, ohne daß der Gesellschaft Mittel entzogen werden. Die Negoziabilität der Aktie gestattet der Gesellschaft, Kapital im Publikum aufzubringen, da der Anleger sich des mit der Beteiligung an der Gesellschaft verbundenen Risikos durch Veräußerung rasch entledigen kann.

Die freie Übertragbarkeit kann durch die Statuten eingeschränkt oder sogar aufgehoben werden (Art. 686 OR). Dadurch wird, da die Zustimmung zur Übertragung ohne Angabe von Gründen verweigert und damit nicht nur aus sachlichen, sondern auch aus persönlichen Gründen ein Erwerber abgelehnt werden darf, nicht nur ein besonders starkes personalistisches Element in die Gesellschaft eingeführt, sondern es wird, was schwerer wiegt, die rechtliche Hauptleistung der Aktiengesellschaft – langfristige Kapitalerhaltung, verbunden mit der jederzeitigen Möglichkeit der Liquidierung einzelner Kapitaleinlagen – geschmälert oder gar zunichte gemacht. Die **Vinkulierung** nimmt der

Aktie ihre freie Übertragbarkeit und bindet die Investition des Aktionärs an die Gesellschaft, ohne daß der Aktionär durch entsprechende Erhöhung der Rendite für die langfristige und damit auch riskantere Kapitalhingabe besonders entschädigt werden müßte.

Andererseits wird die Zirkulationsfähigkeit der Aktie nicht nur durch rechtliche, insbesondere statutarische Maßnahmen herabgesetzt, sondern auch durch die schlechte Verwertbarkeit der Aktie. Sie kann infolge zahlreicher Sachverhalte (Risiko, Rendite, Zukunftsaussichten) oder auch als Folge ungenügenden Minderheitenschutzes kaum veräußert und nur schwer verpfändet werden.

6. **Freiheit des Gesellschaftszweckes**: Die Aktiengesellschaft kann sowohl wirtschaftliche als auch nichtwirtschaftliche, ideelle Zwecke verfolgen; sie kann insbesondere ein nach kaufmännischer Art geführtes Gewerbe betreiben (Art. 620 Abs. 3 OR). In dieser Weite der zulässigen Zwecke stehen ihr einzig die Personenhandelsgesellschaften gleich. Jeden rechtlich und sittlich erlaubten und faktisch möglichen Zweck kann sie anstreben. Gewinnstrebigkeit ist nicht begriffswesentlich. Die Freiheit der Zwecksetzung und die Freiheitlichkeit der Ausgestaltung begründet die Vielgestaltigkeit und die Häufigkeit der Aktiengesellschaft in der Rechtswirklichkeit.

II. Wirtschaftliche Funktion

Dank der Flexibilität der gesetzlichen Regelung vermag die AG den mannigfaltigsten Zwecken zu dienen. Die vielseitige Verwendbarkeit der AG erklärt weitgehend ihre Beliebtheit und weite Verbreitung.

1. Die ursprünglich bedeutsame Funktion der **Kapitalsammlung**[24] ist in den Hintergrund getreten, ohne indessen ihre Bedeutung vollständig verloren zu haben: Nach wie vor ist die Aktiengesellschaft Mittel, zahlreiche kleine und kleinste Einlagen zu großen und größten Investitionen zusammenzulegen und derart mit vereintem Kapital Ziele zu verfolgen und Unternehmen zu wagen, deren Umfang und Gefahr Kraft und Risikobereitschaft des einzelnen übersteigen. Jedoch wird heute kaum mehr im Gründungsstadium das Publikum um Kapital angegangen: Die Sukzessivgründung gehört wohl endgültig der Vergangenheit an. Die Eigenfinanzierung, insbesondere durch Zurückbehalten von Gewinnen, also durch die offene oder vor allem stille Selbstfinanzierung,

---

[24] Vgl. WEISS, N. 38; GESSLER/HEFERMEHL/ECKARDT/KROPFF, Vorbem. vor § 1, N. 3; REINHARDT, S. 169; WÜRDINGER, S. 1 ff.

hat einen Umfang angenommen, welcher die Außenfinanzierung mit Eigenkapital, also insbesondere die Ausgabe neuer Aktien, von geringerer Bedeutung erscheinen läßt.

2. Nicht zu überschätzende Bedeutung kommt der rechtlichen Verselbständigung des Vermögens zu. Die Bildung von rechtlich verselbständigten Sondervermögen[25] dürfte, jedenfalls zahlenmäßig, der wichtigste Grund zur Errichtung von Aktiengesellschaften in der Schweiz sein. Der Gründer erreicht zweierlei: Teile seines Vermögens werden abgetrennt und einem neuen Rechtsträger zugewiesen, mit welchem der Gründer in Rechtsbeziehungen treten kann und welcher eines eigenen rechtlichen Schicksals fähig ist. Gegenüber Dritten tritt nicht der Gründer, sondern ein von ihm verschiedenes Rechtssubjekt auf. In dieser Verdoppelung der rechtlichen Persönlichkeit erschöpft sich nicht selten der Zweck einer Gesellschaftsgründung; mehr als eine Vermögensaufspaltung ist oft nicht gewollt. Häufig genügt die Schaffung eines besonderen Anknüpfungspunktes. Mit diesem Vorgehen werden zahlreiche Zwecke verfolgt: Vielfach dient die Vermögensspaltung der rechtlichen Trennung von Geschäfts- und Privatvermögen aus Gründen der Finanzierung, der Übertragung und vornehmlich der Erbschaftsplanung. In der Mehrzahl der Fälle wird die Gesellschaft nicht als eigentliche Unternehmensform verwendet, denn die meisten Gesellschaften führen kein eigentliches Unternehmen, kein Gewerbe jedenfalls, da sich ihre Tätigkeit auf die Verwaltung des eigenen Vermögens beschränkt[26] oder derart einfach ist, daß sie keinen kaufmännischen Betrieb und keine geordnete Buchführung erfordert (Art. 53 lit. c HRV). Hierher sind etwa die Investmentgesellschaften, die Immobiliengesellschaften, vor allem aber die Basis-, Domizil- und Hilfsgesellschaften im steuerlichen Sinn zu zählen.

Zu den Basisgesellschaften gehören alle jene Tochtergesellschaften ausländischer Aktionäre, insbesondere ausländischer Muttergesellschaften, die in der Schweiz ihren Sitz haben, ihre Tätigkeit aber zum größten Teil oder ausschließlich im Ausland ausüben. Sie bilden somit einen inländischen Stützpunkt eines ausländischen Konzerns und erfüllen sehr oft allein die Funktion einer Drehscheibe. Solche Basisgesellschaften werden bevorzugt in sogenannten Niedrigsteuerländern gegründet. Sie vermögen zahlreiche Aufgaben zu übernehmen: Sie üben teils Holding- oder Beteiligungsfunktionen aus, teils dienen sie als Finanzierungsinstrument oder als Transformator von Gewinnen

---

[25] Vgl. zum Begriff des Sondervermögens grundlegend: K. HELLWIG, Lehrbuch des deutschen Zivilprozeßrechtes, Leipzig 1903, Bd. 1, S. 303; vgl. auch MEIER-HAYOZ, Sachenrechtskommentar, Systematischer Teil, N. 86. In den Begriffsbestimmungen der Aktiengesellschaft wird häufig auf das Element des Sondervermögens hingewiesen, so etwa JÄGGI, Ungelöste Fragen, S. 66.

[26] Vgl. hierzu BGE 70 I, 1944, S. 257; 79 I, 1953, S. 57.

in Zinse, teils als Thesaurierungs- oder Gewinnauffanggesellschaften, teils als bloße Durchlaufsgesellschaft. Andere wiederum übernehmen Dienstleistungsfunktionen, insbesondere Patent- und Lizenzverwertungen. Eine besondere Art von Basisgesellschaft ist die sogenannte Domizilgesellschaft. Sie hat einzig den Sitz in der Schweiz und übt hier keine wirtschaftliche Tätigkeit aus; sie ist somit eine bloße Briefkastengesellschaft. Entscheidend ist, daß die Mehrzahl der Kantone solchen Gesellschaften Steuerprivilegien gewähren, indem diese keine Ertrags-, sondern nur eine zudem oft reduzierte Kapitalsteuer zu entrichten haben. Kein Privileg wird vom Bund gewährt.

Ebenfalls zu den Basisgesellschaften gehören die sogenannten Hilfsgesellschaften. Sie üben in unserem Land lediglich eine Hilfsfunktion für nahestehende Gesellschaften im Ausland aus, wie z.B. Kontrolle und Überwachung von Tochtergesellschaften, Fakturierung und Inkasso, Verwaltung von Lizenzen und Patenten. Auch ihnen gewähren gewisse Kantone Steuerprivilegien[27].

Die Zeit dieser Basisgesellschaften geht zu Ende. Innerstaatliche Maßnahmen, Doppelbesteuerungsabkommen sowie ausländische Zugriffsbesteuerungen (Deutschland und USA) schränken die Verwendbarkeit dieser Gesellschaften, die dem Ruf der Schweiz geschadet haben, stark ein. Heute ist ihre Zahl, insbesondere in den Kantonen Zug, Freiburg, Glarus und Graubünden, noch sehr groß.

Zu den Aktiengesellschaften, die kein Unternehmen führen, gehören auch jene, deren Errichtung vornehmlich aus Gründen der Vereinfachung, der Verbergung oder der Gesetzesumgehung erfolgt[28].

Immobiliengesellschaften dienen stets der Vereinfachung, indem sie die wertpapiermäßige Übertragung des wirtschaftlichen Eigentums an Grundstücken ermöglichen, oft der Verbergung, weil sie den wahren Eigentümer nicht erkennen lassen, manchmal der Gesetzesumgehung. Dies ist etwa dann der Fall, wenn die Gesellschaft, ausländisch beherrscht, Grundstücke in der Schweiz erwirbt[29] oder als Basisgesellschaft die Vorteile der von der Schweiz abgeschlossenen Doppelbesteuerungsabkommen zu beanspruchen versucht[30].

3. Die Aktiengesellschaft ist geeignetes Instrument zur Bildung und Erhaltung von Konzernen. Klassisches Mittel zur Beherrschung ist die Beteili-

---

[27] Zur Basisgesellschaft: E. HÖHN, Doppelbesteuerungsrecht, Bern 1973, S. 373 ff.; P. STALDER, Die Besteuerung der Basisgesellschaften in der Schweiz, Diss. St. Gallen, Winterthur 1970. Zur Basisgesellschaft aus ausländischer Sicht: B. GROSSFELD, Basisgesellschaften im internationalen Steuerrecht, Tübingen 1974.
[28] Insofern erfüllt die Aktiengesellschaft ähnliche Zwecke wie das fiduziarische Rechtsgeschäft; vgl. etwa H. WÄLLI, Das reine fiduziarische Rechtsgeschäft, Zürich 1969, S. 13 ff.
[29] Vgl. hierzu BB über den Erwerb von Grundstücken durch Personen im Ausland, vom 23. März 1961/8. Juni 1973 (SR 211.412.41).
[30] Vgl. hierzu BRB betr. Maßnahmen gegen die ungerechtfertigte Inanspruchnahme von Doppelbesteuerungsabkommen des Bundes, vom 14. Dezember 1962 (SR 672.202).

gung an andern Unternehmen. Die Beteiligungsübernahme läßt sich an einer Aktiengesellschaft besonders leicht und wirkungsvoll durchführen: Das Stimmrecht ist in übertragbaren Aktien verkörpert; wer die Mehrheit erwirbt, vermag die Verwaltung zu stellen und beherrscht damit die Geschicke der Unternehmung. Nichts steht einer vollständigen Beherrschung im Wege: Die Einmanngesellschaft wird zugelassen.

Die Gründung von Aktiengesellschaften kann bekanntlich rasch und ohne große Kosten erfolgen, so daß einzelne Departemente eines Unternehmens leicht rechtlich verselbständigt werden können und gleichwohl wirtschaftlich, finanziell und organisatorisch im Hauptunternehmen eingegliedert bleiben[31].

Die Aktiengesellschaft ist zudem die beste Gesellschaftsform für die aktive Durchführung von Beteiligungsübernahmen: Sie kann die Gegenleistung anstatt in Geld in Aktien oder Partizipationsscheinen bereitstellen und so die Beteiligung mittels Aktientausch erwerben. Ohne Aktiengesellschaft wäre der Aufbau von Konzernen und der Zusammenschluß von Unternehmen ohne Zweifel nicht oder kaum möglich gewesen[32].

4. Die Aktiengesellschaft ist nicht bloß Konzernierungsinstrument, sondern ganz allgemein Mittel zur **Unternehmenskonzentration**: Die Aktiengesellschaft vermag nicht nur den Zusammenschluß von Unternehmen zu fördern und den Aufbau von Konzernen zu sichern. Sie ermöglicht daneben in besonders geeigneter Weise die wirtschaftliche Expansion, die Kapitalsammlung sowie die Machtballung und fördert damit das Entstehen von Großunternehmen. Diese Konzentrationskraft der Aktiengesellschaft[33] hat zahlreiche Ursachen: Im Vordergrund steht einerseits die sehr weitgehende Möglichkeit zur stillen Selbstfinanzierung und andererseits die durch den Mangel an Einflußnahme und die damit verbundene Teilnahmslosigkeit der Aktionäre bewirkte Machtkonzentration in den Händen der Verwaltung[34]. Die Trennung von Management und Eigentum gestattet der Verwaltung ein weitgehend freies Verfügen über die großenteils still gebildeten Gesellschaftsmittel.

5. Die Aktiengesellschaft dient ferner der **Mobilisierung des Bodenwertes** und erfüllt insofern ähnliche Funktionen wie der Schuldbrief, vermag indessen insoweit weniger, als der Aktionär keine unmittelbare feste Sachherrschaft erwirbt, leistet aber mehr, weil der Aktionär voll über das Grundstück zu verfügen in der Lage ist und es ihm nicht bloß als Sicherheit dient. Der

---

[31] Vgl. hierzu die gleiche Umschreibung der Organschaft in § 7a des deutschen Körperschaftssteuergesetzes 1968; eingeführt durch das Gesetz vom 15. August 1969; siehe auch WÜRDINGER, Anm. 26/27 zu § 291 dAktG.
[32] GESSLER/HEFERMEHL/ECKARDT/KROPFF, Vorbem., N. 4a; WÜRDINGER, S. 257; GROSSFELD, passim, vor allem S. 9f.
[33] C. CHAMPAUD, Le pouvoir de concentration de la société par actions, Paris 1962.
[34] GROSSFELD, passim.

Bodenwert, die Nutzung und die Verfügungsbefugnis können ohne Eintragung im Grundbuch durch wertpapiermäßige Veräußerung der Aktie übertragen werden. Entsprechendes gilt für die Verpfändung: Die Verpfändung der Aktien genügt, um im Falle der Zahlungsunfähigkeit den Bodenwert zu realisieren. Der öffentliche Glaube des Grundbuches hat an Bedeutung verloren, die Anonymität des Grundbesitzes ist weitgehend vollendete Tatsache geworden[35].

6. Die Umwandlung einer Einzelfirma oder einer Personengesellschaft in eine Aktiengesellschaft führt unter anderem zu einer Zerlegung des Unternehmenswertes: Nicht nur wird das Unternehmen im internen und externen Verhältnis verselbständigt. Der Unternehmenswert wird in Aktien verkörpert und damit in negoziable Wertquoten zerlegt. Darin liegt in vielen Fällen der Hauptgrund für die Errichtung einer Aktiengesellschaft. Die Erbschaftsplanung des Unternehmens wird wesentlich erleichtert, indem das Unternehmen durch den Tod des Unternehmers nicht berührt wird und die Anteile am Unternehmen mehreren Erben in verschiedenem Maße zugewiesen werden können[36]. Gleichzeitig kann die Umwandlung Gelegenheit zu einer Umfinanzierung geben, indem das bisherige Eigenkapital zu einem Teil in Aktienkapital und zu einem andern in Aktionärdarlehen und damit in Fremdkapital umgewandelt wird.

7. Die Vielgestaltigkeit der wirtschaftlichen Funktion und die freiheitliche Ausgestaltung der Aktiengesellschaft führen zur enormen Popularität und großen Verbreitung der Gesellschaftsform. Die AG ist längst die beliebteste Unternehmensform geworden und ihre Zahl wird bald diejenige aller übrigen im Handelsregister eingetragenen Firmen übersteigen.

8. Ende 1981 waren 113 283 Aktiengesellschaften mit einem Grundkapital von insgesamt mehr als 72 Mrd. Fr. im Handelsregister eingetragen. Hievon weisen 54 731 (48,3%) ein Mindestkapital von 50 000 Fr. aus; das gesamte Grundkapital dieser Kleingesellschaften beträgt insgesamt 2,736 Mrd. Fr. und damit lediglich 3,8% der gesamten Grundkapitalien. 63 Aktiengesellschaften (0,1%) haben ein Grundkapital von über 100 Mio. Fr.; das gesamte Grundkapital dieser Großgesellschaften beläuft sich auf 20,884 Mrd. Fr. und damit auf 28,6%.
Im Handelsregister sind 23 157 Immobiliengesellschaften (20,4%) und 12 410 Holdinggesellschaften (10,9%) eingetragen[37].

---

[35] Zur Immobilienaktiengesellschaft vgl. hinten § 3 II 2.
[36] H.-A. VOGEL, Die Familienkapitalgesellschaften, Zürich 1974; zur Familienaktiengesellschaft vgl. hinten § 3 II 4.
[37] Aktiengesellschaften in der Schweiz 1981, Statistische Quellenwerke der Schweiz, Heft 688, Bern 1981.

§ 2. Geschichte und Stand des schweizerischen Aktienrechtes

Literatur

Zum kantonalen Recht: P. VON MAY, Die Gründung der Aktiengesellschaft in ihrer geschichtlichen Entwicklung in der Schweiz, insbesondere in den Kantonen Bern und Zürich, Bern 1945.
Zur Revision von 1936: Literatur in Anm. 3.
Zur laufenden Revision: W. F. BÜRGI, Revisionsbedürftige Regelungen des schweizerischen Aktienrechtes, in: Das schweizerische Recht. Besinnung und Ausblick, Festschrift zur schweizerischen Landesausstellung Lausanne 1964, Basel 1964, S. 201 ff.; erweiterte Fassung, SAG 38, 1966, S. 57 ff.; P. FORSTMOSER, Zur Revision des schweizerischen Aktienrechtes, ZBGR 1974, S. 77 ff.; W. R. SCHLUEP, Die Bemühungen um ein europäisches Gesellschaftsrecht und der Vorschlag für eine Teilrevision des schweizerischen Aktienrechtes, SAG 45, 1973, S. 57 ff.; DERSELBE, Einleitung zur Sondernummer über die Teilrevision des Aktienrechtes, SAG 48, 1976, S. 1 ff.; F. VISCHER/F. RAPP, Zur Neugestaltung des schweizerischen Aktienrechtes, Bern 1968.

I. Die Aktiengesellschaft im alten OR und in den Vorentwürfen zur Revision von 1936

1. Im Vergleich mit dem Ausland ist die Aktiengesellschaft in der Schweiz spät in Erscheinung getreten[1]. Die ersten Aktiengesellschaften entstanden in unserem Land in der ersten Hälfte des letzten Jahrhunderts. Ein früherer Vorläufer soll die Aktiengesellschaft für das Hôtel de Musique in Bern gewesen sein, die bereits im Jahre 1767 errichtet wurde.

Die gesetzgeberische Erfassung der Aktiengesellschaften begann im Kanton Zürich mit dem Gesetz über das Ragionenwesen von 1835. Die übrigen Kantone folgten rasch nach. Die westschweizerischen Kantone sowie Basel-Stadt schufen ihre gesetzlichen Regelungen in Anlehnung an den französischen Code de Commerce von 1807. Bern und Solothurn waren bestrebt, ihre Gesetzgebung selbständig zu entwickeln. Das bernische Zivilgesetzbuch von 1830 regelte die AG noch nicht; sie wurde erst durch das Gesetz über die Aktiengesellschaft vom 27. November 1860 legislatorisch erfaßt. Eine weitere Gruppe von Kantonen stand unter der Führung von Zürich, wo im Privatgesetzbuch von 1853 der Aktiengesellschaft eine eingehende Regelung zuteil wurde. An sie lehnten sich die Gesetzgebungen der Kantone Luzern, Schaffhausen und Graubünden an.

Allerorts galt das Konzessionssystem: die Errichtung der Gesellschaft bedurfte der staatlichen Genehmigung. Überhaupt galt die Sorge der kantonalen Gesetzgeber vor allem der Verhinderung von Schwindelgründungen und der

---

[1] P. VON MAY (Lit.verz. vor § 2).

Überwachung der Tätigkeit von Verwaltung und Geschäftsführung; diese Tendenz wirkte sich in der eidgenössischen Gesetzgebung aus und hat seine Auswirkungen auch noch im geltenden Obligationenrecht: die Gründungsvorschriften sind noch heute vergleichsweise streng; Revisionswünsche im Sinne einer Verschärfung sind in neuester Zeit jedenfalls nicht oder einzig im Zusammenhang mit der Bekämpfung der Wirtschaftskriminalität (Einführung der Gründungsprüfung) erhoben worden.

Zu größeren Gründungsschwindeln scheint es in der Schweiz nie gekommen zu sein, doch hatten ausländische Aktienskandale, insbesondere der *South-Sea Bubble* von 1720, Auswirkungen auf die Schweiz[2].

2. Die Vereinheitlichung des Aktienrechtes in der Schweiz nahm ihren Anfang im Jahre 1862, als der Nationalrat auf eine Motion Curti den Bundesrat einlud abzuklären, ob nicht auf dem Konkordanzweg ein gemeinsames Handelsgesetzbuch geschaffen werden könnte. Wie es von diesem Anstoß aus zum Obligationenrecht von 1881 kam, aus welchen Gründen das Aktienrecht außerhalb der im Zusammenhang mit dem Erlaß des Zivilgesetzbuches durchgeführten Revision blieb und wie schließlich die Gesetzesrevision des Aktienrechtes 1936 durchgeführt wurde, ist anderswo eingehend und aufs beste dargelegt worden[3]. Darauf darf verwiesen werden. Hier sollen einzig die wesentlichen Merkmale der verschiedenen Entwürfe kurz dargelegt werden, soweit sie die Aktiengesellschaft betreffen.

3. Der Entwurf MUNZINGER aus dem Jahre 1864[4] regelt die AG in 60 knappen Artikeln. MUNZINGER stellte seinen Entwurf unter die beiden Grundsätze der Öffentlichkeit und der Verantwortlichkeit: Öffentlichkeit der Verwaltung, der Rechnungsstellung, der wichtigsten Vorgänge im Leben der Gesellschaft, besonders wenn die Interessen Dritter berührt werden; Verantwortlichkeit der Aktionäre für ihre Zeichnungen und insbesondere Verantwortlichkeit der Gesellschaftsorgane für ihre Verwaltungshandlungen[5]. Der Entwurf inspiriert sich stark an den kantonalen und ausländischen Gesetzen, besonders am deutschen Handelsgesetz, am französischen Gesetz von 1863 sowie erstaunlich einläßlich am englischen Companies' Act von 1862. In Anlehnung an

---

[2] Vgl. VON MAY, a.a.O., S.47ff.
[3] WEISS, S.9-22; H.OSER/W.SCHÖNENBERGER, Zürcher Kommentar, Bd.V/1: Obligationenrecht, 1.Teil, 2.Aufl., Zürich 1929, Allg. Einleitung vor Art.1 OR, S.XIX-XXVII; vgl. auch W. VON STEIGER, in: Schweizerisches Privatrecht, Bd. VIII/1, § 19 II und R. PATRY, ebenda, § 12 II; J. GAUTHIER, Introduction historique, in: G. SCYBOZ/P.R. GILLIÉRON, Code civile suisse et code des obligations, Lausanne 1972, p.XI-XIX.
[4] Entwurf schweizerisches Handelsrecht 1863; vgl. hierzu W. MUNZINGER, Motive zu dem Entwurf eines schweizerischen Handelsrechtes, Bern 1865.
[5] Motive, S.120.

dieses englische Gesetz wird z.B. von der Festsetzung eines Mindestkapitals abgesehen.

Nach dem Entwurf gilt die Gesellschaft mit der Eintragung in das Handelsregister als konstituiert; einzig Gesellschaften, die auf eine Zeitdauer von mehr als 30 Jahren gestellt sind, bedürfen einer staatlichen Genehmigung (Art. 117 und 119). Der Entwurf läßt Statutenänderungen zu, macht sie aber von doppelt qualifizierten Mehrheiten abhängig (Art. 123 und 127). Sowohl Namenaktien wie Inhaberaktien werden zugelassen; bereits ist die Beschränkung der Übertragbarkeit für zulässig erklärt: sie muß in den Statuten enthalten und auf dem «Aktienschein» vermerkt sein (Art. 139).

Bezüglich der Organisation läßt der Entwurf den Gesellschaften große Freiheit (Art. 146). MUNZINGER sah einen Aufsichtsrat als obligatorisches Organ vor. Die Vertretungsbefugnis des Vorstandes gegenüber Dritten umfaßt alle Geschäfte und Rechtshandlungen; Einschränkungen können Dritten nur entgegengehalten werden, wenn diese davon Kenntnis haben oder wenn sie in den Statuten enthalten sind (Art. 157). Kooptation des Vorstandes ist zulässig (Art. 149 Abs. 1). Rechnungsrevisoren sind obligatorisch vorgeschrieben. Ihnen wird auch die Prüfung der Lage der Gesellschaft übertragen (Art. 149 und 166). Große Wichtigkeit wird dem Schutze gegen Administratoren und Gründer beigemessen, vor allem, wenn sich diese bereits bei der Gründung Vorteile zu sichern versuchen: Liberierung durch Sacheinlage und Gründervorteile unterliegen besonderen Vorschriften (Art. 151/152).

4. Der sogenannte zweite Entwurf von HEINRICH FICK aus dem Jahre 1875[6] weicht vom Entwurf MUNZINGER insbesondere in folgenden Punkten ab:

Die Aktien werden als unteilbar erklärt, eine Vorschrift, die sich in allen späteren Entwürfen und heute noch in vielen Statuten findet und die festhält, daß die Aktien kein capital stock im Sinne des englischen Aktienrechtes seien (Art. 642). Der Aufsichtsrat wird zwingend vorgeschrieben. Er überwacht die Geschäftsführung und prüft die Jahresrechnung sowie die Vorschläge über die Gewinnverteilung. Quoren sind keine mehr vorgesehen. Die Gründungsformalitäten und der Mindestinhalt der Statuten werden eingehend geregelt (Art. 645–651). Die Abänderung der Statuten wird erneut erschwert (Art. 654). Erstmals wird ein Verbot des Erwerbes eigener Aktien aufgestellt (Art. 656). Der Entwurf enthält die seltsame Bestimmung, daß jeder Aktionär einen «wertmäßigen Anteil an dem Vermögen der Gesellschaft» besitzt, daß er aber, solange die Gesellschaft besteht, nur Anspruch auf den «reinen Gewinn» hat

---

[6] Schweiz. Obligationenrecht mit Einschluß des Handels- und Wechselrechtes, Entwurf, Bern 1875.

(Art. 657). Erneut wird dem Kapital große Aufmerksamkeit geschenkt, unter anderem dadurch, daß das Einlagerückzahlungsverbot aufgestellt wird (Art. 658/668). Die Vertretungsmacht der Verwaltung ist nun unbeschränkt (Art. 674). Der Vorschlag enthält einige Bilanzierungsvorschriften (Art. 682). Schließlich erfolgt erneut die Regelung der Fusion, die gleich wie heute auf den Schutz der Gläubiger beschränkt ist (Art. 690). Die Mitglieder des Vorstandes und des Aufsichtsrates haften auch den Aktionären und den Gläubigern, aber einzig für Arglist und grobe Fahrlässigkeit (Art. 693).

5. **Das Bundesgesetz über das Obligationenrecht vom 14. Juni 1881** unterscheidet sich in der Regelung der Aktiengesellschaft inhaltlich nicht wesentlich von den Vorentwürfen, ist aber sprachlich und in der Darstellung stark überarbeitet worden. Gegenüber den Vorentwürfen sind insbesondere folgende Punkte neu geregelt worden: der Aufsichtsrat ist aufgehoben; es werden einzig Verwaltung und Kontrollstelle als obligatorische Organe vorgesehen (Art. 642). Die Wahl dieser zwei Organe wird nun zwingend der Generalversammlung zugewiesen (Art. 644). Das aOR führt erstmals den Begriff der wohlerworbenen Rechte ein, als der Rechte, welche dem Aktionär nicht durch Mehrheitsbeschluß der Generalversammlung entzogen werden können (Art. 627). Das Stimmrecht wird beschränkt, indem der Aktionär nicht mehr als den fünften Teil sämtlicher vertretenen Aktienstimmen auf sich vereinigen darf (Art. 640). Die Vertretungsmacht der Verwaltung ist begrenzt beschränkbar: sie kann auf Zweigniederlassungen limitiert werden, ferner kann Kollektivunterschrift erteilt sein (Art. 654). Die Bilanzierungsgrundsätze sind erweitert: die Bilanz ist so klar und übersichtlich aufzustellen, daß die Aktionäre einen möglichst sicheren Einblick in die wirkliche Vermögenslage der Gesellschaft erhalten (Art. 656). Außerdem wird die Gesellschaft angehalten, die «Gesamtheit der vorgenommenen Abschreibungen» anzugeben; damit wird eine Bestimmung aufgestellt, um die, da sie 1936 fallengelassen wurde, in der jetzigen Revision erneut gekämpft wird.

Den Aktionären und Gläubigern haftet die Verwaltung nun nur für Schaden, den sie durch absichtliche Verletzung der Verwaltungs- und Auskunftspflichten verursacht hat.

Das Obligationenrecht von 1881 enthält keine Vorschriften über die Anfechtung von Generalversammlungsbeschlüssen und die Auflösung der Gesellschaft durch den Richter auf Klage von Aktionären. Kein Mindestkapital und kein Mindestnennwert sind vorgeschrieben. Die Kapitalerhöhung ist vorgesehen als «weitere Emission» (Art. 626), wird aber in keiner Hinsicht geregelt. Prioritätsaktien, Genußscheine und Stimmrechtsaktien sind nicht vorgesehen. Der gesetzliche Reservefonds fehlt. Einzig statutarische Reserven sind vorgeschrieben. Die Fusion durch Kombination ist noch nicht geregelt.

6. Der erste Entwurf für das neue OR von EUGEN HUBER aus dem Jahre 1920[7] übertrifft in mancher Hinsicht den endgültigen, noch heute geltenden Wortlaut des Obligationenrechts auf dem Gebiet der Aktiengesellschaft. Bezüglich der Darstellung zeichnet er sich in überaus vorteilhafter Weise dadurch aus, daß dem Aktienrecht gemeinsame Bestimmungen über die Handelsgesellschaften mit Persönlichkeit, d. h. über die AG, die Kommandit-AG und die Genossenschaft vorangehen, die sich unter anderem mit der Gründung, den Statuten, dem Ausstand im Verwaltungsrat, der Vertretungsmacht der Organe, mit der Information und der Publizität sowie mit der Verantwortlichkeit befassen. Erwähnenswert ist insbesondere die Vorschrift in Art. 652 Abs. 3, welche bereits die Bildung stiller Reserven zuläßt. Bedeutsam ist ferner, daß Gesellschaften mit einem in Inhaberaktien zerlegten Grundkapital von mindestens einer Million oder mit auf den Inhaber ausgestellten Obligationen die Jahresrechnung im Schweizerischen Handelsamtsblatt zu veröffentlichen haben (Art. 662 Abs. 3). Überhaupt führt EUGEN HUBER eine wenn auch etwas zaghafte Trennung in private und öffentliche Gesellschaften ein: nur die großen Gesellschaften sind zur jährlichen Rechnungslegung verpflichtet; die Verwaltung hat aus zwei Mitgliedern zu bestehen, die Direktion als Organ für die Geschäftsführung ist ihnen zwingend vorgeschrieben (Art. 762). Die Kontrollstelle muß aus Fachleuten bestehen (Art. 775). Diese Zweiteilung ist im zweiten Entwurf fallengelassen worden[8]. Die Haftung von Verwaltung und Kontrollstelle erstreckt sich nun auch wieder auf fahrläßige Nichterfüllung der ihnen obliegenden Pflichten (Art. 668). Erstmals wird auch die Auflösungsklage vorgesehen (Art. 675). Der Entwurf unterscheidet, ebenfalls erstmals, zwischen Sukzessiv- und Simultangründung. Die wohlerworbenen Rechte werden materiell näher zu umschreiben versucht (Art. 707). Die Ausgabe von Vorzugsaktien, Genußscheinen und Genußaktien wird vorgesehen. Bereits besteht eine Bestimmung, wonach die Zustimmung zur Übertragung von Aktien nur aus statutarischen oder wichtigen Gründen verweigert werden darf (Art. 740). Sie ist bisher nicht Gesetz geworden und ist 1974 von der Arbeitsgruppe für die Überprüfung des Aktienrechtes erneut vorgeschlagen worden. Ihre Streichung und Ersetzung durch die verfehlte Vorschrift, daß die Statuten eine Verweigerung der Zustimmung ohne Angabe von Gründen vorsehen dürften (Art. 686 Abs. 2 OR), hat viel Unheil angerichtet. Die Anfechtungsklage wird eingeführt, aber noch als Minderheitsrecht ausgestaltet (Art. 755). Die Nationalitätsvorschriften, die der Bundesratsbeschluß vom 30. März 1911

---

[7] Schweiz. Obligationenrecht, Entwurf eines BG betreffend Revision der Titel XXIV–XXXIII des Obligationenrechtes, Bern 1919; vgl. hierzu Bericht über die Revision der Titel 24–33 des schweiz. Obligationenrechtes, Bern 1920.
[8] Vgl. zweiter Bericht (zit. unten Anm. 10), S. 26 ff.

eingeführt hat[9], werden in den Entwurf übernommen (Art. 760). Der Aufsichtsrat wird wieder bloß als freiwilliges Organ zugelassen. Ihm können die Funktionen der Kontrollstelle und die Aufsicht über die Geschäftsführung sowie die Mitwirkung bei der Verwaltung zugewiesen werden. Die Fusion durch Kombination wird eingeführt.

7. Der zweite Entwurf aus dem Jahre 1923 von ARTHUR HOFFMANN[10] enthält keine gemeinsamen Bestimmungen über die Handelsgesellschaften mit Persönlichkeit mehr und läßt auch die Zweiteilung des Aktienrechtes wieder fallen. Die jährliche Erstellung einer Bilanz wird für alle Gesellschaften vorgeschrieben; ihre Publikation ist auch für die großen Gesellschaften nicht mehr obligatorisch. Abgesehen davon bringt der zweite Entwurf im Vergleich zum ersten von EUGEN HUBER nichts ganz Neues, aber zahlreiche Änderungen in Einzelpunkten. Hiervon sind folgende vier hervorzuheben: Im Zusammenhang mit der Vinkulierung wird eine Statutenvorschrift zugelassen, wonach die Übertragung ohne Angabe von Gründen verweigert werden kann (Art. 705 Abs. 2). Dies stellt eine Kehrtwendung von der Vorschrift im ersten Entwurf dar, scheint aber die bisherige unter dem aOR 1881 geltende Praxis wieder herzustellen. Das Recht auf Anfechtung von Generalversammlungsbeschlüssen wird als Einzelrecht ausgestaltet, doch scheint man der Sache wenig sicher gewesen zu sein, kann doch der Richter den Kläger zwecks Deckung allfälliger schuldhaft herbeigeführter Schädigungen (Art. 721 Abs. 2) zur Sicherstellung anhalten. Erfreulich ist die Vorschrift in Art. 742 Abs. 1, die im Gegensatz zum geltenden Recht die Aufgabe der Kontrollstelle in einfachen und klaren Worten wie folgt umschreibt: Die Revisoren haben zu prüfen, ob die Geschäftsbücher ordnungsgemäß geführt sind und ob sich die Bilanz und die Gewinn- und Verlustrechnung in Übereinstimmung mit der Buchführung befinden und eine zutreffende Darstellung der Vermögenslage und des Geschäftsergebnisses aufweisen. In Art. 764 ist erstmals die zwangsweise Amortisation geregelt; die Vorschrift findet sich in modifizierter Weise im Entwurf des Bundesrates, fehlt aber bekanntlich im geltenden Recht.

8. Der Entwurf des Bundesrates über die Revision der Titel 24–33 des schweizerischen Obligationenrechtes aus dem Jahre 1928[11] übernimmt weitgehend die Vorschläge des Entwurfes HOFFMANN. Neu ist die Vorschrift, daß das Grundkapital mindestens 20 000 Franken betragen muß (Art. 620); immer noch fehlt eine Vorschrift über den Mindestnennwert der Aktien. Auch die

---

[9] AS 35, S. 527ff.
[10] Schweiz. Obligationenrecht, II. Entwurf eines BG betreffend Revision der Titel XXIV–XXXIII des Obligationenrechtes, Bern 1925; vgl. hierzu zweiter Bericht über die Revision der Titel 24–33 des schweiz. Obligationenrechtes, Bern 1923.
[11] BBl 80, 1928 I, S. 205ff.

kantonalen Depositenstellen sind noch nicht vorgesehen. Für durch Apport liberierte Aktien wird eine Aktiensperre eingeführt: die Apport-Aktien dürfen erst zwei Jahre nach der Eintragung im Handelsregister ausgegeben werden (Art. 637). Noch fehlen Vorschriften über die Stimmrechtsaktien. Die Vorschrift, wonach ein Urteil, das einen Generalversammlungsbeschluß aufhebt, für und gegen alle Aktionäre wirkt, findet sich erstmals im bundesrätlichen Entwurf (Art. 703).

Der Aufsichtsrat wird erneut bloß fakultativ vorgesehen; auch jetzt übernimmt er noch die Funktionen der Kontrollstelle «in Verbindung mit einer ständigen Aufsicht über die Geschäftsführung» (Art. 725). Die Klage auf Auflösung der Gesellschaft fehlt.

9. In den Eidgenössischen Räten wird der Gesetzesentwurf zuerst im Ständerat erörtert. Dank dem ausgezeichneten Berichterstatter THALMANN passiert die Vorlage zum großen Teil unangefochten. THALMANN führt zu Beginn aus, daß der Entwurf keine grundlegenden Umwälzungen bringe und daß man im großen und ganzen beim bisherigen einfachen System verbleibe, das der Praxis und insbesondere der Rechtsprechung den notwendigen Spielraum für Anpassungen an die Entwicklung ermögliche. Nur wenige der Neuerungen haben den Charakter einer grundsätzlichen Veränderung des bisherigen Rechtes. In erster Linie gehe es um die Frage des Schutzes von Aktionär und Gesellschaftsgläubiger[12]. Einläßlicher diskutiert werden im Rat einzig die stillen Reserven, der Wohlfahrtsfonds, die Stimmrechtsaktien, die Bilanzpublizität bei Großgesellschaften, die Kontrollstelle sowie die Klage auf Auflösung aus wichtigen Gründen.

In den Beratungen des Nationalrates empfiehlt der Berichterstatter SCHERRER, mit einschränkenden Schutzbestimmungen nicht zu weit zu gehen und jedenfalls bloß doktrinären Erwägungen nicht Raum zu geben[13]. Zu längeren Erörterungen geben Anlaß die Delegationsbefugnisse der Verwaltung, die Einsetzung von besonderen Büchersachverständigen für Großgesellschaften, die Pflicht der Kontrollstelle zur Meldung von Gesetzesverstößen, die Amortisation des Grundkapitals, das Problem des Ausstandes in der Generalversammlung, vor allem aber der Krisenfonds.

Das Differenzenbereinigungsverfahren erstreckt sich über zwei Jahre. Hauptgegenstand dieser langwierigen Auseinandersetzung ist vor allem der Krisen- und Wohlfahrtsfonds, aber auch das Depotstimmrecht der Banken, die Auflösungsklage und die Bilanzpublizität.

Die Schlußabstimmung erfolgte in beiden Räten am 18. Dezember 1936.

---

[12] StenBullStR 1931, S. 351 f.
[13] StenBullNR 1934, S. 262.

10. Die seitherigen Änderungen des Aktienrechtes sind äußerst geringfügig: Art. 673 Abs. 2–4 OR über die Fonds zu Wohlfahrtszwecken wurden mit Wirkung ab 1. Juli 1958 aufgehoben und durch Art. 343 bis OR und Art. 89 bis ZGB ersetzt. Seit dem 1. Januar 1972 gelten anstelle von Art. 343 bis OR die neuen Bestimmungen des Arbeitsvertragsrechtes über die Personalfürsorge in Art. 331–331 c OR.

Die Vorschrift in Art. 657 Abs. 3 OR wurde durch das Bundesgesetz vom 1. April 1949 betreffend Abänderung der Vorschriften des Obligationenrechtes über die Gläubigergemeinschaft bei Anleihensobligationen gestrichen; neu beigefügt wurde Abs. 5 zu Art. 657 OR.

11. Unmittelbar mit dem Aktienrecht befassen sich einzig zwei Verordnungen, nämlich die Verordnung vom 7. Juni 1937 über das Handelsregister[14], sowie die Verordnung vom 5. Juli 1972 über die Anerkennung von Revisionsverbänden und Treuhandgesellschaften als Revisionsstelle für die Kapitalherabsetzung bei Handelsgesellschaften und Genossenschaften[15].

II. Die Entwicklung der Aktiengesellschaft seit 1936

1. Das neue Aktienrecht ist am 1. Juli 1937 in Kraft getreten. Ende 1937 waren 19 567 Aktiengesellschaften mit einem Aktienkapital von rund 7,9 Milliarden Franken eingetragen[16]. Diese Zahlen nahmen in der Folge leicht ab, stiegen aber nach dem Zweiten Weltkrieg ständig und stark an: Die Zahl der Aktiengesellschaften erhöhte sich jedes Jahr um rund 5 000. Heute sind über 113 000 Aktiengesellschaften eingetragen mit einem Grundkapital von insgesamt rund 72 Milliarden Franken. Auffallend ist die große Zahl der Aktiengesellschaften in den Kantonen Zug, Freiburg, Basel-Stadt, Graubünden, Tessin, Waadt und Genf[17].

2. Hieraus, aber vor allem aus dem Umstand, daß knapp die Hälfte aller Aktiengesellschaften das Mindestgrundkapital von 50 000 Franken aufweisen[18], ergibt sich, daß die Aktiengesellschaft in außerordentlichem Maße für

---

[14] SR 221.411; vgl. insbes. Art. 78–89.
[15] SR 221.302.
[16] Die Statistik über Stand und Bewegung der Aktiengesellschaften wird im Statistischen Jahrbuch der Schweiz veröffentlicht. Für die Zahlen im Jahre 1937 vgl. z. B. Statistisches Jahrbuch der Schweiz, 68. Jg., 1959/1960, S. 399 ff.
[17] Aktiengesellschaften in der Schweiz 1981, Statistische Quellenwerke der Schweiz, Heft 688, Bern 1981.
[18] Von den Ende 1981 eingetragenen 113 283 Aktiengesellschaften weisen 54 731 oder 48,3% ein Grundkapital von lediglich 50 000 Franken aus.

andere Zwecke denn als Unternehmensträger verwendet wird[19]. Ungezählte Aktiengesellschaften bilden bloß Vehikel für beschränkte Zwecke und beschränkte Tätigkeiten; sie entfalten kaum Außenbeziehungen, sondern sind einzig um ihrer Rechtspersönlichkeit willen entstanden.

Solche Aktiengesellschaften sind in jeder Hinsicht Kleingesellschaften: sie werden von einem einzigen Aktionär beherrscht, ihr Grundkapital beträgt 50 000 Franken, der Verwaltungsrat besteht aus einer einzigen Person, nicht selten einem Anwalt oder einem Treuhänder; die Bilanzsumme ist geringfügig, die Gesellschaft ist Träger weniger Rechte und Pflichten.

Der Drang zur Aktiengesellschaft und das Wuchern der Kleingesellschaften hat zahlreiche Gründe: zuvorderst steht die Leichtigkeit des Zugangs und die Geschmeidigkeit der Ausgestaltung. Wer einen selbständigen Rechtsträger benötigt, gründet ohne Umschweife eine Aktiengesellschaft.

Die GmbH als Alternative erweist sich als zu schwerfällig. Die oft als Argument gegen die Aktiengesellschaft ins Feld geführte steuerliche Doppelbelastung läßt sich vermeiden oder zumindest stark einschränken. Die von den meisten Kantonen in unterschiedlichem Maße gewährte Steuerprivilegierung für Sitz- und Basisgesellschaften trägt ihrerseits zur Popularisierung der Aktiengesellschaft bei[20].

Viele der Kleingesellschaften sind ausländisch beherrscht, was seinen Grund in der stabilen Währung unseres Landes, in der Festigkeit der politischen und wirtschaftlichen Lage, in der noch geringeren Steuerlast und in anderen Sachverhalten hat, die unser Land als Finanzplatz bekannt gemacht haben.

3. Von den vielen Kleingesellschaften sind ein guter Teil Immobilien-Aktiengesellschaften[21], vor allem in den westschweizer Kantonen, insbesondere Waadt und Genf, sowie im Tessin. Ausschlaggebend für diese Entwicklung war vorerst die Möglichkeit der Steuerersparnis. Haftungsbeschränkung, Mobilisierung des Bodenwertes und Verheimlichung des wahren Besitzers kamen erst später dazu, sind aber ebenfalls gewichtige Faktoren für die Entstehung von Immobiliengesellschaften. Gegen diese Entwicklung haben sich Bedenken erhoben: der Grundbesitz wird anonymisiert; die Immobiliengesellschaften bewirken einen Funktionszerfall des Grundbuchs, das die wah-

---

[19] Man wird annehmen können, daß mindestens 60% aller Aktiengesellschaften kein Handels-, Fabrikations- oder anderes nach kaufmännischer Art geführtes Gewerbe betreiben, sondern lediglich ihr eigenes Vermögen (Beteiligungen, Grundstücke, Patente usw.) verwalten.

[20] Zur Besteuerung der Holding-, Beteiligungs-, Domizil- und Hilfsgesellschaften vgl. E. HÖHN, Steuerrecht, ein Grundriß des schweiz. Steuerrechts für Unterricht und Selbststudium, 3. Aufl., Bern/Stuttgart 1979, § 26, S. 278 ff. (mit Hinweisen); zur Steuerbelastung der Domizilgesellschaften in den verschiedenen Kantonen vgl.: Steuerbelastung in der Schweiz, Statistische Quellenwerke der Schweiz, Heft 629, Bern 1979, S. 83; vgl. auch Anm. 27 in § 1.

[21] Zur Immobilien-Aktiengesellschaft vgl. hinten § 3 II 2.

ren Berechtigten nicht nennt und das seine Publizitätsfunktion einbüßt, weil der Zugriff auf die Liegenschaft durch Übertragung der Aktien und nicht des Grundstückes erfolgt. Die Gefahr von Umgehungen ist groß, insbesondere im Zusammenhang mit dem Bundesbeschluß für den Erwerb von Grundstücken durch Personen im Ausland: der Gesetzgeber muß erheblichen Aufwand betreiben, um zu verhindern, daß der Grundgedanke des Gesetzes, wonach der Erwerb von Grundstücken in der Schweiz durch Personen mit Wohnsitz oder Sitz im Ausland der Bewilligung der zuständigen Behörde bedarf, durch Immobiliengesellschaften umgangen wird [22].

4. Anderseits hat das Aktienrecht einen außerordentlichen Beitrag zur Entstehung von Konzernen geleistet [23]. Die Konzernierungsfunktion der Aktiengesellschaft hat ungezählte Unternehmensgruppen von unterschiedlichster Größe entstehen lassen: Von der Familienholding über den Kleinkonzern bis zur größten, weltweit tätigen Gruppe von Unternehmen bedient sich jedermann der Aktiengesellschaft, um mehrere Unternehmen einer einheitlichen Leitung zu unterwerfen. Statistische Angaben über die Zahl der Konzerne fehlen, doch wird man annehmen dürfen, daß mehr als ein Drittel aller Aktiengesellschaften einem Konzern eingegliedert sind. Aus der Zahl der Holdinggesellschaften sind keine Schlüsse zu ziehen, da diese nicht bloß zur Beherrschung, sondern nach wie vor auch häufig zur Kapitalanlage gegründet werden.

Die Untersuchung der Kartellkommission über Stand und Entwicklung der Unternehmenskonzentration in der Schweiz aus dem Jahre 1974 [24] vermag keine Angaben über die Entwicklung der Unternehmenskonzentration mittels Beteiligungsnahme und damit über den Stand der Konzernierung und die Zahl und den Umfang von Unternehmensgruppen zu geben.

Die Konzentrationsfunktion der Aktiengesellschaft ist eine ihrer bedeutendsten Eigenschaften. Sie ermöglicht Wachstum durch Übernahme *(growth by aquisition)*. Die Aktiengesellschaft eignet sich wie keine andere Gesellschaftsform zur Durchführung von Beteiligungsnahmen: Der Zugriff auf ein Unternehmen erfolgt durch Erwerb einer beherrschenden Beteiligung. Wer die Ak-

---

[22] Vgl. Art. 2 lit. c BB über den Erwerb von Grundstücken durch Personen im Ausland, vom 23. März 1961 (SR 211.412.41); Art. 1 VO über den Erwerb von Grundstücken durch Personen im Ausland, vom 21. Dezember 1973 (SR 211.412.411).

[23] Zum Konzernrecht und dessen Wünschbarkeit für die Schweiz vgl. neuestens: R. RUEDIN, Vers un droit des groupes de sociétés, ZSR 99 II, 1980, S. 151 ff.; J. N. DRUEY, Aufgaben eines Konzernrechtes, ZSR 99 II, 1980, S. 273 ff.

[24] Stand und Entwicklung der Betriebs- und Unternehmenskonzentration in der Schweiz, in: Veröffentlichungen der Schweiz. Kartellkommission, 9. Jg., 1974, S. 25 ff. und 219 ff. Zu den kartellrechtlichen Problemen der Unternehmenskonzentration und -kooperation vgl. W. R. SCHLUEP, Privatrechtliche Probleme der Unternehmenskonzentration und -kooperation, ZSR 92 II, 1973, S. 155 ff., insbes. S. 499 ff.

tienmehrheit innehält, dem steht die Stimmenmehrheit dauernd und unentziehbar zu, und er beherrscht demnach die Generalversammlung und kann dort bei Wahlen, Bilanzgenehmigung und Gewinnverwendung, sowie bei der Festsetzung der Statuten seinen Willen vollumfänglich und unbehindert durchsetzen. Damit steht ihm in allen Gesellschaftsangelegenheiten das letzte Wort zu. Wer die Verwaltung einsetzt und abberuft, der vermag sich und seine Leute in den Verwaltungsrat zu wählen und kann derart auch in diesem Organ seinen Willen verwirklichen. Die Geschäfte werden im Interesse des Hauptaktionärs geführt, er bestimmt Geschäftspolitik und Unternehmenstätigkeit, er bezeichnet Kundenkreis und Lieferanten, er legt die Investitionen und die Finanzierung fest, er bestimmt Gewinn und Kapital.

Diese Beherrschung berührt und verletzt die Interessen aller an der Gesellschaft Beteiligten: Verwaltungsrat, Minderheit und Gläubiger. Die Parallelität der Interessen von Aktionär, Gläubiger und Verwaltungsrat, die infolge des Bestrebens, das Unternehmen dauernd zu erhalten, ansonst gewährleistet war, zerfällt: Die Verwaltung trifft ihre Entscheide nicht in Selbstverantwortung, in freiem Entschluß und im Hinblick auf Wohl und Fortbestand der Gesellschaft, sondern nach den Wünschen oder Weisungen des Hauptaktionärs und im Interesse der Gruppe. Die Minderheitsaktionäre stehen einer kompakten Mehrheit gegenüber. Ihre Stimmabgabe wird bedeutungslos, ihr Einfluß beschränkt sich auf ihren Lästigkeitswert. Ihr Interesse an Rendite und Wertzuwachs bleibt indessen bestehen und wird von der Gesellschaft nur mehr am Rande wahrgenommen. Die Gläubiger schließlich können, da der Fortbestand der Unternehmung nicht mehr einziges und oberstes Ziel der Geschäftsführung ist, nicht mehr mit der dauernden Erhaltung des Gesellschaftsvermögens rechnen, sondern müssen Aushöhlung, Gewinnabführung und dauernde Verluste in Kauf nehmen.

Durch den Eintritt einer Gesellschaft in eine Unternehmensgruppe oder durch ihre dauernde Unterwerfung unter die Mehrheit eines Einzelaktionärs wird das aktienrechtliche Gefüge durcheinander gebracht. Die Leitungsrichtlinien und Machtkontrollen werden aus den Angeln gehoben. Die Konzernierung schafft neben den wettbewerbsrechtlichen und wirtschaftspolitischen Problemen auch aktienrechtliche Schwierigkeiten größter Art, die zu lösen dem schweizerischen Gesetzgeber noch bevorsteht.

Die Aktiengesellschaft ist am besten geeignet, Beteiligungen an andern Gesellschaften zu erwerben, da einzig sie in der Lage ist, die Gegenleistung anders als in Geld, nämlich durch Hingabe von Aktien zu entrichten und derart einen Aktientausch (Quasi-Fusion, *Take-over*) durchzuführen[25]. Die erwerbende Gesellschaft erhöht ihr Aktienkapital unter Ausschluß des Bezugsrechtes der

---

[25] N.C. STUDER, Die Quasifusion, Bern 1974.

bisherigen Aktionäre und bietet die neuen Aktien den Aktionären der zu erwerbenden Gesellschaft zum Tausche an. Dadurch wird die zu erwerbende Gesellschaft zur allenfalls vollständig beherrschten Tochtergesellschaft der erwerbenden Gesellschaft, welche unter Umständen an Größe erheblich zunimmt. Die von der erwerbenden Gesellschaft durchzuführende Kapitalerhöhung ist eine solche gegen Sacheinlage oder zum Zwecke der Sachübernahme, doch sind die Handelsregisterbehörden offenbar bereit zuzulassen, daß Gesellschaften die entsprechenden Schutzbestimmungen in Art. 628 Abs. 1 und 2 OR unbeachtet lassen.

Der Aktientausch ermöglicht der Gesellschaft, andere Unternehmen zu erwerben, ohne Geldmittel bereitstellen und neues Fremdkapital aufnehmen zu müssen. Von der Bilanz aus gesehen, stellt ein solcher Erwerb keinen Aktiventausch, sondern eine Bilanzverlängerung dar. Sind die zu tauschenden Aktien gleichwertig, kommt es nicht zu einer Kapitalverwässerung, und die Aktionäre erleiden einzig eine Einbuße in ihrer relativen Stimmkraft, was, da diese jedenfalls bei Großgesellschaften ohnehin gering ist, ohne weiteres hingenommen werden kann.

Anstelle von Aktien können auch andere Beteiligungspapiere, insbesondere Partizipationsscheine, oder Kapitalmarktpapiere wie z.B. Obligationen, Wandelobligationen oder Optionsanleihen verwendet werden.

Im Zusammenhang mit der Unternehmenskonzentration ist nicht nur auf die Beteiligungsnahme, sondern auch auf die *Fusion* hinzuweisen, da diese einzig den Aktiengesellschaften zur Verfügung steht, sieht man von der Annexion von Genossenschaften ab (Art. 914 OR).

5. Im Zusammenhang mit dem Konzernrecht sind die **multinationalen Gesellschaften** zu nennen, die in den letzten Jahren in den Mittelpunkt des Publikumsinteresses und damit der Mißverständnisse und Anfeindungen gerückt sind. Die Begriffsumschreibungen sind zahlreich und in den Formulierungen uneinheitlich, meinen aber stets dasselbe, nämlich Unternehmen mit Produktions- oder Dienstleistungseinrichtungen außerhalb des Staates, in dem sie ihren Sitz haben[26]. Dies trifft für zahlreiche schweizerische Gesellschaften, ja wohl für alle Großgesellschaften unseres Landes zu. Sie alle haben Tochtergesellschaften, Zweigniederlassungen oder Produktionsstätten im Ausland und entfalten den größeren Teil ihrer Tätigkeit außerhalb unseres Landes.

Aus der Sicht des Aktienrechtes bieten die multinationalen Gesellschaften keine anderen Probleme als die übrigen Konzerngesellschaften. Die Frage nach

---

[26] OECD-Erklärung über internationale Investitionen und multinationale Unternehmen, vom 21. Juni 1976; The impact of multinational corporations on development and on international relations, New York 1974, S. 25.

der Intensität der Offenlegung, insbesondere im Zusammenhang mit der Erstellung von Konzernbilanzen, und nach der Rechtfertigung der Zulässigkeit stiller Reserven stellt sich bei ihnen allerdings in besonderem Maße, da sie, jedenfalls in ihrer Selbstdarstellung, besonderen Gefahren ausgesetzt sind. Überdies erfordern die multinationalen Gesellschaften die Ausstattung mit besonderen Finanzierungsmitteln, insbesondere mit dem autorisierten Kapital, um mit ihren ausländischen Konkurrenten auf gleichem Fuße zu stehen.

6. Die Internationalisierung des Handels, die zur Entstehung multinationaler Gesellschaften führte, brachte für schweizerische Unternehmungen zugleich die Gefahr der Überfremdung. Das Bedürfnis, den schweizerischen Charakter der Gesellschaft auch mit dem Beweis, daß die Mehrheit der Aktien in schweizerischem Besitz sind, zu bekräftigen, führte, da sich der schweizerische Markt für die großen Kapitalbedürfnisse als zu eng erwies, zur Ausgabe von Partizipationsscheinen, die an die Stelle der im schweizerischen Recht nicht zugelassenen stimmrechtslosen Aktien traten. Der Genußschein der Art. 657/58 OR, der vornehmlich Sanierungszwecken diente, wurde als Finanzierungsmittel ausgestaltet und zur Wiedergewinnung der ausländischen Investoren verwendet.

Die Entstehung des Partizipationsscheines ist einerseits ein Zeichen für die dem Handelsrecht und insbesondere dem Aktienrecht innewohnende Kraft, neue Institute zu schaffen und den bestehenden Schwierigkeiten mit eigenen Inventionen zu begegnen, bringt aber andererseits die Gefahr der Irreführung und Entrechtung des Anlegerpublikums mit sich, insbesondere da die Partizipationsscheine jeder Gesellschaft offen stehen.

Der Partizipant leistet eine Einlage ins Eigenkapital der Gesellschaft und erhält für dieses Risiko bloß Anspruch auf einen Anteil am Gewinn und Liquidationsergebnis, jedoch keine Mitwirkungsrechte, insbesondere kein Stimmrecht und keine Kontroll- und Schutzrechte und ist somit den Beschlüssen der Generalversammlung und der Verwaltung schutzlos preisgegeben, was den Ruf nach einem Einschreiten des Gesetzgebers laut werden ließ.

7. Neben der Entstehung von Konzernen und neben dem Aufkommen zahlloser Kleingesellschaften vermochte die Aktiengesellschaft, insbesondere in den 60er und frühen 70er Jahren, einen wesentlichen Beitrag an die Gestaltung und Erhaltung von Familienbetrieben[27] zu leisten. Zahlreiche Einzelkaufleute und Personengesellschaften sahen sich im Hinblick auf die Entwicklung ihres Geschäftes zur Umwandlung in eine Aktiengesellschaft veranlaßt. Ausschlaggebender Beweggrund ist in den weitaus meisten Fällen die Erhaltung

---

[27] H.-A. VOGEL, Die Familienkapitalgesellschaften, Zürich 1974.

der Unternehmung und die Erleichterung der Erbschaftsplanung. Der Ausschluß der Haftung tritt durchaus in den Hintergrund.

8. Ein besonderes Mittel zur Erhaltung, ja Perpetuierung der Unternehmung ist die Überführung der Unternehmensanteile in eine Unternehmensstiftung[28], welche die Aktionärrechte innehält und im Interesse der Destinatäre, die meist Arbeitnehmer der gehaltenen Gesellschaft sind, ausübt.

Mit dem Aufkommen von Holdingstiftungen – die Stiftungsunternehmung, also das Führen eines kaufmännischen Gewerbes in Form einer Stiftung, steht außerhalb des Bereiches des Aktienrechts und damit dieser Arbeit – wird ein Institut für neue Zwecke verwendet, dessen praktische Bedeutung für die Lösung von Nachfolgefragen zwar nicht zu bestreiten ist, dessen Widerspruch zu den Grundprinzipien des Aktienrechtes aber nicht übersehen werden kann: Die grundsätzlich freie Handelbarkeit der Aktien wird durch die Überführung in die Stiftung stillgelegt. Die Aktie wird für immer aus dem Verkehr gezogen. Die Aufsicht des Kapitalmarktes fällt weg. An seine Stelle tritt die sachfremde Aufsicht des Gemeinwesens. Die Gewinne laufen im Kreis, werden entweder gar nicht ausgeschüttet oder wieder zugunsten der Unternehmung und deren Mitarbeiter verwendet. Die Information über das Unternehmen findet keinen interessierten Empfänger, da der Aktionär die Information schon kennt und die Aufsichtsbehörde sie nicht versteht. Die zwar oft ineffiziente, aber latent stets vorhandene Aufsicht durch die Aktionäre in der Generalversammlung entfällt. Die Macht der Verwaltung ist ohne institutionelle Kontrolle. Die Kooptation wird rechtlich abgesichert. Wer den Stiftungsrat beherrscht, beherrscht den Verwaltungsrat, welcher wiederum den Stiftungsrat beherrscht. Der in der Aktiengesellschaft oft beklagte Mangel an Aufsicht, an Machtkontrolle, an Balance von Gewicht und Gegengewicht wird in der Holdingstiftung institutionalisiert und perpetuiert, sofern nicht besondere Maßnahmen ergriffen werden.

Trotz dieser Bedenken ist die Zulässigkeit der Holdingstiftung nicht in Zweifel zu ziehen. Das Halten von Aktien und Beteiligungen und das Ausüben der damit verbundenen Stimmrechte und anderen Aktionärrechten kann zwar nicht, jedenfalls nicht einziger Stiftungszweck sein, da darin keine genügende Vermögenswidmung erblickt werden kann und da keine Destinatäre bestehen.

---

[28] R. BÄR, Aktuelle Fragen des Aktienrechts, ZSR 85 II, 1966, S. 321 ff., insbes. S. 530 ff.; P. MENGIARDI, Strukturprobleme des Gesellschaftsrechts. Zur Bedeutung der Typuslehre für das Recht der Personengesellschaften und juristischen Personen, ZSR 87, 1968, S. 1 ff., insbes. S. 204 ff.; P. GNOS, Die Zulässigkeit der Unternehmensstiftung im schweizerischen Recht, Zürich 1971; H. M. RIEMER, Berner Kommentar, Bd. I/3: Die Stiftungen, 3. Teilbd., Bern 1975, S. 237 ff.; DERSELBE, Rechtsprobleme der Unternehmensstiftung, ZBJV 116, 1980, S. 489 ff.; MEIER-HAYOZ/FORSTMOSER, Grundriß, S. 353 ff.; P. NOBEL, Anstalt und Unternehmung, Dießenhofen 1978; vgl. auch BGE 103 Ib, 1977, S. 6; hierzu M. KUMMER, ZBJV 115, 1977, S. 303.

Doch kann die Holdingfunktion mit jedem anderen zulässigen Stiftungszweck verbunden sein. Wohltätige Stiftungen, Familienstiftungen und patronale Personalfürsorgestiftungen dürfen zur Erreichung ihres Zweckes Beteiligungen halten. Besonders naheliegend ist in solchen Fällen die Verbindung der Holdingfunktion mit einer Personalfürsorgestiftung, die Leistungen zugunsten der Arbeitnehmer der Gesellschaft, deren Aktien sie hält, zu erbringen verspricht. Die Gleichsetzung von Unternehmensträgerstiftung und Holdingstiftung ist schon deshalb nicht zulässig, weil das Führen einer Unternehmung, nicht aber das Halten von Beteiligungen an einer Unternehmung, eine kaufmännische Tätigkeit bildet. Die Holdingfunktion stellt kein kaufmännisches Unternehmen dar, so wenig wie das Verwalten des eigenen Vermögens eine kaufmännische Tätigkeit bildet. Vieles spricht dagegen, daß der Betrieb einer kaufmännischen Unternehmung in Form einer Stiftung geführt wird: Kein Mindestkapital, mangelnder Gläubigerschutz, keine Anwendung des Firmenrechtes, keine Buchführungspflicht, geringe Handelsregisterpublizität, keine Bilanzpublizität, kein besonderes Verantwortlichkeitsrecht. Alle diese Mängel fallen bei einer Stiftung mit Holdingfunktion nicht ins Gewicht, denn das Ausüben der Aktionärrechte erheischt keine besondere Publizität, keinen besonderen Gläubigerschutz, keine besondere Bilanzierung und keine besondere Verantwortlichkeitsregelung. Eine Stiftung mit Holdingfunktion ist in dieser Hinsicht nicht anders zu behandeln als ein privater Großaktionär. Besondere Schutzmaßnahmen erübrigen sich. Die Holdingfunktion ist mit der Natur der Stiftung und der Ausgestaltung des Stiftungsrechtes völlig vereinbar und somit in keiner Weise gesetzwidrig.

9. Kennzeichnendes Merkmal der Entwicklung der Aktiengesellschaften in der Schweiz ist nicht bloß die fulminante Zunahme der Zahl der Gesellschaften, sondern ebensosehr das außerordentliche Anwachsen von Kraft und Kapital, insbesondere dank der unbeschränkten Möglichkeit zur stillen Selbstfinanzierung. Art. 663 Abs. 2 OR gestattet dem Verwaltungsrat eine Bilanzierung zu Ansätzen, die unter dem Werte der Aktiven am Bilanztag stehen, sowie die Anlage anderer stiller Reserven und ermöglicht somit, bloß einen geringen Teil des erzielten Gewinnes auszuweisen und zur Ausschüttung bereitzustellen. Unter dieser Entwicklung haben Offenlegung, Bilanzrecht und Aktionäraufsicht stark gelitten. Die Bilanz gibt kein Bild der wirklichen Vermögenslage. Der Aktionär kann niemals einen Bilanzverstoß behaupten und beweisen. Art. 663 Abs. 2 OR versperrte während langer Zeit auch das Verständnis für Geltung und Wirkungskraft der Bilanzprinzipien und insbesondere des Grundsatzes der Bilanzklarheit und der Bilanzwahrheit. Es wurde übersehen, daß die stillen Reserven den einzigen Einbruch in die Grundsätze ordnungsmäßiger Bilanzierung darstellen.

III. Stand, Auslegung und Zukunft des Aktienrechtes

1. Im Gegensatz zur Bewegung der Rechtswirklichkeit ist der **Stillstand des Aktienrechtes** augenfällig. Einzig zwei Gesetzesnovellen haben das Aktienrecht am Rande berührt. Die Gerichtspraxis hat sich selten mit aktienrechtlichen Fragen befaßt: In den letzten 25 Jahren sind bloß 60 aktienrechtliche Bundesgerichtsentscheide veröffentlicht worden.

2. Der Zusammenstoß der vielgestaltigen Rechtswirklichkeit mit der Einheitlichkeit des Aktienrechtes führt zu schwierigen Fragen der **Gesetzesinterpretation**[29]: Darf die Auslegung in Funktion zur Art der Gesellschaft, die zur Beurteilung steht, gebracht werden oder ist das Aktienrecht einheitlich auszulegen? Ist das Aktienrecht einheitlich auszulegen, so fragt sich, im Hinblick auf welche der zahlreichen Gesellschaftstypen die Auslegung vorzunehmen sei: ist der Gesellschaftstyp entscheidend, der dem Gesetzgeber vor Augen stand, oder ist es der in der Rechtswirklichkeit vorherrschende Gesellschaftstyp? Schließlich: von welcher Gesellschaftskonzeption ging der Gesetzgeber aus und welche Arten von Gesellschaften herrschen in der Rechtswirklichkeit vor? Die Antwort auf die zwei letzten Fragen ist klar: die Konzeption der AG, die dem Gesetz zugrunde liegt, ist eine Gesellschaft mit negoziablen Titeln, also eine Großgesellschaft mit gestreuten Aktien und flotierender Mehrheit, denn einzig in derartigen Gesellschaften ist der Aktionär nicht dauernd mit der Gesellschaft verbunden, einzig hier kann die Minderheit sich ihrer Beteiligung an der Gesellschaft entäußern. Einzig in solchen Gesellschaften wirkt sich der Grundgedanke der Aktiengesellschaft: Festigkeit des Kapitals verbunden mit Handelbarkeit der Aktien, voll aus, und einzig hier ist die Stellung des Aktionärs nicht unerträglich. Ebenso klar ist, daß die Wirklichkeit dem gesetzlichen Leitbild in den wenigsten Fällen entspricht. Von den 100 000 Aktiengesellschaften haben bloß rund 200 börsenkotierte und damit frei handelbare Aktien. Die andern Gesellschaften sind meistens entweder Konzerngesellschaften, Einmanngesellschaften, Familiengesellschaften oder Kleingesellschaften mit keiner oder bloß geringer Handelbarkeit der Anteile und mit entsprechend großer Bedeutung der Zusammensetzung des Aktionärkreises und damit verstärkter Betonung der personalistischen Elemente.

Es wird die Ansicht vertreten[30], daß, wer sich der Aktiengesellschaft bedient, die aktienrechtlichen Regeln in derjenigen Auslegung auf sich anwenden lassen muß, welche im Hinblick auf das gesetzliche Leitbild vorgenommen wird, auch wenn sie derart dem Einzelfall nicht angemessen sind: wer für

---

[29] JÄGGI, Ungelöste Fragen, S. 57 ff., insbes. S. 65 f.; OTT, a.a.O. (§ 1, Anm. 1); MEIER-HAYOZ/
SCHLUEP/OTT, a.a.O. (§ 1, Anm. 1), S. 293 ff., insbes. S. 316 ff.
[30] JÄGGI, a.a.O.

kleine Verhältnisse eine AG gründet, muß alle Auswirkungen des weitgehend auf große Aktiengesellschaften zugeschnittenen Aktienrechtes auf sich nehmen; denn er hat eine für seine Verhältnisse unangemessene Gesellschaftsform gewählt und muß sich dabei behaften lassen. Einem solchen interpretatorischen Rigorismus ist entgegenzuhalten, daß das Gesellschaftsrecht für kleine Verhältnisse keine bessere Gesellschaftsform zur Verfügung stellt, daß die Aktionäre die Gesellschaftsform oft nicht selbst gewählt haben, sondern die Aktionäreigenschaft ihnen durch Erbgang zugefallen ist, vor allem aber, daß das Aktienrecht selbst eine personale Ausgestaltung der Gesellschaft gestattet[31], insbesondere durch Zulassung von Übertragungsbeschränkungen für Aktien, Ausgabe von Stimmrechtsaktien, verbindlichen Vorschlagsrechten für Verwaltungsratsmitglieder, Beschränkung der Stimmenzahl usw.

Das Aktienrecht darf somit typengerecht, also in einer auf die zu beurteilende Gesellschaft zugeschnittenen Weise ausgelegt und angewendet werden. Das Bundesgericht hat in diesem Sinne entschieden[32], hat aber ebenso die gegenteilige Ansicht vertreten[33]. Wenn das Aktienrecht die Schaffung kleiner und kleinster Aktiengesellschaften mit starker persönlicher Ausprägung zuläßt, so muß es entsprechend, also auch unter Bezug auf im Vergleich zur Grundkonzeption abseitige Ausgestaltungen ausgelegt werden, denn einzig auf diese Weise werden sachverhaltsgerechte und damit richtige Lösungen gefunden oder geschaffen. Der damit allenfalls verbundene Auslegungspluralismus wiegt nicht schwer und kann in Kauf genommen werden.

3. In den 50er Jahren sind in fast allen europäischen Staaten Aktienrechtsrevisionen durchgeführt worden[34]. In den 80er Jahren erleben die Mitgliedstaaten der Europäischen Gemeinschaft eine zweite Welle der Aktienrechtsrevisionen, indem Anpassungen an die ersten vier Harmonisierungsrichtlinien erforderlich werden.

In unserem Lande sind die Bestrebungen zur Reform des Aktienrechtes seit über 14 Jahren im Gange. Die parlamentarischen Vorstöße gehen auf das Jahr 1957 zurück, als in einem Postulat von Nationalrat WEIBEL die Ausgabe von Volksaktien und in einem solchen von Ständerat ROHNER bald darauf die Zulassung nennwertloser Aktien gefordert wurde. Im Jahre 1968 ernannte der Vorsteher des Eidg. Justiz- und Polizeidepartementes eine Expertenkommission zur Überprüfung des Aktienrechtes unter dem Vorsitz von Bundesrichter

---

[31] OTT, a.a.O.
[32] BGE 105 II, 1979, S.114.
[33] BGE 104 II, 1978, S.32 ff.; vgl. hierzu P. TERCIER, SAG 51, 1979, S.69 ff.
[34] Vgl. die Übersicht im Zwischenbericht des Präsidenten und des Sekretärs der Arbeitsgruppe für die Überprüfung des Aktienrechtes zum Vorschlag für eine Teilrevision des Aktienrechtes, Bern 1972, S.21 ff.; vgl. hinten § 3 I.

Dr. HANS TSCHOPP. Diese Kommission wurde beauftragt, die Postulate im Zusammenhang mit dem Aktienrecht zu prüfen und abzuklären, ob sie zu Änderungen des Aktienrechtes Anlaß geben. Vorgängig zur Einsetzung dieser Kommission hatte das Eidg. Justiz- und Polizeidepartement Dr. GEORG GAUTSCHI um die Erstellung eines Berichtes ersucht. GAUTSCHI formulierte in seinem Bericht von 1966 zahlreiche Vorschläge zur Revision des Aktienrechtes. Das Hauptgewicht liegt auf einer Verbesserung der Rechnungslegung und einer Verstärkung des Minderheitenschutzes. Die Kommission Tschopp legte im Jahre 1972 einen von Präsident und Sekretär verfaßten Zwischenbericht zum Vorschlag für eine Teilrevision des Aktienrechtes vor[35]. Die Arbeitsgruppe für die Überprüfung des Aktienrechtes entschied sich zu einer Teilrevision und legte zu folgenden Punkten formulierte Vorschläge vor: Jahresrechnung und Geschäftsbericht, Stellung und Aufgabe der Kontrollstelle, genehmigtes Kapital, bedingte Kapitalerhöhung, Partizipationsscheine, Kleinaktien, Bezugsrecht und Erwerb eigener Aktien.

Vorschläge und Zwischenbericht wurden im Frühling 1972 der Öffentlichkeit zugänglich gemacht, insbesondere den interessierten Kreisen zur Stellungnahme vorgelegt. Nach Abschluß dieser ersten Konsultation nahm die Arbeitsgruppe ihre Verhandlungen wieder auf, überprüfte ihre Vorschläge und vervollständigte sie. Sie legte dem Eidg. Justiz- und Polizeidepartement anfang 1975 einen Vorentwurf zu einem Bundesgesetz über die Revision des Aktienrechtes zusammen mit einem kurzen Begleitbericht vor[36].

Im Begleitbericht werden die Grundzüge der Vorschläge wie folgt zusammengefaßt: Verbesserung der Information über den Geschäftsgang und die Vermögens- und Ertragslage der Gesellschaft, Bekanntgabe der im Geschäftsjahr gebildeten oder aufgelösten stillen Reserven im Geschäftsbericht, Zulässigerklärung der Aufwertung von Grundstücken und Beteiligungen, Einführung von Publizitätsvorschriften, Verbesserung der Überprüfung der Jahresrechnungen, Einführung des genehmigten Kapitals zur Erleichterung der Beteiligungsübernahme und der Ausgabe von Belegschaftsaktien, Einführung des bedingten Kapitals zur Erleichterung der Ausgabe von Aktien zu Handen der Arbeitnehmer und der Gläubiger von Wandel- und Optionsanleihen, Regelung des Partizipationsscheines als stimmrechtslose Aktie, Ermöglichung der Ausgabe von Kleinaktien für Großgesellschaften, verstärkter Schutz des Bezugsrechtes, Erschwerung der nachträglichen Vinkulierung, Einschränkung der Vinkulierung, Erleichterung der Klage auf Anfechtung von Generalversammlungsbeschlüssen, Verbesserung der Funktionsfähigkeit der Generalversammlung, Einführung einer qualifizierten Mehrheit für Statutenänderungen und für die Auflösung der Gesellschaft, Erleichterung der Klage auf Auflösung der Gesellschaft aus wichtigen Gründen.

Vorentwurf und Begleitbericht wurden im September 1975 in die Vernehmlassung gegeben. Das Ergebnis des Vernehmlassungsverfahrens zum Vorent-

---

[35] Zwischenbericht des Präsidenten und des Sekretärs der Arbeitsgruppe für die Überprüfung des Aktienrechtes zum Vorschlag für eine Teilrevision des Aktienrechtes, Bern 1972.
[36] Vorentwurf der Arbeitsgruppe für die Überprüfung des Aktienrechtes mit Begleitbericht der Eidg. Justizabteilung zum Vorentwurf zum BG betreffend die Änderung des 26. Titels des Obligationenrechts (Die Aktiengesellschaft), Bern 1975.

wurf vom September 1975 wurde vom Bundesamt für Justiz zusammengestellt und im Jahre 1978 veröffentlicht[37]. Im gleichen Jahr setzte der Vorsteher des Eidg. Justiz- und Polizeidepartementes eine weitere Expertenkommission unter dem Vorsitz von Prof. CHRISTOPH VON GREYERZ ein, mit dem Ansuchen, den Vorentwurf im Lichte der Vernehmlassungen zu überprüfen und innert zwei Jahren einen botschaftsreifen Entwurf vorzulegen. Die Arbeiten dieser Kommission sind abgeschlossen; die Ergebnisse sind der Öffentlichkeit noch nicht zugänglich gemacht worden[38].

4. Neben dem Gesetzgeber hat sich auch die Rechtswissenschaft in den letzten Jahren in besonders starkem Maße mit der Verbesserung und Revision des Aktienrechtes auseinandergesetzt. Der schweizerische Juristentag 1966 in Zug befaßte sich mit aktuellen Problemen des Aktienrechtes und hörte sich Referate von Prof. ROLF BÄR, Bern und von Prof. ALAIN HIRSCH, Genf[39] an. Der Juristentag 1980 in Freiburg befaßte sich mit dem Konzernrecht, gestützt auf zwei Referate von Prof. JEAN-NICOLAS DRUEY und Prof. ROLAND RUEDIN[40]. An zahlreichen andern Tagungen sowie in den Fachzeitschriften werden die Probleme der Aktienrechtsrevision einläßlich erörtert[41].

Die Rechtspraxis und die Kautelarjurisprudenz haben gewisse Postulate der Aktienrechtsreform bereits vorweggenommen: die Statutenbestimmungen über Partizipationsscheine börsenkotierter Gesellschaften entsprechen bereits heute weitgehend den Bestimmungen des Vorentwurfes, abgesehen davon, daß die heutigen Partizipationsscheine angesichts des eindeutigen Wortlautes von Art. 657 OR einzig Vermögensrechte und keine Kontroll- und Schutzrechte gewähren können. Die statutarischen Vinkulierungsvorschriften nehmen die Aktienrechtsreform insofern teilweise vorweg, als sie bereits heute vorschreiben, daß die Zustimmung zur Übertragung einzig aus wichtigen Gründen abgelehnt werden kann. Die Kontrollstellen achten vermehrt darauf, ihre Selbständigkeit und Unabhängigkeit auch in der rechtlichen Ausgestaltung ihrer Beziehungen zur prüfenden Gesellschaft auszudrücken. Vor allem aber macht die Rechnungslegung der Gesellschaften ständig Fortschritte und ist in vielen Punkten bereits weit über die legislatorischen Anforderungen hinausgegangen.

---

[37] Vorentwurf für eine Teilrevision des Aktienrechtes, Zusammenstellung der Ergebnisse des Vernehmlassungsverfahrens zum Vorentwurf vom September 1975, hrsg. von der Eidg. Justizabteilung, Bern 1978.
[38] Die Botschaft des BR soll Ende 1982 veröffentlicht werden.
[39] BÄR, a.a.O. (Anm. 28), S. 321 ff.; A. HIRSCH, Problèmes actuels du droit de la société anonyme. L'organisation de la S.A., ZSR 85 II, 1966, S. 1 ff.
[40] RUEDIN, a.a.O. (Anm. 23), S. 151 ff.; DRUEY, a.a.O. (Anm. 23), S. 273 ff.
[41] Vgl. z.B. Probleme der Aktienrechtsrevision, zur Neugestaltung des schweiz. Aktienrechtes, Berner Tage für die juristische Praxis 1972, mit Beiträgen von P. JÄGGI, W. NIEDERER, M. KUMMER und G. GAUTSCHI, Bern 1972; Revision des Aktienrechtes, Sonderheft, SAG 48, 1976, S. 1 ff., hrsg. von W. R. SCHLUEP.

Zahlreiche kotierte Gesellschaften legen konsolidierte Rechnungen vor. Das Bilanzgeheimnis ist freiwillig gelüftet worden. In der Rechnungslegung wie in der Rechnungsprüfung wird den Grundsätzen ordnungsmäßiger Bilanzierung vermehrte Bedeutung geschenkt, so daß eine gesetzliche Verankerung der Bilanzprinzipien wenig Neues bringen wird.

5. Noch stehen die Konturen des neuen Aktienrechtes nicht fest, doch läßt sich bereits heute sagen, daß die Aktienrechtsrevision folgende Ziele verwirklichen wird: Verbesserung der Rechnungslegung und Rechnungsprüfung, Verstärkung des Minderheitenschutzes, Bekämpfung der Wirtschaftskriminalität und Erweiterung der Finanzierungsmittel. Wann das neue Aktienrecht in Kraft treten wird, ist noch offen; vor 1986 wird dies kaum der Fall sein.

§ 3. Ausländisches Aktienrecht und Sonderformen

I. Ausländisches Recht

Literatur

Zum ausländischen Recht: vgl. das allgemeine Literaturverzeichnis.
Zur Einmanngesellschaft: H. SCHÖNLE, Die Einmann- und Strohmanngesellschaft, unter besonderer Berücksichtigung der Fiducia, Freiburg 1957; F. v. STEIGER, Haftungsprobleme der Einmanngesellschaft, BJM 1969, S. 205 ff.
Zur Holdinggesellschaft: G. CAPITAINE, Le status des sociétés holdings en Suisse, ZSR 62, 1943, S. 1 a ff.; L. HAUNREITER, Die Beteiligung an Aktiengesellschaften, Begriff, Funktion und Bewertung, Gossau 1981; W. v. STEIGER, Die Rechtsverhältnisse der Holdinggesellschaften in der Schweiz, ZSR 62, 1943, S. 195 a ff.; M. ZWEIFEL, Holdinggesellschaft und Konzern, Zürich 1973.
Zur Immobiliengesellschaft: J. J. FATTON, La vente de toutes les actions d'une société immobilière, Lausanne 1949; P. JÄGGI, Die Immobilien-Aktiengesellschaft, SAG 46, 1974, S. 145 ff.; P. RICHLI, Die Miete-Beteiligung an Wohnungen. Eine Formel zwischen Wohnungsmiete und Wohnungseigentum, Bern 1974; A. SCHLAEPFER, La vente du capital actions d'une société anonyme immobilière, Genève 1948; E. TEITLER, Die Einmann-Immobilien-AG, Zürich 1969.
Zur Familien-AG: H.-A. VOGEL, Die Familienkapitalgesellschaft, Zürich 1974; C. LÖWE, Die Familienunternehmung. Zukunftssicherung durch Führung, St. Gallen 1979.
Zur Mantelgesellschaft: J.-L. VON PLANTA, Die rechtliche Behandlung des Aktienmantels, Basel 1976.

1. Deutschland

Die deutsche Aktiengesellschaft ist die Rechtsform für Großunternehmen. In Deutschland bestehen rund 2000 Aktiengesellschaften mit einem Grundkapital von insgesamt 85 Milliarden DM[1]. An der Börse kotiert sind ca. 550 Gesellschaften. Die Gesellschaft wird daneben auch für Familienunternehmen verwendet. Das Aktienrecht wurde 1937 revidiert und aus dem Handelsgesetzbuch in ein Sondergesetz übernommen[2]. Eine Gesamtrevision erfolgte im Jahre 1965[3]. Ergänzungen brachten das Publizitätsgesetz von 1969[4] sowie die Durchführungsgesetze zur ersten und zweiten EWG-Richtlinie[5].

Das Grundkapital der Aktiengesellschaft beträgt mindestens 100000 DM. Die Kapitalbindung ist im Vergleich zur schweizerischen Regelung verstärkt. In der Organisationsstruktur gilt das dualistische System, indem Leitung und Aufsicht funktionell und organisatorisch getrennt sind: der Vorstand leitet die Gesellschaft in alleiniger Verantwortung. Der Aufsichtsrat überwacht die Geschäftsführung, bestellt und ruft die Vorstandsmitglieder ab und regelt die Geschäftsführungsbefugnisse des Vorstandes. Er legt die Jahresrechnung zusammen mit dem Vorstand fest. Die Hauptversammlung gilt als oberstes Organ. Die Ausübung des Depotstimmrechtes der Banken wird einschränkend geregelt. Stimmrechtslose Aktien sind nur als Vorzugsaktien zugelassen. Aktionäre, die einen Zehntel des Grundkapitals auf sich vereinigen, können die Einsetzung eines Sonderprüfers zur Überprüfung von Vorgängen bei Gründung und Geschäftsführung verlangen. Für die Mindestgliederung der Jahresrechnung bestehen sehr einläßliche Vorschriften. Es gilt das Prinzip der Wertbestimmtheit, womit die Bildung stiller Reserven stark eingeschränkt ist. Vorstand und Aufsichtsrat können bis zur Hälfte des Jahresüberschusses zurücklegen, so daß die Hauptversammlung nur über die Restanz verfügen kann (System der gläsernen aber verschlossenen Taschen). Gesetzwidrige Jahresabschlüsse sind nichtig. Bedingtes und genehmigtes Kapital sind zugelassen.

Das Aktiengesetz von 1965 enthält als erstes europäisches Gesetz einläßliche konzernrechtliche Vorschriften[6]. Es definiert die verbundenen Unternehmen

---

[1] Am 31. Dezember 1978 gab es 2141 Aktiengesellschaften und Kommanditgesellschaften auf Aktien. Das Grundkapital aller Gesellschaften betrug am selben Datum 86,1 Mrd. DM; vgl. Wirtschaft und Statistik 1979, S. 259 ff.
[2] Aktiengesetz vom 30. Januar 1937, RGBl I, S. 107.
[3] Aktiengesetz vom 6. September 1965, BGBl I, S. 1089.
[4] Gesetz über die Rechnungslegung von bestimmten Unternehmen und Konzernen vom 15. August 1969, BGBl I, S. 1189.
[5] Gesetz zur Durchführung der Ersten Richtlinie des Rates der Europäischen Gemeinschaften zur Koordinierung des Gesellschaftsrechtes vom 15. August 1969, BGBl I, S. 1146; Gesetz zur Durchführung der Zweiten Richtlinie des Rates der Europäischen Gemeinschaften zur Koordinierung des Gesellschaftsrechtes vom 13. Dezember 1978, BGBl I, S. 1959.
[6] §§ 15–22 und 291–338 dAktG.

und Konzerne, stellt Mitteilungspflichten auf, regelt die Unternehmensverträge, legalisiert die Leitungsmacht im Vertragskonzern und verknüpft sie mit besonderen Verantwortlichkeiten; das Gesetz umschreibt Voraussetzungen und Wirkung der Eingliederung und erklärt den Konzernabschluß und den Konzerngeschäftsbericht für obligatorisch.

Das deutsche Aktienrecht übt einen wesentlichen Einfluß auf die Harmonisierung des Gesellschaftsrechtes im Rahmen der Europäischen Gemeinschaften aus, insbesondere auf die Regelung der Jahresrechnung und des Konzernrechtes, aber auch auf die Organisationsstruktur der Gesellschaft.

Die Zusammensetzung des deutschen Aufsichtsrates und damit der Aufbau der Gesellschaft werden entscheidend durch die Mitbestimmungsgesetze im weiteren Sinne geprägt: Im einfach mitbestimmten Aufsichtsrat besteht ein Drittel der Mitglieder aus Personen, die von Arbeitnehmern gewählt werden; ausgenommen hiervon sind u.a. Familienaktiengesellschaften mit weniger als 500 Arbeitnehmern. In den Unternehmen der Montan-Industrie (Kohle, Eisen, Stahl) wird der Aufsichtsrat paritätisch aus Mitgliedern von Aktionären und Arbeitnehmern und einem weiteren Mitglied zusammengesetzt[7].

In der Bundesrepublik befaßt sich die Literatur zur Zeit stark mit der Frage des Unternehmensrechtes. Eine vom Bundesminister der Justiz eingesetzte Unternehmensrechtskommission hat im Frühling 1980 einen Bericht über die Fortentwicklung des Gesellschaftsrechtes zu einem Unternehmensrecht vorgelegt, in welchem die Problematik sowie mögliche Ansatzpunkte für eine Gestaltung eines Unternehmensrechtes dargestellt werden[8].

2. Österreich

Im Jahre 1939 wurde in Österreich das deutsche Aktienrecht von 1937 eingeführt. Es steht heute noch in Kraft. Die Revision des österreichischen Aktienrechtes im Jahre 1965 beschränkte sich auf eine Austrifizierung des bestehenden Gesetzes.

Die Zahl der Aktiengesellschaften nimmt ständig ab; die Gesamtzahl beläuft sich auf rund 500. Der Anteil der öffentlichen Hand beträgt insgesamt mehr als 60%. Gestützt auf die Verstaatlichungsgesetze aus den Jahren 1946/47 wurden die zu verstaatlichenden Unternehmen nicht ins unmittelbare Eigentum des

---

[7] Betriebsverfassungsgesetz vom 11. Oktober 1952, BGBl I, S. 681; Gesetz über die Mitbestimmung der Arbeitnehmer in den Aufsichtsräten und Vorständen der Unternehmen des Bergbaus und der Eisen und Stahl erzeugenden Industrie vom 21. Mai 1951, BGBl I, S. 347 (Mitbestimmungsgesetz); Gesetz zur Ergänzung des Gesetzes über die Mitbestimmung der Arbeitnehmer in den Aufsichtsräten und Vorständen der Unternehmen des Bergbaus und der Eisen und Stahl erzeugenden Industrie vom 7. August 1956, BGBl I, S. 707.

[8] Bericht über die Verhandlungen der Unternehmensrechtskommission, hrsg. vom Bundesministerium der Justiz, Köln 1980.

Staates übergeführt; verstaatlicht wurden vielmehr die Anteilsrechte. Der Gesetzgeber sah sich in der Folge gezwungen, durch Gelegenheitsgesetze das Gesellschaftsrecht punktuell an diese Entwicklung anzupassen, wobei offenbar politische Überlegungen systematischen und sachlichen Erwägungen vorgingen. Hierin besteht für die rechtsvergleichende Betrachtung das Hauptinteresse, gleichzeitig aber auch die Hauptschwierigkeit, da ein funktionaler Vergleich zwischen privaten und gemischtwirtschaftlichen Aktiengesellschaften nicht leicht fällt[9].

3. Frankreich

Die Aktiengesellschaft (Société anonyme) wird in der Loi sur les sociétés commerciales du 26 juillet 1966 geregelt, die an die Stelle eines alten Gesetzes über die Handelsgesellschaften aus dem Jahre 1867 trat, welches 99 Jahre in Kraft stand[10]. Dieses neue Gesetz, das fast das gesamte Gesellschaftsrecht kodifiziert, wird ergänzt durch das Décret sur les sociétés commerciales du 24 mars 1967. Beide Erlasse sind seither mehrfach abgeändert und ergänzt worden, auch auf dem Gebiet des Aktienrechtes; die zweite, wichtige Reform des Gesellschaftsrechtes in Frankreich aus dem Jahre 1978 betrifft die «société civile und die société en participation», also die einfache und die stille Gesellschaft[11].

Die französische Gesetzgebung im Gebiet des Gesellschaftsrechtes aus dem Jahre 1966 beruht auf folgenden Grundsätzen: Schutz des anlegenden Publikums durch Verbesserung der Offenlegung und der Kontrollrechte, Sicherung Dritter durch Beschränkung der Nichtigkeitsgründe und durch Beschränkung der Einrede fehlender Vertretungsmacht, Bekämpfung von Mißbräuchen, insbesondere durch Aufnahme zahlreicher Strafbestimmungen, Anpassung an die wirtschaftliche Entwicklung u.a. durch Einführung des dualistischen Systems der Verwaltung, Ausrichtung auf die Harmonisierungsbestrebungen in der Europäischen Gemeinschaft[12].

Die wesentlichsten Neuerungen des französischen Gesetzes über die Handelsgesellschaften aus dem Jahre 1966 betreffen die Aktiengesellschaft und können kurz wie folgt wiedergegeben werden: das Mindestkapital wird auf 500 000 FFr. festgesetzt für Gesellschaften mit appel public à l'épargne und auf

---

[9] Vgl. hierzu KASTNER, S. 26 ff.; HÄMMERLE/WÜNSCH, Bd. 2, S. 225 ff.
[10] Zur Entstehung des französischen Gesellschaftsrechtes vgl. HÉMARD/TERRÉ/MABILAT, t. I, p. 3 ss; H. J. MARTENS, Zur Reform des französischen Aktienrechts, WpG 18, 1965, S. 410 ff.; DERSELBE, Das neue französische Aktienrecht, WpG 19, 1966, S. 661 ff.; W. STABER, Zur Reform des Gesellschaftsrechtes in Frankreich, Die Aktiengesellschaft 1967, S. 9 ff.
[11] CH. MÜLLER-GUGENBERGER, Zweite Etappe der Gesellschaftsrechtsreform in Frankreich, ZHR 142, 1978, S. 589 ff.
[12] F. LEFEBVRE, Mémento pratique des sociétés commerciales, 5. Aufl., Paris 1974, p. 19 s.

100000 FFr. für die andern. Der Gründungsvorgang für Gesellschaften ohne appel public à l'épargne wird erleichtert. Die Gesellschaften können zwischen dem klassischen (conseil d'administration und président-directeur général) und dem deutschen (dualistischen) System (directoire und conseil de surveillance) wählen. Es wird versucht, die Generalversammlung durch Erweiterung des Informationsanspruches und durch Verstärkung des Vorschlagsrechtes zu aktivieren. Die statutarischen Übertragungsbeschränkungen und Übernahmerechte werden einschränkend legalisiert. Das Verbot wechselseitiger Beteiligungen wird ausgeweitet. Die Unternehmenszusammenschlüsse und die Unternehmensteilungen (fusion et scission) werden geregelt.

Das französische Aktienrecht enthält keine konzernrechtlichen Bestimmungen, sondern lediglich Definitionen von Tochtergesellschaft und Beteiligung. Die vom Abgeordneten COUSTÉ am 19. Februar 1970 eingebrachte Gesetzesvorlage für ein Konzernrecht ist nicht Gesetz geworden[13].

4. Großbritannien

Die letzte große Reform des englischen Aktienrechtes erfolgte 1948 und fand ihren Niederschlag im Companies Act von 1948[14]. Dieses Gesetz wurde in den Jahren 1967, 1976 und 1980 revidiert. Der Companies Act von 1967[15], welcher gestützt auf die Vorschläge des JENKINS Committee erfolgte, enthält vor allem folgende Bestimmungen: Abschaffung der exempt private company und damit Verpflichtung aller Gesellschaften zur Offenlegung ihrer Jahresrechnung und ihres Geschäftsberichtes durch Hinterlegung beim Handelsregister; Verschärfung der Offenlegungspflicht durch Angaben über Tochtergesellschaften und Bezüge der Verwaltung, Verbot gewisser Transaktionen in Aktien und Obligationen durch die Verwaltungsratsmitglieder, Verpflichtung zur Angabe aller wesentlichen Beteiligungen an der Gesellschaft.

Der Companies Act 1976 befaßt sich insbesondere mit der Rechnungslegung und Rechnungsprüfung, enthält aber auch Vorschriften über Insider-Transaktionen[16].

Im Jahre 1980 wurde das Aktienrecht erneut revidiert. Der Companies Act von 1980 bezweckt vor allem die Anpassung des englischen Aktienrechtes an die EWG-Richtlinien sowie die Berücksichtigung weiterer Reformwünsche, wie insbesondere Verstärkung des Schutzes vor Insider-Transaktionen. Erst-

---

[13] Vgl. Text und Übersetzung der vom Abgeordneten COUSTÉ eingebrachten Gesetzesvorlage für ein Konzernrecht vom 19. Februar 1970; ZGR 1972, S. 76ff.
[14] 11 & 12 Geo. 6., ch. 38.
[15] ch. 81.
[16] ch. 69. Zu diesem Gesetz vgl. A. J. BOYLE, Länderbericht: Großbritannien, SAG 49, 1977, S. 27ff.; CH. VON GREYERZ, Der englische Companies Act 1976, ST 5, 1977, S. 32ff.

mals werden Vorschriften über die Kapitalerhaltung und über die Beschränkung der Gewinnausschüttung eingeführt[17].

In England waren im Jahre 1968 rund 500000 private und 10000 öffentliche Gesellschaften eingetragen[18].

Das englische Aktienrecht ist insbesondere durch folgende Merkmale gekennzeichnet: Das Gesetz stellt mehrere Arten von Gesellschaften zur Verfügung, nämlich companies limited by shares, welche unserer Aktiengesellschaft entsprechen, companies limited by guarantee, in welchen die Gesellschaft sich einzig für den Fall der Auflösung zur Einberufung des Kapitals verpflichtet, und unlimited companies, also Gesellschaften, in welchen die Haftung der Aktionäre unbeschränkt ist.

Bekannt, wenn auch weniger bedeutungsvoll ist der Unterschied zwischen öffentlichen und privaten Gesellschaften (private companies), welche in ihren Statuten Übertragungsbeschränkungen einführen, die Zahl der Aktionäre auf 50 beschränken und sich verpflichten, weder Aktien noch Obligationen öffentlich zur Zeichnung anzubieten[19].

Für die Errichtung gilt das Registerprinzip. Die Statuten sind zweigeteilt: im Memorandum of Association sind die individualisierenden Hauptmerkmale der Gesellschaft wiedergegeben, während die Articles of Association die Einzelregelungen enthalten. Beide sind heute abänderlich, während früher das Memorandum of Association nicht geändert werden konnte. Die ebenfalls bekannte Ultra-vires-Lehre ist nicht aufgehoben, hat aber an Bedeutung stark eingebüßt, insbesondere seit der Anpassung an die erste EWG-Richtlinie durch den European Communities Act von 1972.

Es bestand bis zum Companies Act von 1980 keine Vorschrift über ein Mindestgrundkapital oder über einen Mindestnennwert von Aktien; nennwertlose Aktien sind nicht zugelassen, hingegen stimmrechtslose Aktien. Die Aktien lauten auf den Namen. Es wird ein Aktienbuch geführt. Das Recht auf Bezug neuer Aktien ist nicht unentziehbar. Für Obligationen (debentures) ist eine sogenannte floating charge, also eine Verpfändung aller Gesellschaftsaktiven, auch der Mobilien, zugelassen. Der Minderheitenschutz beruht auf dem Mißbrauchsprinzip und auf dem Verbot von Sondervorteilen. Der geschädigte Aktionär kann auf Auflösung der Gesellschaft klagen, wobei das Gericht auch Gestaltungsurteile (alternative remedies) beschließen kann. Es gilt das Board-System, indem kein Aufsichtsrat besteht, sondern die Geschäftsführung dem

---

[17] ch. 22; vgl. hierzu vorerst V. JOFFE, The Companies Act 1980, a practical guide, London 1980.
[18] Companies in 1968, statistische Angaben des Board of Trade, London 1969.
[19] CH. VON GREYERZ, Die englische «private company», in: Lebendiges Aktienrecht, Festgabe zum 70. Geburtstag von Wolfhart Friedrich Bürgi, Zürich 1971, S. 163 ff. Der Companies Act 1980 hat hier wesentliche Änderungen gebracht. Begrifflich erfaßt wird nun die public company.

Board of Directors obliegt. Diese sind durch außerordentlich weitgehende Sorgfalts- und Treuepflichten gebunden (duties of skill and care). Der Aktionärsschutz beruht weitgehend auf dem Offenlegungsprinzip «*forwarned is forarmed*». Die Gesellschaft hat alljährlich dem Handelsregister die Jahresrechnung und zahlreiche andere Dokumente einzureichen, welche jedermann zur Einsicht offen stehen. Außerordentlich sind die staatlichen Inspektionsrechte: Das Board of Trade kann den Geschäftsgang durch besondere Prüfer einläßlich untersuchen lassen und mit zwangsweiser Auflösung und andern administrativen Maßnahmen reagieren.

5. Italien

Die italienische Aktiengesellschaft (Società per azioni) ist – Ausfluß des formellen Monismus – in den Art. 2325–2461 des Zivilgesetzbuches aus dem Jahre 1942 geregelt. Die Grundordnung erfuhr 1974 eine Teilrevision, nämlich im Gesetz vom 4. Juli 1974 betreffend den Handel und die Besteuerung von Aktientiteln. Das Gesetz umschreibt die verbundenen Unternehmen, regelt die Vertretung der Aktionäre in der Generalversammlung und führt die Wandelobligation und die Sparaktie ein, ferner enthält es Vorschriften über die Gliederung der Gewinn- und Verlustrechnung[20].

6. Niederlande

Holland ist das einzige Land, das die EWG-Harmonisierungsrichtlinien vorwegnahm und bereits im Jahre 1971 die geschlossene Gesellschaft mit beschränkter Haftung einführte. Holland ist auch insofern richtungsweisend, als sein Gesetz über den Jahresabschluß von Unternehmungen von der Aufnahme von Gliederungsschemen absieht, sondern die Mindestgliederung der Jahresrechnung im konventionellen Gesetzesstil und mit großer Souplesse regelt[21].

7. Belgien

Die Handelsgesellschaften in Belgien sind noch immer im Gesetz vom 18. Mai 1873 geregelt, wenn dieses auch zahlreiche Änderungen erfahren hat. Bedeutungsvoll ist das Gesetz über die Buchführung und Rechnungslegung

---

[20] B. BECCHIO, Die Reform des italienischen Aktienrechtes, Bemerkungen zum Gesetz vom 4. Juli 1974 betr. den Handel und die Besteuerung von Aktientiteln, SAG 47, 1975, S. 62 ff. (mit Gesetzestext deutsch-italienisch).
[21] P. A. STEIN, Die neuere Gesetzgebung zu den Handelsgesellschaften in den Niederlanden, ZHR 138, 1974, S. 101 ff.; P. SANDERS, Reform des Gesellschaftsrechtes in den Niederlanden, Die Aktiengesellschaft 16, 1971, S. 389 ff.; vgl. deutsche Übersetzung des holländischen Aktienrechtes, in: Das Handels- und Gesellschaftsrecht der Niederlande, 4. Aufl., Düsseldorf 1980.

der Unternehmen vom 17. Juli 1975, ergänzt durch die königliche Verordnung vom 8. Oktober 1976. Zu nennen ist ferner das Gesetz vom 1. Februar 1977 über die Erhöhung des Mindestgrundkapitals der Aktiengesellschaften auf 1 250 000 Belg. Fr.

Ende 1979 wurde im Repräsentantenhaus ein Gesetzesvorschlag über die Revision des Gesellschaftsrechtes vorgelegt, der in den Art. 60–142 die Aktiengesellschaft von Grund auf neu zu regeln beabsichtigt: das autorisierte Kapital wird eingeführt, ferner geht man zum Aufsichtsratssystem über. Fachkunde und Unabhängigkeit der Revisoren werden verstärkt, die Generalversammlung revitalisiert.

8. Fürstentum Liechtenstein

Die Vorschriften im Personen- und Gesellschaftsrecht vom 20. Jänner 1926 (PGR) über die Aktiengesellschaften (Art. 261–367) zeichnen sich durch die für das ganze Gesetz charakteristische Ideenvielfalt aus.

Die neuesten Revisionsbestrebungen betreffen die Aktiengesellschaft nur am Rande; immerhin wird für alle Aktiengesellschaften eine Kontrollstelle für obligatorisch erklärt[22].

9. Europäische Gemeinschaft

In der Europäischen Gemeinschaft wird im Gebiet des Gesellschaftsrechtes in drei Richtungen gearbeitet: angestrebt wird die Harmonisierung der einzelstaatlichen Gesellschaftsrechte, versucht wird die Schaffung einer übernationalen Gesellschaftsform und gefördert werden internationale Übereinkommen für grenzüberschreitende Verhältnisse[23].

a) In den Auswirkungen am bedeutungsvollsten erwiesen sich bis anhin die Bestrebungen zur Rechtsangleichung: In extensiver Auslegung von Art. 54 Abs. 3 lit. f des EWG-Vertrages hat die Kommission bis heute vier Richtlinien erlassen und vier Richtlinien-Entwürfe vorgelegt. Weitere sind in Vorbereitung. Diese Richtlinien bezwecken nicht bloß, die Niederlassungsfreiheit der Gesellschaften zu gewährleisten, sondern sie versuchen vielmehr, allfällige

---

[22] Vgl. Gesetz vom 15. April 1980 betr. die Abänderung des Personen- und Gesellschaftsrechtes und des Gesetzes über das Treuunternehmen.

[23] Zum europäischen Gesellschaftsrecht im allgemeinen vgl. insbes.: P. NOBEL, Europäisierung des Aktienrechtes. Materialien für die schweizerische Totalrevision, Dießenhofen 1974; J. PIPKORN, Zur Entwicklung des europäischen Gesellschafts- und Unternehmensrechtes, ZHR 136, 1972, S. 499 ff. und ZHR 137, 1973, S. 35 ff.; TSCHÄNI, Funktionswandel des Gesellschaftsrechtes; H. WIEDEMANN, Gesellschaftsrecht, Bd. 1, Grundlagen, München 1980, S. 48 ff.; W. R. SCHLUEP, Die Bemühungen um ein europäisches Gesellschaftsrecht und der Vorschlag für eine Teilrevision des schweizerischen Aktienrechts, SAG 45, 1973, S. 57 ff.

in der unterschiedlichen Ausgestaltung des Gesellschaftsrechtes liegende Wettbewerbsverfälschungen auszugleichen. Die Wahl des Standortes eines Unternehmens soll nicht durch einzelstaatliche Laxheiten im Gebiet des Gesellschaftsrechtes bestimmt werden. Zu diesem Zweck sollen die zum Schutze Dritter vorgeschriebenen Bestimmungen gleichwertig ausgestaltet werden.

aa) Die erste Richtlinie vom 9. März 1968 (Publizitätsrichtlinie) betrifft die Offenlegung, die Vertretung der Gesellschaft und die Verhinderung der Nichtigkeit von Gesellschaften[24]. Dem Handelsregister wird im Gebiet des Gesellschaftsrechtes positive Publizitätswirkung verliehen. Die englische Ultravires-Lehre wird eingeschränkt. Die Nichtigkeit von Gesellschaften wird weitgehend verhindert.

Sie ist von allen Mitgliedstaaten in nationales Recht umgesetzt worden.

bb) Die zweite Richtlinie vom 13. Dezember 1976 (Kapitalrichtlinie) enthält Schutzbestimmungen über die Aufbringung und Erhaltung des Grundkapitals. Es wird ein Mindestgrundkapital vorgesehen. Die Gründungsprüfung wird für qualifizierte Gründungen zwingend vorgeschrieben. Das Bezugsrecht wird verstärkt geschützt, der Erwerb eigener Aktien nuanciert verboten. Die Richtlinie bezieht sich einzig auf Publikumsgesellschaften, was sich aus der Firmenbezeichnung ergeben muß. Die Mitgliedstaaten sind gehalten, ihr Aktienrecht innerhalb von zwei Jahren anzupassen. Die Bundesrepublik Deutschland hat dies mit Gesetz vom 13. Dezember 1978 getan, England kommt der Richtlinie mit dem Companies Act von 1980 nach[25].

cc) Die dritte Richtlinie vom 9. Oktober 1978 (Fusionsrichtlinie) regelt die innerstaatliche Fusion und läßt sowohl Annexion wie Kombination zu[26]. Die Richtlinie bezweckt vor allem den Schutz der Aktionäre und Gläubiger. Sie schreibt einen schriftlichen Fusionsplan vor. Die Angemessenheit des Umtauschverhältnisses muß in einem besonderen Sachverständigen-Bericht begutachtet werden. Die Stellung der Arbeitnehmer im Zusammenhang mit Verschmelzungen wird in einer arbeitsrechtlichen Richtlinie vom 14. Februar 1977 geregelt, welche den Arbeitnehmern Information und Mitspracherechte einräumt.

dd) Von außerordentlicher Bedeutung ist die vierte Richtlinie vom 25. Juli 1978 (Bilanzrichtlinie)[27]. Sie verpflichtet die Aktiengesellschaften zur true and fair view. Die Richtlinie enthält einläßliche Gliederungsschemen für Bilanz

---

[24] ABl EG vom 14. März 1968, Nr. L 65, S. 8; vgl. F. PERRET, Coordination du droit des sociétés en Europe: La première directive de la CEE en matière de sociétés et le droit Suisse, Genève 1970.
[25] ABl EG vom 31. Januar 1977, Nr. L 26, S. 1 ff.
[26] ABl EG vom 20. Oktober 1978, Nr. L 295, S. 36 ff.
[27] ABl EG vom 14. August 1978, Nr. L 222, S. 11 ff.; vgl. hierzu CH. VON GREYERZ/F. PERRET, Koordinierung des Gesellschaftsrechtes in Europa, Vorschläge zur Gestaltung der Jahresrechnung in der EWG und der Schweiz, Bericht 7B des Institutes für europäisches und internationales Wirtschafts- und Sozialrecht, St. Gallen (ohne Datum).

und für Gewinn- und Verlustrechnung. Sie läßt Staffel- und Kontoform zu sowie sowohl eine Produktionskosten- als auch eine Umsatzkostenrechnung. Die Grundsätze ordnungsmäßiger Bilanzierung, insbesondere soweit sie die Bewertung betreffen, werden im einzelnen genannt. Die Bewertungsregeln beruhen auf dem Prinzip der historischen Kosten, lassen aber den Mitgliedstaaten die Freiheit, die Bewertung zu Wiederbeschaffungskosten oder andere Tageswertrechnungen zuzulassen.

Die vierte EG-Richtlinie erklärt die Veröffentlichung der Jahresrechnung und des Geschäftsberichtes für obligatorisch. Auf dem Gebiete der Offenlegung werden allerdings Differenzierungen gemacht, indem den mittleren Unternehmungen gestattet wird, eine verkürzte Jahresrechnung zu veröffentlichen, und indem die Kleinunternehmen einzig eine verkürzte Bilanz offenlegen müssen.

ee) Die sechste Richtlinie vom 17. März 1980 (Börsenprospektrichtlinie) hat die Vereinheitlichung der Börsenprospekte zum Ziel[28].

Die Richtlinienentwürfe zur Angleichung des Gesellschaftsrechtes sind unterschiedlich weit gediehen:

ff) Der Vorschlag für eine fünfte Richtlinie (Strukturrichtlinie) legt die Organisationsstruktur der Gesellschaft fest und schreibt zwingend die Einführung des dualistischen Systems mit Vorstand und Aufsichtsrat vor. Sie will auch die Mitbestimmung in Unternehmen mit mehr als 400 Arbeitnehmern einführen. Ferner werden Erstellung und Prüfung der Jahresrechnung geregelt. Von besonderer Bedeutung ist die verstärkte Haftung der Revisoren[29].

gg) Der Vorschlag für eine siebte Richtlinie (Konsolidierungsrichtlinie) bezweckt die Harmonisierung der Konzernbilanz. Sie enthält für Konsolidierungszwecke einen besonderen Konzernbegriff, läßt die Grundsätze der vierten EG-Richtlinie auch auf die Konzernbilanz zur Anwendung bringen, schreibt Vollkonsolidierung vor und läßt für die Bewertung drei Methoden zu. Die Kommission hat am 17. Januar 1979 einen geänderten Vorschlag über den Konzernabschluß vorgelegt. Mit der endgültigen Verabschiedung ist in den nächsten Monaten zu rechnen[30].

hh) Der Vorschlag für eine achte Richtlinie (Revisorenrichtlinie) legt insbesondere die fachlichen Voraussetzungen für die Abschlußprüfer fest, stellt aber gleichzeitig auch Unabhängigkeits- und Inkompatibilitätsvorschriften auf[31].

---

[28] ABl EG vom 17. April 1980, Nr. L 100, S. 1 ff.
[29] ABl EG vom 13. Dezember 1972, Nr. C 131, S. 49 ff.; Beilage 10/72 zum Bulletin der Europäischen Gemeinschaft.
[30] Vorschlag vom 4. Mai 1976; ABl EG vom 2. Juni 1976, Nr. C 121, S. 2 ff.; Beilage 9/76 zum Bulletin der Europäischen Gemeinschaft; geänderter Vorschlag vom 14. Dezember 1978, ABl EG vom 17. Januar 1979, Nr. C 14, S. 2 ff.
[31] ABl EG vom 13. Mai 1978, Nr. C 112, S. 6 ff.; Beilage 4-78 zum Bulletin der Europäischen Gemeinschaft; geänderter Vorschlag ABl EG vom 18. Dezember 1979, Nr. C 317, S. 6 ff.

In Vorbereitung sind schließlich eine Konzernrichtlinie sowie Richtlinien über Börsenzulassung, Insider-Trading, Beteiligungsnahme und Unternehmensspaltung.

Den gesellschaftsrechtlichen Richtlinien ist das deutsche Aktienrecht zu Gevatter gestanden. Ihre Auswirkungen, vor allem im Gebiete der Rechnungslegung und der Gesellschaftsstruktur, wären für unser Aktienrecht tiefgreifend und weitreichend, würden sie doch den Übergang zur Bilanztransparenz und die Einführung der Mitbestimmung bewirken.

b) Bedeutend in Zielsetzung und Ausgestaltung, aber offenbar unmöglich in Kraft zu setzen ist die Societas Europaea[32]. Vor mehr als 13 Jahren legte SANDERS einen ersten Entwurf für eine europäische Aktiengesellschaft vor. Ihm folgte im Jahre 1970 der Vorschlag der Kommission für ein Statut für europäische Aktiengesellschaften. 1975 erfolgte die Vorlage eines abgeänderten Entwurfes. Ob und wann dieser Entwurf in Kraft treten wird, ist heute nach wie vor offen.

Der Verordnungsvorschlag enthält ein vollständiges und fortschrittliches Aktienrecht: die Societas Europaea ist als supranationale Gesellschaftsform konzipiert und kann durch Fusion, als Holdinggesellschaft oder als gemeinsame Tochtergesellschaft entstehen. Sie kann mehrere Sitze haben. Es gilt das Prinzip des festen Grundkapitals verbunden mit dem Haftungsausschluß der Aktionäre. Der Verordnungsvorschlag sichert die Kapitalaufbringung unter anderem durch Einführung einer Gründungsprüfung und ergreift Maßnahmen zur Erhaltung des Grundkapitals. Es gilt das Nennwertprinzip; stimmrechtslose Aktien sind zugelassen. Organisatorisch wird das dualistische System mit Aufteilung in Vorstand und Aufsichtsrat vorgesehen. Der Aufsichtsrat besteht zu je $1/3$ aus Vertretern der Aktionäre, der Arbeitnehmer und andern Mitgliedern. Die Organe sind zur Offenlegung von Insider-Transaktionen gehalten. Die Kompetenzen der Hauptversammlung gehen über die Mindestbefugnisse nach schweizerischem Recht hinaus. Das öffentliche Nachsuchen um Vollmachten-Erteilung wird von Bedingungen abhängig gemacht. Der Vorschlag führt die Sonderprüfung ein und ermächtigt den Richter zur Anordnung von besonderen Maßnahmen. Die Vorschriften über die Jahresrechnung entsprechen denjenigen der vierten EWG-Richtlinie. Der Abschlußprüfer wird einer strengen Haftung unterworfen. Der Vorschlag enthält Vorschriften über die

---

[32] Vorschlag einer Verordnung des Rates über das Statut für europäische Aktiengesellschaften; ABl EG vom 10. Oktober 1970, Nr. C 124, Beilage 8–70 zum Bulletin der Europäischen Gemeinschaft; vgl. nun geänderter Verordnungsvorschlag eines Statutes für europäische Aktiengesellschaften, Beilage 4–75 zum Bulletin der Europäischen Gemeinschaft; vgl. M. LUTTER (Hrsg.), Die europäische Aktiengesellschaft. Eine Stellungnahme zur Vorlage der Kommission, Köln 1976 (mit zahlreichen Hinweisen).

Mitbestimmung, über konzernrechtliche Beziehungen sowie über steuerliche Behandlung.

c) Gestützt auf Art. 220 und in Anwendung von Art. 58 Abs. 2 des Römer-Vertrages ist am 29. Februar 1968 ein Übereinkommen über die gegenseitige Anerkennung von Gesellschaften und juristischen Personen abgeschlossen worden, welches von allen Mitgliedstaaten der Europäischen Gemeinschaft, mit Ausnahme der Niederlande, ratifiziert wurde[33].

Der Entwurf für ein Übereinkommen über die internationale Fusion liegt vor, ist aber noch nicht verabschiedet worden[34].

Zum dritten in Art. 220 EWG-Vertrag vorgesehenen Thema der Sitzverlegung sind noch keine Vorschläge zu einem Übereinkommen vorgelegt worden.

II. Sonderformen

Die Freiheitlichkeit der aktienrechtlichen Ordnung und die Gleichförmigkeit der Interessenlage führt zum Entstehen von Gesellschaftstypen mit besonderer Zwecksetzung oder bestimmter Ausgestaltung, die von den Gesellschaften als Unternehmensträger mit großem Aktionärkreis sehr stark abweichen können.

1. Einmanngesellschaften

Man darf annehmen, daß die Mehrzahl der schweizerischen Aktiengesellschaften Einmanngesellschaften sind, denn die meisten Immobiliengesellschaften und zahlreiche Holdinggesellschaften werden hierzu gehören; überdies ist die Zahl der Konzerntochtergesellschaften erheblich[35].

Die Einmanngesellschaft tritt demnach in zwei Hauptarten auf: als alter ego einer Privatperson oder als rechtlich verselbständigte Abteilung einer Großunternehmung. Zahlenmäßig dürfte die Einmann-AG als Mitglied einer Unternehmensgruppe, als eingegliederte Untergesellschaft also, überwiegen. Die Einmann-AG als Substitut für den fehlenden Kaufmann mit beschränkter Haf-

---

[33] Beilage 2–69 zum Bulletin der Europäischen Gemeinschaft.
[34] Entwurf eines Übereinkommens über die internationale Verschmelzung von Aktiengesellschaften und Bericht zu diesem Entwurf vom 27. September 1972, Beilage 13–73 zum Bulletin der Europäischen Gemeinschaft.
[35] Zur Einmanngesellschaft vgl. WEISS, N. 265; SIEGWART, N. 19 ff. zu Art. 625 OR; FORSTMOSER/MEIER-HAYOZ, S. 307 ff.; P. JÄGGI, Von der atypischen Aktiengesellschaft, in: Festgabe Franz Josef Jeger, Solothurn 1973, S. 563, insbes. S. 571 ff.; vgl. auch: Kammertagung 1981, Thema 7, Die Kleinaktiengesellschaft, Schriftenreihe der Schweiz. Treuhand- und Revisionskammer, Bd. 50, Zürich 1982, S. 163 ff.

tung wird, schon wegen der Sterblichkeit des Einmanns, zahlenmäßig weniger bedeutungsvoll sein; statistische Angaben fehlen.

Die Einmanngesellschaft wird von Gesetzes wegen zugelassen, denn Art. 625 Abs. 1 OR verlangt einzig für die Gründung mindestens drei Aktionäre. Sinkt die Zahl nach der Gründung unter diese Zahl, indem die Aktien an den Einmann übertragen werden, kann der Richter auf Begehren eines Aktionärs oder eines Gläubigers die Auflösung der Gesellschaft verfügen, sofern die Gesellschaft nicht innert angemessener Frist den gesetzmäßigen Zustand wieder herstellt (Art. 625 Abs. 2 Satz 2 OR). Eine solche Klage auf Auflösung der Gesellschaft wegen Mangel an Organen oder Aktionären wird niemals angestrengt: sicherlich nicht vom Einmann-Aktionär, aber ebensowenig vom Gläubiger, da die Wiederherstellung des gesetzlichen Zustandes ein Leichtes ist und ein Prozeßgewinn dem Gläubiger keine Vorteile bringen würde.

Die Zulassung der Einmann-Aktiengesellschaft ist gesetzespolitisch nicht zu beanstanden. Den möglichen Mißbräuchen kann durch strenge Anwendung der aktienrechtlichen Grundprinzipien, insbesondere der Maßnahmen zum Schutze des Grundkapitals gesteuert werden.

Die Gefahr der Einmann-Aktiengesellschaft besteht nicht in ihrem Widerspruch zu den Grundkonzepten, sondern in der Nichtanwendung der gesetzlichen Schutzbestimmungen: Daß die Generalversammlung nicht funktioniert, daß der Einmann sich nicht versammeln kann, tut wenig; daß die Verwaltung keiner Aufsicht untersteht, macht nichts; daß die Kontrollstelle allenfalls fehlt, ist hinzunehmen; daß aber der Einmann über das Gesellschaftsvermögen wie über sein eigenes verfügt, daß die Gesellschaft ihm Leistungen erbringt, die sie einem Dritten niemals zukommen lassen würde, daß die Gesellschaft Gewinne ausrichtet, auch wenn sie keine solchen erzielt hat, daß die Gesellschaft dem Einmann Darlehen gewährt, die auf eine Kapitalrückzahlung hinauslaufen, ist gefährlich und zu unterbinden. Derartige Vorkehren und solche Verstöße gegen die Vorschriften der Kapitalerhaltung müssen bekämpft werden. Der durch die Gründung einer Aktiengesellschaft erzielte Ausschluß der Haftung verlangt die Erhaltung eines Mindestreinvermögens und verbietet Ausschüttungen und Rückleistungen zu Lasten des Grundkapitals. Art. 680 Abs. 2 OR verbietet derartige Leistungen und verpflichtet den Empfänger zur Rückerstattung. Das Aushöhlen der Gesellschaft stellt nicht bloß eine mißbräuchliche Verwendung des Rechtsinstitutes dar, sondern auch einen Mißbrauch des Rechtes auf Haftungsausschluß, so daß der dadurch geschädigte Gläubiger Befriedigung im Vermögen des Einmanns suchen darf. Rechtsmißbräuchlich ist aber nicht bloß der übermäßige Abzug von Kapital, sondern auch die ungenügende Ausstattung mit Kapital. Dasselbe Zugriffsrecht ins Aktionärsvermögen muß auch einem Gläubiger einer Gesellschaft zustehen, die für die Erreichung ihres Zweckes unterkapitalisiert ist.

Die vom Gesetzgeber gegen die Einmanngesellschaft zur Verfügung gestellten Maßnahmen erweisen sich legislatorisch als Fehlschlag, denn die Wiederherstellung des gesetzlichen Zustandes ist nicht nur unnötig, sondern nutzlos. Die Kapitalerhaltungsvorschriften und die Möglichkeit des Haftungsdurchgriffes bei Kapitalentzug und Unterkapitalisierung sind vollauf ausreichend.

2. Immobiliengesellschaften

Die Immobilien-Aktiengesellschaft weist keine aktienrechtlichen Besonderheiten auf. Ihre Problematik ist rein sachenrechtlicher Natur. Die Immobiliengesellschaft macht es möglich, den Zugriff auf ein Grundstück durch Veräußerung der Aktien an den Erwerber zu übertragen, ohne im Grundbuch eine Änderung vorzunehmen[36].

In der Immobilien-Aktiengesellschaft treffen Öffentlichkeit des Grundbuches und Anonymität der Aktionäre aufeinander. Die Publizität der Eigentumsverhältnisse an Grundstücken wird eingeschränkt. Das Grundbuch nennt die vorgeschobene Gesellschaft und weist die wahren Berechtigten nicht aus. Im Grundbuchrecht tritt die Aktiengesellschaft an die Stelle der fiducia und übernimmt Vereinfachungs- und Verhüllungsfunktionen. Objekt der Handänderung ist nicht das Grundstück, sondern das Aktienpaket. Die Übertragung erfolgt nicht durch öffentliche Urkunde, sondern formlos und völlig diskret. Von hier rührt die Gefahr der Gesetzesumgehung, insbesondere der Umgehung des Bundesbeschlusses über den Erwerb von Grundstücken durch Personen im Ausland (Lex-Furgler)[37]. Da die Übertragung der Aktien einer Immobilien-Aktiengesellschaft steuerlich längst der Übertragung des Grundstückes gleichgestellt ist, wird die Möglichkeit der Gesetzesumgehung zur Einsparung der Vermögensgewinnsteuer durch besondere gesetzliche Maßnahmen wirkungsvoll verhindert.

Die Immobilien-Aktiengesellschaft ist Ausgangspunkt für die Praxis der Steuerbehörden und der Steuerjustiz zur Behandlung der Unterkapitalisierung. Die Eidgenössische Steuerverwaltung läßt Darlehen von Aktionären an Immobiliengesellschaften nur in beschränktem Maße zu: Darlehen, die 80% des Verkehrswertes der Liegenschaft übersteigen, gelten als verdecktes Eigenkapital[38].

Rechtspolitisch ist ein Verbot der Immobiliengesellschaft nicht in Erwägung zu ziehen. Im Vordergrund steht das Obligatorium von Namenaktien: alle Gesellschaften, die das Halten von Grundstücken zum alleinigen Zwecke ha-

---

[36] JÄGGI, Immobilien-Aktiengesellschaft, S. 145 ff. (mit Hinweisen).
[37] SR 211.412.41.
[38] Merkblatt der Eidg. Steuerverwaltung vom 10. Juni 1968, Archiv, Bd. 37, S. 199; vgl. auch H. MASSHARDT, Wehrsteuerkommentar, Ausgabe 1980, Zürich 1980, S. 267 ff.

ben, wären demnach verpflichtet, Namenaktien auszugeben. Die Übertragung dieser Namenaktien hätte nach den für die Übertragung von Grundstücken geltenden Formvorschriften zu erfolgen, also durch öffentliche Urkunde. Der Grundbucheintrag würde ersetzt durch einen Übertragungsvermerk durch den Grundbuchführer auf dem Aktientitel. Eine derartige Regelung erschiene als sachgerechte Lösung der Problematik, indem die Regeln des Grundbuchrechtes auf die zur Umgehung der Grundbuchpublizität verwendete Übertragungsart entsprechend angewendet würden. Wertpapierrecht und Grundbuchrecht würden sinnvoll verknüpft, indem registerrechtliche Bestimmungen den Eigentumsübergang der Namenaktien bewirken würden[39].

3. Holdinggesellschaften

In der Holdinggesellschaft verdichtet sich das Aktienrecht, indem Aktionärsrechte durch eine Aktiengesellschaft ausgeübt werden[40]. Zweck der Holdinggesellschaft ist das Halten von Beteiligungen an andern Gesellschaften und damit das Ausüben der Aktionärsrechte. Entscheidend für die Holdinggesellschaft ist somit der Begriff der Beteiligung; sie konstituiert die Holdinggesellschaft. Die Beteiligung läßt sich vom Umfang, von der Dauer oder vom Zweck her erfassen, und es hängt von der Natur des zu regelnden Sachverhalts ab, welche Methode gewählt werden soll, was einen uneinheitlichen Beteiligungsbegriff zur Folge haben kann[41].

Da die Beteiligung zum Anlagevermögen gehört, gelten für ihre Begriffsbestimmung vorweg die Kriterien des Anlagevermögens: Anteile an andern Unternehmen bilden dann eine Beteiligung, wenn sie dauernd der Gesellschaft zu dienen bestimmt sind. Danach sind entscheidend Zweck und Dauer; der Umfang ist von untergeordneter Bedeutung, wenn auch das Halten geringfügiger Anteile kaum geeignet ist, der Unternehmung langfristig zu dienen. Auf die Möglichkeit der Einflußnahme oder der Beherrschung kommt es hierbei nicht an.

Wird dieser Beteiligungsbegriff verwendet, erscheint die Holdinggesellschaft als Gesellschaft, die Anteile an andern Unternehmen zur dauernden Förderung ihrer eigenen Tätigkeit hält. Die Unterscheidung zwischen Kontrollholding und Anlageholding tritt damit in den Hintergrund, denn ob die Beteiligung zur Ausübung des Stimmrechts, wie in der Beherrschungsgesellschaft, oder

---

[39] Über die rechtlichen Maßnahmen gegen die unerlaubte Verwendung der Immobilien-Aktiengesellschaft de lege lata, vgl. FORSTMOSER/MEIER-HAYOZ, S. 313.
[40] Siehe Lit.verz. zu § 3.
[41] L. HAUNREITER, Die Beteiligung an Aktiengesellschaften, Begriff, Funktion und Bewertung, Bern 1981.

zur Ausübung des Dividendenrechtes, wie in der Investmentgesellschaft, gehalten wird, ist nicht von entscheidender Bedeutung.

Die Holdingfunktion ist entweder einziger Gesellschaftszweck oder sie ist mit andern Zwecken, wie insbesondere dem Betrieb einer kaufmännischen Unternehmung verbunden. Deshalb zwischen reinen und gemischten Holdinggesellschaften unterscheiden zu wollen, ist indessen entbehrlich, da sich keine Rechtsfolgen daran anknüpfen lassen.

4. Familienaktiengesellschaft

In einer Familienaktiengesellschaft gehören alle Aktionäre derselben Familie an[42]. Durch statutarische Übertragungsbeschränkungen und Übernahmerechte wird der Aktionärskreis zusammengehalten. Das Unternehmen verbleibt im Familienbesitz. Die Familienaktiengesellschaft beruht auf dem Gedanken, daß das Familienvermögen im Interesse aller Beteiligten zusammengehalten und im Familienunternehmen investiert bleiben soll.

In der Familienunternehmung geraten die Zentrifugalkraft des Erbrechtes und die unternehmerischen Zentripetalkräfte in Widerstreit. Aus diesem Konflikt wird das Unternehmen durch die Überführung in eine Aktiengesellschaft weitgehend herausgehalten. In den Nachlaß gelangt nicht das Unternehmen mit Aktiven und Passiven; in den Nachlaß fallen vielmehr die den Unternehmenswert lediglich verkörpernden Aktien sowie regelmäßig auch Darlehensforderungen gegenüber der Gesellschaft. Das Unternehmen bleibt vom Erbgang unberührt. Die juristische Person der Aktiengesellschaft überdauert jeden Wechsel im Mitgliederbestand. Zu teilen ist nicht das Unternehmen, sondern zu teilen sind die Mitgliedschafts- und Gläubigerrechte. Der Unternehmer/Erblasser wird versuchen, die Stimmenmehrheit zu konzentrieren und durch Teilungsvorschriften im Testament demjenigen Erben zuzuweisen, der in der Unternehmung leitend tätig ist, was nicht selten, insbesondere bei Vorliegen mehrerer Nachkommen, die Schaffung von Stimmrechtsaktien oder gar die Ausgabe von Partizipationsscheinen notwendig erscheinen läßt. Gleichbehandlung der Erben und Schaffung eines Führungsschwergewichtes treten zueinander in Widerspruch und schaffen Probleme, die an sich erbrechtlicher Natur sind, die aber einzig mit aktienrechtlichen Mitteln befriedigend gelöst werden können. Es geht allemal um die Frage, zu welchem Wert ein Minderheitspaket auf Erb- oder Pflichtteile angerechnet werden darf. Die Beantwor-

---

[42] VOGEL, Die Familienkapitalgesellschaften; M. KUMMER, Die Eignung der Aktiengesellschaft für die Erhaltung der Familienunternehmung, in: Die Erhaltung der Unternehmung im Erbgang, Berner Tage für die juristische Praxis 1970, Bern 1972, S. 109 ff.; H. HAUSHEER, Erbrechtliche Probleme des Unternehmers, Bern 1970, insbes. S. 183 ff.

tung dieser Frage hängt nicht von grundsätzlichen Erwägungen, sondern von der konkreten Ausgestaltung des Minderheitenschutzes in einer bestimmten Gesellschaft ab: beläßt es der Alleinaktionär/Erblasser bei der gesetzlichen Regelung und schafft er keine besonderen Auskunftsrechte, verstärkt er das Dividendenrecht nicht und sichert er der Minderheit keine Vertreter im Verwaltungsrat zu, belegt er hingegen die Aktien mit strengen Vinkulierungsvorschriften, so ist ernsthaft in Erwägung zu ziehen, ob nicht der gesamte Unternehmenswert sich im Mehrheitspaket verkörpert und das Minderheitspaket an Wert völlig verliert, da dem Minderheitsaktionär keine Erträge zufließen und er das Paket, teils infolge der Vinkulierung, teils infolge der faktischen Unverkäuflichkeit, nicht veräußern kann.

Die aktienrechtliche Schutzlosigkeit der Minderheit kann zur erbrechtlichen Wertlosigkeit des Anteils führen. Eine letztwillige Verfügung, die derartige Aktien einem Erben zuweist, kann erfolgreich mit der Herabsetzungsklage angefochten werden, was zu einer Verteilung der Stimmenmehrheit und damit zu einer begrüßenswerten Aufbrechung der Mehrheitsmacht und gleichmäßigen Verteilung der Stimmkraft unter den Nachkommen führen muß. Nichts zu ändern vermag das Aktienrecht allerdings an der faktischen Unverkäuflichkeit der Anteile, doch hat kein Erbe Anspruch darauf, vom Erblasser leicht handelbare Werte zu erben.

5. Mantelgesellschaft

Eine Gesellschaft ohne Vermögen und ohne Schulden kann als Mantelgesellschaft bezeichnet werden. Unter den Passiven wird einzig das Grundkapital, unter den Aktiven lediglich ein Verlustvortrag ausgewiesen. Auch Gesellschaften, deren einziges Aktivum aus flüssigen Mitteln oder einer Forderung an die Aktionäre besteht, werden zu den leeren Gesellschaften gezählt werden dürfen. Derartige Gesellschaften werden oft als solche gegründet und nicht sogleich aktiviert, oder sie sind das Ergebnis einer stillen Liquidation und werden nicht aufgelöst und nicht im Handelsregister gelöscht.

Solche Mantelgesellschaften ruhen meist völlig. Sie haben keine Tätigkeit und keine Außenbeziehungen; sie laufen ständig Gefahr, in die Überschuldung zu fallen. Fehlen ihnen auch die Organe, so sind sie nach Art. 89 HRV von Amtes wegen zu löschen.

Ansonst ist die Mantelgesellschaft hinzunehmen. Es besteht kein Zwang zur Auflösung und Löschung und kein Gebot zum Tätigwerden, zum Vermögenserwerb und zur Bilanzverlängerung. Eine Gesellschaft darf in sich selbst ruhen und sich auf sich selbst zurückziehen. Eine derart ruhende Gesellschaft kann jederzeit wieder belebt und verwendet oder aber endgültig beendigt und gelöscht werden. Eine Mantelgesellschaft stellt ein taugliches Handelsobjekt dar. Der Veräußerung eines Aktienmantels steht nichts entgegen; der Vertrag ist nicht nichtig[43].

Daß der Mantelhandel als Steuerumgehung betrachtet und insbesondere von der Stempelsteuer entsprechend erfaßt wird[44], ändert an der privatrechtlichen Zulässigkeit des Mantelverkaufes nichts. Ohne Einfluss ist auch der Umstand, daß der Erwerber eines Mantels diesen nicht selten in mißbräuchlicher Absicht verwendet, indem er z.B. gewissen Rechtsgeschäften durch Rückdatierung rückwirkende Kraft zu verleihen versucht.

An der Zulässigkeit des Mantelhandels ändert auch die Tatsache wenig, daß ein Erwerb eines Aktienmantels stets mit Risiken verbunden ist, indem der Käufer mit nichtbilanzierten Schulden, mit Eventualverpflichtungen oder andern Belastungen rechnen muß. Wer einen Mantel kauft, spart keine Gründungskosten, denn der Kaufpreis wird diesen in der Regel entsprechen. Der Mantelverkauf vermeidet das langwierige und nicht selten kostspielige Verfahren zur Löschung der Gesellschaft. Der Mantelkauf ist niemals rascher und einfacher als eine Gesellschaftsgründung, denn die Prüfung des Mantels erfordert mehr Zeit als die Gründung einer Gesellschaft, aber ein Mantelverkauf ist stets rascher und einfacher als die Durchführung einer Liquidation.

Die Grenze zwischen völlig stillgelegten Gesellschaften und Gesellschaften mit gewissen Außenbeziehungen und geringer Tätigkeit ist schwierig zu ziehen, müßte aber, soll der Mantelhandel nichtig sein, gezogen werden.

Aus allen diesen Gründen ist der Bundesgerichtspraxis[45], welche Rechtsgeschäfte über Mantelgesellschaften nichtig erklärt, nicht zu folgen.

§ 4. Begriff und Bedeutung des Grundkapitals

Literatur

M. FORSTER, Das autorisierte Kapital der Aktiengesellschaft, Zürich 1971; M. LUTTER, Kapital, Sicherung der Kapitalaufbringung und Kapitalerhaltung in den Aktien- und GmbH-Rechten der EWG, Karlsruhe 1964; P. OCHSNER, Über das Eigenkapital der Aktiengesellschaft, Zürich 1971; W. SCHMID, Das feste Grundkapital der Aktiengesellschaft, Zürich 1946; H. L. B. VISCHER, Das autorisierte Kapital im amerikanischen und schweizerischen Recht, Zürich 1977.

---

[43] Vgl. die Kontroverse zwischen WEISS, N. 97 ff. und SIEGWART, Einl., N. 22.
[44] BG über die Stempelabgaben vom 27. Juni 1973, Art. 5 Abs. 2 lit. b (SR 641.10).
[45] BGE 55 I, 1929, S. 134 ff.; 64 II, 1938, S. 363; 80 II, 1954, S. 64.

I. Der Begriff

1. Die Aktiengesellschaft ist eine Kapitalgesellschaft. Das Grundkapital bildet demnach einen zentralen Begriff (vgl. Art. 620 Abs. 1 OR).

Das Grundkapital ist die Summe der Nennwerte aller Aktien, ein Sollbetrag und als reine Rechnungsziffer ein Passivposten der Bilanz[1]. Wichtiger als die Eigenart sind indessen die Funktionen des Grundkapitals. Infolge der Vielzahl der Aufgaben ist eine funktionale Kurzdefinition schwierig, aber auch entbehrlich.

Grundkapital ist gleichbedeutend mit Aktienkapital; einzig Art. 675 Abs. 1 OR spricht von Aktienkapital, was offenbar einen redaktionellen Ausrutscher darstellt. Sollten im kommenden Recht die Partizipationsscheine und damit das Partizipationskapital geregelt werden, müßte der Gesetzgeber sich entscheiden, ob er den Ausdruck «Grundkapital» als Oberbegriff für Aktienkapital und Partizipationskapital verwenden will.

Der Vorentwurf will das Wort «Grundkapital» allerorten durch «Aktienkapital» ersetzen und dessen Regeln auf das Partizipationskapital anwenden; das Grundkapital verliert seine Eigenart als Gesetzesbegriff und wird zum außergesetzlichen Oberbegriff für die beiden Kapitalarten[2].

Das Grundkapital unterliegt den Prinzipien der Bestimmtheit, Unverletzlichkeit und Öffentlichkeit.

2. Das Grundkapital ist zum voraus bestimmt. Es bleibt unverändert und ist von den Wertschwankungen des Gesellschaftsvermögens unabhängig.

Das Grundkapital bleibt unverändert und von der Zahl der Aktionäre unberührt, da die Anzahl der Mitgliedschaftsstellen per definitionem konstant bleibt: Das Grundkapital ist Summe aller Aktiennennwerte. Veränderungen im Mitgliederbestand bewirken keine Veränderung des Grundkapitals. Eine Zu- oder Abnahme des Grundkapitals infolge von Änderungen in der Mitgliederzahl ist ausgeschlossen, da Eintritte oder Austritte nicht zugelassen sind.

Veränderungen des Grundkapitals sind möglich, verlangen aber stets eine Statutenänderung, Herabsetzungen überdies die Beachtung der Gläubigerschutzvorschriften.

3. Das Grundkapital ist unverletzlich, indem ihm Verluste nicht belastet werden dürfen und indem sein Gegenwert den Aktionären nicht erstattet und auch nicht als Gewinn ausgerichtet werden darf. Das Grundkapital ist der unveränderliche Teil des Eigenkapitals. Die Reserven dienen seinem Schutze; sie nehmen die Verluste vorweg auf.

---

[1] Das Grundkapital ist somit keine Quote und auch keine Sperrquote; unrichtig deshalb FORSTMOSER/MEIER-HAYOZ, S. 204.
[2] Vgl. Art. 656a Abs. 2 VE und Art. 2 der Schlußbestimmungen.

4. Im Hinblick auf seine Vermögensbindungsfunktion ist das Grundkapital kundzugeben. Seine **Offenlegung** erfolgt in allen gesetzlich vorgeschriebenen Publizitätsmitteln der Gesellschaft[3], in den Statuten, der Handelsregistereintragung, der Veröffentlichung im Schweizerischen Handelsamtsblatt sowie in der Bilanz.

5. Das Gesetz schreibt, um den Zugang zur Aktiengesellschaft nicht allzu leicht zu machen und um die Gründung von Liliputgesellschaften zu vermeiden, eine **Mindesthöhe** vor: Das in den Statuten enthaltene, anläßlich der Gründung voll zu zeichnende und für die Dauer der Gesellschaft, auch bei Sanierungen[4], stets zu erhaltende Grundkapital muß mindestens 50 000 Fr. betragen[5].

Das Grundkapital muß auf Landeswährung lauten. Es muß nicht voll einbezahlt sein, sondern nach Art. 633 OR bloß mit 20% pro Aktie, insgesamt mit mindestens 20 000 Fr.

Anders als bei der Gesellschaft mit beschränkter Haftung[6] besteht kein Maximalkapital. Im Handelsregister ist eine Aktiengesellschaft mit einem Grundkapital von nicht weniger als 1,681 Mia. Fr. eingetragen.

In den Vernehmlassungen zum Vorentwurf wird verschiedentlich beantragt, das Mindestgrundkapital zu erhöhen, nicht bloß um den Betrag der seit 1936 eingetretenen Geldentwertung anzupassen, sondern um darüber hinaus den Zugang zur Aktiengesellschaft verstärkt zu erschweren, derart den Mißbrauch mit Kleinstgesellschaften zu verhindern und die Wirtschaftskriminalität zu bekämpfen.

Die Niederlande und Großbritannien kannten bis zur Überführung der zweiten EG-Richtlinie ins nationale Recht kein Mindestgrundkapital. In Deutschland beträgt es 100 000 DM (§ 7 dAktG), in Frankreich 100 000 FFr., wenn die Gründung ohne appel publique à l'épargne erfolgt, sonst 500 000 FFr. (Art. 71 Loi sur les sociétés commerciales). Art. 6 Abs. 1 der EG-Kapitalrichtlinie vom 13. Dezember 1976[7] schreibt den Mitgliedstaaten vor, für Aktiengesellschaften ein Mindestkapital von nicht weniger als 25 000 europäischen Rechnungseinheiten zu verlangen.

---

[3] Vgl. Art. 626 Ziff. 3, 641 Ziff. 4, 931 Abs. 1 und 668 Abs. 1 OR.
[4] Art. 632 Abs. 5 OR.
[5] Art. 621 OR. Sollten die Partizipationsscheine geregelt werden, muß der Gesetzgeber entscheiden, ob die Mindesthöhe von 50 000 Fr. für das Aktienkapital oder für das Grundkapital gelten soll, in welch letzterem Falle das Sperrkapital einer Gesellschaft zu 25 000 Fr. aus Aktien und zum selben Betrag aus Partizipationsscheinen bestehen könnte. Art. 656a Abs. 2 VE läßt dies nicht zu, denn für das Partizipationskapital gelten die Bestimmungen des Aktienkapitals, so daß auf beide Kapitalarten Art. 621 OR Anwendung findet.
[6] Art. 773 OR.
[7] ABl EG vom 31. Januar 1977, Nr. L 26, S. 1 ff.

II. Die sieben Funktionen des Grundkapitals

Die Bedeutung des Grundkapitals ergibt sich aus seinen Funktionen. Zu nennen sind deren sieben:

1. Summe aller Aktiennennwerte

Das Grundkapital ist Summe aller Aktiennennwerte. Dies bedeutet zweierlei: Es gilt das Nennwertsystem und das Kapital ist stets ganz ausgegeben.

Das schweizerische Recht kennt keine nennwertlosen Aktien. Die vom Eidgenössischen Volkswirtschaftsdepartement im Jahre 1959 eingesetzte Studiengruppe kommt in ihrem Bericht «Kleinaktien und nennwertlose Aktien»[8] zum Schluß, daß nennwertlose Aktien gewisse Nachteile des gegenwärtigen Nennwertsystems beseitigen, die Kapitalerhöhung aus Gesellschaftsmitteln erleichtern und bei gleichzeitigem Verzicht auf jede Stückelung des Grundkapitals dem Aktienrecht größere Elastizität verleihen würden. Die Einführung der nennwertlosen Aktie erschien der Studiengruppe nicht dringend.

Die Arbeitsgruppe für die Überprüfung des Aktienrechtes stimmt mit den Erwägungen der Studiengruppe überein und ist der Meinung, daß die nennwertlose Aktie nicht in einer Teilrevision einzuführen sei, da die damit erreichbaren Vorteile verhältnismäßig bescheiden sind und den Rahmen einer Teilrevision sprengen würden. Im Vorentwurf werden die nennwertlosen Aktien ebenfalls nicht aufgenommen[9].

Anläßlich der Gründung oder einer späteren Kapitalerhöhung müssen stets alle Aktien gezeichnet, also übernommen sein[10]. Das Kapital ist stets ganz ausgegeben. Es gibt im schweizerischen Aktienrecht keine nichtausgegebenen Aktien *(non issued shares).* Wir kennen kein autorisiertes Kapital, denn der Kapitalerhöhungsbeschluß der Generalversammlung bedeutet nicht bloß eine Ermächtigung der Verwaltung zur Durchführung der Kapitalerhöhung, sondern vielmehr eine Beauftragung hierzu, die ihren Abschluß in dem ebenfalls der Generalversammlung zugewiesenen Feststellungsbeschluß findet.

Von der Gesellschaft zurückgenommene Aktien bleiben bestehen, gehen nicht automatisch unter, sind aber entweder zu vernichten oder wieder zu veräußern (Art. 659 OR).

2. Summe aller Einlagen

Das Grundkapital wird auch als Summe aller Einlagen der Aktionäre bezeichnet. Dies ist aus vier Gründen allerdings nur teilweise richtig:

---

[8] Publiziert als Sonderheft 49, «Volkswirtschaft», hrsg. vom Eidg. Volkswirtschaftsdepartment, Bern 1961.
[9] Vgl. Begleitbericht, S.6; Zwischenbericht, S.180.
[10] Art. 638 Abs. 2 Ziff. 1 OR.

- Aktien müssen anläßlich der Gründung und auch bei späteren Kapitalerhöhungen lediglich mit mindestens 20% liberiert sein (Art. 633 Abs. 1 Satz 1 OR). In der Höhe des nichteinbezahlten Betrages *(non-versé)* besteht eine Forderung gegenüber dem Zeichner oder dessen Rechtsnachfolger.
- Das *non-versé* kann aus Reserven liberiert werden. Die hierfür verwendeten Reserven sind meist durch zurückbehaltene Gewinne, seltener durch frühere Kapitaleinlagen entstanden und stammen somit nur in Ausnahmefällen unmittelbar aus dem Vermögen der Aktionäre.
- Übersteigt der Ausgabepreis den Nennwert, kommt es also zur überpari-Emission und Agiofinanzierung, so werden nicht alle Einlagen des Aktionärs dem Aktienkapital zugerechnet. Das Agio fällt in die gesetzliche Reserve[11].
- Ähnlich verhält es sich in den Sanierungsfällen, in denen Aktionäre freiwillig à fonds perdu-Beiträge leisten; diese sind ebenfalls als Kapitaleinlagen, die nicht auf das Grundkapital angerechnet, sondern zur Verlustbeseitigung verwendet werden, anzusehen.

3. Hauptfunktion des Grundkapitals ist es, **Garant eines Mindestreinvermögens** zu sein. Durch die Gründung einer Aktiengesellschaft entsteht ein neuer Rechtsträger, der mit seinem Vermögen für die von ihm eingegangenen Schulden haftet. Die Aktionäre erfahren einen Haftungsausschluß, denn sie stehen für die Gesellschaftsschulden nicht ein. Hierfür haftet einzig das Gesellschaftsvermögen. Der Gesetzgeber hat dafür zu sorgen, daß der Gesellschaft ein Mindestreinvermögen zufließt und bis zur Auflösung erhalten bleibt, jedenfalls nicht an die Aktionäre zurückgeht. Nur in diesem Sinne kann gesagt werden, das Grundkapital stelle die Kreditbasis für die Gläubiger dar. Haftungssubstrat ist dagegen das Vermögen, denn vollstreckt wird in die Aktiven.

Drei Regeln sind es, die dem Grundkapital **Bindewirkung** verleihen:
- Das ganze Aktienkapital ist zu passivieren und stets unverändert auf neue Rechnung vorzutragen[12]. Verluste dürfen dem Grundkapital in Befolgung des Prinzips der **Unverletzlichkeit** nicht belastet werden. Das Grundkapital bleibt fest.
- Die Einlagen dürfen dem Aktionär nicht zurückbezahlt werden[13]. Es gilt das **Verbot der Einlagerückgewähr**. Der Aktionär darf seine Einlage nicht zurückverlangen, ebensowenig darf die Gesellschaft sie von sich aus

---

[11] Vgl. Art. 624, 671 Abs. 2 Ziff. 1, 680 Abs. 1 OR.
[12] Art. 668 Abs. 1 OR.
[13] Art. 680 Abs. 2 OR.

zurückbezahlen[14]. Offene Verstöße gegen das Verbot der Einlagerückgewähr dürften selten sein, denn niemand nähme sich die Freiheit, das Grundkapital offen zurückzuleisten und kein Buchhalter vermöchte einen solchen Vorgang zu verbuchen. Die Verstöße erfolgen stets verschleiert, meist in der Form von Darlehen an Aktionäre. Die Zulässigkeit solcher **Aktionärsdarlehen** ist kontrovers: Das Revisionshandbuch der Schweiz vertritt die Ansicht, daß solche Darlehen nur dann gegen Art. 680 Abs. 2 OR verstoßen, wenn aus den Umständen darauf zu schließen ist, daß der Darlehensnehmer nicht oder nicht mehr willens oder von Anfang an nicht in der Lage gewesen ist, das Darlehen zurückzuzahlen, und wenn außerdem dieses Darlehen größer ist als die Differenz zwischen den Eigenmitteln der Gesellschaft (einschließlich stille Reserven) und dem einbezahlten Aktienkapital (und einem allfälligen Agio)[15]. Nach BÖCKLI stellt jedes Aktionärsdarlehen einen aktienrechtlich kritischen Vorgang dar, der eine nachträgliche Bildung eines NON-VERSÉ bewirkt, woraus zu Recht auf eine entsprechende Offenlegung in der Bilanz, zu Unrecht aber auf eine Pflicht zur sofortigen Rückleistung geschlossen wird[16]. Fest steht, daß als Einlage, deren Rückgewähr verboten ist, nicht nur der auf den Nennwert entfallende Betrag, sondern der ganze Ausgabebetrag, also einschließlich Agio, anzusehen ist.

- **Dividenden** dürfen nur ausgerichtet werden, wenn ein **Bilanzgewinn** vorliegt, wenn also die Aktiven die Verbindlichkeiten und das Grundkapital (einschließlich die gesetzliche Reserve) übersteigen. Einzig dann besteht Gewähr, daß das Grundkapital (und die gesetzliche Reserve) nicht in Form von Dividenden an die Aktionäre zurückgehen. Das Gesetz bringt dieses Fundamentalprinzip in Art. 675 Abs. 2 OR sehr undeutlich zum Ausdruck, wenn es vorschreibt, daß Dividenden nur aus dem Reingewinn (und aus hierfür gebildeten Reserven) ausgerichtet werden dürfen. Unter Reingewinn versteht das Gesetz nicht den Jahresgewinn, also nicht den Gewinn der Gewinn- und Verlustrechnung, sondern den Bilanzgewinn, also das Ergebnis des Geschäftsjahres, erhöht um einen Gewinnvortrag aus den Vorjahren

---

[14] BGE 65 I, 1939, S. 147: «Die Aktiengesellschaft ist nicht berechtigt, den Aktionären deren Einzahlungen zurückzuerstatten, obschon der deutsche und französische Wortlaut eine freiwillige Rückleistung durch Generalversammlungsbeschluß an sich zulassen würde.» Im übrigen handelt es sich um ein Fehlurteil, denn aus dem Verbot der Einlagerückgewähr darf nicht auf ein Verbot der Rückliberierung mit gleichzeitiger Wiederauflebung der Liberierungspflicht geschlossen werden. Jedenfalls erfordert ein solches Vorgehen nicht die Beachtung der Kapitalherabsetzungsvorschriften, denn eine Kapitalherabsetzung liegt gerade nicht vor; vgl. SIEGWART, N. 8 zu Art. 620 OR; E. FOLLIET, Le bilan dans les sociétés anonymes, 5. Aufl., Lausanne 1969, p. 237. Das Urteil bestimmt nach wie vor die Praxis der Handelsregisterbehörden.
[15] Revisionshandbuch der Schweiz, Zürich 1971/1979, Abschnitt 2.2521, S. 151.
[16] P. BÖCKLI, Darlehen an Aktionäre als aktienrechtlich kritischer Vorgang, ST 2, 1980, S. 4ff.; vgl. auch M. DUSS, Darlehen an Aktionäre, ST 2, 1980, S. 2ff.; P. M. BINDER, Das Verbot der Einlagerückgewähr im Aktienrecht, Zürich 1981.

oder vermindert um einen Verlustvortrag. Die Bestimmung in Art. 675 Abs. 1 OR, wonach das Grundkapital nicht verzinst werden darf, stellt an sich eine Unnötigkeit dar, die nur im Zusammenhang mit der Zulassung von Bauzinsen in Art. 676 OR verstanden werden kann.

Das Zusammenspiel dieser drei Vorschriften: Passivierung des Grundkapitals, Verbot der Einlagerückgewähr, Beschränkung der Ausschüttung, bietet Gewähr, daß ein dem Grundkapital entsprechender Vermögenswert dem Gesellschaftszwecke gewidmet bleibt, also nicht freiwillig zurückgeleistet wird. Aus Art. 668 Abs. 1, 680 Abs. 2 und Art. 675 Abs. 2 OR ergibt sich die Wirkung der dauernden Vermögensbindung des Grundkapitals. Die Regel feit nicht vor Verlusten, verhindert aber das Ausschütten von Dividenden ohne Gewinn und die Rückzahlung der Einlage. Gegen Verluste vermag der Gesetzgeber nichts, und auch der Gläubiger hat keinen Anspruch auf Verlustverhinderung. Das einzige, wozu das Gesetz verpflichtet und worauf der Gläubiger Anspruch hat, ist die Erhaltung des Grundkapitals und die Verhinderung freiwilliger Ausschüttungen zu seinen Lasten (sowie die gesetzeskonforme Verwendung der gesetzlichen Reserve).

4. Das Grundkapital erfüllt die Funktion einer **Ausschüttungssperrziffer**. Damit wird ein besonders wichtiger Aspekt der Vermögensbindungsfunktion zum Ausdruck gebracht: Nur der die Verbindlichkeiten und das Grundkapital übersteigende Teil des Vermögens bildet Gewinn, der ausgeschüttet werden kann. Ausschüttbar ist somit einzig der Bilanzgewinn; nur er steht für Dividenden oder Tantièmen zur Verfügung.

Für die Gewinnausschüttung, jedenfalls für die Ausrichtung einer Dividende, ist unerheblich, ob das Rechnungsjahr mit einem Gewinn abschließt, sofern nur die Bilanz einen Gewinnsaldo aufweist.

Diese Ausführungen enthalten allerdings noch nicht die ganze Wahrheit: Dividenden, nicht hingegen Tantièmen, können auch – und zwar jederzeit – aus hierfür gebildeten Reserven ausgerichtet werden (Art. 675 Abs. 2 OR). Man wird sich nicht an den zu einschränkend formulierten Wortlaut dieser Bestimmung halten, wonach nur eigentliche Dividendenreserven zur Gewinnausschüttung gelangen können. Vielmehr wird jede Reserve, sofern sie nicht gesetzlich oder, was selten der Fall sein dürfte, statutarisch gebunden ist, an Aktionäre und Partizipanten ausgeschüttet werden dürfen. Auch die sogenannten beschlußmäßigen Reserven dürfen zur Gewinnverteilung herangezogen werden, selbst wenn sie seinerzeit für andere Zwecke geäufnet wurden, denn Generalversammlungsbeschlüsse sind niemals unwiderruflich, da eine solche Selbstbindung unserer Rechtsordnung nicht bekannt ist. Somit sind einzig Grundkapital, gesetzliche Reserve und statutarische Reserven mit besonderer Zweckbestimmung für Ausschüttungen gesperrt[17]. Tantièmen dürfen nach dem deutlichen Wortlaut von Art. 677 OR nur aus dem Reingewinn und nach richtiger Ansicht einzig, wenn ein Jahresgewinn vorliegt, ausgerichtet werden, denn sie stellen eine Entschädigung für die erfolgreiche Tätigkeit im Geschäftsjahr dar, so daß nicht Vorjahresgewinne für ihre Ausrichtung herangezogen werden dürfen.

5. Das Aktienkapital wird auch als **unkündbares Eigenkapital** bezeichnet[18]. Dieser Ausdruck ist ungenau, indem das gesamte Eigenkapital, also Grundkapital und Reserven, unkündbar sind, da der Aktionär seinen Anteil hieran nicht zurückverlangen kann. Besser wird demnach das Grundkapital als nichtrückzahlbares Eigenkapital bezeichnet. Damit trifft man den entscheidenden Unterschied zwischen Grundkapital und Reserven, indem diese, wie vorhin ausgeführt, durch Generalversammlungsbeschluß jederzeit ausgeschüttet werden dürfen, jenes niemals oder einzig im Rahmen einer Kapitalherabsetzung unter Beachtung besonderer Gläubigerschutzmaßnahmen.

Die Unkündbarkeit ist geeignetes Merkmal zur Unterscheidung von Eigenkapital und Fremdkapital, die Nichtrückzahlbarkeit entscheidendes Kriterium für die Abgrenzung des Grundkapitals von den freien Reserven.

6. Das Grundkapital wird **risikotragendes Kapital** genannt, da die Aktionäre das Risiko tragen, indem sie keine feste Vergütung für ihre Kapitaleinlage erhalten, sondern lediglich einen Anteil am Gewinn, und indem sie im Liquidationsfall hinter die Gläubiger zurücktreten, ihren Anteil nur zurückerstattet erhalten, wenn sämtliche Schulden getilgt sind (Art. 745 Abs. 1 OR). Auch diese Aussage ist allerdings ungenau, denn es gibt weitere Ansprüche gegenüber der Gesellschaft, welche den genannten Beschränkungen unterliegen und deshalb zum Wagniskapital zu zählen sind, niemals aber Aktienkapital darstellen: Jeder Gläubiger eines partiarischen Anspruches[19] trägt ein Risiko, indem er befürchten muß, kein Entgelt für seine Kapitalhingabe zu erhalten, da der Aufwand den Ertrag übersteigt und die Gesellschaft für die Ausrichtung von Gewinnanteilen nichts übrig hat. Durch vertragliche Abmachung kann im übrigen auch der Gläubiger im Liquidationsfall hinter die übrigen Gläubiger zurückgesetzt werden. Dies erfolgt häufig bei Darlehen von Aktionären an notleidende Gesellschaften im Rahmen einer Rangrücktrittsvereinbarung[20]. Dieselbe Nachrangigkeit wird auch bei andern Darlehen, sogar bei Anleihens-

---

[17] Da auch Statuten nicht unabänderlich sind, kann die statutarische Zwecksetzung beseitigt und die bis dahin zweckgebundene Reserve frei verfügbar gemacht werden.
[18] Vgl. hierzu auch OCHSNER (Lit.verz. vor § 4).
[19] MEIER-HAYOZ/FORSTMOSER, S. 41.
[20] Vgl. hierzu M. DUSS, Der Rangrücktritt des Gesellschaftsgläubigers bei der Aktiengesellschaft, Zürich 1971; Revisionshandbuch der Schweiz, Zürich 1971/1979, Abschnitt 2.2523.

obligationen verabredet, und zwar nicht zwecks Konkursverhinderung, sondern zwecks Kreditsicherung oder zur Bildung von bankeigenen Mitteln. Derartige **nachrangige Schuldverpflichtungen** oder *subordinated loans* werden an praktischer Bedeutung, insbesondere im Bankensektor, gewinnen, um so mehr als sie durch die Revision der Bankenverordnung vom 1. Dezember 1980 nun zugelassen werden[21].

7. In der Aktiengesellschaft als Kapitalgesellschaft richten sich die Aktionärrechte nach dem Kapitaleinsatz. Der Kapitaleinsatz wird am Nennwert der Aktie gemessen. Entsprechend richtet sich das Stimmrecht nach dem Nennwert, so daß das Grundkapital als Summe aller Nennwerte **Maßstab für die Mitverwaltungsrechte** bildet (Art. 692 Abs. 1 OR). Gleiches gilt für das Bezugsrecht; auch dessen Umfang richtet sich nach dem Nennwert der alten Aktien (Art. 652 OR). Für die Vermögensrechte, also für den Anspruch auf einen Anteil am Gewinn und am Liquidationsergebnis, ist bezeichnenderweise nicht der Nennwert, sondern der einbezahlte Betrag maßgebend (Art. 661 OR). Nach ihm richtet sich insbesondere die Dividende; er bestimmt den Dividendensatz.

III. Sicherung der Kapitalaufbringung

Soll das Grundkapital seine Aufgaben, insbesondere seine Funktion als Garant eines Mindestreinvermögens erfüllen, so ist dafür zu sorgen, daß anläßlich der Gründung und bei jeder Kapitalerhöhung der dem Aktienkapital entsprechende Gegenwert der Gesellschaft zufließt und ihr verbleibt. Deshalb ist der Sicherung der Aufbringung des Grundkapitals besonderes Augenmerk zu schenken. Das Gesetz sieht insgesamt acht Maßnahmen vor, um sicherzustellen, daß das Grundkapital gedeckt wird[22].

1. Verlangt wird vorerst eine **vollständige Zeichnung** des Grundkapitals. Alle Aktien müssen übernommen sein, so daß der Gesellschaft ein Rechtsanspruch in der Höhe des ganzen Grundkapitals auf Einzahlung oder Einbringung von Sacheinlagen zusteht[23].

---

[21] Vgl. AS 1980, S. 1814; Bankenverordnung (SR 952.02) Art. 11 Abs. 1 Bst. g; P. Périnat, Subordinated Loans, ein neues Finanzierungsinstrument der Schweizer Banken, ST 1, 1981, S. 34 ff. Bis dahin handelt einzig das österreichische Bundesgesetz vom 24. Januar 1979 über das Kreditwesen (KWG) vom nachrangigen Kapital, welches dann dem haftenden Eigenkapital zuzurechnen ist, wenn die Restlaufzeit mindestens drei Jahre beträgt und der Nennbetrag dieser Forderung 50% des sonstig haftenden Eigenkapitals nicht übersteigt; vgl. auch die Verordnung vom 5. Dezember 1979 zur Durchführung des Kreditwesensgesetzes, insbes. §§ 1–5.

[22] Das Folgende in Anlehnung an die ausgezeichnete Darstellung von Weiss, S. 33 ff.

[23] Art. 635 Abs. 2 und Art. 638 Abs. 2 Ziff. 1 OR; vgl. auch vorn § 4 II 1.

2. Das Gesetz lässt keinen Erlaß der Einlagepflicht zu. Die Ausgabe von Aktien unter pari ist nicht gestattet; die Liberierungsschuld hat mindestens dem Nennwert zu entsprechen (Art. 624 Abs. 1 OR). Das Verbot der unterpari-Emission verunmöglicht eine Kapitalerhöhung, wenn der Börsenkurs unter dem Nennwert liegt und demnach auch der Ausgabepreis unter dem Nominalwert liegen müßte.

3. Das Gesetz verlangt keine vollständige Einzahlung, sondern begnügt sich mit einem Gebot zur Mindesteinzahlung (Art. 633 Abs. 1 und 2 OR). Dadurch soll die leichtfertige Zeichnung von Aktien erschwert werden, da von jedem Zeichner mindestens ein Fünftel des gezeichneten Betrages innert kurzer Zeit geleistet werden muß.

4. Obschon der Gesetzgeber der Sicherung der Kapitaleinlage seine besondere Aufmerksamkeit gewidmet hat, muß die Regelung als mißlungen betrachtet werden: Einzahlungen in bar sind bei einer von den Kantonen bezeichneten Depositenstelle zu hinterlegen und dürfen erst nach der Eintragung der Gesellschaft in das Handelsregister der Verwaltung «ausgehändigt» werden (Art. 633 Abs. 3 OR). Damit wird einzig sichergestellt, daß die Barmittel in der Zeit zwischen Gründung und Handelsregistereintragung nicht abgezogen werden. Daß dies unmittelbar nachher erfolgen kann, davor verschließt der Gesetzgeber die Augen.

Entsprechendes gilt für Sacheinlagen: Sie gelten nur dann als Deckung, wenn die Gesellschaft nach ihrer Eintragung sofort als Eigentümerin unmittelbar darüber verfügen kann oder einen bedingungslosen Anspruch auf Eintragung in das Grundbuch erhält (Art. 633 Abs. 4 OR). Damit wird der Übergang des Eigentums, nicht aber die Deckung des Grundkapitals sichergestellt, denn die Bewertung der Sacheinlagen verbleibt im Belieben der Gründer. Teilweise oder fiktive Liberierungen infolge Überbewertung oder Wertlosigkeit der Sacheinlage werden nicht erfaßt.

5. Der Sicherung der Aufbringung des Grundkapitals dient auch das Verbot der Ausgabe nicht voll einbezahlter Inhaberaktien (Art. 683 Abs. 1 OR). Könnten nicht voll liberierte Inhaberaktien wertpapiermäßig, also lediglich durch Vertrag und Übergabe der Urkunde, übertragen werden, so wäre die Einbringlichkeit des *non-versé* gefährdet, da die Gesellschaft den Liberierungsschuldner nicht kennen könnte und niemals finden würde. Das Gesetz läßt zu, daß Inhaberaktien nicht voll liberiert sind, verbietet einzig die Bereitstellung und Ausgabe von Inhaberpapieren, welche die Aktienrechte verkörpern. Ein Verstoß gegen dieses Verbot macht die ausgegebenen Aktien nichtig. Vor der Volleinzahlung dürfen nur auf den Namen lautende Interimsscheine ausgegeben werden. Die Nichtigkeit kann einzig bedeuten, daß die

Gesellschaft den ersten Zeichner als Liberierungsschuldner behält und von ihm die Einzahlung des *non-versé* verlangen darf und muß[24].

6. Für qualifizierte Gründungen verlangt das Gesetz besondere **Publizität**: Sacheinlagen, Sachübernahmen und Gründervorteile müssen in den Statuten enthalten sein (Art. 628 OR), werden einer besonderen Beschlußfassung unterworfen (Art. 636 OR), im Handelsregister eingetragen (Art. 641 Ziff. 6 OR) und im Schweizerischen Handelsamtsblatt publiziert (Art. 931 Abs. 1 OR). Der Gesetzgeber läßt sich hierbei vom Gedanken leiten, daß eine Offenlegung der Sacheinlage genügenden Gläubigerschutz darstellt, was angesichts der Schwierigkeiten der Bewertung und der Unmöglichkeit der Überprüfung durch außenstehende Dritte nicht realistisch erscheint.

7. Auch die **Klage auf Auflösung der Gesellschaft infolge von Gründungsmängeln** (Art. 643 Abs. 3 OR) kann als repressive Kapitalschutzmaßnahme betrachtet werden.

8. Schließlich ist auf die besondere **Haftung der Gründer** nach Art. 753 OR hinzuweisen[25].

Alle diese Maßnahmen vermögen Schwindelgründungen mit bloß teilweiser oder fiktiver Liberierung des Grundkapitals nicht zu verhindern. Die Hauptgefahr droht von überbewerteten Sacheinlagen und von darlehensweiser Rückleistung der Kapitaleinzahlung an Gründeraktionäre mit schlechter Bonität. Jener Gefahr ist legislatorisch durch die Einführung einer Gründungsprüfung zu begegnen, dieser durch bessere Ausgestaltung oder schärfere Handhabung des Verbotes der Einlagerückgewähr.

IV. Erhaltung des Grundkapitals

Der Gesetzgeber hat nicht nur die Aufbringung des Grundkapitals zu sichern, sondern auch Maßnahmen zu dessen Erhaltung während der Dauer der Gesellschaft zu ergreifen. Er hat dafür zu sorgen, daß das Grundkapital seine Bindefunktion und Sperrwirkung dauernd zu erfüllen vermag.

1. Im Vordergrund steht die bereits mehrmals erwähnte **Passivierungspflicht**: Der Nominalbetrag des Grundkapitals ist, auch wenn nicht voll einbezahlt, stets voll als Passivum zu bilanzieren (Art. 668 Abs. 1 OR). Wird

---

[24] Vgl. Jäggi, Zürcher Kommentar (Lit.verz. vor § 5), N. 35 zu Art. 978 OR und Bürgi, Zürcher Kommentar, N. 12 zu Art. 683 OR.

[25] Vgl. hierzu hinten § 25 I 4.

das Reinvermögen durch Verluste unter den Betrag des Grundkapitals vermindert, müssen diese Verluste zunächst aus Gewinnen späterer Jahre getilgt oder das Grundkapital muß herabgesetzt werden, ehe wieder Gewinn ausgeschüttet werden kann[26]. Für sich allein genommen, hat die Passivierung des Aktienkapitals keine Sperrwirkung, sondern nur zusammen mit dem Verbot der Einlagerückgewähr und der Beschränkung der Gewinnausschüttung.

2. Diese Beschränkung wird ungenau als **Verzinsungsverbot** (Art. 675 OR) bezeichnet. Entscheidend ist nicht das Verbot, auf dem Grundkapital Zinsen zu entrichten, sondern die Regel, daß nur der Bilanzgewinn zur Ausschüttung gelangen darf.

3. Mit der Passivierungspflicht im engsten Zusammenhang steht das Verbot der **Einlagerückgewähr**, welches der Gesellschaft untersagt, den Aktionären ihre Einlagen zurückzuerstatten[27].

4. Unmittelbar und ausschließlich der nominellen Kapitalerhaltung dienen die aktienrechtlichen **Höchstbewertungsvorschriften** der Art. 664–669 OR: Das Prinzip der Anschaffungskosten und das Realisationsprinzip untersagen den Ausweis von nichtrealisierten Gewinnen und verhindern damit Ausschüttungen von Buchgewinnen zu Lasten der Substanz. Die Höchstbewertungsvorschriften des Aktienrechts dienen nicht der Approximierung der Bilanzwahrheit, denn die Anschaffungskosten entsprechen, da es historische Kosten sind, selten dem wirklichen Wert der Aktiven am Bilanzstichtag. Funktion des Anschaffungskostenprinzips ist einzig die Erhaltung des Grundkapitals durch das Verbot der Aufwertung, des Ausweises von Buchgewinnen und der Ausschüttungen zu Lasten des Grundkapitals[28].

5. Auch die **Revision der Jahresrechnung** durch die Kontrollstelle dient der Kapitalerhaltung: Dem Aktionär, dem die Büchereinsicht verwehrt ist, soll Gewähr geboten werden, daß die Jahresrechnung den aktienrechtlichen Bewertungsvorschriften entspricht und keine Aufwertungsgewinne ausweist (Art. 728 Abs. 1 OR).

6. Auch der bei richtiger Bewertung ausgewiesene Bilanzgewinn darf nicht voll ausgeschüttet werden. Art. 671 OR enthält einen Zwang zur **Bildung von Reserven**. Die Generalversammlung ist in ihrer Gewinnverwendung beschränkt. Sie hat bestimmte Teile des ausschüttbaren Gewinns zurückzulegen und als Reserve in der Gesellschaft zu behalten. Dadurch soll das Grund-

---

[26] GESSLER/HEFERMEHL/ECKARDT/KROPFF, Bd. III, N. 84 zu § 151 dAktG.
[27] Art. 680 Abs. 2 OR; vgl. im übrigen vorn § 4 II 3.
[28] Zur Bewertungsproblematik vgl. im einzelnen hinten § 19 V.

kapital vor Verlusten geschützt werden. In diesem Sinne dienen die Reserven dem Auffangen von Verlusten.

7. Werden Dividenden, Tantièmen oder andere Gewinnanteile ausgerichtet, obschon bei richtiger Bilanzierung kein verfügbarer Gewinn vorläge, so ist der Bezug der Dividende ungerechtfertigt. Art. 678 OR verpflichtet die bösgläubigen Empfänger zur **Rückerstattung ungerechtfertigter Dividenden, Bauzinsen und Tantièmen**. Die Pflicht zur Rückerstattung ungerechtfertigter Gewinnanteile wird ergänzt durch eine Pflicht zur Rückgabe von Gewinnanteilen und übermäßigen Bezügen seitens der Verwaltung (Art. 679 OR). Beide Vorschriften greifen nur ein bei unvorsichtiger Bilanzierung, dienen damit letztlich ausschließlich der Kapitalerhaltung und bilden eine ungenügende Grundlage für die Bekämpfung der verdeckten Gewinnausschüttung, also der Erbringung von Leistungen an Organe und Aktionäre ohne entsprechende Gegenleistung. Hauptfunktion der beiden Bestimmungen über die Rückerstattung von Zahlungen ist somit nicht Minderheitenschutz, nicht Gleichbehandlung der Aktionäre, nicht Gebot zum Handeln *at arms length*, sondern einzig und allein Kapitalerhaltung. Die Bilanzierungsvorschriften verhindern den Ausweis von Scheingewinnen, die Rückerstattungspflichten bezwecken Rückleistung von Zahlungen aus Scheingewinnen und stellen demnach eine Sanktionsnorm zum Bilanzrecht dar. Das Gesetz ist in dieser Hinsicht offensichtlich ungenügend und bedarf der Ergänzung durch eine gesetzliche Pflicht zur Rückleistung aller ungerechtfertigten Bezüge, also insbesondere der verdeckten Gewinnausschüttung.

8. Keine gesetzliche Vorschrift vermag Verluste zu verhindern. Die Rechtsordnung kann einzig dafür sorgen, dass die Beteiligten unverzüglich über erhebliche Verluste unterrichtet werden. Hierzu dient Art. 725 Abs. 1 OR mit seiner Anzeigepflicht bei **Kapitalverlust**. Art. 725 Abs. 1 OR hält die Verwaltung an, unverzüglich eine Generalversammlung einzuberufen, wenn die letzte Jahresbilanz zeigt, daß die Hälfte des Grundkapitals nicht mehr gedeckt ist, wenn also die Verluste die Reserven und die Hälfte des Grundkapitals übersteigen. Die Einberufungspflicht dient einzig der Unterrichtung der Aktionäre. Der Gesetzgeber nimmt an, die Generalversammlung werde von sich aus die nötigen Maßnahmen ergreifen und entweder die vorzeitige Auflösung der Gesellschaft oder die Durchführung von Sanierungsmaßnahmen beschließen. Die Anzeigepflicht bei Kapitalverlust ist somit repressive Kapitalschutzmaßnahme. Sie ist insofern ungenügend, als die Verwaltung nicht angehalten wird, der Generalversammlung konkrete Sanierungsmaßnahmen vorzuschlagen oder ihr zu begründen, daß solche nicht notwendig seien, da der

Kapitalverlust sich in den kommenden Jahren von selbst, also ohne Kapitalzuschüsse, beseitige.

9. Ist das Kapital infolge von Verlusten teilweise verloren und soll diese Lage bilanziell durch eine Kapitalherabsetzung bereinigt werden, so ist dafür zu sorgen, daß das Kapital einzig in der Höhe der ausgewiesenen Verluste herabgesetzt wird, oder daß die Gesellschaftsgläubiger über eine weitergehende Kapitalherabsetzung unterrichtet werden und ihre Interessen wahrnehmen können. Die besonderen Gläubigerschutzmaßnahmen bei der Kapitalherabsetzung dienen somit ebenfalls der Erhaltung des noch nicht verlorenen Kapitals oder dem Schutze der Gläubiger bei Kapitalrückleistungen[29].

§ 5. Die Aktien

Literatur

H. COING/H. KRONSTEIN, Die nennwertlose Aktie als Rechtsproblem. Rechtsvergleichende Untersuchung unter besonderer Berücksichtigung des amerikanischen Rechts, 2. Aufl., Frankfurt 1962; P. JÄGGI, Zürcher Kommentar, Bd. V/7a: Die Wertpapiere (Art. 965–989 und 1145–1155 OR), Zürich 1959; DERSELBE, Allgemeines Wertpapierrecht, hrsg. von P. GAUCH, Basel/Stuttgart 1977; J. PLATTNER, Die Zwillingsaktie. Ein Beitrag zum Recht der Unternehmenszusammenfassung, Zürich 1970; G. VON SEGESSER, Die nennwertlose Aktie, Zürich 1973; E. STAUFFER, L'actionnaire sans titre. Ses droits, Genève 1977.

I. Begriff

1. Die Mitgliedschaft ist in der Aktiengesellschaft nicht mit dem Aktionär verbunden, sondern an die Aktie geknüpft. Die Aktie bildet eine Mitgliedschaftsstelle oder eine Einheit mitgliedschaftlicher Rechte und Pflichten. Die Mitgliedschaft ist im Aktienrecht versachlicht, auf einzelne Quoten des Grundkapitals zugeteilt und nicht auf die Person des Aktionärs. Die Zahl der Aktien ist fest, nicht die der Aktionäre. Ein Aktionär kann Eigentümer mehrerer Aktien sein, ohne daß die Mitgliedschaftsstellen verschmelzen oder einan-

---

[29] Vgl. Art. 732 ff. OR und hinten § 23.

der anwachsen[1]. Daß keine Akreszenz stattfindet, sondern daß die Mitgliedschaftsstellen auch dann getrennt bleiben, wenn sie im Eigentum desselben Aktionärs stehen, ermöglicht die für die Erbschaftsplanung erforderliche Aufteilung der Mitgliedschaft in der Hand des Erblassers zwecks Zuweisung im Erbgang. Der Aktionär, der Eigentümer mehrerer Aktien ist, kann diese nicht zusammenlegen. Die einzelne Mitgliedschaftsstelle bleibt bestehen, denn Zahl und Nennwert der Aktien gehören zum absolut notwendigen Statuteninhalt (Art. 626 Ziff. 3 OR).

2. Nach Art. 620 Abs. 1 OR ist das Grundkapital in Teilsummen zerlegt, und diese Teilsummen werden als Aktien bezeichnet. Die in dieser Formulierung liegende sprachliche Verkürzung wirkt mißverständlich: Zerlegt ist vorerst nicht das Grundkapital, sondern die Gesamtheit aller möglichen Mitgliedschaftsrechte in eine Vielzahl einzelner Mitgliedschaften. Maßgebend für den Umfang der Mitgliedschaftsrechte ist nicht die Zahl der Aktionäre, sondern die Größe der Kapitaleinlage. Maßstab hierfür ist das Grundkapital. Der Umfang der Mitgliedschaftsrechte wird durch einen Anteil am Grundkapital ausgedrückt, und zwar im geltenden Recht mittels Nominalwert. Nur in diesem indirekten Sinne ist die Aktie somit Teilsumme oder Quote des Aktienkapitals.

3. Die einzelne Mitgliedschaftsstelle, also die am Nennwert gemessene Einheit der Mitgliedschaftsrechte, kann in einem Wertpapier verkörpert werden. Diese Urkunde wird ebenfalls Aktie genannt. Die Aktienurkunde ist deshalb Wertpapier, weil die Mitgliedschaftsrechte mit der Urkunde derart verbunden sind, daß sie ohne die Urkunde nicht geltend gemacht oder auf andere übertragen werden können[2]. Die Verkörperung der Aktionärrechte in einer Urkunde verstärkt die Versachlichung der Mitgliedschaft, fördert die kapitalistische Eigenart der Aktie und erhöht deren Negoziabilität. Die wertpapiermäßige Ausgestaltung der Aktionärrechte ist demnach kennzeichnendes Merkmal der Aktiengesellschaft, bildet aber gleichwohl nicht Konstitutiverfordernis; die Aktiengesellschaft und die Aktienrechte entstehen ohne wertpapiermäßige Verbriefung der Mitgliedschaft. Die Aktie ist eine deklaratorische Urkunde. Bestand und Inhalt des Rechts wird durch die Verurkundung nicht verändert. Der mit einer Verkörperung als Order- oder Inhaberpapier verbundene Einredenausschluss ist bei der Aktie bedeutungslos, da Inhalt und Umfang der verkörperten Rechte ohnehin von Gesetz und Statuten abhängen[3].

---

[1] Dies in deutlichem Gegensatz zur Gesellschaft mit beschränkter Haftung, wo gemäß Art. 796 Abs. 2 OR eine Akreszenz stattfindet, wenn ein Gesellschafter den Anteil eines andern erwirbt, und wo gemäß Art. 789 Abs. 4 OR eine Urkunde nur über den ganzen Anteil ausgestellt werden kann.
[2] Vgl. Wertpapierdefinition in Art. 965 OR.
[3] JÄGGI, Zürcher Kommentar, N. 77 zu Art. 979 OR.

II. Nennwertsystem

1. Im geltenden Recht muß jede Aktie einen Nennwert haben. Dieser wird durch die Statuten bestimmt, muß aber nicht auf dem Titel selbst stehen[4]. Der Mindestnennwert beträgt 100 Fr. (Art. 622 Abs. 4 OR). Einzig bei der Herabstempelung der Aktien im Zusammenhang mit einer Sanierungskapitalherabsetzung darf dieser Nennwert unterschritten werden (Art. 622 Abs. 4 Satz 2 OR). Kleinaktien sind demnach nicht zugelassen. Der Gesetzgeber von 1936 wollte bewußt den kleinen Mann vom Aktiensparen fernhalten. Vor 1937 bestand keine Vorschrift über den Mindestnennwert. Heute wird erneut die Aufhebung oder Herabsetzung der Mindestnennwertvorschrift verlangt. Die vom Eidgenössischen Volkswirtschaftsdepartement eingesetzte Studiengruppe unter dem Vorsitz von Prof. PETER JÄGGI hält es für wünschenswert, wenn auch nicht dringlich, daß die Mindestnennwertgrenze aufgehoben oder doch abgeschwächt wird, um so mehr als die gegenwärtige Regelung eher zufällig, ohne zwingenden Grund in das Gesetz aufgenommen wurde und zudem sehr leicht geändert werden kann, ohne daß deswegen weitere Bestimmungen revidiert werden müßten. Die Studiengruppe schlägt aber nicht vor, das Erfordernis des Mindestnennwertes fallen zu lassen oder den Mindestnennwert generell herabzusetzen. Sie beantragt vielmehr eine Zwischenlösung, wonach die Mindestnennwertgrenze nicht gilt für Gesellschaften, deren Aktien an einer schweizerischen Börse kotiert sind, ferner nicht für Gesellschaften, deren Grundkapital 1 Mio. Fr. oder mehr beträgt und die seit mindestens fünf Jahren bestehen[5].

Der Zwischenbericht schlägt vor, daß für Aktien, die an einer schweizerischen, der öffentlichen Aufsicht unterstellten Börse kotiert sind, der Nennwert auf einen tieferen Betrag festgesetzt werden kann, jedoch nicht unter 1 Fr.[6]. Der Vorentwurf aus dem Jahre 1975 übernimmt den Vorschlag des Zwischenberichtes[7].

Nach dem Nennwert richtet sich die relative Größe der mit einer Aktie verbundenen Mitgliedschaftsstellung, insbesondere die Stimmkraft.

Nach vollzogener Gründung oder Kapitalerhöhung hat der Nennbetrag einzig die Funktion, die relative Größe der auf die einzelne Aktie entfallenden Rechte zu bestimmen. Der Nennbetrag gibt die Größe des relativen Anteils nur mittelbar an; er nötigt zu einer Rechenoperation (Division der Grundkapi-

---

[4] Art. 687 Abs. 4 OR verlangt einzig, daß bei nicht voll einbezahlten Namenaktien auf jedem Titel der auf den Nennwert einbezahlte Betrag anzugeben ist.
[5] Kleinaktien und nennwertlose Aktien, Bericht der vom Eidg. Volkswirtschaftsdepartement eingesetzten Studiengruppe, Sonderheft 69 der «Volkswirtschaft», S. 12.
[6] Zwischenbericht, S. 148 ff. und Vorschlag, Art. 622 Abs. 4 Satz 2 OR.
[7] Art. 622 Abs. 4 Satz 2 VE.

talziffer durch den Nennbetrag der Aktie)[8]. Der Nennwert hat den Nachteil, daß er beim Unkundigen falsche Vorstellungen erweckt, indem dieser annimmt, der wirkliche Wert entspreche mindestens dem Nennwert. Zu Mißverständnissen Anlaß gibt ferner die Angabe der Dividenden in Prozenten des Nennwertes, wofür zwar keine gesetzliche Vorschrift besteht. Der Dividendensatz richtet sich ohnehin nach dem einbezahlten Betrag. Die Dividende kann aber auch in Franken angegeben werden. Entscheidend ist nicht der Dividendensatz, sondern die am Eigenkapital gemessene Rendite.

2. Wiederholt wurde der Ruf nach Einführung von nennwertlosen Aktien laut[9]. Der nennwertlosen Aktie liegt der Gedanke zugrunde, daß die Stückelung des Aktienkapitals auch durch eine Bruchzahl angegeben werden kann. Die relative Größe des Anteils am Grundkapital ergibt sich dann unmittelbar aus den Statuten, welche bestimmen könnten, daß das Aktienkapital von 1 Mio. Fr. eingeteilt ist in 10000 Aktien zu je einem Zehntausendstel. Dies wäre als Quotenaktie zu bezeichnen. Bei der eigentlichen nennwertlosen Aktie geben die Statuten die relative Größe des Anteils lediglich durch die Angabe der Gesamtzahl der ausgegebenen Aktien an, woraus dann mittelbar ebenfalls die relative Größe des Anteils ersichtlich ist. Die Statuten müssen bestimmen, daß das Aktienkapital von 1 Mio. Fr. eingeteilt ist in 10000 gleichberechtigte Aktien.

Die Studiengruppe JÄGGI gibt in ihrem Bericht «Kleinaktien und nennwertlose Aktien» folgende Argumente für die nennwertlose Aktie an:
- Der Nennwert der Aktie ist eine Zahl, die außer im Gründungszeitpunkt keine wirtschaftliche Bedeutung hat.
- Das Wesen der Aktie als bruchteiliger Anteil an der Gesellschaft kommt bei der nennwertlosen Aktie besser zum Ausdruck und wird nicht durch den Nennwert verwischt. Die nennwertlose Aktie beseitigt die Mißverständnisse und falschen Vorstellungen, zu denen der Nennwert Anlaß gibt, insbesondere bei Berechnung der Dividende in Prozenten des Nennwertes.
- Die nennwertlose Aktie erleichtert den Split und dadurch die Schaffung von Kleinaktien, da die alten Aktien nicht geändert werden müssen.
- Ebenso wird die Kapitalerhöhung durch Umwandlung von Reserven in gebundenes Grundkapital erleichtert, weil an den Aktien ebenfalls keine Änderung vorzunehmen wäre.

---

[8] Vgl. hierzu und zum folgenden den Bericht der vom Eidg. Volkswirtschaftsdepartement eingesetzten Studiengruppe «Kleinaktien und nennwertlose Aktien», Sonderheft 69 der «Volkswirtschaft», Bern 1961; vgl. auch VON SEGESSER (Lit.verz. vor § 5).
[9] So im Postulat von Nationalrat WEIBEL vom 3. Juni 1957 und im Postulat von Ständerat ROHNER vom 10. Juni 1958. Diese beiden Vorstöße führten zur Einsetzung der in Anm. 5 genannten Studiengruppe.

- Mißverständnisse wegen der Differenz zwischen Verkehrswert und Nennwert der Aktie werden beseitigt.
- Bei Ausgabe neuer Aktien entfallen die Diskussionen um die Bemessung des Agios, was eine erhöhte Flexibilität der Kapitalerhöhung nach sich zieht.
- Das Verbot der unterpari-Emission fällt weg, wodurch in schlechten Zeiten die Kapitalbeschaffung erleichtert wird.

Wie bereits ausgeführt[10] wird in der laufenden Revision des Aktienrechtes die Einführung von nennwertlosen Aktien nicht weiter verfolgt.

III. Arten von Aktien

1. Es gibt bloß **zwei Arten von Aktien**: Namenaktien und Inhaberaktien[11]. Es gilt das Prinzip der **Wahlfreiheit**: Die Gesellschaft ist in der Bestimmung der Aktienart frei. Eine Gesellschaft kann beide Arten von Aktien ausgeben; einzig Stimmrechtsaktien müssen auf den Namen lauten (Art. 693 Abs. 2 OR). Die Aktienart ist in den Statuten festzulegen (Art. 622 Abs. 2 und Art. 626 Ziff. 3 OR). Die Statuten können überdies bestimmen, daß Namenaktien später in Inhaberaktien oder Inhaberaktien in Namenaktien umgewandelt werden sollen oder dürfen[12].

2. **Inhaberaktien** lauten auf den Inhaber, nennen den Berechtigten somit nicht namentlich. Aktionär ist damit der jeweilige Inhaber der Aktienurkunde (Art. 978 Abs. 1 OR). Inhaberaktien sind Inhaberpapiere und werden durch Vereinbarung und Übertragung des Besitzes an der Urkunde übertragen. Inhaberaktien dürfen erst nach Volleinzahlung ausgegeben werden; vorher ausgegebene Aktien sind nichtig[13]. Die Übertragbarkeit von Inhaberaktien kann statutarisch nicht beschränkt werden, da dies mit der Natur des Inhaberpapiers nicht zu vereinbaren ist[14]. Bei Inhaberaktien ist selbst der Gesellschaft der Aktionärkreis unbekannt, so daß eine wahrhafte Société anonyme vorliegt.

Gibt eine Gesellschaft Inhaberaktien aus, so verpflichtet sie sich, niemanden ohne Vorweisung der Aktie zur Generalversammlung und zur Stimmabgabe zuzulassen und niemandem ohne Vorlage der Aktie Dividenden und Anteile

---

[10] Vgl. vorn § 5 II 1.
[11] Vgl. Randtitel zu Art. 622 sowie Art. 626 Ziff. 3, 641 Ziff. 5 OR; siehe auch R. FRICK, Die Aktienarten nach liechtensteinischem Aktienrecht, Schaan 1977.
[12] Vgl. Art. 622 Abs. 3 OR; eine solche Statutenbestimmung kann auch nachträglich aufgenommen werden, muß also nicht in den Urstatuten stehen. SIEGWART, N. 59 zu Art. 622 OR; SCHUCANY, N. 4 zu Art. 622 OR; a.A. F. VON STEIGER, Recht der AG, S. 25.
[13] Vgl. Art. 683 Abs. 1 und 2 OR und vorn § 4 III 5.
[14] BÜRGI, N. 16 zu Art. 683 OR mit Hinweisen.

am Liquidationserlös auszurichten. Die Inhaberaktie ist somit für die Ausübung der Aktionärrechte notwendig, aber auch ausreichend.

Inhaberaktien sind vor allem bei börsenkotierten Gesellschaften verbreitet, sind aber allgemein zulässig, also auch bei Immobiliengesellschaften, wo sie zu einer Anonymisierung des Grundbesitzes führen[15]. Die Handelbarkeit wird durch die Ausstellung von Inhaberaktien außerordentlich erleichtert, indem keine wertpapierrechtliche Mitwirkung des Veräußerers, insbesondere kein Indossament, erforderlich ist; Inhaberaktien sind demnach zur Sammelverwahrung und zum stückelosen Wertpapierverkehr besonders geeignet[16].

3. Die Namenaktien nennen den Berechtigten namentlich. Sie sind frei übertragbar (Art. 684 Abs. 1 OR); die Übertragung kann durch Übergabe des indossierten Aktientitels an den Erwerber erfolgen (Art. 684 Abs. 2 OR). Die Namenaktien sind demnach gesetzliche Orderpapiere[17].

Die bei Namenaktien von der Gesellschaft eingegangene Verpflichtung, nicht ohne Vorweisung der Urkunde zu erfüllen, bezieht sich auf die Pflicht, den Erwerber, der sich durch Innehabung der Urkunde und durch eine ordnungsmäßige Indossamentenkette ausweist, in das Aktienbuch einzutragen. Im Verhältnis zur Gesellschaft wird dann als Aktionär betrachtet, wer im Aktienbuch eingetragen ist (Art. 685 Abs. 4 OR). Für die Ausübung der einzelnen Aktienrechte, insbesondere des Stimmrechtes und des Dividendenrechtes, ist die Aktie demnach entbehrlich, da die Gesellschaft berechtigt und verpflichtet ist, bei der Prüfung der Legitimation auf das Aktienbuch abzustellen[18]. Die Übertragbarkeit kann statutarisch nicht nur beschränkt, sondern gar aufgehoben werden[19].

4. Nicht verbriefte Aktien: Zahlreiche, insbesondere kleinere Gesellschaften sehen davon ab, die Aktien in Wertpapieren zu verkörpern, und der Aktionär verzichtet demnach stillschweigend auf das ihm zustehende Recht auf wertpapiermäßige Ausgestaltung seiner Rechte. Die Gründe für die Nichtverbriefung von Aktien sind nicht so sehr in der Vermeidung der Druckkosten oder in der Gefahr des Verlierens und der nachfolgenden Kraftloserklärung, sondern vielmehr im Bestreben, die Negoziabilität einzuschränken, zu erblik-

---

[15] Vgl. vorn § 3 II 2.
[16] Vgl. A. HUECK/C. W. CANARIS, Recht der Wertpapiere, 11. Aufl., München 1977, S. 13 ff.; U. MEYER-CORDING, Wertpapierrecht, Frankfurt a. M. 1980, S. 35 ff.
[17] Vgl. BGE 83 II, 1957, S. 304 ff.
[18] Vgl. JÄGGI, N. 279 zu Art. 965 OR; vgl. auch BGE 65 II, 1939, S. 228; 69 II, 1943, S. 316 und 75 II, 1949, S. 352.
[19] Vgl. Art. 627 Ziff. 8 und Art. 686 OR; Zur Übertragung und Beschränkung der Übertragbarkeit vgl. hinten § 10.

ken. Auch nichtverbriefte Aktienrechte sind übertragbar, und zwar gleich wie Forderungsrechte durch Zession und nicht formlos[20].

IV. Aktiengattungen

1. In der Mehrzahl der Fälle sind sämtliche Aktien einer Gesellschaft gleichberechtigt, gewähren dieselben Stimmrechte und dieselben Dividendenrechte. Die Statuten können einer bestimmten Klasse von Aktien bestimmte Vorrechte einräumen. Dadurch entstehen verschiedene Aktiengattungen[21]. Die wichtigste Art von Aktiengattung sind die Vorzugsaktien oder Prioritätsaktien. Ihre Vorrechte beziehen sich auf Dividende, Liquidationserlös oder, selten, Bezugsrecht. Die Vorrechte sind in den Statuten festzuhalten (Art. 627 Ziff. 9 OR).
Beschlüsse über die Ausgabe von derartigen Vorzugsaktien oder über die Abänderung oder die Aufhebung der Vorrechte erfordern nach nicht zwingender Bestimmung ein Anwesenheitsquorum in der Generalversammlung von $^2/_3$ sämtlicher Aktien. Die Ausgabe weiterer Vorzugsaktien bedarf nach ebenfalls nicht zwingender Bestimmung neben dem Generalversammlungsbeschluß der Zustimmung einer besonderen Versammlung der beeinträchtigten Vorzugsaktionäre; dasselbe gilt, wenn statutarische Vorrechte abgeändert oder aufgehoben werden sollen (Art. 654 Abs. 2 und 3 OR).
Die Vorrechte beziehen sich häufig bloß auf die Dividende. Das Dividendenvorrecht wird durch die Statuten limitiert oder ist unlimitiert: Unlimitierte Vorzugsaktien nehmen nach Erhalt einer Vorzugsdividende und Zuweisung einer gleichen, größeren oder geringeren Dividende an die Stammaktionäre am restlichen Gewinn teil. Limitierte Vorzugsaktien erhalten lediglich eine begrenzte Vorausdividende und partizipieren am restlichen Gewinn nicht. Das Dividendenvorrecht kann mit einem Nachbezugsrecht verbunden sein; man spricht diesfalls von kumulativer Vorzugsdividende. Es gibt Anspruch auf Nachbezug der in den Vorjahren ausgefallenen Vorzugsdividenden. Dieses Nachbezugsrecht ist zeitlich befristet oder unbefristet. Hauptgrund für die

---

[20] Vgl. zum ganzen BÜRGI, N. 19 ff. vor Art. 683–687 OR; DERSELBE, Unverbriefte Aktienrechte und deren Übertragung, SAG 23, 1950/51, S. 133 ff.; A. WIELAND, Zur Übertragbarkeit und Übertragungsform unbeurkundeter Aktienrechte und von Aktienanrechten, SAG 21, 1948/49, S. 141 ff.; DERSELBE, Nochmals zur Übertragungsform unverkundeter Aktienrechte, SAG 23, 1950/51, S. 217 ff.; STAUFFER, passim; zu den neuesten Bestrebungen zur Beseitigung der Aktienurkunde im Massenverkehr vgl. R. RICKENBACHER, Globalurkunden und Bucheffekten im schweizerischen Recht, Zürich 1981.
[21] Der Begriff der Aktiengattung ist somit ein terminus technicus und erfaßt alle Aktien mit allfälligen Vorzugsrechten; vgl. Art. 641 Ziff. 5, 660 Abs. 3 OR.

Ausgabe von Vorzugsaktien ist die Schaffung einer besonderen Attraktivität zur Gewinnung neuen Eigenkapitals im Zusammenhang mit einer Sanierung. Nicht selten werden Vorzugsaktien auch durch Familiengesellschaften an die in der Verwaltung nicht vertretenen Minderheitsaktionäre ausgegeben; manchmal werden in solchen Fällen an die geschäftsführenden Aktionäre Stimmrechtsaktien und an die andern Aktionäre Vorzugsaktien ausgegeben in der Meinung, derart die Lage der Stimmenminderheit zu verbessern und das Verhältnis zwischen den geschäftsführenden und den außenstehenden Aktionären auszubalancieren. Dabei ist aber zu beachten, daß Art. 708 Abs. 4 OR verlangt, daß die Statuten diesfalls den Prioritätsaktionären ein verbindliches Vorschlagsrecht für einen Vertreter in die Verwaltung zu sichern haben[22].

2. Das Stimmrecht richtet sich in Befolgung der allgemeinen Regel nach dem Nennwert[23]. Die Statuten können das Stimmrecht so festsetzen, daß auf jede Aktie eine Stimme entfällt (Art. 693 Abs. 1 OR). Bestehen Aktien mit verschiedenem Nennwert und enthalten die Statuten eine derartige Bestimmung, so sind die Aktien kleineren Nennwertes Stimmrechtsaktien. Sie müssen auf den Namen lauten und voll einbezahlt sein (Art. 693 Abs. 2 OR), ohne daß hierfür ein anderer legislatorischer Grund bestände, als daß Stimmrechtsaktien eine Anomalie darstellen und die Gesellschaft die daraus Berechtigten kennen muß; die Stimmrechtsbegünstigung soll durch Voll-Liberierung erkauft werden müssen. Die Stimmrechtsaktie entfaltet ihre Wirkung nicht bei der Wahl der Kontrollstelle, der Ernennung besonderer Kommissäre oder Sachverständiger sowie bei der Beschlußfassung über die Anhebung einer Verantwortlichkeitsklage (Art. 693 Abs. 3 OR). Ferner vermag die Stimmrechtsaktie ihre Wirkung auch nicht bei den Beschlüssen der Art. 636 und 648 OR zu entfalten, welche die Zustimmung von $^2/_3$ des Grundkapitals erfordern. Die Stimmrechtsaktien bilden eine besondere Aktiengattung, stellen aber keine Vorzugsaktien dar, so daß einzig Art. 708 Abs. 4 OR, nicht aber Art. 654/55 OR Anwendung finden.

Die Einführung von Stimmrechtsaktien sowie die Beschlüsse, die infolge des erhöhten Stimmrechtes solcher Aktien zustandegekommen sind, unterliegen einer qualifizierten Anfechtungsmöglichkeit[24], doch zeigt eine nähere Betrachtung der Anfechtung von Generalversammlungsbeschlüssen, daß jeder Be-

---

[22] Zur Ausgestaltung dieses Rechtes auf einen Vertreter im Verwaltungsrat vgl. BGE 66 II, 1940, S. 49 ff.
[23] Vgl. Art. 692 Abs. 1 OR, der diesen Gedanken sehr unglücklich zum Ausdruck bringt; vgl. die klare Formulierung im GmbH-Recht, Art. 808 Abs. 4 OR: Das Stimmrecht eines Gesellschafters bestimmt sich nach der Höhe seiner Stammeinlage, wobei auf tausend Franken eine Stimme entfällt. In sehr zahlreichen AG-Statuten wird, wohl infolge der schlechten Verständlichkeit von Art. 692 Abs. 1 OR, aber ohne Not bestimmt, daß jede Aktie eine Stimme gibt.
[24] Vgl. Art. 706 Abs. 2 OR.

schluß, der eine durch den Gesellschaftszweck nicht erforderte offenbare Schädigung der Interessen von Aktionären mit sich bringt, einen Rechtsmißbrauch darstellt und der Anfechtungsklage unterliegt.

Das geltende Recht läßt die Einführung von Stimmrechtsaktien ohne besondere Schranke zu, enthält insbesondere keine Vorschrift über den höchstzulässigen Ecart zwischen dem Nennwert der Stimmrechtsaktie und demjenigen der Stammaktie, so daß unter Vorbehalt von Art. 2 ZGB eine Stimmrechtsprivilegierung ohne Grenzen erfolgen darf. Ebensowenig wird die Zahl der Stimmrechtsaktien oder ihr Anteil am Grundkapital eingeschränkt.

Obschon der Zwischenbericht die Partizipationsscheine regelt und damit praktisch stimmrechtslose Aktien einführt und hierbei kein Höchstverhältnis zwischen dem PS-Nennwert und Aktiennennwert vorschreibt, rückt er den Stimmrechtsaktien auf den Leib, weil er gleichzeitig Kleinaktien einführt. Er stellt die Bestimmung auf, daß, wenn der Nennwert der Stimmrechtsaktien unter 100 Fr. liegt, der Nennwert der andern Aktien nicht mehr als das Zehnfache betragen darf[25]. Der Vorentwurf aus dem Jahre 1975 übernimmt diesen Vorschlag[26].

V. Zerlegung und Zusammenlegung von Aktien

1. Auch im schweizerischen Recht gilt der Grundsatz der Unteilbarkeit der Aktie[27]. Dies bedeutet einmal, daß der Aktionär seine Aktie selbst nicht teilen kann, indem Zahl und Nennwert der Aktien in den Statuten niedergelegt sind. Aus dem Prinzip der Unteilbarkeit der Aktie ergibt sich ferner, daß weder die Gesellschaft noch der Aktionär die Mitgliedschaft in einzelne Mitgliedschaftsrechte aufspalten und verschiedenen Personen zuweisen kann, etwa dergestalt, daß dem einen das Stimmrecht, dem andern das Dividendenrecht zustände. Der Grundsatz der Unteilbarkeit schließt nicht aus, daß schuldrechtliche Ansprüche aus der Aktie ohne die Mitgliedschaft selbst veräußert oder abgetreten werden können. So steht einer Abtretung des Anspruches auf die beschlossene Dividende nichts entgegen, sofern die Statuten nicht vorschreiben, daß auch die Dividende einzig durch die im Aktienbuch eingetragenen Aktionäre bezogen werden kann. Der Grundsatz der Unteilbarkeit der Aktie erleidet bei der Spaltung von vinkulierten Namenaktien und bei der Begründung einer Nutznießung eine schwerwiegende Ausnahme[28].

2. Der Grundsatz der Unteilbarkeit steht einem Aktiensplit nicht entgegen. Durch Statutenänderung kann der Nennwert der Aktie herabgesetzt und damit die Zahl der Aktien erhöht werden, ohne daß das Grundkapital eine

---

[25] Vgl. Zwischenbericht, S. 154 und Vorschlag hierzu, Art. 693 Abs. 2 Satz 2.
[26] Vgl. Art. 693 Abs. 2 Satz 2 VE.
[27] Vgl. § 8 Abs. 3 dAktG: Die Aktie ist unteilbar; für weitere Einzelheiten vgl. hinten § 10 V 1.
[28] Vgl. zur Spaltung der Aktie hinten § 10 IV 4.

Veränderung erfährt. Eine derartige Zerlegung der Aktien bezweckt, die Aktien leichter und damit negoziabler zu machen. Der Mindestnennwert von 100 Fr. (Art. 622 Abs. 4 OR) darf indessen nicht unterschritten werden.

3. Einer Sanierungskapitalherabsetzung bei Kleinaktiengesellschaften geht manchmal eine Zusammenlegung von Aktien voraus: Ohne daß vorerst das Grundkapital eine Veränderung erfährt, wird durch die Zusammenlegung der Nennwert jeder Aktie erhöht und die Aktienzahl herabgesetzt. Dies erfordert einen statutenändernden Generalversammlungsbeschluß, wofür kein qualifiziertes Mehr vorgeschrieben ist. Die Zusammenlegung verlangt aber nach Art. 623 Abs. 2 OR überdies die nachträgliche Einzelzustimmung jedes Aktionärs[29]. Die Zusammenlegung könnte dazu führen, daß Aktionäre aus der Gesellschaft ausgeschlossen oder daß ihnen einzelne Aktienrechte entzogen werden. Dies verstößt gegen das absolut wohlerworbene Recht auf Erhaltung der Mitgliedschaft und kann demnach einem Aktionär nicht aufgedrängt werden, weshalb Art. 623 Abs. 2 OR Einzelzustimmung verlangt[30].

Zweck der Zusammenlegung ist die Schaffung von Aktien mit höherem Nennwert, um durch nachträgliche Herabsetzung des Nennwertes (Herabstempelung) eine Herabsetzung des Grundkapitals zwecks Sanierung durchzuführen, ohne Aktien mit einem Nennwert von unter 100 Fr. schaffen zu müssen. Die Gesellschaft hat ein Interesse daran, daß die Sanierungskapitalherabsetzung nicht zu Aktiennennwerten unter 100 Fr. führt, da solche Aktien jederzeit als aus einer Sanierung hervorgehend erkannt werden. Die Zusammenlegung von Aktien ist stets nur Vorbereitung für eine Sanierungsherabsetzung, bewirkt für sich allein genommen indessen keine Verminderung des Grundkapitals[31].

---

[29] SIEGWART, N. 10 zu Art. 623 OR.
[30] Vgl. auch SCHLUEP, Wohlerworbene Rechte, S. 111 ff.
[31] Richtig somit die Ausführung im Revisionshandbuch der Schweiz, Zürich 1971/79, Abschnitt 7.12; unrichtig M. BOEMLE, Unternehmungsfinanzierung, 4. Aufl., Zürich 1975, S. 418.

Zweites Kapitel

Entstehung

§ 6. Rechtsverhältnisse vor der Entstehung

Literatur
R. BÄR, Gründergesellschaft und Vorgesellschaft zur AG, in: Recht und Wirtschaft heute, Festgabe zum 65. Geburtstag von Max Kummer, Bern 1980, S. 77 ff.; R. KÜCHLER, Die Aktiengesellschaft im Gründungsstadium, in: Lebendiges Aktienrecht, Festgabe zum 70. Geburtstag von W. F. Bürgi, Zürich 1971, S. 229 ff.; B. STÜBER, Der Vorvertrag zur Aktiengesellschaft, Zürich 1973.

I. Gründungsgesellschaft

Häufig, aber nicht immer, entsteht eine Aktiengesellschaft derart, daß mehrere Personen übereinkommen, einen gemeinsamen Zweck in Form einer Aktiengesellschaft gemeinsam zu verfolgen. Eine solche Verabredung auf Gründung einer Aktiengesellschaft stellt eine einfache Gesellschaft im Sinne von Art. 530 ff. OR dar und kann als Gelegenheitsgesellschaft bezeichnet werden, da sie mit der Gründung der AG ihren Zweck verwirklicht und demnach aufgelöst wird[1].

Keine einfache Gesellschaft liegt bei treuhänderischen Gründungen vor, ebensowenig bei der Umwandlung einer Einzelfirma in eine Aktiengesellschaft. Hier besteht zwischen dem Einmann und seinen Treuhändern vielmehr ein Auftragsverhältnis.

Die Gründungsgesellschaft ist als Vorvertrag für die Gründung einer Aktiengesellschaft zu betrachten, so daß im Hinblick auf die öffentliche Beurkundung des Errichtungsaktes (Art. 638 Abs. 1 OR) in Anwendung von Art. 22 Abs. 2 OR auch für die Gründungsgesellschaft die öffentliche Beurkundung erforderlich ist[2]. Nicht erforderlich ist hingegen die öffentliche Beurkundung

---

[1] Dazu W. VON STEIGER, in: Schweiz. Privatrecht, Bd. VIII/1, Basel/Stuttgart 1976, S. 339 ff.; vgl. auch KÜCHLER, S. 229 ff.; STÜBER.
[2] Ebenso W. VON STEIGER, a.a.O., S. 340; DERSELBE, Gesellschaft mit beschränkter Haftung, SJK 800, S. 5; STÜBER, S. 75 ff.; anders noch W. VON STEIGER, N. 15 zu Art. 779 OR; dies in Anlehnung an M. HACHENBURG, Kommentar zum GmbH-Gesetz, 6. Aufl., Berlin 1956, Anm. 22 zu

der Treuhandverträge oder anderer Aufträge für die Gründung einer Aktiengesellschaft, da es sich nicht um einen Vorvertrag zur Aktiengesellschaft handelt, sondern um ein Mandat, bei der Gründung einer Aktiengesellschaft mitzuwirken und unmittelbar nach der Errichtung die Aktionärrechte an den Einmann abzutreten.

II. Rechtshandlungen vor der Entstehung

Häufig gehen die Gründer im Hinblick auf die Tätigkeit der zu gründenden Gesellschaft Rechtsgeschäfte ein. Die zu gründende Gesellschaft vermögen sie, da sie noch nicht besteht, nicht zu verpflichten. Eine direkte Stellvertretung ist mangels Existenz eines Vollmachtgebers nicht möglich. Die Handelnden haften persönlich und, wenn mehrere gemeinsam auftreten, solidarisch. Dies wird der Klarheit halber in Art. 645 Abs. 1 OR festgehalten. Diese persönliche Haftung trifft nicht bloß die Gründer und nicht nur denjenigen, der handelnd im Namen der Gesellschaft auftritt, sondern auch denjenigen, der zwar äußerlich nicht hervortritt, tatsächlich aber den Abschluß des Geschäftes im Namen der Gesellschaft veranlaßt hat. Der Kreis der von Gesetzes wegen persönlich Haftenden wird somit sehr weit gezogen[3]. Der Haftung wird im Interesse der Rechtssicherheit jeder unterstellt, der als intellektueller Urheber von Rechtshandlungen anzusehen ist, welche für das werdende Gebilde vorgenommen werden. Daß er selber mit dem Gläubiger der zu gründenden Gesellschaft in rechtliche oder geschäftliche Beziehungen getreten sei, ist nach dieser Ansicht nicht erforderlich[4].

Der Handelnde und damit persönlich Haftende wird befreit, wenn die Gesellschaft innerhalb einer Frist von 3 Monaten nach der Eintragung in das Handelsregister die Verpflichtung übernimmt (Art. 645 Abs. 2 OR). Die Übernahme erfordert nicht die Zustimmung der Gegenpartei und kann auch formlos, insbesondere durch Erfüllung der Vertragspflicht erfolgen. Der Handelnde haftet aber allenfalls als Gründer, wenn die Voraussetzungen von Art. 753 OR erfüllt sind.

---

§ 2, aber entgegen der herrschenden Meinung und festen Praxis in Deutschland; C. H. BARZ, in: Großkomm. AktG, § 23, Anm. 23 mit zahlreichen Hinweisen; gegen die öffentliche Beurkundung: BÄR, Gründergesellschaft, S. 77 ff., insbes. S. 86 ff.; ablehnend nun auch BGE 102 II, 1976, S. 420 ff.

[3] BGE 76 II, 1950, S. 164, wo ein Anwalt der Gründer der gesetzlichen Haftung des Art. 645 Abs. 1 OR unterworfen wurde, da er Rechnungen im Namen der zu gründenden Gesellschaft bezahlte.

[4] BGE 76 II, 1950, S. 166.

Der persönliche Geltungsbereich der gesetzlichen Haftung nach Art. 645 Abs. 1 OR ist nach der vorgenannten Bundesgerichtspraxis weit, doch ist der sachliche Anwendungsbereich gering, da alle Verpflichtungen aus Sacheinlagen, Sachübernahmen und Gründervorteilen nicht darunterfallen, sondern der hierfür geltenden Sonderregelung unterstellt sind (Art. 628, 636 und 641 Ziff. 6 OR)[5].

Handelt der Gründer im eigenen Namen, aber für Rechnung der zu gründenden Gesellschaft, so liegt indirekte Stellvertretung vor: Die Gesellschaft übernimmt nach ihrer Eintragung im Handelsregister die Forderungen und Schulden gemäß den Regeln von Art. 32 Abs. 2 OR, also durch Abtretung der Forderung oder Schuldübernahme nach den hierfür geltenden Grundsätzen.

Handelt der Gründer im Namen der Gründungsgesellschaft, so gelten die Regeln der Art. 543 und 544 OR über die Vertretung der einfachen Gesellschaft[6].

III. Vorgesellschaft

Von der Gründungsgesellschaft ist die Vorgesellschaft zu unterscheiden, die im Moment der Errichtung der Aktiengesellschaft entsteht und bis zu deren Eintrag dauert. Auch diese Vorgesellschaft ist eine einfache Gesellschaft, wenn auch eine stark atypische, da weitgehend körperschaftlich organisiert[7]. Eine auch nur beschränkte Rechts- oder Handlungsfähigkeit kommt dieser Vorgesellschaft nicht zu[8]. Im Innenverhältnis gilt Körperschaftsrecht, insbesondere für die Organisation und die Beschlußfassung. Insbesondere gilt unmittelbar nach der Errichtung das Paritätsprinzip[9] und das Mehrheitsprinzip.

Zwischen der Vorgesellschaft und der Aktiengesellschaft kann auch im übertragenen Sinn keine Identität bestehen, da die Eintragung der Aktiengesellschaft im Handelsregister ein neues Rechtssubjekt zum Entstehen bringt. Ebensowenig kann Identität behauptet werden, wenn eine Personenhandelsgesellschaft sich in eine Aktiengesellschaft umwandelt[10].

---

[5] Näheres hinten § 7 III 1.
[6] Eingehend hierzu W. von Steiger, a.a.O. (Anm. 1), S. 430 ff.
[7] Ebenso W. von Steiger, a.a.O., S. 343; Guhl/Merz/Kummer, S. 568 und 575; Siegwart, N. 14 zu Art. 645 OR.
[8] Abweichend Küchler, S. 239 f.
[9] Vgl. hinten § 16 II 2.
[10] In Wirklichkeit liegt keine Umwandlung, sondern eine Umgründung vor. Die einzige Umwandlung im eigentlichen Sinne des Wortes, die unser Recht kennt, ist die Umwandlung einer GmbH in eine Aktiengesellschaft nach Art. 824 ff. OR. Hier besteht die juristische Persönlichkeit ungebrochen weiter, höchstens hier kann von Identität die Rede sein. Anderer Ansicht Küchler, S. 239; vgl. hinten § 7 IV 1, Anm. 22.

IV. Doppelgesellschaft

1. Nimmt die Gründungsgesellschaft mit der Gründung der Aktiengesellschaft und die Vorgesellschaft mit der Eintragung im Handelsregister ihr Ende, so nimmt die Doppelgesellschaft in diesem Zeitpunkt meist ihren Anfang: Alle Gründer und Aktionäre schließen sich zu einer einfachen Gesellschaft zusammen und sind somit in zwei Gesellschaften vereinigt, in einer einfachen Gesellschaft als Grundgesellschaft und in der AG als Organgesellschaft. Solche Doppelgesellschaften entstehen häufig dann, wenn die Verfolgung des gemeinsamen Zweckes einerseits eines gewissen Kapitals bedarf und damit eines festen Rechtsträgers zur Aufnahme und Abwicklung von Rechtsbeziehungen mit Dritten, oder andererseits die Beteiligten sich zu Leistungen verpflichten müssen, die infolge des Nebenleistungsverbotes von Art. 680 Abs. 1 OR nicht statutarisch festgehalten werden können, und schließlich eine Einheitsgesellschaft in Form einer GmbH oder einer Genossenschaft nicht angezeigt ist, weil die Gesellschafterpublizität, wie sie bei der GmbH gilt, gescheut wird, oder weil das Kopfstimmrecht der Genossenschaft nicht sachgemäß erscheint[11]. Zahlreiche Familiengesellschaften, aber auch andere private Gesellschaften sind als Doppelgesellschaften ausgestaltet, indem Nachschußpflichten, Abstimmungsvereinbarungen, Übernahmerechte und Kaufpflichten in bezug auf die Aktien, Vorschlagsrechte für die Mitglieder der Verwaltung, Minderheitenschutzbestimmungen, Dividendengarantien, Verstärkung der Informationsrechte und anderes in Aktionärsvereinbarungen aufgenommen werden, so daß die AG-Statuten einzig das bare Minimum enthalten[12].

2. Nicht selten verdichtet sich die Doppelgesellschaft zu einem Gemeinschaftsunternehmen. Ein solches liegt jedenfalls immer dann vor, wenn zwei Unternehmen eine gemeinsame Tochtergesellschaft errichten, die in der Regel von keiner Beteiligten beherrscht wird und die ihrerseits wieder ein

---

[11] Vgl. die klassische Definition von E. NAEGELI, Die Doppelgesellschaft, Zürich/Berlin 1936/41, wonach eine Doppelgesellschaft dann vorliegt, «wenn zwei oder mehrere Personen zwei Gesellschaften bilden und diese zu einem wirtschaftlich einheitlichen Gebilde verschweißen, wobei die eine Gesellschaft als abhängiges, geschäftsführendes Organ der andern tätig ist» (Bd. 1, S. 9). Zu den kooperationsrechtlichen Problemen der Doppelgesellschaft vgl. W. R. SCHLUEP, Privatrechtliche Probleme der Unternehmenskonzentration und -kooperation, ZSR 92 II, 1973, S. 338–341 und 470–481.

[12] Die Schwierigkeit solcher Grundgesellschaften besteht in ihrer Zerbrechlichkeit und in der daraus sich ergebenden Schwierigkeit, die Vertragspflichten auf Erben und insbesondere auf Aktienerwerber übergehen zu lassen. Probates Mittel ist die Statutenvorschrift, wonach der Verwaltungsrat die Zustimmung zur Übertragung von Aktien verweigern muß, wenn der Erwerber dem Aktionärbindungsvertrag nicht beitritt.

Unternehmen betreibt[13]. Solche Gemeinschaftsunternehmen stehen auf der Grenze zwischen Unternehmenskooperation und -konzentration und werden in der Zukunft außerordentlich häufig werden, so daß der schweizerische Konzernrechtsgeber sich wird fragen müssen, ob er sie erfassen und regeln solle. Das deutsche Konzernrecht enthält keine Vorschrift über den Sonderfall des Gemeinschaftsunternehmens, so daß offen und stark umstritten ist, ob und unter welchen Voraussetzungen das paritätisch beherrschte Gemeinschaftsunternehmen von beiden Obergesellschaften abhängig ist[14].

§ 7. Die Gründung

Literatur

J.-A. BAUMANN, Gegenstand und Bewertung von Sacheinlage und Sachübernahme nach Privat- und Steuerrecht mit besonderer Berücksichtigung der kantonalen Steuerrechte von Zürich und Thurgau, Zürich 1972; P. FORSTMOSER, Schweizerisches Aktienrecht, Bd. I/Liefg. 1, Grundlagen, Gründung und Änderung des Grundkapitals, Zürich 1981; CH. VON GREYERZ, Die Folgen der Umwandlung in eine Aktiengesellschaft, in: Berner Festgabe zum Schweizerischen Juristentag 1979, Bern 1979; R. PATRY, La fondation qualifiée de la société anonyme, ZBGR 1961, S. 22 ff.; D. WEHRLI, Die Umwandlung einer Genossenschaft in eine Aktiengesellschaft als Beispiel der Umwandlung einer Körperschaft unter Berücksichtigung der steuerlichen Folgen, Zürich 1976.

I. Gründungsarten

Das Gesetz unterscheidet einerseits Simultangründung (Einheitsgründung) und Sukzessivgründung (Stufengründung) und andererseits einfache und qualifizierte Gründung.

1. Die **Sukzessivgründung** (Art. 629–637 OR) ist eine Gründung durch aufeinanderfolgende Aktienzeichnungen (Art. 629 Abs. 1 OR). Gründer, die

---

[13] Vgl. die viel offenere Begriffsumschreibung bei SCHLUEP, a.a.O. (Anm. 11), S. 481; vgl. auch P. ZIHLMANN, Gemeinschaftsunternehmen (joint-business-venture) in der Form von Doppelgesellschaften, SIZ 68, 1972, S. 317 ff.; C. REYMOND, Réflections sur la nature juridique du contrat du joint-venture, JdT 123, 1975, S. 480 ff.; R. TSCHÄNI, Gesellschafts- und kartellrechtliche Probleme der Gemeinschaftsunternehmungen (Joint Ventures), SAG 49, 1977, S. 88 ff.
[14] Vgl. hierzu V. EMMERICH/J. SONNENSCHEIN, Konzernrecht, München 1973, S. 31, 34; H. C. BARZ, Das 50:50-Gemeinschaftsunternehmen und das Konzernrecht, in: Beiträge zum Wirtschaftsrecht, Festschrift für H. Kaufmann, Köln 1972, S. 59–72.

mit den Aktienzeichnern nicht identisch sein müssen, erstellen einen Statutenentwurf und fordern Interessenten, allenfalls durch öffentliches Angebot, zur Zeichnung auf. Nach Schluß der Aktienzeichnung berufen die Gründer eine konstituierende Generalversammlung ein, welche Zeichnung und Liberierung feststellt, die Statuten berät und festsetzt und die statutarischen Organe bestellt, womit die Gesellschaft als errichtet gilt. Die Sukzessivgründung ist für die Errichtung großer Aktiengesellschaften bestimmt, kommt in der Praxis aber kaum vor, so daß darauf nicht näher einzugehen ist. In der Praxis wird vielmehr eine kleine Gesellschaft *(pilot corporation)* gegründet, welche sich erst im Rahmen einer Kapitalerhöhung an weitere Zeichner oder gar an das Publikum wendet. Dadurch wird die Massengründung, die zu großen praktischen Schwierigkeiten führt, umgangen; insbesondere laufen die Gründer nicht Gefahr, daß die konstituierende Versammlung sich ob den Statuten zerstreitet und allenfalls keine einstimmigen Beschlüsse zustande kommen, was für wesentliche Änderungen nach Art. 635 Abs. 3 OR erforderlich ist[1].

Soll im Zusammenhang mit einer Sukzessivgründung das Grundkapital ganz oder zum Teil durch Sacheinlagen aufgebracht werden, so ist ein Gründerbericht erforderlich (Art. 630 OR). Dieser Gründerbericht ist bei der Simultangründung nicht erforderlich, da dort die Gründer und Aktionäre die erforderlichen Auskünfte über Sacheinlagen, Sachübernahmen und Gründervorteile unmittelbar erfragen können[2].

Ganz bedeutungslos ist die Sukzessivgründung allerdings nicht, da sie bei der Kapitalerhöhung eine Ersatzform für das genehmigte Kapital darstellen kann[3]. Verwendet wird die Form der Sukzessivgründung auch dann, wenn ausländische Gesellschaften als Aktionäre auftreten. Dies erfolgt einzig zur Vereinfachung der Gründungsformalitäten: Die ausländischen Unternehmen können als Zeichner und damit Gründer auftreten, ohne die in der Praxis offenbar lästige Bestimmung von Art. 78 Satz 3 der Verordnung über das Handelsregister vom 7. Juni 1937 beachten zu müssen, wonach ausländische Gesellschaften sich darüber ausweisen müssen, daß sie nach den an ihrem Sitze geltenden Vorschriften zu Recht bestehen.

---

[1] Die Massengründung ist bei der Aktiengesellschaft besonders schwierig, als Zeichner, die den Statuten in der vorgelegten Form nicht zustimmen wollen, zwar von der Gründung ausgeschlossen werden können, aber durch andere Zeichner ersetzt werden müssen, damit das in Aussicht genommene Grundkapital voll gezeichnet bleibt. Diese Problematik entfällt bei der Genossenschaft und beim Verein, so daß dort Gründungsversammlungen mit zahlreichen Teilnehmern keine unüberwindlichen Probleme aufwerfen.

[2] Nicht alle Handelsregisterämter vertreten offenbar diese Ansicht; in gewissen Kantonen wird auch für Simultangründungen mit Sacheinlagen ein Gründerbericht verlangt.

[3] Vgl. hinten § 21 IV.

2. Auf die **Simultangründung** wird im folgenden (II) näher eingegangen.

3. Bei der **einfachen Gründung**[4] wird das Grundkapital in bar oder durch Verrechnung[5] liberiert. Die Liberierung mit Verrechnung ist in Art. 80 HRV auch für die Gründung ausdrücklich zugelassen. Die Verrechnung kommt bei Gründungen häufig vor im Zusammenhang mit Umwandlungen und Sacheinlagen, indem die in den Passiven des einzubringenden Geschäftes enthaltenen Verbindlichkeiten teilweise in Grundkapital umgewandelt werden[6].

4. Erfolgt die Liberierung durch Sacheinlagen oder sollen Vermögenswerte übernommen werden (Sachübernahme) oder werden Gründervorteile zugesichert, so liegt eine **qualifizierte Gründung** vor. Auf sie ist später (III) näher einzugehen.

II. Einfache Gründung

1. Wie soeben ausgeführt, liegt eine einfache Gründung vor bei Liberierung des Grundkapitals in bar oder durch Verrechnung und weder zum Zwecke der Sachübernahme noch mit Gründervorteilen.

Die einfache Simultangründung erfolgt uno actu, indem die Gründer die Errichtung einer Aktiengesellschaft erklären. Dieser **Errichtungsakt** hat in öffentlicher Urkunde zu erfolgen und tritt an die Stelle der Beschlüsse in der konstituierenden Generalversammlung im Sukzessivverfahren. Der Errichtungsakt enthält vier Bestandteile:
– Errichtung der Gesellschaft,
– Festsetzung der Statuten,
– Bestellung der Organe,
– Bestätigung über Zeichnung und Liberierung.

Die öffentliche Urkunde bei der Simultangründung ist nicht eine Verurkundung eines Versammlungsbeschlusses, sondern einer Willenserklärung[7]. Die Gesellschaftsgründung stellt einen mehrseitigen Vertrag dar. Die Kontroverse über die Rechtsnatur der Gründung ist überholt und damit die Gesamtakts-

---

[4] Das Gesetz verwendet den Terminus nicht.
[5] Vgl. P. MOSIMANN, Die Liberierung von Aktien durch Verrechnung, Basler Studien, H. 112, Basel/Stuttgart 1978.
[6] Vgl. SIEGWART, N. 14 ff. zu Art. 633 und insbes. N. 14 zu Art. 634bis, 639 OR.
[7] Vgl. etwa Formulare für öffentliche Beurkundungen, hrsg. vom Verein Bernischer Notare, 2. Aufl., Bern 1943, S. 19 ff.

theorie. Der Begriff des Gesamtaktes ist durchaus entbehrlich[8]. Die Gründung einer Aktiengesellschaft unterscheidet sich vom Abschluß eines Gesellschaftsvertrages einzig dadurch, daß bei ihr eine körperschaftliche Organisation mit Drittorganschaft angestrebt wird und die Statuten auch für die zukünftigen Gesellschafter automatisch Geltung haben, während der Gesellschaftsvertrag eine einfachere Organisation schafft und von jedem neueintretenden Gesellschafter anerkannt werden muß. Beidemal geht es vornehmlich um die Errichtung einer Organisation, so daß AG-Gründungen wie Gesellschaftserrichtungen als Organisationsverträge bezeichnet werden[9].

2. Als Gründer kann jede natürliche oder juristische Person auftreten; es besteht kein Nationalitäts- oder Wohnsitzerfordernis. Verlangt werden so viele Aktionäre, als für die Bildung der Verwaltung und der Kontrollstelle nach den Statuten notwendig sind. Demnach würde ein einziger Gründer genügen, denn die Kontrollstelle muß nicht aus Aktionären besetzt sein und die Verwaltung kann aus einer einzigen Person bestehen. Unter dem alten Recht wurde entschieden, daß die Gründung einer Aktiengesellschaft so viele Gründer erfordere, als notwendig seien, um die Gesellschaft zu organisieren. Der Bundesrat verlangte zwei Gründer, denn ein zweiter Aktionär wurde als erforderlich bezeichnet, um der Verwaltung Entlastung erteilen zu können[10]. Das Gesetz verlangt drei Gründer (Art. 625 Abs. 1 OR). Lehre und Rechtsprechung lassen Strohmänner zu, so daß der Errichtung einer Einmanngesellschaft nichts im Wege steht[11].

Alle anläßlich der Gründung in die Verwaltung gewählten Personen müssen nach richtiger Ansicht Gründer sein. Die Handelsregisterpraxis gibt sich indessen large und läßt auch Nichtgründer in den Verwaltungsrat aufnehmen mit der sehr praktischen Begründung, daß solche Personen unmittelbar nach der Gründung in einer außerordentlichen Generalversammlung gewählt werden könnten.

3. Das Grundkapital muß anläßlich der Gründung voll gezeichnet werden; alle Aktien müssen demnach ausgegeben sein (Art. 635 Abs. 2 und Art. 638 Abs. 2 Ziff. 1 OR). Die Übernahme der Aktien erfolgt im Zeichnungs-

---

[8] Die Theorie des Konstitutiv- oder Gesamtaktes geht auf OTTO VON GIERKE zurück (Deutsches Privatrecht, Leipzig 1895–1917, Bd. 1, S. 150) und ist Ausfluß des von ihm vertretenen Dualismus, wonach Gesellschaften und Körperschaften durch eine schroffe begriffliche Kluft getrennt sind. Demnach entstehen Gesellschaften durch Vertrag, Körperschaften durch Gesamtakt.
[9] Wie hier R. REINHARDT, Gesellschaftsrecht, Tübingen 1973, S. 34; WÜRDINGER, Aktien- und Konzernrecht, § 18 I/1a.
[10] Entscheid des Bundesrates vom 2. März 1923 (zit. bei F. VON STEIGER, S. 36). Da der Entlastungsbeschluß entbehrlich ist, vermag dieser Entscheid nicht zu überzeugen.
[11] FORSTMOSER/MEIER-HAYOZ, S. 96; F. VON STEIGER, S. 37; BGE 81 II, 1955, S. 541.

schein. Die Aktienzeichnung erfolgt somit schriftlich und muß auf den Statutenentwurf Bezug nehmen, den Ausgabepreis angeben und den Zeitpunkt, bis zu welchem die Zeichnung verbindlich bleibt (Art. 632 OR). Bei Simultangründungen kann der Zeichnungsschein wegfallen, da alle Gründer in öffentlicher Urkunde die Übernahme sämtlicher Aktien erklären (Art. 638 Abs. 2 Ziff. 1 OR)[12]. Die Zeichnung ist als Offerte mit einer bestimmten Annahmefrist anzusehen und wird von den Gründern bis zum Tag der Errichtung angenommen oder abgelehnt, wobei sie hierüber frei entscheiden. Durch Annahme wird die Aktienzeichnung verbindlich. Der Zeichner ist zur statutengemäßen Liberierung des Ausgabebetrages verpflichtet.

4. Die Liberierung der Aktien erfolgt in der statutarisch vorgesehenen Höhe, mindestens aber mit 20% des Nennwertes jeder Aktie, jedenfalls aber mit 20000 Fr. (Art. 633 Abs. 1 und 2 OR). Die Erhöhung des Liberierungsbetrages über das gesetzliche Mindestmaß hinaus muß in den Statuten enthalten sein (Art. 627 Ziff. 5 OR). Die Einzahlung erfolgt nicht in die Gesellschaftskasse. Vielmehr muß der Nennwert, aber nicht auch das Agio, bis zur Gründung bei einer von den Kantonen bezeichneten Depositenstelle auf den Namen der zu gründenden Gesellschaft hinterlegt werden (Art. 633 Abs. 3 Satz 1 OR). Die Liberierungsbeträge dürfen erst nach Eintragung der Gesellschaft in das Handelsregister der Gesellschaft ausgehändigt werden (Satz 2). Die Bestimmung gibt keine Gewähr, daß der Liberierungsbetrag nicht wieder verdeckt zurückgeleistet wird, sondern verhindert bloß die krassesten Missbräuche. Im Errichtungsakt ist zu bestätigen, daß der gesetzliche oder der statutarisch festgelegte Betrag der Gesellschaft zur freien Verfügung steht (Art. 638 Abs. 2 Ziff. 2 OR).

5. Auch bei bloß teilweiser Liberierung des Grundkapitals anläßlich der Gründung ist der ganze Kapitalbetrag in den Passiven der Bilanz auszuweisen (Art. 668 Abs. 1 OR). Der Betrag des nichteinbezahlten Grundkapitals ist unter den Aktiven gesondert aufzuführen (Abs. 2). Das nichteinbezahlte Kapital ist wie jede andere Gesellschaftsforderung auf seine Bonität hin zu prüfen; Zahlungsunfähigkeit der Aktionäre muß zu einer entsprechenden Wertkorrektur führen[13].

Enthalten die Statuten keine besonderen Bestimmungen, so kann das Nonversé jederzeit einverlangt werden; hierzu zuständig ist nach der allgemeinen Kompetenzordnung die Verwaltung (Art. 721 Abs. 2 OR). Diese nachträgliche Voll- oder Zusatzliberierung ist im Gesetz nicht geregelt, sondern einzig in Art. 83 der Verordnung über das Handelsregister. Tut der Gesetzgeber sein

---

[12] Vgl. die Präzisierung in Art. 79 der VO über das Handelsregister vom 7. Juni 1937.
[13] Revisionshandbuch der Schweiz, Zürich 1971/79, S. 117f.

Äußerstes zur Sicherstellung der Aufbringung des Grundkapitals anläßlich der Gründung, so läßt er der Nachliberierung freien Lauf: Die Einzahlung hat nicht auf die kantonale Depositenstelle zu erfolgen, sondern in die Gesellschaftskasse; die Feststellung der Liberierung erfolgt nicht durch die Generalversammlung, sondern durch die Verwaltung; der Nachweis der Nachliberierung erfolgt bloß durch beglaubigten Auszug aus den Geschäftsbüchern, also ohne materielle Prüfung der Einzahlungen; die erforderlich werdende Statutenänderung wird – einzigartiger Ausnahmefall – durch die Verwaltung vorgenommen. Einzig die Nachliberierung durch Sacheinlage wird verboten (Art. 633 Abs. 1 Satzteil 2 OR).

6. Die einzige Pflicht des Aktionärs ist die Bezahlung des Ausgabebetrages (Art. 680 Abs. 1 OR). Diese Pflicht beruht nicht auf Gesetz oder Statuten, sondern ergibt sich aus der rechtsgeschäftlichen Verpflichtung im Zeichnungsschein. Kommt er dieser Pflicht nicht nach, kann er aus der Gesellschaft ausgeschlossen werden. Die Tatsache, daß der Aktionär einzig zur Leistung einer Kapitaleinlage gehalten ist und daß einzig der Verstoß gegen diese Pflicht einen Ausschlußgrund darstellt, wird gleichwohl zu Recht als kennzeichnendes Merkmal für die kapitalistische Natur der Aktiengesellschaft angesehen[14]. Der säumige Aktionär wird seiner Rechte aus der Zeichnung der Aktien verlustig erklärt und verliert demnach seine Mitgliedschaft. Diesem schweren Eingriff hat das langwierige Kaduzierungsverfahren vorauszugehen, in welchem der säumige Aktionär erneut zur Leistung aufgefordert wird unter Androhung der Verlustigerklärung seiner Mitgliedschaft (Art. 682 OR).

7. Hauptaufgabe der Gründeraktionäre ist die Festsetzung der Statuten als der künftigen Organisationsordnung der Gesellschaft. Für die Sukzessivgründung verlangt Art. 635 Abs. 3 OR Einstimmigkeit über wesentliche Änderungen. Für die Simultangründung fehlt eine entsprechende Regelung, da die Statuten ohnehin einstimmig beschlossen werden.

8. Um der Gesellschaft zur Handlungsfähigkeit zu verhelfen, sind die Organe, insbesondere der Verwaltungsrat, aber auch die Kontrollstelle zu wählen (Art. 638 Abs. 1 OR). Bei dieser Wahl wirken sich die Statuten erstmals aus, indem die Bestellung der Organe in Befolgung dieser Statutenvorschriften erfolgt.

9. Durch den Errichtungsakt wird die Gesellschaft errichtet, zur Entstehung gebracht. Die Gründungsgesellschaft nimmt ihr Ende, die Vorgesellschaft ihren Anfang. Die bestehende Aktiengesellschaft unterliegt noch teilweise den

---

[14] MEIER-HAYOZ/FORSTMOSER, S. 92; MEIER-HAYOZ/SCHLUEP/OTT, a.a.O. (vorn § 1, Anm. 1), S. 293 ff., insbes. S. 300 f.

Regeln der einfachen Gesellschaft; noch sind alle Aktionäre durch Rechtsbeziehungen miteinander verbunden, denn noch ist kein neuer Rechtsträger entstanden, da die Rechtspersönlichkeit erst durch Handelsregistereintrag erworben wird. Schon bestehen allerdings Organe mit bestimmten Funktionen und bereits erfolgt die Beschlußfassung nach den in den Statuten niedergelegten korporativen Bestimmungen.

III. Qualifizierte Gründung

Eine qualifizierte Gründung liegt vor, wenn das Grundkapital durch Sacheinlage liberiert wird oder wenn die Gesellschaft im Zusammenhang mit der Gründung Vermögenswerte übernimmt (Sachübernahme) oder wenn zugunsten der Gründer oder anderer Personen besondere Vorteile ausbedungen werden. In allen diesen drei Fällen ist eine besondere Beschlußfassung, eine Offenlegung in den Statuten sowie eine Eintragung im Handelsregister verbunden mit einer Publikation im Schweizerischen Handelsamtsblatt erforderlich, weil die Gefahr der fiktiven Liberierung des Grundkapitals in besonderem Maße besteht und den Beteiligten und den Außenstehenden vor Augen geführt werden soll.

1. Sacheinlage

Das Grundkapital muß nicht in bar, sondern kann auch durch Einbringung von Sachen, Forderungen oder Werten liberiert werden. Da die Sacheinlage zur Deckung des Grundkapitals dient, muß sie bilanzfähig, also aktivierbar sein. Nicht zugelassen als Sacheinlage sind demnach insbesondere Arbeitsleistungen, ebensowenig Goodwill, sofern er nicht zusammen mit einem ganzen Geschäft eingebracht wird.

Die Sacheinlagen müssen zur freien Verfügung der Gesellschaft stehen und demnach zu Eigentum eingebracht werden (Art. 633 Abs. 4 OR), obschon das rechtliche Eigentum für die Bilanzierung nicht Voraussetzung ist. Werden Liegenschaften eingebracht, so muß die Gesellschaft einen bedingungslosen Anspruch auf Eintragung in das Grundbuch erhalten (Art. 633 Abs. 4 OR). Die Eintragung im Grundbuch kann erst nach Eintragung der Gesellschaft im Handelsregister erfolgen.

Entscheidend für die Sacheinlage ist, daß die Gegenleistung der Gesellschaft immer aus Aktien besteht, wenn auch nicht ausschließlich, indem der Wert der Sacheinlage den Nennwert der Aktien übersteigen kann. Dieser überschießende Betrag wird entweder in die Reserven gelegt oder häufiger als Forderung

(Kaufpreisrestanz) des Sacheinlegers gegenüber der Gesellschaft stehen gelassen. Dadurch wird das Eigentum des Sacheinlegers an der Sacheinlage umgewandelt in Beteiligungsrechte und Forderungsrechte. Dieser für alle Umwandlungen gängige Mechanismus führt in der Regel dazu, daß der Sacheinleger-Hauptaktionär die neue Gesellschaft zu erheblichem Maße mit Darlehen finanziert. Diese Aktionärdarlehen stellen rechtlich Forderungen dar, bilden aber wirtschaftlich gesehen einen Teil des Eigenkapitals, da sie vom Unternehmer dauernd zur Verfügung gestellt werden und er für den Fall, daß die Gesellschaft Not leiden wird, in der Regel bereit ist, wenn auch nicht auf die Forderung zu verzichten, so doch mit der Befriedigung zuzuwarten, bis alle übrigen Gläubiger gedeckt sind[15].

Der Sacheinlagevertrag bedarf keiner besonderen Form, wird aber in der Regel schriftlich errichtet. Werden Forderungen eingebracht, ist in Anwendung von Art. 165 Abs. 1 OR Schriftlichkeit gefordert, bei Grundstücken öffentliche Beurkundung.

Die Bewertung der Sacheinlage wird den Beteiligten überlassen. Überbewertungen können zu einer bloß teilweisen Liberierung des Grundkapitals führen, wenn die Sacheinlage richtig bewertet, nicht zur vollen Deckung des Aktienkapitals ausreicht. Die Gefahr der Überbewertung ist erheblich, da Sacheinleger und Gesellschaft wirtschaftlich eine Einheit bilden und der Sacheinlagewert nicht nach marktkonformen Kriterien festgesetzt wird[16]. Der Gesetzgeber glaubte, von einer Gründungsprüfung absehen zu können. Die Bewertung der Sacheinlagen wird im Zeitpunkt der Gründung weder durch die Kontrollstelle noch durch einen Gründerprüfer noch gar durch das Handelsregister überprüft. Hierin ist ein erheblicher und insbesondere aus dem Blickwinkel der Bekämpfung der Wirtschaftskriminalität oft beklagter Mangel zu erblicken[17].

Weder Zwischenbericht noch Vorentwurf legen allerdings Vorschläge über die Einführung der Gründungsprüfung vor. Solche tun indessen Not und können nicht mit dem Hinweis auf die

---

[15] Ausführlicher dazu CH. VON GREYERZ, Die Folgen der Umwandlung in eine Aktiengesellschaft, in: Berner Festgabe zum Schweizerischen Juristentag 1979, S. 197 ff., insbes. S. 200; vgl. auch hinten § 7 VI.

[16] Auf die steuerrechtliche Beurteilung von Apport-Gründungen ist hier nicht einzugehen. Es wird verwiesen auf E. HÖHN, Steuerrecht, 3. Aufl., Bern 1979, S. 189 und 263; H. MASSHARDT, Wehrsteuerkommentar, Ausgabe 1980, Zürich 1980, S. 104, 111 f., 226 f., 240 f.; E. KÄNZIG, Eidg. Wehrsteuer, Basel 1962, N. 11 zu Art. 12 und N. 100 f. zu Art. 21; W. R. PFUND, Verrechnungssteuer, 1. Teil, Basel 1971, S. 203 f.; die Spezialliteratur ist insbes. bei HÖHN zusammengestellt, vgl. noch BAUMANN (vorn Lit.verz. vor § 7).

[17] E. ZIMMERLI, Wirtschaftskriminalität mit Kleinaktiengesellschaften, Bd. 30 der Schriftenreihe der Schweizerischen Treuhand- und Revisionskammer, Zürich 1978; N. SCHMID, Fragen der strafrechtlichen Verantwortlichkeit bei Schwindel- und Strohmanngesellschaften, ZStR 87, 1971, S. 247 ff.; DERSELBE, Die strafrechtliche Verantwortlichkeit für Wirtschaftsdelikte im Tätigkeitsbereiche der Aktiengesellschaft, SAG 1974, S. 101 ff.

Schwierigkeit der Bewertungsüberprüfung abgetan werden. Es ist zu fordern, daß die Bewertung einer Sacheinlage durch unabhängige Sachverständige überprüft wird und daß der Apport einzig auf das Grundkapital angerechnet werden kann, wenn die Gründungsprüfer die Bewertung vorbehaltlos als vertretbar bestätigen.

Der Gesetzgeber von 1936 hat die Gefahren der Sacheinlagegründungen zwar erkannt, glaubte aber, ihr mit Offenlegung begegnen zu können. Die Sacheinlage ist in den Statuten zu nennen, einer besonderen Beschlußfassung zu unterwerfen und im Handelsregister einzutragen: In den Statuten sind Gegenstand der Sacheinlage, Person des Sacheinlegers, Bewertung und Anrechnung aufzuführen sowie die Zahl der Aktien, die als Gegenleistung ausgegeben werden (Art. 628 Abs. 1 OR). Ferner wird jede Sacheinlageklausel einer besonderen Beschlußfassung unterstellt, die mindestens die Stimmen von zwei Dritteln des gesamten Grundkapitals auf sich vereinigen muß (Art. 636 OR). Diese Bestimmung, die auch bei Simultangründungen Anwendung findet, dort aber ihre Bedeutung nicht entfaltet, da ohnehin Einstimmigkeit verlangt wird, findet gemäß Verweis in Art. 650 OR auch auf Kapitalerhöhungen Anwendung und verunmöglicht dort den Publikumsgesellschaften die Durchführung von Kapitalerhöhungen gegen Sacheinlagen, weil Großgesellschaften trotz des Depotstimmrechtes offenbar nicht in der Lage sind, Beschlüsse zu fassen, die die Stimmen von zwei Dritteln des Grundkapitals auf sich vereinigen[18]. Gegenstand und Anrechnung der Sacheinlage, nicht die Person des Sacheinlegers, werden im Handelsregister eingetragen (Art. 641 Ziff. 6 OR) und danach im Schweizerischen Handelsamtsblatt publiziert (Art. 931 Abs. 1 OR).

2. Sachübernahme

Die mit der Offenlegung der Sacheinlage verbundene Publizität von interna erweist sich für die Unternehmen als lästig, weshalb versucht wurde, Sacheinlagegründungen zu vermeiden. Zu diesem Behufe führte man Bargründung durch, um unmittelbar nach der Eintragung die Sacheinlagen zu erwerben. Das Gesetz hat diese Umgehungsmöglichkeit erfaßt und unterwirft sie denselben Regeln wie die Sacheinlage: Erwirbt die Gesellschaft nach der Gründung von Aktionären oder Dritten Sachen oder Forderungen, so ist dieses Geschäft in den Statuten ebenfalls offenzulegen. Das Gesetz bezeichnet diesen Vorgang etwas unbeholfen als Übernahme von Vermögenswerten (Randtitel zu Art. 628 OR). Die Literatur nennt die Vorkehr in der Regel Sachübernahme. Eine derartige Sachübernahme liegt auch vor, wenn die Gesellschaft nach der Gründung Vermögenswerte von Dritten erwirbt, obschon jedenfalls dann keine Mißbrauchsgefahr besteht, wenn der Dritte keinem Aktionär nahesteht und

---

[18] Vgl. deshalb den Vorschlag in Art. 636 VE.

die Bedingungen der Sachübernahme somit zwischen wirtschaftlich unabhängigen Personen ausgehandelt werden. Eine Gefahr der Überbewertung der Sacheinlage scheint ausgeschlossen. Es liegt de lege ferenda nahe, die Sachübernahmeregeln nur dann anzuwenden, wenn Vermögenswerte von Aktionären oder ihnen nahestehenden Personen übernommen werden.

Die Gegenleistung besteht bei der Sachübernahme niemals in Aktien, da diesfalls eine Sacheinlage vorliegt. Auch die Sachübernahmeklausel ist nach Art. 636 OR einer besonderen Beschlußfassung mit dem bereits genannten qualifizierten Mehr zu unterwerfen. Ins Handelsregister einzutragen sind Gegenstand und Anrechnung der übernommenen Vermögenswerte (Art. 641 Ziff. 6 OR), obschon die Sachübernahme keinen Anrechnungswert hat, da sie nicht auf das Grundkapital angerechnet wird.

Die Abgrenzung von Sacheinlage und Sachübernahme ist unproblematisch, da die Sacheinlage dadurch gekennzeichnet ist, daß der Sacheinleger Aktien erhält, und unnötig, da beide denselben Regeln unterworfen werden.

Die Schwierigkeit der Sachübernahme rührt daher, daß jede Gesellschaft nach ihrer Gründung von Dritten Vermögenswerte erwirbt und dies schon häufig vor der Gründung feststeht. Hierauf stets die Sachübernahmevorschriften Anwendung finden zu lassen, wäre überflüssig und unnütz. Die herrschende Meinung, die vom Bundesgericht übernommen wurde, stellt zur Erfassung der Sachübernahme nicht darauf ab, ob die Übernahme vor der Eintragung der Gesellschaft verbindlich vereinbart wurde oder ob Absichten zur Übernahme von bestimmten Werten bestanden. Nach richtiger Ansicht liegt in beiden Fällen eine Sachübernahme vor, doch sind die Publizitätsbestimmungen nur anwendbar, wenn es sich um Geschäfte von größerer wirtschaftlicher Bedeutung handelt, durch welche das Grundkapital geschwächt werden könnte und die deswegen geeignet sind, auf den Kaufsentschluß späterer Aktienerwerber oder die Kreditgewährung allfälliger Gläubiger einen Einfluß auszuüben. Keine Sachübernahme liegt deshalb vor, wenn Verträge für die laufenden Bedürfnisse abgeschlossen werden[19].

Liegt eine Sachübernahme vor und werden Art. 628 Abs. 2 und Art. 636 OR nicht beachtet, so hat dies die Nichtigkeit der Verträge zur Folge. Die Nichtigkeit ist absolut, und der ungültige Übernahmevertrag kann daher nicht gültig werden durch Zeitablauf, Erfüllung oder einfache Genehmigung der Gesellschaft. Heilbar ist der Mangel nur durch Statutenänderung und nachfolgenden Handelsregistereintrag[20].

Der Registerführer hat nach Art. 81 Abs. 2 HRV zu prüfen, ob die Gesell-

---

[19] BGE 83 II, 1957, S. 291 ff.; vgl. auch FORSTMOSER/MEIER-HAYOZ, S. 108; F. VON STEIGER, S. 76 ff.; SCHUCANY, N. 4 zu Art. 628; a.A. FUNK, N. 3 zu Art. 628.
[20] BGE 64 II, 1938, S. 282 und 83 II, 1957, S. 290.

schaft von Aktionären oder Dritten Vermögenswerte übernimmt oder unmittelbar nach der Gründung übernehmen soll. Dieser Prüfungspflicht kommen die Handelsregisterführer dadurch nach, daß sie von der Gesellschaft eine entsprechende Erklärung (sog. Stampa-Erklärung) einfordern. Wer eine Sachübernahmegründung durchführt, jedoch eine Bargründung vortäuscht, erschleicht überdies eine Falschbeurkundung und macht sich entsprechend strafbar[21].

3. Gründervorteile

Werden den Gründern oder Dritten anläßlich der Gründung besondere Vorteile zugesichert wie Vorausdividende, Einräumung von Wohnrechten, besondere Übernahmerechte, so gelten diese als Gründervorteile und sind in den Statuten offenzulegen, einer besonderen Beschlußfassung zu unterwerfen und im Handelsregister einzutragen (Art. 628 Abs. 3, Art. 636 und 641 Ziff. 6 OR). In der heutigen Rechtspraxis sind die Gründervorteile bedeutungslos. Statutarische Vorrechte der Gründeraktionäre wie z.B. Dividendenvorbezugsrechte oder Vorschlagsrechte für Vertreter in den Verwaltungsrat oder Übernahmerechte an Aktien sind nicht als Gründervorteile zu betrachten, denn die Bevorzugung erfolgt im Hinblick auf die Aktionäreigenschaft und nicht in Anbetracht der Gründertätigkeit und kommt somit auch den späteren Erwerbern der Vorzugsaktien zu.

IV. Besondere Gründungsarten

1. Eine eigentliche Umwandlung eines Unternehmens von einer Gesellschaftsform in die andere liegt einzig vor, wenn dies ohne Auflösung und Liquidation erfolgen kann. Das Gesetz sieht in der Weise einzig die Umwandlung einer Aktiengesellschaft in eine GmbH vor (Art. 824–826 OR). In allen andern Fällen liegt eine Umgründung vor, indem die umzuwandelnde Gesellschaft ihre Auflösung beschließt und anstelle der eigentlichen Liquidation (Versilberung der Aktiven und Begleichung der Schulden) das Geschäftsvermögen mit Aktiven und Passiven an eine Aktiengesellschaft überträgt, welche sie in der Form der Sacheinlagegründung erwirbt. Die übertragende Gesellschaft erhält als Gegenleistung Aktien und schüttet sie als Liquidationsergebnis an ihre Beteiligten aus. Die Umgründung erfolgt nicht in den Formen der Universalsukzession[22], sondern in der Gestalt der Singularsukzession: Die

---

[21] Art. 253 StGB; vgl. BGE 101 IV, 1975, S. 150 ff.
[22] Eine solche findet im Gesellschaftsrecht nur bei Fusionen statt; vgl. WEHRLI, S. 11 ff.

Aktiven werden demnach nach den besonderen Formvorschriften übertragen, Forderungen durch Zession, Mobilien durch Tradition und Grundstücke durch Grundbucheintrag. Der Übergang der Schulden erfolgt gestützt auf Art. 181 OR, da eine Übernahme eines Geschäftes mit Aktiven und Passiven vorliegt. Der Schuldübergang erfolgt somit kraft Gesetzes infolge Mitteilung der Übernahme an die Gläubiger oder Auskündigung in öffentlichen Blättern[23].

2. Entsprechend ist das Vorgehen bei der Ausgründung: Ein in sich geschlossener Teil eines Geschäftes, sei es eine Abteilung, eine Außenstellung oder gar eine Zweigniederlassung, wird auf eine neuzugründende Gesellschaft übertragen und damit rechtlich verselbständigt. Wirtschaftlich gesehen liegt eine Unternehmensteilung vor. Die Ausgründung bezweckt die Umwandlung einer Abteilung in eine Tochtergesellschaft und ist demnach das Gegenstück zur Absorption, also zur Annexion einer vollständig beherrschten Tochter[24].

3. Das Rückgängigmachen des Auflösungsbeschlusses kann als Rückgründung bezeichnet werden, indem die aufgelöste Gesellschaft den Auflösungsbeschluß widerruft und ihre frühere Tätigkeit wieder aufnimmt. Das Bundesgericht erachtet in Übereinstimmung mit der herrschenden Lehre den Auflösungsbeschluß als unwiderruflich und stellt demnach ein Rückgründungsverbot auf[25].

V. Eintragung ins Handelsregister

1. Die Verwaltung hat die Gesellschaft beim Handelsregister des Ortes, in dem sie ihren statutarischen Sitz hat, anzumelden[26]. Die Anmeldung wird nach Prüfung im Tagebuch eingetragen und zur Publikation im Schweizerischen Handelsamtsblatt dem Eidgenössischen Amt für das Handelsregister in Bern zugestellt. Nach der Veröffentlichung im Handelsamtsblatt wird die Ein-

---

[23] Vgl. GUHL/MERZ/KUMMER, S. 257 ff.; B. VON BÜREN, Schweizerisches Obligationenrecht, Allgemeiner Teil, Zürich 1964, S. 352 ff.; A. VON TUHR, Allgemeiner Teil des schweizerischen Obligationenrechtes, Bd. 2, 3. Aufl., bearb. von A. ESCHER, Zürich 1974, S. 395 ff.; E. BUCHER, Schweizerisches Obligationenrecht. Allgemeiner Teil, Zürich 1979, S. 536 ff.
[24] A. P. HUBER, Die Spaltung von Aktiengesellschaften aus handelsrechtlicher Sicht, Bern 1979; B. M. HAMMER, Die Teilung der AG unter Berücksichtigung der steuerlichen Folgen, Zürich 1978; P. SCHNEIDER, Die Unternehmungsaufspaltung in betriebswirtschaftlicher, handelsrechtlicher und steuerrechtlicher-steuerwirtschaftlicher Sicht, Bern 1977.
[25] BGE 91 I, 1965, S. 438; F. VON STEIGER, S. 319; GUHL/MERZ/KUMMER, S. 568; a.A.: SCHUCANY, N. 3 zu Art. 736; FUNK, N. 1 zu Art. 736; kritisch BÜRGI, N. 19 zu Art. 736.
[26] Vgl. Art. 640 Abs. 1 und 2 OR; der Inhalt der Anmeldung ergibt sich aus Art. 641 OR, die Belege aus Art. 640 Abs. 3 OR; vgl. auch Art. 78 HRV.

tragung in das eigentliche Handelsregister übertragen[27]. Das Handelsregister ist mit Einschluß der Belege zu den Eintragungen öffentlich[28], so daß Statuten, Gründungsprotokolle und Sacheinlageverträge mit Übernahmebilanzen von jedermann eingesehen werden können.

2. Der Registerführer hat zu prüfen, ob die gesetzlichen Voraussetzungen erfüllt sind. Insbesondere ist zu prüfen, ob die Statuten keinen zwingenden Vorschriften widersprechen und den vom Gesetz verlangten Inhalt aufweisen (Art. 940 OR). Die Kognitionsbefugnis des Handelsregisterführers ist allerdings beschränkt: Er kann eine Anmeldung nur abweisen, wenn sie dem materiellen Zivilrecht offensichtlich und unzweideutig widerspricht[29]. Im Handelsregister sind nicht nur die zweifellos statthaften, sondern auch solche Vorgänge einzutragen, über deren Zulässigkeit sich streiten läßt. Solche Streitigkeiten zu entscheiden, ist Sache des ordentlichen Richters.

3. **Wirkungen der Handelsregistereintragung.** Mit der Eintragung in das Handelsregister erwirbt die durch die Gründung errichtete Gesellschaft das Recht der Persönlichkeit (Art. 643 Abs. 1 OR). In diesem Zeitpunkt lösen sich die Rechtsbeziehungen unter den Gründeraktionären und werden durch parallel laufende Mitgliedschaftsrechte gegenüber der Gesellschaft ersetzt, die den Aktionären als neuer Rechtsträger gegenübertritt. Das Gesellschaftsvermögen löst sich aus der Gesamthand und geht ins Alleineigentum der juristischen Person über. Die solidarische und unbeschränkte Haftung der Gründeraktionäre nimmt ihr Ende und wird durch die alleinige Haftung der Gesellschaft ersetzt. Der Haftungsausschluß der Aktionäre für Schulden der Gesellschaft tritt in Kraft. Die Gesellschaft wird rechtsfähig. Die Vertretungsmacht der Zeichnungsberechtigten lebt auf, die Gesellschaft wird handlungsfähig. Der Firmenschutz tritt in Kraft[30], die Gesellschaft wird der Konkursbetreibung unterstellt[31].

Im internen Verhältnis entfaltet der Handelsregistereintrag seine Wirkung unverzüglich mit der Einschreibung der Anmeldung in das Tagebuch. Dritten gegenüber wird die Eintragung erst nach der Veröffentlichung im Schweizerischen Handelsamtsblatt wirksam[32]. Der Handelsregistereintragung kann keine rückwirkende Kraft zukommen. Insbesondere bei Umwandlungen von Ein-

---

[27] Vgl. Art. 932 OR und Art. 11, 12, 19 und 113ff. HRV; zum Verfahren vgl. auch FORSTMOSER/MEIER-HAYOZ, S. 101; MEIER-HAYOZ/FORSTMOSER, S. 120ff.; R. PATRY, in: Schweiz. Privatrecht, Bd. VIII/1, Basel/Stuttgart 1976, S. 129ff.
[28] Art. 930 OR und Art. 9 HRV.
[29] BGE 91 I, 1965, S. 362; 88 I, 1962, S. 107 mit Hinweisen.
[30] Art. 956 OR.
[31] Art. 39 Ziff. 7 SchKG.
[32] Vgl. Art. 932 Abs. 2 OR.

zelfirmen oder Personenhandelsgesellschaften in Aktiengesellschaften wird die Umwandlung intern mit Wirkung per Bilanzstichtag durchgeführt. Von diesem Zeitpunkt an werden die Bücher nach den aktienrechtlichen Regeln geführt und werden die bisherigen Unternehmer regelmäßig als Arbeitnehmer und damit unselbständig Erwerbende betrachtet. Die Steuerbehörden sind bereit, die erforderlichen Zwischenveranlagungen auf diesen Zeitpunkt vorzunehmen und nicht auf das zufällige Datum der Handelsregistereintragung abzustellen. Sie verlangen allerdings, daß die Anmeldung zur Eintragung innerhalb bestimmter Fristen nach dem Bilanzstichtag erfolgt. Die Sozialversicherungsbehörden zeigen sich weniger flexibel und stellen für die Festlegung des Endes der Beitragspflicht als selbständig Erwerbender auf den Zeitpunkt des Eintrages im Handelsregister ab[33].

4. Das Recht der Persönlichkeit wird durch die Eintragung auch erworben, wenn die Voraussetzungen hierfür tatsächlich nicht vorhanden waren. Dem Handelsregister kommt in dem Sinne **heilende Wirkung** zu (Art. 643 Abs. 2 OR)[34]. Sind indessen Interessen von Gläubigern oder Aktionären in erheblichem Maße gefährdet oder verletzt worden, so kann der Richter auf Begehren solcher Gläubiger und Aktionäre die Auflösung der Gesellschaft verfügen (Art. 643 Abs. 3 und 4 OR).

VI. Folgen der Umwandlung

Viele Aktiengesellschaften, die ein nach kaufmännischer Art geführtes Gewerbe betreiben, sind aus einer Einzelfirma oder einer Personenhandelsgesellschaft hervorgegangen, also durch **Umgründung** entstanden. Die Folgen dieser Umgründung sind kurz darzulegen[35]:
– Schaffung eines neuen Rechtsträgers: Ein neuer unpersönlicher Träger von Rechten und Pflichten entsteht und schiebt sich zwischen Unternehmer und Unternehmung. Die zahllosen Rechtsbeziehungen laufen in einem gedanklichen Punkt, der Aktiengesellschaft, zusammen.

---

[33] Wegleitung über die Beiträge der selbständig Erwerbenden und Nichterwerbstätigen, hrsg. vom Bundesamt für Sozialversicherung, Stand 1. Januar 1970, Rz. 64, mit Hinweisen auf zwei Urteile des Eidgenössischen Versicherungsgerichtes.
[34] Vgl. hierzu PATRY, a.a.O. (Anm. 27), S. 149; MEIER-HAYOZ/FORSTMOSER, S. 127.
[35] Vgl. VON GREYERZ (vorn Lit.verz. vor § 7); eine ähnliche Betrachtungsweise findet sich in L.C.B. GOWER, The Principles of Modern Company Law, 3. Aufl., London 1969, S. 68: The consequences of incorporation.

- Haftungsausschluß: Für Geschäftsschulden haftet fortan lediglich das Geschäftsvermögen. Die Haftung des Privatvermögens des Unternehmers für Geschäftsschulden fällt weg.
- Umwandlung von Eigentumsrechten in Beteiligungsrechte und Forderungsrechte: Das Unternehmen gehört nicht mehr dem Unternehmer, es wird von ihm bloß noch beherrscht und finanziert. Die Umwandlung macht aus dem Eigentümer einen Aktionär und Gläubiger. Der Unternehmer wird Eigen- und Fremdkapitalgeber. Diese Identität von Gläubiger und Aktionär kann, insbesondere im Erbgang, aufgehoben werden.
- Vertragsbeziehungen zwischen Unternehmer und Gesellschaft: Der Unternehmer verliert seine Stellung als selbständiger Kaufmann und wird Arbeitnehmer, sowie allenfalls Darlehensgeber und Vermieter der Geschäftsliegenschaft.
- Aufteilung von Unternehmenswert und Unternehmensertrag: Der Unternehmer kann als Allein- oder Hauptaktionär alle oder mehrere Aktien innehalten, ohne daß diese ihre Selbständigkeit verlieren und miteinander verschmelzen. In dieser Teilung von Unternehmenswert und Unternehmensgewinn liegt vielfach der Hauptanreiz zur Umwandlung in eine AG, weil mit dieser Spaltbarkeit von Substanz und Ertrag die Erbschaftsplanung erleichtert wird.
- Handelbarkeit der Anteile: Hierin ist die wesentliche Eigenart der Aktiengesellschaft zu erblicken. Die Mitgliedschaft ist nicht kündbar, kann aber leicht übertragen werden, insbesondere infolge des Verbotes der Nebenleistung und der Verkörperung der Mitgliedschaft in einem Wertpapier. Dies führt zu einer Mobilisierung des Unternehmenswertes, die insbesondere auch bei der Faustverpfändung ihre Bedeutung hat.
- Trennung von Eigentum und Leitung: Die Umwandlung einer Gesellschaft in eine Körperschaft bewirkt den Übergang von der Selbstorganschaft zur Drittorganschaft.
- Beschränkung der Kontrollrechte: Das umfassende Einsichtsrecht des Gesellschafters einer Personenhandelsgesellschaft wandelt sich um in das beschränkte Kontrollrecht des Aktionärs.
- Wegfall der Treuepflicht: Die Aktionäre sind im Gegensatz zu den Gesellschaftern nicht zur Treue verpflichtet, also nicht gehalten, Konflikte von Eigen- und Geschäftsinteressen zu vermeiden.
- Firmenrechtliche Vorteile erwachsen der AG durch die Erweiterung des Firmenwahlrechtes, die Möglichkeit zur Erhaltung der Personenfirma trotz Wegfalls der Beziehung zum Namensträger und durch die Ausweitung des firmenrechtlichen Schutzraumes auf die ganze Schweiz.
- Erweiterung der Finanzierungsmöglichkeiten durch Ausgabe von Partizipationsscheinen und Wandelobligationen und dergleichen.

- Erleichterung der Einführung der Mitbeteiligung der Arbeitnehmer[36].
- Erwerb der Konzentrationsfunktion infolge Möglichkeit der Fusion und der Durchführung von Beteiligungsnahmen durch Aktientausch auf der Aktiv- und Passivseite.
- Erleichterung der Veräußerung mittels Übertragung des Unternehmens als Ganzes durch Hingabe der Aktien.

§ 8. Die Statuten

Literatur

F. BARTLOMÉ, Die Statuten der AG, Bern 1949; M. BRUNNER, Streifzug durch die Statuten schweizerischer Publikums-Aktiengesellschaften. Eine aktienrechtliche Studie, Bern 1976; C. CORBAT, Les peines statutaires, Freiburg 1974; M. FREY, Statutarische Drittrechte im schweizerischen Aktienrecht, Bern 1979; D. HÜPPI, Die Methode zur Auslegung von Statuten. Zugleich ein Beitrag zur Untersuchung von Aufbau und Verhältnis juristischer Auslegungsmethoden, Zürich 1971; W. KOENIG, Statut, Reglement, Observanz: Die Formen einer Körperschaftsordnung, Zürich 1934.

I. Begriff, Funktion und Form

1. Die Statuten sind die von der Gesellschaft selbst gesetzten Regeln über Zweck, Firma, Sitz, Kapital, Organisation und Mitgliedschaft. Sie enthalten die die Gesellschaft und ihre Tätigkeit beherrschenden Grundentscheidungen. Sie betreffen vor allem das Innenverhältnis. Sie sind öffentlich und können beim Handelsregister von jedermann eingesehen werden.

2. Die Funktionen der Gesellschaftsstatuten sind mannigfaltig[1]. Vorweg dienen sie der Konstitution der Gesellschaft, denn diese gilt durch die Genehmigung der Statuten als errichtet (Art. 635 Abs. 3 und 638 Abs. 1 OR). Hauptfunktion ist indessen die Organisation der Gesellschaft, also die Festlegung der Organe und die Verteilung der Kompetenzen, sowie die Regelung des Verfahrens für Beratung und Beschlußfassung. Den Statuten kommt zudem Individualisierungsfunktion zu, da diese Firma, Sitz und Zweck festlegen. Damit verbunden ist die Publizitätsfunktion, indem die individualisierenden Angaben

---

[36] Hierzu neuestens: W. HEUBERGER, Die Kapitalbeteiligung der Mitarbeiter, Zürich 1979; M. WEHRLI, Mitbeteiligung der Arbeitnehmer durch Belegschaftsaktien, Problematik und Erfahrungen, Zürich 1969.
[1] Gemäß FREY, S. 6.

der Öffentlichkeit zugänglich gemacht werden. Die Statuten haben auch Schutzfunktion, indem die gesellschaftlichen Grundentscheide nur durch die Generalversammlung, nur in öffentlicher Urkunde und allenfalls nur unter Beachtung besonderer statutarischer Quoren und qualifizierter Mehrheiten geändert und ergänzt werden können. Den Statuten kann schließlich insofern Programmfunktion zukommen, als sie die Grundlinien der zukünftigen Tätigkeit, z.B. die Ausrichtung auf einen Konzern, festlegen.

3. Für die Festlegung und Änderung der Statuten gelten besondere **Formvorschriften**: Die Gründung sowie alle statutenändernden Generalversammlungsbeschlüsse müssen öffentlich beurkundet werden (Art. 637 Abs. 1, 638 Abs. 1 und Art. 647 Abs. 1 OR). Jede Statutenänderung ist überdies dem Handelsregister anzumelden (Art. 647 Abs. 2 OR) und wird, wenn sie die in Art. 641 OR genannten Bestimmungen betrifft, im Handelsregister eingetragen (vgl. auch Art. 937 OR) und im Schweizerischen Handelsamtsblatt veröffentlicht (Art. 931 Abs. 1 OR).

4. Die Statuten treten als **oberste autonome Norm** der Gesellschaft neben die gesetzlichen Regeln und können ihre Kraft nur entfalten, soweit ihnen nicht zwingende gesetzliche Bestimmungen entgegenstehen. Das Gesetz legt nicht bloß die Grenzen der statutarischen Ordnung fest, sondern schreibt auch den Mindestinhalt zwingend vor (Art. 626–628 OR)[2].

Die Verbandsorganisation kann durch **Reglemente** näher geregelt werden. Zum Erlaß der für den Geschäftsbetrieb erforderlichen Reglemente ist die Verwaltung von Gesetzes wegen verpflichtet (Art. 722 Abs. 2 Ziff. 2 OR). Neben diesem Geschäftsreglement bestehen häufig Organisationsreglemente, welche Aufbau, Aufgaben und Willensbildung der gesetzlichen Gesellschaftsorgane regeln und insbesondere neue Organe, wie Verwaltungsratsausschuß, Verwaltungsratsdelegierter, Direktorium, Konzernbeirat usw. schaffen.

Weitere Rechtsquelle im Aktienrecht ist schließlich die **Observanz**, also das innergesellschaftliche Gewohnheitsrecht, welches vor allem die Durchführung und Beschlußfassung in der Generalversammlung betrifft[3].

II. Rechtsnatur und Auslegung

1. Die Rechtsnatur der Statuten ist umstritten, wenn auch die Kontroverse an Bedeutung verloren hat, da sie auf unterschiedliche Auffassungen über das

---

[2] Vgl. hinten IV.
[3] Zur Observanz und zu den übrigen autonomen Grundlagen der Gesellschaft vgl. W. VON STEIGER, in: Schweiz. Privatrecht, Bd. VIII/1, Basel/Stuttgart 1976, § 20; P. FORSTMOSER, Schweizerisches Aktienrecht, Bd. I/Liefg. 1, Zürich 1981, S. 196 ff.

Wesen der menschlichen Verbände zurückgeht und das Interesse an der Erforschung dieser Wesenheiten geschwunden ist. Die **Vertragstheorie** sieht in den Statuten eine vertragliche Vereinbarung der Gründer, die nach dem Entstehen zur Verfassung der Gesellschaft wird und ihre Wirkung auf die Aktionäre beschränkt, welche sich durch den Erwerb der Aktien den Statuten unterwerfen. Die **Normentheorie** erblickt in den Statuten ein Rechtsgeschäft, das sich nach der Entstehung der Gesellschaft zur objektiven Rechtsnorm entwickelt[4].

Die Stellungnahme der Rechtsprechung ist uneinheitlich. In einem alten Entscheid[5] hat sich das Bundesgericht für den Normencharakter der Statuten ausgesprochen und gesagt, die Statuten seien aus sich selbst heraus zu interpretieren und es müsse bei der Auslegung des Inhaltes der Statuten vom Standpunkt des Publikums ausgegangen werden. Die gegenteilige Meinung vertritt das Bundesgericht in einem jüngeren Entscheid[6], wo ausgeführt wird, die Statuten seien nach dem Vertrauensprinzip auszulegen, indem die Statuten vor allem dann einem Vertrag gleichzusetzen seien, wenn es sich um vermögensrechtliche Ansprüche handle, die ihrer Art nach auch in einem Vertrag geregelt sein könnten[7].

2. Die Ergründung der **Auslegungsmethode** für Statuten wird durch die Kontroverse über deren Rechtsnatur unnötig belastet[8]: Es wird die Frage gestellt, ob die Statuten wie ein Vertrag, also nach den Grundsätzen von Treu und Glauben, oder wie ein Gesetz, also gleichförmig und für alle Beteiligten gleich, auszulegen seien. Diese Alternative besteht nicht, jedenfalls nicht in schroffer Form; vielmehr ist die Auslegungsmethode in Anbetracht des konkreten Falles und in Anschauung der zur Frage stehenden Gesellschaft, sowie unter Berücksichtigung der strittigen Statutenvorschrift, zu bestimmen: In Aktiengesellschaften mit kleinem und konstantem, eventuell sogar auf Familienbindungen beruhendem Mitgliederkreis ist auf die subjektiven Umstände, die zur Bildung und Anwendung der entsprechenden Statutenbestimmung geführt haben, Rücksicht zu nehmen. Bei Publikumsgesellschaften steht eine

---

[4] Für weitere Einzelheiten kann auf W. VON STEIGER, a.a.O., S. 274/75 verwiesen werden, sowie auf FREY, S. 7–21, der die Statuten als Rechtsbegriff sui generis betrachtet; vgl. auch FORSTMOSER, N. 12 ff. zu Art 832/33 OR.
[5] 26 II, 1900, S. 276 ff.
[6] 87 II, 1961, S. 89 ff.
[7] Eine ähnliche Kontroverse besteht in bezug auf die Handelsbräuche, für die die Willens- oder Gesetzestheorie vertreten wird; vgl. P. RATZ, in: Großkommentar zum Handelsgesetzbuch, 3. Aufl., Berlin 1968, Anm. 35 zu § 246.
[8] Zur Auslegung von Statuten vgl. HÜPPI (Lit.verz. vor § 8); W. VON STEIGER, Betrachtungen über die rechtlichen Grundlagen der Aktiengesellschaft, ZBJV 91bis, 1955, S. 334 ff., insbes. S. 355 ff.; FORSTMOSER, N. 57 ff. zu Art. 832/33 OR; FREY, S. 28 ff.

objektive, auch den später beitretenden Kleinaktionären gerecht werdende Auslegung im Vordergrund, denn wer Aktien einer Großgesellschaft erwirbt, unterwirft sich deren Statuten in ähnlicher Weise, wie er Verfassung und Gesetzen des Staates untersteht, in dem er sich niederläßt[9]. Vermögensrechtliche Bestimmungen, aber auch Vorschriften über Übernahmerechte sind, da sie auch Bestandteile eines Vertrages bilden können, wie Verträge, also nach dem Vertrauensprinzip auszulegen, währenddem strukturelle Bestimmungen, insbesondere solche mit allfälligen Außenwirkungen, z.B. über die Vertretungsmacht der Organe, wie Gesetze, also gleichförmig und teleologisch und weniger unter Berücksichtigung der Entstehungsgeschichte auszulegen sind. Je mehr eine Aktiengesellschaft und deren Statuten sich durch Ablauf der Zeit vom vertraglichen Ursprung gelöst haben, desto weniger sind sie unter Berücksichtigung ihrer Entstehungsgeschichte und desto mehr unter Beachtung ihrer Zwecksetzung zu interpretieren[10].

3. Die Statuten sind für die Organe verbindlich. Eine Statutenverletzung zeitigt unterschiedliche Folgen: Verstößt ein Generalversammlungsbeschluß gegen die Statuten, so ist er gemäß Art. 706 OR anfechtbar. Verletzt die Verwaltung oder die Kontrollstelle[11] die Statuten, so macht sich das betreffende Organ der Gesellschaft und den Aktionären, nicht aber den Gläubigern gegenüber verantwortlich[12]. Ein Statutenverstoß macht einen Generalversammlungsbeschluß oder auch einen Verwaltungsratsbeschluß niemals nichtig[13].

III. Inhalt und Wirkung der Statuten

1. Das Gesetz schreibt den Mindestinhalt der Statuten vor, indem es bestimmt, daß diese bestimmte Punkte notwendigerweise regeln müssen; man spricht diesfalls vom notwendigen oder vom absolut notwendigen Statuteninhalt (vgl. Art. 626 OR).

Das Gesetz bestimmt ferner, daß gewisse Regelungen zu ihrer Gültigkeit der Aufnahme in die Statuten bedürfen, also nicht durch bloßen Generalversamm-

---

[9] Nach FREY, S. 30 f.
[10] Auch dies weitgehend nach FREY, S. 31–33.
[11] Was seltener der Fall sein dürfte, da die Statuten in der Regel keine Vorschriften enthalten, die sich an die Kontrollstelle richten.
[12] Vgl. hinten § 25 IV 3.
[13] BÜRGI, Zürcher Kommentar, N. 33 zu Art. 706 OR; SCHLUEP, Wohlerworbene Rechte, S. 278; SCHUCANY, N. 2 zu Art. 706 OR; F. VON STEIGER, S. 206; ebenso BGE 80 II, 1954, S. 275; anders BGE 71 I, 1945, S. 389.

lungsbeschluß festgelegt werden können. Man spricht vom bedingt notwendigen Statuteninhalt (vgl. Art. 627 und 628 OR). Daneben können die Statuten fakultative Bestimmungen enthalten und tun es nicht selten. Die Statuten übernehmen zum Teil die gesetzlichen Vorschriften, um dem Statutenleser die gesamte Regelung der Organisation vorzulegen. Eine Übernahme gesetzlicher Bestimmungen in die Statuten ändert an deren Rechtsnatur nichts; ein Verstoß hingegen bleibt ein Gesetzesverstoß und wird nicht zur bloßen Statutenverletzung, so daß allenfalls Nichtigkeit gegeben sein kann und auch die Gläubiger zur Verantwortlichkeitsklage legitimiert sind. Derartige Statutenbestimmungen haben demnach bloß deklaratorischen Charakter. Daneben wird die gesetzliche Regelung in den Statuten konkretisiert, ergänzt, verschärft oder, wo zulässig, abgeschwächt. Stets handelt es sich dabei um körperschaftsrechtliche Bestimmungen, indem sie die korporativen Verhältnisse regeln und sich ausschließlich an die Gesellschaft und die Beteiligten (Aktionäre, Partizipanten und Genußscheinsinhaber) richten. Daneben können auch individualrechtliche Bestimmungen Eingang in die Statuten finden. Zu denken ist an Gläubigerrechte sowie an Vorkaufsrechte Dritter an Aktien. Schließlich können die Statuten auch echte Drittrechte einräumen, wie etwa solche zur Legalisierung der Konzernabhängigkeit oder zur Regelung des Einflusses des Gemeinwesens in gemischtwirtschaftlichen Unternehmen im Sinne von Art. 762 OR[14].

2. Aus dem Gesagten ergibt sich, daß den Statuten vorweg Innenwirkung zukommt, denn sie stellen die organisatorische Grundordnung der Gesellschaft dar und regeln somit die Beziehungen zwischen den Beteiligten und der Gesellschaft.

3. Beim Entscheid, ob den Statuten auch eine Außenwirkung zukommt, ist zu differenzieren: Den Statuten kommt Publizitätsfunktion zu, da sie als Handelsregisterbelege von jedermann eingesehen werden können. Insoweit, als die Eintragungen im Handelsregister auf Statutenbestimmungen beruhen, kommt diesen ebenfalls positive Publizitätswirkung zu, indem niemand die Einwendung erheben kann, er habe diese Statutenbestimmungen nicht gekannt (Art. 933 Abs. 1 OR)[15].

Da die Statuten die gesetzliche Regelung konkretisieren und Dritte aus der gesetzlichen Regelung Rechte ableiten können, haben Statutenbestimmungen mittelbare Auswirkungen (Reflexwirkungen): Der Gesellschaftszweck umschreibt den Umfang der für Dritte wesentlichen Vertretungsmacht; die Kapi-

---

[14] Vgl. hierzu FREY, passim.
[15] Ob die positive Publizitätswirkung sich, wie FREY S. 52 ausführt, auf die gesamten Statuten bezieht, muß allerdings bezweifelt werden.

talklausel legt die Höhe der für Gläubiger ausschlaggebenden Vermögensbindung und Ausschüttungssperre fest; die statutarische Kompetenzregelung entzieht der Verwaltung in Abänderung von Art. 721 Abs. 1 OR bestimmte Befugnisse, in deren Rahmen sich die Verwaltung gegenüber Dritten demnach nicht mehr verbindlich verpflichten kann. Die Statuten bestimmen den Gesellschaftssitz und legen damit Gerichtsstand und Betreibungsort fest.

Schließlich kommt den Statuten eine echte und unmittelbare Außenwirkung zu, wie die bereits genannten Fälle der Konzernabhängigkeit und der Einflußnahme des Gemeinwesens bei gemischtwirtschaftlichen Unternehmen gezeigt haben.

IV. Notwendiger Statuteninhalt

Art. 626 OR umschreibt den gesetzlich vorgeschriebenen Inhalt der Statuten und nennt hierbei insgesamt sieben Punkte, wobei einzig die ersten drei, nämlich Firma und Sitz, Gegenstand und Zweck, sowie Höhe des Grundkapitals, Art, Zahl und Nennwert der Aktien, individualisierenden Charakter haben und damit völlig unentbehrlich sind. Für die übrigen Punkte gelten ohnehin subsidiäre Vorschriften, wie für das Stimmrecht der Aktionäre, die Organe für die Verwaltung und für die Kontrollstelle, oder könnten ohne Not subsidiäre Regeln aufgestellt werden, wie für die Einberufung der Generalversammlung, die Art der Ausübung der Vertretung, die Zahl der Pflichtaktien und die Form der Bekanntmachungen.

1. Firma

Die Aktiengesellschaft genießt Firmenwahlfreiheit. Sie kann unter Wahrung der allgemeinen Grundsätze der Firmenbildung[16] ihre Firma frei wählen und demnach eine Personenbezeichnung, eine Sachbezeichnung oder eine Fantasiebezeichnung in die Firma aufnehmen. Für die Aktiengesellschaft besteht eine einzige besondere Vorschrift für die Firmenbildung: Enthält die Firma einen Personennamen, wird die Bezeichnung Aktiengesellschaft zum notwendigen Zusatz, wobei keine Abkürzung verwendet werden darf, wenn die Bezeichnung dem Personennamen vorangestellt wird (Art. 950 Abs. 2 OR). Der Ausschließlichkeitsanspruch erstreckt sich für die Aktiengesellschaft auf die ganze Schweiz (Art. 951 Abs. 2 OR), da die Firma der Aktiengesellschaft sich von

---

[16] Auf die allgemeinen Grundsätze der Firmenbildung (Art. 944 und 951 OR) ist hier nicht einzugehen; es kann auf R. PATRY, in: Schweiz. Privatrecht, Bd. VIII/1, Basel/Stuttgart 1976, § 11 und die dort zit. Literatur sowie auf MEIER-HAYOZ/FORSTMOSER, S. 132 ff. verwiesen werden.

jeder in der Schweiz bereits eingetragenen Firma deutlich unterscheiden muß. Jede Aktiengesellschaft hat einzig eine Firma, doch sind mehrsprachige Firmen zugelassen und insbesondere bei multinationalen Gesellschaften nicht selten[17]. Die Firma kann jederzeit und voraussetzungslos geändert werden[18], was, da die Firma der Individualisierung der Gesellschaft dient, nicht unbedenklich erscheint und zu Mißbräuchen Anlaß geben kann und jedenfalls den Mantelhandel erleichtert; man könnte daran denken, eine Art. 30 ZGB entsprechende Bestimmung auch für Aktiengesellschaften ins Gesetz aufzunehmen, so daß deren Firma nur aus wichtigen Gründen, jedenfalls nicht ohne sachlichen Grund, geändert werden könnte.

2. Sitz

Die Gesellschaft ist frei in der Festsetzung ihres statutarischen Sitzes; er muß sich allerdings in der Schweiz befinden. Nicht verlangt wird, daß der statutarische Sitz sich an dem Orte befindet, wo ihre Verwaltung geführt wird[19]. Jede Gesellschaft hat nur einen Sitz, kann aber im Handelsregister ein vom Sitz abweichendes Geschäftsdomizil eintragen lassen (Art. 25 HRV). Der Sitz kann jederzeit verlegt werden[20].

3. Zweck

Art. 626 Ziff. 2 OR verlangt, daß die Statuten Bestimmungen enthalten über Gegenstand und Zweck des Unternehmens; diese sind nach Art. 641 Ziff. 3 OR im Handelsregister einzutragen[21]. Unter Zweck ist die allgemeine Zielrichtung zu verstehen, während der Gegenstand das Mittel, die konkrete Tätigkeit zur Erreichung des Zweckes, angeben soll[22]. Es handelt sich somit nicht um ein Hendiadyoin, sondern um zwei verschiedene Dinge, die auch rechtlich eine unterschiedliche Behandlung erfahren, indem der Beschluß über die Zweckänderung mindestens die Stimmen von zwei Dritteln des gesamten Grundkapitals auf sich vereinigen muß (Art. 648 Abs. 1 OR), während eine Erweiterung des Geschäftsbereiches im Rahmen des Gesellschaftszweckes durch Aufnahme

---

[17] So führt z.B. die «SWISSAIR» Schweizerische Luftverkehrs-Aktiengesellschaft, Zürich, ihre Firma auf deutsch, französisch, italienisch und englisch. In einem neuesten Entscheid hat das Bundesgericht auch japanische und arabische Übersetzungen in phonetischer Transkription zugelassen; vgl. BGE 106 II, 1980, S. 58 ff.
[18] Vgl. einzig Art. 649 OR.
[19] Vgl. Art. 56 ZGB.
[20] Zur Sitzverlegung vgl. hinten § 9 III.
[21] Art. 42 HRV verlangt für juristische Personen lediglich, daß ihr Zweck kurz und sachlich einzutragen ist.
[22] W. von Steiger, N. 26 zu Art. 776 OR; vgl. auch Siegwart, N. 32 ff. zu Art. 626 OR sowie F. von Steiger, S. 47 ff.

verwandter Gegenstände oder eine Verengerung des Geschäftsbereiches ohne besonders qualifiziertes Mehr, nämlich mit der absoluten Mehrheit der vertretenen Aktienstimmen (Art. 703 OR) gefaßt werden kann, sofern an der Generalversammlung mindestens zwei Dritteile sämtlicher Aktien vertreten sind (Art. 649 Abs. 1 OR). Der Unterschied zwischen Zweck und Gegenstand ist unklar, jedenfalls ist die Grenzziehung schwierig, so daß sich die Praxis mit Recht darüber hinwegsetzt und sich an Art. 42 HRV hält und einzig die Angabe des Zweckes verlangt, wobei dieser, um dem gesetzgeberischen Willen Rechnung zu tragen, nicht allzu weit umschrieben werden darf.

Alle Zwecke sind zugelassen, nach Art. 620 Abs. 3 OR ausdrücklich auch nichtwirtschaftliche, also ideelle, wie z. B. der Erwerb, der Unterhalt und die Verwaltung von Grundeigentum und Servituten zum Zwecke der Erhaltung möglichst freier Natur und Landschaft in der Schweiz und in Liechtenstein, insbesondere in Form von Schutzgebieten[23]. Gesellschaften mit unsittlichen oder widerrechtlichen Zwecken können gemäß Art. 52 Abs. 3 ZGB das Recht der Persönlichkeit nicht erlangen. Eine Eintragung ins Handelsregister ist zu verweigern, eine erfolgte Eintragung rückgängig zu machen.

4. Grundkapital, Zahl, Nennwert und Art der Aktien

Hier kann auf die Ausführungen zum Grundkapital und zu den Aktien verwiesen werden[24]. Die Zahl der Aktien muß offenbar nur dann angegeben werden, wenn nebeneinander Namen- und Inhaberaktien bestehen, wobei der Gesetzgeber von der stillschweigenden Voraussetzung ausgeht, daß die Nennwerte diesfalls ungleich seien, da nur dann die Angabe der Aktienzahl sinnvoll ist, weil sie ansonst leicht selbst errechnet werden kann.

5. Einberufung der Generalversammlung und Stimmrecht der Aktionäre

Die Einberufung der Generalversammlung wird geregelt in Art. 696 Abs. 1, 3 und 4, sowie Art. 699 und 700 OR. Einzig offen bleibt die Form der Einladung, denn Art. 700 Abs. 1 OR verweist hierzu auf die Statuten. Weiteres brauchen die Statuten nicht zu regeln. Sie können, was selbstverständlich ist, die Einberufungsfrist verlängern.

Nicht verständlich ist, weshalb die Regelung des Stimmrechtes zum absolut notwendigen Statuteninhalt gehört, denn Art. 692 Abs. 1 OR regelt die Sache eindeutig, wenn auch sprachlich unklar: Das Stimmrecht richtet sich nach dem

---

[23] PRO NATURA HELVETICA, Zürich, vgl. SHAB, Nr. 89 vom 18. April 1977, S. 1217; vgl. ferner A. LASSERRE, La société anonyme à but non économique en droit suisse, Fribourg 1976.
[24] Vgl. vorn §§ 4 und 5.

Nennwert. Eine besondere Statutenbestimmung wäre demnach entbehrlich. Die Gesetzesvorschrift führt dazu, daß in den Statuten häufig bestimmt wird, daß jede Aktie eine Stimme gibt[25].

6. Organe und Ausübung der Vertretung

Die Organe sind durch das Gesetz zwingend vorgeschrieben; weitere Organe sind nicht erforderlich. Was die Statuten noch bestimmen sollten, bleibt unerfindlich und führt in der Praxis einzig dazu, daß Art. 707 Abs. 1 OR und Art. 727 Abs. 1 OR in den Statuten und im Handelsregistereintrag wiederholt werden.

Für die Vertretung der Gesellschaft findet Art. 717 Abs. 3 OR Anwendung, wonach die Vertretungsmacht allen Mitgliedern der Verwaltung gemeinsam zusteht. Dies ist eine unzweckmäßige Bestimmung und wird sinnvollerweise durch die Statuten abgeändert, indem entweder, was offenbar selten der Fall ist, Einzelbefugnis eingeräumt wird oder aber die Regelung der Vertretungsbefugnis der Verwaltung überlassen wird.

7. Pflichtaktien

Nach Art. 709 Abs. 1 OR haben die Mitglieder der Verwaltung Aktien der Gesellschaft an deren Sitz zu hinterlegen, wobei die Statuten die Anzahl bestimmen. Die meisten Statuten verlangen bloß eine einzige Pflichtaktie, da sie ohnehin ein untaugliches Mittel zur Sicherung allfälliger Verantwortlichkeitsansprüche der Gesellschaft gegenüber der Verwaltung darstellen. Der Gesetzgeber täte gut daran, diese Bestimmung ersatzlos zu streichen, da sie eine falsche Sicherheit vortäuscht.

8. Bekanntmachungen

Alle gesetzlich vorgeschriebenen Veröffentlichungen erfolgen nach Art. 931 Abs. 2 OR im Schweizerischen Handelsamtsblatt. Daran können die Statuten nichts ändern, sie können aber weitere Publikationsorgane vorschreiben oder das Gesellschaftsorgan bezeichnen, welches sie zu bestimmen befugt ist (Art. 82 Abs. 2 Satz 1 HRV).

V. Bedingt notwendiger Statuteninhalt

Art. 627 und 628 OR nennen alle jene Bestimmungen, die zu ihrer Gültigkeit der Aufnahme in die Statuten bedürfen. Damit wird klargelegt, daß alle dort

---

[25] Siehe hinten § 16 II.

aufgeführten Tatbestände nicht in der Kompetenz der Verwaltung stehen, sondern von der Generalversammlung zu beschließen und überdies in die Statuten aufzunehmen sind. Die Aufzählung ist nicht abschließend, weder für den bedingt notwendigen Statuteninhalt[26] noch gar für die Generalversammlungsbeschlüsse[27].

§ 9. Die Statutenänderung

I. Zuständigkeit

1. Festsetzung und Änderung der Statuten gehören zu den unübertragbaren Befugnissen der Generalversammlung (Art. 647 Abs. 1 und Art. 698 Abs. 2 Ziff. 1 OR). Da die Generalversammlung die organisatorischen Grundnormen der Gesellschaft festlegt, trägt sie die Bezeichnung als oberstes Organ zu Recht.

Die Generalversammlung ist frei im Entscheid über die Änderung von Statuten. Sie kann hierzu auch dann nicht angehalten werden, wenn die Rechtswirklichkeit von den statutarischen Vorschriften abweicht, was der Fall sein kann, wenn die Tätigkeit des Unternehmens nicht mehr mit dem Gesellschaftszweck übereinstimmt, indem z. B. der Betrieb aufgegeben wurde und die Gesellschaft nur noch Grundstücke hält und verwaltet. Die Diskrepanz zwischen Wirklichkeit und Statuten ist vom Minderheitsaktionär hinzunehmen. Ebensowenig kann der Handelsregisterführer eine Anpassung der Statuten an die Wirklichkeit verlangen, schon weil er die faktische Zweckänderung kaum je in Erfahrung bringen wird[1].

Andererseits darf die Generalversammlung keine Anpassung der Statuten an die Wirklichkeit verlangen, wenn die Statutenvorschriften über Sacheinlagen und Sachübernahmen durch Zeitablauf obsolet geworden sind. Die Bestimmungen in Art. 628 Abs. 1 und 2 OR sind von beschränkter zeitlicher Geltung. Ist bei Sacheinlagen die Gründung oder Kapitalerhöhung durchgeführt und im

---

[26] Vgl. z. B. Art. 689 Abs. 2 OR, wonach die Beschränkung der Vertretung in der Generalversammlung in den Statuten erfolgen muß.
[27] Vgl. z. B. die Aufhebung oder Beschränkung des Bezugsrechtes (Art. 652 OR), die Auflösung der Gesellschaft (Art. 736 Ziff. 2 OR), sowie vor allem die Wahlen, die Bilanzgenehmigung, die Gewinnverwendung und die Entlastung der Verwaltung (Art. 698 Abs. 2 Ziff. 1–4 OR).
[1] Vgl. auch FORSTMOSER, N. 19 ff. zu Art. 828 OR; SAG 48, 1976, S. 173.

Handelsregister eingetragen worden und ist bei Sachübernahmen überdies der Vertrag abgeschlossen und erfüllt, steht ferner fest, daß keine Auflösung der Gesellschaft infolge Gründungsmängeln verlangt wird und daß keine Verantwortlichkeitsklagen aus Gründerhaftung angestrengt werden, hat die Statutenbestimmung ihre Bedeutung verloren. Das Bundesgericht widersetzt sich indessen einer Statutenänderung, welche eine solche Sacheinlage- oder Sachübernahmeklausel ersatzlos streichen will, mit dem Hinweis darauf, daß nicht feststehe, ob die Verjährung der Verantwortlichkeitsansprüche bereits eingetreten oder nicht vielmehr unterbrochen sei und daher immer noch laufe[2]. Dies bewirkt, daß solche Klauseln während Jahren in den Statuten mitgeschleppt werden, und hat zur Folge, daß die Gesellschaften versuchen, die Aufnahme von Sacheinlage- oder Sachübernahmebestimmungen in die Gesellschaftsstatuten zu vermeiden, wie die Fälle von Quasifusionen zeigen.

2. In einem außerordentlichen Ausnahmefall werden die Statuten durch die Verwaltung geändert, nämlich im Falle der nachträglichen Zusatz- oder Voll-Liberierung des Grundkapitals. Zuständig zur Einberufung des *Nonversé* ist die Verwaltung. Sie kann die damit verbundene Statutenänderung (Art. 627 Ziff. 5 OR) von sich aus durchführen (vgl. auch Art. 83 HRV)[3].

II. Verfahren

1. Die Anträge der Verwaltung auf Abänderung der Statuten sind zur Einsicht der Aktionäre aufzulegen (Art. 700 Abs. 1 Satz 2 OR); dies ist eine Sonderregelung, denn Anträge der Verwaltung und Wahlvorschläge sind nicht aufzulegen, mit Ausnahme der Anträge auf Bilanzgenehmigung und Gewinnverwendung.

2. Es handelt sich um eine schweizerische Besonderheit, daß Statutenänderungen ohne besondere Quoren und ohne qualifizierte Mehrheiten beschlossen werden können; zur Anwendung gelangt die allgemeine Bestimmung in Art. 703 OR, wonach alle Generalversammlungsbeschlüsse mit dem absoluten Mehr der vertretenen Stimmen gefaßt werden. Einzig für die Erweiterung oder Verengerung des Geschäftsbereiches, die Abänderung der Firma oder die Sitzverlegung oder für die Ausgabe von Vorzugsaktien, die Abänderung oder die Aufhebung der ihnen eingeräumten Vorrechte sowie für die Ausstellung von Genußscheinen wird ein besonderes Quorum von zwei Dritteln sämtlicher Aktien verlangt (Art. 649, 655 und 658 OR).

---

[2] BGE 68 I, 1942, S. 189; vgl. auch FORSTMOSER, N. 174 zu Art. 832/33 OR.
[3] Vgl. vorn § 7 II 5.

Kapitalerhöhungen mit Sacheinlage oder zum Zwecke von Sachübernahmen sowie Umwandlung des Gesellschaftszweckes, Einführung von Stimmrechtsaktien und Beseitigung von Statutenbestimmungen über die Erschwerung der Beschlußfassung in der Generalversammlung bedürfen der Zustimmung von mindestens zwei Dritteln des gesamten Grundkapitals (Art. 636 und 648 OR)[4]. Das deutsche Aktienrecht verlangt für jede Satzungsänderung eine Mehrheit von drei Vierteln des bei der Beschlußfassung vertretenen Grundkapitals (§ 179 Abs. 2 Satz 1 dAktG) und der Vorschlag für die fünfte Richtlinie über die Struktur der Aktiengesellschaft eine Mehrheit von zwei Dritteln der vertretenen Stimmen oder des vertretenen gezeichneten Kapitals (Art. 39 Abs. 1)[5].

Alle Statutenbestimmungen, die für bestimmte Beschlüsse qualifizierte Mehrheiten vorsehen, können nur mit derselben Qualifikation aufgehoben oder abgeschwächt werden.

Statutenbestimmungen, die wohlerworbene Rechte feststellen oder begründen, bedürfen zu ihrer Abänderung oder Aufhebung der Zustimmung aller Aktionäre. Dies gilt insbesondere auch für Statutenbestimmungen, die sich selbst als unabänderlich bezeichnen.

3. Jeder Statutenänderungsbeschluß verlangt öffentliche Beurkundung (Art. 647 Abs. 1 OR).

4. Jeder Statutenänderungsbeschluß verlangt ferner eine Eintragung im Handelsregister (Art. 647 Abs. 2 OR).

Der Statutenänderungsbeschluß wird «auch Dritten gegenüber unmittelbar mit der Eintragung in das Handelsregister wirksam» (vgl. Wortlaut von Art. 647 Abs. 3 OR). Es liegt somit eine Ausnahme von Art. 932 Abs. 2 OR vor, wonach Handelsregistereintragungen gegenüber Dritten erst an dem nächsten Werktage wirksam werden, der dem Ausgabetag des Schweizerischen Handelsamtsblattes folgt. Eine Begründung für diese Sonderbehandlung ist nicht ersichtlich.

Es fragt sich, ob die Wirksamkeit von Statutenänderungen im Innenverhältnis schon mit der Beschlußfassung oder auch erst mit der Handelsregistereintragung eintritt. Unter Hinweis auf den Wortlaut und die Entstehungsgeschichte hat das Bundesgericht diese alte Kontroverse in dem Sinne entschieden, daß der Beschluß im Innenverhältnis erst mit der Eintragung in

---

[4] Der VE streicht die Quorumsbestimmungen in Art. 649, 655 und 658 OR ersatzlos, führt für Statutenänderungen generell ein qualifiziertes Mehr von zwei Dritteln der vertretenen Stimmen ein und setzt die qualifizierten Mehrheiten von Art. 636 und 648 OR auf drei Viertel der vertretenen Stimmen herab. Vgl. Art. 636, 647 Abs. 1 und 648 Abs. 1 VE sowie den Begleitbericht, S. 25.
[5] Vgl. ABl EG, Nr. C 131 vom 13. Dezember 1972, S. 49 ff.; auch vorn § 3 II 9.

das Handelsregister zu wirken beginnt[6]. Das Bundesgericht räumt ein, daß dieser Grundsatz gewisse Ausnahmen erfahre, indem z.B. eine Generalversammlung, die eine Statutenänderung beschlossen hat, schon vor der Eintragung gestützt auf die neuen Bestimmungen Beschlüsse fassen und Wahlen vornehmen dürfe, wenn auch die Gültigkeit dieser Beschlüsse davon abhänge, daß die Statutenänderung nachträglich in das Handelsregister eingetragen werde.

III. Sonderfall: Sitzverlegung

Andere Sonderfälle von Statutenänderungen, wie insbesondere Kapitalerhöhungen und Kapitalherabsetzungen, werden später behandelt[7]. Hier sei einzig die Sitzverlegung vorweggenommen.

1. Eine Sitzverlegung im Inland liegt vor bei der Verlegung des Sitzes von einer politischen Gemeinde in eine andere. Verlegung der Geschäftsadresse innerhalb der Gemeinde ist keine Sitzverlegung. Die Sitzverlegung stellt eine Statutenänderung dar, denn der Sitz ist notwendiger Statutenbestandteil (Art. 626 Ziff. 1 OR). Die Sitzverlegung untersteht Art. 649 OR und verlangt demnach ein Quorum von zwei Dritteln sämtlicher Aktien.

2. Eine Sitzverlegung aus dem Ausland über die Grenze ins Inland verlangt keine Auflösung und Neugründung der ausländischen Gesellschaft, sondern kann einer Aktiengesellschaft nach Art. 14 der Schluß- und Übergangsbestimmungen zu den revidierten Titeln 24–34 des Obligationenrechtes durch den Bundesrat bewilligt werden.
Die Gesellschaft hat nachzuweisen, daß sie als nach dem Recht des bisherigen Sitzes organisierte AG das Recht der Persönlichkeit besitzt und daß das in der letzten genehmigten Bilanz ausgewiesene Grundkapital gedeckt ist. Dieser Nachweis ist durch den Bericht einer vom Bundesrat zu bezeichnenden Revisionsstelle zu erbringen[8]. Liegen der Ausweis über die Rechtspersönlichkeit und der Revisionsbericht über die Grundkapitaldeckung vor, kann das Gesuch um Sitzverlegung über die Grenze gestellt werden. Zuständig ist der Bundesrat. Ein Anspruch auf Bewilligung besteht nicht. Ist die Bewilligung erteilt, so hat die Gesellschaft die bisherigen Statuten innert sechs Monaten von der Eintragung an der schweizerischen Gesetzgebung anzupassen und ihre Organe neu zu bestellen[9]. Für die Eintragung einer juristischen Person in das am neuen

---

[6] BGE 84 II, 1958, S. 38, Erw. 3.
[7] Vgl. hinten § 21 und 23.
[8] Revisionshandbuch der Schweiz, Zürich 1971/1979, Abschnitt 7.2.
[9] Vgl. die Sanktion in Art. 14 Abs. 3 Schluß- und Übergangsbestimmungen.

Sitze zuständige Handelsregister sind die Vorschriften über die Neugründung sinngemäß zu beachten (Art. 50 Abs. 2 HRV).

3. Ob eine Gesellschaft ihren Sitz aus dem Inland ins Ausland verlegen kann, ohne sich aufzulösen, entscheidet sich letztlich nach dem ausländischen Recht. Art. 51 Abs. 1 HRV läßt eine Sitzverlegung ins Ausland zu, sofern der Nachweis erbracht werden kann, daß am neuen Wohnsitz die Gesellschaft zu Recht besteht und sich im Handelsregister hat eintragen lassen. Zum Schutze der Gläubiger wird einzig verlangt, daß die Verwaltung bestätigt, daß die Gläubiger befriedigt worden sind oder sich mit der Löschung einverstanden erklärt haben. Erst dann findet eine Löschung im Handelsregister statt (Art. 51 Abs. 2 HRV). Schuldenruf und Revisionsbericht werden nicht verlangt; die Schuldnergesellschaft besteht weiter, wird lediglich schwieriger belangbar.

4. Auch für die Sitzverlegung im Kriegsfall ist vorgesorgt: Aktiengesellschaften, die für den Fall von internationalen Konflikten ihren Sitz verlegen wollen, um ihr Vermögen, ihre Rechte und ihre Interessen zu schützen, können bereits heute beschließen, ihren Sitz an einen von ihnen gewählten Ort im Ausland zu verlegen oder an den Ort, wo sich der Sitz der verfassungsmäßigen schweizerischen Regierung befindet (vgl. Bundesratsbeschluß betreffend vorsorgliche Schutzmaßnahmen für juristische Personen, Personengesellschaften und Einzelfirmen vom 12. April 1957, sowie die Vollziehungsverordnung hierzu)[10].

---

[10] SR 531.54 und 531.541.

Drittes Kapitel

Aktionärrechte

§ 10. Übertragung der Mitgliedschaft

Literatur

P. BALDI, Über die Gewährleistungspflicht des Verkäufers von Aktien, insbesondere beim Verkauf aller Aktien einer Gesellschaft, Zürich 1975; U. BENZ, Aktienbuch und Aktionärswechsel, Zürich 1981; D. VON GRAFFENRIED, Übertragbarkeit und Handelbarkeit von Gesellschaftsanteilen, insbesondere von Aktien, Bern 1981; K. W. HERREN, Statutarische Berechtigung zum Erwerb von Aktien und GmbH-Anteilen, Bern 1973; P. JÄGGI, Der Erwerb von Namenaktien durch Rechtsgeschäft oder Erbgang, SAG 23, 1950/51, S. 153 ff.; DERSELBE, Zur Spaltung der Aktienrechte, SAG 33, 1960, S. 65 ff.; O. LEHNER, Gemeinsame Charakterzüge und Wirkungen der aktienrechtlichen Vorkaufsrechte, SAG 26, 1953/54, S. 189 ff.; H. LEHNHARD, Der Erwerb von vinkulierten Namenaktien infolge Erbganges, Zürich 1975; R. PESTALOZZI-HENGGELER, Die Namenaktie und ihre Vinkulierung, Zürich 1948; A. PETITPIERRE-SAUVAIN, La cession de contrôle, mode de cession de l'entreprise, Genève 1977; E. SALZGEBER-DÜRIG, Das Vorkaufsrecht und verwandte Rechte an Aktien, Zürich 1970; C. SOLCA, Société anonyme et droit des successions, Estavayer-le-Lac (ohne Datum); E. STAUFFER, L'actionnaire sans titre. Ses droits, Genève 1977.

I. Allgemeines

1. Originärer Aktienerwerb

Aktien werden entweder anläßlich der Gründung oder einer späteren Kapitalerhöhung gezeichnet oder durch Rechtsgeschäft oder auf andere Weise, z. B. Erbgang, erworben. In Folge des Prinzips der festen Mitgliederzahl kann man einer Aktiengesellschaft einzig zu Beginn und bei nachfolgender Erhöhung der Anzahl der Mitgliedschaftsstellen beitreten. Eine kontinuierliche Ausgabe von Aktien ist ausgeschlossen, womit auch die laufende Aufnahme neuer Mitglieder verunmöglicht wird. In dieser Hinsicht besteht zwischen Aktiengesellschaft und Genossenschaft mit ihrem Prinzip der offenen Tür (Art. 839 und 842 OR) ein schroffer Gegensatz.

2. Übertragbarkeit

Die Übertragbarkeit der Anteile ist kennzeichnendes Merkmal der Aktiengesellschaft[1]. Einzig in der Aktiengesellschaft ist der Anteil frei handelbar. Die freie Handelbarkeit der Aktie und die Festigkeit des Grundkapitals sind die tragenden Gedanken des Aktienrechtes. Die Unübertragbarkeit von Aktien, beruhe diese auf tatsächlichen Gründen oder ergebe sie sich aus rechtlicher Beschränkung, pervertiert die Gesellschaftsform und muß als Wurzel allen Übels im Aktienrecht betrachtet werden. Die Beschränkung der Veräußerlichkeit ist Hauptursache für die prekäre Stellung des Minderheitsaktionärs, die durch Ausbau des Minderheitenschutzes niemals völlig beseitigt werden kann[2].

3. Übertragungsgegenstand

Gegenstand der Übertragung bildet die Aktie als Verkörperung der Mitgliedschaftsrechte. Veräußert werden demnach die Mitwirkungs- und Vermögensrechte. Werden die Aktien zum Verkauf zu einem Paket zusammengeschnürt, so werden Einflußnahme und Zugriff auf die Unternehmung zum Inhalt der Veräußerung. Durch Übertragung der Aktienmehrheit oder der Aktiengesamtheit wird die Beherrschung der Gesellschaft und die Leitungsmacht des Unternehmens übertragen. Der Verkauf der Aktien tritt an die Stelle der Veräußerung des Geschäftes. Hierin liegt die passive Konzentrationsfähigkeit der Aktiengesellschaft begründet[3].

Kaufgegenstand bleibt allemal die Aktie, so daß Sach- und Rechtsgewährleistung sich vorerst auf sie beziehen: So haftet der Verkäufer für die Echtheit und Unversehrtheit der Urkunde sowie für den rechtlichen Bestand und die Veräußerlichkeit der Aktienrechte. Für Mängel am Unternehmen steht der Verkäufer nicht ein, sofern er sich hierzu nicht besonders verpflichtet hat.

Anders ist die Sachlage einzig dann, wenn Mehrheit oder Gesamtheit der Aktien Kaufgegenstand bilden und damit die wirtschaftliche Verfügungsgewalt über das Unternehmen übertragen wird. Diesfalls hat der Veräußerer die Sach- und Rechtsgewährleistung für die Unternehmung mit übernommen und steht für das Vorhandensein aller Aktiven und für das Nichtvorhandensein nicht kundgegebener Passiven, sowie für allfällige Sachmängel an den Vermögenswerten ein[4].

---

[1] Vgl. vorn § 1 I 5; vgl. VON GRAFFENRIED, passim.
[2] Ähnlich A. HIRSCH, La protection des actionnaires de lege ferenda, SAG 50, 1978, S. 65 ff.
[3] Vgl. zur Konzentrationsfunktion vorn § 1 II 4 und § 3 II 3.
[4] Vgl. hierzu BALDI (Lit.verz. vor § 10).

4. Insidertransaktionen

Da die Unternehmung, insbesondere die Großunternehmung, ein außerordentlich vielschichtiges Gebilde darstellt, dessen Wert entscheidend vom zukünftigen Ertrag und damit von den Zukunftsaussichten abhängt, und hierüber die Gesellschaft nach geltendem oder zukünftigem Recht keine Auskünfte erteilen muß, ist der Käufer einer Aktie über Zustand und Zukunft der Unternehmung mangelhaft unterrichtet. Zudem unterliegt der Veräußerer von Aktien keinen besonderen Aufklärungspflichten über den Kaufgegenstand. Gehört der Veräußerer dem Verwaltungsrat der Gesellschaft, deren Aktien veräußert werden, an oder hat er aus andern Gründen besondere Einblicke in die Geschäftsangelegenheiten, ist das Auseinanderklaffen des Wissensstandes von Veräußerer und Erwerber besonders stark, aber gleichwohl hinzunehmen.

Stoßend wird die Diskrepanz des Wissensstandes allerdings dann, wenn eine Partei des Verkaufsgeschäftes Kenntnisse nicht allgemein zugänglicher Tatsachen hat, die auf den Börsenwert oder den Marktpreis der Aktien kurzfristig einen erheblichen Einfluß haben werden, und gestützt hierauf Käufe oder Verkäufe tätigt. Der Informationsvorsprung eines solchen Insiders ist nicht einzuholen, und es frägt sich, ob er berechtigt sei, unter Ausnutzung dieser Sonderkenntnisse Wertschriftengewinne zu erzielen. Der Außenseiter kommt gegen den Insider nicht auf, abgesehen davon, daß sie infolge des Selbsteintrittes der Bank nicht Vertragspartner sind und einander im Börsenhandel nicht kennen und niemals ausfindig machen können. Eine Anfechtung des Kaufvertrages wegen Täuschung kommt mangels Pflicht zur Aufklärung nicht in Frage; die Anfechtung infolge Irrtums fällt, da das Fehlurteil des Außenseiters über den Sachverhalt sich auf die Zukunft bezieht, ebenfalls dahin. Eine Anfechtung wegen Willensmängeln führt nicht zum Erfolg, wenn der Außenseiter aus der Rückgängigmachung des Geschäftes keinen Vorteil zieht und vielmehr wünscht, das Geschäft unter besseren Bedingungen abgeschlossen zu haben.

Hilfe würde ihm demnach nicht die Aufhebung des Geschäftes, sondern einzig ein Anspruch auf Schadenersatz bringen, doch wird der Rechtswidrigkeits- und der Kausalzusammenhang zwischen Insidergeschäft und Schaden schwierig zu behaupten oder zu beweisen sein.

Die Aktiengesellschaft, bei börsenkotierten Gesellschaften auch die Banken und Börsen, haben ein Interesse an der Lauterkeit des Aktienhandels. Diese Lauterkeit wird durch Insidertransaktionen verletzt. Somit verstößt der Insider beim Abschluß von Verträgen unter Ausnützung von Insiderinformation gegen die ihm der Aktiengesellschaft, der Bank oder der Börse gegenüber obliegende Treuepflicht. Die Treuepflicht gebietet, die Interessen der Gesellschaft oder der andern zur Treue Berechtigten zu wahren und diese somit den eigenen Interessen vorgehen zu lassen. Die Treuepflicht verbietet die Ausnützung von Kenntnissen, die im Hinblick auf die Vertrauensstellung mitgeteilt wurden. Der zur Treue Berechtigte, insbesondere die Gesellschaft, hat demnach Anspruch auf Unterlassung von Insidertransaktionen oder auf Ablieferung der hierdurch erwirkten Vorteile. Diesen Weg geht die Europäische Gemeinschaft, wenn sie in Art. 82 Abs. 5 des Statuts für die europäische Aktiengesellschaft[5] vorschreibt, daß jeder Gewinn, der von einem Insider durch Kauf und Wiederverkauf von Aktien oder umgekehrt innerhalb eines Zeitraumes von sechs Monaten gemacht worden ist, von Rechts wegen durch die Societas Europaea erworben worden ist und innerhalb von acht Tagen nach Abwicklung des Rechtsgeschäftes an diese abgeführt werden muß.

Der schweizerische Aktienrechtsgesetzgeber könnte sich diese jedenfalls elegante und allenfalls effiziente Regel zum Vorbild nehmen. Die schweizerische Rechtslehre legt ihre Hoffnung mehr auf Bestrafung der Ausnützung von Insiderinformation. Dadurch soll das fehlende Unrechtsbewußtsein geweckt und eine Grundlage für die Lüftung des Bankgeheimnisses geschaffen werden. Der Gesetzgeber wird sich Klarheit darüber verschaffen müssen, wer als Insider zu gelten hat. Nach richtiger Ansicht können dies nur Personen sein, die zur Gesellschaft, deren Aktien Objekt einer Insidertransaktion bilden, in einem besonderen Treueverhältnis stehen; eine *«escape clause»*, welche auch nahestehende natürliche und juristische Personen erfaßt, ist allerdings unumgänglich[6]. Wer, ohne der Gesellschaft zur Treue verpflichtet zu sein, gestützt auf Börsentips oder auf andere Weise zu Insiderinformation gelangt, ist der Regelung nicht zu unterstellen und bleibt frei in der Ausnützung der Sonderkenntnisse.

---

[5] Vgl. vorn § 3 I Anm. 32.
[6] Zum Problem der Insiderinformation aus schweizerischer Sicht vgl. P. FORSTMOSER, Effektenhandel durch Insider, SAG 45, 1973, S. 113 ff.; DERSELBE, Strafrechtliche Erfassung von Insidermißbräuchen?, SAG 49, 1977, S. 14 ff.; M. BRUNNER, Wie kommt man den sogenannten Insidertransaktionen bei?, SAG 48, 1976, S. 179 ff.; M. FELLMANN, Rechtliche Erfassung von Insidertransaktionen in der Schweiz, Zürich 1981; E. KLAINGUTI, Die Regelung des Aktienhandels durch Insider im amerikanischen Bundesrecht, Bern 1971; M. B. KOCH, Insiderwissen und Insiderinformationen in strafrechtlicher Sicht, mit Darstellungen ausländischer Regelungen, Zürich 1979; O. KRAMIS, Insiderhandel in Effekten (eine schweizerische Lösung), Zürich 1978; ähnlich wie hier auch A. THALMANN, Die Treuepflicht der Verwaltung der Aktiengesellschaft, Bern 1975, S. 68 ff.; H. WASER, Die Insiderregelung in der Bundesrepublik Deutschland – Rezeptionsmodell für die Schweiz?, Zürich 1981.

II. Form der Übertragung

1. Inhaberaktien

Das Gesetz läßt Inhaberaktien zu (Art. 622 Abs. 1 OR) und bestimmt, daß Inhaberaktien erst nach der Einzahlung des vollen Nennwertes ausgegeben werden dürfen (Art. 683 Abs. 1 OR). Zur Übertragungsart äußert sich das Aktienrecht nicht, so daß die Übertragung nach den allgemeinen Regeln des Wertpapierrechtes erfolgt[7]. Erforderlich ist ein Rechtsgrund, die **Übertragung des Besitzes** an der Urkunde (Art. 967 Abs. 1 OR) sowie die Verfügungsbefugnis des Veräußerers oder die Gutgläubigkeit des Erwerbers. Ist der Veräußerer zur Verfügung nicht befugt, so erwirbt der Erwerber kraft Gesetzes und gestützt auf den guten Glauben nicht nur dann Eigentum an der Aktie, wenn diese dem Veräußerer zur Übertragung anvertraut worden war (Art. 933 ZGB), sondern nach der Spezialbestimmung von Art. 935 ZGB auch dann, wenn sie dem Besitzer gegen seinen Willen abhanden gekommen ist[8].

Für die Geltendmachung der mit den Inhaberaktien verbundenen Rechte ist der Urkundenbesitz notwendig und hinreichend (vgl. auch Art. 689 Abs. 4 OR). Der Inhaberaktionär muß sich, will er sein Stimmrecht ausüben, durch Vorlegung der Aktienurkunde ausweisen; die Gesellschaft wird allenfalls, sei es gestützt auf statutarische Grundlage, sei es in Anwendung der Vorschrift von Art. 702 Abs. 1 OR, wonach die Verwaltung die für die Feststellung der Stimmrechte erforderlichen Anordnungen trifft, eine vorgängige Hinterlegung der Aktien verlangen. Durch die Vorlegung oder die Hinterlegung der Aktie legitimiert sich der Aktionär hinreichend. Sein Eigentum an der Aktie oder seine Befugnis, das Stimmrecht an Stelle des Eigentümers auszuüben, braucht er nicht nachzuweisen, denn durch die Vorweisung der Aktie wird die Berechtigung des Ansprechers in ihrer Gesamtheit genügend ausgewiesen, so daß der Ansprecher weder seine Identität darzutun hat, noch anzugeben braucht, ob er in eigenem oder in fremdem Namen handelt[9]. Inhalt und Umfang der derart nachgewiesenen Berechtigung richten sich allerdings nicht nach der Skriptur, sondern nach Gesetz und Statuten, denn die Aktie ist als Mitgliedschaftspapier kein skripturrechtliches Papier[10]. Die Gesellschaft bleibt z. B. berechtigt, den richtig ausgewiesenen Inhaberaktionär in Anwendung von Art. 695 Abs. 1 OR

---

[7] Die Bestimmung über die Kraftloserklärung von Inhaberpapieren in Art. 981 Abs. 1 OR zählt die Aktie ausdrücklich zu den Inhaberpapieren.
[8] Für Einzelheiten vgl. STARK, Berner Kommentar, Bd. 3/1: Sachenrecht, Der Besitz, Bern 1976, N. 8 ff. zu Art. 935 ZGB.
[9] P. JÄGGI, Allgemeines Wertpapierrecht, Basel 1977, S. 53; DERSELBE, Zürcher Kommentar, N. 13 und 130 zu Art. 966 OR; vgl. auch P. BÖCKLI, Das Aktienstimmrecht und seine Ausübung durch Stellvertreter, Basel 1961, S. 77 ff.
[10] JÄGGI, N. 279 zu Art. 965 OR; DERSELBE, a.a.O. (Anm. 9), S. 58.

beim Entlastungsbeschluß vom Stimmrecht auszuschließen, wenn er in irgend einer Weise an der Geschäftsführung teilgenommen hat.

2. Namenaktien

Nach Art. 684 Abs. 2 OR kann die Übertragung von Namenaktien durch Übergabe des indossierten Aktientitels an den Erwerber erfolgen. Die Namenaktie ist somit gesetzliches **Orderpapier**[11]. Neben causa und Übertragung des Besitzes ist somit noch das **Indossament** als wertpapierrechtlicher Übertragungsvermerk erforderlich. Auch Namenaktien können kraft guten Glaubens vom Nichtberechtigten erworben werden, denn die Vorschrift in Art. 1006 Abs. 2 OR findet auf alle Orderpapiere Anwendung[12].

Zur wertpapierrechtlichen Legitimation tritt bei der Namenaktie das aktienrechtliche Institut des **Aktienbuches** (Art. 685 OR): Im Verhältnis zur Gesellschaft wird als Aktionär betrachtet, wer im Aktienbuch eingetragen ist (Abs. 4). Das Aktienbuch ist demnach zusätzlich Legitimationsmittel, so daß die Innehaltung des indossierten Papiers für die Ausübung der Aktionärrechte bloß notwendig, aber nicht hinreichend ist: die Vorweisung der indossierten Namenaktie gibt einzig Anspruch auf Eintragung im Aktienbuch; erst diese Eintragung legitimiert zur Ausübung der Aktionärrechte. Art. 685 Abs. 2 OR schreibt vor, daß die Eintragung in das Aktienbuch einen Ausweis über die formrichtige Übertragung der Aktie voraussetzt. Damit wird klargestellt, daß das Aktienbuch dem Beweise dient und daß ihm lediglich legitimationsrechtliche Funktion zukommt. Der Eintrag im Aktienbuch ist für die Ausübung der Aktienrechte notwendig und hinreichend: die AG darf und muß die Legitimation des im Aktienbuch eingetragenen Aktionärs nicht mehr prüfen. Das Aktienbuch ist demnach obligatorisches Legitimationsmittel, aber es kommt ihm keine konstitutive Wirkung zu[13]. Wer somit im Aktienbuch eingetragen wird, ohne sich als Eigentümer ausgewiesen zu haben, kann sich nicht auf Art. 685 Abs. 4 OR berufen und darf von der Gesellschaft nicht in Anwendung dieser Bestimmung als Aktionär behandelt werden. Die Eintragung in das Aktienbuch bewirkt den Übergang des Eigentums an der Aktie nicht, sondern setzt ihn voraus[14].

Das Aktienbuch ist von der Verwaltung zu führen (Art. 721 Abs. 2 OR). Sie kann diese Befugnisse nicht an die Kontrollstelle[15], an den Ausschuß oder die

---

[11] Vgl. Art. 967 Abs. 2 OR; BGE 83 II, 1957, S. 304 ff.
[12] JÄGGI, N. 175 zu Art. 697 OR; DERSELBE, a.a.O. (Anm. 9), S. 60.
[13] BGE 87 II, 1961, S. 265 ff.; 90 II, 1964, S. 172 ff.; JÄGGI, Der Erwerb von Namenaktien durch Rechtsgeschäft oder Erbgang, SAG 23, 1950/51, S. 153 ff., insbes. S. 179; BÜRGI, Zürcher Kommentar, N. 9 zu Art. 685 OR.
[14] In dieser Prägnanz BGE 87 II, 1961, S. 256.
[15] Unrichtig deshalb BÖCKLI, a.a.O. (Anm. 9), S. 91.

Direktion delegieren[16]; jedenfalls hat der Verwaltungsrat bei vinkulierten Namenaktien die Grundsatzentscheide über die Eintragung von Ausländern, juristischen Personen und Konkurrenten selber zu treffen. Daß er die Führung des Aktienbuches Hilfspersonen überlassen kann, versteht sich von selbst. Weder den Aktionären noch den einzelnen Mitgliedern des Verwaltungsrates (Art. 713 Abs. 1 OR) steht ein Einblicksrecht zu[17]. Dem einzelnen Aktionär genügt es, wenn die Eintragung im Aktienbuch durch die Verwaltung auf dem Aktientitel bescheinigt wird, wie dies Art. 685 Abs. 3 OR verlangt. Dadurch erhält er Gewißheit, daß die Gesellschaft ihn als Aktionär anerkennt.

3. Rektaaktien

Art. 684 Abs. 2 OR, wonach die Namenaktien durch Indossament übertragen werden können, ist nicht zwingend; die Statuten können vorschreiben, daß hiefür eine Zession erforderlich ist; man mag dies auch auf Art. 627 Ziff. 8 OR abstützen und hierin eine formelle Übertragungsbeschränkung erblicken. Dadurch wird die Möglichkeit des gutgläubigen Erwerbs, der sonst gestützt auf Art. 1006 Abs. 2 OR möglich ist, ausgeschlossen, denn bei Namenpapieren ist ein gutgläubiger Erwerb bloß in sehr eingeschränktem Sinne möglich[18]. Keine Bedeutung hat hingegen der Wegfall des Einredenausschlusses im Sinne von Art. 1146 OR, da dieser beim Mitgliedschaftspapier inhaltslos ist, weil der Erwerber immer mit dem Inhalt der jeweiligen Statuten rechnen muß, auch wenn Statutenänderungen nicht auf der Urkunde widergegeben sind[19]. Überdies fragt sich, aus welchem Grunde und zu welchem Zwecke eine Aktiengesellschaft einem Aktionär Einreden entgegenhalten will, die das Grundverhältnis, also ihre Beziehungen zu früheren Aktionären betreffen.

Wenn man gleichwohl Rektanamenaktien einführt, so erfolgt dies in Anwendung der Einheitstheorie[20] und im Hinblick auf ein obiter dictum im ersten Spaltungsentscheid des Bundesgerichtes[21], wo ausgeführt wird, daß «etwas anderes einzig dort gilt, wo die Statuten die Übertragung durch Indossament ausschließen und eine solche nur in der Form der Zession zulassen». Daraus ist geschlossen worden, eine Rektaklausel vermeide die Spaltung und verunmögliche eine Spaltungsabrede. Richtig ist einzig, daß bei Nichtzustim-

---

[16] Vgl. K. Spiro, Verwaltungsrat und Aktienbuch, ein Beitrag zur Delegation von Kompetenzen und zur Stellung der Minderheit im Verwaltungsrat, SAG 31, 1958/59, S. 1 ff.
[17] A. Hirsch, L'anonymat de l'actionnaire dans la SA, in: Festschrift für Walther Hug, Bern 1968, S. 307 ff.
[18] Vgl. Jäggi, N. 176 f. zu Art. 967 OR.
[19] Jäggi, N. 77 ff. zu Art. 979 OR; Jäggi, a.a.O. (Anm. 9), S. 58; Bürgi, N. 15 vor Art. 683–687 OR.
[20] Zur Einheitstheorie vgl. hinten IV 4.
[21] BGE 83 II, 1957, S. 297 ff., insbes. S. 304.

mung zur Übertragung bei Rektaaktien auch das Eigentum am Papier nicht übergeht, da dieses ja den Rechten aus dem Papier nachfolgt, so daß alle Rechte beim Veräußerer bleiben.

4. Unverbriefte Aktienrechte

Auch diese sind übertragbar; die Übertragung erfolgt nicht formlos, sondern durch schriftliche Zession[22].

III. Art der Übertragung

1. Vollübertragung

Sie stellt den Normalfall dar. Es werden sämtliche Mitgliedschaftsrechte, insbesondere auch das Stimmrecht, uneingeschränkt auf den Erwerber übertragen. Die volle Mitgliedschaft, sowie Besitz und Eigentum an der Aktie gehen auf ihn über.

2. Legitimationsübertragung

Wenn Besitz und Eigentum an der Aktie auseinanderfallen, weil die Aktie hinterlegt oder verpfändet wird, fragt sich insbesondere bei Inhaberaktien, wem diesfalls das Stimmrecht zusteht. Das geltende Recht entscheidet die Frage eindeutig, auch wenn es sich unklar ausdrückt: im Verhältnis zur Gesellschaft ist der Besitzer der Inhaberaktie zur Ausübung des Stimmrechtes befugt (Art. 689 Abs. 4 Satz 1 OR). Dies ergibt sich aus der Rechtsnatur der Inhaberaktie ohne weiteres: wer sie in den Händen hält, legitimiert sich gegenüber der Gesellschaft rechtsgenügend[23]. Jede andere Regelung widerspräche der Eigenart des Inhaberpapieres. Der Besitzer ist somit zur Ausübung des Stimmrechtes befugt. Er handelt dabei im eigenen Namen, denn er gibt sich nicht als Stellvertreter zu erkennen. Der Vorweiser der Inhaberaktie kann und muß seine materielle Berechtigung zur Ausübung des Stimmrechtes nicht darlegen, denn gegenüber der Gesellschaft genügt der formelle Ausweis des Innehabens der Aktie. In diesem Sinne kann gesagt werden, dem Besitzer stehe das formelle Stimmrecht zu. Das Eigentum an der Aktie und damit auch die Aktionärrechte verbleiben allerdings beim Eigentümer. Dies wird in Art. 689 Abs. 5

---

[22] Vgl. vorn § 5 III 4.
[23] Vgl. vorn § 10 II 7.

Ziff. 1 OR, obschon selbstverständlich, ausdrücklich festgehalten[24]. Man kann das dem Eigentümer verbleibende Stimmrecht als **materielles** bezeichnen. Der Eigentümer kann dieses Stimmrecht nicht ausüben, da er sich gegenüber der Gesellschaft nicht durch Innehabung der Aktie zu legitimieren vermag und die Aktie notwendiges Legitimationsmittel darstellt.

Nach dem Gesagten steht fest, daß der Besitzer der Aktie das (formelle) Stimmrecht ausüben kann; offen ist noch, ob er es ausüben darf. Auch diese Frage des Innenverhältnisses entscheidet das Gesetz eindeutig, indem in Art. 689 Abs. 5 Ziff. 2 OR bestimmt wird, daß die Erteilung dieser Befugnis zur Ausübung des Stimmrechtes in einer besonderen Urkunde erfolgen muß. Das Gesetz spricht von «Vertretungsvollmacht» und hat sich damit im Ausdruck vergriffen, denn geregelt werden hier gerade nicht das Außenverhältnis und die Vertretungsmacht, sondern die Innenbeziehungen und damit die Vertretungsbefugnis. Daß die Vertretungsbefugnis überdies, wie das Gesetz sagt, in einer besonderen Urkunde enthalten sein muß, wird extensiv ausgelegt werden dürfen, da abgesehen von einer besonderen Verdeutlichung der Erteilung der Stimmbefugnis kein ernst zu nehmender Grund gefunden werden kann, weshalb die Erteilung der Befugnis zur Ausübung des Stimmrechtes nicht im selben Schriftstück wie die andern Beziehungen zwischen Eigentümer und Besitzer, also im Hinterlegungsvertrag oder Pfandvertrag sollten geregelt werden dürfen. Nirgends sonst verlangt das Gesetz, daß bestimmte Erklärungen in einer Sonderurkunde erfolgen müssen. Die damit beabsichtigte Kanalisierung des Depotstimmrechtes ist als zu zaghafter Versuch ohne eigentliche Wirkung geblieben. Die Kontroverse über die Legitimationsübertragung ist heute überholt, denn es kann nicht bezweifelt werden, daß das geltende Gesetz zuläßt, daß das Stimmrecht durch andere Personen als die wahren Berechtigten (Eigentümer, Nutznießer) ausgeübt werden kann, und zwar im eigenen Namen[25].

Die Legitimationsübertragung findet ihre Grenze beim Mißbrauch: Die Überlassung von Aktien zum Zwecke der Ausübung des Stimmrechtes in der Generalversammlung ist dann unstatthaft, wenn damit die Umgehung einer Stimmrechtsbeschränkung beabsichtigt ist (Art. 691 Abs. 1 OR), wenn insbesondere versucht wird, beim Entlastungsbeschluß den Stimmrechtsausschluß (Art. 695 Abs. 1 OR) durch Legitimationsübertragungen zu umgehen.

---

[24] Die unglückliche Redaktion von Art. 689 OR geht auf seinen Werdegang zurück, war die Vorschrift doch Gegenstand des Differenzenbereinigungsverfahrens in den Eidgenössischen Räten (vgl. dazu H. GÜRTLER, Aktienrechtliche Legitimationsübertragung und Depotstimmrecht der Banken, Basel 1938; BÖCKLI, a.a.O. (Anm. 9), S. 207 ff.

[25] Gleich wie hier BÖCKLI, a.a.O., S. 197 ff., insbes. S. 206; gegen die Legitimationsübertragung äußert sich neuerdings H. P. WEBER-DÜRLER, Gesellschafterversammlung, Urabstimmung und Delegiertenversammlung als Beschlußfassungsformen im schweizerischen Gesellschaftsrecht, Bern 1973, S. 15 ff.; DERSELBE, Das Depotstimmrecht der Banken, SAG 46, 1974, S. 49 ff.

Auch bei Namenaktien sind Legitimationsübertragungen denkbar: Die Übertragung der Namenaktie mittels Indossament ist simuliert; dissimuliert ist die bloße Ermächtigung des Erwerbers zur Ausübung des Stimmrechtes. Gestützt auf das simulierte Indossament wird der Erwerber im Aktienbuch eingetragen und gilt als formell stimmberechtigt. Der Eintrag im Aktienbuch ist allerdings nicht konstitutiv, sondern begründet bloß eine Vermutung der materiellen Stimmrechtsberechtigung. Die Gesellschaft kann die Vermutung zerstören und den Nachweis erbringen, daß der Eintrag im Aktienbuch zu Unrecht erfolgt ist[26].

Die Stimmrechtsvertretung bei Namenaktien erfolgt denn auch in der Praxis nicht mittels Legitimationsübertragung, sondern durch offene Stellvertretung, nicht selten durch ein Mitglied des Verwaltungsrates, so daß es hier zu einer Stimmenkumulierung kommt, die jedenfalls im Verfahren dem amerikanischen proxy-voting gleichkommt[27].

3. Depotstimmrecht der Banken

Das Depotstimmrecht der Banken beruht auf der Zulässigkeit der Legitimationsübertragung: Die Banken üben das mit den bei ihnen hinterlegten Aktien verbundene Stimmrecht gestützt auf die besondere Ermächtigung des Depotkunden aus. Der Depotkunde hinterlegt seine Aktien von Publikumsgesellschaften bei der Bank im offenen Depot. Er bleibt Eigentümer seiner Aktien; die Bank wird indessen Besitzerin und kann demnach bei Inhaberaktien in Anwendung von Art. 689 Abs. 4 OR das Stimmrecht in der Generalversammlung der Gesellschaft ausüben. Hierzu bedarf sie im Innenverhältnis einer «Vertretungsvollmacht in einer besonderen Urkunde» (Art. 689 Abs. 5 Ziff. 2 OR), die sie sich in der Regel beim Abschluß des Depotvertrages aushändigen läßt. Diese Vollmacht ist als Dauer- und Generalvollmacht ausgestaltet, so daß die Bank in jeder Generalversammlung das mit den hinterlegten Aktien verbundene Stimmrecht ausübt. Damit wird die Bank zum Massenvertreter und erhält Einfluß in den Generalversammlungen von Publikumsgesellschaften ohne ein entsprechendes Risiko, denn sie stimmt mit fremden Aktien. Da die Publikumsaktionäre der Bank keine Weisungen über die Art der Stimmrechtsausübung erteilen, weil sie sich um die Geschicke ihrer Gesellschaft nicht kümmern, übt die Bank das Stimmrecht so aus, wie sie es bei Erteilung der Vollmacht auszuüben in Aussicht gestellt hat: Sie stimmt den Anträgen der Verwaltung zu. Die Banken waren bis vor kurzem nicht bereit, Weisungen

---

[26] Bürgi, N. 20/21 zu Art. 684 OR; Pestalozzi-Henggeler (zit. in Lit.verz. vor § 10), S. 81 ff.; Böckli, a.a.O., S. 217 ff.

[27] H. Hüssy, Stimmrechtsausübung durch Stellvertretung im amerikanischen Aktienrecht, Neuenburg 1959.

ihrer Depotkunden über die Ausübung des Stimmrechtes anzunehmen und zu befolgen, sondern gaben diesfalls die Vertretung der Aktien an den Bankkunden zurück.

Diese Sachlage hat zu berechtigter Kritik Anlaß gegeben: Das Depotstimmrecht führt zu einer Machtballung bei den Banken. Es besteht die Gefahr, daß das Stimmrecht nicht im Interesse des Aktionärs, sondern im Bankinteresse ausgeübt wird. Da die Bank in der Regel den Anträgen der Verwaltung zustimmt, kann die Gesellschaft zum voraus gewiß sein, mit ihren Anträgen in der Generalversammlung durchzudringen. Da die Bank in der Verwaltung der Gesellschaft vertreten ist, kann es zu zusätzlichen Interessenkonflikten kommen, indem die Anlageberatung der nötigen Objektivität verlustig geht[28].

Zugunsten des Depotstimmrechtes wird vorgebracht, daß ohne die von den Banken vertretenen Stimmen der Generalversammlung die Quoren und qualifizierten Mehrheiten allenfalls nicht mehr erreicht werden können, was eine Funktionsunfähigkeit der Gesellschaft nach sich ziehe. Der Bankkunde ist sich des möglichen Interessenkonfliktes der Bank bei der Ausübung des Stimmrechtes bewußt und nimmt ihn in Kauf. Häufig ist der Aktionär mangels wirtschaftlicher Kenntnisse nicht in der Lage, seine Interessen sinnvoll wahrzunehmen, oder er wünscht, an der Generalversammlung nicht teilzunehmen und überläßt deshalb die Ausübung des Stimmrechtes den Fachleuten seines Vertrauens[29]. Die Banken sind auf diese Kritik eingetreten und haben am 30. Juni 1980 neue Richtlinien erlassen, worin sie sich verpflichten, die besonderen Weisungen des Kunden über die Ausübung des Stimmrechtes zu befolgen und bei wichtigen Traktanden den Kunden um Weisungen zu ersuchen.

Der Gesetzgeber wurde zum Eingreifen aufgerufen und stellte fest, daß in der Schweiz bis heute keine krassen Mißbräuche aufgetreten seien, so daß eine gesetzliche Regelung nicht als dringlich erscheine[30]. Zumindest ist heute festzuhalten, daß die Bankiervereinigung in ihren neuen Richtlinien über die Ausübung des Depotstimmrechtes die Stellung von Aktionär und Depotkunden wesentlich verbessert, daß aber ein Eingreifen des Gesetzes gleichwohl erforderlich ist, und wäre es auch bloß zur Einführung einer Offenlegungspflicht[31].

Dem Gesetzgeber stehen zahlreiche legislatorische Maßnahmen zur Regelung des Depotstimmrechtes zur Verfügung: Er kann General- und Dauervollmachten untersagen, die Bank zur Entgegennahme von Weisungen oder gar

---

[28] Vgl. Zwischenbericht, S. 202.
[29] Zwischenbericht, a.a.O.; zum Depotstimmrecht vgl. H.P.SCHAAD, Das Depotstimmrecht der Banken, Zürich 1972; H.P.WEBER-DÜRLER, Das Depotstimmrecht der Banken, SAG 46, 1974, S. 49ff.; G.GAUTSCHI, Das Depotstimmrecht der Banken, in: Probleme der Aktienrechtsrevision, Zur Neugestaltung des schweizerischen Aktienrechtes, Berner Tage für die juristische Praxis 1972, Bern 1972, S. 123ff.
[30] Zwischenbericht, S. 203.

zum Einholen von Weisungen anhalten, den Mindestinhalt der Vollmacht gesetzlich vorschreiben. Der Gesetzgeber kann auch die Stimmabgabe für die Wahl von Bankenvertretern in den Verwaltungsrat der Gesellschaft einschränken.

Naheliegend scheint es, eine Bestimmung ins Gesetz aufzunehmen, wonach die Bank zur Befolgung von Weisungen verpflichtet wird und ihre Stimmabgabe nur gültig ist, wenn sie gemäß den Weisungen des Depotkunden stimmt. Wird eine solche Vorschrift mit einer Offenlegungspflicht der Depotstimmrechte verbunden, könnte den wichtigsten Einwendungen gegen das Depotstimmrecht der Boden entzogen werden: Der Depotkunde muß, will er gegen die Anträge der Verwaltung stimmen, nicht selbst an der Generalversammlung teilnehmen, sondern kann die Bank hierzu ermächtigen und beauftragen. Der Aktionär kann sich überdies über den Umfang des Depotstimmrechtes in seiner Gesellschaft ein Bild machen und kennt damit den Einfluß der Banken. Die Bank wird zur professionellen Vertreterin der Aktionäre und hört auf, bloße Stimmensammlerin für die Verwaltung zu sein.

4. Fiduziarische Übertragung

Die fiduziarische Zeichnung und der fiduziarische Erwerb von Aktien ist häufig, gibt aber zu keinen besonderen Fragen Anlaß: Der Treugeber überträgt dem Treuhänder volles Eigentum an den Aktien. Der Treuhänder übt sein Stimmrecht nach den Weisungen des Treugebers aus und verpflichtet sich, die Aktien bei Beendigung des Treuhandverhältnisses unentgeltlich und unbelastet zurückzugeben. Hier wie überall dient das fiduziarische Rechtsgeschäft der Vereinfachung und der zusätzlichen Verheimlichung; nicht auszuschließen sind auch Umgehungen, sei es von Stimmrechtsbeschränkungen, Vinkulierungsvorschriften[32] oder von öffentlich-rechtlichen Verboten[33].

---

[31] Richtlinien der Schweizerischen Bankiervereinigung über die Ausübung des Depotstimmrechtes vom 30. Juni 1980, Ziff. 4.
[32] Die Empfehlung der Schweizerischen Bankiervereinigung betreffend Handänderungen von vinkulierten Namenaktien vom 6. April 1961 sieht vor, daß die Zulassung zur Eintragung ohnehin nur unter der Voraussetzung gilt, daß der Erwerber die Aktien auf eigene Rechnung und zu wirklichem Eigentum erwirbt und sie nicht als Treuhänder für Dritte hält.
[33] Insbes. bei Immobilienaktiengesellschaften wird offenbar versucht, den BB über den Erwerb von Grundstücken durch Personen im Ausland, vom 23. März 1961 (SR 211.412.41) auf diese Weise zu umgehen.

IV. Beschränkung der Übertragbarkeit der Namenaktie

1. Systemwidrigkeit der Vinkulierung

Wiederholt ist darauf hingewiesen worden, daß die Übertragbarkeit der Aktie einzigartig und damit entscheidendes Merkmal der Aktiengesellschaft ist. Das geltende Recht läßt zu, daß die Übertragbarkeit der Namenaktien statutarisch beschränkt oder aufgehoben werden kann. Damit wird eine Systemwidrigkeit in unser Aktienrecht eingeführt, welche im Hinblick auf wirtschafts- und strukturpolitische Bestrebungen annehmbar erscheinen mag, welche aber dem Grundkonzept der Aktiengesellschaft im Innersten widerspricht und zu großen rechtstheoretischen Konflikten und legislatorischen Problemen Anlaß gibt. Art. 686 OR, der die Zulässigkeit der statutarischen Vinkulierung aufstellt, stellt einen Fremdkörper im Aktienrecht dar, der Ursache zahlreicher konzeptioneller Schwierigkeiten und praktischer Unzulänglichkeiten bildet. Ein Aktienrecht mit Widersprüchen in sich selbst ist schwer hinzunehmen und kann niemals Grundlage einer in sich geschlossenen Rechtsanwendung sein.

2. Zweck

Die freie Übertragbarkeit der Namenaktien (Art. 684 Abs. 1 OR) wird aus zahlreichen Gründen statutarisch beschränkt: Die Gesellschaft will bei nicht voll liberierten Aktien finanzschwache Aktionäre fernhalten. Dient die Aktiengesellschaft einem Verband als Träger eines kaufmännischen Betriebes, soll durch die Vinkulierung die Verbindung der Gesellschaft mit dem Wirtschaftsverband sichergestellt werden. Die Gesellschaft beabsichtigt, durch die Vinkulierung Konkurrenten fernzuhalten, damit diese keinen Einblick in Jahresrechnung und Geschäftsbericht nehmen können. Großgesellschaften wollen schließlich die Erhaltung des schweizerischen Charakters der Gesellschaft gewährleisten, um im Falle von kriegerischen Ereignissen dartun zu können, daß die Gesellschaft schweizerisch beherrscht ist. Gewisse Aktiengesellschaften, wie insbesondere Zeitungsverlage, sind bestrebt, ihre politische oder konfessionelle Prägung beizubehalten. Schließlich und vor allem sind Klein- und Mittelbetriebe daran interessiert, den Charakter einer Familienaktiengesellschaft zu wahren und demnach dafür zu sorgen, daß die Aktionäre stets derselben Familie angehören.

Die Vinkulierung bezweckt somit immer die Erhaltung des bestehenden Zustandes und dient der Perpetuierung der Zusammensetzung des Aktionärkreises. Konstanz des Mitgliedschaftskreises ist kein Wert in sich und nicht die Hauptleistung der Aktiengesellschaft, sondern mit deren Grundidee unvereinbar.

Gleichwohl ist die Vinkulierung außerordentlich stark verbreitet; so haben z.B. 72% aller im Handelsregister des Amtsbezirkes Bern eingetragenen Aktiengesellschaften vinkulierte Namenaktien ausgegeben[34]. Gesamtschweizerisch dürfte der Prozentsatz kaum viel tiefer liegen.

3. Ausgestaltung

Die statutarische Übertragungsbeschränkung kann unterschiedlichen Stärkegrad aufweisen: Die Gesellschaft kann zur Verweigerung aus bestimmten Gründen entweder berechtigt oder verpflichtet sein. Die Gesellschaft kann berechtigt sein, die Zustimmung zur Übertragung ohne Angabe von Gründen zu verweigern; auch in diesem Fall ist sie allerdings an Art. 2 ZGB gebunden, so daß willkürliche Ablehnung nicht statthaft ist. Schließlich kann die Übertragungsverweigerung mit einer Übernahmepflicht verbunden sein: Die Zustimmung kann nur verweigert werden, wenn die Gesellschaft dafür sorgt, daß die Aktien von einem ihr genehmen Aktionär übernommen werden. Selten, da letztlich widersinnig, aber zulässig ist ein statutarisches Übertragungsverbot (vgl. Art. 627 Ziff. 8 OR).

Zuständig zur Erteilung oder Verweigerung der Zustimmung ist in aller Regel der Verwaltungsrat[35], seltener die Generalversammlung.

4. Wirkungen

Die Auswirkungen der Vinkulierung waren während langer Zeit kontrovers. Eine Lehrmeinung betont die Einheit der Aktie, die andere deren Übertragbarkeit: Bei dieser beschlägt die Vinkulierung einzig die Mitwirkungsrechte, bei jener wird die Einheitsbehandlung auch für die Vinkulierung beibehalten, so daß alle Aktionärrechte der Übertragungsbeschränkung unterworfen sind.

Hauptvertreter der Einheitstheorie sind PESTALOZZI-HENGGELER[36] und WIELAND[37]: Die Einheitstheorie geht davon aus, daß die Aktienrechte unteilbar und gesamthaft in der Aktie verurkundet sind. Die Vinkulierung verhindert den Übergang aller Aktionärrechte, so daß die vinkulierte Namenaktie nicht durch Indossament allein übertragen werden kann und demnach nicht mehr als Order-, sondern als Namenpapier angesehen werden muß, in welchem Falle auch das Eigentum am Aktientitel nicht auf den Erwerber über-

---

[34] HERREN (Lit.verz. vor § 10), S. 19f.
[35] Über die Delegierbarkeit der Vinkulierung vgl. vorn § 10 II 2.
[36] Vgl. vorn Anm. 26.
[37] A. WIELAND, Das Aktienbuch und die Rechtsübertragung an Namenaktien nach dem revidierten Obligationenrecht, Basel 1945; derselbe Autor verfaßte zum selben Thema insgesamt zehn Zeitschriftenaufsätze, die übrigen neun sind angeführt bei BÖCKLI (zit. Anm. 9), S. XXI.

geht, sondern beim Veräußerer bleibt, da bei Namenpapieren das Recht am Papier dem Recht aus dem Papier folgt (Art. 170 Abs. 2 OR).

Die Spaltungstheorie wird vertreten von LANZ, SCHUCANY und BÜRGI[38]. Auch bei dieser Theorie verkörpert die Aktie als Mitgliedschaftspapier sämtliche Aktionärrechte, also sowohl die Mitwirkungsrechte wie auch die Vermögensrechte. Die Vinkulierung erfaßt einzig die Mitverwaltungsrechte. Die Vermögensrechte, insbesondere der Anspruch auf Dividende und auf einen Anteil am Liquidationserlös, gehen auf den Erwerber über und werden von der Vinkulierung nicht erfaßt. Dieser kommt lediglich gesellschaftsinterne Bedeutung zu. Somit kommt es zu einer Spaltung der Aktienrechte. Die Vermögensrechte bleiben mit der Aktienurkunde verbunden, denn sie können ohne diese nicht ausgeübt werden. Zudem geht auch das Eigentum am Aktientitel auf den Erwerber über. Diese Spaltung setzt stets voraus, daß die Vertragsparteien den Veräußerungsvertrag trotz Nichtgenehmigung gelten lassen wollen, entweder ausdrücklich oder, was die Regel sein dürfte, stillschweigend eine Spaltungsabrede vereinbart haben[39].

Das Bundesgericht hat im vielbeachteten Entscheid in Sachen Häring gegen Beglinger vom 11. Juni 1957[40] der Spaltungstheorie zugestimmt und dies wie folgt begründet: «Es besteht kein Grund zur Annahme, daß die Vinkulierung auch die freie Umlaufsfähigkeit der Aktie als Wertpapier beeinträchtige. Der Nichtgenehmigung eines Verkaufs vinkulierter Namenaktien durch die Gesellschaft kommt lediglich gesellschaftsinterne Bedeutung zu, während sie dem Übergang der Vermögensrechte nicht entgegensteht. Sie vermag daher auch das Kaufgeschäft zwischen Aktionär und ausgewiesenem Erwerber nicht zum vornherein ungültig zu machen; dieses kann vielmehr bestehen bleiben, mit der Folge, daß die Mitgliedschaftsrechte und die Vermögensrechte aus der Aktie verschiedenen Trägern zustehen. Diese Trennbarkeit der Rechte ist heute allgemein anerkannt.» Zur Frage, ob das Eigentum an der Aktie beim Veräußerer und Buchaktionär verbleibe oder an den Erwerber übergehe, äußert sich das Bundesgericht wie folgt: «Die Vermögensrechte, die vor ihrer Abspaltung in der Aktienurkunde verkörpert waren, müssen auch nachher dieser verbunden sein; denn sie können ja nur gestützt auf den Titel geltend

---

[38] P. LANZ, Der Erwerb vinkulierter Namenaktien infolge Erbganges, SAG 17, 1944/45, S. 1 ff.; DERSELBE, Voraussetzungen der Eintragung des Erwerbers vinkulierter Namenaktien ins Aktienbuch, SAG 30, 1957/58, S. 233 ff.; E. SCHUCANY, Übertragung des Eigentums an vinkulierten Namenaktienurkunden, SJZ 41, 1945, S. 177 ff.; W. F. BÜRGI, Überlegungen zum Kauf vinkulierter Namenaktien, in: Vom Kauf nach schweizerischem Recht, Festschrift für Theo Guhl, Zürich 1950, S. 199 ff.; DERSELBE, N. 92 ff. zu Art. 686 OR.
[39] Zum Theorienstreit vgl. auch BÖCKLI, a.a.O. (Anm. 9), S. 115 sowie R. BÄR, Aktuelle Fragen des Aktienrechtes, ZSR 85 II, 1966, S. 342 ff.
[40] BGE 83 II, 1957, S. 297 ff.

gemacht werden. Für die Ausübung der beim Buchaktionär verbleibenden Mitgliedschaftsrechte dagegen bedarf es der Aktienurkunde nicht. Hiefür genügt der allein maßgebende Eintrag im Aktienbuch. Eine weitere Legitimation zu verlangen, ist die Gesellschaft nicht befugt. Es ist deshalb anzunehmen, daß mit den Vermögensrechten auch das Eigentum am Titel auf den Erwerber übergeht.»

In einem zweiten Entscheid[41] hat das Bundesgericht die Spaltbarkeit bestätigt und dahingehend präzisiert, daß lediglich die aus den mitgliedschaftlichen Vermögensrechten entstandenen oder in Zukunft entstehenden einzelnen Forderungsrechte, nämlich der Anspruch auf Auszahlung der beschlossenen Dividende und auf Ausrichtung des Liquidationsanteils, auf den Erwerber übergehen.

Das Ergebnis der Spaltungstheorie ist rechtstheoretisch befriedigend, weil die Vinkulierung sich lediglich auf das Notwendigste beschränkt und im übrigen die freie Übertragbarkeit der Aktie unberührt läßt. Die Spaltungstheorie wird der Wertpapiernatur der Aktie gerecht; sie läßt der Vinkulierung bloß innergesellschaftliche Kraft zukommen und beschränkt sie in ihrer Funktion auf die Abwehr von Einsicht und Einfluß durch mißliebige Dritte. Die Spaltungstheorie stellt einen Kompromiß zwischen Negoziabilität und Vinkulierung dar. Sie ermöglicht, die Handelbarkeit von vinkulierten und an der Börse kotierten Namenaktien zu sichern und dem Bedürfnis der Wirtschaft nach Fernhalten von ausländischen Investoren entgegenzukommen.

Die Spaltungstheorie hat indessen nicht unbedenkliche Auswirkungen: Der Veräußerer hat sein wirtschaftliches Interesse an der Aktie verloren, bleibt aber Buchaktionär und wird die Mitwirkungsrechte, insbesondere sein Stimmrecht, nicht mehr ausüben. Dies kann zu einer Verödung der Generalversammlung führen, die letztlich ihre Funktionen nicht mehr wahrzunehmen vermag, weil die Quoren und qualifizierten Mehrheiten nicht erreicht werden können. Überdies besteht die Gefahr, daß der Buchaktionär sich insgeheim verpflichtet, das ihm verbleibende Stimmrecht nach den Weisungen des von der Verwaltung abgewiesenen Veräußerers auszuüben. Neben dem Auseinanderfallen von Macht und Risiko ist die Gefahr derartiger Umgehungsgeschäfte der größte Nachteil der Spaltung. Allerdings verstößt die Weisungsgebundenheit der Buchaktionäre für Stimmrechtsausübungen gegen Treu und Glauben. Nach einem kühnen Bundesgerichtsentscheid fallen die derart abgegebenen Stimmen außer Betracht[42]. Überdies kann eine Praxisänderung des Bundesgerichts nicht ausgeschlossen werden, obschon, da sich die Praxis namentlich bei börsenkotierten Gesellschaften weitgehend auf die Spaltung eingerichtet hat, die Rechts-

---

[41] BGE 90 II, 1964, S. 235.
[42] BGE 81 II, 1955, S. 539.

sicherheit eine Abkehr von den beiden Spaltungsentscheiden verbieten würde. Durch das Postulat von Nationalrat SCHÜRMANN vom 13. Juni 1960 wurde der Gesetzgeber zu einer Revision des Aktienrechtes aufgerufen mit dem Ziel, den Aktiengesellschaften die Möglichkeit sicherzustellen, den Übergang sämtlicher mit der Aktie verbundenen Rechte wirksam vinkulieren zu können[43].

Die Arbeitsgruppe für die Überprüfung des Aktienrechtes hat sich der Problematik angenommen und die sich stellenden Fragen im Zwischenbericht ausargumentiert. Die Arbeitsgruppe hat drei Lösungsmöglichkeiten zur Diskussion gestellt: Gesetzliche Übernahmepflicht, Verweigerung nur aus wichtigem Grund und Ruhen des Stimmrechtes[44]. Der Vorentwurf aus dem Jahre 1975 schränkt lediglich die Vinkulierungsmöglichkeiten bei nicht börsenkotierten Gesellschaften ein, äußert sich aber zur Spaltung nicht; er versucht sie somit weder zu verhindern noch zu legalisieren[45]. Die Arbeitsgruppe ist vielmehr der Meinung, die Spaltung erheische keinen gesetzgeberischen Eingriff und eine Aufhebung stehe ohnehin nicht zur Diskussion.

5. Gesetzliche Übernahmepflicht

Die Vinkulierung ist insbesondere für den Minderheitsaktionär von nicht börsenkotierten Gesellschaften hinderlich, denn zur faktischen Unveräußerlichkeit tritt die rechtliche Übertragungsbeschränkung hinzu. Der Minderheitsaktionär bleibt auf Gedeih und Verderb mit der Gesellschaft verbunden, erhält nur geringe Dividenden, kann sich über die wirkliche Vermögenslage seiner Gesellschaft kein richtiges Bild machen und ist überdies außerstande, sich von der Gesellschaft durch Austritt oder Veräußerung zu lösen.

In den Statuten von Gesellschaften mit einem aufgeklärten Verständnis der Aktionärrechte wird manchmal die Bestimmung aufgenommen, daß die Gesellschaft die Zustimmung zur Übertragung nur verweigern dürfe, wenn die zu veräußernden Aktien von andern Aktionären zum wirklichen Wert übernommen werden. Damit wird die Bestimmung von Art. 686 Abs. 4 OR verallgemeinert. Diese Vorschrift schränkt die Vinkulierungsfreiheit der Gesellschaft zwingend ein, indem sie vorschreibt, daß die Zustimmung zur Übertragung von Aktien, die infolge Erbganges, ehelichen Güterrechtes oder Zwangsvollstreckung erworben wurden, nur verweigert werden kann, wenn Mitglieder der Verwaltung oder einzelne Aktionäre sich bereit erklären, Aktien zum wirklichen Wert zu übernehmen. Gestützt auf diese Bestimmung kann somit dem Aktionär gegen seinen Willen die Mitgliedschaft entzogen werden. Es liegt ein gesetzliches Kaufsrecht vor[46]. Die Bestimmung ist exzeptionell und macht in der Praxis insofern Schwierigkeiten, als die Voraussetzungen zur Ausübung dieses Kaufsrechtes nicht nur heterogen, sondern unklar sind, ins-

---

[43] Vgl. Zwischenbericht, S. 12.
[44] Vgl. Zwischenbericht, S. 160ff., insbes. S. 166f.
[45] Vgl. Art. 685 und 686 VE sowie Begleitbericht, S. 27; vgl. hierzu W. R. SCHLUEP, Vinkulierung, SAG 48, 1976, S. 122ff.
[46] BÜRGI, N. 62 zu Art. 686 OR.

besondere die Erbteilung und die Einräumung einer Nutznießung offen lassen. In ihrer Wirkung kann sie einem Verstoß gegen das Verbot des Erwerbes eigener Aktien nahekommen. Die Rechtsstellung des Erwerbers, insbesondere im Erbgang, bleibt unklar; schließlich fehlt es an Bestimmungen, wie vorzugehen ist, wenn mehrere Aktionäre sich zur Übernahme bereit erklären.

Man kann sich somit fragen, ob der Gesetzgeber klug daran täte, wenn er Art. 686 Abs. 4 OR auf alle Aktienübertragungen anwenden lassen würde, ob er nicht zumindest zulassen sollte, daß Erwerber aus wichtigen Gründen abgelehnt werden können, ohne daß dem Veräußerer die Aktie nun zum wirklichen Wert abgenommen werden muß.

6. Statutarische Übernahmerechte

Über Zulässigkeit und Wirkung statutarischer Übernahmerechte an Aktien ist eine Kontroverse entstanden, indem eine Lehrmeinung ihnen eine verstärkte Wirkung zukommen läßt und sie als echte Statutenbestandteile betrachtet[47], während eine andere Doktrin ihnen bloß obligatorische Wirkung zuschreibt[48]. Um echte statutarische Bestimmungen mit aktienrechtlicher Wirkung handelt es sich bei den Übernahmerechten sicherlich nur dann, wenn sie eng mit der Vinkulierung zusammenhängen und die Berechtigung nur Aktionären und nicht außenstehenden Dritten eingeräumt wird.

V. Berechtigung Mehrerer an der Aktie

1. Unteilbarkeit der Aktie

Wie bereits erwähnt[49], gilt auch im schweizerischen Recht, obschon im Gesetz nicht besonders zum Ausdruck gebracht, der Grundsatz der Unteilbarkeit der Aktien. Dies bedeutet vorerst, daß der Aktionär seine Aktie nicht in mehrere Aktien kleineren Nennwertes aufspalten kann[50]. Enthalten die Statuten keine Bestimmungen, wonach jede Aktie eine Stimme gibt (Art. 693 Abs. 1 OR), so stände der Möglichkeit, daß der Aktionär über Zusammenlegung oder

---

[47] BÄR, a.a.O. (Anm. 39), S. 496 ff.; LEHNER (Lit.verz. vor § 10); SALZGEBER-DÜRIG (Lit.verz. vor § 10), S. 267; K. WIDMER, Statutarische Vorkaufs- und Vorhandrechte an Aktien, SAG 40, 1968, S. 1 ff.–40 ff.; HERREN (Lit.verz. vor § 10), S. 79 ff.
[48] PESTALOZZI-HENGGELER, S. 106 f.; A. WIELAND, Haben statutarische Vorkaufsrechte an Aktien obligatorische oder aktienrechtliche (dingliche) Wirkung?, SAG 27, 1954/55, S. 152 ff.; M. FREY, Statutarische Drittrechte im Schweizerischen Aktienrecht, Zürich 1979, S. 85 ff.
[49] Vgl. vorn § 5 V 1.
[50] Dies ergibt sich ohne weiteres aus der Vorschrift, daß der Aktiennennwert absolut notwendiger Statutenbestandteil ist (Art. 626 Ziff. 3 OR) und somit nur durch Statutenänderung verändert werden kann.

Aufteilung seiner Aktien in Anteile größeren oder geringeren Nennwertes entscheidet, de lege ferenda nichts entgegen. Die damit für ihn verbundenen Vorteile wären allerdings gering[51].

Zudem und vor allem bedeutet aber der Grundsatz der Unteilbarkeit der Aktie, daß die aus den Aktien fließenden Rechte nicht beliebig verschiedenen Personen zugewiesen werden können. Die Aktionärrechte bilden vielmehr ein einheitliches Ganzes, das eine derartige Auffaserung nicht zuläßt. Ausnahmen vom Grundsatz der Unteilbarkeit der Aktie bilden die Nutznießung und die Spaltung: Im Falle der Spaltung lassen herrschende Lehre und Bundesgerichtspraxis eine Ausnahme von der Unteilbarkeit der Aktie zu, um die Wirkung der Vinkulierung einzuschränken und dem Aktionär zumindest die Möglichkeit zur Veräußerung der Vermögensrechte einzuräumen. Bei der Nutznießung führen das Bezugsrecht und allenfalls das Stimmrecht ein von den übrigen Aktionärsrechten gesondertes Dasein.

2. Gemeinschaftliches Eigentum

Der Grundsatz der Unteilbarkeit steht einem gemeinschaftlichen Eigentum an Aktien nicht entgegen. Das Aktienrecht kann und will nicht verbieten, daß Aktien von mehreren Personen gemeinsam gehalten werden. Auch im Aktienbuch können Gesamteigentümer oder gar Miteigentümer eingetragen werden.

Das Aktienrecht will einzig verhindern, daß die Ausübung der Mitwirkungsrechte an Aktien in gemeinsamem Eigentum uneinheitlich oder gar widersprüchlich erfolgt, und verlangt in Art. 690 Abs. 1 OR, daß die Berechtigten die Rechte aus der Aktie nur durch einen gemeinsamen Vertreter ausüben können. Der gemeinsame Vertreter handelt nicht aus eigenem Recht, sondern als Stellvertreter der Gesamthandschaft oder der Miteigentümer und kann auch außenstehender Dritter sein, sofern die Statuten nicht allgemein die Vertretung einzig durch Aktionäre zulassen (Art. 689 Abs. 2 OR).

3. Nutznießung

Eine Nutznießung an Aktien ist möglich und im Zusammenhang mit Erbgängen nicht selten, indem der überlebende Ehegatte anstelle des Eigentumsviertels die Nutznießungshälfte wählt oder ihm die Nutznießung am ganzen Nachlaß zugewiesen wird[52]. Gegenstand der Nutznießung ist die gesamte

---

[51] Das englische Aktienrecht läßt die Zusammenlegung von Aktien (shares) in Nennwertblöcke beliebigen Umfangs (stock) und deren nachträgliche Aufteilung zu. Vgl. L. C. B. GOWER, The Principles of Modern Company Law, 3. Aufl., London 1969, S. 369.

[52] M. BRUNNER, Zur Frage der Nutznießung an Aktien mit besonderer Berücksichtigung anfallender Bezugsrechte und der Stellung des neben Nachkommen überlebenden Ehegatten, SAG 50, 1978, S. 116 ff.; M. BAUMANN, Praktische Probleme der Nutznießung an Aktien, Obligationen und Anlagefonds-Anteilscheinen, Zürich 1980.

Mitgliedschaft und sind nicht bloß die Vermögensrechte, so daß die Bestimmung in Art. 690 Abs. 2 OR, welche die Vertretung der Aktie an der Generalversammlung und damit die Ausübung des Stimmrechtes ausdrücklich dem Nutznießer zuweist, an sich entbehrlich ist und nur mit Hinweis auf heute überholte Kontroversen erklärt werden kann.

Da die Aktionärrechte vom Nutznießer ausgeübt werden, ist er bei Namenaktien ebenfalls im Aktienbuch einzutragen. Führt die Gesellschaft eine Kapitalerhöhung mit Reserveliberierung durch, gibt sie also sogenannte Gratisaktien aus, so sind diese richtigerweise nicht als akkumulierter und auf einmal ausgeschütteter Gewinn anzusehen und nicht dem Nutznießer, sondern dem Eigentümer zuzuweisen. Gratisaktien sind nicht als Aktienertrag anzusehen, schon mangels Periodizität des Anfallens nicht. Die dem Eigentümer zufallenden Gratisaktien unterliegen allerdings der Nutznießung.

Aus denselben Gründen stehen die Bezugsrechte dem Eigentümer zu, der somit berechtigt ist, neue Aktien zu zeichnen und dadurch verpflichtet wird, den Ausgabebetrag zu leisten[53]. Die derart bezogenen Aktien unterliegen, da sie gegen Kapitaleinlage ausgegeben wurden, nicht der Nutznießung, da der Eigentümer nicht gehalten ist, neue Werte dem Nutznießungsvermögen zuzufügen. Anders ist die Sachlage dann, wenn eine Gesellschaft mit sehr großen Reserven neue Aktien zu pari ausgibt und dem Nutznießer dadurch erhebliche Teile seines Nutznießungsvermögens entzogen würden. In diesem Falle muß ihm ein Ausgleich für die von ihm erlittene Kapitalverwässerung entrichtet werden.

Werden die Bezugsrechte veräußert, so untersteht der Veräußerungserlös der Nutznießung, denn der Preis des Bezugsrechtes stellt die Einkaufssumme in die Reserven der Gesellschaft dar, an denen bis anhin das Nutznießungsrecht bestand.

Die Einräumung einer Nutznießung an Aktien unterliegt, auch wenn die Statuten dies nicht ausdrücklich sagen, den statutarischen Vinkulierungsbestimmungen, da diese sich gegen die Ausübung der Mitwirkungsrechte durch mißliebige Dritte wenden und die Mitwirkungsrechte dem Nutznießer zustehen[54].

Nachzutragen ist, daß die Bestimmung in Art. 690 Abs. 2 OR, wonach die Mitwirkungsrechte und insbesondere das Stimmrecht dem Nutznießer zuste-

---

[53] So schon BGE 46 II, 1920, S. 473; vgl. auch BGE 82 II, 1956, S. 493 und 85 II, 1959, S. 117, sowie F. VON STEIGER, Fragen betreffend das Bezugsrecht bei nutznießungsbelasteten und verpfändeten Aktien, in: Lebendiges Aktienrecht, Festgabe für W. F. Bürgi, Zürich 1971, S. 270ff.

[54] Art. 685 Abs. 3 des VE von 1975 will statutarische Übertragungsbeschränkungen auf die Nutznießung einzig anwendbar erklären, wenn dies die Statuten ausdrücklich bestimmen. Angemessener und sachgerechter wäre indessen die umgekehrte Lösung, jedenfalls für die Nutznießung, nicht aber für die Verpfändung.

hen, nicht zwingend ist, also für andere Regelungen Raum läßt, auch wenn dies zu einer außerordentlichen Aufteilung der Aktionärrechte führt, indem das Stimmrecht und die damit verbundenen Nebenrechte dem Eigentümer verbleiben, während Vermögensrechte und Schutzrechte dem Nutznießer zukommen.

4. Verpfändung

Aktien bilden nicht selten, so vor allem bei Lombardkrediten, Gegenstand von Verpfändungen. Das Gesetz hält einzig fest, daß bei Verpfändungen das Stimmrecht beim Eigentümer bleibt (Art. 689 Abs. 5 Ziff. 1 OR). Ohne besondere statutarische Bestimmung erfaßt die Vinkulierung die Pfandbestellung nicht. Kommt es im Nachgang zu einer Verpfändung zur Zwangsvollstreckung, so kann die Gesellschaft den Ersteigerer nur ablehnen, wenn die Aktien durch Mitglieder der Verwaltung oder einzelne Aktionäre übernommen werden (Art. 686 Abs. 4 OR).

§ 11. Verlust der Mitgliedschaft

Literatur

L. DALLÈVES, Les participations réciproques entre sociétés anonymes, Genève 1970; A. HIRSCH, La protection des actionnaires «de lege ferenda», SAG 50, 1978, S. 65 ff.; P. MENGIARDI, Statutarische Auflösungsgründe im Recht der Aktiengesellschaft, in: Lebendiges Aktienrecht, Festgabe zum 70. Geburtstag von Wolfhart Friedrich Bürgi, Zürich 1971, S. 265 ff.; S. PUGATSCH, Der Austritt des Aktionärs aus der personenbezogenen Aktiengesellschaft. Versuch zur Klärung der unbefriedigenden Stellung des Minderheitsaktionärs, Dießenhofen 1976; J. A. ZULAUF, Die wechselseitige Beteiligung im schweizerischen Aktienrecht, Winterthur 1974.

I. Ausschluß und Austritt

1. Allgemeines

Das Prinzip des festen Grundkapitals bewirkt, daß die Zahl der Mitgliedschaftsstellen konstant bleibt. Ohne Änderung der Grundkapitalziffer ist somit ein Austritt oder Ausschluß nicht möglich. Die Aktiengesellschaft ist die einzige Gesellschaftsform, die keinen Austritt zuläßt. An die Stelle des mangeltenden Austrittsrechtes tritt die freie Veräußerlichkeit der Mitgliedschaft. Ob die Statuten ein Austrittsrecht einräumen können, ist kontrovers.

2. Ausschluß

Die Mitgliedschaft ist ein absolut unentziehbares Recht und kann dem Aktionär niemals entzogen werden (Art. 646 Abs. 3 OR). Die Gesellschaft kann somit keinen Aktionär ausschließen und auch in den Statuten nachträglich keine Ausschlußmöglichkeit vorsehen, selbst aus wichtigen Gründen nicht. Die einzige echte Ausnahme dieses Prinzips bildet die Kaduzierung, also der Entzug der Aktionärsrechte infolge Nichterfüllung der Liberierungspflicht (vgl. hinten II).

Der einzelne Aktionär hat allerdings kein wohlerworbenes Recht auf Bestand seiner Gesellschaft: Die Auflösung der Gesellschaft wird ohne qualifiziertes Mehr beschlossen und bedarf nicht der Zustimmung aller Aktionäre[1]. Die Mitgliedschaft kann somit nicht entzogen, wohl aber gegen den Willen des Aktionärs beendet werden. Erheblicher ist der Eingriff in den Bestand der Mitgliedschaft bei der Fusion, indem hier die Mitgliedschaft des Aktionärs der zu übernehmenden Gesellschaft nicht ein Ende findet, sondern durch die Zwangs-Mitgliedschaft in einer andern Gesellschaft ersetzt wird; ähnliches gilt im seltenen Fall der Umwandlung einer AG in eine GmbH (Art. 824 OR). Bei der Auflösung der Gesellschaft durch Urteil des Richters aus wichtigen Gründen (Art. 736 Ziff. 4 OR) sieht sich der Aktionär allenfalls gegen seinen Willen seiner Gesellschaft beraubt.

Schließlich ist an Art. 686 Abs. 4 OR zu erinnern, wonach in den drei dort genannten Sonderfällen dem Aktienerwerber die Mitgliedschaft entzogen werden kann. Die Zustimmung zur Übertragung wird in den Fällen von Erbgang, ehelichem Güterrecht und Zwangsvollstreckung verweigert, was zur Folge hat, daß dem Erwerber die Aktien abgekauft werden müssen und er somit eine Art Privatexpropriation erleidet.

Schließlich stellt sich die Frage, ob das geltende Aktienrecht *redeemable shares* zuläßt, ob also im Rahmen einer Kapitalerhöhung rückrufbare Aktien ausgegeben werden dürfen. Voraussetzung ist ohne Zweifel eine statutarische Grundlage des Inhalts, daß die Generalversammlung den Rückruf der Aktien und die entsprechende Herabsetzung des Grundkapitals beschließen kann. Für diese rückrufsfähigen Aktien ist die Unentziehbarkeit der Mitgliedschaft in den Urstatuten ausgeschlossen. Gegen eine solche Statutenbestimmung ist nichts einzuwenden, wenn Gewähr besteht, daß der Rückruf nicht zur Unzeit

---

[1] Für Auflösungsbeschlüsse gilt einzig die Quorumsbestimmung von Art. 649 OR, und dies auch nur für den Sonderfall, daß die Auflösung vor dem statutarischen Endtermin beschlossen werden sollte.

und nur gegen Entrichtung des vollen Gegenwertes erfolgt. Solche rückrufbaren Aktien können insbesondere zur Übernahme anderer Unternehmen durch Aktientausch verwendet werden: Verfügt die übernehmende Gesellschaft in einem späteren Zeitpunkt über genügend Mittel, ruft sie die Aktien zurück und schüttet die Gegenleistung aus zurückbehaltenen Gewinnen aus. Dies würde die Übernahme von Gesellschaften ermöglichen, ohne daß die Mittel unmittelbar greifbar sein müßten und ohne daß auf die Dauer der Kreis der Aktionäre ausgedehnt bliebe. Ein solches Vorgehen ist zulässig[2].

3. Austritt

In Klein- und Mittelgesellschaften ist die Veräußerlichkeit von einzelnen Aktien oder Minderheitspaketen faktisch verunmöglicht, indem sich kein Erwerber finden läßt, der sich freiwillig in die Stellung eines Minderheitsaktionärs begibt. Angesichts solcher Fälle fragt es sich, ob die Statuten ein Austrittsrecht vorsehen könnten, etwa in Anlehnung an die Bestimmung des GmbH-Rechtes in Art. 822 OR. Das geltende Recht äußert sich zur Zulässigkeit eines solchen Austrittsrechtes nicht ausdrücklich, doch darf aus dem Stillschweigen nichts geschlossen werden. Ein Austrittsrecht verstößt gegen das Grundkonzept der Aktiengesellschaft, das auf der Festigkeit des Grundkapitals und der Handelbarkeit der Anteile beruht. Die Festigkeit des Grundkapitals setzt die Unkündbarkeit der Mitgliedschaft voraus. Das Austrittsrecht gerät in Konflikt mit dem Verbot der Einlagerückgewähr oder dem Verbot des Erwerbs eigener Aktien. Es besteht die Gefahr der Ungleichbehandlung der Aktionäre. Das Austrittsrecht wäre ohnehin bloß bei Gesellschaften, für deren Aktien kein Markt und damit keine Handelbarkeit besteht, zuzulassen; in diesen Aktiengesellschaften würde ein personengesellschaftliches Element eingeführt, was zu einer tiefgreifenden Zweiteilung des Aktienrechtes und zu einer nicht zu verantwortenden Typenvermischung führen müßte. Ein Austrittsrecht tangiert den Bestand der Gesellschaft aufs äußerste, da sie allenfalls sehr erhebliche Teile ihres Eigenkapitals ausschütten müßte, womit die Fortführung des Unternehmens gefährdet, wenn nicht verunmöglicht würde. Der Austritt käme einer Teilliquidation gleich, und eine solche sieht das Aktienrecht nicht vor.

Angesichts der Fülle und der Schwere dieser Argumente ist das statutarische Recht auf Austritt de lege lata und de lege ferenda abzulehnen[3]. Aus der Zulässigkeit von *redeemable preference shares* kann nicht auf die Zulassung des Austrittsrechtes geschlossen werden, denn es ist etwas anderes, ob die Generalversammlung die Herabsetzung des Grundkapitals und die Ausrichtung

---

[2] P. BINDER, Das Verbot der Einlagerückgewähr im Aktienrecht, Bern 1981, S. 130 ff.
[3] a.M. MENGIARDI (Lit.verz. vor § 11), S. 265 ff., insbes. S. 278 f.; PUGATSCH (Lit.verz. vor § 11).

entsprechender Beträge beschließt oder ob der einzelne Aktionär die Kapitalherabsetzung gegen den Willen der Mehrheit fordern und durchsetzen kann.

II. Kaduzierung

1. Grundsatz

Einzige Pflicht des Aktionärs ist die Liberierung der Aktien. Diese Leistungspflicht beruht nicht auf den Statuten und ist demnach keine körperschaftliche, sondern ergibt sich aus der rechtsgeschäftlichen Erklärung im Zeichnungsschein. Jedenfalls ist der Aktionär einzig zu einer Kapitalleistung verpflichtet und kann – gemäß dem Verbot der Nebenleistungspflichten – zu nichts weiterem angehalten werden. Es ist demnach für die Kapitalgesellschaft bezeichnend, daß der einzige echte Ausschließungsgrund die Nichterfüllung der Kapitalleistungspflicht darstellt: Wer den Ausgabebetrag seiner Aktie nicht zur rechten Zeit einbezahlt, kann seiner Rechte verlustig erklärt werden (Art. 681 OR)[4].

Diese Kaduzierung ist, da Sukzessivgründungen selten geworden sind, da bei Kapitalerhöhungen von Publikumsgesellschaften die unmittelbare Liberierung der Aktie ohnehin nicht durch den Aktionär, sondern durch die Hausbanken erfolgt, und da bei Kapitalerhöhungen von Kleinaktiengesellschaften der Ausgabebetrag in der Regel vor dem Erhöhungsbeschluß entrichtet wird, als Bestimmung weitgehend obsolet geworden.

2. Verfahren

Hier kann auf die Bestimmungen in Art. 681 OR verwiesen werden; ferner ist daran zu erinnern, daß allfällige Kaduzierungsgewinne der gesetzlichen Reserve zuzuweisen sind (Art. 671 Abs. 2 Ziff. 2 OR).

III. Das Verbot des Erwerbes eigener Aktien

1. Begründung

Da der Aktionär nicht austreten kann und mangels eines Käufers seine Aktien nicht zu veräußern vermag, liegt es nahe, daß die Gesellschaft die Aktien erwirbt. Aus zahlreichen legislatorischen Gründen ist der Erwerb eigener Aktien indessen verboten.

---

[4] Zur Liberierungspflicht vgl. vorn § 7 II 4; zur Kapitalbezogenheit der AG vgl. vorn § 1 I 3.

Der Erwerb eigener Aktien ist in sich widersprüchlich, denn niemand kann sein eigener Aktionär sein. Die Gesellschaft darf nicht ihr eigenes Mitglied werden. Wird der Kaufpreis durch die Gesellschaft zu Lasten des Grundkapitals entrichtet, liegt eine Einlagerückzahlung und damit ein Verstoß gegen Art. 680 Abs. 2 OR vor. Die Gesellschaft erwirbt einen Anteil an einem Vermögen, das bereits in ihrem Eigentum steht, und damit, falls sie die Aktie nicht wieder abstoßen kann, einen non-valeur. Die Aktie verliert ihre Eigenschaft als Wagnisbeteiligung, wenn die Gesellschaft bereit ist, dem Aktionär das Risiko abzunehmen. Erleidet die Gesellschaft Verluste, so sinkt der Wert ihrer Aktien, so daß, wenn sie eigene Aktien hält, derselbe Verlust zweimal, bei großen Paketen eigener Aktien gar mehrmals durchschlägt. Bleibt die Gesellschaft ohne Erträge, so werfen auch die eigenen Aktien nichts ab, so daß diese Ertragslosigkeit sich ebenfalls mehrfach auswirkt. Der Erwerb eigener Aktien ermöglicht der Gesellschaft, die Kurspflege zur Kursmanipulation zu intensivieren. Der Erwerb eigener Aktien führt zur Ungleichbehandlung der Aktionäre, da das Risiko nur Vereinzelten abgenommen wird und allenfalls unterschiedliche Kaufpreise entrichtet werden. Die Gefahr der Machtkonzentration bei der Verwaltung ist nicht auszuschließen, denn es ist schwer zu verhindern, daß die Gesellschaft die mit den eigenen Aktien verbundenen Stimmrechte entgegen dem Verbot in Art. 659 Abs. 5 OR ausübt.

2. Verbot mit Ausnahmen

Angesichts der zahlreichen und erheblichen Gefahren, die der Erwerb eigener Aktien mit sich bringt, ist der Gesetzgeber außerstande, einzig die Mißbräuche zu verhindern, sondern sieht sich gezwungen, den Erwerb rundweg zu verbieten und bloß bestimmte Ausnahmen zuzulassen. Art. 659 Abs. 1 OR stellt den Erwerb eigener Aktien unter Verbot. Art. 659 OR wird als Ordnungsvorschrift angesehen, so daß ein Verstoß dagegen keine Nichtigkeit des Erwerbsgeschäftes zur Folge hat[5]. Erleidet die Gesellschaft durch den Erwerb oder den nicht unverzüglichen Verkauf eigener Aktien einen Schaden, kann dies Verantwortlichkeitsansprüche gegen die Verwaltung und die Geschäftsführung auslösen.

Das Gesetz selber nennt nicht weniger als fünf Ausnahmen vom Verbot des Erwerbes eigener Aktien (Art. 659 Abs. 2 OR). Die erworbenen Aktien sind entweder im Rahmen einer Kapitalherabsetzung zu vernichten oder «mit tunlicher Beschleunigung» wieder zu veräußern[6].

Zur Vermeidung der mit dem Erwerb eigener Aktien verbundenen Möglichkeit der Machtkonzentration wird die Ausübung der mit den Aktien verbun-

---

[5] BGE 43 II, 1917, S. 293 ff., bestätigt in BGE 60 II, 1934, S. 319 ff.
[6] Zum Rückruf vgl. vorn § 11 I 2; zur Kapitalherabsetzung hinten § 23.

denen Stimmrechte verboten (Art. 659 Abs. 5 OR). Zur Offenlegung der Sachverhalte, und um den Aktionären die Möglichkeit zu geben, die Einhaltung des Stimmausübungsverbotes zu überwachen, wird verlangt, daß Erwerbungen und Veräußerungen eigener Aktien im Geschäftsbericht offengelegt werden müssen. Eine Vorschrift zum Ausweis eigener Aktien in der Bilanz besteht nicht und ergibt sich heute jedenfalls noch nicht aus den allgemein anerkannten kaufmännischen Grundsätzen, insbesondere dem Prinzip der Bilanzwahrheit.

Kontrovers ist, ob das Verbot sich auch auf die Partizipationsscheine bezieht. Verneinen kann dies nur, wer die Hauptgefahr des Erwerbes eigener Anteile in der möglichen Machtkonzentration bei der Verwaltung erblickt und damit annehmen muß, das Stimmausübungsverbot werde regelmäßig umgangen. Alle andern im vorangehenden Kapitel angeführten Einwendungen gegen den Erwerb eigener Aktien treffen uneingeschränkt auch auf die Partizipationsscheine zu, so daß auch sie unter das Verbot fallen.

Der Vorentwurf 1975 will, um die Ausgabe von Mitarbeiteraktien in kleinen Verhältnissen zu fördern, eine entsprechende weitere Ausnahme einführen[7].

3. Wechselseitige Beteiligung

Eine wechselseitige Beteiligung liegt vor, wenn zwei Aktiengesellschaften aneinander beteiligt sind, jede Gesellschaft also Aktien der andern innehält. Die wechselseitige Beteiligung entsteht entweder zufällig oder ist geplant; sie ist entweder vorübergehend oder dauernd. Sie kann verschiedene Intensitätsstufen annehmen: Bei der sogenannten einfachen wechselseitigen Beteiligung ist der gegenseitige Beteiligungsbesitz geringfügig. Sie ist nicht zu beanstanden. Die wechselseitige Beteiligung kann allerdings auch so ausgestaltet sein, daß eine Gesellschaft eine Mehrheitsbeteiligung an der andern innehält und sie demnach beherrscht, während die beherrschte Gesellschaft sich an der Beherrschenden nur mit einer Minderheit beteiligt. Eine solche wechselseitige Beteiligung mit Beherrschung einer Gesellschaft liegt z.B. dann vor, wenn eine Tochtergesellschaft Aktien ihrer Mutter erwirbt. Schließlich kann die wechselseitige Beteiligung derart ausgestaltet sein, daß jede Gesellschaft die andere beherrscht. Es liegen wechselseitige Mehrheitsbeteiligungen vor, die sich im Extremfall zur 100%-igen gegenseitigen Beteiligung ausweiten können und damit zur Entstehung von «Keinmann-Aktiengesellschaften» führen. Hauptgrund der wechselseitigen Beteiligung bildet der Unternehmenszusammenschluß mittels Beteiligungsnahme. Ferner kann ein fusionsähnlicher Zusammenschluß bewirkt werden, dies insbesondere auch über die Grenze, wo die eigentliche

---

[7] Vgl. Art. 659 Abs. 2 Ziff. 6 VE.

Fusion versagt bleibt. Schließlich stellt die wechselseitige Beteiligung nicht selten den untauglichen Versuch zu einer Umgehung von Art. 659 OR dar.

Anders als im deutschen Aktienrecht (§ 19 dAktG) und im italienischen Zivilrecht (Art. 2359/60 CCit.) enthält unser Aktienrecht keine ausdrückliche Vorschrift über die wechselseitige Beteiligung; es findet sich kein Verbot und auch keine Pflicht zur Offenlegung.

Herrschende Lehre und Bundesgerichtspraxis wenden auf die Begründung wechselseitiger Beteiligungen das Verbot des Erwerbes eigener Aktien an. Insbesondere soll das Stimmausübungsverbot von Art. 659 Abs. 5 OR für die Aktien der Muttergesellschaft, die sich im Eigentum einer Tochtergesellschaft befinden, gelten. Voraussetzung ist, daß die Tochtergesellschaft nicht in der Lage ist, durch ihre Verwaltung in der Generalversammlung der Mutter das Stimmrecht nach ihrem freien Willen auszuüben[8].

IV. Amortisation

1. Mit Kapitalherabsetzung

Erfolgt eine Kapitalherabsetzung ohne Herabstempelung der Aktiennennwerte, so sind einzelne Mitgliedschaften zu vernichten. Die derart zu vernichtenden Aktien werden entweder der Gesellschaft freiwillig abgeliefert, von ihr zurückgekauft oder von ihr zurückgerufen. Dieser Rückruf stützt sich auf einen Generalversammlungsbeschluß. Er erfaßt entweder eine zum voraus bestimmte Aktienkategorie oder eine bestimmte Zahl von zur Gewährleistung der Gleichbehandlung durch das Los bestimmten Aktien. Im Falle des Rückrufes liegt eine Amortisation mit Kapitalherabsetzung vor. Sie stellt einen Entzug der Mitgliedschaft dar und ist somit nur zulässig, wenn alle Aktionäre zugestimmt haben oder der Rückruf in den Urstatuten oder der Statutenbestimmung über die Kapitalerhöhung und Ausgabe von rückrufbaren Aktien vorgesehen ist[9].

2. Ohne Kapitalherabsetzung

Die Zulässigkeit einer Aktienamortisation ohne Kapitalherabsetzung ist im geltenden Recht umstritten[10]. Die Rückerstattung der Einlage an die Aktio-

---

[8] BGE 72 II, 1976, S. 283 ff.; BÜRGI, N. 8 zu Art. 631 und N. 39 zu Art. 703 OR; WEISS, Rz. 348; ZULAUF (Lit.verz. vor § 11), S. 85 mit Hinweisen; DALLÈVES (Lit.verz. vor § 11), S. 21 ff.; BINDER, a.a.O. (Anm. 2), S. 116 ff.
[9] Vgl. hinten § 23 II 4.
[10] Ablehnend GUHL/MERZ/KUMMER, S. 641; bejahend WIELAND, Bd. II, S. 176; SIEGWART, N. 22 ff. zu Art. 620 OR; SCHLUEP, Wohlerworbene Rechte, S. 109 ff.

näre erfolgt diesfalls aus ungebundenem Vermögen, also aus den freien Reserven oder dem Gewinnvortrag, und ohne Änderung der Grundkapitalziffer. Somit sind auch keine Gläubigerschutzmaßnahmen vorgeschrieben, da das Grundkapital mit seiner Sperrwirkung sich nicht verändert. Es bleibt vielmehr Garantieziffer, verliert aber seine Eigenschaft als Summe aller Einlagen. Die Aktienamortisation muß in den Statuten vermerkt sein, indem die Zahl der amortisierten Aktien anzugeben ist.

Die Kontroverse über die Zulässigkeit der Aktienamortisation ohne Kapitalherabsetzung ist heute insofern müßig, als Art. 84 Abs. 4 HRV verlangt, daß auch bei Aufnahme einer Amortisationsreserve in den Passiven der Bilanz die Herabsetzung des Grundkapitals und die Zahl der vernichteten Aktien im Handelsregister eingetragen werden müssen. Diese Bestimmung verlangt somit, wenn auch wenig deutlich, die Durchführung einer Kapitalherabsetzung für den Fall der Aktienamortisation aus freien Mitteln und mit Bildung einer Amortisationsreserve. Eine Aktienamortisation ohne Kapitalherabsetzung voraussetzungslos zuzulassen, ist mit der Rechtssicherheit, dem Gläubigerschutz, mit dem Prinzip der Gleichbehandlung und dem Grundsatz der Unentziehbarkeit der Mitgliedschaft nicht zu vereinbaren und damit abzulehnen. Überdies besteht kein ernstes Bedürfnis nach einer derartigen Vorkehr.

§ 12. Mitwirkungsrechte

Literatur

P. BÖCKLI, Das Aktienstimmrecht und seine Ausübung durch Stellvertreter, Basel 1961; H. P. BÜCHLER, Das Kontrollrecht der Aktionäre, Zürich 1971; J. DOHM, Les accords sur l'exercice du droit de vote de l'actionnaire. Etude de droit suisse et allemand, Genève 1971; H. GLATTFELDER, Die Aktionärbindungs-Verträge, ZSR 93, 1959, S. 144a ff.; R. PATRY, Les accords sur l'exercice des droits de l'actionnaire, ZSR 93, 1959, S. 1a ff.; W. R. SCHLUEP, Die wohlerworbenen Rechte des Aktionärs und ihr Schutz nach schweizerischem Recht, Zürich/St. Gallen 1955; W. STAUFFACHER, Das Antragsrecht des Aktionärs, SJZ 69, 1973, S. 320 ff.; K. WIDMER, Das Recht des Aktionärs auf Auskunftserteilung de lege lata und de lege ferenda, Zürich 1962; H. F. WYSS, Das Recht des Aktionärs auf Auskunftserteilung (Art. 697 OR) unter besonderer Berücksichtigung des Rechts der Unternehmenszusammenfassungen. Ein Beitrag zum Problem der aktienrechtlichen Publizität und des aktienrechtlichen Minderheitenschutzes, Aarau 1953.

I. Allgemeines

1. Aus der Zugehörigkeit zu einer Aktiengesellschaft entspringen einzig Mitgliedschaftsrechte; die Besonderheit der Aktiengesellschaft läßt keine körperschaftlichen Mitgliedschaftspflichten entstehen. Die Rechtsbeziehungen zwischen Gesellschaft und Gesellschafter erschöpfen sich in bloßen Aktionärsrechten.

Die Mitgliedschaftsrechte sind in der Aktiengesellschaft auf die Dauer angelegt, denn die Gesellschaft ist nicht auf die kurzfristige Erreichung einzelner Ziele, sondern regelmäßig auf Erfüllung komplexer und langdauernder Vorhaben eingestellt. Die Mitgliedschaftsrechte sind demnach in der Grundgestaltung allgemein gehalten und Wandlungen unterworfen. Die Mitgliedschaftsrechte werden erst durch die Beschlüsse mit Inhalt erfüllt und auf die einzelne Sachlage ausgerichtet. Die Dauerhaftigkeit der Mitgliedschaftsrechte und die Wandelbarkeit der Anforderungen verlangen, daß die Rechte gegen den Willen des Einzelnen verändert und beschränkt werden können. Die Mehrheit muß der Minderheit ihren Willen aufdrängen können. Die Mitgliedschaftsrechte können durch privaten Akt gegen den Willen des Betroffenen verändert werden.

2. Die Mitgliedschaft ist ein Bündel von Einzelrechten. Diese sind teils vermögensmäßiger Art, teils nichtvermögensmäßiger Natur. Vermögensrechte geben Anspruch auf eine vermögenswerte Leistung, so daß hierzu einzig das Dividendenrecht und das Recht auf Anteil am Liquidationsergebnis zu zählen sind. Das Bezugsrecht kann, wenn der Ausgabepreis unter dem wirklichen Wert liegt, Vermögenswert haben, doch enthält das Bezugsrecht keinen Anspruch gegenüber der Gesellschaft auf vermögenswerte Leistungen.

Die nichtvermögensmäßigen Rechte werden in der Literatur als Mitverwaltungsrechte bezeichnet[1], obschon der Ausdruck irreführend ist, da infolge der Drittorganschaft der Aktionär kein Recht auf Mitverwaltung hat. Das Gesetz spricht in Art. 657 Abs. 4 OR fälschlicherweise von Mitgliedschaftsrechten, die den Vermögensrechten gegenüber gestellt werden.

Die nichtvermögensmäßigen Rechte kann man in Mitwirkungs- und Schutzrechte einteilen[2]. Die Mitwirkungsrechte geben Anspruch auf Mitbestimmung in den Gesellschaftsangelegenheiten und werden in der Generalversammlung ausgeübt. Die Schutzrechte bieten Schutz vor Verwaltung und Aktionärsmehrheit. Die Schutzrechte teilen sich in Informations- und Sanktionsrechte: die Informationsrechte oder Kontrollrechte sollen dem Aktionär ermöglichen, sich über den Stand der Dinge und den Gang des Geschäftes

---

[1] So durch SCHLUEP, Wohlerworbene Rechte, S. 96.
[2] MEIER-HAYOZ/FORSTMOSER, S. 240 ff.

zu unterrichten. Die Sanktionsrechte dienen der Durchsetzung der Aktionärrechte und werden ausnahmslos durch Klage ausgeübt (Anfechtungsklage, Verantwortlichkeitsklage, Auflösungsklage).

Die Mitwirkungsrechte sind entweder als Einzelrechte (Kontrollrecht, Recht zur Anfechtungsklage, Recht zur Verantwortlichkeitsklage), als Minderheitenrechte (Recht auf Einberufung der Generalversammlung, Recht zur Klage auf Auflösung der Gesellschaft) oder als Gesamtrechte (insbesondere Stimmrecht) ausgestaltet.

Hinsichtlich ihrer Intensität können die Aktionärrechte eingeteilt werden in entziehbare, beschränkbare, unbeschränkbare, unentziehbare, verzichtbare und unverzichtbare Rechte. Hierauf wird im Zusammenhang mit dem Aktionärsschutz zurückzukommen sein[3].

II. Das Recht auf Mitgliedschaft

1. Das Recht, Mitglied zu sein und zu bleiben, wird in Art. 646 Abs. 3 OR ausdrücklich als wohlerworbenes Recht angeführt. Die Mitgliedschaft kann dem Aktionär demnach nicht entzogen werden. Ein Ausschluß aus der Gesellschaft wird nicht zugelassen.

2. Das Recht auf Mitgliedschaft ist allerdings nicht derart stark, daß es eine Auflösung der Gesellschaft durch Generalversammlungsbeschluß oder richterliches Urteil zu verhindern vermöchte: Die Generalversammlung kann ohne Quorum[4] und ohne qualifizierte Mehrheit die Auflösung beschließen. Der Richter kann die Gesellschaft wegen ungenügender Aktionärzahl, wegen Gründungsmängeln oder aus wichtigen Gründen, der Handelsregisterführer wegen Verstoß gegen die Nationalitätsvorschrift auflösen[5]. All diesen Auflösungsgründen kann der Aktionär nicht die Unentziehbarkeit seiner Mitgliedschaft entgegenhalten.

Das Gesetz kennt zwei Fälle, in denen ohne Auflösung der Gesellschaft einzelnen Mitgliedern die Mitgliedschaft entzogen wird, nämlich die Kaduzierung[6] und die Übernahme von Aktien bei Nichtzustimmung zu einer Übertragung infolge Erbganges, ehelichen Güterrechtes oder Zwangsvollstreckung (Art. 686 Abs. 4 OR)[7].

---

[3] Vgl. hinten § 15.
[4] Von der Auflösung vor dem statutarischen Termin abgesehen; vgl. Art. 649 Abs. 1 OR.
[5] Vgl. Art. 625 Abs. 2, Art. 643 Abs. 3, Art. 711 Abs. 4 und Art. 736 Ziff. 4 OR.
[6] Vgl. Art. 681 und 682 OR und vorn § 11 II.
[7] Zum gesetzlichen Kaufrecht vgl. vorn § 10 IV 5.

3. Das Recht auf Mitgliedschaft kann auch durch die Statuten entziehbar erklärt werden: In den Urstatuten kann der Rückruf von Aktien vorgesehen werden; dasselbe gilt für die im Zusammenhang mit einer Kapitalerhöhung ausgegebenen neuen Aktien. Die Statuten können demnach vorsehen, daß die Mitgliedschaft entzogen, das Kapital herabgesetzt und die Aktien eingezogen und vernichtet werden[8].

Die Unentziehbarkeit der Mitgliedschaft kann einer Zusammenlegung der Aktien entgegengehalten werden; eine solche kann keinem Aktionär aufgedrängt werden. Die Zusammenlegung von Aktien verlangt eine Statutenänderung und überdies die Einzelzustimmung jedes betroffenen Aktionärs (Art. 623 Abs. 2 OR).

III. Das Recht auf Verurkundung der Mitgliedschaft

1. Die Verurkundung der Mitgliedschaft in einem Wertpapier, also die Ausgabe von Aktientiteln, ist nicht zwingend vorgeschrieben. Die Aktie ist bloß ein **deklaratorisches**, nicht ein konstitutives Wertpapier[9]. Die Aktienurkunde ist weder für Entstehung und Geltendmachung noch für die Übertragung der Mitgliedschaft erforderlich. Nichtverbriefte Aktienrechte sind zugelassen.

2. Der Aktionär kann indessen verlangen, daß seine Mitgliedschaft verurkundet wird. Das Gesetz geht stillschweigend davon aus, daß die Aktionärrechte wertpapiermäßig verkörpert werden[10]. Bei Inhaberaktien ist das Interesse des Aktionärs an einer Aushändigung von Aktientiteln offenkundig, denn nur so kann er die Aktienrechte anders als durch Zession, nämlich durch Vertrag und bloße Übergabe des Titels, übertragen. Wesentlich geringer ist das Interesse des Aktionärs an der Ausgabe von Namenaktientiteln, da die Übertragbarkeit hiedurch nicht entscheidend verbessert wird. Die Verkörperung der Aktienrechte in Namenaktien erleichtert die Legitimation[11] und ermöglicht die Spaltung der Aktienrechte im Falle der Nichtzustimmung zur Übertragung vinkulierter Namenaktien[12].

Das Recht auf Verurkundung der Aktientitel kann durch die Statuten ausgeschlossen werden[13], wonach neuerdings ein Bedürfnis besteht, dem stückelosen Wertpapierverkehr die erforderliche rechtliche Grundlage zu geben.

---

[8] Vgl. zur Aktienammortisation mit und ohne Kapitalherabsetzung vorn § 11 IV.
[9] JÄGGI, N. 274 zu Art. 965 OR; vgl. auch N. 279 zu Art. 965 OR.
[10] Vgl. etwa Art. 683 Abs. 2, 685 Abs. 3, 644 Abs. 1 OR.
[11] Da das Indossament auf dem Titel stehen muß.
[12] Vgl. vorn § 10 IV.
[13] SCHLUEP, a.a.O. (Anm. 1), S. 115f., läßt einen Ausschluß nur in den Urstatuten zu; vgl. auch vorn § 5 III 4.

IV. Das Recht auf die Art der Aktie

1. Die Gesellschaft ist frei in der Festsetzung der Aktienart: Sie kann Namenaktien oder Inhaberaktien ausgeben; entscheidend sind rein praktische Überlegungen, insbesondere das Bedürfnis nach Vinkulierung.

2. Die **Umwandlung der Aktienart** setzt eine statutarische Ermächtigung voraus, wie sich aus Art. 622 Abs. 2 und Art. 627 Ziff. 7 OR ergibt. Enthalten die Urstatuten keine diesbezügliche Vorschrift, so bedarf die Umwandlung zweier Beschlüsse: Einräumung der Befugnis zur Umwandlung und Umwandlung der Aktien. Die Bestimmung über die Umwandlungsbefugnis kann auch nachträglich in die Statuten aufgenommen werden. Die Interessen der Aktionäre werden durch die Umwandlung von Inhaberaktien in Namenaktien kaum berührt, da auch die Namenaktie frei übertragbar ist (Art. 684 Abs. 1 OR). Das Recht auf die Art der Aktie ist somit nicht wohlerworben[14].

V. Das Recht auf freie Übertragbarkeit der Mitgliedschaft

1. Inhaberaktien und Namenaktien sind frei übertragbar. Die **freie Übertragbarkeit** der Namenaktien kann durch die Statuten eingeschränkt oder verboten werden (Art. 627 Ziff. 8 und Art. 686 OR).

2. Fraglich ist somit bloß die Zulässigkeit der **nachträglichen Vinkulierung** von Namenaktien. Die Frage ist kontrovers: Die herrschende Meinung ist der Ansicht, die nachträgliche Vinkulierung sei zulässig, sofern die Interessen der Gesellschaft an der Möglichkeit zur Fernhaltung mißliebiger Dritter das Interesse des Aktionärs an freier Übertragbarkeit der Aktie übersteigen und der Grundsatz der Gleichbehandlung nicht tangiert werde[15]. Der herrschenden Lehre ist zuzustimmen; der Aktionär muß die durch die Vinkulierung verbundene Einbuße an Wert in Kauf nehmen, wenn die Gesellschaft dartut, sie habe ein vitales Interesse an der Fernhaltung der Konkurrenz oder ausländischer Investoren. Dies wird immer dann der Fall sein, wenn sie dartun kann, die neuen Eigentümer hätten einzig einen Raubzug im Sinne, beabsichtigten demnach, die Gesellschaft auszuhöhlen oder den Betrieb zu schließen. In andern Fällen dürfte es wesentlich schwieriger sein, das Interesse der Gesellschaft an der Beibehaltung des bisherigen Aktionärkreises darzutun. Die Erhaltung der Unternehmung im Familienbesitz verdient als solche noch keinen

---

[14] Gl. M. SCHLUEP, a.a.O. (Anm. 1), S. 120; SIEGWART, N. 59 zu Art. 622 OR; SCHUCANY, N. 4 zu Art. 622 OR; FUNK, N. 9 zu Art. 622 OR; BÜRGI, N. 42 vor Art. 683–687 OR; vgl. ferner das Urteil des Zürch. HGer, BlZR 46, 1947, S. 367 ff.

[15] BÜRGI, N. 13 vor Art. 683–687 OR; SCHLUEP, a.a.O. (Anm. 1), S. 128; MEIER-HAYOZ/FORSTMOSER, S. 270; a.A. GUHL/MERZ/KUMMER, S. 591.

aktienrechtlichen Schutz, da eine derartige Begrenzung des Aktionskreises dem Unternehmen nichts bringt und sich meist nur zugunsten der Mehrheit und meist zu Lasten der Minderheit auswirkt. Die Erhaltung des Aktionärkreises und die Fernhaltung von Konkurrenten und Ausländern bedarf somit stets zusätzlicher sachlicher Begründung, um die nachträgliche Vinkulierung und die damit verbundene Belastung des Minderheitsaktionärs zu rechtfertigen.

Abzulehnen, da mit dem Gesetz nicht zu vereinbaren, ist der Entscheid des Basler Appellationshofes, wonach eine nachträgliche Vinkulierung nur zugelassen wird, wenn die Übertragung nachher bloß aus wichtigen Gründen verweigert werden darf[16].

In der Aktienrechtsreform wurde die Möglichkeit, die Übertragung der Namenaktien rundweg zu verbieten, aufgehoben; ferner ist eine Statutenänderung, welche die Übertragbarkeit der Namenaktien beschränkt oder eine Vinkulierung verschärft, nach Art. 686a VE nur noch aus wichtigem Grunde zulässig; beigefügt wird, daß die Erhaltung des schweizerischen Charakters der Gesellschaft als wichtiger Grund gelte[17]. Die Fernhaltung von Ausländern rundweg als wichtigen Grund zu bezeichnen, geht ohne Zweifel zu weit. Gesellschaften mit Produktionsstätten im Ausland mögen ein Interesse haben, insbesondere in kriegerischen Auseinandersetzungen, dartun zu können, daß ihre Aktienmehrheit sich in schweizerischen Händen befindet. Für Gesellschaften, die einzig auf dem Binnenmarkt tätig sind, kann die Fernhaltung von Ausländern keinen wichtigen Grund darstellen, sofern nicht Zusatzargumente, wie etwa die Gefahr der Freibeuterei, nachgewiesen werden.

VI. Das Stimmrecht

1. Das Stimmrecht ist das wichtigste Mitwirkungsrecht, allenfalls das wichtigste Aktionärrecht schlechthin. Es ermöglicht eine direkte Mitsprache in allen Angelegenheiten, die der Generalversammlung zugewiesen werden und eine indirekte Einflußnahme auf die Verwaltung und die ihr obliegende Ausgestaltung der Gesellschaft. Wer bei der Festlegung der Statuten, bei Wahl und Abberufung der Verwaltung und bei der Gewinnverwendung entscheidend mitbestimmen kann, hat die Gesellschaft und damit die Unternehmung in der Hand.

2. Das Stimmrecht ist ein unverzichtbares und absolut wohlerworbenes Recht: Der Aktionär kann bloß auf die Ausübung des Stimmrechtes, nicht aber auf das Recht selbst verzichten. Zumindest hat jeder Aktionär eine Stimme (Art. 692 Abs. 2 Satz 1 OR). Diese eine Stimme kann ihm durch nichts entzogen werden[18].

---

[16] BJM 1965, S. 83 ff.; SAG 39, 1967, S. 27 ff.
[17] Art. 627 Ziff. 8 und Art. 646a (neu) VE; vgl. zu den Bestrebungen der Aktienrechtsreform im Gebiete der nachträglichen Vinkulierung auch den Zwischenbericht, S. 163.
[18] Insbesondere auch nicht durch eine Kapitalherabsetzung mit Herabstempelung des Aktiennennwertes auf Null; BGE 86 II, 1960, S. 78 ff.

3. Das Stimmrecht entsteht nicht bereits im Zeitpunkt der Zeichnung und nicht erst im Moment der Ausgabe der Aktien, sondern sobald auf die Aktie der gesetzlich oder statutarisch festgesetzte Betrag einbezahlt ist (Art. 694 OR)[19].

4. Maßstab für den Umfang des Stimmrechtes ist der Nennwert und nicht die Aktienzahl und nicht der Liberierungsbetrag. Stimmkraft und Einlage auf das Grundkapital sind demnach kongruent (Art. 692 Abs. 1 OR)[20].

5. Gesetzliche Stimmrechtsbeschränkungen kennt unser Aktienrecht nur zwei: Entlastung und eigene Aktien:

Für die Décharge werden Personen, die in irgendeiner Weise an der Geschäftsführung teilgenommen haben, vom Stimmrecht ausgeschlossen (Art. 695 Abs. 1 OR). Sie dürfen ihre Stimme auch nicht ausüben lassen, sie selber dürfen nicht als Vertreter anderer Aktionäre stimmen, noch dürfen die von ihnen beherrschten Gesellschaften ihr Stimmrecht ausüben[21].

Ebenso sind vom Stimmrecht ausgeschlossen die von der Aktiengesellschaft selber erworbenen Aktien (Art. 659 Abs. 5 OR), sowie die von vollständig beherrschten Tochtergesellschaften gehaltenen Aktien der Muttergesellschaft[22].

Irgendwelche allgemeine Ausstandsgründe bestehen nicht: der Aktionär darf sein Stimmrecht im eigenen Interesse ausüben, insbesondere sich selbst in die Verwaltung wählen. Die Bestimmung in Art. 68 ZGB über die Ausschließung vom Stimmrecht bei der Beschlußfassung über ein Rechtsgeschäft oder einen Rechtsstreit zwischen dem Mitglied, seinen Verwandten und dem Verein anderseits ist im Aktienrecht nicht anwendbar, da derartige Ausstandsgründe mit dem Charakter der Kapitalgesellschaft nicht vereinbar sind.

6. Statutarische Stimmrechtsbeschränkungen sind ebenfalls zugelassen, sofern sie in den Urstatuten enthalten sind. So kann gemäß Art. 692 Abs. 2 Satz 2 OR die Stimmenzahl von «Besitzern mehrerer Aktien» beschränkt werden. Solche Bestimmungen finden sich in Aktiengesellschaften, die aus Genossenschaften hervorgegangen sind, wodurch das Kopfstimmrecht durch das Nennwertstimmrecht ersetzt wird, was zu gewaltigen Stimmverschiebungen führen kann, sowie in Aktiengesellschaften mit breit gestreutem Aktienbesitz, die das Entstehen von starken Minderheiten oder von kompakten Mehrheiten vermeiden wollen. Eine Stimmrechtsbeschränkung ist auch in

---

[19] Aus diesem Grunde ist, wer im Rahmen einer Kapitalerhöhung Aktien gezeichnet hat, für den Feststellungsbeschluß stimmberechtigt.
[20] Vgl. vorn § 4 II 7.
[21] Vgl. die einläßliche Darstellung durch BÜRGI, N. 8 ff. zu Art. 695 OR sowie SCHUCANY, N. 2 f. zu Art. 695 OR.
[22] Vgl. vorn § 11 III.

der Vertretungsbeschränkung zu erblicken: Jeder Aktionär kann sich an der Generalversammlung vertreten lassen, doch können die Statuten vorschreiben, daß der Stellvertreter Aktionär sein muß (vgl. Art. 689 Abs. 2 und Art. 627 Ziff. 10 OR). Diese Beschränkung der Stellvertretung auf Aktionäre geht meist mit der Vinkulierung einher, beeinträchtigt allerdings die Stellung des nicht sachkundigen Minderheitsaktionärs in fast unerträglicher Weise, indem dieser daran gehindert wird, seine Berater, insbesondere seinen Anwalt, an der Generalversammlung teilnehmen zu lassen.

Eine mehr formelle Beschränkung im Stimmrecht kann auch in der Ordnung des Stimmrechtsausweises liegen, so, wenn verlangt wird, daß die Aktien vor der Generalversammlung hinterlegt werden (Art. 689 Abs. 4 Satz 2 OR).

VII. Recht auf Teilnahme an der Generalversammlung

Die Aktionäre üben ihre Rechte in den Angelegenheiten der Gesellschaft, wie Bestellung der Organe, Abnahme der Rechnung und Gewinnverteilung, in der Generalversammlung aus (Art. 689 Abs. 1 OR). Jeder Aktionär ist somit berechtigt, an der Generalversammlung teilzunehmen und dort sein Stimmrecht auszuüben. Dieses Teilnahmerecht ist **absolut wohlerworben**; es kann somit weder durch die Urstatuten noch durch eine Statutenänderung entzogen oder beschränkt werden. Das Teilnahmerecht ist unverzichtbar. Der Ausschluß vom Stimmrecht, erfolge er kraft Gesetzes bei der Décharge oder kraft statutarischer Bestimmung, bewirkt nicht den Ausschluß aus der Generalversammlung. Ein solcher Ausschluß ist nur wegen ungebührlichen Verhaltens an der Generalversammlung zugelassen. Der Vorsitzende kann diesfalls einen Saalverweis anordnen.

VIII. Debatte- und Antragsrecht

1. Die Generalversammlung ist ein Willensbildungsorgan. Jeder Aktionär ist somit berechtigt, durch Diskussionsvoten die Willensbildung zu beeinflussen. Das **Debatterecht** ist absolut unentziehbar. Debatteordnungen dürfen das Mitspracherecht nicht übermäßig beschränken. Andererseits darf der Vorsitzende die Redezeit befristen oder dem Redner das Wort entziehen[23].

2. Der Aktionär ist berechtigt, in der Debatte Anträge zu stellen. Diese müssen sich auf die Traktanden beziehen. Das **Antragsrecht** ist ein Einzel-

---

[23] Für Einzelheiten vgl. P. HÄFLIGER, Die Durchführung der Generalversammlung bei der Aktiengesellschaft, Bern 1978, S. 58 ff.; A. SCHETT, Stellung und Aufgaben der Verwaltung einer AG bei der Durchführung der ordentlichen GV, Dießenhofen 1977, S. 52 ff.

recht und nicht ein Ausfluß aus dem Anspruch auf Einberufung der Generalversammlung. Jeder einzelne Aktionär kann demnach Anträge stellen und muß nicht nachweisen, daß er über mindestens den zehnten Teil des Grundkapitals verfügt (Art. 699 Abs. 3 OR).

Anders als im deutschen Recht hat der Aktionär hierzulande keine Möglichkeit, seine Anträge durch Vermittlung der Gesellschaft den Mitaktionären zu unterbreiten[24]. In der Schweiz besteht die einzige Möglichkeit, seine Anträge den Mitaktionären zum voraus bekanntzumachen, in der Publikation eines Zeitungsinserates auf eigene Kosten.

Das Gesagte gilt nicht nur für Sachanträge, sondern auch für Wahlvorschläge.

IX. Recht auf Einberufung und Traktandierung

Normalerweise wird die Generalversammlung durch die Verwaltung einberufen, nötigenfalls durch die Kontrollstelle[25]. Auch die Aktionäre können die Einberufung einer Generalversammlung verlangen, doch ist hiefür mindestens der zehnte Teil des Grundkapitals erforderlich (Art. 699 Abs. 3 OR). Entspricht die Verwaltung diesem Ansuchen nicht, so hat der Richter auf Antrag die Einberufung anzuordnen (Art. 699 Abs. 4 OR).

Nur wer die Generalversammlung einberufen kann, darf auch die Aufnahme bestimmter Traktanden verlangen. Das Traktandierungsrecht ist demnach ebenfalls ein Minderheitenrecht. Das Traktandierungsrecht steht dem Einberufungsrecht näher als dem Antragsrecht, so daß die Zehnprozentregel sachgerecht erscheint.

X. Die Kontrollrechte

1. Allgemeines

Da die rechtliche Ausgestaltung der Aktiengesellschaft auf Großunternehmen zugeschnitten ist und die Beziehungen zwischen Aktionär und Gesellschaft außerordentlich lose sind, kann der Gesetzgeber dem Aktionär kein unbeschränktes Einsichtsrecht in alle Angelegenheiten der Gesellschaft einräumen. Die Kontrollrechte bedürfen vielmehr der Strukturierung und der gegenständlichen und verfahrensmäßigen Beschränkung. Dies reduziert die Kontrollrechte allerdings nicht zu bloßen Hilfsrechten. Sie bleiben selbständige

---

[24] Vgl. §§ 125 ff. dAktG.
[25] Vgl. hierzu hinten § 18 IV 1.

Mitgliedschaftsrechte, ermöglichen erst die sinnvolle Ausübung aller übrigen Aktionärrechte und gehören in diesem Sinne zur Gruppe der Schutzrechte. Die Kontrollrechte sind nicht lediglich Grundlage für eine zweckmäßige Ausübung des Stimmrechtes. Vielmehr verschaffen sie dem Aktionär die erforderlichen Kenntnisse zur Beurteilung seiner Anlage und zur Ausübung seines ersten Rechts auf sofortige und jederzeitige Desinvestition und Veräußerung seines Anteils. Das Kontrollrecht steht dem Aktionär nicht nur zur Willensbildung für innergesellschaftliche Angelegenheiten zu, sondern auch zur Beschaffung der Kenntnisse für das Treffen des Grundentscheides: Verbleib oder Verkauf[26]. Das Kontrollrecht wird nicht als Minderheitenrecht, sondern als Einzelrecht ausgestaltet, es wird nach Art. 697 Abs. 4 OR ausdrücklich als unentziehbar erklärt und kann auch durch Statuten oder Generalversammlungsbeschluß nicht beschränkt werden.

Das Kontrollrecht (vgl. Marginale zu Art. 696 OR) ist Oberbegriff für folgende Einzelrechte: Bekanntgaberecht (Recht auf Einsicht in die Jahresrechnung, den Geschäfts- und Revisionsbericht; Art. 696 Abs. 1 und 2 OR), Recht auf Auskunftserteilung in der Generalversammlung (Art. 697 Abs. 1 OR), Recht auf Einsichtnahme in die Geschäftsbücher und Korrespondenzen (Art. 697 Abs. 2 OR) und Klagerecht auf Auskunftserteilung (Art. 697 Abs. 3 OR).

Inhalt und Umfang des Bekanntgaberechtes hängen von der Aussagekraft der Jahresrechnung und des Geschäftsberichtes ab, der Inhalt des Frage- und Einsichtsrechtes von den Schranken, die den Informationsbegehren der Auskunft verlangenden Aktionäre entgegengesetzt werden können.

Die gesetzliche Ausgestaltung der Kontrollrechte ist ungenügend.

2. Bekanntgaberecht

Ungenügend ist insbesondere die Ausformung des Bekanntgaberechtes, indem der Aktionär von Gesetzes wegen keinen Anspruch auf Aushändigung von Jahresrechnung und Geschäftsbericht hat. Die Verwaltung ist lediglich verpflichtet, diese Dokumente zehn Tage vor der Generalversammlung am Sitz der Gesellschaft und bei den Zweigniederlassungen den Aktionären zur Einsicht aufzulegen (Art. 696 Abs. 1 OR).

Die vom Gesetzgeber gehandhabte Zurückhaltung ist längst überholt und wird in der Praxis weitgehend nicht mehr befolgt. Nicht nur Publikumsgesell-

---

[26] Eine andere Meinung vertritt bekanntlich PETER JÄGGI, Ungelöste Fragen des Aktienrechtes, S. 57 ff., insbes. S. 75, der dem Kontrollrecht, insbesondere dem Fragerecht nur gesellschaftsinterne Funktion zuschreibt und seinen inneren Grund im Stimmrecht erblickt; demgegenüber halten WYSS, S. 47 und SCHLUEP, a.a.O. (Anm. 1), S. 183 das Auskunftsrecht als durch die Kapitalhingabe begründet.

schaften, sondern auch zahlreiche private Gesellschaften stellen Jahresrechnung und Geschäftsbericht dem Aktionär zu.

Diese Praxis soll nun im Gesetz verankert werden, schreibt doch Art. 696 Abs. 1 Satz 2 VE vor, daß auf Verlangen jedem Aktionär unverzüglich eine Ausfertigung von Jahresrechnung, Revisionsbericht, Geschäftsbericht und Anträge über die Gewinnverwendung zuzustellen ist. Von dieser Offenlegung der Jahresrechnung gegenüber dem Aktionär ist zu unterscheiden die allgemeine Offenlegung dieser Informationsmittel[27].

Die Tragweite und Eindringlichkeit des Bekanntgaberechtes hängen von der Aussagekraft und der Verläßlichkeit der Bilanzzahlen ab. Daß es um die Aussagekraft oft schlecht bestellt ist, weiß jedermann. Der Mangel an Aufgliederung und die Zulassung beliebiger Unterbewertung verhindern einen Einblick in die Vermögens-und Ertragslage der Gesellschaft[28].

3. Auskunftsrecht

Die Gestaltung des Auskunftsrechtes ist mißglückt: sedes materiae ist Art. 697 Abs. 1 OR, doch ist darin von der Auskunftspflicht der Verwaltung nicht die Rede, sondern einzig von einem verkümmerten Recht auf Aufschluß über zweifelhafte Ansätze durch die Kontrollstelle. Nirgends wird klar festgehalten, daß sich das Auskunftsrecht des Aktionärs primär gegen die Verwaltung richtet und ihm diese über alle Angelegenheiten der Gesellschaft auskunftspflichtig ist. Die Auskunftspflicht der Kontrollstelle ist unbedeutend, denn sie kann sich nur auf ihre Tätigkeit beziehen und umfaßt nur Verfahren und Ergebnis der Abschlußprüfung. Die mißratene Bestimmung von Art. 697 Abs. 1 OR führt in der Praxis offenbar dazu, daß die Kontrollstelle zur Auskunftsstelle über alle finanziellen Angelegenheiten wird, wodurch sie über Dinge Auskunft zu erteilen hat, welche außerhalb ihrer Prüfungstätigkeit liegen.

Gegenstand des Auskunftsrechtes des Aktionärs bilden alle Angelegenheiten der Gesellschaft. Das Auskunftsrecht beschränkt sich keinesfalls auf die zweifelhaften Ansätze, sondern umfaßt grundsätzlich alle Aspekte des gesellschaftlichen Handelns. Es erfaßt nicht das Gemeinwohl, nicht die Privatangelegenheiten der Verwaltungsräte und Mitaktionäre, nicht die Verhältnisse in verbundenen Gesellschaften.

Das Auskunftsrecht kann zwar durch die Statuten nicht beschränkt werden (Art. 697 Abs. 4 OR), ist aber nicht schrankenlos. Schranke ist nun allerdings nicht die Erforderlichkeit der Auskunft für die Ausübung des Stimmrechtes, denn das Auskunftsrecht ist, wie bereits ausgeführt, nicht bloß Hilfsrecht des Stimmrechtes, sondern selbständiges Schutzrecht. Das Auskunftsrecht hat

---

[27] Hierauf ist in § 19 IX zurückzukommen.
[28] Auch hierauf ist in § 19 näher einzutreten.

demnach nur zwei spezifische Schranken: Die Unerheblichkeit und die Geschäftsgeheimnisse: Das Auskunftsrecht bezieht sich stets nur auf Erhebliches und kann deshalb nicht zur Befriedigung einer bloßen Neugierde verwendet werden. Über Unwichtiges Auskunft zu erhalten, hat kein Aktionär Anspruch. Wichtiger ist indessen die Schranke der Geschäftsgeheimnisse. Das Fragerecht des Aktionärs vermag sie nicht zu durchdringen. Das Gesetz hält dies für das Auskunftsrecht nicht ausdrücklich fest, sondern einzig für das Recht auf Einsichtnahme (Art. 697 Abs. 2 OR). Jede Tatsache, deren Offenlegung dem Unternehmen unmittelbar Schaden stiften würde, ist als Geschäftsgeheimnis anzusehen und darf den Aktionären nicht bekanntgemacht werden. Schranke der Auskunftspflicht sind einzelne Fabrikations- und Geschäftsgeheimnisse, nicht eine irgendwie geartete Intimsphäre der Gesellschaft. Begrifflich ist die Grenze zwischen den geheimzuhaltenden und den offenzulegenden Tatsachen nicht allzu schwierig zu ziehen, doch kann der Auskunftsberechtigte die Begründetheit der Geheimnisbehauptung nicht überprüfen, denn die Gesellschaft als Geheimnisherr kann sich auf den Standpunkt stellen, eine einläßliche Begründung ihres Geheimhaltungsinteresses müsse notwendigerweise zur Geheimnisverletzung führen. Diesen Standpunkt hat das Bundesgericht geschützt, als es entschied, daß es genüge, wenn die Verwaltung ihr Interesse an der Geheimhaltung glaubhaft mache[29].

Die im Zusammenhang mit dem Einsichtsrecht angeführte Gefährdung der Interessen der Gesellschaft (Art. 697 Abs. 3 OR) bildet keine zusätzliche Schranke des Auskunftsrechtes: Dem Auskunftsinteresse des Aktionärs darf nicht ein allgemeines Geheimhaltungsinteresse der Gesellschaft entgegengehalten werden, da dadurch das Informationsbegehren der Aktionäre übermäßig zurückgedrängt würde. Der Hinweis auf die Interessen der Gesellschaft will einzig Selbstverständliches zum Ausdruck bringen, nämlich, daß auch das Auskunftsrecht nach Treu und Glauben, also nicht rechtsmißbräuchlich, ausgeübt werden darf[30].

Das Recht auf Auskunft kann einzig in der Generalversammlung ausgeübt werden. Vorweg schriftlich gestellte Fragen müssen nicht beantwortet werden. Das Fragerecht als persönliches Mitgliedschaftsrecht im Sinne des Gesetzes wird in der Generalversammlung ausgeübt (Art. 689 Abs. 1 OR). Jedenfalls sind Verwaltung und Kontrollstelle einzig während der Generalversammlung zur Auskunft verpflichtet. Nichts hindert die Verwaltung, freiwillig auch das Jahr über Auskunft zu erteilen; einer Auskunftspflicht der Kontrollstelle außerhalb der Generalversammlung steht die Geheimhaltungspflicht des Art. 730 OR entgegen.

---

[29] BGE 82 II, 1956, S. 222; zum Problem vgl. auch J. N. DRUEY, Geheimsphäre des Unternehmens, Basel 1977.
[30] a. M. SCHLUEP, a.a.O., S. 186.

4. Einsichtsrecht

Dem Aktionär steht, anders als dem Mitglied einer einfachen Gesellschaft oder einer Kollektivgesellschaft und anders als dem Komplementär[31], kein Recht auf Einsichtnahme in die Bücher und Gesellschaftskorrespondenzen zu. Er kann sich somit nicht selbst und nicht unmittelbar über die Lage und den Geschäftsablauf der Gesellschaft unterrichten.

Im Gegensatz zum Kommanditär[32] ist der Aktionär nicht berechtigt, die Richtigkeit der Jahresrechnung unter Einsichtnahme in die Bücher und Papiere zu prüfen. Die Jahresrechnung und der Geschäftsbericht unterrichten ihn über die wirtschaftliche Lage und die Tätigkeit der Gesellschaft. Die Richtigkeit der Rechnungslegung bestätigt ihm die Kontrollstelle. Deren Prüfung bezieht sich einzig auf die Rechnungslegung, nicht auch auf die Geschäftsführung, so daß in dieser Hinsicht das Einsichtsinteresse des Aktionärs weiter besteht. Zu seiner Ausübung bedarf der Aktionär der Zustimmung der Verwaltung oder der Generalversammlung (Art. 697 Abs. 2 OR). Geheimnisträger ist somit nicht nur die Verwaltung, da die Generalversammlung entgegen dem Willen der Verwaltung die Einsichtnahme gestatten kann, wobei die Geschäftsgeheimnisse gewahrt bleiben müssen, da hierüber nicht die Generalversammlung, sondern die Gesellschaft, vertreten durch die Verwaltung, verfügt. Die Einsichtnahme bleibt dem Minderheitsaktionär allerdings regelmäßig verschlossen, da ihre Ausübung so oder anders der Zustimmung von Organen bedarf, auf deren Willen er keinen Einfluß hat.

5. Klagerecht auf Auskunftserteilung

Dringt der Aktionär mit seinem Fragerecht und seinem Einsichtsrecht nicht durch, kann er jederzeit an den Richter gelangen und von ihm die Auskunftserteilung durch Vorlegung beglaubigter Abschriften aus Geschäftsbüchern und Korrespondenzen verlangen (Art. 697 Abs. 3 OR). Das Klagerecht auf Auskunftserteilung ist demnach Sanktionsrecht zum Auskunfts- und Einsichtsrecht. Das Gesetz macht die Verweigerung der Auskunft oder der Einsicht nicht formell zur Voraussetzung und verlangt auch nicht, daß das Klagebegehren sich innerhalb des Auskunfts- oder Einsichtsrechtsbegehrens halten müsse. Das Gesetz hat vielmehr auf jede Formalisierung der Voraussetzung, insbesondere auch auf die Festlegung einer Klagefrist, verzichtet. Gleichwohl wird die Auskunftsklage nur zugelassen, wenn die Auskunft oder die Einsicht verweigert wurde[33].

---

[31] Vgl. Art. 541 Abs. 1 OR, Art. 557 Abs. 2 OR und Art. 598 Abs. 2 OR.
[32] Art. 600 Abs. 3 OR.
[33] BGE 54 II, 1928, S. 25; BÜRGI, N. 28 zu ART. 697 OR; SCHLUEP, a.a.O., S. 271; BÜCHLER, S. 44; WYSS, S. 223; WIDMER, S. 51.

XI. Das Recht auf Einsetzung eines Sonderprüfers

Um den Widerstreit des Auskunftsinteresses des Aktionärs mit den Geheimhaltungsinteressen der Gesellschaft zu beheben, ist die Einführung des Sonderprüfers vorgeschlagen worden[34]. Mit dem Institut des Sonderprüfers soll dem Minderheitsaktionär ein Mittel zur Überprüfung der Verwaltungstätigkeit in die Hand gegeben werden. Dem Aktionär fehlt heute weitgehend das für die Ausübung seiner Rechte erforderliche Wissen. Eine völlige Offenlegung oder die Gewährung eines unbeschränkten und voraussetzungslosen Einsichtsrechtes ist mit den Interessen der Gesellschaft an der Geheimhaltung und Nichtpreisgabe von Geschäftsgeheimnissen nicht zu vereinbaren. Hier soll die Sonderprüfung eingreifen: Der Aktionär ist berechtigt, die Abklärung des Sachverhaltes durch einen unabhängigen Fachmann zu verlangen, wenn er Gesetzesverstöße glaubhaft machen kann und ihm an der Generalversammlung keine Auskunft erteilt wird. Dem Sonderprüfer stehen unbeschränkte Auskunfts- und Einsichtsrechte zu, so daß ihm gegenüber die Gesellschaft sich nicht auf die Wahrung der Geschäftsgeheimnisse berufen kann. Der Sonderprüfer klärt den Sachverhalt somit vollumfänglich ab und berichtet dem Antragsteller über die Ergebnisse seiner Prüfungen, ohne dabei Geschäftsgeheimnisse offenzulegen[35].

Im Vorentwurf 1975 ist das Institut der Sonderprüfung nicht vorgesehen. Die Erfahrungen der jüngsten Vergangenheit haben allerdings den Ruf nach seiner Einführung in der Wirtschaftspresse wiederholt ertönen lassen.

§ 13. Die Vermögensrechte

Literatur

H. BUDLIGER, Das Recht des Aktionärs auf Anteil am Liquidationsergebnis, Zürich 1954; O.K. KAUFMANN, Das Recht auf Dividende, St. Gallen 1947; E.E. OTT, Das Bezugsrecht der Aktionäre, Zürich 1962; W.R. SCHLUEP, Die wohlerworbenen Rechte des Aktionärs und ihr Schutz nach schweizerischem Recht, Zürich/St. Gallen 1955; W. STRICKER, Aktienkapitalerhöhungen und Bezugsrechte, Zürich 1955; D. TUOR, Das Recht des Aktionärs auf Dividende, Bern 1950.

---

[34] H. DÜGGELIN, Sonderprüfung als Rechtsbehelf des Aktionärs zur Kontrolle der Verwaltung einer AG, Zürich 1977.
[35] Vgl. die ausländischen Vorbilder in §§ 142–146, 258–261 und § 315 dAktG, sowie in Art. 226 Loi du 24 juillet 1966 sur les sociétés commerciales, und Art. 97–99 geänderter Vorschlag einer VO des Rates über das Statut für Europäische Aktiengesellschaften.

I. Das Recht auf Dividende

1. Allgemeines

Die Dividende ist der an den Aktionär ausgerichtete Anteil am Reingewinn der Gesellschaft. Das Recht auf die Dividende wird in Art. 646 Abs. 3 OR zu den unentziehbaren Rechten gezählt. Damit der Aktionär seinen Anteil am Reingewinn erhalten kann, müssen derart zahlreiche Voraussetzungen erfüllt sein, daß der Satz von der Wohlerworbenheit des Dividendenrechtes inhaltslos erscheint. Schon das Gesetz relativiert die Wohlerworbenheit des Dividendenrechtes, wenn in Art. 660 Abs. 1 OR der Anspruch des Aktionärs auf einen Anteil am Reingewinn nur soweit eingeräumt wird, als dieser nach dem Gesetz und den Statuten zur Verteilung unter die Aktionäre bestimmt ist.

In der Tat muß, damit eine Dividende ausbezahlt werden kann, ein Gewinn angestrebt, erzeugt, ausgewiesen und ausgeschüttet sein. In allen diesen Etappen ist der Anspruch des Aktionärs Beschränkungen und Gefährdungen ausgesetzt, so daß dem Aktionär der Erhalt einer Dividende als glückhafter Umstand erscheint[1].

2. Gewinnstrebigkeit

Die Gewinnstrebigkeit ist kein Merkmal der Aktiengesellschaft und keine Eigenschaft des kaufmännischen Gewerbes[2].

Jede Aktiengesellschaft, welche den Betrieb eines nach kaufmännischer Art geführten Gewerbes bezweckt oder andere wirtschaftliche Zwecke verfolgt, wird dies letztlich um des Gewinnes willen tun. Gewinnstrebigkeit ist nicht notwendiges, sondern bloß übliches Merkmal jeder Aktiengesellschaft. Diese Gewinnstrebigkeit darf gegen den Willen des Aktionärs nicht aufgegeben werden. Das Recht auf gewinnstrebige Tätigkeit ist demnach wohlerworben. Ein Verzicht auf Gewinnstrebigkeit müßte deshalb in den Urstatuten enthalten sein oder im nachhinein einstimmig beschlossen werden. Da der Betrieb eines kaufmännisch geführten Gewerbes zur Gemeinnützigkeit in Widerspruch steht, muß verlangt werden, daß der Übergang von der kaufmännischen Tätigkeit zur Wohltätigkeit in den Statuten selbst festgehalten wird.

3. Gewinnerzeugung

Neben das Streben nach Gewinn muß der Wille zur Gewinnerzeugung treten. Dabei zeigt sich, daß das von der Gesellschaft gehaltene Unternehmen

---

[1] Das Dividendenrecht wird deshalb zu Recht als sehr schwach geschütztes Recht bezeichnet; KAUFMANN, S. 17; vgl. auch SCHLUEP, Wohlerworbene Rechte, S. 61.
[2] Art. 52 HRV verlangt einzig, daß ein Gewerbe auf dauernden Erwerb gerichtet sei.

mehreren widersprüchlichen Interessen gerecht werden muß. Der Aktionär verlangt die Ausrichtung von Gewinn, der Gläubiger die Erhaltung der Substanz, der Arbeitnehmer den Fortbestand des Arbeitsplatzes und der Konzern Berücksichtigung des Gruppeninteresses.

Die Gewinnmaximierung tritt hinter die langfristige Unternehmenserhaltung zurück; die Konzernpolitik kann gar auf Gewinnminimierung ausgerichtet sein. Die Aktionäre werden demnach hinnehmen müssen, daß das Unternehmen nicht ausschließlich nach ihren Wünschen geführt wird, sondern daß die Interessen der Gläubiger, der Arbeitnehmer und des Konzerns Mitberücksichtigung finden. Der Aktionär hat demnach keinen Anspruch darauf, daß die Gesellschaft neben der Gewinnerzeugung keine anderen Interessen, wie z.B. Existenzsicherung der Arbeitnehmer, wahrnimmt. Der einzelne Aktionär muß sich damit abfinden, daß die Gesellschaft aus sachlichen Gründen eine Gesellschaftspolitik betreibt, die nur auf lange Sicht gewinnbringend ist[3].

Der Aktionär wird sich aber allen Vorkehren widersetzen können, welche die Fähigkeit und den Willen zur Gewinnerzeugung ein für allemal beseitigen. In diesem Sinne wird er den Abschluß von eigentlichen Gewinnabführungsverträgen, aber auch von Umsatzgeschäften, welche eine Gewinnerzeugung verunmöglichen, nicht hinnehmen müssen. Die Verpflichtung zur Entrichtung oder Entgegennahme von Konzernverrechnungspreisen, welche die Erzielung eines nicht bloß nominellen Gewinnes verunmöglichen, verstößt gegen den Anspruch des Aktionärs auf Gewinnerzielung.

4. Gewinnausweis

Auf das soeben geschilderte Recht auf Gewinnerzeugung wird der Aktionär sich allerdings solange nicht mit Erfolg berufen können, als ihm das Recht auf Gewinnausweis abgesprochen wird. Wie soll der Aktionär feststellen können, daß kein Gewinn erzeugt wird, wenn keine Pflicht zum Ausweis des erzeugten Gewinnes besteht?

Nach ausdrücklicher Gesetzesbestimmung hat der Aktionär keinen Anspruch darauf, daß der erzielte Gewinn unvermindert ausgewiesen wird, denn Art. 663 Abs. 2 OR läßt die Bildung stiller Reserven ausdrücklich zu und gestattet der Verwaltung, den Gewinn nach Belieben festzusetzen. Die vom Gesetz der Verwaltung eingeräumte Befugnis zur beliebigen Unterbewertung und zur unbeschränkten Bildung von Rückstellungen stellt die stärkste Be-

---

[3] So ausdrücklich in BGE 100 II, 1974, S.393. Auch bei der Überprüfung der Generalversammlungsbeschlüsse über Bilanzgenehmigung und Gewinnverwendung zeigt das BGer die übliche Zurückhaltung. Es schreitet nur ein, wenn der Rahmen vernünftiger Überlegungen willkürlich überschritten wurde (BGE 91 II, 1965, S.310; 72 II, 1946, S.304; 54 II, 1928, S.29). Kritisch hierzu insbes. R. BÄR, Aktuelle Fragen des Aktienrechtes, ZSR 85 II, 1966, S.321ff., 422ff.; P. FORSTMOSER, SAG 47, 1975, S.106ff.

schränkung des Dividendenrechtes dar. Wer den erzielten Gewinn nicht ausweisen muß, ist frei, keine Gewinne zu erzielen oder erzielte Gewinne durch Gewinnvorwegnahmen und verdeckte Gewinnausschüttungen zu verringern.

5. Gewinnausschüttung

Steht der ausgewiesene Gewinn fest, fragt sich, ob er ausgeschüttet werden muß oder zurückgelegt werden darf. Neben der obligatorischen Zuweisung an die gesetzliche Reserve können die Statuten weitere Zuweisungen vorsehen oder die Anlage weiterer Reserven, insbesondere zu Wohlfahrtszwecken für Arbeitnehmer vorschreiben (Art. 672 und Art. 673 OR).

Auch ohne derartige statutarische Grundlage kann die Generalversammlung zudem Reserveanlagen beschließen, soweit die Rücksicht auf das dauernde Gedeihen des Unternehmens oder auf die Verteilung einer möglichst gleichmäßigen Dividende es als angezeigt erscheinen läßt (Art. 674 Abs. 2 OR)[4].

Der Ausschüttung des ausgewiesenen Gewinnes steht somit die Bildung gesetzlicher, statutarischer oder beschlußmäßiger Reserven im Wege.

Eine Anfechtung der Gewinnverwendung beim Richter infolge Gesetzwidrigkeit ist zum Scheitern verurteilt, da die gesetzliche Voraussetzung des dauernden Gedeihens der Unternehmung derart weit gezogen wird, daß sie stets erfüllt ist.

Dem Aktionär steht demnach kein Recht auf Ausschüttung des ausgewiesenen Gewinnes zu. Er hat keinen Anspruch auf eine Mindestdividende in dem Sinne, als ein Anteil des ausgewiesenen Gewinnes zur Ausschüttung gelangen muß.

6. Gewinnbeteiligung

Nicht nur unterliegen Gewinnerzeugung, Gewinnausweis und Gewinnausschüttung zahlreichen Beschränkungen, sondern auch der Gewinnanteil kann durch die Vermehrung von Gewinnbeteiligungsrechten geschmälert werden, ohne daß der Aktionär hiegegen wirkungsvoll Einspruch erheben kann.

Das Recht des Aktionärs auf Erhaltung seines relativen Anteils am Gewinn ist keineswegs unentziehbar. Vielmehr ist die Gesellschaft zur Ausgabe neuer Aktien und Partizipationsscheine, ja gar zur Ausgabe von Vorzugsaktien sowie zur Gewährung von Tantièmen befugt. Besonders stark ins Gewicht fällt die Schmälerung des Gewinnbeteiligungsrechtes selbstredend dann, wenn die

---

[4] Ohne statutarische Grundlage kann die Generalversammlung ferner Beiträge aus dem erzielten Reingewinn ausscheiden zum Zwecke der Gründung und Unterstützung von Wohlfahrtseinrichtungen für Angestellte und Arbeitnehmer des Unternehmens und zu andern Wohlfahrtszwecken (Art. 674 Abs. 3 OR).

neuen Gewinnbeteiligungsrechte durch Ausgabe neuer Aktien, Partizipationsscheine oder Genußscheine unter Ausschluß des Bezugsrechtes geschaffen werden.

7. Dividendenauszahlung

Beschließt die Generalversammlung die Ausrichtung einer Dividende, so entsteht dem Aktionär ein Anspruch auf Ausrichtung des Gewinnanteils, der wie jedes Gläubigerrecht unentziehbar ist. Der einmal entstandene Dividendenanspruch ist von der späteren Entwicklung der Gesellschaft unabhängig.

II. Das Recht auf den Liquidationsanteil

Der Aktionär hat Anspruch auf einen Anteil am Liquidationsergebnis und damit auf Ausrichtung des nach Bezahlung aller Verbindlichkeiten und nach Rückerstattung des Grundkapitals verbleibenden Vermögens. Gleich wie das Recht auf Dividende wird in Art. 646 Abs. 3 OR das Recht auf Anteil am Liquidationsergebnis als wohlerworben und damit unentziehbar erklärt. Gleich wie das Dividendenrecht erleidet das Recht auf einen Anteil am Liquidationsergebnis schon im Gesetz eine Relativierung, indem nach Art. 660 Abs. 2 OR der Anspruch auf Anteil am Ergebnis der Liquidation nur besteht, soweit die Statuten über die Verwendung des Vermögens der aufgelösten Gesellschaft nichts anderes bestimmen.

Das Recht auf den Liquidationsanteil ist ein latenter Anspruch und wird erst fällig, wenn die Gesellschaft aufgelöst, das Vermögen versilbert ist, alle Schulden getilgt sind und das Sperrjahr abgelaufen ist (vgl. Art. 745 OR). Bis dahin bewirkt der Anspruch einzig eine Teilhabe am Gesamtwert der Unternehmung. Es ist der Anspruch auf den Liquidationsanteil, der die Aktie zum Kapitalanteil und den Aktionär zum wirtschaftlichen Eigentümer des Unternehmens macht. Jede Kapitalverwässerung stellt eine Verletzung des Rechtes auf den Liquidationsanteil dar[5]. Im Zeitpunkt der Liquidation wird der bisherige Mangel an Gewinnausweis und Gewinnausschüttung wettgemacht. Der Aktionär partizipiert am Wertzuwachs der Gesellschaft.

Der Anteil am Liquidationsergebnis unterscheidet die Aktie vom partiarischen Darlehen und von der Gewinnobligation.

Ein Entzug des Rechtes auf Anteil am Liquidationserlös ist nur in den Urstatuten möglich und bloß zusammen mit einem Entzug des Dividendenrechtes sinnvoll. Als latentes Recht ist der Anspruch auf Liquidationsanteil

---

[5] Wie in BGE 99 II, 1973, S. 55 ff., insbes. S. 59 deutlich festgehalten wird.

besonders gefährdet, da die Verletzungen und Beschränkungen sich nicht unmittelbar und sogleich, sondern erst in ferner Zukunft auswirken und deshalb leichter hingenommen werden. Das Recht auf einen Anteil am Liquidationsergebnis wird insbesondere auf der Stufe der Gewinnerzeugung und des Gewinnanteils gefährdet. Die mangelnde Pflicht zum Gewinnausweis vermag den Liquidationsanteil nicht zu treffen, da in der Liquidationsbilanz alle stillen Reserven zum Vorschein kommen.

III. Das Bezugsrecht

1. Begriff und Zweck

Das Bezugsrecht ist das Recht des Aktionärs, im Falle einer Kapitalerhöhung durch Ausgabe neuer Aktien, solche zu erwerben[6].
Das Bezugsrecht dient dem Aktionär dazu, bei Kapitalerhöhungen seinen Anteil am Kapital zu erhalten, insbesondere seine Stimmkraft, seinen Dividendenanteil und alle übrigen Aktionärrechte, deren Maß sich nach dem Kapitalanteil richtet, zu wahren. Das Bezugsrecht erlaubt dem Aktionär, seinen Besitzstand zu halten. Dies ist für den Aktionär insbesondere bei kleinen und mittleren Gesellschaften, ganz besonders bei denjenigen mit ausgewogenen Stimmrechtsverhältnissen, von besonderer Wichtigkeit. Bei den börsenkotierten Gesellschaften erfüllt das Bezugsrecht andere Funktionen: Da der Ausgabepreis der neuen Aktien meist weit unter dem Börsenkurs liegt, kann der Aktionär entweder günstig neue Aktien beziehen, oder seinen Anteil an den Reserven durch Veräußerung des Bezugsrechtes realisieren. Die Kapitalerhöhung unter Wahrung des Bezugsrechtes dient neben der Mittelbeschaffung, die im Vordergrund steht, somit auch der teilweisen Entschädigung des Aktionärs für geringe Dividenden.
Das Bezugsrecht hat einen Vermögenswert, stellt aber kein vermögensmäßiges Recht dar, da es, anders als das Recht auf Anteil am Gewinn oder Liquidationsergebnis, keinen Anspruch auf vermögenswerte Leistung gegenüber der Gesellschaft gibt[7].

2. Beschränkung des Bezugsrechtes

Trotz der zentralen Bedeutung des Bezugsrechtes für die Erhaltung der Mitwirkungs- und Vermögensrechte jedes Aktionärs läßt das Gesetz seine

---

[6] OTT, STRICKER (Lit.verz. vor § 13); H.-J. STRICKLER, Das Bezugsrecht. Eine steuerwirtschaftliche Betrachtung, Bern 1974.
[7] Vgl. vorn § 12 I 2.

Aufhebung oder Beschränkung sowohl in den Urstatuten als auch im Erhöhungsbeschluß zu (Art. 652 OR). Das Bezugsrecht ist demnach kein **wohlerworbenes Recht**.

Anders als beim Recht auf Anteil am Gewinn oder am Liquidationsergebnis kann man sich allerdings keine legitime Begründung für die Aufhebung oder Beschränkung des Bezugsrechtes in den Statuten vorstellen. Mit Recht wird deshalb diese Möglichkeit im Vorentwurf von 1975 gestrichen[8].

Die Frage nach Bestand und Umfang des Bezugsrechtes stellt sich niemals bei Gratisnennwerterhöhungen, wohl aber bei allen Kapitalerhöhungen mit Ausgabe neuer Aktien, und zwar selbst bei einer Liberierung aus Gesellschaftsmitteln, denn das Bezugsrecht kann nicht lediglich bei effektiven Kapitalerhöhungen, also solchen mit Zugang neuer Mittel, sondern auch bei nominellen beschränkt oder gar aufgehoben werden. Es ist nicht einzusehen, weshalb das Bezugsrecht bei der Ausgabe sogenannter Gratisaktien nicht soll wegbedungen werden können, während es bei jeder andern Kapitalerhöhung, also insbesondere auch bei Kapitalerhöhungen, bei denen der Ausgabepreis sehr weit unter dem wirklichen Wert festgesetzt wird, beschränkbar ist[9].

Die Aufhebung oder Beschränkung des Bezugsrechtes im Erhöhungsbeschluß kann voraussetzungslos und ohne qualifizierte Mehrheit erfolgen. Die damit vom Gesetzgeber erreichte Flexibilität in der Gestaltung der Kapitalstruktur und der Festlegung des Aktionärkreises ist zwar zu begrüßen, auch wenn sie zur Schärfe der Vinkulierung in deutlichem Widerspruch steht. Diese Diskrepanz führt aber zu einer Gefährdung der Aktionäre in Mittel- und Kleingesellschaften, die ernste Bedenken erwecken muß.

Im Gebiete des Bezugsrechtes hat das Bundesgericht in einem Entscheid wirksamsten Aktionärsschutz betrieben und in zwei andern Fällen den Minderheitsaktionär völlig im Stiche gelassen:

Im berühmten Entscheid in Sachen Wyss-Fux AG[10] hat das Bundesgericht den **Grundsatz der Gleichbehandlung** auf das Bezugsrecht anwendbar erklärt und eine Kapitalerhöhung, bei welcher das Bezugsrecht auf Aktionäre, die in der Gesellschaft tätig sind, beschränkt wurde, als mit diesem Grundsatz unvereinbar erklärt. Dieser Entscheid läßt eine unterschiedliche Behandlung der Aktionäre nur dort zu, wo sie nicht unsachlich, sondern ein angemessenes Mittel zur Erreichung eines gerechtfertigten Zweckes ist[11].

Die Kommission TSCHOPP will diesen Grundsatz im Gesetz verankern und für die Abschwächung und Aufhebung des Bezugsrechtes gleichzeitig ein qualifiziertes Mehr einführen[12].

---

[8] Vgl. Art. 627 Ziff. 8 OR; VE, S. 25; vgl. auch Zwischenbericht, S. 157.
[9] Vgl. OTT, S. 74; a.A. SCHLUEP, S. 223; SIEGWART, N. 11 zu Art. 652 OR.
[10] BGE 91 II, 1965, S. 298; vgl. hierzu HIRSCH, JdT 121, 1973, S. 631 ff.
[11] Vgl. BGE 69 II, 1943, S. 250 und 88 II, 1962, S. 105.
[12] Vgl. Art. 652 Abs. 2 VE, sowie Zwischenbericht, S. 158.

Wird das Bezugsrecht nicht aufgehoben, die Kapitalerhöhung aber derart ausgestaltet, daß der Minderheitsaktionär sich vor die Wahl gestellt sieht, entweder die Kapitalerhöhung mitzumachen und neue Mittel in erheblichem Umfange einzuschießen, oder eine Verringerung seines Anteils am Kapital und damit am Stimmkraft- und Dividendenanspruch in Kauf zu nehmen, gewährt das Bundesgericht keinen Schutz[13]. In den zwei Ringier-Entscheiden ging es um eine Erhöhung des Grundkapitals um ein Mehrfaches und eine Ausgabe der Aktien zu pari. Eine derartige Kapitalerhöhung muß, wenn der Mindestaktionär nicht daran teilnimmt, zu einer außerordentlichen Kapitalverwässerung führen. Andererseits verlangt ein Mitmachen das Unterwerfen großer Mittel unter die Macht des Mehrheitsaktionärs. Der Minderheitsaktionär befindet sich in der Klemme, und das Bundesgericht eilt ihm nicht zu Hilfe, sondern begnügt sich mit dem Hinweis, die Rechte des Minderheitsaktionärs seien voll gewahrt, und die wirtschaftlichen Auswirkungen seien nicht zu beachten. In beiden Fällen brachte das Bundesgericht das Prinzip der schonenden Rechtsausübung nicht zur Anwendung, welches die Ausgabe der neuen Aktien zu einem erhöhten Ausgabepreis und damit eine Agio-Finanzierung verlangt hätte. Im ersten Entscheid wollte das Bundesgericht das Proportionalitätsprinzip nicht gelten lassen, weil ein solches neben dem Grundsatz der Gleichbehandlung keinen Platz habe. Im zweiten Entscheid ließ es das Prinzip zwar gelten, versagte ihm aber in casu die Anwendung. Beide Ringier-Entscheide haben den richterlichen Minderheitenschutz in ein Wellental geführt, aus dem nur noch der Gesetzgeber Rettung bieten kann.

Eine Beschränkung des Bezugsrechtes ist im Einzelfall oft durchaus gerechtfertigt, so bei der Ausgabe von Aktien an die Arbeitnehmer oder das Kader, bei der Ausgabe von Aktien für den Erwerb von Beteiligungen, Unternehmen oder Unternehmensteilen durch Aktientausch (Beteiligungsnahme, Quasifusion) oder bei der Schaffung von Vorratsaktien für die Ausgabe von Wandelobligationen oder Optionsanleihen. In allen diesen Fällen wird das Bezugsrecht nicht aus unsachlichen Gründen entzogen, und die Gleichbehandlung der Aktionäre bleibt in der Regel gewahrt.

In Publikumsgesellschaften werden die neuen Aktien meist von Banken gezeichnet und ohne Verzug liberiert, so daß an derselben Generalversammlung Erhöhungsbeschluß und Feststellungsbeschluß gefaßt werden können. Die Aktienzeichner bieten die von ihnen derart erworbenen Aktien den bisherigen Aktionären zum Bezuge an, so daß das Bezugsrecht indirekt gewahrt

---

[13] BGE 102 II, 1976, S.265 und 99 II, 1973, S.55; vgl. hierzu die Kritik von KUMMER, ZBJV 111, 1975, S.137ff.; PATRY, SAG 46, 1974, S.38ff., sowie von U.F. KREBS, Gefährdung und Schutz der Minderheit bei Kapitalerhöhungen in der Aktiengesellschaft nach schweizerischem Recht, Zürich 1980, S.106ff.

bleibt, und unter diesem Aspekt jedenfalls gegen das geschilderte Vorgehen nichts einzuwenden ist.

3. Übertragbarkeit des Bezugsrechtes

Wie die Aktie ist auch das Bezugsrecht grundsätzlich frei übertragbar. Dem Erwerber von Namenaktien können allerdings die Vinkulierungsvorschriften entgegengehalten werden. Statutarisch werden die Bezugsrechte nicht selten vinkuliert und ebenfalls den statutarischen Übernahmerechten unterworfen.

§ 14. Die Pflichten des Aktionärs

Literatur

L. FROMER, Die Treuepflicht des Aktionärs, ZSR 58, 1939, S. 210 ff.; W. BENZ, Die Treuepflicht des Gesellschafters, Zürich 1947; M. GLOOR, Der Treuegedanke im Recht der Handelsgesellschaften, Zürich 1942; H. WOHLMANN, Die Treuepflicht des Aktionärs. Die Anwendung eines allgemeinen Rechtsgrundsatzes auf den Aktionär, Zürich 1968.

I. Beitragspflicht

1. Die Zeichnung von Aktien verpflichtet den Aktionär, den Ausgabepreis zu entrichten (vgl. Art. 624 Abs. 2, 631 Abs. 2 Ziff. 6 und Art. 632 Abs. 3 OR); wird diese aus der Zeichnung entstandene Verpflichtung als aktienrechtliche angesehen, dann ist es richtig, die Bezahlung des Ausgabepreises als einzige aktienrechtliche Pflicht zu betrachten. In Übereinstimmung mit der Natur der Aktiengesellschaft als Kapitalgesellschaft geht die Beitragspflicht auf eine Kapitalleistung. Sie umfaßt nicht bloß den Nennwert, sondern auch das Agio.

2. Kommt der Zeichner seiner Leistungspflicht nicht nach, kann er seiner Rechte aus den Aktien verlustig erklärt werden. Man betrachtet diese Kaduzierung als einen Ausschluß aus der Gesellschaft, obschon der Zeichner nicht Aktionär sein muß und nicht Aktionär geworden ist und sein Stimmrecht, da er den Ausgabepreis nicht bezahlt hat, nicht zur Entstehung gelangt ist (Art. 694 OR). Das Kaduzierungsverfahren gemäß Art. 681/82 OR ist allerdings weitgehend toter Buchstabe geblieben[1].

---

[1] Zur Kaduzierung vgl. vorn § 11 II.

II. Verbot der Nebenleistung

1. Keine statutarischen Nebenpflichten

Die Liberierung der Aktie ist die einzige Pflicht des Aktionärs. Das Gesetz sieht keine weiteren Pflichten vor. Auch durch die Statuten dürfen dem Aktionär nicht weitere Pflichten auferlegt werden (Art. 680 Abs. 1 OR). Der Aktionär kann somit keinen statutarischen Nebenleistungen unterworfen werden. Er kann durch die Statuten keiner persönlichen Haftung unterstellt und zu keinen Nachschußpflichten angehalten werden; ebensowenig kann er durch die Statuten verpflichtet werden, neue Aktien zu zeichnen.

Das Verbot der Nebenleistung, obschon im Gesetz schlecht zum Ausdruck gebracht[2], ist ein Fundamentalprinzip des Aktienrechts, denn es bildet Voraussetzung für die Negoziabilität der Aktie. Die leichte Übertragbarkeit eines Mitgliedschaftspapiers verlangt, daß der Erwerber die Gewißheit hat, zu keinen Nachschüssen oder andern Leistungen verpflichtet zu sein oder später noch verpflichtet zu werden. Das Verbot der Nebenleistung ist somit unabdingbare Voraussetzung für die Handelbarkeit der Aktie.

2. Vertragliche Pflichten

Das Verbot der Nebenleistungen bezieht sich einzig auf statutarische Pflichten und läßt vertragliche Leistungszusagen unberührt. Nichts hindert die Aktionäre, sich freiwillig in einem Vertrag zu Nachschüssen und andern Nebenleistungen zu verpflichten. Nicht selten besteht eine ganze Reihe von Verträgen, die bis zur Doppelgesellschaft oder zum Gemeinschaftsunternehmen (joint-venture) ausgebaut sein können[3].

III. Treuepflicht

Ob die gesellschaftsrechtliche Treuepflicht auch für Aktionäre gilt, ist nach wie vor kontrovers. Es darf auf die Ausführungen von WERNER VON STEIGER[4]

---

[2] In Art. 620 Abs. 2 OR wird festgehalten, daß die Aktionäre nur zu den statutarischen Leistungen verpflichtet sind; 60 Artikel später (in Art. 680 Abs. 1 OR) erst wird klargestellt, daß keine derartigen statutarischen Pflichten bestehen. Durch das systematische Auseinanderreißen dieser beiden Bestimmungen verliert das Wort «auch» in Art. 680 Abs. 1 OR seinen Sinn. Gemeint ist, daß der Aktionär durch das Gesetz zu nichts verpflichtet wird und auch durch die Statuten zu nichts verpflichtet werden kann. Gesetzestechnisch unrichtig ist auch die Ausgestaltung der Liberierungspflicht als Ausnahme vom Verbot der statutarischen Nebenleistung, da die Pflicht zur Liberierung des Ausgabepreises nicht auf den Statuten, sondern auf der Aktienzeichnung beruht.
[3] Vgl. vorn § 6 IV 2.
[4] Schweiz. Privatrecht, Bd. VIII/1, Basel 1976, S. 296 f.; vgl. auch WOHLMANN.

verwiesen werden. Das Bundesgericht hat in einem neuesten Entscheid die Treuepflicht für Aktionäre erneut verworfen und lediglich eingeräumt, daß in Familiengesellschaften persönliche Aspekte nicht völlig ignoriert werden dürfen[5]. Damit schließt das Bundesgericht an seine bisherige Praxis[6] an.

§ 15. Aktionärsschutz

Literatur

R. BÄR, Grundprobleme des Minderheitenschutzes in der Aktiengesellschaft, ZBJV 91, 1959, S. 369 ff.; W. F. BÜRGI, Das Problem des Minderheitenschutzes im schweizerischen Aktienrecht, SAG 29, 1956/57, S. 80 ff.; O. BRUDERER, Das Antragsrecht des Aktionärs, Gais 1981; CH. VON GREYERZ, Der Schutz der Minderheit in der Aktiengesellschaft de lege ferenda, SJZ 72, 1976, S. 53 ff.; A. HIRSCH, La protection des actionnaires «de lege ferenda», SAG 50, 1978, S. 65 ff.; R. MANDEL, Die richterliche Interessenabwägung in der Frage des aktienrechtlichen Minderheitenschutzes, Basel 1974; A. MEIER-HAYOZ/M. ZWEIFEL, Der Grundsatz der schonenden Rechtsausübung im Gesellschaftsrecht, in: Festschrift zum 65. Geburtstag von Harry Westermann, Karlsruhe 1974, S. 383 ff.; J. NENNINGER, Der Schutz der Minderheit in der Aktiengesellschaft nach schweizerischem Recht, Basel und Stuttgart 1974; F. P. OESCH, Der Minderheitenschutz im Konzern nach schweizerischem und amerikanischem Recht, Winterthur 1971; R. PATRY, L'égalité des actionnaires dans la société anonyme, SemJud 85, 1963, S. 81 ff.; F. PELLI, Der Grundsatz der schonenden Rechtsausübung als Schranke der Ermessensfreiheit der Generalversammlung einer Aktiengesellschaft, ohne Ort und Jahr; W. R. SCHLUEP, Die wohlerworbenen Rechte des Aktionärs und ihr Schutz nach schweizerischem Recht, Zürich/St. Gallen 1955; H. STOCKMANN, Zum Problem der Gleichbehandlung der Aktionäre, in: Lebendiges Aktienrecht, Festgabe zum 70. Geburtstag von Wolfhart Friedrich Bürgi, Zürich 1971, S. 387 ff.

I. Problem

1. Die Grundentscheide der Gesellschaft, wie Änderung der Statuten, Festsetzung von Kapital und Reserven, Gewinnverwendung und Wahl der Verwaltung, werden von der Generalversammlung als dem obersten Organ gefaßt. Die Generalversammlung entscheidet hierbei mit dem absoluten Mehr der vertretenen Stimmen (Art. 703 OR). In der Aktiengesellschaft gilt das für Körperschaften typische Mehrheitsprinzip und nimmt, da die Stimmkraft sich nach dem Nennwert richtet, eine kapitalistische Ausformung an. Das Mehr-

---

[5] BGE 105 II, 1979, S. 128.
[6] BGE 91 II, 1965, S. 305.

heitsprinzip findet in der Aktiengesellschaft seine besondere Begründung, indem es zur Übereinstimmung von Einlage, Risiko und Einfluß führt.

Die Mitgliedschaftsrechte des Aktionärs sind durch Gesetz und Statuten nicht endgültig festgelegt, sondern bedürfen der Aktualisierung durch die Gesellschaftsorgane. Die Ausgestaltung der Aktionärsrechte erfolgt durch Mehrheitsentscheid und damit allenfalls gegen den Willen des einzelnen. Die Quantität der Zustimmung gewährleistet nicht die Qualität des Beschlusses[1]. Der Aktionär hat sich dem Mehrheitsbeschluß zu unterwerfen und Beeinträchtigungen hinzunehmen. Es besteht stets die Gefahr, daß die Mehrheit in ihren Entschlüssen nicht die Interessen aller Aktionäre im Auge hat, sondern bei der Stimmabgabe Sonderinteressen verfolgt.

Das Mehrheitsprinzip kann deshalb nicht ohne Schranken gelten. Die Rechtsstellung des Minderheitsaktionärs ist vor Eingriffen durch die Mehrheit zu schützen. Der einzelne Aktionär darf dem Willen der Mehrheit nicht schutzlos preisgegeben sein. Die Rechtsordnung hat dafür zu sorgen, daß die Interessen des einzelnen Aktionäres geschützt werden, ohne daß die Gesellschaft und die Aktionäre als Ganzes in Mitleidenschaft gezogen werden und ohne daß die Zweckverfolgung und Unternehmenserhaltung verunmöglicht oder übermäßig behindert wird. Der Mißbrauch der Mehrheitsmacht findet keinen Schutz.

2. Infolge des Grundsatzes der Drittorganschaft ist der Aktionär als solcher nicht zur Geschäftsführung befugt. Diese wird der Verwaltung als einem abstrakt bestimmten Organ zugewiesen. Der Aktionär hat auf die Geschäftsführung durch Verwaltung und Geschäftsleitung keinen unmittelbaren Einfluß. Er unterwirft seine Kapitaleinlage der Verwaltung Dritter. Die Gefahren dieser Fremdverwaltung sind weniger offenkundig, aber einschneidender. Die Interessenlage ist vielgestaltig und verwickelt, indem in der Verwaltung die Ansprüche der Aktionäre, Gläubiger, Arbeitnehmer und der Öffentlichkeit aufeinanderstoßen und des Ausgleichs bedürfen. Der Aktionär muß damit rechnen, daß dieser Interessenausgleich häufig nicht zu seinen Gunsten ausfällt.

Die Verwaltung entfaltet ihre Tätigkeit nicht vor den Augen des Aktionärs. Sie erstattet über ihre Aktivitäten lediglich periodisch und unvollständig Bericht: Sie ist zur offenen Bilanzierung nicht verpflichtet. Der Einblick des Aktionärs in die Vermögens- und Ertragslage ist erschwert. Die Komplexität der unternehmerischen Tätigkeit verunmöglicht eine zuverlässige Beurteilung von Tätigkeit und Wirksamkeit der Verwaltung durch den Aktionär als Außenseiter.

---

[1] NENNINGER, S. 36.

Die Aktionärsrechte werden durch die Verwaltung weder aufgehoben noch beseitigt, sondern ausgehöhlt oder beschränkt. Vorbeugende Schutzmaßnahmen bestehen wenige, die repressiven sind oft nicht wirkungsvoll[2].

3. Neben diesen ständigen Gefährdungen durch Mehrheit und Fremdverwaltung ist der Aktionär im Laufe des Lebens der Gesellschaft nicht selten besonderen Gefahren ausgesetzt.

Besondere Gefährdung erleidet der Aktionär bei Kapitalerhöhungen, indem er bei einem Ausschluß des Bezugsrechtes eine anteilsmäßige Verminderung seiner Aktionärsrechte, insbesondere des Stimm- und Dividendenrechtes, in Kauf nehmen muß. Erfolgt die Kapitalerhöhung unter Wahrung des Bezugsrechtes, muß der Aktionär erhebliche Mittel in die Gesellschaft einschießen, wenn er seinen relativen Anteil erhalten will. Damit wird er gezwungen, Teile seines Vermögens einer Drittbestimmung und Fremdverwaltung zu unterwerfen[3].

Gefährdungen sind auch bei Kapitalherabsetzungen denkbar, wenn auch noch keine Fälle zur Beurteilung gekommen sind. Hier fragt sich insbesondere, ob dem Aktionär Kapitalherabsetzungsleistungen in natura[4] zugemutet werden dürfen, ob Kapitalherabsetzungen auf Null zuzulassen seien[5] und ob der Grundsatz der Gleichbehandlung gewahrt bleibt.

Verstärkt sind die Gefährdungen des Aktionärs bei Fusionen, indem ihm hier die Mitgliedschaft entzogen und ihm eine solche in einer andern Gesellschaft aufgedrängt wird. Überdies besteht die Gefahr der ungünstigen Festlegung des Austauschverhältnisses: Die Aktien der fusionierenden Gesellschaft sind nicht gleichartig und gleichwertig, so daß der Minderheitsaktionär der zu übernehmenden Gesellschaft eine ungenügende Gegenleistung erhält und sich überdies als Aktionär einer Gesellschaft sieht, deren Verwaltung er das erforderliche Vertrauen nicht entgegenzubringen vermag[6].

Stark, wenn auch nicht sogleich offenkundig, ist die Gefährdung der Aktionärsrechte im Zeitpunkt der Konzernierung. Der freie Aktionär sieht sich einer kompakten Mehrheit gegenüber und muß befürchten, daß die Gesellschaft ihre Tätigkeit nach dem Konzerninteresse ausrichtet. Der Verwaltungsrat wird mit Konzernleuten beschickt, welche die Geschäfte nach dem Wohle des Konzerns ausrichten. Der Betrieb wird verlegt, reduziert oder eingestellt, die Gewinne werden offen oder verdeckt abgeführt, die Reserven abgezogen. Die Gesellschaft wird der Konzernweisungsgewalt unterworfen. Es ist mit der

---

[2] Vgl. VON GREYERZ, Schutz der Minderheit.
[3] Zur Problematik vgl. die Ausführungen zum Bezugsrecht, vorn § 13 III.
[4] z.B. Aktien von Beteiligungsgesellschaften.
[5] Dies wurde vom BGer bejaht in BGE 86 II, 1960, S. 78 ff.
[6] Zur Fusion vgl. hinten § 24 IV.

Erteilung von Weisungen zu rechnen, die für den Weisungsempfänger nachteilig sind. Der Grundsatz der Gleichbehandlung erleidet Gefährdungen oder Verletzungen. Bei dieser Sachlage wird der freie Aktionär durch das heutige Recht besonders schlecht geschützt.

Die klassischen Rechtsbehelfe, Anfechtungs- und Verantwortlichkeitsklage, vermögen kaum Schutz zu bringen. Dem Aktionär sind spezifisch konzernrechtliche Schutzmassnahmen wie das Recht auf periodische Ausgleichszahlungen oder auf Übernahme der Aktien gegen entsprechende Abfindung zu gewähren[7].

II. Schutz der Minderheit

1. Einleitung

Der Aktionär ist vor **Machtmissbrauch der Mehrheit** und vor **Unsorgfalt und Untreue der Verwaltung** zu schützen. Der Aktionär darf dem Willen der Mehrheit und den Entscheidungen der Verwaltung nicht schutzlos preisgegeben sein. Der Aktionärsschutz ist insofern besonders zu verstärken, da dem Aktionär kein Austrittsrecht zusteht und seine Aktie aus tatsächlichen Gründen oder infolge von statutarischen Übertragungsbeschränkungen unveräußerlich ist, so daß er auf Gedeih und Verderb mit der Gesellschaft verbunden bleibt.

Die Mittel des Aktionärsschutzes sind zwar vielgestaltig, aber nicht immer wirksam. Der Aktionär wird auf vierfache Weise geschützt: Allgemeine Grundsätze, wohlerworbene Rechte, Minderheitenrechte und als Einzelrechte ausgestaltete Schutzrechte.

Der Ausbau des Aktionärsschutzes im schweizerischen Recht ist mangelhaft[8]. Das Ungenügen des Minderheitenschutzes läßt sich auf drei Ursachen zurückführen: Mängel des Gesetzes, Zurückhaltung der Gerichte, wirtschaftliche Entwicklung.

Das Gesetz, in Krisenzeiten entstanden, hat vor allem den Gläubigerschutz und die Erhaltung des Unternehmens im Auge. Der Aktionärsschutz ist ungenügend ausgebaut: Die Unterrichtung über Tätigkeit, Vermögen und Er-

---

[7] Vgl. hierzu neuestens R. RUEDIN, Vers un droit des groupes de sociétés?, ZSR 99 II, 1980, S. 151 ff., insbes. S. 197 ff. und 259 ff.; vgl. auch J. N. DRUEY, Aufgaben eines Konzernrechtes, ZSR 99 II, 1980, S. 275 ff., insbes. S. 366 f.
[8] Vgl. VON GREYERZ, Schutz der Minderheit, S. 54; F. VISCHER/F. RAPP, Zur Neugestaltung des schweizerischen Aktienrechtes, Bern 1968, S. 176 ff.; NENNINGER, S. 143 ff.; E. HAYMANN, Aktionärübernahmevereinbarungen zwischen Mehrheits- und Minderheitsaktionären, Zürich 1973, S. 93 ff.; Zwischenbericht, S. 195 ff.; Begleitbericht, S. 10 f.; HIRSCH, Protection des actionnaires.

trag erfolgt nicht hinreichend. Die Art der Streitwertberechnung läßt meist von der Anhebung einer Anfechtungsklage absehen. Der Ersatz des indirekten Schadens mittels Leistung an die Gesellschaft nimmt der Anhebung einer Verantwortlichkeitsklage durch einen Aktionär außerhalb des Konkurses jeden Anreiz; die Verantwortlichkeitsklage im Konkurs ist für den Aktionär völlig ohne Interesse, da die Gläubigeransprüche vorgehen. Die Zulässigkeit der Vinkulierung bewirkt die Unübertragbarkeit der Aktie.

Die Zurückhaltung der Gerichte verhindert insbesondere bei den Anfechtungsprozessen die Wirksamkeit des Aktionärsschutzes. Die Scheu des Bundesgerichtes, Generalversammlungsbeschlüsse, die nicht gerade offensichtlich willkürlich sind, umzustürzen, und die Ablehnung, das Ermessen der Versammlung zu überprüfen, lassen die Anhebung von Anfechtungsklagen zum voraus als kaum erfolgreich erscheinen[9].

Die wirtschaftliche Entwicklung und der Gang der Rechtswirklichkeit haben das ihrige zum Niedergang des Aktionärsschutzes beigetragen. Die Vielschichtigkeit der wirtschaftlichen Sachverhalte und die infolge ihrer Komplexität und mangelhaften Unterrichtung stets zunehmende Unüberschaubarkeit der unternehmerischen Tätigkeit bewirken, daß der Aktionär sich aufs bloße Zusehen verlegt und seine Verständnislosigkeit sich in Resignation umwandelt. Die dadurch bewirkte Sinnentleerung der Generalversammlung führt zu einem Machtvakuum, was eine Konzentration der innergesellschaftlichen Macht bei der Verwaltung zur Folge hat[10].

2. Minderheitenrechte

In der Generalversammlung entscheidet die Mehrheit, und die Minderheit hat sich zu unterziehen. Ein Vetorecht steht dem Einzelaktionär nicht zu. Ebensowenig hat er verbindliche Antrags- oder Vorschlagsrechte. Er kann der Mehrheit seinen Willen niemals aufdrängen. Das Gesetz gewährt ihm aber die Möglichkeit, das Zustandekommen bestimmter Beschlüsse zu verhindern. Diese negativen Minderheitenrechte sind zweierlei Art: Die in den Art. 636 und 648 OR genannten Beschlüsse[11] bedürfen der Zustimmung der Stimmen von zwei Dritteln des Grundkapitals, so daß einer Minderheit, die über mehr als

---

[9] Zur Anfechtungsklage vgl. hinten § 16 V.
[10] Ähnlich VON GREYERZ, Schutz der Minderheit, S.55; vgl. vor allem R. WIETHÖLTER, Interessen und Organisation der Aktiengesellschaft im amerikanischen und deutschen Recht, Karlsruhe 1961, passim; ferner B. GROSSFELD, Aktiengesellschaft, Unternehmenskonzentration und Kleinaktionär, Tübingen 1968, S. 1–49.
[11] Sacheinlage, Sachübernahme, Gründervorteile, Umwandlung des Gesellschaftszweckes, Einführung von Stimmrechtsaktien sowie (legislatorisch unnötigerweise) Beseitigung von Statutenbestimmungen über die Erschwerung der Beschlußfassung in der Generalversammlung.

einen Drittel des Grundkapitals verfügt, eine Sperrminorität zusteht, indem sie das Zustandekommen dieser Beschlüsse verhindern kann.

Nicht verhindern, aber hinausschieben kann eine Aktionärsminderheit die in den Art. 649, 655 und 658 OR genannten Beschlüsse[12]. Diese Beschlüsse können nach nicht zwingender Bestimmung nur in einer Generalversammlung gefaßt werden, in der mindestens zwei Drittel sämtlicher Stimmen vertreten sind. Die Aktionärsminderheit kann demnach durch Fernbleiben die Beschlußfähigkeit verhindern und die Einberufung einer zweiten Generalversammlung erzwingen (vgl. Art. 649 Abs. 2 OR)[13].

Die ratio legis dieser Minderheitenrechte ist ebenso offenkundig wie ihre Problematik: Wichtige Entscheide bedürfen besonders qualifizierter Beschlüsse. Sehr kleine Minderheiten bleiben dadurch ungeschützt. Andererseits besteht die Gefahr der Blockierung wichtiger Beschlüsse. Zu bedenken ist allerdings, daß auch Minderheitenrechte mißbräuchlich ausgeübt werden können. Ein derartiger Mißbrauch läge vor, wenn die Zustimmung ohne sachlichen Grund, willkürlich und einzig um der Gesellschaft Schaden zu stiften, verweigert würde. Fälle von Mißbrauch der Minderheitenrechte sind bis heute allerdings nicht bekannt geworden. Ihre Bekämpfung wäre insofern schwierig, als eine Anfechtung des infolge der Sperrminorität nicht zustandegekommenen Beschlusses einzig die Aufhebung des Generalversammlungsbeschlusses, nicht aber dessen Ersetzung durch eine positive Beschlußfassung bringen könnte. Man darf sich sogar fragen, ob ein infolge Nichterreichens der qualifizierten Mehrheit nicht zustandegekommener Beschluß überhaupt Gegenstand einer Anfechtungsklage bilden kann. Die schweizerische Literatur äußert sich einzig positiv zur Frage der Anfechtbarkeit von ablehnenden Beschlüssen[14].

Das Recht, von der Verwaltung die Einberufung der Generalversammlung oder vom Richter die Auflösung der Gesellschaft aus wichtigen Gründen zu verlangen, ist als Minderheitenrecht ausgestaltet. Dort wird der zehnte Teil, hier der fünfte Teil des Grundkapitals verlangt (vgl. Art. 699 Abs. 3 und Art. 736 Ziff. 4 OR). Die positiven Minderheitenrechte gestatten es dem Aktionär, einen Entscheid der Generalversammlung[15] oder des Richters herbeizuführen.

---

[12] Erweiterung und Verengerung des Geschäftsbereiches, Fusion, Fortsetzung der Gesellschaft über die in den Statuten bestimmte Zeit hinaus, Abänderung der Firma, Sitzverlegung, Auflösung vor dem statutarischen Termin, Ausgabe von Vorzugsaktien und Genußscheinen.
[13] Diese zweite Generalversammlung ist beschlußfähig, auch wenn nur ein Drittel sämtlicher Aktien vertreten ist. Die genannten Beschlüsse werden in beiden Generalversammlungen nach der Grundregel in Art. 703 OR mit dem absoluten Mehr der vertretenen Stimmen gefaßt.
[14] SCHLUEP, Wohlerworbene Rechte, S. 285; K. W. ROHRER, Aktienrechtliche Anfechtungsklage, Zürich 1979, S. 7.
[15] Das Recht auf Einberufung ist verbunden mit dem Recht auf Traktandierung; vgl. vorn § 12 IX.

3. Wohlerworbene Rechte

Nicht alle Aktionärsrechte unterliegen der Mehrheitsmacht. Bestimmte Mitgliedschaftsrechte können durch Mehrheitsbeschluss nicht entzogen oder beschränkt werden. Derartige Rechte bezeichnet das Gesetz als wohlerworbene (Art. 646 Abs. 1 OR)[16].

Welche Rechte als wohlerworben und unentziehbar gelten, ergibt sich aus Art. 646 OR nicht; sowohl Abs. 1 wie Abs. 2 besagen vorerst nichts anderes, als daß die wohlerworbenen Rechte dem Aktionär nicht ohne seine Zustimmung entzogen werden können und daß sie somit von den Beschlüssen der Generalversammlung und der Verwaltung unabhängig sind. Die Aufführung des Stimmrechtes, des Anfechtungsrechtes, des Dividendenrechtes und des Rechtes auf Anteil am Liquidationsergebnis in Art. 646 Abs. 3 OR trägt ebenfalls nichts bei, da es sich um eine beispielhafte Aufzählung handelt, da von den vier dort genannten Rechten jedenfalls die zwei Vermögensrechte besonders starken Einschränkungen ausgesetzt sind, ihre Unentziehbarkeit sich fast völlig verflüchtigt und auch das Stimmrecht außerordentlich stark beschränkt werden kann[17]. Es ist das Verdienst von SCHLUEP, dargelegt zu haben, daß die Unentziehbarkeit sich nicht aus abstrakten Begriffen deduzieren und nicht in allgemeiner Form festlegen läßt. Ob und in welchem Umfange ein Aktionärsrecht entzogen oder beschränkt werden kann, ist für jedes einzelne Recht zu prüfen und unter Abwägung aller im Spiele stehenden Interessen zu bestimmen. Im Zusammenhang mit der Wohlerworbenheit[18], also mit der Stärke, die der Gesetzgeber einem Aktionärsrecht gewährt, sind drei Gruppen von Intensitäten der Rechtsgewährung zu unterscheiden: Rechte sind entweder entziehbar und beschränkbar, wie z. B. das Bezugsrecht, oder sie sind beschränkbar aber unentziehbar, wie insbesondere die Kontrollrechte und die Vermögensrechte, oder sie sind unbeschränkbar und unentziehbar, wie insbesondere die Klagerechte (Anfechtung, Auflösung, Schadenersatz). Die unbeschränkbaren und unentziehbaren Rechte gelten als absolut wohlerworben, die beschränkbaren aber unentziehbaren als relativ wohlerworben. Ein Recht ist dann unentziehbar aber beschränkbar, wenn es mehr oder minder starke Beschränkungen erleidet, im Kern oder im Grundgehalt indessen nicht tangiert werden kann. Die genannte Dreiteilung ist insofern lediglich didaktischer Natur, als sie keine Hilfe leistet für die Zuweisung der einzelnen Rechte und die Bestimmung der

---

[16] Vgl. hierzu vor allem SCHLUEP, Wohlerworbene Rechte, passim; siehe auch NENNINGER, S. 39 ff.; BÄR, Grundprobleme; FORSTMOSER/MEIER-HAYOZ, § 34, Rz. 7 ff.
[17] Art. 646 OR läßt ferner auch unerwähnt, daß bestimmte Rechte selbst mit Zustimmung des Aktionärs nicht entzogen werden können; vgl. nachfolgend Ziff. 4.
[18] Zur Wohlerworbenheit der Aktionärrechte vgl. die Ausführungen über die Mitwirkungsrechte in § 12 und für die Vermögensrechte in § 13.

Grenze ihrer Beschränkbarkeit. Die Wohlerworbenheit einzelner Rechte kann sich auch aus den Statuten ergeben. Ob ein statutarisch eingeräumtes Recht als unentziehbar betrachtet werden muß, ist eine Frage der Auslegung. Abzuklären ist dabei stets auch, ob die statutarischen Rechte Mitgliedschaftsrechte oder nicht vielmehr Gläubigerrechte sind, in welchem Falle sich die Frage der Unentziehbarkeit ohnehin nicht stellt[19]. Die gesetzliche Unentziehbarkeit von Rechten ist für jedes Recht besonders zu prüfen. Hierbei sind alle im Spiele stehenden Interessen gegeneinander abzuwägen. In den von der Aktiengesellschaft gehaltenen Unternehmen stoßen als einem «carrefour des intérêts» die Interessen von Aktionären, Gläubigern, Kunden, Lieferanten, Arbeitnehmern und Öffentlichkeit aufeinander. Diese Interessen sind nach Umfang und Intensität zu messen und miteinander zu vergleichen. Häufig, insbesondere beim Dividendenrecht, wird sich ergeben, daß die Interessen der andern denjenigen der Aktionäre vorgehen, so daß diese sich zahllose Eingriffe in ihr Recht auf einen Anteil am Gewinn gefallen lassen müssen.

Mit welchem Maßstab die aufeinanderprallenden Interessen zu messen sind, bleibt in der Literatur kontrovers: SCHLUEP nennt das Unternehmensinteresse[20], BÄR macht den typischen Aktionär zum Maßstab[21]; für NENNINGER[22] ist das zweckgemäße Ausüben des Stimmrechtes entscheidendes Kriterium, für MANDEL ist es die soziale Verantwortlichkeit[23].

Angesichts der zahlreichen Antworten darf man ohne weiteres die Frage nach der Entbehrlichkeit des Begriffs der wohlerworbenen Rechte stellen[24]. Die allgemeinen Rechtsgrundsätze, insbesondere das Prinzip der Gleichbehandlung und der Verhältnismässigkeit, sowie die Schutzrechte, könnten zum Schutze des Aktionärs vollauf genügen. Die Kontroverse um die wohlerworbenen Rechte sollte in dem Sinne als abgeschlossen, die Suche nach allgemein gültigen Kriterien zur Interessenabwägung als letztlich erfolglos bezeichnet werden können.

Jedenfalls wird der Gesetzgeber den Minderheitenschutz nicht nach dieser Richtung hin ausbauen. Die legislatorische Förderung des Aktionärsschutzes soll über die Intensivierung bestehender oder die Schaffung neuer Schutzrechte sowie insbesondere durch die Verbesserung der Offenlegung erfolgen. Was im übrigen not tut, ist die Schaffung eines besseren Verständnisses für die Bedürf-

---

[19] Zu den statutarischen Rechten vgl. vorn § 8 III.
[20] SCHLUEP, Wohlerworbene Rechte, S. 383 ff.
[21] Vgl. BÄR, Grundprobleme, S. 385, sowie BÄR, Aktuelle Fragen des Aktienrechtes, ZSR 85 II, 1966, S. 326 ff.; die Ansicht von BÄR ist vom BGer ausdrücklich abgelehnt worden, vgl. BGE 95 II, 1969, S. 164.
[22] Op. cit., S. 62.
[23] MANDEL, passim, insbes. aber S. 367 ff.
[24] Wie dies JÄGGI in der Besprechung der Arbeit von SCHLUEP in ZSR 75 I, S. 106 tut, und wie es auch SCHLUEP selbst, op. cit. (Lit. verz. vor § 15), S. 358 getan hat.

nisse des Aktionärs. Dies wird zur Erweiterung der Kognitionsbefugnisse in Anfechtungsklagen und damit zur freien Überprüfung von Generalversammlungsbeschlüssen führen, eine wirkungsvolle Gestaltung der Informationsrechte bewirken und eine Lockerung der Übertragungsbeschränkungen zur Folge haben müssen. Der Aktionär würde dadurch in die Lage versetzt, seine materiellen Aktionärsrechte in Kenntnis der Sachlage auszuüben, sich gegen eine Übermacht in der Generalversammlung zur Wehr zu setzen oder die Beziehungen zur Gesellschaft durch Verkauf der Aktien abzubrechen. Für den Ausgleich zwischen Mehrheitsmacht und Aktionärsrecht bildet die Unterscheidung in unbeschränkbare, beschränkbare und entziehbare Rechte lediglich eine Entscheidungstabelle, die mit argumentatorischem Inhalt angefüllt werden muß. Der zum Schutz des Aktionärs geschaffene Begriff der Wohlerworbenheit hat sich insofern als kontraproduktiv erwiesen, als die Aufmerksamkeit sich mehr auf die Einfallstore dieser Bastion als auf Ausbau und Festigung der uneinnehmbaren Teile beschränkt hat[25].

4. Unverzichtbare Rechte

Art. 646 Abs. 1 OR spricht von Rechten, die ohne die Zustimmung des Aktionärs nicht entzogen werden können, und läßt damit den falschen Eindruck entstehen, dem Aktionär könnten mit seiner Zustimmung alle Rechte entzogen werden. Der körperschaftliche Aufbau der Aktiengesellschaft und der sich daraus ergebende zwingende Charakter auch von Bestimmungen, welche lediglich das Innenverhältnis betreffen, läßt bestimmte Aktionärsrechte zu unverzichtbaren werden. Hierzu gehören insbesondere das Stimmrecht und die Kontroll- und Schutzrechte. Auf ihre Einhaltung kann der Aktionär nicht verzichten. Über die Verletzung kann er allerdings hinwegsehen. Nicht zu den unverzichtbaren Rechten gehören die Vermögensrechte, da die Gesellschaft mit Zustimmung aller Beteiligten ihre Gewinnstrebigkeit durch Wohltätigkeit oder Gemeinnützigkeit ersetzen kann[26].

5. Rechtsmißbrauchsverbot

Der Aktionär ist in der Ausübung seines Stimmrechtes frei. Er darf seine Stimme nach seinem Ermessen und in Verfolgung seiner Interessen abgeben. Er ist für seine Stimmabgabe niemandem verantwortlich[27]. Auch beim Stimm-

---

[25] Ein illustratives Beispiel für diese Tendenz, vor allem auf die Beschränkbarkeit und Entziehbarkeit der Aktionärsrechte hinzuweisen, ist BGE 99 II, 1973, S. 59 (Weltwoche-Entscheid).
[26] Vgl. hierzu vorn § 13 I.
[27] Dies gilt jedenfalls für alle Stimmabgaben innerhalb der gesetzlichen Kompetenz der Generalversammlung gemäß Art. 698 Abs. 2 OR; den Mehrheitsaktionär als Organ anzusehen und ihn

recht findet der Mißbrauch allerdings keinen Schutz[28]. Das Bundesgericht betrachtet die Ausübung des Stimmrechtes und damit den Generalversammlungsbeschluß dann als mißbräuchlich, «wenn es sich durch vernünftige wirtschaftliche Erwägungen nicht rechtfertigen läßt, die Interessen der Minderheit offensichtlich beeinträchtigt und die Sonderinteressen der Mehrheit ohne Grund bevorzugt»[29]. Nach dieser einschränkenden Ansicht darf der Richter nur einschreiten, wenn die Mehrheitsaktionäre die Macht im Hinblick auf entgegengesetzte Interessen der Minderheitsaktionäre offensichtlich mißbraucht haben[30]. Die Aufhebung von Generalversammlungsbeschlüssen hängt somit von einer **qualifizierten Widerrechtlichkeit**, nämlich von einem offenbaren Mißbrauch der Mehrheitsmacht ab[31]. Das Bundesgericht legt sich bei der Beurteilung der Rechtsmißbräuchlichkeit somit dieselbe Zurückhaltung auf wie bei der Überprüfung von Generalversammlungsbeschlüssen im allgemeinen. Diese Kognitionsbeschränkung führt dazu, daß Beschlüsse, die dem Ermessen der Generalversammlung anheim gestellt sind, nicht auf ihre Angemessenheit hin überprüft werden, sondern nur aufgehoben werden, wenn sie willkürlich sind und sich nicht durch vernünftige wirtschaftliche Erwägungen rechtfertigen lassen[32]. Das Bundesgericht wendet somit bei der Beurteilung der Rechtsmißbräuchlichkeit wie auch bei der Festlegung seiner Überprüfungsbefugnis dieselben Kriterien an, nämlich die Vereinbarkeit mit vernünftigen wirtschaftlichen Überlegungen[33].

Diese eingeschränkte Sicht ergibt sich nach der Ansicht des Bundesgerichtes aus der Struktur des Gesellschaftsrechtes selbst: Mit dem Eintritt in die Gesellschaft unterwirft der Aktionär sich bewußt dem Willen der Mehrheit und anerkennt, daß diese auch dann bindend entscheidet, wenn sie nicht die bestmögliche Lösung trifft und ihre eigenen Interessen unter Umständen denjenigen der Gesellschaft und einer Minderheit vorgehen läßt[34]. Das Bundesgericht geht von der Voraussetzung aus, daß auf dem Gebiete der kaufmännischen Erfahrung Verwaltungsrat und Generalversammlung wegen der Vertrautheit

---

für seine Entscheide verantwortlich zu erklären, geht sicherlich nur an, wenn er durch seine Stimmabgabe in die Kompetenzen der Verwaltung eingreift, sei es, daß er ihr Weisungen erteilt, sei es, daß er an ihrer Stelle die Entscheide trifft, was bei Konzernverhältnissen besonders häufig ist, aber besondere konzernrechtliche Aktionärsschutzmaßnahmen erfordert. Ähnlich wie hier P. FORSTMOSER, Die aktienrechtliche Verantwortlichkeit, Zürich 1978, Rz. 493 ff.

[28] Und zwar nicht nur für das Mehrheitsstimmrecht, sondern auch für die Stimmenminderheit, denn auch diese kann rechtsmißbräuchlich ausgeübt werden.
[29] BGE 95 II, 1969, S.164; 92 II, 1966, S.402; 92 II, 1966, S.247 und 82 II, 1956, S.148.
[30] BGE 99 II, 1973, S.62.
[31] BGE 95 II, 1969, S.164.
[32] BGE 93 II, 1967, S.403.
[33] NENNINGER, S.32 ff.
[34] BGE 99 II, 1973, S.62 und 95 II, 1969, S.164, sowie 84 II, 1958, S.64.

mit den Verhältnissen und den Bedürfnissen der Gesellschaft am besten zu urteilen in der Lage seien[35]. Diese zweifache Beschränkung ist von der Rechtslehre angefochten worden, welche verlangt, daß Generalversammlungsbeschlüsse auf ihre **Sachlichkeit und volle Rechtmäßigkeit** zu überprüfen seien[36]. Kritisiert wird von der Rechtslehre ferner die Tendenz des Bundesgerichtes zu vermuten, daß die Mehrheit die Unternehmensinteressen kenne und demnach vernünftig entscheide[37].

Die Suche nach einer sachgerechten Lösung wird durch ein zweifaches Dilemma erschwert: Die Ablehnung von Richtigkeitsvermutungen steht mit der Scheu vor leichtfertigen Eingriffen des Richters in die Interna der Gesellschaft im Widerspruch. Der Ruf nach Beseitigung der Kognitionsbeschränkung ist mit der Abneigung auf Überprüfung reiner Ermessensentscheide nicht zu vereinbaren. Ausweg aus diesen zwei Widerspruchspaaren bietet der von VISCHER/RAPP aufgezeigte Weg[38]: In allen Fällen, in denen kein Sondervorteil für die Mehrheit und keine besondere Begünstigung einzelner Aktionäre behauptet wird oder glaubhaft gemacht werden kann, darf der Generalversammlungsentscheid als richtig angesehen werden. Eine Ermessensüberprüfung erübrigt sich. Derartige Entscheide dürfen unumstößlich bleiben, auch wenn sie nicht die beste Lösung darstellen. In solchen Fällen ist die Zurückhaltung der Gerichte, in innere Angelegenheiten der Gesellschaft einzugreifen, verständlich und im Interesse der Rechtssicherheit und der raschen Beschlußfassung und Durchführung begrüßenswert.

Sobald aber Sondervorteile[39] oder Sonderbenachteiligungen vorliegen, besteht kein Grund mehr zur Richtigkeitsvermutung und keine Veranlassung, Sach- und Interessenlage nicht uneingeschränkt zu prüfen, da ansonst die Mehrheit über die Rechtmäßigkeit der sich selbst eingeräumten Vorteile zu entscheiden vermöchte, was nicht rechtens sein kann. Nach dieser Ansicht muß der Anfechtungskläger, soll das Gericht in freier Kognition den Sachverhalt abklären und die Interessenlage würdigen, nicht bloß Rechtswidrigkeit, sondern das Vorliegen von besonderen Bevorteilungen oder Benachteiligungen dartun, zumindest glaubhaft machen. Hier ist für eine irgendwie geartete Vermutung zugunsten der Richtigkeit und Angemessenheit des Generalversammlungsbeschlusses kein Platz. Der richterliche Eingriff zur Beseitigung von Son-

---

[35] BGE 93 II, 1967, S. 403 und 82 II, 1956, S. 150.
[36] Die Überprüfung der vollen Rechtmäßigkeit verlangt insbes. BÄR, Aktuelle Fragen, a.a.O. (Anm. 21), S. 422 f. und 514 f., dem der Mehrheitsentscheid ohnehin nur organisatorischer Behelf ist, welcher den gesellschaftlichen Betrieb im Gange hält. Das BGer hat diese Ansicht in BGE 95 II, 1969, S. 163 ausdrücklich abgelehnt. Die Ausdehnung auf eine Überprüfung der Sachlichkeit verlangen VISCHER/RAPP, a.a.O. (Anm. 8), S. 180 ff., insbes. S. 193.
[37] Vgl. BÄR, Grundprobleme, S. 423 ff.
[38] a.a.O. (Anm. 8), S. 182 ff.
[39] Vgl. § 243 Abs. 2 dAktG.

dervorteilen und zur Linderung von unnötigen Benachteiligungen erscheint nicht mehr leichtfertig. Kann der Anfechtungskläger keine besonderen Vorteile zugunsten oder besondere Nachteile zu Lasten einzelner Aktionäre dartun, muß er mit einer beschränkten Überprüfung des Generalversammlungsbeschlusses rechnen. Nur in diesen Fällen ist die vom Bundesgericht gepflogene Beschränkung am Platze. Einzig hier ist es vernünftig, wenn der Richter nur bei offenbarer Willkür, also einzig bei qualifizierter Widerrechtlichkeit eingreift.

6. Gebot der Gleichbehandlung

Im Gesellschaftsrecht zeigt sich das Verbot des Rechtsmißbrauchs sehr häufig in der Form des Gebotes zur Gleichbehandlung aller Gesellschafter. Dieses häufige Zusammenfallen von Ungleichbehandlung und Rechtsmißbrauch hat das Bundesgericht vorerst zur Annahme verleitet, der Grundsatz der Gleichbehandlung bilde lex specialis von Art. 2 ZGB, so daß eine besondere Prüfung von Generalversammlungsbeschlüssen nach Art. 2 ZGB sich immer dann erübrigte, wenn feststand, daß kein Verstoß gegen den Gleichheitssatz vorlag[40]. Von dieser Ansicht ist das Bundesgericht in der Folge allerdings abgekommen, da Tatbestände von Rechtsmißbrauch denkbar seien, die das Gebot der Gleichbehandlung aller Aktionäre nicht verletzen. Nach dieser neuen Praxis wird der Gleichheitssatz einzig als Konkretisierung von Art. 2 ZGB im Aktienrecht angesehen[41]. Der Grundsatz der Gleichbehandlung ergibt sich in Körperschaften aus der Natur der Sache und brauchte an sich nicht als Ausfluß des Verbotes des Rechtsmißbrauches konstruiert zu werden. Das Bestehen von Minderheiten ist ein wesentlicher Charakterzug jeder Personenverbindung und muß bei der Ausgestaltung der Rechtsbeziehungen mitberücksichtigt werden. Ein ausschließliches Ausrichten auf die Wünsche und Bestrebungen der Mehrheit widerspricht dem Grundkonzept von Körperschaften. Das Verfolgen gemeinsamer Ziele mit gemeinsamen Kräften und Mitteln verlangt eine gleichmäßige Verteilung der Vor- und Nachteile.

Weil Generalversammlungsbeschlüsse für Mehrheit und Minderheit ohnehin unterschiedliche Wirkungen zeitigen, kann der Grundsatz der Gleichbehandlung nicht zu strikte durchgeführt werden; er ist in diesem Sinne kein *overriding principle*. Anderseits muß er immer dann Platz greifen, wenn die Mehrheit Nutzen und Schaden ungleichmäßig zuweist und für sich Sondervorteile beschließt oder der Minderheit besondere Nachteile zufügt. Das zum Rechtsmißbrauch Gesagte gilt hier entsprechend, so daß Generalversamm-

---
[40] Vgl. BGE 95 II, 1969, S. 163; 69 II, 1943, S. 149f.
[41] BGE 102 II, 1976, S. 268.

lungsbeschlüsse einzig dann auf ihre volle Rechtmäßigkeit geprüft werden, wenn das Vorliegen von Sondervorteilen geltend gemacht wird, nicht hingegen in den andern Fällen, in denen sich die ungleiche Auswirkung eines Generalversammlungsbeschlusses aus der Natur der Sache ergibt.

Das Bundesgericht betont wiederholt die bloß relative Geltung des Grundsatzes, wenn es ausführt, dass die Aktiengesellschaft alle Aktionäre gleich zu behandeln habe, soweit nicht Abweichungen unumgänglich nötig sind, um im Interesse aller den Gesellschaftszweck zu verfolgen[42]. Ähnlich wie beim Rechtsmißbrauch ist für das Bundesgericht die Sachlichkeit entscheidend. «Eine unterschiedliche Behandlung ist also dort zulässig, wo sie nicht unsachlich, sondern ein angemessenes Mittel zur Erreichung eines gerechtfertigten Zweckes ist.»[43] Dem Grundsatz der Gleichbehandlung wohnt eine Starrheit inne, die durch die Einschränkungen in der Bundesgerichtspraxis aufgehoben wurde, so daß die für die Beschlußfassung erforderliche Beweglichkeit wiederhergestellt ist. Dies ist zu begrüßen, da durch die Abkehr von der Auffassung, die Gleichbehandlung sei lex specialis von Art. 2 ZGB, Raum für andere Konkretisierungen des Rechtsmißbrauchsverbotes geschaffen wurde.

7. Grundsatz der Verhältnismäßigkeit

Als eine derartige Konkretisierung des Rechtsmißbrauchsverbotes erweist sich im Gesellschaftsrecht der Grundsatz der schonenden Rechtsausübung[44]. Das Proportionalitätsprinzip verlangt, daß der Beschluß in die Rechte der Minderheiten nicht stärker eingreift, als dies für die Verfolgung des Gesellschaftszweckes nötig ist. Von den mehreren möglichen Mitteln oder Vorgehen muß die Aktionärsmehrheit demnach dasjenige wählen, welches für die Minderheit den geringsten Eingriff und die am wenigsten schwere Belastung darstellt. Ein Verstoß gegen das Gebot der schonenden Rechtsausübung und damit gegen das Verbot des Rechtsmißbrauches liegt vor, «wenn der im Gesellschaftsinteresse liegende Zweck auch auf einem andern, die Minderheit nicht oder weniger benachteiligenden Wege ohne Nachteil für die Interessen der Mehrheit erreicht werden könnte»[45]. Es ist offensichtlich, daß dieser aktienrechtliche Grundsatz der schonenden Rechtsausübung dem verwaltungs- und insbesondere polizeirechtlichen Grundsatz der Verhältnismäßigkeit sehr

---

[42] BGE 99 II, 1973, S. 58 (mit zahlreichen Hinweisen auf die frühere Praxis); vgl. auch die Übersicht bei STOCKMANN.
[43] BGE 95 II, 1969, S. 162f.; 93 II, 1967, S. 406, sowie 91 II, 1965, S. 301.
[44] Vgl. MERZ, N. 399 zu Art. 2 ZGB; A. MEIER-HAYOZ/M. ZWEIFEL, Der Grundsatz der schonenden Rechtsausübung im Gesellschaftsrecht, in: Festschrift für Harry Westermann, Karlsruhe 1974, S. 383 ff.; PELLI; vgl. auch U. F. KREBS, Gefährdung und Schutz der Minderheit bei Kapitalerhöhungen in der Aktiengesellschaft nach schweizerischem Recht, Zürich 1980, S. 122.
[45] MEIER-HAYOZ/ZWEIFEL, a.a.O., S. 393.

nahe steht, wonach Eingriffe nicht schärfer sein dürfen, als es der Zweck der Maßnahme verlangt, und daß sie unzulässig sind, wenn auch ein geringerer Eingriff zum Ziele führt[46]. Das Bundesgericht hat diesen Grundsatz der schonenden Rechtsausübung im sogenannten zweiten Ringier-Entscheid[47] zugelassen, ohne ihn allerdings zu nennen und ohne ihn zur Anwendung zu bringen[48]. Der Grundsatz der schonenden Rechtsausübung hat somit die Nagelprobe noch nicht bestanden; es ist vielmehr beim bloßen Bekenntnis geblieben. Das Prinzip der Verhältnismäßigkeit kann nicht nur bei der Festsetzung der Ausgabemodalitäten neuer Aktien eine entscheidende Rolle spielen, sondern auch bei nachträglicher Vinkulierung, beim Fusionsbeschluß, sowie besonders wirkungsvoll beim Bilanzgenehmigungsbeschluß und der darin enthaltenen Festsetzung der stillen Reserven[49]. In allen diesen Fällen wird in die Rechte der Minderheiten nur in dem Maße und in dem Umfange eingegriffen werden können, als dies für die Verfolgung des Gesellschaftszweckes im Interesse aller unentbehrlich ist. Die Minderheit braucht sich keine übermäßigen Eingriffe gefallen zu lassen; die Mehrheit ist nicht berechtigt, die Gesellschaftsbeziehungen einzig zu ihren Gunsten auszugestalten. Die Mehrheit wird, entgegen der Auffassung des Bundesgerichtes[50], Nachteile auf sich nehmen müssen, nicht um der Minderheit zu dienen, sondern um diese nicht übermäßig und unnötig zu belasten. Die Verhältnismäßigkeit verlangt eine angemessene Zuweisung von Vor- und Nachteilen, eine Ausgewogenheit in der Zuteilung von Nutzen und Lasten.

8. Treuepflicht

Auf die Treuepflicht ist auch hier nicht einzugehen[51].

---

[46] Vgl. z.B. das Grundsatzurteil in BGE 91 I, 1965, S.464, sowie vor allem U. ZIMMERLI, Der Grundsatz der Verhältnismäßigkeit im öffentlichen Recht – Versuch einer Standortbestimmung, ZSR 97 II, 1978, S.1ff., sowie P. MULLER, Le principe de la proportionnalité, ebenda, S.197ff.
[47] BGE 102 II, 1976, S.265ff.
[48] Obschon die Gelegenheit hierzu außerordentlich günstig gewesen wäre, hätte man doch durchaus entscheiden können, eine massive Kapitalerhöhung dürfe nicht zu pari erfolgen, da der Minderheitsaktionär, nimmt er an der Kapitalerhöhung nicht teil, nicht nur erhebliche Einbußen im Stimmrecht, sondern auch solche in seinen Vermögensrechten erleiden muß, ohne daß der Mehrheit, wäre ein Agio verlangt worden, unzumutbare Belastungen erwachsen wären. Die Gelegenheit, den Grundsatz nicht nur zu nennen, sondern anzuwenden, wurde von unserem höchsten Gericht vertan.
[49] Zum letzten Punkt vgl. CH. VON GREYERZ, Bilanzgenehmigung, in: Recht und Wirtschaft heute, Festgabe zum 65. Geburtstag von Max Kummer, Bern 1980, S.143ff., insbes. S.152f.
[50] BGE 102 II, 1976, S.270.
[51] Vgl. vorn § 14 III.

III. Klagerechte des Aktionärs

Neben den allgemeinen Rechtsgrundsätzen, welche die freie Ausübung des Stimmrechtes beschränken und damit die Mehrheitsmacht in die Schranken weisen, sind es die Schutzrechte des Aktionärs, welche ihn zur wirkungsvollen Ausübung seiner materiellen Aktionärsrechte befähigen oder ihm die gerichtliche Durchsetzung von Einzelrechten ermöglichen. Die Schutzrechte sind in Informations- und Klagerechte einzuteilen. Die Informationsrechte dienen der Unterstützung, die Klagerechte der Durchsetzung.

Der Aktiengesetzgeber hat einzelne Klagerechte besonders zu schaffen und auszugestalten, da er sich infolge der Unbestimmtheit und der Konkretisierungsbedürftigkeit der einzelnen Mitgliedschaftsrechte nicht auf die gerichtliche Durchsetzbarkeit aller Aktienrechte verlassen kann. Zudem verlangen die körperschaftliche Struktur, die Heterogenität des Aktionärkreises und das Bedürfnis nach unbehindertem Ablauf der Gesellschaftstätigkeit, daß die einzelnen Klagerechte strukturiert und die Voraussetzungen ihrer Geltendmachung einzeln festgelegt werden müssen.

Im nachfolgenden ist auf die einzelnen Klagerechte nur insoweit einzugehen, als diese nicht im Zusammenhang mit der materiellen Ausgestaltung der Gesellschaft behandelt werden.

1. Leistungsklage

Eine Leistungsklage steht dem Aktionär einzig in den seltenen Fällen zur Verfügung, in welchen ihm ein fest umrissenes Recht gegenüber der Gesellschaft zusteht, dessen Erfüllung ihm verweigert wird. Angesichts der Unbestimmtheit der Mitgliedschaftsrechte ist das Anwendungsgebiet der aktienrechtlichen Leistungsklage aufs engste beschränkt. In Frage kommen einzig der Anspruch auf Verkörperung der Aktienrechte in einem Wertpapier, sowie der Anspruch auf statutenkonforme Zustimmung zur Übertragung von Aktien[52]. Keine aktienrechtliche Leistungsklage stellt die Klage auf Ausrichtung einer beschlossenen Dividende dar, da durch den Gewinnverwendungsbeschluß sich der Dividendenanspruch aus dem mitgliedschaftlichen Nexus löst und zu einem Gläubigerrecht wird.

2. Klage auf Auskunftserteilung

Die Klage auf Auskunftserteilung gemäß Art. 697 Abs. 3 OR bildet die direkte Sanktion für die Verletzung der Kontrollrechte. Sie ist insofern subsidiä-

---

[52] So in BGE 76 II, 1950, S. 51 ff., insbes. S. 67, wobei das Bundesgericht offen läßt, ob neben dem Veräußerer auch dem Aktienerwerber eine Leistungsklage gegenüber der Gesellschaft zusteht.

rer Natur, als der Kläger nach herrschender Lehre dartun muß, daß ihm die Auskunft oder die Einsicht trotz entsprechender Begehren verweigert wurde[53]. Das Klagerecht auf Auskunftserteilung ist nicht nur Mittel zur Verfolgung materiellrechtlicher Ansprüche, hat also nicht bloß präparatorische Natur, sondern ist als selbständiges Mitgliedschaftsrecht des Aktionärs zu verstehen[54]. Das Klagerecht auf Auskunftserteilung ist in derselben Weise wie die übrigen Kontrollrechte beschränkt, indem ihm insbesondere die Geschäftsgeheimnisse entgegengehalten werden können[55]. Die Klage auf Auskunftserteilung muß sich stets auf bestimmte und umgrenzte Sachverhalte beziehen, so daß sie zur Untersuchung und Abklärung größerer Vorhaben nicht geeignet erscheint und demnach durch ein Recht auf Durchführung einer Sonderprüfung ergänzt werden sollte[56].

3. Einberufungsklage

Das Recht der Minderheit, von der Verwaltung die Einberufung der Generalversammlung zu verlangen, wird durch ein Klagerecht auf Einberufung ergänzt (Art. 699 Abs. 4 OR). Klagevoraussetzung ist, daß die Gesuchsteller, die zusammen mindestens den zehnten Teil des Grundkapitals vertreten müssen, von der Verwaltung die Einberufung verlangt haben und daß dem Gesuch nicht binnen angemessener Frist entsprochen wurde.

Das Urteil ordnet die Einberufung an. Der Richter kann entweder die Verwaltung zur Einberufung verhalten oder selbst die Generalversammlung einberufen und ihre Durchführung anordnen. Der Richter wird die von den Minderheitsaktionären beantragten Traktanden auf die Liste der Verhandlungsgegenstände aufnehmen. Das Einberufungsrecht gibt den Minderheitsaktionären somit die Möglichkeit, ihre Anliegen und Anträge der Generalversammlung vorzulegen oder von der Verwaltung oder der Kontrollstelle in der Generalversammlung Auskünfte zu verlangen. Die Einberufungsklage ist die wichtigste Verwirklichung eines minoritären, innergesellschaftlichen Initiativrechtes. Sie dient zur Durchsetzung eines positiven Minderheitenrechtes.

4. Anfechtungsklage

Jeder Aktionär kann durch Klage beim Richter gegen die Gesellschaft Generalversammlungsbeschlüsse, welche gegen Gesetz oder Statuten verstoßen, anfechten (Art. 706 OR).

---

[53] Vgl. vorn § 12 X 5.
[54] So die neuere Bundesgerichtspraxis in BGE 95 II, 1969, S. 161 f. und 82 II, 1956, S. 217 f., im Gegensatz zu 53 II, 1927, S. 75 f.
[55] Vgl. BGE 82 II, 1956, S. 222 und vorn § 12 X 3.
[56] Zur Sonderprüfung vgl. vorn § 12 XI.

Auf die Anfechtungsklage wird im Zusammenhang mit der Generalversammlung näher eingetreten[57].

5. Nichtigkeitsklage

Generalversammlungs- und Verwaltungsratsbeschlüsse, die gegen die öffentliche Ordnung verstoßen, Persönlichkeitsrechte verletzen oder grundlegende Aktienrechtsnormen mißachten, können vom Aktionär und von jedem Dritten, der ein Feststellungsinteresse hat, mit einer Feststellungsklage angegriffen werden. Diese Feststellungsklage ist demnach kein besonderes aktienrechtliches Institut. Auf sie ist im Zusammenhang mit der Anfechtungsklage näher einzutreten.

6. Auflösungsklage

Art. 736 Ziff. 4 OR räumt einer Aktionärsminderheit, die zusammen über einen Fünftel des Grundkapitals verfügt, das Recht ein, beim Richter die Auflösung der Gesellschaft aus wichtigen Gründen zu verlangen. Diese Auflösungsklage ist im Zusammenhang mit der Auflösung und Liquidation der Gesellschaft zu behandeln[58].

7. Klage auf Abberufung der Liquidatoren

Nach Art. 741 Abs. 1 OR kann der Richter auf Antrag eines Aktionärs die Liquidatoren abberufen, sofern wichtige Gründe vorliegen. Es handelt sich um eine Sonderregelung, die nur für die Liquidatoren, nicht auch für die einzelnen Verwaltungsräte zutrifft, die einzig durch Generalversammlungsbeschluß abberufen werden können.

8. Verantwortlichkeitsklage

Aktionäre und Gläubiger können von den Erstellern der Prospekte, von den Gründern sowie von den mit der Verwaltung, Geschäftsführung, Kontrolle oder Liquidation betrauten Personen Ersatz des durch die Verletzung der ihnen obliegenden Pflichten verursachten Schadens verlangen. Die Festlegung der Ersatzpflichtigen, der Anspruchsberechtigten und der Klagevoraussetzungen ist verwickelt und im einzelnen später[59] darzulegen.

---

[57] Vgl. hinten § 16 V.
[58] Vgl. hinten § 24 I 2.
[59] Vgl. hinten § 25.

Viertes Kapitel

Organisation

§ 16. Die Generalversammlung

Literatur

F. BIANCHI, Die Traktandenliste der Generalversammlung der Aktiengesellschaft, Zürich 1982; O. BRUDERER, Das Antragsrecht des Aktionärs, Gais 1980; U. CHICHERIO, Die Einberufung der Generalversammlung einer Aktiengesellschaft durch die Kontrollstelle, Zürich 1973; H. FELDMANN, Beschluß und Einzelstimme im schweizerischen Gesellschaftsrecht, Bern 1954; U.G. FREI, Nichtige Beschlüsse der Generalversammlung der Aktiengesellschaft, Aarau 1962; U. GEILINGER, Die erschwerten Beschlüsse der Generalversammlung der Aktionäre, Zürich 1948; P. HAEFLIGER, Die Durchführung der Generalversammlung bei der Aktiengesellschaft, Bern 1978; P. JÄGGI, Vom Abstimmungsverfahren in der Aktiengesellschaft, in: Festgabe Max Obrecht, Solothurn 1961, S. 394 ff.; DERSELBE, Aktionär und Tagesordnung der Generalversammlung, SAG 38, 1966, S. 26 ff.; P. JOLIDON, Action en annulation des décisions de l'assemblée générale, ou action en responsabilité contre les administrateurs, in: Lebendiges Aktienrecht, Festgabe zum 70. Geburtstag von Wolfhart Friedrich Bürgi, Zürich 1971, S. 213 ff.; J.P. MOHR, Die Abgrenzung der Befugnisse der Generalversammlung und des Verwaltungsrates der AG, Zürich 1951; R. PEYER, Nichtige und anfechtbare Beschlüsse der Generalversammlung der Aktiengesellschaft, Zürich 1944; K.W. ROHRER, Aktienrechtliche Anfechtungsklage, Zürich 1979; H.P. SCHAAD, Das Depotstimmrecht der Banken nach schweizerischem und deutschem Recht, Zürich 1972; A. SCHETT, Stellung und Aufgaben der Verwaltung einer Aktiengesellschaft bei der Durchführung der ordentlichen Generalversammlung, Dießenhofen 1977; W. VON STEIGER, Über die Verantwortung des Hauptaktionärs, in: Ius et Lex, Festschrift für Max Gutzwiller, Basel 1959, S. 699 ff.; J. WANDER, Die Organe der AG und ihr gegenseitiges Verhältnis nach deutschem, französischem und schweizerischem Recht, Bern 1958; H. WEBER-DÜRLER, Gesellschafterversammlung, Urabstimmung und Delegiertenversammlung als Beschlußfassungsformen im schweizerischen Gesellschaftsrecht, Zürich 1973; DERSELBE, Das Depotstimmrecht der Banken, SAG 46, 1974, S. 49 ff.

I. Allgemeines

1. In der Aktiengesellschaft sind die einzelnen Funktionen verschiedenen abstrakt, also losgelöst von den beteiligten Personen, bestimmten Funktionsträgern oder Organen zugewiesen. Das schweizerische Aktienrecht kennt, sieht man von der Kontrollstelle ab, deren Organeigenschaft legislatorisch kontrovers erscheint, einzig zwei Organe, nämlich Generalversammlung und Verwaltung.

Die Generalversammlung bildet das Forum, in welchem die Aktionäre ihre Rechte ausüben (Art. 689 Abs. 1 OR). Sie ist kein ständiges Organ, sondern tritt lediglich periodisch zur **Beratung und Beschlußfassung** zusammen. Die Generalversammlung ist insofern kein notwendiges Organ, als ihre Funktionsunfähigkeit keine Folgen, wie etwa die Auflösung der Gesellschaft oder den Wegfall der Rechts- und Handlungsfähigkeit, zeitigt.

2. Das Gesetz bezeichnet die Generalversammlung als **oberstes Organ** (Art. 698 Abs. 1 OR). Diese Bezeichnung erfolgt zu Recht, nicht weil die Generalversammlung Kompetenzauffangbecken ist und ihr alle Kompetenzen zustehen, die nicht einem andern Organ zugewiesen sind[1], sondern weil sie die Statuten festsetzt, die andern Organe bestellt und abberuft, den Gewinn festlegt und über ihn verfügt. In den entscheidenden Fragen hat demnach die Generalversammlung das letzte Wort.

II. Die Befugnisse

1. Die **gesetzlichen Kompetenzen** der Generalversammlung sind eindeutig geregelt. Art. 698 Abs. 2 OR nennt die unübertragbaren Befugnisse der Generalversammlung zwar nicht abschließend, doch sind die Kompetenzen insofern klar abgegrenzt, als der Generalversammlung die Änderung der Statuten zusteht, und deren Inhalt sich aus den Art. 626–628 OR eindeutig ergibt, und als alle Kompetenzen, die nicht ausdrücklich der Generalversammlung zustehen, der Verwaltung obliegen (Art. 721 Abs. 2 OR).

Im einzelnen stehen der Generalversammlung folgende Aufgaben zu:

a) *Festsetzung und Änderung der Statuten:* Die Generalversammlung bestimmt die Verfassung der Gesellschaft; ihr steht die Organisationskompetenz zu. Sie entscheidet über alle in den Art. 626–628 OR genannten Punkte sowie über Abänderungen, Ergänzung und Aufhebung fakultativer Statutenvorschriften. Sie bestimmt den Gesellschaftszweck, die Höhe des Grundkapitals. Sie legt Sitz und Firma fest. Sie regelt das Stimmrecht und die Übertragbarkeit der Aktien.

b) *Wahl von Verwaltungsrat und Kontrollstelle* (Art. 698 Abs. 2 Ziff. 2 OR, vgl. auch Art. 708 Abs. 1 und Art. 727 Abs. 1 OR). Die Generalversammlung wählt die zwei andern Organe und beschließt auch über deren Abberufung (Art. 705 Abs. 1 OR). Kooptation der Verwaltung und Drittbestimmung ist somit nicht zugelassen, sieht man vom Entsendungsrecht in gemischtwirt-

---

[1] Dies trifft vielmehr für die Verwaltung zu; vgl. Art. 721 Abs. 2 OR; vgl. hinten, § 17 II 1.

schaftlichen Unternehmen ab (Art. 762 Abs. 1 OR). Die Generalversammlung kann besondere Kommissäre oder Sachverständige ernennen (Art. 731 Abs. 2 OR), tut es aber äußerst selten, und bestimmt im Liquidationsfalle allenfalls auch die Liquidatoren (Art. 740 Abs. 1 OR).

c) *Genehmigung der Jahresrechnung und des Geschäftsberichtes* (Art. 698 Abs. 2 Ziff. 3 OR). Der Bilanzgenehmigungsbeschluß setzt das Vorliegen eines Revisionsberichtes voraus (Art. 729 Abs. 2 OR)[2]. Im Bilanzgenehmigungsbeschluß bestimmt die Generalversammlung das Maß des Einblickes in die Vermögens- und Ertragslage und setzt damit die Anforderungen an den Informationsgehalt fest. Sie bestimmt überdies Kapital und Gewinn. Bilanzierung ist nicht bloß Darstellung der Vermögenslage, sondern auch Gestaltung der Finanzlage[3]. Die Generalversammlung kann unter dem Traktandum «Genehmigung der Jahresrechnung» nicht weniger als fünf inhaltlich verschiedene Beschlüsse fassen: Genehmigung, Teilgenehmigung, Abänderung, Rückweisung oder Nichtabnahme. Bei der Bilanzgenehmigung wird somit die ansonst geltende Paritätstheorie aufgehoben, da die Generalversammlung die Bilanz abzuändern oder der Verwaltung Weisungen zur Abänderung zu erteilen befugt ist. Die Bilanzgenehmigung bildet demnach nicht bloße Aufsicht oder formelle Genehmigung, sondern enthält einen entscheidenden Beitrag zur Bilanzpolitik und damit zur Finanzierung der Unternehmung. Daß die Festlegung des Eigenkapitals nicht offen, sondern in der Form von stillen Reserven erfolgt, ändert nichts, denn die Generalversammlung ist befugt, die stillen Reserven zu erfassen und entgegen dem Willen der Verwaltung aufzulösen, auszuweisen und auszuschütten.

Bedeutend weniger weit geht die Funktion der Genehmigung des Geschäftsberichtes, denn die Zustimmung beschränkt sich auf das Einverständnis mit der vorgelegten Information und stellt einen Verzicht auf weitere Auskünfte dar; da der Geschäftsbericht ausschließlich eine Darstellung der Vergangenheit enthält, kann seine Genehmigung keine Einwirkung auf Gegenwart oder Zukunft enthalten.

d) *Gewinnverwendung* (Art. 698 Abs. 2 Ziff. 3 OR). Über die Verwendung des ausgewiesenen Gewinnes entscheidet einzig die Generalversammlung. Da die Bilanz von der Verwaltung erstellt und von der Generalversammlung regelmäßig genehmigt wird, wird der ausgewiesene Gewinn praktisch durch die

---

[2] Fehlt der Revisionsbericht, so ist der Bilanzgenehmigungsbeschluß nach herrschender Ansicht nichtig; FORSTMOSER/MEIER-HAYOZ, Einführung, § 27, Rz. 23; GUHL/MERZ/KUMMER, S. 626; SCHUCANY, Kommentar, N. 5 zu Art. 729 OR.
[3] Vgl. CH. VON GREYERZ, Bilanzgenehmigung, in: Recht und Wirtschaft heute, Festgabe für Max Kummer, Bern 1980, S. 143 ff., insbes. S. 155.

Verwaltung festgesetzt. Verfügbarer und ausgewiesener Gewinn stimmen demnach überein; den erwirtschafteten Gewinn kennen die Aktionäre nicht.

In der Gewinnverwendung ist die Generalversammlung nicht frei. Sie hat die gesetzlichen und allfälligen statutarischen Bestimmungen über die Reservebildung zu beachten[4].

e) Entlastung der Verwaltung (Art. 698 Abs. 2 Ziff. 4 OR). Durch die Entlastung erklären Gesellschaft und zustimmende Aktionäre, daß sie aus der Geschäftsführung während des Geschäftsjahres keine Schadenersatzansprüche gegen die Organe herleiten. Der Entlastungsbeschluß stellt fest, daß Verwaltungsrat und Kontrollstelle der Gesellschaft nichts schulden. Die im Entlastungsbeschluß enthaltene negative Schuldanerkennung erstreckt sich allerdings nur auf diejenigen Tatsachen, welche aus der der Generalversammlung unterbreiteten Vorlagen (Jahresrechnung, Geschäftsbericht und Revisionsbericht) und mündlich erteilten Auskünften erkennbar sind[5].

Der Entlastungsbeschluß ist gedanklich entbehrlich und infolge der mangelhaften Unterrichtung der Aktionäre wirkungslos; praktisch ist ihm keine große Bedeutung beizumessen.

Personen, die in irgendeiner Weise an der Geschäftsführung teilgenommen haben, sind beim Déchargebeschluß vom Stimmrecht ausgeschlossen (Art. 695 Abs. 1 OR). Bei Einmanngesellschaften und Gesellschaften, in denen alle Aktionäre Mitglieder der Verwaltung sind, ist eine Décharge nach richtiger Ansicht demnach nicht möglich[6]. Die Kontrollstelle hat keinen Anspruch auf Entlastung, doch kann auch ihr rechtsgültig, also mit den eben genannten Auswirkungen, Décharge erteilt werden.

f) Weitere Kompetenzen. Art. 698 Abs. 2 Ziff. 5 OR enthält, gleichsam als *escape clause* die Bestimmung, daß der Generalversammlung die Beschlußfassung über die Gegenstände, die ihr durch Gesetz oder Statuten vorbehalten sind, zusteht. Die Bedeutung dieser Vorschrift ist für die gesetzlichen Gegenstände gering. In Betracht fallen einzig: Verfügung über die Bezugsrechte (Art. 652 OR), Schaffung von Spezialreserven (Art. 674 OR), Erlaß von Bestimmungen über die Organisation der Kontrollstelle (Art. 731 Abs. 1 OR), Auflösung der Gesellschaft (Art. 736 Ziff. 2 OR), Wahl und Abberufung der Liquidatoren (Art. 740 OR), Verbot des freihändigen Verkaufs von Aktiven in der Liquidation (Art. 743 Abs. 4 OR), sowie Genehmigung des Fusionsvertrages (Art. 749 Abs. 3 Ziff. 3 OR). Die Statuten weisen der Generalversammlung

---

[4] Zur Reservebildung vgl. hinten § 20 II.
[5] Vgl. BGE 78 II, 1952, S. 155.
[6] Für Einzelheiten vgl. P. FORSTMOSER, Die aktienrechtliche Verantwortlichkeit, Zürich 1978, S. 84 ff.

in der Regel keine weiteren Kompetenzen zu. Angetroffen werden etwa Bestimmungen, wonach der Generalversammlung die Ausgabe von Anleihensobligationen, der Erwerb von Grundstücken, die Eröffnung und Schließung von Zweigniederlassungen oder die Zustimmung zur Übertragung von Aktien (Vinkulierung) zum Beschlusse vorzulegen sind.

Alle diese Befugnisse der Generalversammlung sind nach dem Gesetzeswortlaut (Art. 698 Abs. 2 OR) unübertragbar, können demnach nicht an die Verwaltung delegiert, nicht an Dritte verwiesen noch von deren Zustimmung abhängig gemacht werden. Anderes gilt für die bloß statutarischen Kompetenzen der Generalversammlung; solche können widerrufen und in die Grundkompetenz der Verwaltung gelegt werden[7].

2. Paritätstheorie/Omnipotenztheorie

Steht einerseits fest, daß die Generalversammlung die ihr durch Gesetz zugewiesenen Kompetenzen nicht an andere Organe übertragen darf, fragt sich andererseits, ob die Generalversammlung Kompetenzen an sich ziehen kann, die ihr nach Gesetz oder Statuten nicht zustehen. Es geht somit um die Frage, ob die Generalversammlung auch über Angelegenheiten, die die Geschäftsführung betreffen und daher in die Kompetenz der Verwaltung fallen, Beschluß fassen dürfe. Zur Diskussion steht demnach die Abgrenzung der Befugnisse zwischen Generalversammlung und Verwaltung. Nach der Omnipotenztheorie in ihrer extremen Ausgestaltung ist die Generalversammlung als oberstes Organ allmächtig und damit befugt, alle Beschlüsse zu fassen und somit berechtigt, beliebig in die Befugnisse der Verwaltung einzugreifen und dieser entweder konkrete Instruktionen zu erteilen oder an ihrer Stelle verbindlich zu entscheiden[8]. Im Gegensatz hierzu sind gemäß der Paritätstheorie auch in der Aktiengesellschaft die Gewalten getrennt und die Kompetenzen vollständig, eindeutig und verbindlich den einzelnen Organen zugewiesen. Übergriffe der Generalversammlung in den Zuständigkeitsbereich der Verwaltung werden ausgeschlossen. Die Paritätstheorie ist heute als die in der Schweiz herrschende Ansicht anzusehen, auch wenn sie nicht stets konsequent gehandhabt wird[9].

---

[7] BÜRGI, N. 6 zu Art. 698 OR.
[8] Diese absolute Omnipotenztheorie ist in der Schweiz nie vertreten worden. Vertreten wird sie in abgeschwächter Form, die sich «eingeschränkte Omnipotenztheorie» nennt. Hauptvertreter ist BÜRGI; vgl. N. 38 ff. vor Art. 698 OR. Vgl. auch F. VON STEIGER, Recht der AG, S. 200 und 218; FUNK, Kommentar, 2. Bd., N. 1 zu Art. 698 OR.
[9] FORSTMOSER/MEIER-HAYOZ, Einführung, § 16, Rz. 3 ff.; W. VON STEIGER, Betrachtungen, S. 351; MOHR, S. 32; B. SCHULTHESS, Funktionen der Verwaltung einer Aktiengesellschaft, Zürich 1968, S. 11; J. KÄSTLIN, Funktionen der Generalversammlung der Aktiengesellschaft, Zürich 1973, S. 22.

Die Praxis des Bundesgerichtes ist spärlich und schwankend: Ein erster Entscheid weist in die Richtung der Paritätstheorie[10]. Später hat das Bundesgericht sich eindeutig für die Omnipotenztheorie entschieden[11]. In der Folge wendet sich das Bundesgericht mehr der Parität zu und spricht heute von einer Gleichstellung der Organe[12]. Der neueste Entscheid[13] läßt vermuten, daß das Bundesgericht die Eingriffsmöglichkeit der Generalversammlung auf richtungsweisende Beschlüsse und Weisungen beschränken will. Das Bundesgericht läßt in diesem Entscheid jedenfalls zu, daß die Verwaltung berechtigt ist, die Generalversammlung einzuberufen und ihr Anträge zu unterbreiten, und sie daher um Erlaß bestimmter Anordnungen oder richtungsweisender Beschlüsse ersuchen darf. Die Verwaltung kann sogar ein wichtiges Geschäft der Generalversammlung zur Beschlußfassung unterbreiten. An der Verantwortlichkeit ändert sich offenbar nichts, indem der Beschluß nicht angefochten werden kann, insoweit er auf einem Sachverhalt beruht, der Anlaß zu einer Verantwortlichkeitsklage geben kann. Dem weisungsgebenden Generalversammlungsbeschluss kommt demnach keine déchargierende Wirkung zu, so daß auch Art. 695 OR nicht Anwendung findet und bei der Beschlußfassung folglich niemand in den Ausstand treten muß.

III. Einberufung und Durchführung

1. Zuständigkeit

Die Generalversammlung wird durch die Verwaltung einberufen (Art. 699 Abs. 1 Satz 1 OR). Dies erfordert einen Verwaltungsratsbeschluß, doch erfolgt die Einberufung rechtsgültig, wenn sie von einem zeichnungsberechtigten Mitglied ausgeht, denn auch im Verhältnis zu den Aktionären findet Art. 718 Abs. 1 OR Anwendung.

Die Generalversammlung ist «nötigenfalls» durch die Kontrollstelle einzuberufen. Diese Bestimmung ist einschränkend auszulegen[14]. Der Kontrollstelle obliegt eine Einberufungspflicht einzig, wenn die Verwaltung hierzu (infolge Krankheit, Abwesenheit oder Tod) nicht in der Lage ist, oder wenn sie die Einberufung ohne wichtigen Grund unterläßt. Ferner darf die Kontrollstelle die Generalversammlung einberufen, wenn sie ohne Verzug über Bilanzierungsmängel, Gesetzesverstöße der Verwaltung oder über die Gründe ihres

---

[10] BGE 20, 1894, S. 953.
[11] Pra 1913, S. 142; vgl. auch BGE 54 II, 1928, S. 24.
[12] BGE 78 II, 1952, S. 45.
[13] BGE 100 II, 1974, S. 384 ff.
[14] CHICHERIO, passim; für Einzelheiten vgl. hinten § 18 IV 1.

sofortigen Rücktrittes unterrichten will. Ein Einberufungsrecht steht ferner den Liquidatoren und den Vertretern der Anleihensgläubiger zu (Art. 699 Abs. 1 Satz 2 OR).

2. Die gesetzliche Regelung der Einberufungsform ist insofern eigentümlich, als Art. 626 Ziff. 7 OR die Form der Einberufung zum notwendigen Statuteninhalt macht; bei Inhaberaktien können die Statuten indessen lediglich das Publikationsorgan bestimmen, wobei gemäß Art. 696 Abs. 3 OR auf die Auflegung von Jahresrechnung, Geschäftsbericht und Revisionsbericht ohnehin im Schweizerischen Handelsamtsblatt hinzuweisen ist. Für Namenaktien bleibt den Statuten praktisch einzig die Wahl zwischen Brief und eingeschriebenem Brief. Unnötig beschwert wird auch die Handelsregistereintragung, wenn in Art. 641 Ziff. 9 OR verlangt wird, daß die Form, in der die Verwaltung den Aktionären ihre Erklärungen kundgibt, ins Handelsregister eingetragen werden muß.

3. Das Gesetz verlangt für die Einberufung, daß die Verhandlungsgegenstände angegeben werden und bestimmt, daß über nicht angekündigte Verhandlungsgegenstände kein Beschluß gefaßt werden kann (Art. 700 Abs. 2 OR). Zwar hat die Verwaltung die Anträge, die sie der Generalversammlung stellen wird, nur im Falle der Gewinnverwendung und bei Abänderung der Statuten offenzulegen (Art. 700 Abs. 1 OR), doch sind die Aktionäre über die Verhandlungsgegenstände klar und deutlich zu unterrichten, damit sie sich mit Hilfe der Statuten nicht bloß auf die Versammlung vorbereiten, sondern sich auch vergewissern können, ob ihre Teilnahme dringlich sei. Das eine wie das andere setzt voraus, daß sie genau wissen, worüber verhandelt und allenfalls beschlossen werden soll[15]. Ein Generalversammlungsbeschluß ist anfechtbar, wenn er ohne oder mit ungenügender Traktandierung erfolgt. Jahresrechnung, Geschäftsbericht, Revisionsbericht, Antrag für die Gewinnverwendung sowie die Anträge auf Abänderung der Statuten sind am Sitz der Gesellschaft und bei den Zweigniederlassungen zur Einsicht der Aktionäre aufzulegen. Dies ist eine völlig ungenügende und veraltete Bestimmung. Es ist technisch leicht, geschäftspolitisch klug, rechtlich zumutbar und somit de lege ferenda zu fordern, dass die genannten Schriftstücke dem Aktionär, sei es automatisch, sei es auf sein Verlangen hin, zugestellt werden. Art. 696 Abs. 1 Satz 2 VE von 1975 stellt eine entsprechende Bestimmung auf.

4. Zeit und Ort

Die Versammlung ist frei in der Bestimmung des Zeitpunktes der Generalversammlung. Verlangt wird einzig, daß die sogenannte ordentliche Ver-

---

[15] So BGE 103 II, 1977, S. 141; vgl. auch BGE 80 II, 1954, S. 271 ff.

sammlung alljährlich innerhalb von sechs Monaten nach Schluß des Geschäftsjahres stattfindet (Art. 699 Abs. 2 OR) und daß die Einladung spätestens zehn Tage zum voraus erfolgt (Art. 700 Abs. 1 OR). Die 6-Monatsfrist ist eine bloße Ordnungsvorschrift, so daß die Beschlüsse an einer verspätet abgehaltenen Generalversammlung nicht anfechtbar sind[16]. Die Nichtbeachtung der zehntägigen Einladungsfrist bewirkt Anfechtbarkeit.

Über den Ort der Generalversammlung spricht sich das Gesetz nicht aus. Die Versammlung wird regelmäßig am Sitz der Gesellschaft stattfinden. Entscheidend sind einzig Praktikabilitätsüberlegungen. Die Teilnahme darf den Aktionären nicht übermäßig erschwert werden.

5. Organisation und Leitung der Versammlung

Teilnahmeberechtigt sind einzig Aktionäre, so daß die Teilnahmeberechtigung durch die Verwaltung zu prüfen ist; denn nach der Sonderbestimmung in Art. 691 Abs. 3 OR ist ein Beschluß einer Generalversammlung, bei der Personen mitwirken, die zur Teilnahme nicht befugt sind, anfechtbar, sofern die beklagte Gesellschaft nicht nachweist, daß diese Mitwirkung keinen Einfluß auf die Beschlußfassung ausgeübt hatte[16a].

Die Verhandlungsleitung steht dem von der Versammlung gewählten oder von den Statuten bezeichneten Vorsitzenden zu. Er erteilt das Wort, mahnt zur Ordnung, verkürzt die Redezeit, entzieht das Wort, schließt die Diskussion, leitet Abstimmungen und Wahlen und eröffnet deren Ergebnisse. Nach richtiger Ansicht sind diese versammlungsleitenden Handlungen endgültig und nicht einer Aufhebung oder Abänderung durch Mehrheitsbeschluß unterworfen[17]. Die Verwaltung ist für die Protokollierung der Generalversammlung verantwortlich (Art. 722 Abs. 2 OR und Art. 702 Abs. 2 OR). Verlangt wird einzig ein Beschlußprotokoll, welches auch die Protokollerklärungen von Aktionären aufzunehmen hat. Das Protokoll bedarf keiner Genehmigung durch die Generalversammlung, kann aber von jedem Aktionär eingesehen werden[18].

---

[16] Daran ändert BGE 107 II, 1981, S. 46 nichts, denn entschieden wurde einzig, daß die Sechsmonatsfrist durch die Statuten nicht verlängert werden kann und in dem Sinne zwingend ist.
[16a] Zur Zulassungsprüfung und zu den Folgen der Teilnahme Nichtbefugter vgl. HAEFLIGER, S. 18 ff., insbes. S. 21 ff.
[17] P. JÄGGI, Von der Beratung an der Generalversammlung der Aktiengesellschaft, in: Festschrift für Walther Hug, Bern 1968, S. 333 ff.; DERSELBE, Vom Abstimmungsverfahren, S. 397; SCHETT, S. 50 ff.
[18] SCHETT, S. 127; M. BRUNNER, Streifzug durch die Statuten schweizerischer Publikumsgesellschaften, Bern 1976, S. 80.

IV. Beschlußfassung

1. Zweck der Generalversammlung ist die Beschlußfassung. Dem Beschluß geht die Willensbildung und damit die B e r a t u n g der Anträge voraus. Jedem Aktionär steht das Recht zu, sich an diesen Beratungen zu beteiligen, das Wort zu ergreifen und Anträge zu stellen[19]. Das D e b a t t e - und insbesondere das A n t r a g s r e c h t sind absolut unentziehbare Einzelrechte.

2. B e s c h l ü s s e werden in einem besonderen Verfahren gefaßt: Der Versammlung werden in der Form eines Antrages ein oder mehrere Beschlußentwürfe vorgelegt. In der Abstimmung werden hierzu die einzelnen Stimmen abgegeben und derjenige Antrag, welcher die erforderliche Stimmenzahl auf sich vereinigt, wird zum Beschlusse erhoben.

Der Beschluß ist demnach kein mehrseitiges Rechtsgeschäft, sondern das Ergebnis der Abstimmung, also der Abgabe von Stimmen zum Antrag[20]. Die Stimmabgabe kann auf Willensmängeln beruhen, indem der Aktionär sich über die Eigenschaften eines für die Wahl in den Verwaltungsrat vorgeschlagenen Kandidaten irrt oder indem der Aktionär durch Unrichtigkeiten in der Jahresrechnung oder insbesondere im Geschäftsbericht getäuscht wird. Der Aktionär kann sich auf diesen Irrtum berufen und gemäß Art. 31 OR seine Stimmabgabe als unverbindlich erklären. Will er gestützt hierauf den Generalversammlungsbeschluß aufheben, muß er rechtzeitig, also innerhalb der Klagefrist von Art. 706 OR, den Beschluß beim Richter anfechten[21].

Damit die Generalversammlung Beschlüsse fassen kann, muss B e s c h l u ß - f ä h i g k e i t gegeben sein: Die Versammlung muß richtig zustande gekommen und ordnungsmäßig geleitet sein. Eine allgemeine Mindestpräsenz kennt unser Gesetz nicht. Es fehlt eine allgemeine Quorumsvorschrift: Die Generalversammlung ist demnach beschlußfähig ohne Rücksicht auf die Zahl der vertretenen Stimmen.

Lediglich für besondere Beschlüsse wird in den Art. 649, 655 und 658 OR ein besonderes Quorum verlangt[22]. Diese Beschlüsse können einzig in einer

---

[19] Zum Debatte- und Antragsrecht vgl. § 12 VIII.
[20] Ähnlich JÄGGI, Zürcher Kommentar, N. 46 zu Art. 1 OR; vgl. auch FELDMANN; SCHETT, S. 96; a. A. WEBER-DÜRLER, S. 25 ff., insbes. S. 31; unentschieden HAEFLIGER, S. 111.
[21] Anders W. VON STEIGER, Zürcher Kommentar, N. 17 zu Art. 809 OR, der die Anfechtung des Beschlusses innerhalb der Jahresfrist von Art. 31 OR zulassen will.
[22] Dies betrifft folgende Beschlüsse: Erweiterung des Geschäftsbereiches im Rahmen des Gesellschaftszweckes durch Aufnahme verwandter Gegenstände, Verengerung des Geschäftsbereiches, Fusion (durch die zu übernehmende Gesellschaft), Fortsetzung der Gesellschaft über die in den Statuten bestimmte Zeit hinaus, Abänderung der Firma, Sitzverlegung, Auflösung vor dem statutarischen Termin (Art. 649 OR), Ausgabe von Vorzugsaktien, Abänderung oder Aufhebung der den Vorzugsaktien eingeräumten Vorrechte (Art. 655 OR) sowie Ausgabe von Genußscheinen (Art. 658 OR).

Generalversammlung gefaßt werden, in welcher mindestens ²/₃ sämtlicher Aktien vertreten sind. Wird dieses Quorum nicht erreicht und fehlt es demnach an der Beschlußfähigkeit, so kann eine zweite Generalversammlung einberufen werden, in der diese Beschlüsse gefaßt werden können, auch wenn nur ¹/₃ sämtlicher Aktien vertreten ist. Die zweite Generalversammlung darf erst acht Tage später stattfinden, sofern die Statuten nicht kürzere Fristen vorsehen (Art. 649 Abs. 2 und 3 OR). Diese Quorumsvorschriften sind nach dem klaren Wortlaut der Bestimmungen nicht zwingend, sondern können durch die Statuten aufgehoben oder eingeschränkt werden. Sie erweisen sich als legislatorisch verfehlt, indem die Aktionärminderheit das Zustandekommen der Beschlüsse einzig durch Fernbleiben von der Versammlung zu Fall bringen kann. Der Gesetzgeber erhebt demnach Abstinenz zum Minderheitenschutz. Andererseits kann das Zustandekommen der Beschlüsse nicht verhindert, sondern bloß zeitlich hinausgeschoben werden[23].

Im VE von 1975 werden diese Quorumsvorschriften ersatzlos gestrichen.

3. Nach Art. 703 OR werden in der Generalversammlung die Beschlüsse mit dem **absoluten Mehr** der vertretenen Stimmen gefaßt. Damit trifft das Aktienrecht dieselbe Lösung wie das Vereinsrecht, wo Beschlüsse ebenfalls mit der Mehrheit der Stimmen der anwesenden Mitglieder gefaßt werden (Art. 67 Abs. 2 ZGB), weicht aber von der Regelung des GmbH-Rechtes (Art. 808 Abs. 2 Satz 1 OR) und des Genossenschaftsrechtes (Art. 888 Abs. 1 Satz 1 OR) ab, wonach für Beschlüsse das absolute Mehr der abgegebenen Stimmen verlangt wird.

Wird wie im Aktienrecht auf das absolute Mehr der vertretenen Stimmen abgestellt, haben Stimmenthaltungen einen unmittelbaren rechtlichen Einfluß auf das Abstimmungsergebnis, denn Enthaltungen stellen nicht eine bloße Demonstration dar, sondern haben dieselbe Auswirkung wie ablehnende Stimmen. Stimmenthaltung kann, wird auf das absolute Mehr der vertretenen Stimmen abgestellt, das Zustandekommen von Beschlüssen verhindern[24].

Anträge sind angenommen, wenn sie die Mehrheit der vertretenen Stimmen auf sich vereinigen, abgelehnt, wenn die Nein-Stimmen die Mehrheit der ver-

---

[23] Kritisch hierzu BRUNNER, a.a.O. (Anm. 18), S. 9ff.
[24] Man unterscheidet zwischen einfachem und qualifiziertem Mehr: Beschlüsse werden mit dem einfachen (oder was dasselbe ist, mit dem relativen) Mehr gefaßt, wenn derjenige Antrag als angenommen gilt, der am meisten Stimmen auf sich vereinigt. Qualifiziert ist eine Mehrheit dann, wenn diese einfache Zustimmung nicht gilt. Das absolute Mehr ist eine besondere Art des qualifizierten Mehrs, indem hier die Zustimmung von mehr als der Hälfte der abgegebenen oder der vertretenen Stimmen erforderlich ist, während bei den besonders qualifizierten Mehrheiten die Zustimmung von ²/₃, ³/₄ usw. der abgegebenen, vertretenen oder aller Stimmen oder des Kapitals verlangt wird.

tretenen Stimmen erreichen; in allen andern Fällen ist kein Beschluß zustande gekommen.

Für Wahlen gilt dasselbe. Die Statuten sehen für den zweiten Wahlgang oft das einfache Mehr vor.

Der Vorsitzende hat keinen Stichentscheid, sofern die Statuten nichts anderes bestimmen. Statutenbestimmungen, die dem Präsidenten den Stichentscheid einräumen, sind zulässig[25].

Art. 636 und 648 OR sehen für bestimmte Beschlüsse[26] die Zustimmung eines besonders qualifizierten Mehrs vor, indem der Beschluß mindestens die Stimmen von $^2/_3$ des gesamten Grundkapitals auf sich vereinigen muß. Gefordert wird damit ein Zweifaches: Mehrheit der Stimmen und qualifizierte Mehrheit des Kapitals. Diese qualifizierte Mehrheit ist in Gesellschaften mit breit gestreutem Aktionärskreis und verödeter Generalversammlung nicht mehr zu erreichen, so daß derartige Beschlüsse nicht gefaßt werden können. Abstimmungen mit dem Handmehr sind zugelassen, obschon der Aktionär seine Stimmkraft hierbei nicht zum Ausdruck bringen kann. Sie sind nur entscheidend, wenn sich eine eindeutige Zustimmung oder Ablehnung ergibt. Bestehen Zweifel, wird der Vorsitzende schriftliche Stimmabgabe anordnen, nicht, weil diese geheim erfolgt, sondern weil nur derart der Aktionär die ihm zustehenden Stimmen richtig zum Ausdruck bringen kann. Jeder Aktionär kann schriftliche Abstimmung verlangen, auch wenn dies in den Statuten nicht ausdrücklich vorgesehen ist.

Die Anträge sind immer positiv zu stellen, also so, daß ihre Annahme eine Änderung des Rechtszustandes herbeiführt.

V. Die Anfechtung

1. Generalversammlungsbeschlüsse können auf ihre Rechtmäßigkeit hin überprüft werden. Nacht Art. 706 Abs. 1 OR können Generalversammlungsbeschlüsse, die gegen das Gesetz oder gegen die Statuten verstoßen, beim Richter angefochten werden. Die Bestimmung nennt einzig die Generalversammlungsbeschlüsse; die Verwaltungsratsbeschlüsse bleiben unerwähnt. Nach herrschender Lehre[27] und Bundesgerichtspraxis[28] besteht keine Geset-

---

[25] BGE 95 II, 1969, S. 555.
[26] Sacheinlage, Sachübernahme, Gründervorteile (Art. 636 OR), Umwandlung des Gesellschaftszweckes, Beseitigung von Statutenbestimmungen über die Erschwerung der Beschlußfassung in der Generalversammlung, Einführung von Stimmrechtsaktien (Art. 648 Abs. 1 OR).
[27] BÜRGI, N. 6 zu Art. 706 OR; FUNK, S. 350; F. KOHLER, Die Anfechtbarkeit von Beschlüssen der Verwaltung in der Aktiengesellschaft, Bern 1950, S. 31 ff.; SCHLUEP, Wohlerworbene Rechte,

zeslücke. Verwaltungsratsbeschlüsse sind somit nicht anfechtbar. Anfechtbar sind nur gültige Beschlüsse. Nichtbeschlüsse oder nichtige Beschlüsse können nicht angefochten werden. Ein ablehnender Beschluß ist anfechtbar, auch wenn in der Regel jedes Anfechtungsinteresse fehlt, da die Anfechtung die Beschlüsse lediglich beseitigt und an der Beseitigung eines negativen Beschlusses niemand ein Interesse haben kann[29]. Dasselbe gilt für infolge Stimmengleichheit oder infolge Nichterreichens der qualifizierten Mehrheit nicht zustande gekommene Beschlüsse.

2. Anfechtungsgründe sind Statuten- oder Gesetzwidrigkeit. Gesetzwidrig ist ein Beschluss nicht nur dann, wenn er gegen bestimmte Vorschriften verstößt, sondern auch, wenn er allgemeine Rechtsnormen verletzt oder gegen einen allgemeinen ungeschriebenen Grundsatz des Aktienrechtes verstößt[30]. Anfechtbar sind demnach auch Generalversammlungsbeschlüsse, die wohlerworbene Rechte verletzen, auf rechtsmißbräuchlicher Stimmausübung beruhen, gegen das Gebot der Gleichbehandlung oder das Proportionalitätsprinzip verstoßen[31].

Auch Formverstöße führen zur Anfechtbarkeit der Generalversammlungsbeschlüsse, sofern die Verletzung der Formvorschrift für das Entstehen des Beschlusses kausal war, also einen entscheidenden Einfluß hierauf hatte[32].

Art. 706 Abs. 2 OR führt für zwei Beschlüsse, nämlich für die Einführung von Stimmrechtsaktien sowie für Beschlüsse, die infolge des erhöhten Stimmrechtes solcher Aktien zustande gekommen sind, einen zusätzlichen Anfechtungsgrund ein; nach dem Wortlaut der Bestimmung können diese Beschlüsse angefochten werden, wenn sie eine durch den Gesellschaftszweck nicht erforderte offenbare Schädigung der Interessen von Aktionären mit sich bringen. Diese Bestimmung, die ursprünglich zum Schutze vor dem übermäßigen Einfluß der Stimmrechtsaktien gedacht war, stellt bei näherem Zusehen einen allgemein gültigen Grundsatz und eine Konkretisierung von Art. 2 ZGB dar: Jeder Generalversammlungsbeschluß, wie auch immer zustande gekommen,

---

S. 285; WEISS, Einleitung, N. 238 ff.; a. A. einzig A. SIEGWART, Die Anfechtung von Beschlüssen der Verwaltung einer Aktiengesellschaft, SJZ 39, 1942/43, S. 421 ff.
  Auch aus den Gesetzesmaterialien läßt sich eindeutig schließen, daß die Verwaltungsratsbeschlüsse nicht anfechtbar sind (vgl. StenBullStR 1931, S. 412 f., 576 ff., 578).

[28] BGE 76 II, 1950, S. 60 ff.; 81 II, 1955, S. 464 ff.; 92 II, 1966, S. 246 f., sowie SJZ 65, 1969, S. 39 f.
[29] Vgl. ROHRER, S. 7.
[30] Vgl. BGE 100 II, 1974, S. 386 f.; 95 II, 1969, S. 162; 93 II, 1967, S. 397; 92 II, 1966, S. 246; 91 II, 1965, S. 300; 69 II, 1943, S. 248.
[31] Auf diese Problematik ist hier nicht erneut einzugehen; es kann auf die Ausführungen in § 15 II verwiesen werden.
[32] SCHLUEP, Wohlerworbene Rechte, S. 286; F. VON STEIGER, Recht der AG, S. 213, sowie BGE 72 II, 1946, S. 275.

ist anfechtbar, wenn er eine durch den Gesellschaftszweck nicht erforderte offenbare Schädigung einzelner Aktionäre mit sich bringt[33].

Schließlich sind anfechtbar alle Generalversammlungsbeschlüsse, die gegen die Statuten verstoßen.

Das Vorliegen einer Rechtsverletzung genügt als Anfechtungsgrund; ein persönliches oder gar materielles Interesse des Anfechtungsklägers wird nicht verlangt. Jeder Aktionär soll gesetz- oder statutenwidrige Beschlüsse beim Richter anfechten können, auch wenn er durch die Rechtsverletzung nicht unmittelbar betroffen ist, denn jeder Aktionär soll über die Rechtmäßigkeit von Generalversammlungsbeschlüssen wachen können.

3. Die Aktivlegitimation zur Klageerhebung steht dem Aktionär und der Verwaltung zu[34]. Nicht erforderlich ist, daß der Anfechtungskläger im Zeitpunkt des Beschlusses bereits Aktionär war[35]. Nicht zur Klage legitimiert sind Gläubiger und Partizipanten[36].

Passivlegitimiert sind nicht die Generalversammlung und auch nicht die Mehrheitsaktionäre, sondern ist die Gesellschaft. Sie wird durch die Verwaltung vertreten; ist die Verwaltung selbst Anfechtungsklägerin, bestimmt der Richter einen Vertreter für die Gesellschaft (Art. 706 Abs. 3 OR).

4. Die zweimonatige Klagefrist ist eine Verwirkungsfrist und ist somit einer richterlichen Erstreckung nicht zugänglich. Zur Berechnung der Frist gilt Art. 77 Abs. 1 Ziff. 3 OR: Die Frist läuft am Tag des zweiten Monates ab, der die gleiche Zahl trägt wie der Tag der Generalversammlung[37]. Örtlich zuständig ist der Richter am Sitz der Gesellschaft[38]. Anfechtungsklagen können vor ein Schiedsgericht gebracht werden. Eine Schiedsklausel in den Statuten ist

---

[33] BÜRGI, N.39 zu Art.706 OR; SCHLUEP, Wohlerworbene Rechte, S.313; GUHL/MERZ/KUMMER, S.606.

[34] Einzelne Verwaltungsratsmitglieder sind bloß in ihrer Eigenschaft als Aktionäre zur Klage legitimiert. Dass die Verwaltung vom Stimmrecht ausgeschlossen war, wie z.B. beim Déchargebeschluß, nimmt ihr die Klagelegitimation nicht, denn das Recht zur Anfechtungsklage ist kein bloßes Zusatzrecht zum Stimmrecht.

Als aktiv legitimierter Aktionär gilt nur, wer im Zeitpunkt der Klageerhebung Aktionär ist und bis zum Urteil Aktionär bleibt.

Vgl. ROHRER, S.73, sowie BÜRGI, N.50 zu Art.706 OR; SCHUCANY, N.1 zu Art.706 OR.

[35] Dies ist kontrovers; vgl. die starken Argumente für die hier vorgetragene Meinung sowie die Hinweise auf die Literatur bei ROHRER, S.73f.

[36] Der Grundsatz der Gleichstellung der Partizipanten mit den Aktionären bewirkt, daß diesen das Anfechtungsrecht zukommt; vgl. Art.656a Abs.2 VE. Da die Partizipanten nicht an der Generalversammlung teilnehmen, es sei denn die Statuten regeln es anders, müssen ihnen die Generalversammlungsbeschlüsse unverzüglich zur Kenntnis gebracht werden, damit sie ihr Anfechtungsrecht fristgemäß wahren können (vgl. Art.656c Abs.3 VE).

[37] Vgl. ROHRER, S.109, sowie BJM 1966, S.189.

[38] Vgl. R. OTTOMANN, Die Aktiengesellschaft als Partei im schweizerischen Zivilprozeß, Zürich 1976, S.35ff.

zuzulassen. Für die nachträgliche Aufnahme von Schiedsklauseln wird Einstimmigkeit verlangt[39]. Mit dem Erwerb einer Aktie unterwirft man sich der statutarischen Schiedsklausel: Schriftlichkeit ist demnach nicht erforderlich[40].

Nach konstanter Praxis ist für die Streitwertberechnung nicht das Interesse des klagenden Aktionärs maßgebend, sondern das Gesamtinteresse der beklagten Gesellschaft, weil das Urteil für und wider alle Aktionäre wirkt[41]. Diese Streitwertberechnung läßt Kleinaktionäre von Anfechtungsklagen zurückscheuen, da ihnen Erfolgsaussichten und Kostenrisiko in keinem vernünftigen Verhältnis erscheinen[42].

5. Das Urteil in einem Anfechtungsprozeß ist ein Gestaltungsurteil: Der Generalversammlungsbeschluss wird bei Klagezuspruch aufgehoben, und zwar ex tunc. Mit dem Urteil wird eine neue Rechtslage geschaffen; eine Vollstreckung ist entbehrlich.

Der Richter kann nicht positiv gestaltend in die Angelegenheiten der Gesellschaft eingreifen und an Stelle des aufgehobenen Generalversammlungsbeschlusses seinen Willen setzen. Ebensowenig kann er die Generalversammlung zur Fassung bestimmter Beschlüsse anhalten. Beklagt ist die Gesellschaft und nicht die Gesamtheit der Aktionäre. Die Aktionäre sind zur Ausübung ihres Stimmrechtes nicht verpflichtet. Es gibt keine Generalversammlungsbeschlüsse, die von Gesetzes wegen gefaßt werden müssen[43]. Es bleibt somit bei der Aufhebung gesetz- oder statutenwidriger Generalversammlungsbeschlüsse[44].

VI. Nichtigkeitsklage

1. Rechtswidrige Rechtsgeschäfte sind nach Art. 20 OR nichtig. Von diesem Grundsatz macht Art. 706 OR eine Ausnahme: Rechtswidrige Generalversammlungsbeschlüsse sind bloß anfechtbar und erwachsen, wenn nicht ange-

---

[39] R. PATRY, L'action en annulation des décisions de l'assemblée générale, in: 3ᵉ journée juridique, mémoires publiées par la faculté de droit, Genève 1964, S. 21.
[40] a. A. ROHRER, S. 102.
[41] BGE 75 II, 1949, S. 152; 66 II, 1940, S. 48 ff.; 54 II, 1928, S. 23; 51 II, 1925, S. 68; 47 II, 1921, S. 435.
[42] Um die prohibitive Wirkung dieser Streitwertberechnung zu mildern, wird in Art. 706 Abs. 5 Satz 2 VE vorgeschrieben, daß auch bei Abweisung der Klage der Richter die Gerichtskosten teilweise der Gesellschaft auferlegen und die Parteientschädigung herabsetzen kann, nämlich dann, wenn der Kläger sich in guten Treuen zur Prozeßführung veranlaßt sah.
[43] Eine Ausnahme machen allerhöchstens die Wahlen der Verwaltung und der Kontrollstelle, doch ist gerade hier ein richterlicher Befehl vollends ausgeschlossen.
[44] a. A. BÜRGI, N. 33 zu Art. 660/61 OR; SCHLUEP, Wohlerworbene Rechte, S. 269 und 299.

fochten, in volle Rechtskraft. Die Aktiengesellschaft bedarf als komplexes Dauergebilde der ständigen Ausgestaltung durch die Organe, deren Entscheide oft von weittragender Auswirkung, von unmittelbarem Einfluß auf die Stellung der Gläubiger, von langer Dauer sind. Sie dem Damoklesschwert der Nichtigkeit zu unterstellen, wäre mit der Forderung nach Rechtssicherheit und dem Prinzip des Rechtsscheins schlechthin nicht zu vereinbaren. Es geht z.B. nicht an, Generalversammlungsbeschlüsse über Kapitalveränderungen der ständigen Gefahr der sofortigen Nichtigkeit zu unterstellen. Die Sonderregelung von Art. 706 OR ist demnach begründet, vermag aber die Anwendung des Grundsatzes der Nichtigkeit rechtswidriger Rechtsgeschäfte im Aktienrecht nicht auszuschließen.

Auch Generalversammlungsbeschlüsse unterliegen der Nichtigkeitsfolge. Die Anfechtbarkeitsregel schränkt den Grundsatz der Nichtigkeit bloß ein, hebt ihn nicht auf, womit sich sogleich die Frage nach der Grenzziehung stellt: Qualifizierte Rechtswidrigkeit muß zur Nichtigkeit führen. Qualifiziert rechtswidrig ist ein Generalversammlungsbeschluß immer dann, wenn er an die Wurzeln des Aktienrechtes rührt, Normen verletzt, die für die Aktiengesellschaft bestimmend sind, die Organisaiton aus den Angeln hebt, den Grundsatz der Kapitalerhaltung verletzt oder gegen das Verbot der Nebenleistungen verstößt. Alle derartigen Beschlüsse tangieren das Konzept der Aktiengesellschaft und können deshalb von der Rechtsordnung auch dann nicht hingenommen werden, wenn kein Aktionär die Anfechtungsklage erhebt.

Durch Umkehrschluß ergibt sich, dass bloße Verstöße gegen Statuten oder gegen nicht zwingendes Aktienrecht, reine Formvorschriften und aktienrechtliche Bestimmungen, die einzig im Interesse der Aktionäre aufgestellt sind, keine Nichtigkeit hervorrufen.

Im einzelnen sind in diesem Sinne etwa folgende Beschlüsse nichtig: Wegbedingung der Haftung, Abschaffung von Organen, Kooptation der Verwaltung, Schaffung eines Vetorechtes einzelner Aktionäre, Einführung von Nachschußpflichten, Kapitalherabsetzung ohne Beachtung der Gläubigerschutzvorschriften, Ausgabe von nennwertlosen Aktien oder Kleinaktien, Aufhebung der Stimm-, Kontroll- und Schutzrechte[45].

2. Nichtige Beschlüsse sind **unwirksam** und werden durch Zeitablauf nicht gültig. Sie entfalten keine Wirkung. Sie brauchen nicht angefochten zu werden. Ihre Nichtigkeit ist durch Nichtigkeitsklage festzustellen und überdies von Amtes wegen zu berücksichtigen. Sie kann auch einredeweise geltend gemacht werden.

---

[45] Vgl. im einzelnen zur Nichtigkeit FREI, passim; PEYER, passim; R. PATRY, La nullité des décisions des organes sociaux dans la société anonyme, in: Mélanges Robert Secrétan, Lausanne 1964; sowie BÜRGI, N. 8–21 zu Art. 706 OR; SCHLUEP, Wohlerworbene Rechte, S. 276 ff.

Die Nichtigkeitsklage ist an keine Klagefrist gebunden. Eine heilende Wirkung infolge Zeitablaufs besteht nicht.

Zur Klage legitimiert ist der Aktionär sowie jeder Dritte, also allenfalls auch ein Gläubiger, der ein Feststellungsinteresse hat.

Gegenstand der Nichtigkeitsklage sind nicht nur Generalversammlungsbeschlüsse, sondern auch die Entscheide der Verwaltung oder anderer Organe[46]. Verwaltungsratsbeschlüsse von qualifizierter Nichtigkeit können somit von Aktionär und Gläubiger mit der Nichtigkeitsklage zu Fall gebracht werden.

3. Kontrovers ist, ob das schweizerische Recht eine relative Nichtigkeit kennt und braucht. Eine solche liegt dann vor, wenn Rechtsgeschäfte grundsätzlich gültig und lediglich gegenüber bestimmten Personen ungültig sind[47]. Diese relative Unwirksamkeit kann nur bei Sonderrechten Platz greifen, indem einzig dort Generalversammlungsbeschlüsse gegenüber den sonderberechtigten Aktionären ungültig sind, ansonst aber ihre Gültigkeit voll bewahren. Da auch in solchen Fällen der Generalversammlungsbeschluss durch Anfechtung aufgehoben werden muß[48], fällt der Unterschied zwischen relativ unwirksamen und anfechtbaren Generalversammlungsbeschlüssen und damit das Bedürfnis nach diesem Begriff dahin.

§ 17. Die Verwaltung

Literatur

E. BUCHER, Organschaft, Prokura, Stellvertretung, in: Lebendiges Aktienrecht, Festgabe zum 70. Geburtstag von Wolfhart Friedrich Bürgi, Zürich 1971, S. 39 ff.; P. BUCHMANN, Organisation der Verwaltungsräte in 20 der größten Aktiengesellschaften in der Schweiz, Bern/Stuttgart 1976; M. BURCKHARDT, Die Pflichten und die Verantwortlichkeiten der Verwaltung der AG nach schweizerischem, französischem und deutschem Recht, Basel 1969; CH. VON GREYERZ, Die Verwaltung in der privaten Aktiengesellschaft, in: Die Verantwortung des Verwaltungsrates in der AG, Zürich 1978; CH. HOLZACH, Der Ausschuß des Verwaltungsrates der Aktiengesellschaft und die Haftungsverhältnisse bei verwaltungsinternen Delegierungen. Das Verhältnis von Art. 714 Abs. 2 zu Art. 717 OR, Basel 1960; B. KLEINER, Die Organisation der großen Aktiengesellschaft unter dem Aspekt der Verantwortlichkeit, SAG 50, 1978, S. 3 ff.; F. KOHLER, Die Anfechtbarkeit von Beschlüssen der Verwaltung in der Aktiengesellschaft, Bern 1950;

---

[46] Vgl. hierzu C. JAGMETTI, Die Nichtigkeit von Maßnahmen der Verwaltung in der Aktiengesellschaft, Zürich 1958.

[47] Vgl. BÜRGI, N. 22–25 zu Art. 706 OR; SCHUCANY, N. 22 zu Art. 706 OR; sowie SCHLUEP, Wohlerworbene Rechte, S. 289.

[48] So auch W. R. SCHLUEP, Anfechtungsrecht und Schutz des Aktionärs, SJZ 54, 1958, S. 209 ff.

D. MÜNCH, Das Recht einer Aktionärsminderheit auf Vertretung im Verwaltungsrat der Aktiengesellschaft, de lege lata und de lege ferenda, Zürich 1976; H. SCHÄRER, Die Vertretung der Aktiengesellschaft durch die Organe, Winterthur 1981; B. SCHULTHESS, Funktionen der Verwaltung einer AG, Zürich 1967; A. THALMANN, Die Treuepflicht der Verwaltung der Aktiengesellschaft, Zürich 1975; F. VISCHER, Die Stellung der Verwaltung und die Grenzen der Delegationsmöglichkeiten bei der großen Aktiengesellschaft, in: Festgabe für Wilhelm Schönenberger, Freiburg 1968, S. 345 ff.; DERSELBE, Zur Stellung und Verantwortung des Verwaltungsrates in der Großaktiengesellschaft, in: Die Verantwortung des Verwaltungsrates in der AG, Zürich 1978, S. 71 ff.

I. Stellung

1. Im schweizerischen Aktienrecht gilt das Board-System, wonach die Verwaltungs- und Geschäftsführungsfunktionen einem einzigen Organ, dem Verwaltungsrat zugewiesen sind (Art. 721/22 OR). Der Verwaltungsrat nimmt alle unternehmerischen Aufgaben wahr, er bestimmt die Geschäftspolitik, legt die Unternehmensziele fest, bestimmt den Organisationsaufbau und entscheidet über Finanzierung und Investitionen. Gleichzeitig obliegt ihm das Management; er führt die Geschäfte, leitet Einkauf, Fabrikation und Verkauf; er legt Verkaufspreise und Tarife fest; er stellt Personal ein, bestimmt Lohn und Sozialleistung; er betreibt Produkteentwicklung und Qualitätskontrolle; er organisiert die interne Kontrolle.

Dieser Monismus hat sich ohne Zweifel bewährt und zur weiten Verbreitung der Aktiengesellschaft Entscheidendes beigetragen. Nur dank des Board-Systems und seiner Flexibilität kann die Aktiengesellschaft die geeignete Organisationsform für Großkonzerne, Familienbetriebe und Einmanngesellschaften bilden. Das System läßt zu, daß der Verwaltungsrat zum Beratungs- und Aufsichtsorgan erhoben, zum Geschäftsführerteam ausgestaltet oder zum Einmanngremium herabgemindert wird.

2. Demgegenüber teilt das Aufsichtsratssystem die Verwaltungs- und Geschäftsführungsbefugnis auf ein Leitungsorgan und ein Aufsichtsorgan auf. Dem Leitungsorgan obliegt Geschäftsführung und Vertretung, dem Aufsichtsorgan die Überwachung des Leitungsorgans[1]. Das Aufsichtsratssystem ist deutschen Ursprungs, indem das deutsche Aktienrecht die Leitung der Gesellschaft dem Vorstand überträgt und einen Aufsichtsrat zur Überwachung der

---

[1] Vgl. etwa Art. 2 ff. des Vorschlages einer 5. EG-Richtlinie (Strukturrichtlinie), vom 9. Oktober 1972 (EG ABl Nr. C 131, vom 13. Dezember 1972, S. 49 ff., sowie Beilage 10/72, Bulletin der Europäischen Gemeinschaft); Art. 62 ff. geänderter Verordnungsvorschlag über das Statut für Europäische Aktiengesellschaften; Beilage 4/75, Bulletin der Europäischen Gemeinschaften.

Geschäftsführung vorsieht[2]. Das französische Aktienrecht läßt beide Systeme zu, sowohl das klassische System des «conseil d'administration», wie auch die Aufteilung der Kompetenzen auf «Directoire» und «Conseil de surveillance»[3].

In schweizerischen Großgesellschaften übernimmt der Verwaltungsrat die Funktionen eines Aufsichtsrates, sei es, weil die Statuten ihm Aufsicht und Oberleitung und der Geschäftsleitung das Management der Gesellschaft zuweisen[4], sei es, weil die Geschäftsführungsmaßnahmen faktisch auf das Direktorium übergegangen sind.

In der Aktienrechtsreform wird man sich überlegen müssen, ob man diese Aufteilung der Funktionen im Gesetz berücksichtigen oder allenfalls für große Gesellschaften gar vorschreiben müsse. Kritischer Punkt ist und bleibt auch hier die Verantwortlichkeit, denn es ist offen, ob und unter welchen formellen und materiellen Voraussetzungen eine Beschränkung der Funktionen des Verwaltungsrates auf Oberaufsicht auch eine entsprechende Einschränkung der Verantwortlichkeit auf Auswahl, Unterrichtung und Überwachung der Geschäftsleitungsorgane mit sich bringen kann[5].

Ein Übergang zum Aufsichtsratssystem wird sich nicht empfehlen, vorweg, weil es sich in Deutschland offenbar nicht bewährt hat[6] und weil es ohnehin nur für die großen Gesellschaften Geltung haben könnte, was zu einer Zweiteilung des Aktienrechtes führen müßte. Dies gilt es in einer Teilrevision zu vermeiden, da eine Zweiteilung in Groß- und Kleingesellschaften generell und gestützt auf ein wohldurchdachtes Grundkonzept eingeführt werden muß. Die Forderung nach Einführung des Aufsichtsratssystems enthält politischen Zündstoff, da mit ihm die Mitbestimmung aufs engste verknüpft ist. Die Forderung nach Mitbestimmung auf der Verwaltungsebene verlangt entweder den Übergang zum Aufsichtsratssystem oder zumindest die Festlegung der unübertragbaren Kompetenzen des Verwaltungsrates, denn Mitbestimmung im Management ist, da Schlagkraft und Entscheidungsfreudigkeit hemmend, abzulehnen; die Mitbestimmung der Arbeitnehmer ist höchstens in einem aufsichtsratsähnlichen Gremium denkbar, was erfordert, daß dessen Befugnisse durch das Gesetz umschrieben werden.

II. Befugnisse

1. Die Verwaltung leitet die Geschäfte der Gesellschaft (Art. 722 Abs. 1 OR). Ihr stehen alle Befugnisse zu, die nicht der Generalversammlung oder andern Gesellschaftsorganen, insbesondere der Kontrollstelle, übertragen oder vorbehalten sind (Art. 721 Abs. 2 OR). Die Verwaltung ist demnach Kompetenzauffangbecken in gleicher Weise wie die Vereinsversammlung im Verein (Art. 65 Abs. 1 ZGB). Die Nennung der einzelnen Aufgaben der Verwaltung

---

[2] Zum Vorstand vgl. §§ 76ff., zum Aufsichtsrat §§ 95ff. dAktG.
[3] Vgl. Art. 89ff. und Art. 118ff. Loi sur les sociétés commerciales, du 24 juillet 1966.
[4] Wie z.B. in den Statuten der CIBA-GEIGY AG, Basel.
[5] Vgl. VISCHER, Zur Stellung und Verantwortung des Verwaltungsrates, S. 71 ff.; DERSELBE, Die Stellung der Verwaltung, S. 346 ff.; F. VISCHER/F. RAPP, Zur Neugestaltung des schweizerischen Aktienrechtes, Bern 1968, S. 149.
[6] Vgl. H. DÜGGELIN, Die Sonderprüfung als Rechtsbehelf des Aktionärs zur Kontrolle der Verwaltung einer AG, Zürich 1977, S. 66 ff., mit Hinweisen.

im Gesetz beschränkt sich auf aktienrechtliche Funktionen und läßt die unternehmerischen Aufgaben völlig beiseite. Die Umschreibung der Pflichten des Verwaltungsrates bleibt demnach dem Gesellschaftsrecht verhaftet und berücksichtigt die Führung der von der Gesellschaft gehaltenen Unternehmung keineswegs. Aufgabe der Verwaltung ist die Leitung der Geschäfte der Gesellschaft und nicht die Unternehmensleitung. Bei der Funktionsfestsetzung bleibt das Unternehmen aus dem Spiel.

Im einzelnen überträgt das Gesetz der Verwaltung folgende Aufgaben:
– Vorbereitung der Generalversammlung (Art. 722 Abs. 2 Ziff. 1 OR);
– Durchführung der Generalversammlungsbeschlüsse;
– Aufstellung der für den Geschäftsbetrieb erforderlichen Reglemente (Art. 722 Abs. 2 Ziff. 2 OR);
– Erteilung der für die Geschäftsleitung nötigen Weisungen;
– Überwachung der Geschäftsführung und der Vertretung, und zwar einzig unter dem Gesichtspunkt der Legalität und nicht der Opportunität, nämlich einzig «im Hinblick auf die Beobachtung der Vorschriften der Gesetze, Statuten und allfälliger Reglemente» (Art. 722 Abs. 2 Ziff. 3 OR);
– Regelmäßige Entgegennahme der Information über den Geschäftsgang;
– Führung der Generalversammlungs- und Verwaltungsratsprotokolle (Art. 702 Abs. 2 und 722 Abs. 3 OR);
– Führung der notwendigen Geschäftsbücher (Art. 722 Abs. 2 OR);
– Vorlegung der Jahresrechnung zur Revision (Art. 722 Abs. 3 OR);
– Ernennung von Prokuristen und Handlungsbevollmächtigten (Art. 721 Abs. 3 OR);
– Ernennung von unabhängigen Büchersachverständigen in Großaktiengesellschaften (Art. 723 OR);
– Erstellen des Geschäftsberichtes (Art. 724 OR);
– Einberufung und Unterrichtung der Generalversammlung bei Kapitalverlust (Art. 725 Abs. 1 OR);
– Erstellung eines Status zu Veräußerungswerten bei begründeter Besorgnis einer Überschuldung (Art. 725 Abs. 2 OR);
– Benachrichtigung des Richters im Falle der Überschuldung (Art. 725 Abs. 3 OR).

Die Abgrenzung der Befugnisse der Verwaltung gegenüber der Generalversammlung ist insofern eindeutig, als die Kompetenzen des obersten Organes abschließend aufgezählt sind und einzig offen bleibt, ob und in welchem Maße die Generalversammlung der Verwaltung Weisungen erteilen kann[7]. Der Bundesgerichtsentscheid, welcher verlangt, daß zweckändernde

---

[7] Vgl. hierzu § 16 II 2.

Verträge der Generalversammlung vorzulegen sind[8], muß als Ausreißer betrachtet werden und kann nicht als Ausgangspunkt für eine neue Grenzziehung oder als ein entscheidendes Bekenntnis für die eingeschränkte Omnipotenztheorie anerkannt werden.

Keine Schwierigkeiten bereiten die Kompetenzabgrenzungen zwischen Verwaltung und Kontrollstelle, da die Aufgaben der Kontrollstelle auf die Abschlußprüfung beschränkt sind und keine Weisungsbefugnisse bestehen, weder in der einen noch in der andern Richtung.

2. Gering und mit Last und Gefahr der Verantwortlichkeit nicht vereinbar sind die Befugnisse des einzelnen Verwaltungsratsmitgliedes. Anders als dem einfachen Gesellschafter steht ihm kein Recht zu, «sich persönlich von dem Gange der Gesellschaftsangelegenheiten zu unterrichten und von den Geschäftsbüchern und Papieren der Gesellschaft Einsicht zu nehmen» (Art. 541 Abs. 1 OR). Sein Auskunfts- und Einsichtsrecht kann er nur in den Sitzungen des Verwaltungsrates ausüben: Er kann an den Sitzungen von den zur Geschäftsführung und Vertretung berufenen Personen Auskunft über den Geschäftsgang und die einzelnen Geschäfte verlangen (Art. 713 Abs. 1 Satz 1 OR). Er kann lediglich beantragen, dass dem Verwaltungsrat die Bücher und Akten vorgelegt werden (Art. 713 Abs. 1 Satz 2 OR). Er ist somit nicht imstande, sich über Geschäftsgang und einzelne Geschäfte von den Sachbearbeitern der Unternehmung unmittelbar unterrichten zu lassen. Die Ausübung seines Kontrollrechtes erfolgt im Gremium und nur mit dessen Zustimmung.

III. Wahl und Abberufung

1. Wahl und Abberufung der Verwaltung stehen in der ausschließlichen Kompetenz der Generalversammlung (Art. 698 Abs. 2 Ziff. 2 und Art. 708 Abs. 1 OR). Kooptation und Drittbestimmung sind ausgeschlossen. Dies steht einer freiwilligen Einführung der Mitbestimmung in der Verwaltung entgegen, denn es wäre nicht zulässig, der Belegschaft oder der Betriebskommission ein Recht auf Entsendung eines Arbeitnehmervertreters einzuräumen. Überdies müssen die Mitglieder des Verwaltungsrates Aktionäre sein (Art. 707 Abs. 1 OR). Die Aktionärseigenschaft ist allerdings nicht Wählbarkeitsvoraussetzung, denn es genügt nach Art. 707 Abs. 2 OR, dass der Gewählte vor Amtsantritt Aktionär wird.

Wählbar sind einzig natürliche Personen. Sind an einer Aktiengesellschaft einzig juristische Personen beteiligt, so können bloß ihre Vertreter in den

---

[8] BGE 100 II, 1974, S. 384.

Verwaltungsrat gewählt werden (Art. 707 Abs. 3 OR). Für diese Vertreter ist die Aktionärseigenschaft entbehrlich, denn die von der gesetzlichen Bestimmung anvisierte Beziehung zwischen Verwaltungsrat und Aktionär ist hier indirekt hinreichend gewährleistet. Nach herrschender aber unrichtiger Ansicht genügt für die Übernahme des Mandates Urteilsfähigkeit; Handlungsfähigkeit wird nicht verlangt[9].

Überdies stellt das Gesetz Domizil- und Nationalitätsvorschriften auf (Art. 711 OR). Die Mehrheit der Mitglieder der Verwaltung muß aus in der Schweiz wohnhaften Schweizerbürgern bestehen; besteht die Verwaltung aus einer einzigen Person, so muß sie in der Schweiz wohnhafter Schweizerbürger sein. Diese Bestimmungen, die als anachronistisch und xenophob erscheinen mögen, haben sich in der Praxis bewährt, denn sie bewirken, insbesondere bei ausländisch beherrschten Kleinaktiengesellschaften, eine Verstärkung der Beziehung zu unserem Land und bieten Gewähr, daß die Gesellschaft zumindest ihren Verpflichtungen den Behörden, insbesondere den Steuerbehörden gegenüber nachkommt. Eine Beseitigung der Vorschrift wird in der Aktienrechtsreform zur Zeit nicht in Erwägung gezogen.

Die in Art. 711 Abs. 2 Satz 2 OR für Holdinggesellschaften, deren Beteiligungsgesellschaften sich zur Mehrheit im Ausland befinden, vorgesehene Ausnahme ist von praktisch sehr geringer Bedeutung, ist doch die Zahl der Gesuche an den Bundesrat verschwindend klein geblieben. Überdies können die Domizil- und Nationalitätsvorschriften leicht umgangen werden, indem die an der Gesellschaft beteiligten Ausländer einen Schweizer in den Verwaltungsrat wählen und sich zu Direktoren ernennen oder sich ohne besondere Funktion die Zeichnungsberechtigung einräumen lassen.

Die mit den Domizil- und Nationalitätsvorschriften verbundene Sanktion ist exorbitant: Der Handelsregisterführer kann die Gesellschaft nach unbenütztem Ablauf einer Mahnfrist als aufgelöst erklären (Art. 711 Abs. 4 OR)[10].

2. Die Wahl in den Verwaltungsrat erfolgt nach dem Majorzsystem, so daß die Minderheit, anders lautende statutarische Bestimmungen vorbehalten (Art. 708 Abs. 5 OR), keinen Anspruch auf einen Vertreter hat. Die Statuten können zum Schutze (festgefügter) Minderheiten oder einzelner Gruppen von Aktionären besondere Bestimmungen über die Wahlart aufstellen, insbesondere den Proporz oder das System des *cumulative voting* einführen[11].

---

[9] F. VON STEIGER, Recht der AG, S. 233; BÜRGI, N. 14 zu Art. 707 OR, mit Hinweisen.
[10] Die Bestimmung in Art. 2 Abs. 3 der Schluß- und Übergangsbestimmungen aus dem Jahre 1936 ermöglichte dem Handelsregisterführer ebenfalls die Auflösung einer Gesellschaft, welche die Anpassung an das neue Recht unterläßt.
[11] SCHUCANY, N. 5 zu Art. 708; DERSELBE, Stimmenkumulierung und -konzentrierung bei der Wahl des Verwaltungsrates, SAG 31, 1959, S. 129 ff.

3. Einzig wenn mehrere Gruppen von Aktionären mit verschiedener Rechtsstellung bestehen, ist durch die Statuten jeder Gruppe die Wahl wenigstens eines Vertreters in die Verwaltung zu sichern (Art. 708 Abs. 4 OR). Die Vorschrift ist legislatorisch bedeutsam, indem sie bloß den Grundsatz der Minderheitsschutzmaßnahme aufstellt, die Ausgestaltung aber den Statuten überläßt. Das Bundesgericht hat in einem klugen Urteil entschieden, daß Art. 708 Abs. 4 OR nicht ein Entsendungsrecht verlange, sondern bloß ein verbindliches Vorschlagsrecht: Die Aktionärsgruppe ist berechtigt, einen Vertreter vorzuschlagen, welcher von der Generalversammlung gewählt werden muß, sofern der Wahl nicht wichtige Gründe entgegenstehen[12].

Aktien mit verschiedener Rechtsstellung sind anzunehmen, wenn entweder mehrere Aktiengattungen oder Stamm- und Stimmrechtsaktien vorliegen: Hat eine Gesellschaft Prioritätsaktien geschaffen oder Stimmrechtsaktien eingeführt, so steht diesen Gruppen sowie den Stammaktionären ein verbindliches Vorschlagsrecht zu. Verschiedene Aktienarten lassen kein Vorschlagsrecht entstehen, da die Rechtsstellung der Namen- oder Inhaberaktionäre sich zu wenig stark voneinander unterscheidet[13].

Werden die Partizipationsscheine dereinst gesetzlich geregelt und den stimmrechtslosen Aktien angeglichen, so fragt sich, ob sie einen Anspruch auf einen Vertreter im Verwaltungsrat im Sinne von Art. 708 Abs. 4 OR haben werden; Art. 656d Abs. 2 VE aberkennt den Partizipanten einen derartigen Anspruch.

4. Die Handelsregisterpraxis läßt die Wahl von Suppleanten zu. Diese nehmen an den Verwaltungsratssitzungen nur teil, wenn ein anderes Mitglied verhindert ist. In Verantwortlichkeitsprozessen wird die Verschuldensfrage derartiger Suppleanten schwierig zu entscheiden sein, da abgeklärt werden muß, ob der Suppleant verpflichtet sei, zu wissen, was an andern Sitzungen, an denen teilzunehmen er nicht berechtigt ist, erörtert und beschlossen wurde[14].

5. Gleichsam das Gegenteil des Suppleanten ist der stille Verwaltungsrat: Er ist von der Generalversammlung gewählt und nimmt an allen Sitzungen teil, ist indessen nicht im Handelsregister eingetragen[15]. Der Eintrag im Handelsregister ist nicht konstitutiv. Auch der nicht eingetragene, aber rechtmäßig von der Generalversammlung gewählte Verwaltungsrat ist ordnungsgemäß Mitglied der Verwaltung. Die Nichteintragung hat demnach keine Fol-

---

[12] BGE 66 II, 1940, S. 50.
[13] Zurückhaltender: Bürgi, N. 51–53 zu Art. 708 OR, der insbes. offenläßt, ob den Stamm- und Stimmrechtsaktionären ein Vorschlagsrecht zusteht.
[14] Ch. von Greyerz, Die Verwaltung in der privaten Aktiengesellschaft, S. 57 ff., insbes. S. 67; vgl. auch F. von Steiger, Recht der AG, S. 228, sowie P. Forstmoser, Die aktienrechtliche Verantwortlichkeit, Zürich 1978, Rz 516/17.
[15] von Greyerz, a.a.O.

gen, kann jedenfalls nicht von der Verantwortlichkeit, insbesondere auch nicht den Gläubigern gegenüber, befreien[16].

6. Das Verwaltungsratsmandat ist ein periodisch zu erneuerndes Dauerschuldverhältnis. Die Wahl erfolgt gleich wie bei der Exekutive im Gemeinwesen für eine bestimmte Amtsdauer, kann aber – anders als im Gemeinwesen – von der Generalversammlung durch jederzeitige Abberufung vorzeitig beendigt werden. Die Amtsdauer wird durch die Statuten festgelegt, kann aber höchstens sechs Jahre dauern (Art. 708 Abs. 1 OR).

Wie Abstimmungen sind auch Wahlen keine Rechtsgeschäfte, sondern Einzelzustimmungen zu einem Wahlvorschlag. Durch die Wahl allein ist das Verwaltungsratsmandat noch nicht zustandegekommen, solange der Gewählte nicht Annahme der Wahl erklärt hat. Das durch die Annahme der Wahl begründete Rechtsverhältnis ist häufig, insbesondere bei Kleinaktiengesellschaften, ein Arbeitsvertrag, ansonst ein Auftrag[17].

Das Mandat endigt mit dem Tod, dem Eintritt der Handlungsunfähigkeit, dem Rücktritt, der Abberufung (Art. 705 Abs. 1 OR), dem Ablauf der Amtsdauer. Im Innenverhältnis und gegenüber den Aktionären nimmt das Mandat und damit die Verantwortlichkeit im Zeitpunkt des Ausscheidens ein Ende. Gegenüber gutgläubigen Dritten kann das Mandat erst auf den Zeitpunkt der Streichung im Handelsregister als untergegangen betrachtet werden[18]. Da der zurücktretende Verwaltungsrat die Gesellschaft infolge seines Rücktrittes nicht mehr zu vertreten vermag, konnte er seinen Rücktritt nicht selbst beim Handelsregister anmelden. Dies musste vielmehr durch den verbleibenden Verwaltungsrat erfolgen, was nicht selten dazu führte, daß zwischen Rücktritt und Löschung lange Zeit verstreicht, während welcher der zurücktretende Verwaltungsrat den Gläubigern, nicht aber der Gesellschaft und den Aktionären, gegenüber noch haftet. Diese unklare und dem ausgeschiedenen Verwaltungsrat unzumutbare Rechtslage muß durch die Einräumung eines Rechtes auf Ersatzvornahme geklärt und beseitigt werden: Dem Ausgeschiedenen muß die Möglichkeit eingeräumt werden, anstelle der untätigen Verwaltung sein Ausscheiden aus dem Verwaltungsrat im Handelsregister eintragen zu lassen. Art. 25a HRV in der Fassung vom 21.4.1982 bringt Abhilfe: Der Ausscheidende kann selbst um Löschung nachsuchen.

De lege ferenda wird dieses Recht auf Ersatzvornahme ohne Schwierigkeit verankert werden können, umsomehr als die nun ebenfalls im Handelsregister eingetragene Kontrollstelle allenfalls

---

[16] Einschränkend FORSTMOSER, a.a.O. (Anm. 14), Rz 488/89.
[17] a.A. BGE 44 II, 1918, S. 138; diesem Entscheid kann indessen nicht gefolgt werden, denn die Tatsache, daß das Verwaltungsratsmitglied Organ der Gesellschaft ist, vermag am Auftragscharakter der internen Beziehung nichts zu ändern.
[18] BGE 104 Ib, 1978, S. 321 (= Pr 68, Nr. 125).

die Generalversammlung einberufen und die Durchführung von Wahlen veranlassen kann. Ultima ratio bleibt auch hier die Auflösung der Gesellschaft durch den Handelsregisterführer nach Art. 711 Abs. 4 OR, durch den Richter nach Art. 625 Abs. 2 OR oder durch die kantonale Aufsichtsbehörde gemäß Art. 89 HRV.

7. Die vom Gesetz verlangte Hinterlegung von Pflichtaktien (Art. 709/10 OR) ist legislatorisch verfehlt, indem sie ihren Zweck, Sicherung der Verantwortlichkeitsansprüche, nicht zu erfüllen vermag, da die Aktien im Zeitpunkt der Geltendmachung derartiger Ansprüche infolge des Konkurses der Gesellschaft wertlos sind[19].

Da die Pflichtaktien eine falsche Sicherheit vortäuschen, wäre die Hinterlegungspflicht besser zu streichen; andere Sicherheitsmittel lassen sich allerdings nicht finden, insbesondere ist eine obligatorische Haftpflichtversicherung kaum einzuführen, da die meisten Versicherungsgesellschaften keine derartigen Verträge abzuschließen bereit sind.

IV. Organisation

1. Die Verwaltung kann aus einer oder mehreren Personen bestehen (Art. 707 Abs. 1 OR). Sind mit der Verwaltung mehrere Personen betraut, so bilden sie den Verwaltungsrat (Art. 712 Abs. 1 OR). In diesem Falle ist die Leitung der Geschäfte der Gesellschaft (Art. 722 Abs. 1 OR) einem Beratungs- und Beschlußfassungsorgan zugewiesen. Das Gesetz kann selbst keine Bestimmungen über die Aufteilung und Zuweisung der einzelnen Kompetenzen enthalten. Es verlangt lediglich, daß die Statuten oder ein Reglement bestimmen, ob und wie Geschäftsführung und Vertretung unter die Mitglieder des Verwaltungsrates zu verteilen sind (Art. 717 Abs. 1 Satz 1 OR). Dieser Vorschrift wird, jedenfalls in den kleineren und mittleren Gesellschaften und in den Familienbetrieben, selten nachgelebt, sondern die Kompetenzzuweisung wird dem Spiel der Kräfte überlassen. Fehlen derartige Bestimmungen, so gilt der Verwaltungsrat als echtes Kollektivorgan: Geschäftsführung und Vertretung stehen allen Mitgliedern der Verwaltung gemeinsam zu (Art. 717 Abs. 3 OR). Für die Geschäftsführung gilt somit der Grundsatz der Gesamtbefugnis: Alle Mitglieder müssen bei jeder Geschäftsführungshandlung mitwirken, und die Gesellschaft kann sich nach außen nur durch Zeichnung aller Mitglieder verpflichten. Hievon wird in der Rechtswirklichkeit stets abgewichen, jedenfalls was die Gesamtzeichnungsberechtigung betrifft[20].

2. Die gesetzliche Strukturierung des Verwaltungsrates ist minimal. Art. 714 Abs. 1 OR verlangt lediglich die Bezeichnung eines Präsidenten und

---

[19] Dies trifft jedenfalls für die Ansprüche der Gläubiger aus unmittelbarem Schaden zu, da diese ja erst im Konkurs der Gesellschaft erhoben werden können (Art. 758 OR).
[20] Vgl. hinten § 17 VI.

Protokollführers. Der Protokollführer braucht dem Verwaltungsrat nicht anzugehören. Die Verantwortung für die Protokollführung verbleibt dem Verwaltungsrat (Art. 712 Abs. 3 OR).

3. Die gesetzlichen Grundlagen für die autonome Ausgestaltung der Verwaltung sind unübersichtlich: Art. 712 Abs. 2 OR verlangt, daß die Befugnisse des Verwaltungsrates in den Statuten oder einem Reglement zu umschreiben sind, wobei dieses Reglement auch vom Verwaltungsrat erlassen werden kann. Art. 714 Abs. 2 OR läßt die Bildung von Ausschüssen zu, während Art. 717 Abs. 1 OR von den Statuten oder von einem von ihnen vorgesehenen Reglement die Verteilung der Geschäftsführung und Vertretung unter die Mitglieder des Verwaltungsrates verlangt; Art. 717 Abs. 2 OR schließlich läßt eine Übertragung der Geschäftsführung und Vertretung an Delegierte oder Direktoren zu. Das Ganze wird dadurch kompliziert, als die Ordnung der Verwaltungsratsbefugnisse in den Statuten oder einem Reglement geregelt werden müssen, während die Aufgabendelegation auch auf Generalversammlungsbeschlüssen beruhen kann und die Schaffung von Ausschüssen schließlich völlig frei erfolgen darf. Für diese Unterscheidung der Rechtsgrundlagen und die damit verbundene, unterschiedlich intensive Beschränkung der Freiheit zur Selbstorganisation ist keine ratio legis zu erblicken, insbesondere weil die am weitesten gehende Ordnung, nämlich die Übertragung der Geschäftsführung an Delegierte und Direktoren offenbar keiner statutarischen Grundlage bedarf, indem das in Art. 717 Abs. 2 OR vorgesehene Organisationsreglement nicht auf statutarischer Grundlage beruhen muß[21].

Zwischen der Ordnung der Befugnisse (Art. 712 Abs. 2 OR), der Bestellung von Ausschüssen (Art. 714 Abs. 2 OR) und der Verteilung der Geschäftsführung und Vertretung unter die Mitglieder (Art. 717 Abs. 1 OR) darf jedenfalls kein wesentlicher Unterschied erblickt werden, so daß unterschiedliche rechtliche Grundlagen zu verlangen, nicht gerechtfertigt erscheint. Sinnvollerweise werden derartige Organisationsreglemente für den Verwaltungsrat vorerst die einzelnen Funktionsträger (Präsident, Vizepräsidenten, Ausschüsse, Sekretär) bestimmen und die einzelnen Aufgaben zuweisen, um in der Folge das Verfahren für Beratung, Beschlußfassung und Berichterstattung zu regeln[22].

---

[21] Im Ergebnis gleich BÜRGI, N. 18–20 zu Art. 717 OR, unter Verweis auf BGE 75 I, 1949, S. 325 ff., worin ein Generalversammlungsbeschluß als genügende Grundlage, jedenfalls als nicht offensichtlich gegen das Gesetz verstoßend, für eine Kompetenzzuordnung betrachtet wurde.
[22] Die Organisation der Verwaltung wird in der Literatur meist im Zusammenhang mit der Verantwortlichkeit behandelt, so daß hier auf folgende Werke verwiesen werden kann: R. BÄR, Verantwortlichkeit des Verwaltungsrates der AG, ZBJV 106, 1970, S. 457 ff.; BURCKHARDT; HOLZACH; P. U. LANZ, Die Delegation der Befugnisse des Verwaltungsrates, Basel 1968; SCHULTHESS.

4. Über die Beschlußfassung im Verwaltungsrat enthält das Gesetz keine Vorschriften, so daß mangels anderer statutarischer Bestimmungen der Verwaltungsrat ohne besondere Präsenz beschlußfähig ist und seine Beschlüsse mit dem einfachen Mehr der Stimmen faßt, so daß derjenige Beschluß angenommen wird, welcher am meisten Stimmen auf sich vereinigt, ungeachtet ob die Mehrheit aller abgegebenen, vertretenen oder gar aller möglichen Stimmen erreicht ist. Der Stichentscheid des Präsidenten ist zugelassen und bedarf, da im Verwaltungsrat das rasche Zustandekommen von Beschlüssen von entscheidender Bedeutung ist, keiner statutarischen Grundlage, sondern kann als in Exekutivorganen üblich vorausgesetzt werden.

Es gilt das Kopfstimmrecht; das Pluralstimmrecht ist ausgeschlossen[23].

Die Teilnahme an der Beratung und Beschlußfassung im Verwaltungsrat ist höchstpersönlich, so daß Stellvertretungen durch andere Verwaltungsräte oder gar Dritte nicht zugelassen sind[24]; zuzulassen sind nach herrschender Ansicht allerdings Suppleanten[25].

Das Gesetz läßt in Art. 716 OR Zirkulationsbeschlüsse ausdrücklich zu, doch kann jedes Mitglied die mündliche Beratung verlangen.

5. Das Gesetz verlangt die Führung eines Protokolls (Art. 715 Abs. 1 OR), und zwar selbst dann, wenn die Verwaltung aus einer einzigen Person besteht (Art. 715 Abs. 2 OR), obschon hier Willensbildung und Entscheid äußerlich nicht sichtbar werden, so daß die Befolgung der Vorschriften problematisch bleibt.

V. Kompetenzdelegation

1. Das Gesetz läßt nicht nur die Ordnung der Geschäftsführung (Marginale zu Art. 712 OR) oder die Verteilung der Geschäftsführungsbefugnisse unter den Mitgliedern des Verwaltungsrates (Art. 717 Abs. 1 OR) zu, sondern auch die eigentliche Übertragung von Geschäftsführung «oder einzelner Zweige derselben» an Dritte, die nicht dem Verwaltungsrat angehören und die nicht Aktionäre zu sein brauchen (Art. 717 Abs. 2 OR).

Das Gesetz gestattet demnach, ohne Beschränkungen zu nennen, daß die Führung der Geschäfte durch Personen erfolgt, die nicht dem Verwaltungsrat angehören, und schafft damit die Grundlage für den Aufbau einer vielgestaltigen Organisationsstruktur und die Schaffung zahlreicher individueller oder

---

[23] Vgl. BGE 71 II, 1945, S. 279.
[24] BGE 71 II, 1945, S. 279.
[25] Vgl. vorn § 17 III 4.

kollektiver Funktionsträger, welche alle ihre Befugnisse vom Verwaltungsrat ableiten. Der Verwaltungsrat überträgt die Geschäftsführungskompetenz an die Generaldirektion, welche Aufgabenbereiche den Haupt- und Zentraldirektoren überträgt, welche ihrerseits Teilaufgaben an Regionaldirektoren, Sitzleiter und Abteilungsvorsteher weiterleiten. Die aktienrechtliche Geschäftsführungsbefugnis wird somit aufgeteilt und weit aus der Gesellschaft heraus und ins Unternehmen hinein getragen. Hier verlaufen die Machtkanäle zwischen Gesellschaft, Unternehmen und Betrieb, hier wird das Unternehmen mit der Gesellschaft personell verbunden und funktionell verknüpft.

Unter diesem Blickwinkel ist die Forderung nach statutarischer Grundlage derartig weitreichender Delegationen verständlich. Die Generalversammlung als das oberste Organ muß diese Delegationen und Aufgabenübertragungen an ihr nicht mehr unterstellte Funktionsträger zumindest im Prinzip genehmigt haben. Aus der Sicht der Aktionäre ist zu fordern, daß die Kompetenzdelegation in den Statuten oder in einem von den Statuten vorgesehenen Reglement geordnet wird. Anderes kann nur für die Übertragung von Einzelaufgaben an die Verwaltungsratsmitglieder gelten[26].

2. Neben dieser formellen Schranke der Kompetenzdelegation findet die Aufgabenübertragung auch ihre materiellen Grenzen: Das von der Generalversammlung gewählte und einzig ihr rechenschaftspflichtige Organ darf sich seiner Kompetenzen nicht durch Delegation völlig entledigen. Alle unternehmerischen Grundentscheide sowie alle innergesellschaftlichen Verwaltungshandlungen müssen der Verwaltung verbleiben. Sie muß somit die Anträge an die Generalversammlung festlegen und damit insbesondere auch Jahresrechnung und Geschäftsbericht festsetzen (Art. 722 Abs. 3 und 724 OR). Sie erläßt das Organisationsreglement sowie die Geschäftsreglemente (Art. 717 Abs. 1 und 722 Abs. 2 Ziff. 2 OR). Sie erteilt die Richtlinien für Vinkulierung und Führung des Aktienbuches. Neben diesen aktienrechtlichen Entscheiden trifft die Verwaltung die unternehmerischen Grundentscheide selbst und kann sie nicht an die Geschäftsleitung übertragen. Die Festlegung der Geschäftspolitik sowie der Unternehmens- und Finanzpläne gehören zu den unübertragbaren Befugnissen der Verwaltung. Sie setzt die Meilensteine und bestimmt die Gangart der Entwicklung. Ihr obliegt schließlich die Oberaufsicht über die Unternehmenstätigkeit und die Überwachung der Geschäftsführung auf ihre Legalität hin.

3. Die Wirkung der Delegation ist zweifach, indem sie einerseits neue Verantwortlichkeiten schafft und umreißt und indem sie die Verantwortlich-

---

[26] In diesem Sinne sind die Ausführungen von BÜRGI in N. 20, sowie BGE 75 I, 1949, S. 325 einzuschränken.

keit des Delegierenden beschränkt: Die mit der Delegation der Kompetenzen verbundene Haftungsentlastung oder Haftungsreduktion kann sich auf bedeutende Äußerungen im Schrifttum stützen[27], hat aber kein Fundament in der Gerichtspraxis, da das Bundesgericht noch niemals Gelegenheit gehabt hat, sich zum Problem zu äußern. Erfolgt die Delegation formell richtig und innerhalb der materiellen Schranken, so haftet der Delegierende nicht für die Handlungen des Delegierten, sondern einzig noch für die Sorgfalt in der Auswahl, Unterrichtung und Überwachung (cura in eligendo, instruendo, custodiendo).

4. Starker Mann, aber legislatorisch problematische Figur ist der Delegierte. Er ist Mitglied des Verwaltungsrates und gleichzeitig Vorsitzender der Geschäftsleitung, gehört gleichzeitig dem Aufsichtsorgan und dem Geschäftsführungsorgan an. Er hat an beiden Aufgaben teil, obschon sich diese ausschließen. Die Machtfülle und die Gefahr der Verwischung der Kompetenzen sowie die Unvereinbarkeit von Leitung und Aufsicht veranlassen die Bankenverordnung[28] und den Entwurf zur fünften EG-Richtlinie[29], den Delegierten nicht zuzulassen, indem vorgeschrieben wird, daß niemand zugleich dem Aufsichts- und dem Leitungsorgan derselben Gesellschaft angehören darf. Dies steht im offenen Widerspruch zum System des Président-Directeur-Général, des französischen Rechts vor 1966[30].

VI. Vertretungsmacht

1. Die Vertretungsmacht steht nach subsidiärer Vorschrift jedem Verwaltungsratsmitglied zu; die Ausübung erfolgt gemeinsam (Art. 717 Abs. 3 OR). Die Gesellschaft kann nach dieser Regel beim Abschluß schriftlicher Verträge einzig durch die Unterzeichnung durch sämtliche Verwaltungsratsmitglieder rechtsgültig verpflichtet werden. Abweichende Regelungen sind zugelassen, müssen aber in den Statuten oder in einem von ihnen vorgesehenen Reglement erfolgen (Art. 717 Abs. 1 Satz 1 OR). Wenigstens ein Mitglied der Verwaltung muß überdies zur Vertretung der Gesellschaft ermächtigt sein (Art. 717 Abs. 1 Satz 2 OR). Dieser Vertreter muß in der Schweiz wohnhaft sein (Art. 711 Abs. 3 OR). Die zur Vertretung der Gesellschaft befugten Perso-

---

[27] VISCHER, Die Stellung der Verwaltung, S. 345 ff., insbes. S. 366/67; BÜRGI, N. 79 zu Art. 753/54 OR; BÄR, a.a.O. (Anm. 22), S. 485; vgl. hinten § 25.
[28] Art. 8 Abs. 2 VO zum BG über die Banken und Sparkassen, vom 17. Mai 1972.
[29] Art. 6 des Vorschlages einer Richtlinie über die Struktur einer Aktiengesellschaft (EG ABl Nr. C 131, vom 13. Dezember 1972), S. 49 ff.
[30] Vgl. G. RIPERT/R. ROBLOT, Traité élémentaire de droit commercial, Paris 1968, S. 661 ff.; vgl. aber auch Art. 113 Abs. 2 Loi sur les sociétés commerciales, wonach dem Verwaltungsratspräsidenten die Geschäftsleitung (la direction générale) zusteht.

nen sind in das Handelsregister einzutragen (Art. 720 Satz 1 OR); das Gesetz schreibt die Handelsregisterbelege vor und stellt für die Feststellung der Authentizität der Unterschriften zwei Verfahren zur Verfügung (Art. 720 Satz 2 OR). Ferner wird verlangt, daß die Art der Ausübung der Vertretung im Handelsregister einzutragen ist (Art. 641 Ziff. 7 OR). Das Gesetz mißt somit der Unterschriftsberechtigung und der Art und Weise der Zeichnung eine Bedeutung zu, die ihr in der Rechtswirklichkeit jedenfalls heute in vielen Fällen abgeht. Überdies findet die Regelung auf mündlich oder auf andere Weise formlos zustandegekommene Verträge nicht Anwendung; hier ist einzig auf die Stellung des Vertreters im Unternehmen der Gesellschaft und auf die Umstände des Vertragsabschlusses und der sich daraus ergebenden Anscheinsvollmacht abzustellen.

Die Pflicht zur Eintragung der Zeichnungsberechtigten in Art. 720 OR ist reine Ordnungsvorschrift und für das Entstehen der Zeichnungsberechtigung nicht konstitutiv[31].

2. Die Vertretungsmacht kann beliebige Beschränkungen erleiden. So kann die Vertretungsmacht gegenständlich (z.B. auf die Rechtsgeschäfte im Ressort des Berechtigten) oder funktionell (z.B. nur für Anstellungsverträge oder nur für den Einkauf) oder aber ziffernmäßig eingeschränkt werden. Solche Einschränkungen sind allerdings nur gegenüber demjenigen Vertragspartner wirksam, der sie kennt oder sie bei Anwendung der ordentlichen Sorgfalt hätte kennen können. Dem gutgläubigen Geschäftspartner gegenüber aber sind derartige Beschränkungen der Vertretungsmacht nicht wirksam. Zur Zerstörung des guten Glaubens müßten die Beschränkungen im Handelsregister eingetragen werden, doch läßt das Handelsregister im Interesse der Verkehrssicherheit einzig zwei Beschränkungen zu: Die Unterschrift kann auf die ausschließliche Vertretung der Hauptniederlassung oder einer Zweigniederlassung beschränkt werden (Filialunterschrift), oder es kann vorgeschrieben werden, daß die Gesellschaft nur durch zwei Unterschriften verpflichtet wird (Kollektivunterschrift), was das Gesetz unklar als «gemeinsame Führung der Firma» bezeichnet (vgl. Art. 718 Abs. 2 OR)[32].

3. Von der derart im Handelsregister kundgegebenen und infolge der positiven Publizitätswirkung der Handelsregistereintragung (Art. 933 Abs. 1 OR) jedermann bekannten Beschränkung abgesehen, ist die Vertretungsmacht

---

[31] BGE 96 II, 1970, S. 442 ff., mit Hinweisen; sowie BÜRGI, N. 2 zu Art. 719/20 OR.
[32] Dieselbe Regelung gilt für die Prokura (Art. 460 Abs. 2 und 3 OR), für die Kollektivgesellschaft (Art. 555 OR, der zwar keine Filialunterschrift vorsieht), für die Kommanditgesellschaft (Art. 596 Abs. 2 Ziff. 5 und Art. 603 OR), für die GmbH (Art. 814 Abs. 1 OR, mit Verweis auf Art. 718 OR) und für die Genossenschaft (Art. 899 Abs. 2 OR, gleichlautend wie Art. 718 Abs. 2 OR).

der zur Vertretung befugten Personen **ohne Schranken**: Sie können im Namen der Gesellschaft alle Rechtshandlungen vornehmen, die der **Zweck der Gesellschaft** mit sich bringen kann (Art. 718 Abs. 1 OR). Damit sind nicht nur die üblichen, gewöhnlichen, alltäglichen oder gar bloß die nützlichen Rechtshandlungen gemeint, sondern schlechtweg alle, «die, objektiv betrachtet, im Interesse des von der Gesellschaft verfolgten Zweckes liegen können, d. h. durch diesen nicht geradezu ausgeschlossen sind»[33]. Eine weitergehende Bundesgerichtspraxis verlangte, daß das «konkrete Rechtsgeschäft, dessen Gültigkeit in Frage steht, vom Gesellschaftszweck (unmittelbar oder mittelbar) mit sich gebracht werden konnte». Nach dieser Praxis[34] genügt es also nicht, «daß der Gesellschaftszweck an sich die Eingehung von Bürgschaften erfordern kann, sondern der Gesellschaftszweck muß die unter ganz bestimmten Umständen eingegangene konkrete Bürgschaft haben mit sich bringen können». Dies hat zur Wirkung, daß die juristische Person für fehlerhaftes Handeln ihrer Vertreter nur dann haftet, wenn dieses im Rahmen des Gesellschaftszweckes liegt. Das Urteil wurde in der Literatur als mit den Grundsätzen des Vertretungsrechtes unvereinbar kritisiert[35], hat sich aber als einmaliger Entscheid erwiesen, denn schon im folgenden Jahr nahm das Bundesgericht die alte Praxis wieder auf[36].

VII. Aktienrechtliche Organhaftung

Die Gesellschaft haftet für den Schaden aus unerlaubten Handlungen, die eine zur Geschäftsführung oder zur Vertretung befugte Person in Ausübung der geschäftlichen Verrichtungen begeht (Art. 718 Abs. 3 OR). Wiederholt und präzisiert wird hier die Bestimmung von Art. 55 Abs. 2 ZGB, wonach die Organe die juristische Person auch durch ihr «sonstiges Verhalten», also durch ihre unerlaubten Handlungen verpflichten. Das Aktienrecht nimmt diese Grundvorschrift des Rechtes der juristischen Personen wieder auf, wonach die juristische Person Dritten für Schädigungen durch ihre Organe haftet. Das Gegenstück zu der in Art. 718 Abs. 3 OR geregelten Organhaftung ist die Verantwortlichkeit der Organe für Schädigungen gegenüber der Gesellschaft, den Aktionären und den Gläubigern, wie sie in Art. 754 ff. OR geordnet ist.

---

[33] BGE 95 II, 1969, S. 450, mit zahlreichen Hinweisen.
[34] BGE 95 II, 1969, S. 450.
[35] BUCHER, Organschaft, S. 39 ff.; H. MERZ, Die Vertretungsmacht und ihre Beschränkungen im Recht der juristischen Personen, der kaufmännischen und der allgemeinen Stellvertretung, in: Festschrift H. Westermann, Karlsruhe 1974, S. 399 ff.; H. SCHÄRER, Die Vertretung der Aktiengesellschaft durch ihre Organe, Winterthur 1981, S. 54 ff.
[36] BGE 96 II, 1970, S. 439; vgl. hierzu W. VON STEIGER, Gesellschaft mit beschränkter Haftung, SJK 803, S. 26, FN 69.

Die Organhaftung erfaßt nicht nur die Handlungen der Mitglieder des Verwaltungsrates als des gesetzlichen Außenorganes, sondern auch die der Direktoren, Geschäftsführer, Prokuristen und anderer Personen, die in entscheidender Weise an der Bildung des Verbandswillens teilhaben[37]. Dieses Abstellen auf die wirkungsvolle Teilhabe an der Bildung des Gesellschaftswillens unterscheidet das Organ vom Arbeitnehmer und anderen Hilfspersonen, für deren unerlaubte Handlungen die Aktiengesellschaft einzig als Geschäftsherrin im Sinne von Art. 55 OR haftet. Im Gegensatz zur Geschäftsherrnhaftung kann sich die Gesellschaft bei der Organhaftung nach Art. 718 Abs. 3 OR und Art. 55 Abs. 2 ZGB nicht durch den Nachweis befreien, daß sie alle nach den Umständen gebotene Sorgfalt angewendet hat, um einen Schaden dieser Art zu verhüten, oder daß der Schaden auch bei Anwendung dieser Sorgfalt eingetreten wäre[38]. Bei unerlaubten Handlungen der Organe kann sich die Gesellschaft somit nicht auf ihre Sorgfalt in Auswahl, Unterrichtung und Überwachung berufen. Die unerlaubte Handlung wird der Gesellschaft in Übereinstimmung mit dem Organbegriff unmittelbar zugerechnet. Die einzige Befreiungsmöglichkeit ist der Beweis, daß die Organperson nicht in Ausübung ihrer geschäftlichen Verrichtungen, sondern in privater Eigenschaft gehandelt hat.

§ 18. Die Kontrollstelle

Literatur

K. BÄTTIG, Die Verantwortlichkeit der Kontrollstelle im Aktienrecht, Zürich 1976; H. BERWEGER, Die Prüfung der Geschäftsführung durch die Kontrollstelle im schweizerischen Aktienrecht, Zürich 1980; E. BOSSARD, Die Abschlußprüfung in der Entwicklung des Aktienrechtes, in: Lebendiges Aktienrecht, Festgabe zum 70. Geburtstag von Wolfhart Friedrich Bürgi, Zürich 1971, S. 23 ff.; J. N. DRUEY, Rechtsstellung und Aufgaben des Abschlußprüfers, in: Rechtsgrundlagen und Verantwortlichkeit des Abschlußprüfers, Schriftenreihe der Schweiz. Treuhand- und Revisionskammer, Bd. 45, Zürich 1980; CH. VON GREYERZ, «Mit oder ohne Vorbehalt», in: Abschlußprüfung und Unternehmensberatung, Festschrift zum 50jährigen Bestehen der Schweiz. Treuhand- und Revisionskammer, Zürich 1975, S. 260 ff.; DERSELBE, Prüfung, Berichterstattung und Vorgehen bei Kapitalverlust und Überschuldung, in: Aufgaben und Verantwortlichkeit der Kontrollstelle, Schriftenreihe der Schweiz. Treuhand- und Revisionskam-

---

[37] BGE 81 II, 1955, S. 227 und 87 II, 1961, S. 187; das Kriterium der Teilhabe am Verbandswillens wird von der Literatur übernommen; vgl. etwa FORSTMOSER/MEIER-HAYOZ, § 17, Anm. 3; M. GUTZWILLER, in: Schweiz. Privatrecht, Bd. II, Basel/Stuttgart 1967, S. 849; P.-O. GEHRIGER, Faktische Organe im Gesellschaftsrecht unter Berücksichtigung der strafrechtlichen Folgen, Zürich 1978, S. 11 f.
[38] Vgl. Art. 55 OR.

mer, Bd. 36, Zürich 1979, S. 9 ff.; DERSELBE, Die Verantwortlichkeit der aktienrechtlichen Kontrollstelle, in: Rechtsgrundlagen und Verantwortlichkeit des Abschlußprüfers, Zürich 1980, S. 51 ff.; DERSELBE, Zur Auskunftspflicht der Kontrollstelle, SAG 50, 1978, S. 71 ff.; H. U. GIEZENDANNER, Nichtüberprüfbarkeit. Das Verhalten des Revisors bei der Abschlußprüfung, Zürich 1979; A. HIRSCH, L'organe de contrôle dans la société anonyme, Genève 1965; DERSELBE, La responsabilité des contrôleurs envers les créanciers sociaux, ST 9/1976; DERSELBE, Les contrôleurs et les réserves latentes, in: Abschlußprüfung und Unternehmensberatung, Festschrift zum 50jährigen Bestehen der Schweiz. Treuhand- und Revisionskammer, Zürich 1975, S. 137 ff.; DERSELBE, La responsabilité civile des contrôleurs, in: Aufgaben und Verantwortlichkeit der Kontrollstelle, Zürich 1979, S. 31 ff.; A. HUNZIKER, Pflichterfüllung und Pflichtverletzung der Kontrollstelle, in: Rechtsgrundlagen und Verantwortlichkeit des Abschlußprüfers, Schriftenreihe der Schweiz. Treuhand- und Revisionskammer, Bd. 45, Zürich 1980, S. 23 ff.; Kammertagung 1981, Thema 3, Die Kontrollstelle und der Schutz der Minderheitsaktionäre, Schriftenreihe der Schweiz. Treuhand- und Revisionskammer, Bd. 50, Zürich 1982, S. 54; W. MUELLHAUPT, Berufsgeheimnis und Zeugnisverweigerungsrecht der aktienrechtlichen Revisoren, St. Gallen 1973; Revisionshandbuch der Schweiz, hrsg. von der Schweiz. Treuhand- und Revisionskammer, Zürich 1971/1979; H. SCHÖNLE/J. DOHM, Die Unabhängigkeit der Revisionsstellen von Banken und Anlagefondsleitungen. Untersuchung nach schweizerischem Recht mit rechtsvergleichenden Hinweisen, Zürich 1974; A. ZÜND, Kontrolle und Revision in der multinationalen Unternehmung, Bern/Stuttgart 1973; DERSELBE, Die externe Revision des Konzerns, in: Aufgaben und Verantwortlichkeit der Kontrollstelle, Zürich 1979, S. 63 ff.

I. Stellung und Organisation

1. Für die Rechnungsprüfung wird im schweizerischen Aktienrecht ein besonderes Organ geschaffen. Die Kontrollstelle ist gesetzliches Organ der Aktiengesellschaft, obschon sie nicht berufen ist, dem Willen der juristischen Person Ausdruck zu geben (Art. 55 Abs. 1 ZGB) und der klassische Organbegriff auf sie nicht zutrifft. Die Kontrollstelle ist reines Innenorgan und wird nur für die Aktionäre tätig. Ihre einzigen Aufgaben[1] sind Prüfung der Jahresrechnung und der Gewinnverwendung und Berichterstattung an die Generalversammlung. Die Revision der Jahresrechnung tritt an die Stelle des Einsichtsrechtes des Aktionärs; der Bericht soll dem Aktionär ermöglichen, seine Stimmabgabe beim Bilanzgenehmigungsbeschluß en connaissance des causes zu treffen und seine übrigen Aktionärrechte in Kenntnis verläßlicher Angaben über Vermögens- und Ertragslage der Gesellschaft auszuüben. In diesem Sinne ist die Revisionsstelle bloßes Hilfsorgan. Die Ausgestaltung als Organ erfolgt, um die Stellung der Abschlußprüfer gegenüber der Verwaltung zu stärken und sie nicht zur bloßen Beauftragten der Gesellschaft absinken und in die Abhängigkeit der Verwaltung fallen zu lassen.

---

[1] Von Ausnahmen abgesehen, auf die hinten unter IV zurückzukommen ist.

2. Die **Wahl und Abberufung** der Kontrollstelle erfolgt durch die Generalversammlung (Art. 698 Abs. 2 Ziff. 2 und Art. 727 Abs. 1 OR). Wählbar sind auch juristische Personen (Treuhandgesellschaften und Revisionsverbände; Art. 727 Abs. 3 OR). Im Gegensatz zur Verwaltung und zur Geschäftsleitung kann der Gesetzgeber hier die Wahl von Gesellschaften und Genossenschaften unbesorgt zulassen, angesichts ihrer lediglich nach innen gerichteten, thematisch beschränkten und zeitlich befristeten Funktion. Die Buchprüfung ist eine Tätigkeit, die beidseitiges Vertrauen erfordert, die aber vor allem fachmännische Ausübung im Team verlangt und somit am besten durch eine Gesellschaft erbracht werden kann.

Um die Konfidenzialität von Stellung und Aufgabe der Kontrollstelle zu unterstreichen, wird die höchstzulässige **Amtsdauer** auf bloß 3 Jahre festgelegt; in der Praxis sind einjährige Amtsdauern höchst gebräuchlich, was nicht zu einer Festigung der Stellung der Kontrollstelle und zu einer Verstärkung ihrer Unabhängigkeit der Verwaltung gegenüber führt.

Aktionäreigenschaft ist für die Wahl als Kontrollstelle weder erforderlich noch hinderlich (Art. 727 Abs. 2 Satz 1 OR).

3. Ebensowenig wie von der Verwaltung wird von der Kontrollstelle besondere Fachkenntnis verlangt. Das geltende Recht läßt die **Laienrevision** zu, obschon es sich um eine Tätigkeit handelt, welche wirkungsvoll nur von ausgebildeten und erfahrenen Berufsleuten verrichtet werden kann.

Der Gesetzgeber von 1936 war sich dessen bewußt, vermochte sich aber schon damals angesichts der großen Zahl der Gesellschaften nicht zu einer Lösung durchzuringen, welche durchwegs besondere Fachkenntnisse oder Erfahrungen zur Wählbarkeitsvoraussetzung macht; der vom Gesetzgeber 1936 getroffene Kompromiß, die Verwaltungen von großen Gesellschaften[2] zu verpflichten, die Bilanz durch **unabhängige Büchersachverständige** prüfen zu lassen, vermag nicht zu überzeugen, da diese Prüfer nicht der Generalversammlung, sondern der Verwaltung und Kontrollstelle berichten.

Die **fachlichen Anforderungen** an die Kontrollstelle zu verstärken, ist lang gehegter, aber schwer zu erfüllender Revisionswunsch, denn die Zahl der Fachleute, insbesondere der diplomierten Bücherexperten, reicht nicht aus, die Unzahl der Revisionsmandate zu übernehmen. Überdies bereitet die Umschreibung der Anforderungen an die fachlichen Voraussetzungen Schwierigkeiten, will man nicht einzig an die höhere Fachprüfung anknüpfen und damit dem Revisionsstand ein zünftlerisches Gepräge verleihen.

---

[2] Gesellschaften, deren Grundkapital 5 Mio Fr. oder mehr beträgt, oder die Anleihensobligationen ausstehend haben oder sich öffentlich zur Annahme fremder Gelder empfehlen (Art. 723 Abs. 1 Satz 1 OR).

Der Vorentwurf von 1975 verlangt, daß die Revisoren «nach Ausbildung und Erfahrung in der Lage sein müssen, ihre Aufgabe zu erfüllen»[3]. Empfiehlt sich die Gesellschaft zur Annahme fremder Gelder, hat sie Aktien oder Partizipationsscheine an der Börse kotiert oder ein bedingtes Kapital beschlossen oder führt sie eine Unternehmung, die nach Zahl der Arbeitnehmer, Umsatzerlös oder Bilanzsumme volkswirtschaftlich bedeutend ist, müssen die Revisoren sich über eine besondere Fähigkeit ausweisen, welche vom Bundesrat in der Ausführungsverordnung festgelegt wird[4].

4. Die Selbstrevision wird nicht zugelassen: Die Revisoren dürfen nicht Verwaltungsräte oder Angestellte der zu prüfenden Gesellschaft sein (Art. 727 Abs. 2 Satz 2 OR). Weitere Unabhängigkeitsvorschriften oder Inkompatibilitätsbestimmungen bestehen keine, so daß die Unabhängigkeit der Revisionsstelle von der Verwaltung nicht gewährleistet ist.

Obschon Unabhängigkeit nicht bloß eine Frage der Beziehungen und der Weisungsunterworfenheit darstellt, sondern vielmehr vom unabhängigen Urteil, von Charakterfestigkeit und intellektueller Unbestechlichkeit abhängt, verlangt der Vorentwurf von 1975, daß die Revisoren von der Verwaltung oder der Geschäftsleitung keine Weisungen entgegennehmen oder mit ihrem Prüfungsauftrag unvereinbare Arbeiten ausführen dürfen. Die Revisoren sollen nicht der Weisungsmacht der Verwaltung unterstehen, deren Jahresrechnung sie zu prüfen haben, und sollen auch nicht in dem Umfange durchs Jahr für die Verwaltung tätig sein, daß sie sich außerstande fühlen, über die von der Verwaltung vorgelegte Jahresrechnung ein nüchternes und neutrales, kritisches und objektives Urteil abzugeben[5].

5. Art. 731 Abs. 1 OR sieht vor, daß die Statuten oder die Generalversammlung über die Organisation der Kontrollstelle weitergehende Bestimmungen treffen können, ihr aber keine Aufgaben der Verwaltung übertragen dürfen. Derartige Bestimmungen sowie die in Art. 731 Abs. 2 OR vorgesehene Einsetzung besonderer Kommissäre oder Sachverständiger sind in der Rechtswirklichkeit sehr selten zu finden[6].

II. Prüfungspflicht

1. Einleitend ist festzuhalten, daß der Kontrollstelle nach geltendem Recht sechs Pflichten obliegen: Prüfung von Jahresrechnung und Gewinnverwendung, schriftliche Berichterstattung an die Generalversammlung, Teil-

---

[3] Art. 727a Abs. 1 VE.
[4] Art. 727b VE.
[5] Vgl. Art. 727c VE.
[6] Vgl. H. DÜGGELIN, Die Sonderprüfung als Rechtsbehelf des Aktionärs zur Kontrolle der Verwaltung einer AG, Zürich 1977, S. 73 und 185.

nahme und Auskunftserteilung an der Generalversammlung, Mitteilung von Mängeln der Geschäftsführung oder von Verletzungen gesetzlicher oder statutarischer Vorschriften, Einberufung der Generalversammlung und Schweigepflicht.

2. Im Mittelpunkt der Tätigkeit der Kontrollstelle steht die **Prüfung der Jahresrechnung** (Art. 728 Abs. 1 OR). Der Jahresabschluß stellt in der Gewinn- und Verlustrechnung Ertrag und Aufwendungen, Gewinn und Verlust des Rechnungsjahres und in der Bilanz Vermögen, Verbindlichkeiten und Kapital am Bilanzstichtag dar. Die Kontrollstelle prüft, ob diese Darstellung Gesetz und Statuten entspricht. Prüfungsgegenstand ist somit nicht die Vermögens-, Finanz- und Ertragslage, nicht die Liquidität oder Rentabilität der Unternehmung oder gar die Qualität der Geschäftsführung. Prüfungsgegenstand ist einzig die Jahresrechnung als Abbild von Vermögen und Kapital, Ertrag und Aufwand. Dieses Abbild wird nach der im schweizerischen Recht geltenden Konzeption nicht auf seine Verläßlichkeit, also insbesondere nicht daraufhin geprüft, ob die Jahresrechnung ein getreues Bild der Vermögens- und Ertragslage gibt, sondern einzig darauf, ob die Bücher ordnungsmäßig geführt sind, ob die Jahresrechnung mit den Büchern übereinstimmt und insbesondere, ob die Darstellung des Geschäftsergebnisses und der Vermögenslage den gesetzlichen Bewertungsgrundsätzen sowie allfälligen besonderen Vorschriften der Statuten entspricht. Die Kontrollstelle nimmt demnach zwar eine dreifache, aber inhaltlich doch stark eingeschränkte Prüfung des Rechenwerkes der Gesellschaft vor: Ordnungsmäßigkeitsprüfung, Übereinstimmungsprüfung, Bewertungsprüfung. Da die gesetzlichen Bewertungsgrundsätze Höchstbewertungsvorschriften enthalten, wird die Bewertung der Aktiven und insbesondere der Rückstellungen nicht auf ihre Angemessenheit, sondern einzig auf ihre Gesetzmäßigkeit hin geprüft. Auch die Bewertungsprüfung ist bloß eine **Legalitätsprüfung**.

Nachzutragen ist, daß die Prüfung sich stets allein auf die Jahresrechnung bezieht; nicht Prüfungsgegenstand bilden demnach Eingangsbilanzen, Fusionsbilanzen und Übernahmebilanzen.

Die Bewertungsprüfung ist keine bloß formelle Prüfung mit weitgehend kalkulatorisch-buchhalterischem Charakter[7], sondern eine essentiell **materielle Prüfung**: Zwar hat die aktienrechtliche Kontrollstelle anders als die bankenrechtliche Revisionsstelle Aktiven und Passiven nicht selbständig zu bewerten[8], doch erfordert die bloße Überprüfung der Bewertung von Patenten, Warenlagern, Fabrikliegenschaften, Beteiligungen, Rückstellungen usw.

---

[7] Unrichtig deshalb FORSTMOSER/MEIER-HAYOZ, § 27, Rz. 6.
[8] Art. 43 Abs. 3 VO zum BG über die Banken und Sparkassen, vom 17. Mai 1972.

eine einläßliche Auseinandersetzung mit Herkunft, Zustand und Zukunft des bilanzierten Gegenstandes[9]. Das Bundesgericht hat in einem alten Entscheid[10] die Prüfung als «rein kalkulatorischer Natur» bezeichnet und noch in einem Entscheid in den späten Dreißigerjahren[11] festgestellt, daß es nicht Pflicht der Kontrollstelle sei, zu untersuchen, ob ein Guthaben den ausgewiesenen Wert tatsächlich habe. In einem neuesten Entscheid macht sich die Abwendung vom bloß formellen Charakter und die Zuwendung zur materiellen Prüfung in jeder Hinsicht deutlich bemerkbar[12]. Seitdem auch in unserem Land bekannt wurde, daß die aktienrechtlichen Bewertungsvorschriften auf dem Prinzip der Unternehmensfortführung (going concern-Basis) beruhen, hat die Bewertungsprüfung eine neue und für die Abschlußprüfer schwierige, ja fast bedrohliche Dimension angenommen: Den Höchstbewertungsvorschriften des Aktienrechtes wird die Fortführung des Unternehmens unterstellt; fällt diese Unterstellung infolge Unmöglichkeit der Fortführung oder mangels Wille zur Fortführung dahin, so sind die Fortführungswerte durch Veräußerungswerte zu ersetzen; in dem Sinne sind die historischen Kosten zu verlassen und es sind Aktiven und Passiven zu Zukunftswerten in die Bilanz aufzunehmen. Bis zur Auflösung gelten indes die aktienrechtlichen Höchstbewertungsvorschriften weiter[13]. Dies erfordert von der Kontrollstelle die Prüfung, ob die Voraussetzung für die Bilanzierung zu Fortführungswerten noch gegeben ist, was unter Umständen eine einläßliche Auseinandersetzung nicht nur mit der Liquiditätslage, sondern auch mit der Unternehmenspolitik und der zukünftigen Entwicklung erfordert.

3. Prüfungsgegenstand bildet schließlich der Antrag der Verwaltung auf Gewinnverwendung. Das Gesetz verlangt in Art. 729 Abs. 1 OR eine Begutachtung der Vorschläge der Verwaltung über die Gewinnverteilung. Diese Bestimmung verlangt von der Kontrollstelle die Bestätigung, daß der Antrag der Verwaltung über die Gewinnverwendung Gesetz oder Statuten entspricht. Von einer eigentlichen Begutachtung kann somit nicht die Rede sein, insbesondere ist die Opportunität der Gewinnverteilung nicht zu prüfen[14].

---

[9] Vgl. VON GREYERZ, Prüfung, S. 10f. Zweifelnd DRUEY, Rechtsstellung, S. 9ff., insbes. S. 16.
[10] BGE 34 II, 1908, S. 501.
[11] BGE 65 II, 1939, S. 19f.
[12] BGE 93 II, 1967, S. 26, sowie Urteil vom 31. Januar 1945, SAG 1944/45, S. 231f.
[13] Zur Problematik vgl. UEC-Empfehlung zur Abschlußprüfung, Nr. 4; Die Beachtung des Grundsatzes der Fortführung des Unternehmens, hrsg. von der Schweiz. Treuhand- und Revisionskammer, Zürich; sowie VON GREYERZ, Prüfung, S. 24; Kammertagung 1979, Schriftenreihe der Schweiz. Treuhand- und Revisionskammer, Bd. 44, Zürich 1980, S. 218; A. MOXTER, Ist bei drohendem Unternehmenszusammenbruch das bilanzrechtliche Prinzip der Unternehmensfortführung aufzugeben?, Die Wirtschaftsprüfung 33, 1980, S. 245 ff.
[14] a.M. HUNZIKER, S. 23 ff., insbes. S. 43.

III. Berichterstattungspflicht

1. Die Kontrollstelle erstattet über die Ergebnisse ihrer Prüfungen der Generalversammlung einen **schriftlichen Bericht** (Art. 729 Abs. 1 OR). Der Bericht äußert sich einzig über die Ordnungsmäßigkeit der Buchführung, Übereinstimmung von Bilanz und Büchern und über die Gesetzmäßigkeit der Bewertungen im Zusammenhang mit der Darstellung des Geschäftsergebnisses und der Vermögenslage. Da die Revision lediglich diese drei Prüfungen umfaßt, muß und darf der Bericht sich bloß hiezu äußern. Der Bericht bestätigt in der Regel Ordnungsmäßigkeit, Übereinstimmung und Gesetzmäßigkeit der Bewertung; er äußert sich somit nur über die **Gesetzeskonformität der Abbildung**, nicht über die Qualität des Abgebildeten. Der Bericht enthält keine Bilanzanalyse und keine Stellungnahme zur Finanz- und Ertragslage, zur Liquidität oder zur Rentabilität der Unternehmung. Auch eine Verlustbilanz, ja sogar eine Überschuldungsbilanz kann, wenn die Bewertungsvorschriften beachtet wurden, gesetzeskonform sein. Dem Kontrollstellbericht kommt somit vor allem bestätigende Wirkung zu. Ihm geringe Aussagekraft vorzuwerfen, heißt seine Funktion verkennen. Ein positiver Kontrollstellbericht bestätigt Ordnungsmäßigkeit der Bücher und Gesetzmäßigkeit[15] der Jahresrechnung. Ein positiver Kontrollstellbericht bekräftigt überdies Fähigkeit und Wille der Verwaltung zur Fortführung der Unternehmung, da sich nur dann eine Bilanzierung zu Fortführungswerten rechtfertigt.
Ergeben sich bei der Prüfung Mängel in der Ordnungsmäßigkeit der Buchführung oder Verstöße der Jahresrechnung gegen das Bilanzrecht, und sind diese Fehler nach Umfang oder Intensität derart, daß sie den Aktionär bei der Ausübung seiner Aktionärrechte beeinflussen könnten, dürfen die Bestätigungen im Kontrollstellbericht nicht mehr ohne Einschränkungen erfolgen. Das Gesetz nennt diese Einschränkungen in Art. 729 Abs. 1 OR **Vorbehalte**, meint aber damit nicht Bedingungen, sondern Beschränkungen der Bestätigungen[16]. Weder die Feststellungen noch gar die Empfehlung der Kontrollstelle zum Bilanzgenehmigungsbeschluß erfolgen bedingt. Vielmehr wird Abnahme der Jahresrechnung trotz der gemachten Vorbehalte beantragt. Sind die Vorbehalte derart schwerwiegend, daß sie die Aussagekraft der Jahresrechnung als Ganzes tangieren, muß die Kontrollstelle wegen dieser Vorbehalte die Rückweisung der Jahresrechnung empfehlen.
Die **Empfehlung** der Kontrollstelle kann somit drei verschiedene Inhalte haben: Abnahme ohne Vorbehalte, Abnahme trotz Vorbehalten, Rückwei-

---

[15] Verläßlichkeit der Jahresrechnung kann nur im Rahmen der gesetzlichen Vorschriften bestätigt werden; diese verlangen nicht, daß die Jahresrechnung ein getreues, eben verläßliches Bild der Wirklichkeit gibt, sondern begnügen sich mit der Gesetzeskonformität; vgl. hierzu hinten § 19 V.
[16] VON GREYERZ, «Mit oder ohne Vorbehalt», S. 260 ff.

sung wegen Vorbehalten. Das Gesetz spricht in Art. 729 Abs. 1 OR zwar davon, daß die Kontrollstelle der Generalversammlung die Abnahme der Bilanz oder deren Rückweisung an die Verwaltung zu beantragen habe. Von einem Antrag kann indessen nicht die Rede sein, denn in der Generalversammlung sind einzig Verwaltung und Aktionäre antragsberechtigt. Zudem enthielte ein Antrag auf Bilanzgenehmigung mehr als eine bloße Bestätigung der Gesetzeskonformität des Jahresabschlusses, nämlich auch das Einverständnis mit der Opportunität der Jahresrechnung, insbesondere mit dem Gewinnausweis und der stillen Bildung von Kapital. Darüber äußert sich die Kontrollstelle naturgemäß nicht.

2. Neben den Feststellungen, der Empfehlung auf Genehmigung oder Rückweisung der Jahresrechnung, den Vorbehalten zu den Bestätigungen und der Begutachtung der Gewinnverwendung enthält der Kontrollstellbericht allenfalls auch Hinweise auf wichtige Fälle von Geschäftsführungsmängeln, Gesetzesverstößen oder Statutenverletzungen im Sinne von Art. 729 Abs. 3 OR. Zwar prüft die Kontrollstelle die Geschäftsführung nicht[17], doch stößt sie bei der Durchführung der Abschlußprüfung nicht selten auf Geschäftsführungsmängel oder Gesetzesverstöße, die außerhalb des Bilanzrechtes liegen. Das Gesetz macht Selbstverständliches zur Pflicht, wenn es verlangt, daß derartige Vorkommnisse der übergeordneten Stelle, dem Verwaltungsratspräsidenten und in wichtigen Fällen der Generalversammlung mitzuteilen sind. Derartige Offenlegungen von Geschäftsführungsmängeln und Gesetzesverstößen nennt man in Befolgung der Praxis mit Vorteil Hinweise[18]. Diese Hinweise sind keine Rügen, denn die Kontrollstelle hat nicht zu rügen, und auch keine Aufforderung zur Abhilfe, denn die Kontrollstelle kann nicht Remedur verlangen, sondern einzig Offenlegungen, denn die Kontrollstelle hat weder gegenüber der Verwaltung noch gar gegenüber der Generalversammlung ein irgendwie geartetes Interventions-, Weisungs- oder Vetorecht. Die Aufgabe der Kontrollstelle erschöpft sich in der Prüfung und Meldung allfälliger Mängel.

Hauptfälle derartiger Gesetzesverstöße sind nach der Ansicht im Berufsstand die Nichteinberufung der Generalversammlung trotz Kapitalverlust, sowie nach richtiger Meinung jedenfalls die Nichterstellung eines Status zu Vermögenswerten trotz begründeter Besorgnis der Überschuldung (Art. 725 Abs. 2 OR) und die Nichtbenachrichtigung des Richters bei Überschuldung (Art. 725 Abs. 3 OR).

---

[17] Teilweise anderer Ansicht: BERWEGER; A. HUNZIKER, Über die Prüfung der Geschäftsführung durch die Kontrollstelle, in: Abschlußprüfung und Unternehmensberatung, Festschrift zum 50-jährigen Bestehen der Schweiz. Treuhand- und Revisionskammer, Zürich 1975, S. 144 ff.

[18] Im Gegensatz zu den Vorbehalten, welche Verstöße gegen die Ordnungsmäßigkeit und einzig gegen das Bilanzrecht signalisieren, legen die Hinweise Verstöße gegen andere Gesetzesvorschriften innerhalb und außerhalb des Aktienrechtes offen.

3. Der Kontrollstellbericht kann weitere Informationen, die für den Aktionär von Interesse sein können, enthalten. Diese fakultativen Zusätze zum Kontrollstellbericht werden in der Praxis sinnvollerweise «Zusätze» genannt. Sie dürfen sich nur auf die Gesellschaftsangelegenheiten beziehen, müssen erheblich sein und dürfen keine Geschäftsgeheimnisse verletzen.

4. Der Kontrollstellbericht hat alle für die Unterrichtung der Aktionäre erforderlichen Angaben seitens der Kontrollstelle zu enthalten und muß für sich allein genommen und somit ohne besondere Erläuterung verständlich sein. Die Kontrollstelle ist weder berechtigt noch verpflichtet, anläßlich der Generalversammlung weitere Angaben über die Ordnungsmäßigkeit der Buchführung und die Gesetzeskonformität der Jahresrechnung zu machen[19]. Ordentliches Publizitätsmittel der Kontrollstelle ist der schriftliche Bericht an die Generalversammlung.

Wenn die Kontrollstelle gehalten ist, an der ordentlichen Generalversammlung teilzunehmen[20], so deshalb, damit die Aktionäre ihr Fragerecht auch der Kontrollstelle gegenüber ausüben können[21]. Die Teilnahme der Kontrollstelle an der Generalversammlung dient nicht der Erläuterung des Kontrollstellberichtes, sondern der Erfüllung der Auskunftspflicht[22]. HIRSCH hat auf die Entstehungsgeschichte von Art. 697 Abs. 1 OR hingewiesen und dargelegt, daß die Bestimmung sehr frei ausgelegt werden darf[23]. Dies ist angesichts des eigentümlichen Wortlautes der Bestimmung zu begrüßen: Die Aktionäre können die Kontrollstelle auf zweifelhafte Ansätze aufmerksam machen und die erforderlichen Aufschlüsse verlangen.

Die Bestimmung überdeckt, daß der Auskunftspflicht vornehmlich die Verwaltung unterworfen ist. Gegenstand der Auskunftspflicht der Kontrollstelle kann nur sein, was Inhalt des schriftlichen Berichtes ist. Die mündlichen Antworten auf die Fragen dienen somit der Ergänzung und nötigenfalls der Erläuterung des schriftlichen Berichtes. Hauptgegenstand der Auskunftspflicht bildet die Abschlußprüfung. Der Umfang der Auskunftspflicht der Kontrollstelle dehnt sich im Fall von Vorbehalten aus, desgleichen, wenn durch Hinweise auf Geschäftsführungsmängel, Gesetzesverstöße und Statutenverletzungen hingewiesen werden muß. Die Auskunftspflicht der Kontrollstelle bezieht sich einzig auf Gesellschaftsangelegenheiten und findet ihre Grenzen am Unerheb-

---

[19] Es gibt demnach keine Mängel, die bloß mündlich an der Generalversammlung, nicht aber auch schriftlich im Bericht offenzulegen sind.
[20] d.h. die Generalversammlung, an welcher der Bilanzgenehmigungs-, Gewinnverwendungs- und Entlastungsbeschluß gefaßt wird.
[21] Vgl. Art. 729 Abs. 4 und Art. 697 Abs. 1 OR.
[22] VON GREYERZ, Zur Auskunftspflicht der Kontrollstelle, S. 71 ff.; O. GERMANN, Die Auskunftspflicht der Kontrollstelle, in: Beiträge aus der Treuhandpraxis, Bern 1961, S. 80 ff.
[23] HIRSCH, L'organe de contrôle, S. 177 ff.

lichen und an den Geschäftsgeheimnissen, wozu im Bereich der Rechnungslegung vor allem die stillen Reserven gehören. Auch hier ist festzuhalten, daß die Kontrollstelle selbständig darüber entscheidet, ob und in welchem Maße sie Auskunft erteilen will, denn auch hier ist sie keinesfalls an Weisungen der Verwaltung gebunden.

IV. Nebenpflichten

1. Die der Kontrollstelle nach Art. 699 Abs. 1 OR auferlegte **Pflicht zur Einberufung der Generalversammlung** ist einschränkend auszuüben. Die Kontrollstelle kann einzig aus fünf Gründen zur Einberufung einer Generalversammlung berechtigt und verpflichtet sein:
- Die Verwaltung ist infolge Krankheit, Landesabwesenheit oder Tod zur Einberufung der Generalversammlung nicht in der Lage.
- Die Kontrollstelle hat den Rücktritt erklärt und will der Generalversammlung ihre Gründe darlegen.
- Die Vorbehalte, welche die Kontrollstelle anbringen muß, sind derart gravierend, daß die Generalversammlung unverzüglich hierüber zu benachrichtigen ist.
- Die Kontrollstelle stellt so schwerwiegende Geschäftsführungsmängel und Gesetzesverstöße fest, daß die Generalversammlung ohne Verzug hierüber unterrichtet werden muß.
- Die Verwaltung unterläßt ohne sachliche Gründe die Einberufung der ordentlichen Generalversammlung.

Art. 699 Abs. 1 OR unterwirft die Kontrollstelle einer Pflicht, die wie keine andere systemwidrig ist und von ihr ein Tätigwerden verlangt, welches außerhalb ihres eigentlichen Aktionsfeldes liegt[24].

Auch die Kontrollstelle beruft die Generalversammlung in der durch die Statuten vorgesehenen Form ein. Die einberufene Versammlung wird vom Verwaltungsratspräsidenten oder von einem andern von der Verwaltung bestimmten Mitglied oder, wenn die Verwaltung nicht dazu imstande ist, von einem Vertreter der Kontrollstelle geleitet. Auch bei der Durchführung der Generalversammlung beschränkt sich die Kontrollstelle einzig auf die Offenlegung (z. B. des Kapitalverlustes und der Weigerung des Verwaltungsrates, die Generalversammlung selber einzuberufen). Weiteres kann die Kontrollstelle nicht unternehmen; insbesondere ist sie zur Stellung von Anträgen oder zur Vorlegung von Sanierungsvorschlägen nicht berechtigt.

---

[24] VON GREYERZ, Prüfung, S. 8.

2. Besondere Schwierigkeiten bietet der Kontrollstelle in der Praxis oft das Vorgehen bei Kapitalverlust und Überschuldung. Die in Art. 725 OR vorgesehenen Mitteilungspflichten treffen einzig die Verwaltung, wie sich sowohl aus dem Wortlaut als auch aus der systematischen Stellung im Abschnitt über die Aufgaben der Verwaltung[25] ergibt. Weder Kapitalverlust noch Überschuldung auferlegen der Kontrollstelle neue Pflichten, denn Kapitalverlust und Überschuldung tangieren als solche nicht die Gesetzeskonformität der Bilanz und stellen für sich allein keine Geschäftsführungsmängel und keine Gesetzesverstöße dar.

Es besteht keine Gesetzesvorschrift, welche die Kontrollstelle verpflichten würde, in ihrem Bericht auf den Kapitalverlust hinzuweisen. Die Revision beinhaltet keine Kapitalerhaltungsprüfung. Somit hat die Kontrollstelle vorerst keinen Anlaß zu besonderen Vorkehren. Erst wenn die Verwaltung nicht, wie von Art. 725 Abs. 1 OR vorgeschrieben, ohne Verzug die Generalversammlung einberuft und über die Sachlage unterrichtet, muß die Kontrollstelle tätig werden und gestützt auf Art. 699 Abs. 1 OR die Generalversammlung anstelle der untätigen Verwaltung einberufen[26]. In der Praxis wird oft unrichtig vorgegangen, wenn in solchen Fällen die Kontrollstelle in ihrem Bericht den Kapitalverlust aufzeigt und auf Art. 725 Abs. 1 OR verweist. Ein solcher Hinweis im Kontrollstellbericht auf Art. 725 Abs. 1 OR kommt naturgemäß immer zu spät, indem die Generalversammlung im Zeitpunkt der Einberufung darüber unterrichtet wird, daß die Verwaltung früher hätte einberufen werden müssen. Die Aktionäre werden somit gerade dann auf einen Fehler hingewiesen, wenn dieser beseitigt wird.

Gleich ist bei der Gefahr der Überschuldung (Art. 725 Abs. 2 OR) vorzugehen: Die Gefahr einer Überschuldung stellt keine Verletzung des Bilanzrechtes und keinen Gesetzesverstoß dar. Erst wenn die Verwaltung – entgegen der gesetzlichen Pflicht – keinen Status zu Veräußerungswerten erstellt, ist in dieser Unterlassung ein Gesetzesverstoß zu erblicken, der wichtig genug ist, um gemäß Art. 729 Abs. 3 OR der Generalversammlung offengelegt zu werden. Auf die Schwierigkeiten des richtigen Vorgehens der Kontrollstelle bei Wegfall der Unternehmensfortführung wurde bereits hingewiesen[27]. Ist die *going concern*-Grundlage weggefallen, fehlt also Fähigkeit oder Wille zur Fortführung, oder ist diese aus anderen Gründen verunmöglicht, so muß die Bilanz auf Veräußerungswerte umgestellt werden. Unterläßt dies die Verwaltung, so wird die Kontrollstelle in einem Vorbehalt auf diesen Verstoß gegen das Bi-

---

[25] Vgl. Randtitel zu Art. 721 OR.
[26] Vgl. hierzu von Greyerz, Prüfung, S. 21.
[27] Vgl. § 18 II; vgl. neuestens auch: Kammertagung 1979, Zürich; Schriftenreihe der Schweiz. Treuhand- und Revisionskammer, Bd. 44, Zürich 1980, Thema 7: Kapitalverlust und Überschuldung, S. 214 ff. und S. 225 ff.

lanzrecht und auf die Notwendigkeit der Bilanzierung zu Liquidationswerten hinweisen. Diesem Vorbehalt kommt in aller Regel derartiges Gewicht zu, daß er einen Antrag auf Rückweisung der Jahresrechnung nach sich zieht. Zudem ist die Generalversammlung einzuberufen[28].

Tritt **Überschuldung** ein, so hat die Verwaltung den Richter zu benachrichtigen (Art. 725 Abs. 3 OR). Die Kontrollstelle ist weder berechtigt noch verpflichtet, den Richter zu benachrichtigen, denn sie ist kein Außenorgan der Gesellschaft und ist demnach nicht ermächtigt, diese zu vertreten. Die Kontrollstelle ist auch nicht in der Lage, die Verwaltung zur Benachrichtigung des Richters anzuhalten, denn es stehen ihr keine Weisungsrechte und keine Einwirkungsmöglichkeiten zu. Die Überschuldung stellt keinen Verstoß gegen das Bilanzrecht dar und erfordert somit keinen Vorbehalt. Erscheint die Fortführung infolge der Überschuldung als ausgeschlossen, so ist die Bilanz auf Liquidationswerte umzustellen, widrigenfalls die Kontrollstelle einen Antrag auf Rückweisung der Jahresrechnung zu stellen hat. Unterläßt die Verwaltung trotz Überschuldung die Benachrichtigung des Richters, so liegt ein Gesetzesverstoß vor, der wichtig genug ist, um nicht nur in einem Hinweis im Kontrollstellbericht offengelegt zu werden, sondern um auch die Einberufung einer Generalversammlung durch die Kontrollstelle zu rechtfertigen.

Aus allem ergibt sich, daß es einzig darum geht, auf Kapitalverlust und Überschuldung die der Kontrollstelle ohnehin obliegenden Pflichten richtig anzuwenden. Das klassische Instrumentarium, bestehend aus Prüfung, Offenlegung von Verletzungen des Buchführungs- und Bilanzrechtes, Meldung von Geschäftsführungsmängeln und anderen Gesetzesverstößen, Einberufung der Generalversammlung, ist somit genügend.

3. Den Revisoren ist untersagt, von den bei der Ausführung ihres Auftrages gemachten Wahrnehmungen einzelnen Aktionären oder Dritten Kenntnis zu geben (Art. 730 OR). Diese **Pflicht zur Verschwiegenheit** steht mit der Pflicht zur Berichterstattung, Auskunftserteilung und Meldung keineswegs im Widerspruch, denn alle diese Offenlegungspflichten richten sich an die Aktionäre in der Generalversammlung und können somit nur dort erfüllt werden. Irgendwelche Auskunftspflichten gegenüber dem einzelnen Aktionär obliegen der Kontrollstelle nicht, im Gegenteil, sie ist außerhalb der Generalversammlung zur Geheimhaltung verpflichtet. Dies gilt auch den Gläubigern gegenüber.

Die aktienrechtliche Geheimhaltungspflicht erfährt strafrechtlichen Schutz, indem Art. 321 Abs. 1 StGB die nach Obligationenrecht zur Verschwiegenheit verpflichteten Revisoren, die ein Geheimnis offenbaren, das ihnen infolge ihres Berufes anvertraut worden ist oder das sie in dessen Ausübung wahrgenommen haben, auf Antrag mit Gefängnis oder mit Buße bedroht.

---

[28] VON GREYERZ, Prüfung, S. 25.

Fünftes Kapitel

Finanzielles

§ 19. Rechnungslegung

Literatur

H. ADLER/W. DÜRING/K. SCHMALTZ, Rechnungslegung und Prüfung der Aktiengesellschaft, Handkommentar, Bde. 1–3, 4. Aufl., Stuttgart 1968–72; G. BEELER, Schweizerisches Buchführungs- und Bilanzrecht, Zürich 1956; K. BLUMER/A. GRAF, Kaufmännische Bilanz und Steuerbilanz, 6. Aufl., Zürich 1977; E. BOSSARD, Die Gliederung der Bilanz und Erfolgsrechnung im Wandel des Buchführungsrechtes, in: Abschlußprüfung und Unternehmensberatung, Festschrift zum 50jährigen Bestehen der Schweiz. Treuhand- und Revisionskammer, Zürich 1975, S. 85 ff.; DERSELBE, Zürcher Kommentar, Teilbd. V/6/3 b, 1. Liefg., Vorbemerkungen und Kommentar Art. 957, Zürich 1982; G. CH. BOURQUIN, Le principe de sincérité du bilan, Genève 1976; J. P. BRUNNER, Die Publizität der schweizerischen Aktiengesellschaften, insbesondere das Postulat der Bilanzklarheit, Zürich 1973; M. BRUPPACHER, Die aktienrechtlichen Bewertungsvorschriften (im Hinblick auf eine Teilrevision des Aktienrechtes; mit Berücksichtigung des deutschen Aktiengesetzes), Zürich 1973; E. FOLLIET, Le bilan dans les sociétés anonymes du point de vue juridique et comptable, 6. Aufl., Lausanne 1954 (Neudruck 1969); U. FRANTZ, Bilanzen. Bewertung, Konzernbilanzen, Konzernanalyse, Bielefeld/Köln 1976; CH. VON GREYERZ, Bilanzgenehmigung, in: Recht und Wirtschaft heute, Festgabe zum 65. Geburtstag von Max Kummer, Bern 1980, S. 143 ff.; B. GROSSFELD, Bilanzrecht. Ein Lehrbuch, Heidelberg/Karlsruhe 1978; E. HIS, Berner Kommentar, Bd. VII/4: Handelsregister, Geschäftsfirmen und kaufmännische Buchführung, Bern 1940; K. KÄFER, Berner Kommentar, Bd. VIII/2: Die kaufmännische Buchführung (Art. 957–964 OR), Bern 1981; W. KUPPER, Stille Reserven und Aktionärsinteressen, Bern 1967; J. P. LEU, Bilan et états financiers des S.A., aspects comptables, juridiques et fiscaux, Genève 1976; A. MOXTER, Bilanzlehre, 2. Aufl., Wiesbaden 1976; W. NIEDERER, Die stillen Reserven, in: Probleme der Aktienrechtsrevision zur Neugestaltung des schweizerischen Aktienrechtes, Bernertage für die juristische Praxis 1972, Bern 1972, S. 33 ff.; Revisionshandbuch der Schweiz, hrsg. von der Schweiz. Treuhand- und Revisionskammer, Zürich 1971/79; R. SCHINDLER, Die Publizitätsvorschriften bei der Rechnungslegung der AG, Bern 1967.

I. Allgemeines

1. Die Aktiengesellschaft gilt, unabhängig von ihrem statutarischen Zweck und unabhängig davon, ob sie ein nach kaufmännischer Art geführtes Gewerbe

betreibt oder nicht, als **buchführungspflichtig**[1]. Allerdings ist die Aktiengesellschaft nach herrschender Lehre nicht eintragungspflichtig im eigentlichen Sinne des Wortes, sondern lediglich eintragungsbedürftig[2]. Würde man annehmen, die Aktiengesellschaft sei zur Eintragung verpflichtet, wäre – zumindest nach dem Wortlaut von Art. 957 OR – eine Aktiengesellschaft nur dann buchführungspflichtig, wenn sie ein Handels-, Fabrikations- oder ein anderes nach kaufmännischer Art geführtes Gewerbe betreibt (Art. 934 Abs. 1 OR), was auf Gesellschaften, die lediglich ihr Vermögen verwalten, nicht zutreffen würde[3].

2. Die Rechnungslegung der Aktiengesellschaft untersteht demnach den **Bestimmungen über die kaufmännische Buchführung** (Art. 958–963 OR). Art. 960 Abs. 3 OR behält für die Wertansätze die abweichenden Bilanzvorschriften, die für die Aktiengesellschaften gelten, ausdrücklich vor. Der entsprechende Vorbehalt ist im Aktienrecht (Art. 662 Abs. 2 OR) ebenfalls enthalten: Danach gelten für die Jahresbilanz die Vorschriften des Titels über die kaufmännische Buchführung unter Vorbehalt der besonderen Bestimmungen des Aktienrechtes. Dieser Vorbehalt bezieht sich auf die Art. 663–670 OR.

Von den allgemeinen Buchführungspflichten finden auf die Aktiengesellschaft demnach die Grundsätze der Bilanzwahrheit und Bilanzklarheit (Art. 959 OR), das Gebot zur Bilanzierung in Landeswährung (Art. 960 Abs. 1 OR), die Unterzeichnungspflicht (Art. 961 OR) sowie die Aufbewahrungs- und Editionspflicht (Art. 962/63 OR) Anwendung.

Die **aktienrechtlichen Bewertungsvorschriften** sind im zweiten Abschnitt über die Rechte und Pflichten der Aktionäre enthalten, da sie nach der Ansicht des Gesetzgebers der Konkretisierung des Dividendenrechtes dienen. Diese systematische Einreihung ist unglücklich, weil die Bewertungsvorschriften nicht einzig die Umschreibung des Dividendenrechtes bezwecken, sondern auch den Gläubigerschutz im Auge haben, aber auch, weil der Zusammenhang der Vorschriften des zweiten Abschnittes über die Aktionärrechte durch nicht weniger als fünfzehn, zum Teil recht technische Artikel unterbrochen wird.

3. Die aktienrechtlichen Bilanzvorschriften und ihre pièce de résistance, Art. 663 Abs. 2 OR über die Zulassung der Bildung und Auflösung stiller Reserven, bilden seit langem **Gegenstand von Kritik und Kontroversen**.

---

[1] Bürgi, N. 14 zu Art. 662/63 OR; His, N. 59 zu Art. 957 OR; Käfer, N. 81/82 zu Art. 957 OR; Forstmoser/Meier-Hayoz, § 32, Rz. 5.
[2] Meier-Hayoz/Forstmoser, § 5, Rz. 39.
[3] Vgl. für die nicht kaufmännische Kommanditgesellschaft BGE 79 I, 1953, S. 59.

Seit Jahren wird eine Verbesserung der Aussagekraft der aktienrechtlichen Jahresrechnung verlangt[4].

Die aktienrechtlichen Bilanzvorschriften bildeten seit jeher den stark umstrittenen Mittelpunkt der Aktienrechtsrevision. Der Vorentwurf von 1975 legt Vorschläge für die Revision der Art. 662–670 OR vor[5]. Rechnungslegung und stille Reserven werden aber weiterhin ein stark umstrittenes Reformpostulat bleiben und damit zum Politikum werden, so daß eine Vorhersage über die Ausgestaltung des aktienrechtlichen Bilanzrechtes kaum möglich erscheint.

Die Hauptkritiken richten sich gegen die stillen Reserven, gegen den Mangel an Gliederungsvorschriften und gegen das Ungenügen der Publizitätspflichten. Maßstab für jede gesetzliche Ordnung dieser Materie im schweizerischen Aktienrecht ist die 4. EWG-Richtlinie[6] mit ihren sehr ausführlichen Gliederungsvorschriften, der Zulassung von Bewertung zu Wiederbeschaffungskosten, der Verankerung zahlreicher Grundsätze ordnungsmäßiger Bilanzierung sowie mit ihrer differenzierten Regelung über die Offenlegung des Jahresabschlusses.

II. Bilanz

1. Die Aktiengesellschaft hat als Buchführungspflichtige auf Schluß eines jeden Geschäftsjahres ein Inventar, eine Betriebsrechnung und eine Bilanz aufzustellen (Art. 958 Abs. 1 OR). Die **Jahresrechnung** wird durch die Verwaltung erstellt (Art. 722 Abs. 3 OR), durch die Kontrollstelle geprüft (Art. 728 Abs. 1 OR) und durch die Generalversammlung genehmigt (Art. 698 Abs. 2 Ziff. 3 OR).

2. Die **Bilanz** ist eine stichtagsbezogene Gegenüberstellung von **Aktiven und Passiven**, von Vermögen, Eigenkapital und Schulden. Die Bilanz gibt Auskunft über Mittelherkunft und Mittelverwendung, über Investitionen und Finanzierung. Sie vermittelt einen Einblick in die Vermögens- und Finanzlage und hat demnach die Vermögenswerte und die Schulden nach sachlicher oder rechtlicher Zusammengehörigkeit gruppiert zu zeigen, das Vermögen nach Liquidierbarkeit, die Schulden nach Fristigkeit gegliedert. Derart wird der Vermögens- und Kapitalaufbau offengelegt.

Der Aussagewert der Bilanz ist naturgemäß beschränkt, weil sie stichtagsbezogen ist, die schwebenden Verpflichtungen und die Kreditreserven nicht zeigt

---

[4] E. BOSSARD, Zur Reform des Bilanz-, Publizitäts- und Prüfungsrechts, Zürich 1966; W. DOBER, Die Publizität der Unternehmung, Zürich 1966; KUPPER; NIEDERER; SCHINDLER; VISCHER/RAPP, Zur Neugestaltung des schweizerischen Aktienrechtes, S. 21 ff.
[5] Vgl. auch Begleitbericht, S. 7 und S. 13–16; sowie Zwischenbericht, S. 39 ff.
[6] Vgl. vorn § 3 I 9 dd.

und weil sie auf Bewertungen beruht, die, da auf dem Prinzip der historischen Kosten beruhend, den wirklichen Wert der Unternehmung nicht zum Ausdruck bringen.

Die aktienrechtliche Jahresbilanz ist eine **Gewinnermittlungsbilanz** im Gegensatz zu den Liquidationsbilanzen, die der Vermögensfeststellung dienen. Die Bilanz bezweckt die Festsetzung des der Generalversammlung zur Verfügung stehenden Gewinnes: Nach Art. 662 Abs. 1 OR ist der Reingewinn aufgrund der Jahresbilanz zu berechnen; Dividenden dürfen nur aus dem Reingewinn ausgerichtet werden (Art. 675 Abs. 2 OR): Einzig der in der Bilanz ausgewiesene Bilanzgewinn (Jahresgewinn zuzüglich allfälliger Vorjahresgewinne oder abzüglich allfälliger Vorjahresverluste) kann (neben den freien Reserven) zur Ausrichtung von Dividenden verwendet werden.

Damit die Bilanz ihrem Zwecke, Ausweis von Vermögen, Schulden, Kapital und Gewinn dienen kann, muß sie **klar und übersichtlich** aufgebaut und benannt sein, richtig mit der Vorjahresbilanz verknüpft werden (Prinzip der Bilanzverknüpfung) und in **Bewertung und Ausweis Stetigkeit** beachten (Bewertungsstetigkeit, Ausweisstetigkeit, materielle und formelle Bilanzkontinuität).

3. Die Bilanz muß wahr und damit insbesondere vollständig sein. Sie führt demnach sämtliche Aktiven und Passiven auf; dies ruft der Frage, was in die Bilanz aufgenommen werden muß. Das Problem der **Bilanzierbarkeit** läßt sich nicht anhand des Gesetzes, sondern einzig nach den allgemein anerkannten kaufmännischen Grundsätzen lösen. Nach Art. 663 Abs. 1 OR soll die Jahresbilanz das Verhältnis zwischen den eigenen Mitteln und den Verbindlichkeiten der Gesellschaft zum Ausdruck bringen. Besser ist allerdings der französische Wortlaut, welcher den Ausweis des Verhältnisses «entre l'actif et les engagements de la société» verlangt. Bilanzierungsfähig sind die Vermögenswerte und die Verbindlichkeiten. Wann ein Vermögenswert vorliegt und damit ein bilanzierungsfähiger Gegenstand, ergibt sich nicht aus dem Gesetz, sondern muß aus allgemeinen Überlegungen abgeleitet werden: Aktivierungsfähig sind vorweg alle Sachen im Rechtssinne, sowie alle andern Gegenstände, die selbständig bewertet werden können und deren Nutzung über einen längeren Zeitraum hinaus erfolgen kann. **Aktivierungsfähig** sind jedenfalls alle Gegenstände, die selbständig veräußerlich sind[7]. Ist infolge der Bewertbarkeit und selbständigen Veräußerlichkeit die Aktivierungsfähigkeit gegeben, so muß als Folge des Grundsatzes der Vollständigkeit aktiviert werden: **Aktivierungspflicht.** Bei immateriellen Werten (Rechte, Konzessionen, Patente,

---

[7] Vgl. hierzu vor allem: ADLER/DÜRING/SCHMALTZ, Bd. 1: Rechnungslegung, Tz. 30 ff. zu § 149 und Tz. 16 zu § 152; KROPFF, in: GESSLER/HEFERMEHL/ECKARDT/KROPFF, Aktiengesetz, Bd. 3, Anm. 46 ff. zu § 149; GROSSFELD, Bilanzrecht, S. 46 ff.; FRANTZ, S. 102 ff.

besondere Fabrikationsverfahren, Lizenzen, Marken; vgl. Art. 665 Abs. 2 OR) besteht ein bloßes Aktivierungswahlrecht, indem die Aktivierung gestattet, aus Gründen der Vorsicht und der Schwierigkeit objektiver Bewertung aber nicht vorgeschrieben ist. In der schweizerischen Praxis gilt einzig der erworbene (derivative) Goodwill als aktivierungsfähig, nicht aber der selbst erarbeitete (originäre) Goodwill. Art. 665 Abs. 2 OR läßt die Aktivierung von immateriellen Werten zu den Anschaffungs- und Herstellungskosten unter Abzug der den Umständen angemessenen Abschreibungen zu; andererseits verbietet Art. 664 Abs. 2 OR die Aktivierung der Gründungskosten (von der Stempelabgabe abgesehen)[8].

Schwebende Geschäfte, also Geschäfte, die beidseitig nicht oder erst teilweise erfüllt sind, dürfen nicht bilanziert werden, nicht so sehr, weil Aktiv- und Passivposten (z.B. Kaufpreisforderung und Pflicht zur Lieferung des Kaufgegenstandes) sich entweder aufheben oder zu einer bloßen Bilanzaufblähung führen müßten, sondern vielmehr, weil das Realisationsprinzip den Ausweis noch nicht realisierter Gewinne verbietet[9].

Für die Aktivierung ist ferner der Grundsatz der wirtschaftlichen Zugehörigkeit bestimmend[10]. Für den Entscheid der Bilanzierungspflicht ist nicht das Eigentum im Rechtssinne maßgebend, sondern die wirtschaftliche Zugehörigkeit: Bilanziert wird ein Gegenstand, wenn der bilanzierenden Gesellschaft die wirtschaftliche Verfügungsgewalt hierüber zusteht. Bilanziert wird das Vermögen und nicht das Eigentum. Nach diesem Grundsatz sind das Treugut beim Treugeber, die zur Sicherung zedierten Forderungen beim Zedenten, die in Pension gegebenen Wertschriften beim Pensionsgeber, der Leasinggegenstand allenfalls beim Leasingnehmer zu aktivieren.

Der Grundsatz der wirtschaftlichen Zugehörigkeit ist nicht nur entscheidend für die Bilanzierungspflicht, sondern auch für den Bilanzierungszeitpunkt. Eine Ausnahme macht das Revisionshandbuch[11] offenbar für die Grundstücke, indem die Bilanzierung von Erwerb und Verkauf nur ausnahmsweise vor dem Zeitpunkt der Eintragung im Grundbuch erfolgen kann[12]. Erworbene Gegenstände sind zu bilanzieren, sobald sie in die eigene Verfügungsgewalt übergegangen sind; ebenso sind Veräußerungen im Zeitpunkt der Lieferung zu verbuchen. Hievon machen die Kundenforderungen eine Ausnahme, da sie nach allgemeiner Gepflogenheit erst im Zeitpunkt der Rechnungstellung bilanziert werden.

---

[8] Revisionshandbuch der Schweiz, Abschn. 2.24 M^{bis} Ziff. 3.21.
[9] Zu dieser Einzelheit vgl. H. FRIEDERICH, Grundsätze ordnungsmäßiger Bilanzierung für schwebende Geschäfte, Düsseldorf 1975.
[10] Vgl. hierzu vor allem KROPFF, a.a.O. (Anm. 7), Anm. 52ff. zu § 149.
[11] Zit. Anm. 8.
[12] Revisionshandbuch der Schweiz, Abschn. 2.2 M Ziff. 2.

4. Das Aktienrecht enthält keine Mindestgliederungsvorschriften. Es schreibt in Art. 668 Abs. 1 OR einzig vor, daß das Grundkapital der Gesellschaft und die verschiedenen Fonds auf der Passivseite einzustellen sind und daß das nicht einbezahlte Grundkapital aktiviert werden muß[13].

Die Mindestaufgliederung der Bilanz ergibt sich aus dem **Grundsatz der Bilanzklarheit**, vor allem aber aus dem **Prinzip des möglichst sicheren Einblicks** (Art. 959 OR). Diese beiden Grundsätze verlangen, daß die einzelnen Posten klar und eindeutig bezeichnet und daß Summierung oder Saldierung möglichst unterlassen werden. Die Forderung nach Aufgliederung der Bilanz darf nicht mit dem Hinweis darauf, diese müsse eine Übersicht und keinen Einblick in Einzelheiten gewähren, zurückgewiesen werden. Die Zulassung der stillen Reserven bildet keinen Eingriff in das Gebot zur Mindestaufgliederung der Jahresrechnung. Von den Mindestgliederungsvorschriften wird man die Kenntlichmachung folgender Elemente verlangen dürfen: Vermögensaufbau, Kapitalaufbau, Liquidität, Konzernverflechtungen, Beziehungen zu Verwaltung und Hauptaktionären. Zumindest wird man beanspruchen dürfen, daß die Bilanz das Umlauf- und das Anlagevermögen, das Fremd- und das Eigenkapital gesondert und jedes in sich geschlossen ausweist. Ferner wird man die Aufgliederung des Anlagevermögens in Finanzanlagen, Sachanlagen und immaterielle Anlagen fordern dürfen, sowie den Ausweis der Forderungen aus Lieferungen und Leistungen (sogenannte Debitoren) im Umlaufvermögen. Im Fremdkapital sind die Schulden aus Lieferungen und Leistungen (Kreditoren), andere kurzfristige Verbindlichkeiten, langfristige Verbindlichkeiten, Rückstellungen gesondert auszuweisen. Besonders verpönt ist die nicht selten anzutreffende Summierung von Kreditoren und Rückstellungen.

Das Aktienrecht schreibt weder Kontoform noch Staffelform vor, so daß beide Darstellungsarten zugelassen werden können[14].

5. Verbindlichkeiten dürfen nur passiviert werden, wenn der Gläubiger berechtigt ist, von der AG eine Leistung zu fordern. **Bedingte Verbindlichkeiten** sind demnach nicht passivierbar. Das Gesetz verlangt nicht, daß alle bedingten Verbindlichkeiten «unter dem Strich», also am Fuße der Bilanz angeführt werden müssen. Art. 670 Abs. 1 OR stellt eine bloß eingeschränkte Vorschrift auf, in welcher nur die Anmerkung von Bürgschaften, Garantieverpflichtungen und Pfandbestellungen zugunsten Dritter gefordert wird. Anmerkungspflichtig sind demnach einzig die drei genannten Sicherungsverträge. Ob und in welchem Maße uneigentliche Personalsicherheiten, insbesondere

---

[13] Vgl. hierzu K. KÄFER, Art. 663 Abs. 1 OR – eine mißachtete aktienrechtliche Bilanzgliederungsvorschrift, SAG 46, 1974, S. 74 ff.
[14] Für diese beiden Darstellungsformen vgl. die 4. EWG-Richtlinie, Art. 8–10.

Patronatserklärungen in der Form der Solvenzerklärung unter dem Strich angemerkt werden müssen, ist in der Praxis kontrovers, dürfte aber dahingehend entschieden werden, daß alle Erklärungen, die im Ergebnis einer Garantieerklärung nahekommen und dem sichergestellten Gläubiger ein Forderungsrecht gegen die erklärende Gesellschaft geben, anmerkungspflichtig sind[15].

III. Gewinn- und Verlustrechnung

1. Die Gewinn- und Verlustrechnung ermittelt den Erfolg als Saldo von Aufwendungen und Erträgen. Die Gewinn- und Verlustrechnung hat die Funktion, die Erfolgsquellen erkennbar zu machen. Sie stellt Aufwände und Erträge einander gegenüber. Das Aktienrecht spricht von Gewinn- und Verlustrechnung (Art. 698 Abs. 2 Ziff. 3 OR, Art. 722 Abs. 3 OR und Art. 728 Abs. 1 OR); das Recht der kaufmännischen Buchführung verwendet den Ausdruck «Betriebsrechnung» (Art. 958 Abs. 1 und 2 OR, Art. 959 und 960 Abs. 1 OR). Die Betriebsrechnung enthält nur die betrieblichen Aufwendungen und Erträge, währenddem die Gewinn- und Verlustrechnung auch neutralen und außerordentlichen Aufwand und Ertrag ausweist.

2. Die Gewinn-und Verlustrechnung kann als Bruttorechnung ausgestaltet werden, indem Aufwendungen und Erträge brutto, also unsaldiert einander gegenübergestellt werden. Die Nettorechnung saldiert Umsatz und Materialaufwand, sowie allenfalls Beteiligungsertrag und Beteiligungsaufwand, Aktiv- und Passivzinsen. Einzig die Bruttorechnung entspricht dem Prinzip der Bilanzklarheit und dem Grundsatz des möglichst sicheren Einblickes. Ferner kann die Gewinn- und Verlustrechnung als Umsatzrechnung oder als Produktionsrechnung ausgestaltet werden. Schließlich sind auch bei der Gewinn- und Verlustrechnung Konto- und Staffelform zugelassen, so daß insgesamt vier mögliche Darstellungsformen bestehen[16].

3. Auch für die Gewinn- und Verlustrechnung stellt unser Recht keine Gliederungsvorschriften auf. Ebenfalls hier ergeben sich aber solche aus

---

[15] Vgl. Revisionshandbuch der Schweiz, Abschn. 2.2 Y und Abschn. 2.2523. Zur Patronatserklärung vgl. ferner C. GEIGY-WERTHEMANN, Die rechtliche Bedeutung garantieähnlicher Erklärungen von herrschenden Unternehmen im Konzern, Basel 1973; H. G. HUBER, Personalsicherheiten bei der Erteilung von Bankkrediten unter Berücksichtigung der sogenannten Patronatserklärung, in: Rechtsprobleme der Bankpraxis, Bankwirtschaftliche Forschungen, Bd. 36, Bern/Stuttgart 1976, S. 47 ff.; W. MÜLLHAUPT, Rechtsnatur und Verbindlichkeit der Patronatserklärung, SAG 50, 1978, S. 109 ff.; P. ALTENBURGER, Die Patronatserklärungen als «unechte» Personalsicherheiten, Zürich 1979.
[16] Vgl. diese vier Möglichkeiten in den Art. 22–26 4. EWG-Richtlinie.

den allgemein anerkannten kaufmännischen Grundsätzen, insbesondere aus dem oft herangezogenen Prinzip des möglichst sicheren Einblicks. Zumindest wird man den Ausweis des Umsatzes (Erlös aus betriebstypischen Lieferungen und Leistungen), der betriebsfremden (wiederkehrenden, aber nicht betriebstypischen) Erträge und Aufwendungen sowie der außerordentlichen (nicht wiederkehrenden) Erträge und Aufwendungen verlangen dürfen. Gesondert auszuweisen sind Material- und Warenaufwand, Personalaufwand, Finanzaufwand.

IV. Geschäftsbericht

1. Der Geschäftsbericht ist der dritte Teil des Jahresabschlusses. Er hat die Jahresrechnung zu erläutern sowie den Vermögensstand und die Tätigkeit der Gesellschaft darzustellen (Art. 724 OR). Das Gesetz enthält keinen Katalog besonderer Angaben.

Ebensowenig kennt unser Recht das Institut des Anhanges zur Jahresrechnung *(notes)*, worin die für das Verständnis der Jahresrechnung erforderlichen Angaben gemacht werden[17]. Der Jahresbericht wird von der Kontrollstelle nicht geprüft, obschon die darin enthaltenen Erläuterungen zur Jahresrechnung mit dieser nicht übereinstimmen oder irreführend sein können.

2. Der Vorentwurf von 1975 verlangt deshalb, daß die Revisoren auch prüfen, ob der Geschäftsbericht, soweit er die Jahresrechnung erläutert, Gesetz und Statuten entspricht[18].

V. Bewertungsregeln

1. Nach Art. 960 Abs. 2 OR sind bei der Errichtung der Bilanz «alle Aktiven höchstens nach dem Werte anzusetzen, der ihnen im Zeitpunkt, auf welchen die Bilanz errichtet wird, für das Geschäft zukommt». Dieser sogenannte OR-Geschäftswert ist ein Höchstwert und kann demnach beliebig unterschritten werden. Die herrschende Lehre nimmt an, daß er in der Regel dem Anschaffungswert entspricht, weil sich dies aus dem kaufmännischen Vorsichtsprinzip ergebe[19]. Nach Art. 960 Abs. 2 OR bleiben die abweichenden Bilanzierungsvorschriften für die Aktiengesellschaft vorbehalten. Das Aktienrecht enthält – immer im Abschnitt über die Rechte und Pflichten der Aktio-

---

[17] Vgl. z.B. den Informationskatalog in Art. 43 der 4. EWG-Richtlinie.
[18] Art. 730 Abs. 1 VE.
[19] BEELER, S. 78; BLUMER/GRAF, S. 100; a.A. HIS, N. 23 ff. zu Art. 960 OR; unrichtig GUHL/MERZ/KUMMER, S. 796.

näre – besondere Bewertungsvorschriften (Art. 664–669 OR). Auch diese aktienrechtlichen Bewertungsvorschriften sind Höchstwerte.

Beiderseits gilt somit das **Prinzip der Höchstwertvorschriften** und nicht das Prinzip der Wertbestimmtheit, nach welchem die Bewertung gleichzeitig nach oben und nach unten begrenzt ist[20].

2. Sowohl beim Anlagevermögen (Art. 665 OR) wie beim Umlaufvermögen (Art. 666 OR) gilt das **Prinzip der Anschaffungskosten**: Anlagen und Vorräte dürfen höchstens zu den Anschaffungs- oder Herstellungskosten in die Bilanz eingesetzt werden. Zur Anwendung gelangt demnach das Prinzip der historischen Kosten. Bilanziert wird das Anlage- und das Umlaufvermögen zu den Werten, zu denen die Vermögenswerte angeschafft oder hergestellt wurden. Der Anschaffungswert entspricht dem Kaufpreis, zuzüglich Anschaffungsnebenkosten (wie Transportkosten, Zoll, Versicherung, Verpackung usw.), abzüglich Nachlässe (wie Rabatte, Skonto und dgl.).

Die Umschreibung der **Herstellungskosten** schafft größere Probleme, da hier völlig auf die Begriffe der Betriebswirtschaftslehre, insbesondere der Kostenrechnung, abgestellt werden muß. Herstellungskosten sind die Kosten des Fertigungsmaterials und die Fertigungslöhne sowie gewisse Einzelkosten der Fertigung (objektgebundene Entwicklungskosten, Modelle, Spezialwerkzeuge, usw.), Materialgemeinkosten (Lagerhaltung, Versicherung) und Fertigungsgemeinkosten wie Arbeitsvorbereitung, Energiekosten, Werkzeuge usw. Nicht zu den Herstellungskosten gehören jedenfalls die Verwaltungskosten und die Vertriebskosten. Vieles scheint im einzelnen umstritten zu sein, doch ist es nicht Aufgabe der Rechtslehre, in die betriebswirtschaftlichen Kontroversen einzugreifen, solange deren Ergebnisse mit den rechtlichen Anforderungen nicht in offenbarem Widerspruch stehen[21].

3. In enger Verbindung mit dem Grundsatz der Vergangenheitskosten steht das **Imparitätsprinzip**, welches den Ausweis nicht erzielter Gewinne verbietet und den Ausweis bevorstehender Verluste gebietet: Es entspricht dem Imparitätsprinzip, daß die Anschaffung oder Herstellung von Wirtschaftsgütern erfolgsneutral bleibt, also nicht zum Ausweis von Gewinnen führen darf. Erst die Wiederveräußerung der gekauften oder die Veräußerung der selbsthergestellten Gegenstände stellt eine Realisation dar und gestattet den Ausweis der Differenz zwischen Anschaffungspreis und Veräußerungserlös als Gewinn. Das Imparitätsprinzip verbietet zusammen mit dem Prinzip der Ver-

---

[20] Vgl. ADLER/DÜRING/SCHMALTZ, Bd. I, Tz. 6 vor §§ 153–156 dAktG.
[21] Zu den Herstellkosten vgl. BLUMER/GRAF, S. 102 ff.; L. NADIG, Betriebsabrechnung und Kalkulation, Zürich 1976, S. 71 ff.; sowie das deutsche Schrifttum zur aktienrechtlichen Rechnungslegung, so insbes. KROPFF, a.a.O. (Anm. 7), N. 2 zu § 155 dAktG; ADLER/DÜRING/SCHMALTZ, N. 16 ff. zu § 155 dAktG; GROSSFELD, S. 85 ff.

gangenheitskosten die Aufwertung von Gegenständen des Anlagevermögens über die Anschaffungskosten hinaus.

Das aktienrechtliche Prinzip der Anschaffungs- und Herstellungskosten dient nicht der Bilanzwahrheit und stellt insbesondere nicht eine Approximierung des wirklichen Wertes dar. Seine Funktion besteht vielmehr in einer Ausschüttungssperre und dient damit der Kapitalerhaltung und dem Gläubiger- und Aktionärsschutz. Die Höchstbewertungsvorschriften verhindern den Ausweis und damit auch die Ausschüttung nicht erzielter und damit allenfalls fiktiver Gewinne, womit das Grundkapital und die gebundenen Reserven tangiert werden könnten, was mit der Funktion des Grundkapitals als Garant eines Mindestreinvermögens und als Ausschüttungssperrziffer nicht zu vereinbaren ist.

Die aktienrechtlichen Bewertungsvorschriften erfüllen demnach wichtigste Aufgaben und stehen mit dem zentralen Begriff des Grundkapitals und dessen Funktionen im engsten Zusammenhang. Somit dürfen diese Grundsätze weder von Praxis, Lehre und Rechtsprechung noch vom Gesetzgeber leichthin verletzt werden.

Die aktienrechtlichen Bewertungsvorschriften dienen der Kapitalerhaltung und nicht, jedenfalls nicht unmittelbar, der Substanzerhaltung: In Zeiten langfristiger Inflation genügen die auf dem Anlagevermögen zu Anschaffungswerten gerechnet vorgenommenen Abschreibungen nicht, um den Substanzverzehr auszugleichen und Beträge zur Wiederbeschaffung des nach langjähriger Nutzung abgeschriebenen Vermögenswertes bereitzustellen. Das Prinzip der historischen Kosten steht der für die Substanzerhaltung erforderlichen Bilanzierung zu Wiederbeschaffungskosten entgegen. Eine Aufwertung der Investitionsgüter auf die Anschaffungskosten und damit ein Übergang von den Vergangenheitswerten zu den Zukunftswerten mag betriebswirtschaftlich gerechtfertigt sein, ist aber mit den aktienrechtlichen Bewertungsregeln nicht zu vereinbaren. Immerhin gestattet die unbeschränkte Zulassung der stillen Reserven und die damit verbundene Möglichkeit übermäßiger Abschreibungen die Vornahme von Abschreibungen vom Wiederbeschaffungswert, womit die stillen Reserven der Substanzerhaltung zu dienen vermögen[22].

4. Die Anschaffungs- und Herstellungskosten bilden die Wertobergrenze. Beim Anlagevermögen gilt das Abschreibungsprinzip: Danach sind die Anschaffungs- und Herstellungskosten über die wirtschaftliche Nutzungsdauer zu verteilen und demnach abzuschreiben. In der Bilanz bezweckt die Abschreibung eine richtige Darstellung der Vermögenslage, indem die einge-

---

[22] Zum Zusammenhang zwischen Bewertung und Substanzerhaltung vgl. KROPFF, a.a.O., N.15 vor § 153 dAktG.

tretene Wertverminderung der Anlagegegenstände berücksichtigt wird. In der Gewinn- und Verlustrechnung soll die Abschreibung die Kosten der Anlagen periodengerecht erfassen und auf die Nutzungsdauer verteilen. Schließlich dient die Abschreibung dazu, die aufeinander folgenden Jahresabschlüsse vergleichbar zu machen. Die Abschreibung des Anlagevermögens hat planmäßig zu erfolgen, indem die Wertkorrekturen gleichmäßig auf die geschätzte Nutzungsdauer verteilt werden. Außerplanmäßige Sonderabschreibungen sind indessen zugelassen, wenn entweder ein außerordentlicher Sachverhalt, der zu einer Wertverminderung des Anlagegutes führt, eintritt, oder wenn die Zusatzabschreibung unter Rücksicht «auf das dauernde Gedeihen des Unternehmens oder auf die Verteilung einer möglichst gleichmäßigen Dividende als angezeigt» erscheint. Ebenso kann auf die Vornahme von Abschreibungen verzichtet werden, wenn der Buchwert infolge übermäßiger Abschreibungen in den Vorjahren den betriebswirtschaftlich richtigen Wert nicht übersteigt. Der Grundsatz der erfolgsunabhängigen Bewertung gilt in der Schweiz nicht. Zu den Abschreibungsmethoden äußert sich das Gesetz nicht, läßt somit die lineare wie die degressive, die direkte wie die indirekte zu, sofern nur in den Bewertungsgrundsätzen Stetigkeit herrscht[23].

Für die Gegenstände des Umlaufvermögens gilt das in Art. 666 OR zum Ausdruck gebrachte Niederstwertprinzip. Danach sind Vorräte und andere Gegenstände des Umlaufvermögens von den zwei möglichen Werten: Anschaffungskosten oder Marktpreis, zum niedrigsten einzusetzen. Der Bilanzierende hat demnach zwei Werte festzustellen und von Vergangenheitswert und Gegenwartswert den niedrigeren zu wählen. Das Gesetz läßt offen, ob Beschaffungs- oder Absatzmarkt gemeint ist. Nach richtiger Ansicht gilt ein dreifaches Niedrigstwertprinzip. Von drei Werten ist der niedrigste zu wählen: seinerzeitiger Anschaffungspreis, derzeitiger Beschaffungspreis, derzeitiger Verkaufspreis. Das Niederstwertprinzip ist ebenfalls eng mit dem Imparitätsprinzip verbunden, denn es verlangt den Ausweis erkennbarer, aber noch nicht realisierter Verluste. Die durch das Niederstwertprinzip verlangte Wertkorrektur auf den tieferen Wert wird im schweizerischen Sprachgebrauch nicht selten und im Vorentwurf von 1975 deutlich Wertberichtigungen genannt[24].

5. Einzige Ausnahme vom Prinzip der Anschaffungskosten als der Wertobergrenze bilden die Wertschriften mit Kurswert nach Art. 667 Abs. 1 OR. Derartige Papiere dürfen zu demjenigen Kurs eingesetzt werden, welchen

---

[23] Nicht auch in den Abschreibungsmethoden oder gar in den Abschreibungssätzen, denn diese können im schweizerischen Recht angesichts des Freipasses in Art. 663 Abs. 2 OR beliebig verändert werden.
[24] Vgl. Art. 666 Abs. 2 VE.

sie durchschnittlich im letzten Monat vor dem Bilanztage gehabt haben. Damit ist eine Aufwertung über die Anschaffungskosten zugelassen. Diese Ausnahme findet ihren inneren Grund in der leichten Bestimmbarkeit und der sofortigen Realisierbarkeit des ausgewiesenen Mehrwertes: Die Gesellschaft könnte jederzeit die von ihr gehaltenen Wertschriften veräußern und den Veräußerungserlös als Mehrwert ausweisen.

Die Ausnahme von Art. 667 OR geht soweit wie ihre ratio legis und erfaßt demnach auch die andern Vermögenswerte mit sofort realisierbarem Kurswert, nämlich Devisen und Edelmetalle.

Die Ausnahme gilt nicht für Wertpapiere ohne Kurswert und auch nicht für die wohl seltenen Fälle von kotierten Beteiligungen, da deren Verkauf zu einem starken Absinken des Börsenkurses führen müßte.

6. Die aktienrechtlichen Bewertungsregeln setzen voraus, daß die Gesellschaft weiterbesteht und daß das von ihr gehaltene Unternehmen weitergeführt wird. Die aus dem kunstvollen Rechenwerk sich ergebenden Bilanzwerte sind demnach Fortführungswerte[25].

Ist die Fortführung der Unternehmung verunmöglicht oder steht aus andern Gründen die Liquidation der Gesellschaft unabwendbar bevor, muß die *going concern*-Grundlage als weggefallen betrachtet werden. Eine Bilanzierung zu Fortführungswerten ist diesfalls nicht mehr angezeigt. An ihre Stelle treten Veräußerungswerte, die in der Regel unter, bei Liegenschaften und Beteiligungen aber auch weit über den historischen Kosten liegen können. Da, solange die Gesellschaft nicht aufgelöst ist, die aktienrechtlichen Höchstbewertungsvorschriften gelten, dürfen derartige Mehrwerte nicht ausgewiesen werden.

7. In der Aktienrechtsreform soll an den aktienrechtlichen Bewertungsvorschriften nichts geändert werden, insbesondere soll nicht zum Prinzip der Wertbestimmtheit übergegangen werden, da die Bildung stiller Reserven auch in Zukunft zugelassen sein soll. Neu im Vorentwurf von 1975 ist in dieser Hinsicht einzig die Zulassung der Aufwertung von Grundstücken und Beteiligungen[26]. Grundstücke und Beteiligungen, deren Verkehrswert über die Anschaffungs- oder Herstellungskosten gestiegen ist, dürfen bis zu höchstens $^2/_3$ dieses Wertes aufgewertet werden. Die Aufwertung darf aber höchstens im Umfange einer Unterbilanz und einzig zu deren Beseitigung erfolgen. Durch die Beschränkung der Aufwertung auf Sanierungsfälle verhindert der Gesetzgeber, daß die Aufwertungsgewinne zumindest sogleich ausgewiesen und allenfalls ausgeschüttet werden; das gleiche Ergebnis ließe sich durch eine Pflicht zur entsprechenden Bildung von gebundenen Aufwertungsreserven erreichen. Durch die Zulassung von Aufwertungen über die Anschaffungs- und Herstellungskosten wird eine weitverbreitete, aber immer als gesetzwidrig erkannte Praxis[27] legalisiert.

---

[25] Obschon sie in keiner Weise die den Aktiven und Passiven für die Fortführung zukommenden Werte ausdrücken; zum Problem der Fortführungswerte vgl. bereits vorn § 18 II 2.
[26] Art. 670 VE.
[27] Vgl. Revisionshandbuch der Schweiz, Abschn. 2.2533 (S. 181–184).

VI. Reserven

1. Reserven (Rücklagen) sind die Teile des Eigenkapitals, die nicht Grundkapital darstellen. Die Reserven sind **Eigenkapital**, weil Dritten keine Forderung daran zusteht, sie der Gesellschaft grundsätzlich auf die Dauer zur Verfügung stehen und durch bloßen Beschluß in Bestand und Höhe verändert werden können. Der Gewinnvortrag gehört im technischen Sinne nicht zu den Reserven, sondern stellt den nicht ausgeschütteten Teil des Bilanzgewinnes dar, der nicht den Reserven zugewiesen, sondern auf neue Rechnung vorgetragen wird.

Die Reserven dienen dem Auffangen von Verlusten, der Ausschüttung von Dividenden bei schlechtem Geschäftsgang sowie der Aufnahme von Einlagen, die nicht auf das Grundkapital angerechnet werden, wie insbesondere das Agio und die verlorenen Beiträge im Falle stiller Sanierungen (à fonds perdu-Leistungen).

2. Die Reserven lassen sich nach ihrem Ausweis in **offene** und in **stille**, nach ihrer Grundlage in **gesetzliche, statutarische** und **beschlußmäßige**, nach ihrer Herkunft in solche **aus Gewinnen** *(retained earnings, earned surplus)* oder **aus Kapitalzuführungen** *(capital surplus)* und nach ihrem Zwecke in **freie** oder **gebundene** einteilen[28].

3. Der **gesetzlichen Reserve** sind Teile des Gewinnes, das Agio und – praktisch unwichtig – die Kaduzierungsgewinne zuzuweisen (vgl. Art. 671 Abs. 1 und 2 OR)[29]. Der Gesetzgeber verlangt, daß Teile der Gewinne zum Schutze des Grundkapitals und damit zur Sicherung der Gläubiger und der Aktionäre zurückbehalten werden. Ferner wird der gesetzlichen Reserve das Agio zugewiesen, weil es einen Kapitalzugang und damit einen außerordentlichen Mittelzufluß darstellt, der nicht sogleich wieder als Dividende den Aktionären zugehen soll.

Die gesetzliche Reserve entsteht nicht kraft Gesetzes, sondern einzig durch Beschluß der Generalversammlung anläßlich der Bilanzgenehmigung. Die Generalversammlung weist der gesetzlichen Reserve nicht bloß die Anteile am Gewinn zu (Art. 671 Abs. 1 und Art. 672 Abs. 2 Ziff. 3 OR), sondern auch den bei der Ausgabe von Aktien über den Nennwert hinaus erzielten Mehrerlös (Agio; Art. 671 Abs. 2 Ziff. 1 OR), der nach nicht zwingender gesetzlicher Bestimmung (Art. 624 Abs. 2 OR) von der Generalversammlung beschlossen wird.

---

[28] Vgl. Revisionshandbuch der Schweiz, Abschn. 2.24 V.
[29] Für Einzelheiten über die Zuweisungen aus dem Gewinn vgl. hinten § 20.

Die gesetzliche Reserve hat **Bindewirkung**, die sich von derjenigen des Grundkapitals in zweierlei Hinsicht unterscheidet: Die Auflösung und Verwendung der gesetzlichen Reserven erfordert anders als die Kapitalherabsetzung keine besonderen Maßnahmen zum Schutze der Gläubiger. Andererseits darf die gesetzliche Reserve, soweit sie die Hälfte des Grundkapitals nicht übersteigt, anders als das Grundkapital, niemals an die Aktionäre zurückgehen, sondern einzig zu bestimmten Zwecken, nämlich zur Deckung von Verlusten oder zu Maßnahmen verwendet werden, die geeignet sind, zu Zeiten schlechten Geschäftsganges das Unternehmen durchzuhalten, der Arbeitslosigkeit zu steuern oder deren Folgen zu mildern (Art. 671 Abs. 3 OR). Die Auflösung der gesetzlichen Reserve erfolgt in dem Sinne allemal formlos, aber stets zweckgebunden und immer im unmittelbaren Interesse Dritter.

Die Verwendung der gesetzlichen Reserve steht einzig der Generalversammlung zu, und zwar nicht nur, weil auch über die Bildung einzig die Generalversammlung entscheidet, sei es im Beschluß über die Gewinnverwendung gemäß Art. 698 Abs. 2 Ziff. 3 OR, sei es in der Festlegung des Ausgabebetrages nach Art. 624 Abs. 2 OR, sondern vielmehr, weil die Verrechnung eines Bilanzverlustes mit der gesetzlichen Reserve ebenfalls im Bilanzgenehmigungsbeschluß erfolgt; in der Genehmigung der Bilanz ist stets auch die Festsetzung von Gewinn und Verlust und damit von Kapital und Reserven mit enthalten[30]. Daß die Auflösung der gesetzlichen Reserve einzig der Generalversammlung zusteht, will nicht besagen, daß die Verwaltung, ohne vorweg die Generalversammlung anzufragen, nicht befugt sei, Maßnahmen in die Wege zu leiten, die geeignet sind, in Zeiten schlechten Geschäftsganges das Unternehmen durchzuhalten, der Arbeitslosigkeit zu steuern und deren Folgen zu mildern, auch wenn vorauszusehen ist, daß diese Maßnahmen zu Verlusten führen müssen, die einzig durch den gesetzlichen Reservefonds aufgefangen werden können. Die nachträgliche Verrechnung der derart entstandenen Verluste mit der gesetzlichen Reserve steht allerdings nur der Generalversammlung zu. Eine stille Vorwegverrechnung der Verluste mit der gesetzlichen Reserve durch den Verwaltungsrat ist weder mit der Bilanzklarheit noch mit der aktienrechtlichen Kompetenzordnung zu vereinbaren[31].

Soweit die gesetzliche Reserve die Hälfte des Grundkapitals übersteigt, kann sie frei verwendet werden; in der Praxis wird sie deshalb regelmäßig nur bis zur Hälfte des Grundkapitals geäufnet; die Zuweisung der Gewinnanteile unterbleibt danach und die Zuweisung des Agios erfolgt in freie Reserven.

---

[30] Vgl. VON GREYERZ, Bilanzgenehmigung, S. 143 ff., insbes. S. 155.
[31] BÜRGI, N. 101 zu Art. 671 OR; FOLLIET, S. 365 f.; A. LÜTHY, Zur Äufnung und Verwendung der gesetzlichen Reserve der Aktiengesellschaft, in: Beiträge aus der Treuhandpraxis, Bern 1961, S. 118 ff., insbes. S. 137; unrichtig deshalb M. STÄHELIN, Reserven der Aktiengesellschaft, ZSR 58, 1939, S. 117a ff., insbes. S. 169a, Anm. 93.

Es besteht keine gesetzliche Pflicht, keine Gepflogenheit und kein innerer Grund, die Reserven auch unter den Aktiven auszuscheiden und somit eigentliche Fonds zu bilden. Der gesetzliche Sprachgebrauch, der durchs Band den Ausdruck «Reservefonds» verwendet, ist demnach verfehlt, aber, wenn als irreführend erkannt, unschädlich.

4. Selten werden **statutarische Reserven** vorgesehen. Nach Art. 672 OR können die Statuten höhere Zuweisungen an den gesetzlichen Reservefonds oder die Anlage weiterer Fonds vorsehen. Insbesondere können die Statuten Fonds zur Gründung und Unterstützung von Wohlfahrtseinrichtungen für Angestellte und Arbeiter des Unternehmens vorsehen (Art. 673 OR). Die Wohlfahrtsfonds haben seit dem neuen Arbeitsrecht und der Pflicht zur Übertragung der Arbeitgeberzuwendungen und der Arbeitnehmerbeiträge auf eine Stiftung (Art. 331 Abs. 1 OR; vgl. auch Art. 89bis ZGB) an Bedeutung stark verloren.

5. Die Generalversammlung kann auch ohne statutarische Grundlage im Bilanzgenehmigungsbeschluß weitere (**beschlußmäßige**) **Reserven** bilden, soweit die Rücksicht auf das dauernde Gedeihen des Unternehmens oder auf die Verteilung einer möglichst gleichmäßigen Dividende es als angezeigt erscheinen läßt (Art. 674 Abs. 2 OR).

6. **Stille Reserven** sind in der Bilanz nicht ausgewiesene Teile des Eigenkapitals und bestehen aus der Differenz zwischen dem Bilanzwert und dem Wert, der sich bei objektiv richtiger Bilanzierung ergibt.
Stille Reserven entstehen durch Unterbewertung von Aktiven, Weglassen von Aktiven, also Nichtaktivierung aktivierungspflichtigen Aufwandes, Überbewertung von Passiven, insbesondere Rückstellungen und Aufführung fiktiver Schulden, insbesondere durch Passivierung nichtpassivierungsfähiger Zugänge. Nach Art des Zustandekommens unterscheidet man ferner zwischen Zwangsreserven, Ermessensreserven und sogenannten Verwaltungsreserven. **Zwangsreserven** entstehen ohne Zutun der Verwaltung durch Wertsteigerung von Vermögensgegenständen über die Anschaffungskosten und damit über den aktienrechtlich zulässigen Wert hinaus. In diesem Sinne bilden Zwangsreserven die Differenz zwischen Bilanzwert und Verkehrswert. Die **Ermessensreserven** entstehen durch übervorsichtige Abschreibungen, Wertberichtigungen oder Rückstellungen. Die **Verwaltungsreserven** schließlich entstehen durch bewußte Unterschreitung der Bewertung, also durch Vornahme von durch die Bilanzvorsicht nicht mehr gedeckten Wertkorrekturen. Die Verwaltungsreserven bezwecken eine verborgene Stärkung des Eigenkapitals und bewirken eine Schmälerung des ausgewiesenen Gewinnes.

Stille Reserven werden aufgelöst durch Aufwertung unterbewerteter Aktiven, durch Tieferbewertung überbewerteter oder fiktiver Schulden, durch Beschränkung oder Unterdrückung betriebswirtschaftlich notwendiger Abschreibungen oder Rückstellungen. Die Auflösung kann auch automatisch erfolgen, nämlich durch übermäßige effektive Wertverminderung von Aktiven.

Von der Auflösung ist die Realisierung der stillen Reserven zu unterscheiden: Stille Reserven werden realisiert, wenn unterbewertete Aktiven veräußert werden.

Das geltende schweizerische Recht und mit ihm nur noch das liechtensteinische läßt die Bildung stiller Reserven durch die Verwaltung ausdrücklich und praktisch ohne Schranken zu (Art. 663 Abs. 2 OR), denn das Vorliegen der gesetzlichen Voraussetzungen (dauerndes Gedeihen und gleichmäßige Dividende) wird niemals bestritten werden können. Ob die Bildung fiktiver Schulden zulässig ist, wurde vom Bundesgericht offengelassen[32]. Ebenso ist die Auflösung stiller Reserven zugelassen, so daß eine Gesellschaft den Ausweis von Verlusten verhindern, ja anstelle von Verlusten Gewinne ausweisen kann, ohne die Generalversammlung hierüber unterrichten zu müssen.

Die Bildung und Auflösung der stillen Reserven sind der Kontrollstelle mitzuteilen (Art. 663 Abs. 3 OR). Demnach hat der Aktionär keinen Anspruch auf Bekanntgabe von Bestand und Bewegung der stillen Reserven. Die Verwaltung kann die Auskunft nicht nur unter Berufung auf die Geheimsphäre, sondern auch unter Hinweis auf die Offenlegungspflicht gegenüber der Kontrollstelle verweigern. Die Kontrollstelle selbst ist zur Weitergabe der Auskunft jedenfalls solange weder berechtigt noch verpflichtet, als nicht während Jahren dauernd stille Reserven aufgelöst werden. Eine Anfechtung des Bilanzgenehmigungsbeschlusses mit dem Hinweis auf die stillen Reserven wird keine Aussicht auf Erfolg haben können, da der Kläger die Anfechtungsklage mangels Unterrichtung über Bestand und Bewegung nicht substantiieren kann, und weil vor allem die Verwaltung stets wird dartun können, daß die Reservebildung durch die weitgespannten Ziele von Art. 663 Abs. 2 OR gedeckt ist.

Die Zulässigkeit der stillen Reserven bildet seit langem Mittelpunkt einer Kontroverse. Das Für und Wider wird im Zwischenbericht einläßlich dargelegt[33]. Zur Beseitigung der aus Art. 663 Abs. 2 OR sich ergebenden Mißstände wird folgendes vorgeschlagen: Die Verwaltung bleibt befugt, Wertkorrekturen vorzunehmen, soweit dies mit Rücksicht auf das dauernde Gedeihen des Unternehmens angezeigt ist. Diese sogenannten Verwaltungsreserven dürfen einzig durch Abschreibungen, Wertberichtigungen und Rückstellungen gebildet werden, nicht mehr durch Weglassung von Aktiven noch durch fiktive Passiven. Diese zur Bildung der Verwaltungsreserven dienenden zusätzlichen Abschreibungen sind mit den notwendigen Abschreibungen in der Gewinn- und Verlustrechnung auszuweisen. Hauptbestandteil des Vorschlages ist indessen, daß der Differenzbetrag zwischen den im Geschäftsjahr gebildeten Verwaltungsreserven und den im glei-

---

[32] BGE 82 II, 1956, S. 220.
[33] Zwischenbericht, S. 44 f.

chen Zeitraum rückgängig gemachten Abschreibungen im Geschäftsbericht anzugeben ist. Somit hat der Geschäftsbericht die Bewegung der stillen Reserven im Geschäftsjahr in einem geschätzten Betrag offenzulegen. Die Revisionsstelle hat die Vertretbarkeit der Angabe zu prüfen[34]. Die Vorschläge des Vorentwurfes sind im Vernehmlassungsverfahren stark umstritten, so daß völlig offen ist, welche Vorschläge der Bundesrat dem Parlament vorlegen wird[35]. Die stillen Reserven werden auch in Zukunft im Zentrum der Diskussion über die Aktienrechtsreform stehen[36].

VII. Rückstellungen

1. Wird das Eigenkapital unter den Passiven der Bilanz eingeteilt in Grundkapital und Reserven, so gliedert sich das Fremdkapital in **Verbindlichkeiten und Rückstellungen**: Unter den Verbindlichkeiten werden die Schulden, deren Bestand und Höhe feststeht, ausgewiesen, ob fällig oder nicht. Der Grundsatz der Vollständigkeit verlangt, daß bedingte Verbindlichkeiten, also Schulden, deren Bestand oder deren Höhe am Bilanzstichtag noch nicht feststeht, auszuweisen sind. Dies ist Hauptaufgabe der Rückstellungen. Die Rückstellungen gehören zum **Fremdkapital**, weil ihnen mögliche Ansprüche Dritter zugrunde liegen.

Diesen Rückstellungen für **ungewisse Verbindlichkeiten** stehen diejenigen für **drohende Verluste** nahe: Das Gebot der Verlustantizipation verlangt, daß Verluste, insbesondere solche aus schwebenden Geschäften, bereits im Zeitpunkt, in dem sie erkennbar geworden sind, in der Bilanz ausgewiesen werden müssen. Diesen Rückstellungen für drohende Verluste liegt nicht eine ungewisse Verbindlichkeit, sondern die Gefahr eines Mittelabgangs zugrunde. Gemeinsam ist beiden die ungewisse Belastung der Gesellschaft.

Rückstellungen müssen gebildet werden für drohende Verluste und ungewisse Verbindlichkeiten, denn im schweizerischen Recht besteht eine Passivierungspflicht und kein bloßes Passivierungswahlrecht, wie für das deutsche Aktienrecht angenommen werden muß[37]. Rückstellungen dürfen nur gebildet werden für Verluste aus konkreten, einzelnen Geschäften und nur, wenn der

---

[34] Vgl. Begleitbericht, S. 13 f.
[35] Vgl. VE für eine Teilrevision des Aktienrechtes. Zusammenstellung der Ergebnisse des Vernehmlassungsverfahrens zum VE vom September 1975, hrsg. von der Eidg. Justizabteilung, Bern 1978, S. 164–209.
[36] Zum Problem der stillen Reserven vgl. anstatt vieler: R. DIETERLE, Die Revision des Aktienrechtes und die stillen Reserven, Archiv für schweiz. Abgaberecht 46, 1977, S. 1 f. und S. 81 ff.; A. HIRSCH, Les contrôleurs et réserves latentes, in: Festschrift zum 50jährigen Bestehen der Schweizerischen Treuhand- und Revisionskammer, Zürich 1975, S. 137 ff.; K. KÄFER, Stille Reserven, SAG 48, 1976, S. 54 ff.; NIEDERER; VISCHER/RAPP, Zur Neugestaltung des schweizerischen Aktienrechtes, S. 21 ff.; A. ZÜND, Stille Reserven und Aktienrechtsreform, Steuerrevue 28, 1973, S. 95 ff.; Zwischenbericht, S. 41 ff.
[37] ADLER/DÜRING/SCHMALTZ, Tz. 157 zu § 152 dAktG; KROPFF, a.a.O. (Anm. 7), Tz. 63 zu § 152 dAktG; GROSSFELD, S. 170.

Eintritt eines Verlustes ernsthaft bevorsteht. Rückstellungen für das allgemeine Unternehmerrisiko oder für verschiedene nicht einzeln genannte Risiken sind auch im schweizerischen Recht nicht zugelassen. Nicht erlaubt sind insbesondere auch Rückstellungen für zukünftigen, stoßweise anfallenden Aufwand, wie z. B. für Unterhaltsarbeiten (Aufwandrückstellungen).

Die Rückstellung ist klassisches Mittel zur Bildung stiller Reserven, indem entweder die Höhe der Rückstellung übermäßig festgesetzt oder indem Rückstellungen für generelle oder fiktive Risiken gebildet werden. Derartigen Rückstellungen kommt weitgehend Reservecharakter zu, da nicht mit einer unerwarteten Beanspruchung durch Dritte gerechnet werden muß.

2. Die Pflicht zur Bildung von Rückstellungen kommt im schweizerischen Aktienrecht sehr undeutlich zum Ausdruck, nämlich einzig in Art. 670 Abs. 2 OR, wo überdies irrtümlicherweise der Ausdruck «Rücklagen» verwendet wird. Nach dieser Bestimmung sind Rückstellungen zu bilden für Vermögenseinbußen aus besonders genannten, bedingten Verbindlichkeiten (Bürgschaften, Garantieverpflichtungen und Pfandbestellungen zugunsten Dritter; vgl. Art. 670 Abs. 1 OR) sowie aus der Erfüllung schwebender Geschäfte, insbesondere Lieferungs- und Abnahmeverpflichtungen.

3. In Anlehnung an den Wortlaut von § 152 Abs. 7 Satz 1 dAktG schreibt Art. 669 Abs. 1 Satz 2 des Vorentwurfes von 1975 vor, daß Rückstellungen insbesondere zu bilden sind, um ungewisse Verbindlichkeiten und drohende Verluste aus schwebenden Geschäften zu decken. Die gesetzgeberische Tendenz, die Bildung von Rückstellungen einzuschränken, ist unverkennbar, auch wenn von der Übernahme einer Bestimmung, wonach für andere Zwecke keine Rückstellungen gebildet werden dürfen[38], abgesehen wurde.

VIII. Konsolidierung

1. Wenn ein Stammhaus Teile seiner Unternehmertätigkeit in rechtlich selbständigen Tochtergesellschaften durchführt, wird seine Jahresrechnung wenig aussagekräftig, denn sie weist in ihrer Bilanz einzig Beteiligungen und Darlehen an Tochtergesellschaften aus und gibt in der Erfolgsrechnung Auskunft über Beteiligungsertrag und Beteiligungsaufwand, bei gemischten Holdinggesellschaften überdies vermengt mit betrieblichen Aufwendungen und Erträgen. Die wirtschaftliche Einheit mehrerer unter einheitlicher Leitung zu einem Konzern zusammengefaßter Gesellschaften verlangt eine einheitliche Darstellung der Vermögens- und Ertragslage. Hierzu dient der Konzernabschluß: Er vermittelt die für den Einblick in die wirtschaftliche Lage des Konzerns erforderlichen Angaben; der Konzernabschluß besteht entsprechend dem Einzelabschluß aus Konzernbilanz und Konzernerfolgsrechnung. Die Kon-

---

[38] Vgl. § 152 Abs. 7 Satz 3 dAktG.

zernjahresrechnung behandelt den Konzern als wirtschaftliche Einheit, insbesondere dadurch, daß alle konzerninternen Beziehungen, wie insbesondere Beteiligungen, Darlehen und Innenumsatzerlös eliminiert werden. Der Konzernabschluß tritt neben die Jahresrechnung des Mutterhauses, vermag sie indessen nicht zu ersetzen, schon deshalb, weil nur die in der Jahresrechnung der Holdinggesellschaft ausgewiesenen Bilanzgewinne zur Ausschüttung an die Aktionäre gelangen können. Die Erstellung eines Konzernabschlusses, insbesondere die Festlegung der Konsolidierungsmethode ist weitgehend ein betriebswirtschaftliches Problem, auf welches hier nicht einzugehen ist[39].

Das geltende Recht sieht keine Pflicht zur Erstellung einer konsolidierten Jahresrechnung vor[40]. Das Bundesgericht hat allerdings von einer Kontrollstelle verlangt, daß sie eine konsolidierte Bilanz erstelle, wenn sie ohne eine solche ihre Aufgabe nicht erfüllen könne[41].

2. Der Vorentwurf von 1975 enthält ebenfalls kein Obligatorium der konsolidierten Jahresrechnung, sondern versucht einzig, deren Erstellung dadurch attraktiv zu machen, daß die Hauptgesellschaft eines Konzerns eine verkürzte Jahresrechnung vorlegen kann, wenn sie eine nach allgemein anerkannten kaufmännischen Grundsätzen erstellte konsolidierte Jahresrechnung vorlegt[42]. Im Begleitbericht wird hierzu ausgeführt, daß die Arbeitsgruppe es nicht für möglich hielt, die internationale Konsolidierung zwingend vorzuschreiben[43], da offenbar, wie im Zwischenbericht[44] ausgeführt wird, allgemeine Regeln für eine internationale Konsolidierung noch nicht als gesichert betrachtet werden können und ein Obligatorium der internationalen Konsolidierung auf erhebliche Schwierigkeiten stoßen würde.

---

[39] Aus der schweizerischen Literatur zur Konsolidierung sind insbes. zu nennen: K. KÄFER, Probleme der Konzernbilanzen, in: K. KÄFER/H. MÜNSTERMANN, Konzernbilanzen, Zürich 1958, S. 9ff.; E. HALTINER, La valeur informative des comptes consolidés dans l'optique des créanciers. Aperçu sur la pratique Suisse en matière de consolidation. Publication de la chambre Suisse des sociétés fiduciaires et des experts-comptables, vol. 32, Zurich 1979; F. SCHLENCK, Bilanzvorschriften im Konzern, Winterthur 1962; E. TEITLER-FEINBERG, Die konsolidierte Konzern-Erfolgsrechnung, Zürich 1970; F. VISCHER, Die konsolidierte Rechnungslegung in der Aktiengesellschaft, SAG 48, 1976, S. 81 ff.; H. ZOGG, Der Konzernabschluß in der Schweiz. Die Konsolidierungspraxis schweizerischer Konzerne unter Berücksichtigung der internationalen Konzern-Rechnungslegung, Schriftenreihe der schweiz. Treuhand- und Revisionskammer, Bd. 28, Zürich 1978; A. ZÜND, Kontrolle und Revision in der multinationalen Unternehmung. Die Überwachung als Führungsmittel internationaler Konzerne, Bern/Stuttgart 1973.
[40] Einzig für Banken wird heute die Erstellung einer konsolidierten Bilanz vorgeschrieben; vgl. Konsolidierungs-Richtlinien, erlassen von der Eidg. Bankenkommission am 17. März 1978.
[41] Entscheid vom 11. November 1975, zit. in: Der Schweizer Treuhänder 9/50, 1976, S. 24ff.; vgl. auch den erstinstanzlichen Entscheid vom 19. März 1975, ebenda, 1/50, S. 6ff.
[42] Art. 663a VE.
[43] Begleitbericht, S. 16.
[44] S. 53.

IX. Offenlegung

1. Die Vorschriften über die Jahresrechnung und den Geschäftsbericht bestimmen, welche Auskünfte die Gesellschaft über ihre Tätigkeit, ihr Vermögen und ihre Erträge erteilen muß und in welcher Form diese Rechenschaftsablage geschehen soll.

Bei der Regelung der Offenlegung geht es um den Entscheid, wem diese Angaben vorgelegt werden sollen, wer also Empfänger der Information sein soll. Die Publizitätsvorschriften des geltenden Rechts sind rein aktienrechtlich ausgestaltet, indem sie einzig den Aktionären und Gläubigern Informationsrechte einräumen, und sind in diesem beschränkten Bereich zudem sehr zurückhaltend ausgestaltet. Im geltenden Recht sind einzig Aktionäre und Gläubiger informationsberechtigt: Den Aktionären stehen Bekanntgaberechte (Art. 696 Abs. 1 und 2 OR), Auskunfts- und Einsichtsrechte (Art. 697 Abs. 1 und 2 OR) sowie das Recht zur Klage auf Auskunftserteilung zu (Art. 697 Abs. 3 OR)[45]. Den Gläubigern räumt Art. 704 OR das Recht ein, durch das Handelsregister die Jahresrechnung einzufordern und darin Einblick zu nehmen[46]. Diese Vorschrift über die Einsichtnahme der Gläubiger in die Jahresrechnung ist weitgehend toter Buchstabe geblieben[47].

2. Das heutige Aktienrecht verpflichtet demnach die Gesellschaften nicht zur Offenlegung ihrer Jahresrechnung, hält sie insbesondere nicht an, diese jedermann zur Verfügung zu stellen oder in öffentlichen Blättern zu publizieren. Zu einer derartigen Veröffentlichung sind alle Gesellschaften, die sich öffentlich zur Annahme fremder Gelder empfehlen, nach Bankengesetz verpflichtet[48]. Zur Veröffentlichung der Jahresrechnung sind ferner verpflichtet die Pfandbriefzentralen[49], die Versicherungsgesellschaften[50] sowie Gesellschaften, die Wertpapiere an einer Börse kotiert haben[51].

---

[45] Zu den Kontrollrechten vgl. vorn § 12 X.
[46] Vgl. auch Art. 85 HRV.
[47] M.-A. SCHAUB, Le registre du commerce au service de la publicité des comptes et rapports annuels, SAG 48, 1976, p. 119 ff.
[48] Vgl. Art. 6 Abs. 4 BG über die Banken und Sparkassen vom 8. November 1934 (SR 952.0) und Art. 27 VO zum BG über die Banken und Sparkassen vom 17. Mai 1972 (SR 952.02).
[49] Art. 38 BG über die Ausgabe von Pfandbriefen vom 25. Juni 1930 (SR 211.423.4) und Art. 21 VV vom 23. Januar 1931 (SR 211.423.41).
[50] Art. 21 Abs. 2 BG betreffend die Aufsicht über die privaten Versicherungseinrichtungen vom 23. Juni 1978 (SR 961.01).
[51] § 6 Ziff. 7 des Zürcherischen Kotierungsreglementes vom 2. Oktober 1972 und § 6 Ziff. 6 des Baslerischen Kotierungsreglementes vom 11. Dezember 1944.

3. Der Ruf nach Ausweitung der Publizität, insbesondere nach Veröffentlichung der Jahresrechnung, wird seit langem erhoben[52]. Den eidgenössischen Räten wurde ein dahingehendes Postulat eingereicht[53].

Der Zwischenbericht hat die Aufnahme von Publizitätsvorschriften abgelehnt mit der Begründung, daß Banken, Finanzgesellschaften, Versicherungsgesellschaften und börsenkotierte Gesellschaften ohnehin zur Offenlegung verpflichtet seien[54].

Im Vorentwurf von 1975 hat sich die Arbeitsgruppe für die Überprüfung des Aktienrechtes, wenn auch unter Zögern, zu einer Regelung durchgerungen, wonach Gesellschaften, die sich öffentlich zur Annahme fremder Gelder empfehlen, Aktien oder Partizipationsscheine an der Börse kotiert haben, ein bedingtes Kapital beschlossen haben oder ein Unternehmen führen, das nach Zahl der Arbeitnehmer, Umsatzerlös oder Bilanzsumme volkswirtschaftlich bedeutend ist, zur Veröffentlichung der Jahresrechnung und des Geschäftsberichtes im Schweizerischen Handelsamtsblatt verpflichtet sind oder zu deren Zustellung an jedermann, der es verlangt[55].

4. In der Bundesrepublik Deutschland werden Großunternehmen unabhängig von der Rechtsform besonderen Offenlegungspflichten unterworfen[56].

Die EG-Bilanz-Richtlinie[57] unterwirft im Grundsatz alle Aktiengesellschaften und Gesellschaften mit beschränkter Haftung der Offenlegungspflicht, gestattet indessen den Mitgliedstaaten kleine Gesellschaften von der Vorlegung der Gewinn- und Verlustrechnung und des Lageberichtes zu befreien und sie bloß zur Vorlegung einer verkürzten Bilanz anzuhalten; ferner können die Mitgliedstaaten den mittleren Unternehmungen die Vorlegung einer verkürzten Bilanz, aber einer vollständigen Gewinn- und Verlustrechnung gestatten[58].

---

[52] BOSSARD, a.a.O. (Anm. 4); DOBER, a.a.O. (Anm. 4); SCHINDLER.
[53] Postulat von Nationalrat MUHEIM vom 22. September 1964, wiedergegeben im Zwischenbericht, S. 11; vgl. auch die Kleine Anfrage MUHEIM vom 6. März 1973 (amtl.Bull.NR 1973, S. 1401); die Motion von Nationalrat OEHLER vom 25. Juni 1973 bemängelt, daß die geltende Rechtsordnung keine umfassenden «Grundsätze oder Vorschriften über die Publikationsvorschriften der juristischen Personen kennt» und verlangt den Erlaß eines Publizitätsgesetzes, wonach allerdings offenbar einzig Aktientransaktionen eines bestimmten Umfangs veröffentlicht werden müßten.
[54] Zwischenbericht, S. 55 f.
[55] Art. 704 VE, der es für die übrigen Gesellschaften bei der heutigen Regelung in Art. 704 OR beläßt und die Vorschrift einzig auf den Geschäfts- und Revisionsbericht ausdehnt (Art. 704 Abs. 2 VE); vgl. Begleitbericht, S. 16 f.
[56] Gesetz über die Rechnungslegung bestimmter Unternehmen und Konzerne vom 15. August 1969 (Publizitätsgesetz).
[57] 4. Richtlinie des Rates vom 25. Juli 1978 über den Jahresabschluß von Gesellschaften bestimmter Rechtsformen, ABl EG Nr. L 222 vom 14. August 1978, S. 11; vgl. vorn § 3 I 9 aa.
[58] Vgl. Art. 47 in Verbindung mit Art. 11 und 27 4. EG-Richtlinie.

§ 20. Die Gewinnverwendung

Literatur

A. EDELMANN, Der unberechtigte Empfang von Zinsen und Gewinnanteilen bei der Aktiengesellschaft und der GmbH, Freiburg 1941; M. IMBODEN, Die gesetzmäßigen Voraussetzungen einer Besteuerung verdeckter Gewinnausschüttungen, Archiv für schweiz. Abgaberecht 31, 1962/63, S. 177 ff.; A. LÜTHY, Zur Äufnung und Verwendung der gesetzlichen Reserve der Aktiengesellschaft, in: Beiträge aus der Treuhandpraxis, Festgabe der Allgemeinen Treuhand AG, zum 60. Geburtstag von Hans Müller, Bern 1961; D. C. PROBST, Die verdeckte Gewinnausschüttung nach schweizerischem Handelsrecht, Zürich 1981; R. J. PRYM, Die verdeckte Gewinnausschüttung nach deutschem und schweizerischem Steuerrecht, Bern 1976; F. RUCKSTUHL, Die Zulässigkeit von Interimsdividenden nach schweizerischem Recht, Zürich 1974; A. RUTZ, Die Dividendengarantie, Freiburg 1928; K. STEIGER, Der Anspruch des Aktionärs auf Dividende, Bern 1947.

I. Bilanzgewinn

1. Jeder Aktionär hat Anspruch auf einen Anteil am Reingewinn (Art. 660 Abs. 1 OR). Der Reingewinn ist aufgrund der Jahresbilanz zu berechnen (Art. 622 Abs. 1 OR). Unter dem wenig aussagekräftigen Ausdruck «Reingewinn» versteht der Gesetzgeber somit den Bilanzgewinn, also den Überschuß der Aktiven über die Passiven (Verbindlichkeiten, Grundkapital und Reserven).

Der Bilanzgewinn stellt einen bilanziellen Saldo dar und setzt sich aus Jahresgewinn, Gewinnvortrag und aufgelösten Reserven zusammen. Der Bilanzgewinn zeigt nicht das im Geschäftsjahr erwirtschaftete Ergebnis. Dieser Jahresüberschuß (der Erträge über die Aufwendungen) ergibt sich aus der Gewinn- und Verlustrechnung.

Zur Ausschüttung an die Aktionäre stehen der Bilanzgewinn und die hierfür gebildeten Reserven zur Verfügung (Art. 675 Abs. 2 OR). Als Gewinn ausschüttbar sind alle nicht gesetzlich oder statutarisch gebundenen Teile des Eigenkapitals, also neben dem Bilanzgewinn sämtliche offenen Reserven, soweit sie nicht unwiderruflich zu andern Zwecken gebunden sind[1]. Einzig die gesetzliche Reserve kann niemals unmittelbar zur Ausschüttung an die Aktionäre gelangen und darf aus diesem Grunde auch nicht in Aktienkapital umgewandelt werden[2]. Somit sind für Ausschüttungen an die Aktionäre gesperrt

---

[1] Allerdings gibt es, soweit nicht absolut wohlerworbene Rechte bestehen, keine unwiderruflichen Generalversammlungsbeschlüsse, so daß jede Zweckbindung von Reserven nachträglich wieder aufgehoben werden kann.
[2] Vgl. § 19 VI 3.

das Mindestgrundkapital, die gesetzliche Reserve, soweit sie die Hälfte des Grundkapitals nicht übersteigt[3], sowie statutarische und beschlußmäßige Reserven mit Zweckgebundenheit.

2. Der Bilanzverlust als Gegenstück bildet den Überschuß der Passiven über die Aktiven. Der Bilanzverlust stellt einen bilanziellen Saldo auf der Aktivseite dar. Stehen dem Bilanzverlust verfügbare Reserven gegenüber, so liegt ein unechter Bilanzverlust vor, da er durch Auflösung dieser Reserven jederzeit beseitigt werden kann. Gleich wie der Bilanzgewinn setzt sich der Bilanzverlust zusammen aus dem Jahresfehlbetrag und dem Verlustvortrag.

Liegt ein Bilanzverlust vor, wird die Bilanz als Verlustbilanz oder Unterbilanz bezeichnet. Übersteigt der Bilanzverlust die Reserven, so spricht man von Kapitalverlust, da die Aktiven zwar noch das ganze Fremdkapital, aber nur noch Teile des Grundkapitals decken. Ist mehr als die Hälfte des Grundkapitals verloren, so hat die Verwaltung nach Art. 725 Abs. 1 OR ohne Verzug die Generalversammlung einzuberufen und sie von der Sachlage zu unterrichten[4].

Übersteigt der Bilanzverlust Reserven und Grundkapital, so ist die Gesellschaft überschuldet, denn die Aktiven vermögen die Schulden nicht mehr zu decken. Man spricht von einer Überschuldungsbilanz. Die Verwaltung hat den Richter zu benachrichtigen[5].

3. Der Gewinnverwendungsbeschluß setzt die Bilanzgenehmigung voraus, da dadurch der ausschüttbare Gewinn festgesetzt wird. Ausschüttungen aus Reserven hingegen können ohne vorgängige Bilanzgenehmigung erfolgen[6].

Der Gewinnverwendungsbeschluß gehört zu den unentziehbaren Befugnissen der Generalversammlung (Art. 698 Abs. 2 Ziff. 3 OR). Unter dem Traktandum Gewinnverwendung kann die Generalversammlung drei unterschiedliche Beschlüsse fassen (alternativ oder kumulativ): Ausrichtung von Gewinnanteilen (Dividenden und allenfalls zusätzlich Tantièmen) an Aktionäre und Verwaltungsratsmitglieder, Zuweisung an die Reserven oder Vortrag auf neue Rechnung. Ein Beschluß, den Gewinn einem nicht beteiligten Dritten (Konzerngesellschaft, Gemeinwesen) zuzuweisen, ist mit dem Recht des Aktionärs auf Gewinnausschüttung[7] nicht zu vereinbaren, da die Gewinnausschüttung

---

[3] Da der Teil der gesetzlichen Reserve, welcher das Grundkapital übersteigt, frei verfügbar ist (Art. 671 Abs. 3 OR).
[4] Vgl. vorn § 4 IV 8.
[5] Art. 725 Abs. 3 OR und Art. 192 SchKG; vgl. vorn § 17 I 1 (Aufgaben der Verwaltung) und § 18 IV 2 (Aufgaben der Kontrollstelle).
[6] Vgl. hinten III 2.
[7] Vgl. § 13 I 1.

einzig an Personen mit einem statutarischen Gewinnanteilsrecht (Aktionäre, Partizipanten, Genußscheininhaber) erfolgen kann; die einzige Ausnahme ist die statutarische oder beschlußmäßige Zuweisung «zur Gründung und Unterstützung von Wohlfahrtseinrichtungen für Angestellte und Arbeiter des Unternehmens» (Art. 673 und 674 Abs. 3 OR). Aus der besonderen Zulassung von Zuweisungen an Personalfürsorgeeinrichtungen muß der Umkehrschluß gezogen werden, daß Gewinnabführungen an Dritte nicht zugelassen sind, da sie überdies mit dem Anspruch des Aktionärs auf Gewinnerzeugung[8] nicht vereinbart werden können. Die Ausnahme zugunsten des Wohlfahrtsfonds ist historisch begründet, aber auch sachlich begründbar: Die Zuweisung von Gewinnteilen an Personalfürsorgeeinrichtungen kommt der Bildung von Personalwohlfahrtsreserven nahe. Die Zuweisung erfolgt mit Rücksicht auf das dauernde Gedeihen des Unternehmens (Art. 663 Abs. 2 und 674 Abs. 2 OR) und liegt somit in der gesetzlichen Konzeption der Reservebildung. Die Zuweisungen an die Personalfürsorgeeinrichtungen sind (noch) nicht obligatorisch, erfolgen aber in Erfüllung einer sittlichen Pflicht[9].

4. Denselben Schranken muß die Gewinnvorwegnahme durch den Verwaltungsrat unterliegen: Der Verwaltungsrat ist nicht frei in der Ausrichtung von gewinnabhängigen Zuweisungen an Dritte oder in der Leistung anderer Beiträge, die einzig angesichts des im Geschäftsjahr erzielten Gewinnes erfolgen. Die Ausschüttung von sogenannten Abschlußbonifikationen an das Kader oder die Mitarbeiter läßt sich ebenfalls mit dem Hinweis auf das dauernde Gedeihen des Unternehmens rechtfertigen, abgesehen davon, daß derartige Boni in der Regel Personalaufwand darstellen. Der Abschluß von eigentlichen Gewinnabführungsverträgen ist indessen dem Verwaltungsrat verboten, da diese mit dem Anspruch auf Gewinnerzeugung nicht vereinbar sind[10]. Das Verbot der Gewinnvorwegnahme hindert die Verwaltung allerdings nicht, partiarische Rechtsgeschäfte abzuschließen, insbesondere Darlehensgebern oder vor allem Mitarbeitern neben der festen Entschädigung ein Gewinnanteilsrecht einzuräumen, sofern die Vorkehr aus Gründen der Finanz- oder Personalpolitik angezeigt ist und nicht die Gewinnerzeugung und den Gewinnausweis zunichte macht.

---

[8] Vgl. vorn § 13 I 3.
[9] Zur Wohlfahrtsreserve und zur Zuweisung an Wohlfahrtseinrichtungen vgl. die sehr eindringlichen Ausführungen von BÜRGI, N. 1 ff. zu Art. 673 und 674 OR.
[10] Vgl. vorn § 13 I 3.

II. Reservezuweisung

Die Generalversammlung ist in der Verwendung des Reingewinnes nicht frei, sondern hat insbesondere die gesetzlichen und die seltenen statutarischen Vorschriften über die Zuweisungen an die Reserve zu beachten. Die Zuweisungen an die gesetzlichen und statutarischen Reserven gehen der Gewinnausschüttung vor (Art. 674 Abs. 1 OR).

Die gesetzlichen Vorschriften über die Reservezuweisungen in Art. 671 OR sind unnötig verwickelt und machen in der Praxis der Kleingesellschaft nicht selten Schwierigkeiten. Die Bestimmung, wonach die Kontrollstelle die Vorschläge der Verwaltung über die Gewinnverteilung zu begutachten habe (Art. 729 Abs. 1 OR), ist demnach verständlich und sachlich gerechtfertigt[11].

Die gesetzliche Pflicht zur Reservebildung dient der Stärkung des Grundkapitals und damit der Sicherung der Gläubiger[12].

1. Als erste Zuweisung bezeichnet man die in Art. 671 Abs. 1 OR geregelte Äufnung der gesetzlichen Reserven. Nach dieser Vorschrift sind 5% des Reingewinnes der gesetzlichen Reserve zuzuweisen, bis diese 20% des einbezahlten Grundkapitals erreicht hat. Hier bedeutet Reingewinn nicht Bilanzgewinn, sondern ausgewiesener und verfügbarer Jahresgewinn. Der Gewinnvortrag bleibt außer Betracht, denn darauf ist schon im Vorjahr eine Zuwendung gemacht worden. In Abzug gelangt indessen der allfällige Verlustvortrag aus den Vorjahren, denn solange und soweit ein Verlust vorgetragen wird, liegt kein Gewinn vor, aus dem Zuweisungen in die Reserve gemacht werden können.

Ohne Bedeutung ist, ob der ausgewiesene Gewinn ausgeschüttet, zurückgelegt oder vorgetragen wird. Zum ausgewiesenen Gewinn sind hinzuzurechnen die von der Verwaltung vorgenommenen Gewinnvorwegnahmen, sofern sie nicht wirtschaftlich als Aufwand angesehen werden können oder jedenfalls mit Rücksicht auf das dauernde Gedeihen des Unternehmens erfolgt sind. Zuwendungen an die Personalfürsorgeeinrichtung gehören nicht zu den aufrechnungspflichtigen Gewinnvorwegnahmen, denn sie dienen gleich wie die gesetzliche Reserve letztlich dem dauernden Gedeihen der Unternehmung. Die erste Zuweisung ist nach oben auf 20% des einbezahlten Kapitals begrenzt. Maßgebend ist der Betrag des Aktienkapitals am Bilanzstichtag; nicht miteinbezogen wird das Genußscheins- oder Partizipationskapital[13]. Wird das

---

[11] Aber schlecht formuliert, denn es handelt sich nicht um Vorschläge der Verwaltung, sondern um Anträge; diese betreffen nicht die Gewinnverteilung, sondern die Gewinnverwendung und sind nicht zu begutachten, sondern auf ihre Gesetzmäßigkeit hin zu überprüfen.
[12] Vgl. vorn § 19 über die Reserven.
[13] Vgl. Art. 656g VE, wonach in den Bestimmungen über den gesetzlichen Reservefonds das Partizipationskapital zum Aktienkapital hinzuzurechnen ist.

Grundkapital erhöht oder erfolgt eine Nachliberierung des nicht voll einbezahlten Grundkapitals, so ist die erste Zuweisung fortzusetzen oder allenfalls wieder aufzunehmen.

2. Der gesetzlichen Reserve ist weiter zuzuweisen ein Zehntel derjenigen Beträge, die aus dem Reingewinn nach der ordentlichen Speisung des Reservefonds und nach Bezahlung einer Dividende von fünf vom Hundert an Aktionäre und sonstige Gewinnbeteiligte verteilt werden (Art. 671 Abs. 2 Ziff. 3 OR). Diese sehr unklar formulierte Bestimmung verlangt eine Zuweisung an die Reserve in der Höhe eines zusätzlichen Zehntels der an die Aktionäre und andere Gewinnbeteiligte ausgerichteten Beträge, wobei eine fünfprozentige Dividende an die Aktionäre, Partizipanten und andere Gewinnberechtigte nicht einzubeziehen ist. Das bedeutet im einzelnen: Die zweite Zuweisung ist nur vorzunehmen, wenn eine Dividende von mehr als 5% an die Aktionäre ausgerichtet wird; die 5% berechnen sich auf dem einbezahlten Aktienkapital, nicht auf dem nominellen (vgl. Art. 661 OR). Der Reserve ist zuzuweisen ein Betrag von einem Zehntel der Dividende an Aktionäre, Partizipanten und Genußscheininhaber, soweit diese 5% übersteigt. Ferner ist der Reserve ein Zehntel der Tantième an die Mitglieder der Verwaltung und der allfälligen Ausschüttung von Gründervorteilen zuzuweisen; die zwei zuletzt genannten Beträge sind in die Rechnung miteinzubeziehen, gleichgültig wie hoch oder niedrig sie ausfallen; die Fünfprozentgrenze kommt hier nicht zur Anwendung, denn diese gilt nur für Dividenden.

Außer Betracht fallen freiwillige Zuwendungen aus dem Gewinn, insbesondere die bereits genannten an die Personalfürsorgeeinrichtungen, denn nach richtiger Ansicht, wenn auch nicht nach dem Wortlaut des Gesetzes, sind einzig Zuwendungen an Gewinnberechtigte miteinzubeziehen, und der Personalfürsorgeeinrichtung steht kein Gewinnrecht zu. Die Vorschrift über die zweite Reservezuweisung enthält keine obere Limite, doch bestimmt Art. 671 Abs. 3 OR, daß die gesetzliche Reserve, soweit sie die Hälfte des Grundkapitals nicht übersteigt, nur zur Tilgung von Verlusten und besonderen Sozialmaßnahmen verwendet werden darf. Daraus wird mit Recht geschlossen, die zweite Zuweisung habe nicht mehr zu erfolgen, wenn die gesetzliche Reserve die Hälfte des nominellen Grundkapitals erreicht habe, da ja über die Zuweisung sofort wieder frei verfügt werden könne.

Gesellschaften, deren Zweck hauptsächlich in der Beteiligung an andern Unternehmen besteht (Holdinggesellschaften), haben gemäß Art. 671 Abs. 4 OR keine zweite Zuweisung zu machen. Diese Ausnahme gilt sowohl für die Beherrschungsholding als auch für die Kapitalanlagegesellschaft[14].

---

[14] Zum Problem der Reservezuweisungen vgl. BÜRGI, N. 44–60 zu Art. 671 OR; LÜTHY, S. 118 ff.; Revisionshandbuch der Schweiz, Zürich 1971/1979, Abschn. 2.3.

3. Die Statuten können **höhere Zuweisungen** an die gesetzliche Reserve vorsehen (Art. 672 Abs. 1 OR). Die Statuten können ferner die Anlage weiterer Fonds vorschreiben und deren Zweckbestimmung und Verwendung festsetzen (Art. 672 Abs. 2 OR). Schließlich können die Statuten insbesondere Fonds zur Gründung und Unterstützung von Wohlfahrtseinrichtungen vorsehen (Art. 673 OR).

Die Generalversammlung kann ohne statutarische Grundlage weitere Reserven bilden, soweit die Rücksicht auf das dauernde Gedeihen des Unternehmens oder auf die Verteilung einer möglichst gleichmäßigen Dividende dies als angezeigt erscheinen läßt (Art. 674 Abs. 2 OR).

III. Dividenden

1. Dividende ist der **Anteil am Reingewinn**, der zur Auszahlung an die Aktionäre gelangt. Auch die Gewinnanteile für die Partizipanten und Genußscheininhaber sind Dividenden. Maßstab für die dem einzelnen Aktionär zukommenden Anteile ist der auf die Aktien einbezahlte Betrag (Art. 661 OR). Wird die Dividende in Prozenten ausgedrückt, so beziehen sich diese auf den einbezahlten Betrag. Eine gesetzliche Pflicht zur Angabe des Dividendensatzes in Prozenten besteht allerdings nicht.

Die Dividende wird in der Regel als Bardividende ausgerichtet, doch können auch Sachwerte als Gewinnanteil ausgeschüttet werden. Zu denken ist weniger an die touristische Attraktion der Freikarten oder an die folkloristische des Imbisses, sondern vielmehr an die Ausschüttung ganzer Unternehmensteile im Zusammenhang mit Unternehmensspaltungen oder an die Ausschüttung von Beteiligungen an andern Gesellschaften im Falle von Entflechtungen[15].

2. Die **Interimsdividende** ist der Anteil am Gewinn, der während des Geschäftsjahres aus dem in diesem Jahre erarbeiteten Gewinn ausgerichtet wird. Sie ist eindeutig unzulässig: Die Dividende darf einzig aus dem Reingewinn ausgerichtet werden. Dieser steht erst fest, wenn die Jahresrechnung vorliegt und genehmigt wird. Zwischenabschlüsse, die von der Generalversammlung genehmigt werden, sind im Gesetz nicht vorgesehen und nicht zugelassen. Das Rechnungsjahr beträgt stets zwölf Monate[16].

---

[15] Schüttet z. B. eine Holdinggesellschaft sämtliche Aktien einer von ihr vollständig beherrschten Tochtergesellschaft an ihre Aktionäre aus, so wandelt sich das bisherige Subordinationsverhältnis (Mutter/Tochter) um in einen Koordinationskonzern (Schwestergesellschaft).

[16] Von Ausnahmen wie dem Anfangs- und dem Schlußjahr abgesehen, sowie im Falle von Verschiebungen des Bilanzstichtages.

Anders verhält sich die Sache mit den à conto-Dividenden. Darunter wird eine von der Verwaltung vorgenommene Anzahlung auf die von der Generalversammlung zu beschließende Dividende verstanden. Diese Anzahlungen werden in den Büchern der Gesellschaft als Forderung gegenüber den Aktionären verbucht und mit der späteren Dividendenzahlung verrechnet. Ein solches Vorgehen ist, jedenfalls unter normalen Umständen, zulässig. Die Kontrollstelle wird in ihrem Bericht bei der Begutachtung des Gewinnverwendungsvorschlages auf die bereits erfolgte à conto-Zahlung hinweisen.

Noch anders ist die Rechtslage bei den außerordentlichen Dividenden, also Ausschüttungen, die nicht aus dem Bilanzgewinn, sondern aus einer Dividendenreserve oder aus dem Gewinnvortrag erfolgen. Solche Dividenden sind in Art. 675 Abs. 2 OR ausdrücklich zugelassen. Sie können, wie jede Verwendung des ausgewiesenen Gewinnes, einzig von der Generalversammlung beschlossen werden. Sie dürfen indessen – im Gegensatz zur Dividende aus dem Bilanzgewinn – jederzeit, also auch ohne vorgängige Bilanzgenehmigung und ohne Vorliegen eines Kontrollstellberichtes beschlossen werden, so z. B. in einer außerordentlichen Generalversammlung im Verlauf des Jahres.

3. Diese Dividende kann, sieht man von den Dividenden aus Reserven ab, einzig ausgerichtet werden, wenn Gewinn erwirtschaftet und in der Jahresrechnung ausgewiesen wird. Die Gesellschaften haben die Tendenz, durch Bildung stiller Reserven den ausgewiesenen und somit verteilbaren Gewinn zu schmälern. Zum Schutze der Minderheitsaktionäre vor solchen stillen Gewinnverwendungen können die Statuten eine Mindestdividende vorsehen[17]. Eine derartige Mindestdividende ist mit Art. 675 Abs. 1 OR vereinbar, denn es wird keine Verzinsung des Grundkapitals versprochen. Zugesichert wird einzig, daß die Gesellschaft die erwirtschafteten Gewinne in einem bestimmten Mindestmaße ausweist und ausschüttet. Der Kontrollstelle wird dann die zusätzliche Aufgabe zugewiesen, im Bericht die Höhe der Dividende anzugeben und zu erklären, ob Vermögens- und Ertragslage deren Ausrichtung gestatten.

4. Die Dividende wird in Befolgung des Gleichheitssatzes im Verhältnis des auf die Aktien einbezahlten Betrages unter die Aktionäre verteilt. Die Statuten können indessen vom Prinzip der Gleichbehandlung abweichen, Vorzugs- oder Prioritätsaktien schaffen und diesen ein Vorrecht auf die Dividende, also

---

[17] Eine solche Statutenbestimmung lautet etwa: Sofern das Geschäftsergebnis und die Vermögenslage der Gesellschaft es gestatten und der ordentliche Geschäftsgang der Gesellschaft nicht gefährdet wird, ist mindestens ein solcher Betrag als Dividende auszuschütten, welcher einer Verzinsung des letzten steuerpflichtigen Kapitals zu einem Zinssatz von 1% über dem Hypothekarzinsfuß für erste Hypotheken entspricht.

Anspruch auf eine Vorzugsdividende, zuerkennen (vgl. Art. 656–658 OR). Das Dividendenvorrecht kann verschieden ausgestaltet sein:

Das Vorrecht ist auf einen bestimmten Prozentsatz beschränkt (limitiertes Dividendenvorrecht): Der Dividendenanspruch der Prioritätsaktionäre wird vorweg befriedigt. Der verbleibende Reingewinn wird ausschließlich an die Stammaktionäre verteilt, die bei gutem Geschäftsgang somit meist mehr Dividende erhalten als die Vorzugsaktionäre. Die Privilegierung der Vorzugsaktionäre besteht in einer solchen Regelung einzig darin, daß sie eher Dividenden, nicht daß sie mehr Dividenden erhalten. Eine Vorzugsaktie mit limitiertem Dividendenvorrecht ist ertragsmäßig einer Gewinnobligation gleichzustellen.

Nach anderer Regelung wird der nach Ausrichtung der Vorzugsdividende verbleibende Gewinn gleichmäßig unter Prioritäts- und Stammaktionäre verteilt.

Üblich ist indessen, daß nach Ausschüttung einer Vorzugsdividende eine Dividende gleichen Umfangs an die Stammaktionäre ausgerichtet wird. Der Rest wird gleichmäßig unter die Stamm- und Vorzugsaktionäre verteilt.

Den Vorzugsaktionären wird manchmal ein Nachbezugsrecht eingeräumt. Die sogenannten kumulativen Vorzugsaktien haben Anspruch auf Nachzahlung der in den Vorjahren mangels Gewinn ausgefallenen Dividenden. Der Kumulationsanspruch ist entweder zeitlich befristet oder unbefristet. Auch Partizipationsscheine können mit Dividendenvorrechten ausgestaltet werden (Prioritätspartizipationsscheine, PPS).

5. Bis anhin wurde der Dividendenanspruch gegenüber großen Gesellschaften regelmäßig in Dividendencoupons verkörpert; bei Klein- oder Familienaktiengesellschaften ist die Ausgabe von Couponsbogen ungebräuchlich.

Der Dividendencoupon ist ein Nebenpapier zur Aktie mit minimaler Skriptur und auch bei Namenaktien auf den Inhaber lautend[18]. Der Dividendencoupon verkörpert einen Anspruch, dessen Entstehung von der Generalversammlung beschlossen wird und verleiht somit nur unter der Voraussetzung und im Rahmen dieses Beschlusses eine Forderung gegenüber der Gesellschaft. Der Dividendencoupon wird in den seltensten Fällen der Gesellschaft zur Bezahlung vorgelegt; über ihn wird regelmäßig im Rahmen von Bankverträgen (Depotvertrag, Inkassoauftrag, Vermögensverwaltungsauftrag) verfügt.

Es besteht keine Gesetzespflicht zur Ausgabe von Dividendencoupons. In neuester Zeit gehen die Gesellschaften zum Zwecke der Rationalisierung zur couponlosen Aktie über. Damit entfällt die Möglichkeit, über den Dividendenanspruch gesondert wertpapiermäßig zu verfügen, was die Legitima-

---

[18] P. JÄGGI, Zürcher Kommentar, Bd. V/7: Die Wertpapiere, Zürich 1959, N. 282 zu Art. 965 und N. 1–15 zu Art. 980 OR.

tionsführung und Legitimationsprüfung einzig in den seltenen Fällen der privaten Aufbewahrung der Aktie erschweren mag. Wird die Aktie im offenen Bankdepot aufbewahrt, kann die Dividendenzahlung, gleich wie die Übertragung der Aktien, ebenfalls stückelos, durch bloßen Giroverkehr erfolgen.

6. Weist die Bilanz keinen Gewinn aus oder dürfte sie bei sorgfältiger Rechnungslegung keinen Gewinn ausweisen, und entrichtet die Gesellschaft dennoch eine Dividende, so erfolgt die Dividendenzahlung ungerechtfertigt. Das Aktienrecht stellt für diesen Fall der ungerechtfertigten Bereicherung in Art. 678 OR eine Sondervorschrift auf, deren Hauptinhalt darin besteht, daß der gutgläubige Empfänger von ungerechtfertigten Dividenden nicht zur Rückerstattung verpflichtet werden kann. Andererseits besteht Rückerstattungspflicht im Gegensatz zu Art. 64 OR auch, wenn die Bereicherung nicht mehr vorhanden ist[19]. Ungerechtfertigt ist eine Dividendenausrichtung dann, wenn kein Bilanzgewinn oder keine frei verfügbaren Reserven bestehen, oder wenn die Auszahlung nicht ordnungsgemäß von der Generalversammlung beschlossen wurde. Nicht Voraussetzung ist, daß der Gewinnverwendungsbeschluß angefochten wurde[20].

IV. Tantième

1. Die Tantième ist der einem Mitglied des Verwaltungsrates zustehende Anteil am ausgewiesenen Reingewinn der Gesellschaft (Art. 677 OR). Die Tantièmen müssen eine statutarische Grundlage haben (Art. 627 Ziff. 2 OR). Die Ausrichtung der Tantième gehört zu den unübertragbaren Befugnissen der Generalversammlung (Art. 698 Abs. 2 Ziff. 3 OR). Die Ausschüttung der Tantième darf erst nach Vornahme der ersten Zuweisung an die Reserve und nach Ausrichtung einer Dividende von (eigentümlicherweise) 4% erfolgen. Die Tantième muß durch die finanzielle Lage der Gesellschaft und durch die Tätigkeit des Verwaltungsrates gerechtfertigt sein[21]. Tantièmen dürfen zudem nur aus Jahresgewinnen, nicht aus Reserven und Gewinnvorträgen ausgerichtet werden, da sie eine Entschädigung für erfolgreiche Tätigkeit im Geschäftsjahr darstellen.

2. Anstelle der Tantième, oft auch neben ihr, erhält der Verwaltungsrat eine feste Entschädigung, also ein Verwaltungsratshonorar. Ist dieses Verwaltungs-

---

[19] BÜRGI, N. 4 zu Art. 678 OR.
[20] a. A. BÜRGI, N. 30 zu Art. 678 OR; für Einzelheiten des Rückerstattungsverfahrens vgl. ebenfalls BÜRGI, N. 33 ff. zu Art. 678 OR.
[21] BGE 86 II, 1960, S. 163; 84 II, 1958, S. 563; 105 II, 1979, S. 122.

ratshonorar übersetzt, indem es zur Gegenleistung in einem Mißverhältnis steht und einem außenstehenden Dritten nicht ausgerichtet würde, liegt eine verschleierte Tantième vor, denn in der Verwaltungsratsentschädigung sind teilweise Gewinnanteile enthalten. Derartige übermäßige Honorare sind, fällt die Gesellschaft in Konkurs, auf 3 Jahre zurückzuerstatten (Art. 679 OR). Die gesetzliche Ausgestaltung dieser Rückerstattungspflicht ist schwach ausgefallen, insbesondere weil sie nach der verwirrenden Bestimmung nur besteht, wenn das Entgelt «bei vorsichtiger Bilanzierung nicht hätte ausgerichtet werden sollen». Der Gesetzgeber vermischt Tantièmen und übermäßige Verwaltungsratsentschädigungen, die dem *at arm's length principle* nicht entsprechen. Nur bei den Tantièmen ist es sinnvoll, die Rückerstattung von der unvorsichtigen Bilanzierung abhängig zu machen. Überdies fällt der Rückerstattungsanspruch weg, wenn der Empfänger nicht mehr bereichert ist (Art. 679 Abs. 2 OR in Verbindung mit Art. 64 OR). Schließlich wird, gänzlich unnötig, der Richter angewiesen, unter Würdigung aller Umstände nach freiem Ermessen zu entscheiden.

§ 21. Kapitalerhöhung

Literatur

A. K. EGOLF, Das Postulat der Erleichterung der Neuausgabe von Aktien im Rechte der schweizerischen Aktiengesellschaft, Zürich 1975; W. VON ESCHER, Die Erhöhung des Aktienkapitals durch Ausgabe von Gratisaktien und durch Gratisnennwerterhöhung der Aktien (nominelle Kapitalerhöhung), Zürich 1967; M. FORSTER, Das autorisierte Kapital der Aktiengesellschaft, Zürich 1971; B. HESS, Die mangelhafte Kapitalerhöhung bei der Aktiengesellschaft, Zürich 1977; P. JÄGGI, Zum Verfahren bei der Erhöhung des Aktienkapitals, in: Lebendiges Aktienrecht, Festgabe zum 70. Geburtstag von Wolfhart Friedrich Bürgi, Zürich 1971, S. 195 ff.; U. F. KREBS, Gefährdung und Schutz der Minderheit bei Kapitalerhöhungen in der Aktiengesellschaft nach schweizerischem Recht, Zürich 1980; M. KUMMER, Das bedingte Kapital. Das genehmigte Kapital, in: Probleme der Aktienrechtsrevision. Zur Neugestaltung des schweizerischen Aktienrechtes, Berner Tage für die juristische Praxis 1972, Bern 1972, S. 63 ff. und 89 ff.; P. MOSIMANN, Die Liberierung von Aktien durch Verrechnung, BStR, Heft 112, Basel/Stuttgart 1978; E. E. OTT, Das Bezugsrecht der Aktionäre, Zürich 1962; B. VON SALIS, Das autorisierte Kapital, rechtsvergleichende Behandlung von Gründungsfinanzierung und Kapitalerhöhung der Aktiengesellschaft, Zürich 1937; W. SCHERRER, Die Kapitalerhöhung bei der Aktiengesellschaft, in: Festgabe der Basler Juristenfakultät zum schweizerischen Juristentag 1942, Basel/Stuttgart 1942, S. 37 ff.; W. STRICKER, Aktienkapitalerhöhung und Bezugsrechte, Zürich 1955; H. L. B. VISCHER, Das autorisierte Kapital im amerikanischen und schweizerischen Aktienrecht, Bern 1977.

I. Arten und Formen der Kapitalerhöhung

Die verschiedenen Kapitalerhöhungen werden unterschieden nach der Art der Liberierung und nach den Formen der Nennwertzunahme.

1. Bei der Kapitalerhöhung gegen Einlage fließen der Gesellschaft neue Mittel zu, weshalb man von effektiver Kapitalerhöhung spricht. Sie dient der Kapitalbeschaffung und stellt eine Art der Außenfinanzierung, insbesondere der Beteiligungsfinanzierung dar. Die der Gesellschaft bei einer effektiven Kapitalerhöhung neu zufließenden Mittel können Bargeld, Sacheinlagen oder Forderungen sein.

Wird das Grundkapital gegen Sacheinlage oder zum Zwecke der Sachübernahme erhöht, so liegt eine qualifizierte Kapitalerhöhung vor; hierfür sind, wie bei der Gründung, die drei Publizitätsvorschriften zu erfüllen: Besondere Beschlußfassung mit qualifiziertem Mehr (Art. 636 OR), Aufnahme in die Statuten (Art. 628 Abs. 1 und 2 OR) sowie Eintragung in das Handelsregister (Art. 641 Ziff. 6 OR) und Veröffentlichung im Schweizerischen Handelsamtsblatt (Art. 931 Abs. 1 OR).

Bei der Liberierung durch Verrechnung mit Forderungen gegenüber der Gesellschaft handelt es sich um eine Art der Umfinanzierung. Fremdkapital wird in Eigenkapital umgewandelt. Das Gesetz sieht Liberierung durch Verrechnung nicht vor und enthält dementsprechend keine Regelung[1].

2. Die Kapitalerhöhung aus Gesellschaftsmitteln bewirkt eine Umwandlung der Reserven oder des Gewinnvortrages in Grundkapital. Die Summe des Eigenkapitals bleibt gleich. Der Gesellschaft werden keine neuen Mittel zugeführt, es kommt nicht zu einer Bilanzverlängerung, die nominelle Kapitalerhöhung ist somit auch eine Art der Umfinanzierung. Sie ist im Gesetz ebenfalls nicht geregelt[2].

3. Die übliche Form der Kapitalerhöhung erfolgt durch Ausgabe neuer Aktien. Das Kapital wird erhöht durch Vergrößerung der Aktienzahl.

Die andere Form besteht in der Nennwerterhöhung: Die Aktienzahl bleibt gleich, aber der Aktiennennwert wird erhöht. Nennwerterhöhungen können dem Aktionär nicht aufgedrängt werden und stellen eine Verletzung des Verbotes der Nebenleistungen dar, sofern zusätzliche Liberierung verlangt wird. Somit kann die Nennwerterhöhung ohne Zustimmung aller Aktionäre einzig als nominelle Kapitalerhöhung erfolgen, nämlich als Gratisnennwerterhöhung.

---

[1] Vgl. Einzelheiten hinten unter III 7.
[2] Für Einzelheiten vgl. hinten III 6.

II. Gründe für die Kapitalerhöhung

1. Es sind vor allem drei Gründe, welche eine Gesellschaft zu einer Kapitalerhöhung mit **Zuführung neuer Mittel** veranlassen: Ungenügende Selbstfinanzierung, Umfinanzierung und Kapitalverwässerung:

Ist der Kapitalfluß zu gering, um Reserven bilden zu können, oder wächst die Gesellschaft zu rasch, kann keine genügende Selbstfinanzierung erfolgen. Die **ungenügende Selbstfinanzierung** wird durch eine Außenfinanzierung ersetzt.

Der **Umfinanzierung** dient die Kapitalerhöhung dann, wenn die neuen Mittel zur Ablösung von Bankkrediten oder zur Bezahlung anderer Schulden verwendet werden. Fremdkapital wird durch Eigenkapital ersetzt.

Die Kapitalerhöhung führt zur **Kapitalverwässerung**, wenn der Ausgabepreis niedrig festgesetzt wird oder gar dem Nennwert entspricht: Der Wert der einzelnen Aktie sinkt, da das Verhältnis des Grundkapitals zu den Reserven abnimmt. Nebeneffekt ist nicht selten eine Dividendenverwässerung, indem die gleichbleibende Dividende auf einer größeren Anzahl Aktien ausgeschüttet wird. Die Gesellschaft kann gesamthaft mehr Gewinn ausschütten, ohne den Dividendensatz erhöhen zu müssen.

Rechtlich gesehen bildet jede Kapitalerhöhung eine **Erhöhung der Binde- und Ausschüttungssperrziffer**. Eine entsprechende Erhöhung der gesetzlichen Reserven folgt nach.

2. Bei der **nominellen Kapitalerhöhung** steht die Ausgabe von **Gratisaktien** anstelle von Bardividenden zur Schonung der Liquidität im Vordergrund[3]. Nicht selten wird die Gratisaktie als Bonus verwendet und mit einer massiven, aber einmaligen Gewinnausschüttung verbunden.

Die nominelle Kapitalerhöhung ist insbesondere zur Beeinflussung der Dividende geeignet. Die Gratisnennwerterhöhung ermöglicht die Vergrößerung der Dividende ohne Erhöhung des **Dividendensatzes**. Weitere Gründe für die nominelle Kapitalerhöhung sind die Verbesserung der **Negoziabilität** durch Verringerung des Kurswertes, die Vereinheitlichung des Grundkapitals und die Beseitigung komplizierter Kapitalstrukturen sowie in Sonderfällen die Bilanzbereinigung im Zusammenhang mit Aufwertungen und Umwandlung von Aufwertungsreserven in Grundkapital.

---

[3] Vgl. hierzu und zum folgenden von Escher, S. 112 ff.

III. Das Kapitalerhöhungsverfahren

Das Verfahren der Kapitalerhöhung wird im schweizerischen Recht durch kurzen Verweis auf die für die Gründung der Gesellschaft geltenden Vorschriften geregelt (Art. 650 Abs. 1 OR). Die vom Gesetzgeber verwendete Verweistechnik macht die Kapitalerhöhung zu einer Art Neugründung und leidet an der Unzulänglichkeit der Gründungsvorschriften[4].
Das Kapitalerhöhungsverfahren wickelt sich in fünf Schritten ab:

1. Erhöhungsbeschluß

Das Grundkapital ist notwendiger Statutenbestandteil, so daß seine Erhöhung stets einer Statutenänderung bedarf, welche von der Generalversammlung zu beschließen ist. Dem Erhöhungsbeschluß kommt statutenändernde Qualität zu[5], so daß er öffentlich beurkundet werden muß. Der Kapitalerhöhungsbeschluß ist beim Handelsregister anzumelden, wird aber erst eingetragen, wenn feststeht, daß die neu ausgegebenen Aktien gezeichnet und liberiert sind (Art. 653 Abs. 1 Satz 1 OR).

Für den Erhöhungsbeschluß wird kein Quorum und kein besonders qualifiziertes Mehr verlangt, so daß er nach der allgemeinen Regel (Art. 703 OR) mit dem absoluten Mehr der vertretenen Stimmen gefaßt werden kann. Der Aktionär hat kein wohlerworbenes Recht auf Beibehaltung des Grundkapitals; er kann sich einer Kapitalerhöhung nicht widersetzen[6].

2. Zeichnung und Liberierung

Der Erhöhungsbeschluß erhält einen Auftrag an die Verwaltung, das eigentliche Erhöhungsverfahren durchzuführen. Die Generalversammlung bestimmt Anzahl, Art, Nennwert und Gattung der neuen Aktien und den Liberierungsbetrag sowie den Ausgabepreis. Sie entscheidet auch über das Bezugsrecht. Die Festsetzung des Ausgabepreises kann sie der Verwaltung überlassen (Art. 624 Abs. 2 OR). Die übrigen Ausgabemodalitäten, wie Zeichnungsfrist, Liberierungsfrist und Depositenstelle, werden durch die Verwaltung festgelegt[7]. Auch bei der Kapitalerhöhung erfolgt die Aktienzeichnung durch Zeichnungsschein. Die Aktienzeichnungen haben auf den Erhöhungsbeschluß und allenfalls auf den Prospekt Bezug zu nehmen (Art. 650 Abs. 3 in Verbindung mit Art. 632 OR).

---

[4] Vgl. hierzu grundlegend JÄGGI, Verfahren, S. 195 ff.
[5] FORSTER, S. 22; F. VON STEIGER, S. 285; SIEGWART, N. 25 zu Art. 650 OR.
[6] JÄGGI, Verfahren, S. 198; SCHLUEP, Wohlerworbene Rechte, S. 227.
[7] FORSTER, S. 21 ff.

Die Einzahlung des Nennwertes, nicht auch des Agios, hat, gleich wie bei der Gründung, bei der kantonalen Depositenstelle zu erfolgen (Art. 633 Abs. 3 OR).

3. Feststellungsbeschluß

Die Generalversammlung stellt nach Durchführung des Zeichnungsverfahrens fest, daß das Grundkapital vollständig gezeichnet, daß der Liberierungsbetrag bei der kantonalen Depositenstelle hinterlegt oder durch Sacheinlagen gedeckt ist und daß die Einzahlungen und Sacheinlagen zur freien Verfügung der Gesellschaft stehen (Art. 653 Abs. 1 OR in Verbindung mit Art. 635 Abs. 2 und Art. 638 Abs. 2 Ziff. 3 OR). Der Feststellungsbeschluß steht nach ausdrücklicher Gesetzesvorschrift der Generalversammlung zu. Dies beruht auf einem Versehen der parlamentarischen Redaktionskommission anläßlich der Revision von 1936[8]. Die Bedeutung des Feststellungsbeschlusses ist kontrovers; gewisse Autoren legen ihm bloß konstatierende Wirkung zu[9]. Andere Verfasser weisen auch dem Feststellungsbeschluß konstituierende Funktion zu[10]. Der ersten Meinung ist der Vorzug zu geben: Der Feststellungsbeschluß dient lediglich der Sicherstellung von Zeichnung und Liberierung. Er kann demnach nur verweigert werden, wenn die Kapitalerhöhung nicht ordnungsgemäß durchgeführt wird.

Die Generalversammlung hat den Feststellungsbeschluß von sich aus, ohne vorhergehende Prüfung durch Fachleute zu fassen. Das schweizerische Recht kennt keine Kapitalerhöhungsprüfung.

Das Kapitalerhöhungsverfahren verlangt somit an sich zwei Generalversammlungen, doch werden in der Praxis Erhöhungs- und Feststellungsbeschluß an derselben Generalversammlung gefaßt: Die neu auszugebenden Aktien werden bereits vor der Generalversammlung durch eine Bank oder eine nahestehende Gesellschaft gezeichnet und liberiert. Den Aktionären steht nur noch ein indirektes Bezugsrecht zu. Dieses Verfahren ist, da es einem Erwerb eigener Aktien gleichkommt, bedenklich, muß aber im Interesse der Vereinfachung geduldet werden.

Den neuen Aktionären steht das Stimmrecht beim Feststellungsbeschluß zu, denn dieses entsteht mit der Einzahlung des Liberierungsbetrages (Art. 694 OR).

---

[8] FORSTER, S. 33 und JÄGGI, Verfahren, S. 201 f.
[9] FORSTER, S. 28; SIEGWART, N. 40 ff. zu Art. 650 OR; FUNK, N. 2 zu Art. 650 OR.
[10] VON SALIS, S. 174; R. KORMANN, Die Wandelanleihe im schweizerischen Recht, Zürich 1965, S. 132 f.; SCHUCANY, N. 6 zu Art. 650 OR.

4. Eintragung im Handelsregister

Wie jede Statutenänderung ist auch die Kapitalerhöhung im Handelsregister einzutragen (Art. 647 Abs. 1 OR). Die Kapitalerhöhung wird erst mit der Eintragung in das Handelsregister Aktionären und Dritten gegenüber wirksam (Art. 647 Abs. 3 OR)[11].

5. Ausgabe neuer Aktien

Die neuen Aktien dürfen erst nach der Eintragung der Kapitalerhöhung in das Handelsregister ausgegeben werden, da vorher ausgegebene Aktien nichtig sind (Art. 653 Abs. 2 Satz 1 OR).

6. Nominelle Kapitalerhöhung

Einen Sonderfall bildet die Kapitalerhöhung aus Gesellschaftsmitteln, da sie im Gesetz nicht geregelt, allgemein aber als zulässig anerkannt wird. Ihre Rechtsnatur war umstritten: Es wurde die Theorie der Doppelmaßnahmen vertreten: Die Gesellschaft beschließt, den Jahresgewinn oder freie Reserven als Dividende unter die Aktionäre auszuschütten, und diese bringen den Dividendenanspruch als Sacheinlage in die Gesellschaft ein. Beide Maßnahmen wurden durch stillschweigende Verrechnung zusammengefaßt[12].

Diese Ansicht ist heute zugunsten der Theorie der Umfinanzierung oder der Kapitalumstellung aufgegeben worden. Diese erblickt in der nominellen Kapitalerhöhung nur eine Umbuchung. Die Sacheinlagevorschriften sind nicht anwendbar. Zeichnungsscheine sind nicht erforderlich. Auf die nominelle Kapitalerhöhung werden die Bestimmungen über die Aktienliberierung durch Verrechnung analog angewendet[13]. Das Verfahren bei der nominellen Kapitalerhöhung beschränkt sich somit auf den statutenändernden Kapitalerhöhungsbeschluß und den Eintrag der Kapitalerhöhung in das Handelsregister[14].

Eine Prüfung der Kapitalerhöhung besteht nicht. Die analoge Anwendung von Art. 80 und 83 Abs. 2 HRV verlangt lediglich, daß dem Handelsregister zu melden ist, daß und wie die Existenz der Reserven nachgewiesen worden ist. Einfach, aber wirksam wäre, eine Bestätigung der Kontrollstelle über den Bestand und die Verfügbarkeit der Reserven zu verlangen.

Zur Umwandlung in Aktienkapital ist jede verfügbare Reserve sowie der Gewinnvortrag geeignet; der Umwandlung nicht zugänglich ist hingegen die

---

[11] Vgl. vorn § 9 II 4.
[12] Vgl. VON ESCHER, S. 66 ff.
[13] BGE 99 I b, 1973, S. 145 ff.; vgl. auch SIEGWART, N. 3 zu Art. 650 OR; F. VON STEIGER, S. 292; SCHUCANY, N. 1 zu Art. 650 OR.
[14] VON ESCHER, S. 69; SCHLUEP, Wohlerworbene Rechte, S. 223 ff.

gesetzliche Reserve, da sie zweckgebunden ist und einzig zur Deckung von Verlusten oder zu Sozialmaßnahmen verwendet werden kann (Art. 671 Abs. 3 OR). Würde sie in Aktienkapital umgewandelt, könnte sie zufolge einer Kapitalherabsetzung an die Aktionäre ausgeschüttet und damit zweckentfremdet werden.

Auch der Bilanzgewinn ist zur nominellen Kapitalerhöhung verwendbar. Die Ansicht, wonach dem Aktionär keine Gratisaktien aufgedrängt werden können, sondern er vielmehr ein Wahlrecht zwischen Bardividende und Stockdividende hat[15], ist abzulehnen, jedenfalls für Publikumsgesellschaften, da der Aktionär die Gratisaktie jederzeit versilbern kann.

Das Bezugsrecht braucht bei Kapitalerhöhungen aus Gesellschaftsmitteln nicht besonders ausgeübt zu werden, da die neuen Aktien den alten Aktionären von selbst zufallen. Auch bei nomineller Kapitalerhöhung kann das Bezugsrecht entzogen oder beschränkt werden[16].

7. Die Kapitalerhöhung mit Liberierung durch Verrechnung ist im Gesetz nicht geregelt. Die Sacheinlagebestimmungen gelten nicht als anwendbar. Art. 80 Abs. 1 HRV verlangt, daß in der öffentlichen Urkunde angegeben wird, wie die Existenz der Forderung nachgewiesen wurde[17].

8. Ein Sonderfall bildet die Umwandlung von Partizipationsscheinen in Aktien. Das Partizipationskapital stellt heute eine statutarische und nicht zweckgebundene Reserve dar. Es kann somit in Aktienkapital umgewandelt werden. Die Besonderheit besteht darin, daß Gratisaktien unter Ausschluß des Bezugsrechtes der Aktionäre ausgegeben werden, denn die neuen Aktien treten an die Stelle der bisherigen Partizipationsscheine, so daß einzig die Partizipanten Aktien beziehen. Die Beobachtung der Kapitalherabsetzungsregeln ist nicht erforderlich, denn diese sind auf das Partizipationskapital nicht anwendbar.

Dies wird auch im kommenden Recht gelten, obschon dort das Partizipationskapital dem Aktienkapital gleichgestellt ist. Trotzdem wird man eine Umwandlung von PS in Aktien und umgekehrt ohne Kapitalherabsetzung durchführen können, da das Kapital mit Bindewirkung keine Änderung erfährt.

---

[15] Vgl. SCHLUEP, Wohlerworbene Rechte, S. 226.
[16] Vgl. vorn § 13 III 2.
[17] Art. 80 HRV wird von MOSIMANN (S. 42 ff.) als gesetzwidrig und unanwendbar angesehen.

IV. Genehmigte Kapitalerhöhung

1. Daß der Feststellungsbeschluß in die Kompetenz der Generalversammlung gelegt wird[18], macht die Kapitalerhöhung schwerfällig und ihre Durchführung zeitraubend. Die Gesellschaft ist nicht in der Lage, eine Kapitalerhöhung schlagartig und ohne vorgängige Publizität durchzuführen. Dies hat sich insbesondere bei der Durchführung von Übernahmen durch Aktientausch *(take-over)* als hinderlich erwiesen[19]. Deshalb wurde die Einführung des a u t o r i s i e r t e n   K a p i t a l s verlangt und von den Wirtschaftskreisen als wichtigstes Reformpostulat angemeldet.

2. Zwar hat die Rechtspraxis der Großgesellschaften E r s a t z f o r m e n für das autorisierte Kapital gefunden: Die Generalversammlung beauftragt in einem nichtstatutenändernden Beschluß die Verwaltung mit der Vorbereitung einer Kapitalerhöhung. Die zweite Möglichkeit besteht in der Antizipation des statutenändernden Kapitalerhöhungsbeschlusses, der gleichsam auf Reserve gefaßt wird; der Verwaltung wird überlassen, zu welchem Zeitpunkt und zu welchem Preis die neuen Aktien ausgegeben werden. Ob und in welchem Umfang das Kapital erhöht wird, darf nach herrschender Auffassung indessen nicht der Verwaltung überlassen bleiben[20]. Der am häufigsten begangene Umweg ist die Schaffung von Vorratsaktien, auch wenn damit gegen das Verbot des Erwerbes eigener Aktien verstoßen wird: Die Gesellschaft erhöht ihr Grundkapital unter Ausschluß des Bezugsrechtes und läßt die Aktien durch eine nahestehende Gesellschaft zeichnen, liberieren und auf Vorrat halten[21].

Schließlich bildet die Ausgabe von Partizipationsscheinen nicht selten ein geeignetes Surrogat für das fehlende autorisierte Kapital, denn die Generalversammlung kann die Verwaltung zur Ausgabe der Partizipationsscheine ermächtigen, ohne zum voraus Einzelheiten festlegen zu müssen.

3. Da alle diese Ersatzformen mit Inkonvenienzen und Rechtsunsicherheiten verbunden sind, wurde im Z w i s c h e n b e r i c h t die Einführung des genehmigten Kapitals vorgeschlagen[22] und in den V o r e n t w u r f von 1975 aufgenommen[23]. Entscheidend für das autorisierte Kapital ist die Kompetenzdelegation: Der Entscheid, ob, wann und in welchem Umfang das Grundkapital erhöht wird, ist der Verwaltung überlassen. Der Kapitalerhöhungsbeschluß der Generalversammlung enthält bloß eine Ermächtigung, das Erhöhungsverfahren ein-

---

[18] Vgl. § 21 III 3.
[19] N.C. STUDER, Die Quasifusion, Bern 1974, S. 135 ff.; FORSTER, S. 130 ff.
[20] FORSTER, S. 81 ff., insbes. S. 92.
[21] FORSTER, S. 96.
[22] Zwischenbericht, S. 89 ff.
[23] Vgl. Art. 653a ff. VE und Begleitbericht, S. 19 ff.

zuleiten und zu Ende zu führen. Der Feststellungsbeschluß ist der Verwaltung zugewiesen. Beim genehmigten Kapital erfolgt die Kapitalerhöhung ebenfalls uno actu und gestützt auf einen Gesellschaftsbeschluß und nicht kontinuierlich und in Abhängigkeit von der Willenserklärung Dritter wie beim bedingten Kapital.

Die Schwierigkeit des genehmigten Kapitals besteht in der Sicherstellung der Kapitalaufbringung und im mangelnden Schutz des Aktionärs, der zur Feststellung der Kapitalerhöhung nicht mehr Stellung nehmen kann und dem auch die Anfechtungsklage nicht mehr zusteht. Die gesamte Durchführung der Kapitalerhöhung liegt bei der Verwaltung, so daß Aktionäre und Gläubiger, sollte die Kapitalerhöhung mangelhaft durchgeführt worden sein, Klage auf Schadenersatz anstrengen können. Der Gesetzgeber wird sich fragen müssen, ob der Aktionär durch die Anfechtung des Feststellungsbeschlusses oder durch Schadenersatzansprüche gegenüber der Verwaltung besser geschützt werden kann.

Der Vorentwurf stellt das genehmigte Kapital einzig den börsenkotierten Gesellschaften zur Verfügung, da die Kontrolle durch die Öffentlichkeit, insbesondere durch die Finanzpresse, als unumgänglich notwendig erscheint[24].

V. Bedingtes Kapital

1. Das geltende Aktienrecht ist für die Ausgabe von **Wandelobligationen** und **Optionsanleihen** und für die Schaffung von **Mitarbeiteraktien** insofern ungeeignet, als die kontinuierliche Ausgabe von Aktien nicht zugelassen ist. Die Wandelaktien und die Mitarbeiteraktien sind demnach stets als Vorratsaktien bereitzustellen. Dies widerspricht dem Verbot des Erwerbes eigener Aktien. Ferner ist der Anspruch der Wandelberechtigten, durch einfache Erklärung ihr Forderungsrecht in ein Beteiligungsrecht umzuwandeln, mangelhaft geschützt, da kaum durchsetzbar, insbesondere wenn die Vorratsaktien noch nicht bereitgestellt sind.

2. Zum Schutze des Wandelrechtes und zur Förderung der Ausgabe von Mitarbeiteraktien wird in der **Aktienrechtsreform** die Einführung des bedingten Kapitals vorgeschlagen[25].

Die Eigenart der bedingten Kapitalerhöhung besteht darin, daß deren Durchführung insofern in der Schwebe bleibt, als Maß und Zeitpunkt der Erhöhung durch das Verhalten Dritter bestimmt werden. Kennzeichnendes Merkmal der bedingten Kapitalerhöhung ist die kontinuierliche Schaffung und

---

[24] Begleitbericht, S. 19 f.
[25] Zwischenbericht, S. 108 ff.; Vorentwurf von 1975, Art. 653 g ff. OR; Begleitbericht, S. 21 ff.

Ausgabe von Aktien und die damit verbundene allmähliche Erhöhung des Grundkapitals. Die Erhöhung erfolgt bedingt und schrittweise, weil es den Berechtigten freisteht, ob und wann sie von ihrem Recht auf Bezug neuer Aktien Gebrauch machen wollen, und weil die neu ausgegebenen Aktien sofort alle Aktionärrechte verleihen, so daß mit der Ausgabe jeder Aktie das Grundkapital unverzüglich als entsprechend erhöht gilt[26].

Die Schwierigkeit der bedingten Kapitalerhöhung liegt in der Sicherstellung der Liberierung. Diese Schwierigkeit akzentuiert sich, wenn das bedingte Kapital nicht nur für Wandelanleihen, sondern auch für Optionsanleihen zur Verfügung gestellt wird. Bei Wandelanleihen erfolgt die Liberierung durch Verrechnung mit der Anleihensforderung, so daß vorweg deren Bestand sichergestellt werden muss, was auf einfache Weise erfolgen kann. Bei Bezugsanleihen erfolgt die Liberierung indessen nicht durch Verrechnung, sondern in bar. Die Hinterlegung bei der Depositenstelle erweist sich als sinnlos und unwirksam, denn die Eintragung der Kapitalerhöhung im Handelsregister kann nicht abgewartet werden, da dem Aktienbezüger die Aktie sogleich ausgehändigt werden muß, soll das bedingte Kapital einen seiner Hauptzwecke: Schutz des Wandlers und Bezügers, sicherstellen.

Die bedingte Kapitalerhöhung weicht von der gewöhnlichen weit stärker ab als die autorisierte. Beim autorisierten Kapital liegt bloß eine Kompetenzverschiebung vor, beim genehmigten Kapital hingegen ein Abgehen vom uno actu-Prinzip. Dieses bewirkt insbesondere auch ein Auseinanderfallen zwischen dem durch die Ausübung der Wandelrechte stets steigenden Grundkapital und der in den Statuten festgehaltenen und im Handelsregister eingetragenen Kapitalziffer. Trotz dieser Schwierigkeiten ist das bedingte Kapital in der ersten Phase der Aktienrechtsrevision auf keinen Widerstand gestoßen, hat aber keine begeisterte Zustimmung gefunden[27].

---

[26] Zwischenbericht, S.109.
[27] KUMMER, S.63ff.; L. DALLÈVES, Le capital conditionnel, SAG 48, 1976, S.103ff.

§ 22. Andere Arten der Kapitalbeschaffung

Literatur

Zur Wandelobligation: L. DALLÈVES, L'obligation convertible en droit comparé et spécialement en droit Suisse, Genève 1963; R. KORMANN, Die Wandelanleihe im schweizerischen Recht, Zürich 1965; H.-B. NÜSCHELER, Wandelobligation und Wandelobligationär im schweizerischen Recht, Zürich 1969.

Zum Genuß- und Partizipationsschein vgl. die Literatur in Anm. 12.

I. Partizipationsscheine

1. Grundlage des Partizipationsscheines bildet der Genußschein. Entscheidend ist allerdings nicht die Verkörperung in einem Wertpapier, sondern die materielle Rechtsstellung des Genußberechtigten. Ihm stehen mitgliedschaftliche Vermögensrechte zu. Der Genußberechtigte hat Anspruch auf Dividende, Liquidationserlös oder Bezug neuer Aktien. Ihm können einzelne, mehrere oder alle diese drei Rechte zuerkannt werden. Mitverwaltungsrechte können dem Genußberechtigten nicht verliehen werden (Art. 657 Abs. 4 OR), doch wird man für das Bekanntgaberecht, also für das Recht auf Einsichtnahme in die Jahresrechnung, den Geschäftsbericht und den Kontrollstellbericht (Art. 696 Abs. 1 und 2 OR), eine Ausnahme machen müssen, da jedem Gewinnberechtigten Kontrollrechte zustehen[1].

Die Genußrechte beruhen auf statutarischer Grundlage (Art. 627 Ziff. 9 OR), doch müssen nach großzügiger Interpretation durch das Bundesgericht weder Zahl noch Inhalt der Genußrechte angegeben werden[2]. Somit genügt eine statutarische Bestimmung, wonach die Generalversammlung oder auf besondere Ermächtigung der Verwaltungsrat Genußscheine ausgeben darf. Der Beschluß über die Ausstellung von Genußscheinen kann nur in einer Generalversammlung gefaßt werden, in der mindestens zwei Drittteile sämtlicher Aktien vertreten sind (Art. 658 OR).

Die Gesellschaft ist in der Ausgestaltung der Genußscheine sehr frei: Sie können auf den Namen oder auf den Inhaber lauten und einen Nennwert unter 100 Fr. oder keinen Nennwert haben.

---
[1] Vgl. etwa Art. 322a Abs. 2 OR über das Kontrollrecht des employé intéressé, Art. 541 OR über das Einsichtsrecht des von der Geschäftsführung ausgeschlossenen Mitgliedes einer einfachen Gesellschaft, Art. 600 Abs. 3 OR über das Einsichtsrecht des Kommanditärs.
[2] BGE 67 I, 1941, S. 268 ff.

Die Genußrechte sind Mitgliedschaftsrechte und keine Gläubigerrechte, denn der Genußberechtigte hat nicht Anspruch auf Zins und Rückzahlung der Kapitalsumme; er hat vielmehr Anspruch auf einen Anteil am Gewinn und am Liquidationsergebnis und ist damit am Ertrag und der Substanz der Gesellschaft beteiligt.

Das Gesetz beschränkt die Ausgabe von Genußscheinen zugunsten von Personen, die mit dem Unternehmen durch frühere Kapitalbeteiligung, Aktienbesitz, Gläubigeranspruch oder durch ähnliche Gründe verbunden sind. Wie der Partizipationsschein zeigt, hat sich die Praxis über den Wortlaut dieser Bestimmung hinweggesetzt, die PS nicht als Ersatz für Kapital, sondern zur Beschaffung von Kapital verwendet, und sich so an die ratio legis gehalten, wonach Genußrechte nur Personen gewährt werden dürfen, die der Gesellschaft einen Vorteil verschafft haben[3].

Da den Genußberechtigten keine Mitwirkungsrechte und insbesondere kein Stimmrecht und keine Schutzrechte zustehen, sind sie gegen Einschränkungen ihrer Rechte schutzlos, so daß der Gesetzgeber sie zu einer Gemeinschaft zusammenschließt, auf welche die Vorschriften über die Gläubigergemeinschaft bei Anleihensobligationen entsprechend Anwendung finden (Art. 657 Abs. 5 Satz 1 in Verbindung mit Art. 1157 ff. OR)[4].

2. Da das schweizerische Recht die stimmrechtslose Aktie nicht kennt (Art. 692 Abs. 2 OR), mußten Gesellschaften, die ein Bedürfnis nach Schaffung von **Eigenkapital ohne Stimmrecht** empfanden, nach andern Mitteln und Wegen Ausschau halten. Sie griffen zum Institut des Genußscheines, benützten diesen als Finanzierungsmittel und nannten ihn, um ihn vom Genußschein im herkömmlichen Sinne als einem Titel für verlorene Rechte und nicht honorierte Leistungen abzuheben, Partizipationsschein. Dieser Begriff hat sich rasch durchgesetzt und allgemein eingebürgert[5].

Der **Partizipationsschein** ist somit eine Sonderart des Genußscheines. Er gewährt stets alle drei vermögenswerten Rechte und wird gegen Kapitaleinlage ausgegeben. Er wird typischerweise für die ganze Dauer der Gesellschaft geschaffen und häufig massenweise, meist auf dem Wege der öffentlichen Zeichnung emittiert. In der Regel ist der Partizipationsschein in bezug auf Nennwert, Liberierung, Vermögensrechte und Verurkundung den Aktien

---

[3] BGE 93 II, 1967, S. 399.
[4] Zu diesem Aspekt der Genußscheine vgl. vor allem F. VON STEIGER, S. 86 ff., der insbes. darauf hinweist, daß offen ist, ob der Verzicht auf einzelne oder alle Rechte aus den Genußscheinen mit Zustimmung der absoluten Mehrheit der im Umlauf befindlichen Genußscheine verbindlich beschlossen werden kann oder ob mit Rücksicht auf die analoge Anwendung der Vorschriften über die Gläubigergemeinschaft auch die in Art. 1176 OR vorgesehene Zustimmung der oberen kantonalen Nachlaßbehörde erforderlich ist.
[5] Vgl. Zwischenbericht, S. 125.

gleichgestellt, so daß er der **stimmrechtslosen Aktie** recht nahekommt, abgesehen davon, daß er keine Schutzrechte gewährt. Abweichende Ausgestaltungen sind ebenfalls anzutreffen, so z.B. Partizipationsscheine ohne Nennwert oder mit einem Nennwert unter 100 Fr. Desgleichen wird ein Rückrufsrecht vorgesehen, wogegen die Börsen Einspruch erhoben haben, da rückrufsfähige Titel nicht börsengängig seien; die statutarischen Rückrufsklauseln wurden demnach gestrichen[6]. Vom Rückruf zu unterscheiden ist der Rückkauf, welcher ebenfalls in gewissen Statuten vorgesehen ist. Danach wird die Verwaltung ermächtigt, Partizipationsscheine durch Kaufvertrag zurückzuerwerben. Da dem PS-Kapital nach geltendem Recht keine Sperrwirkung zukommt und den Partizipanten keine Mitwirkungsrechte zustehen, ist gegen ein derartiges Vorgehen nichts einzuwenden, insbesondere kann das Verbot des Erwerbes eigener Aktien (Art. 659 OR) nicht per analogiam angewendet werden. Die zurückgekauften Partizipationsscheine werden entweder auf Vorrat gehalten, womit eine Art von *treasury shares* gebildet werden, oder aber vernichtet.

3. Dient der Genußschein vorab als Sanierungspapier, indem er den Gläubigern gegen Verzicht auf ihre Ansprüche ausgehändigt wird, besteht die Hauptfunktion des Partizipationsscheins in der **Kapitalbeschaffung**. Er soll die durch die Vinkulierung verschlossenen ausländischen Kapitalmärkte wieder zugänglich machen.

Daneben können Genußschein oder Partizipationsschein der **Dividendenverwässerung** dienen und demnach ähnliche Wirkungen wie die nominelle Kapitalerhöhung mit sich bringen, ohne an deren Publizität teilhaftig zu werden. Häufig werden die Genußscheine mit den Aktien derart gekoppelt, daß die Genußrechte nur zusammen mit den Aktienrechten geltend gemacht und übertragen werden können.

Die Ausgabe von Partizipationsscheinen ermöglicht vor allem, risikotragendes Kapital zu schaffen, ohne daß die Aktionäre der mit den Aktien verbundenen Möglichkeiten zur Beherrschung der Gesellschaft verlustig gehen. Die Partizipationsscheine treten damit an die Stelle der im schweizerischen Aktienrecht unbekannten stimmrechtslosen Aktie. Diese Funktion erfüllen sie in Groß- wie in Kleingesellschaften. Hier dienen die Partizipationsscheine nicht selten dazu, das Führungsschwergewicht auch im **Erbgang** zu erhalten, indem den Nachkommen, die im Geschäft tätig sind, Aktien, den weichenden

---

[6] Ein Rückruf liegt vor, wenn die PS gestützt auf Gesellschaftsbeschluß gegen Vergütung des wirklichen Wertes entgegen dem Willen der Partizipanten zurückgerufen und in der Folge vernichtet werden. Ein solcher Rückruf entspricht der Amortisation von Aktien und ist jedenfalls dann zulässig, wenn er in den Urstatuten, also in der statutarischen Bestimmung über die Ausgabe der Partizipationsscheine, enthalten ist.

Erben Partizipationsscheine zugewiesen werden. In Großgesellschaften dient der Partizipationsschein, wie bereits erwähnt, vornehmlich der **Gewinnung der ausländischen Investoren**: Die Gesellschaften sind bestrebt, den Nachweis erbringen zu können, daß sie schweizerisch beherrscht sind, so daß Namenaktien einzig an Schweizer oder an schweizerisch beherrschte Gesellschaften ausgegeben und entsprechend vinkuliert werden. Zur Wiedergewinnung der ausländischen Anleger werden die Vermögensrechte des Partizipationsscheins der Aktie völlig gleichgestellt. Die Einbuße für den Anleger ist gering, da dieser ein ihm zustehendes Stimmrecht ohnehin kaum ausgeübt hätte. Die Börsenkurse der Partizipationsscheine und Inhaberaktien weichen demnach nicht besonders stark voneinander ab.

Die Ausgabe von Partizipationsscheinen ermöglicht auch die Einführung der **Mitbeteiligung der Arbeitnehmer**: Die Belegschaft oder das Kader sollen am Ertrag und Wertzuwachs des Unternehmens beteiligt sein, ohne daß in die allenfalls sorgfältig ausbalancierten Stimmrechtsverhältnisse in Familiengesellschaften eingegriffen werden muß. In derartigen Fällen bietet sich der Partizipationsschein als ideale Möglichkeit an, insbesondere wenn dem Partizipant Einblick in die Jahresrechnung gewährt wird.

4. Die Partizipationsscheine haben zu keinen Mißbräuchen geführt, was allenfalls darauf zurückzuführen ist, daß sie bis anhin meist von Publikumsgesellschaften ausgegeben wurden, bei denen Mißbräuche infolge der Aufsicht der professionellen Investoren und der Finanz- und Wirtschaftspresse weitgehend ausgeschlossen sind. Da die Partizipationsscheine indessen auch von Kleingesellschaften ausgegeben werden können, sind Mißstände, insbesondere im Zusammenhang mit erbrechtlichen Auseinandersetzungen, nicht auszuschließen, da der erbrechtliche Anrechnungswert von Partizipationsscheinen äußerst schwierig zu bestimmen ist. Die gesetzgeberische Erfassung der Partizipationsscheine liegt auch im Interesse der Gesellschaft, da eine klare und einfache gesetzliche Regelung das allfällige Mißtrauen der Anleger dem Partizipationsschein gegenüber zum Verschwinden bringen wird.

In der Aktienrechtsrevision wird deshalb vorgeschlagen, die Partizipationsscheine gesetzlich zu erfassen[7]. Das legislatorische Vorgehen ist einfach, elegant, effizient: Die gesetzliche Regelung beruht auf folgenden drei Grundsätzen:

a) **Grundsatz der Gleichstellung**: Der Partizipationsschein wird in allen Punkten der Aktie gleichgestellt, außer daß er kein Stimmrecht und kein Recht auf Teilnahme an der Generalversammlung verleiht. Alle übrigen Aktionärrechte, auch die Mitwirkungsrechte, stehen ihm demnach in Zukunft zu. Der Grundsatz der Gleichstellung macht den Partizipationsschein zur stimmrechtslosen Aktie, ohne diesen Terminus einzuführen. Der Grundsatz der Gleichstellung besagt, daß für das PS-Kapital, für die Partizipationsscheine und für die Partizipanten die Vorschriften

---

[7] Vgl. Zwischenbericht, S.125; Art.656a ff. VE und Begleitbericht, S.23ff.

über das Aktienkapital, die Aktien und die Rechte und Pflichten der Aktionäre gelten[8]. Der Grundsatz der Gleichstellung der Partizipationsscheine mit den Aktien bewirkt:
- Das PS-Kapital muß mindestens 50000 Fr. betragen und mit mindestens 20000 Fr. liberiert sein.
- Die Partizipationsscheine müssen einen Nennwert von mindestens 100 Fr. haben.
- Nennwert, Zahl, Art und Gattung der Partizipationsscheine sowie Höhe des PS-Kapitals sind in den Statuten zu regeln.
- Die Partizipationsscheine können auf den Namen oder auf den Inhaber lauten; Namen-PS können vinkuliert werden.
- Dem PS-Kapital kommt Bindewirkung und die Funktion der Ausschüttungs-Sperrziffer zu.
- Das PS-Kapital kann nur unter Beobachtung der Vorschriften von Art. 732 ff. OR herabgesetzt werden.
- Der Rückruf der Partizipationsscheine ist, sofern nicht in den Urstatuten enthalten, ausgeschlossen.
- Ein Erwerb eigener Partizipationsscheine verstößt gegen Art. 659 OR.
- Den Partizipanten stehen, vom Stimmrecht abgesehen, alle Kontroll- und Mitwirkungsrechte, insbesondere alle Auskunftsrechte, das Anfechtungsrecht und das Recht zur Verantwortlichkeits- und Auflösungsklage zu[9].

b) Grundsatz der vermögensmäßigen Mindestgleichstellung[10]: Der Vorentwurf von 1975 verlangt neben der Gleichstellung zusätzlich, daß die Vermögensrechte der Partizipanten denjenigen der Aktie oder einer besonderen Aktienkategorie während der ganzen Dauer der Gesellschaft zumindest entsprechen. Beschränkungen der Vermögensrechte der Partizipanten sind somit zulässig, aber nur, wenn die Aktionäre, denen die Partizipanten gleichgestellt sind, dieselben Einbußen auf sich nehmen. Zwischen Partizipanten und Aktionären besteht demnach eine Schicksalsgemeinschaft: Wer als Aktionär über die Vermögensrechte der Partizipanten beschließen will, muß, will er sie verschlechtern, die gleiche Verschlechterung auf sich nehmen. Dadurch wird der Partizipant geschützt, denn er hat die Gewißheit, daß derjenige, der von ihm ein Opfer verlangt, das gleiche zu erbringen hat und dies nicht leichthin und grundlos in Kauf nehmen wird (Zwischenbericht, S. 132).

c) Beschränkung des PS-Kapitals: Der Partizipationsschein als stimmrechtslose Aktie bewirkt eine Inkongruenz von Macht und Risiko. Der Gesetzgeber hat ein zu starkes Auseinanderklaffen von stimmberechtigtem und stimmrechtslosem Eigenkapital zu verhindern: Das PS-Kapital darf demnach das Aktienkapital nicht übersteigen[11].

Diese drei Grundsätze erlauben es, die Regelung der Partizipationsscheine kurz und in sich abgeschlossen zu halten. Sie sind der deutschen Regelung über die stimmrechtslose Vorzugsaktie überlegen[12].

---

[8] Vgl. Art. 656a Abs. 2 VE.
[9] Vgl. Zwischenbericht, S. 130.
[10] Vgl. Art. 656e VE.
[11] Art. 656a Abs. 3 VE.
[12] Der Vergleich des schweizerischen Partizipationsscheins mit der deutschen stimmrechtslosen Aktie ist Gegenstand von nicht weniger als drei Dissertationen: A. BAUER, Partizipationsscheine im schweizerischen Aktienrecht - im Vergleich zum deutschen Aktienrecht, Zürich 1976; CH. HOFFMANN, Der Partizipationsschein im Vergleich zur stimmrechtslose Aktie, Dießenhofen 1976; T. SCHLIEPER, Partizipant und stimmrechtsloser Vorzugsaktionär. Ein rechtsvergleichender Beitrag zur Revision des schweizerischen Aktienrechts, Freiburg i. Br. 1976.
Vgl. ferner P. JÄGGI, Der Partizipationsschein, in: Probleme der Aktienrechtsrevision. Zur Neugestaltung des schweizerischen Aktienrechts. Berner Tage für die juristische Praxis 1972, Bern 1972, S. 9 ff.; R. BÄR, Partizipationsscheine, SAG 48, 1976, S. 106 ff.

II. Wandelobligationen

1. Von den Anleihensobligationen sind aktienrechtlich einzig diejenigen relevant, welche Anspruch auf Bezug von Aktien geben, also einzig Wandelobligationen und die Optionsanleihe.

Die Wandelobligation ist eine Anleihensobligation im Sinne von Art. 1156 ff. OR, welche dem Obligationär das Recht einräumt, während einer bestimmten Zeitdauer die Umwandlung der Forderung in eine Aktie oder einen Partizipationsschein der Anleihensschuldnerin zu verlangen. Der Wandelobligationär ist somit berechtigt, sein Forderungsrecht in ein Beteiligungsrecht umzutauschen und seine Stellung als Fremdkapitalgeber in eine solche als Eigenkapitalgeber umzuwandeln.

2. Die Wandelobligation gewährt dem Berechtigten die Sicherheit des Gläubigerrechtes, verbunden mit der spekulativen Möglichkeit einer Aktie. Dies ist die Hauptfunktion der Wandelanleihe. Der Berechtigte besitzt einen fest verzinslichen Titel und hat, ohne das Risiko der Aktienanlage stets voll tragen zu müssen, die Chance eines Kapitalgewinns, wenn die einzutauschenden Aktien im Kurse steigen.

Hauptvorteil der Wandelobligation für die Gesellschaft ist, daß sie den Wandelpreis, also den Ausgabepreis für die zu beziehende Aktie, anders als bei gewöhnlichen Kapitalerhöhungen, viel näher beim Börsenkurs festsetzen kann. Die Wandelobligation erlaubt somit die Ausgabe von Aktien praktisch zum Börsenkurs und gestattet damit die volle Ausnützung der Agiofinanzierung. Die Wandelobligation ist ferner für noch wenig bekannte kapitalsuchende Gesellschaften von Vorteil, indem diese bereits in einem frühen Zeitpunkt Obligationen im Publikum plazieren und ihm die Möglichkeit einer Umwandlung in Aktien einräumen können.

3. Da den Wandelberechtigten nach den Ausgabebedingungen der Wandelobligation das Recht eingeräumt wird, jederzeit zu wandeln, muß Gewähr geboten werden, daß sie im Zeitpunkt der Wandelerklärung sogleich eine Aktie erhalten und alle Aktionärrechte ausüben können. Die Bereitstellung der Aktie durch jeweilige Kapitalerhöhung im Zeitpunkt der Ausübung der Wandelerklärung ist praktisch unmöglich. Eine Beschränkung der Wandelmöglichkeiten auf bestimmte Zeitpunkte ist wirtschaftlich uninteressant. Das Wandelrecht ist demnach schwach geschützt, denn ein Klagerecht auf Durchführung einer Kapitalerhöhung und Aushändigung einer Aktie im Umtausch gegen die Obligation ist schwierig durchsetzbar.

Zur Sicherstellung des Wandelrechtes schafft die Gesellschaft im Zeitpunkt der Ausgabe der Wandelobligation Vorratsaktien. Die Vorratsaktien werden durch eine der Anleihensschuldnerin nahestehende Gesellschaft gezeichnet, liberiert und gehalten. Da die zur Liberierung erforderlichen Mittel durch die Anleihensschuldnerin selbst zur Verfügung gestellt werden oder sie zumindest die erforderlichen Bankkredite garantiert, liegt eine Umgehung des Verbotes des Erwerbs eigener Aktien und letztlich eine fiktive Liberierung des Grundkapitals vor. Dies, sowie die Gefahr des Mißbrauchs bei der Verwendung nicht abgerufener Aktien nach Ablauf der Wandel- oder Anleihensfrist, hat den Ruf nach dem Gesetzgeber laut werden lassen.

4. Um den Gesellschaften ein Mittel zur kontinuierlichen Ausgabe von Wandelaktien zu verschaffen, um das Wandelrecht der Obligationäre sicherzustellen, um die Mißbrauchsgefahr bei Vorratsaktien zu beheben, beschloß die Arbeitsgruppe für die Überprüfung des Aktienrechtes die Einführung des bedingten Kapitals zu beantragen[13]. Die bedingte Kapitalerhöhung ist bestens geeignet, die mit der Ausgabe von Wandelobligationen verbundenen aktienrechtlichen Schwierigkeiten zu lösen[14].

5. Von aktienrechtlicher Relevanz ist bei der Wandelanleihe vor allem der Verwässerungsschutz: Wird während der Laufzeit der Anleihe das Grundkapital der Gesellschaft erhöht, kommt es in der Regel zu einer Kapitalverwässerung, da der Ausgabepreis unter dem Börsenkurs liegt und es somit zu einer Verwässerung der Reserven und damit zu einer Verminderung des wirklichen Wertes der Aktie kommen muß. Der Wandelobligationär kann sich nicht durch die Veräußerung seines Wandelrechtes schützen, da dieses fest mit der Wandelobligation verbunden ist. Die dem Aktionär zustehende Möglichkeit der Veräußerung des Bezugsrechtes vermag den Wandelobligationär von seiner vermögensmäßigen Einbuße somit nicht zu schützen. Das geltende Recht sieht keine besonderen Schutzmaßnahmen vor. Auch der Zwischenbericht zog einen Verwässerungsschutz nicht in Betracht, sondern verbot lediglich die Aufhebung der statutarischen Grundlage über das bedingte Kapital, soweit Bezugs- oder Wandelrechte bestehen (Zwischenbericht, S.118f.)[15]. Ähnliche Gefahr droht dem Wandelobligationär auch bei andern Beeinträchtigungen, wie z.B. bei der Auflösung der Gesellschaft, beim Aktiensplit, bei der Umwandlung in Namenaktien oder bei der Verschärfung der Vinkulierung.

Aus den Wandelbedingungen ergeben sich zum Schutze vor Kapitalverwässerung drei verschiedene Lösungen: Einräumung eines Bezugsrechtes bei Kapitalerhöhungen, Gewährung eines aufgeschobenen Bezugsrechts oder Senkung des Konversionspreises. Das aufgeschobene Bezugsrecht gibt dem Wandelobligationär die Möglichkeit, nach der Wandlung einen anteilsmäßigen An-

---

[13] Zwischenbericht, S.109.
[14] Zur Eigenart der bedingten Kapitalerhöhung vgl. vorn § 21 V.
[15] Zwischenbericht, S.118f.; vgl. auch M. KUMMER, Das bedingte Kapital, in: Probleme der Aktienrechtsrevision. Zur Neugestaltung des schweizerischen Aktienrechts. Berner Tage für die juristische Praxis, Bern 1972, S.74ff.

spruch auf den Bezug von Aktien zu erheben, welche während der Laufzeit ausgegeben worden sind[16].

III. Optionsanleihe

Die in den allerletzten Jahren aufgekommene Optionsanleihe ist dadurch gekennzeichnet, daß sie den Berechtigten ein Recht auf Bezug von Aktien oder Partizipationsscheinen einräumt, wobei der Ausgabebetrag in bar zu entrichten ist und die Obligation demnach weiterbesteht, also nicht umgewandelt und zur Liberierung durch Verrechnung verwendet wird.

Die Liberierung der Optionsaktie schafft legislatorisch besondere Schwierigkeiten, indem, anders als bei der Wandelaktie, keine Verrechnung stattfindet, so daß keine Forderung vorliegt, deren Bestand zum voraus hätte geprüft werden können, und indem die Liberierung des Kapitals nicht auf einmal, sondern au fur et à mesure erfolgt, wodurch deren Überprüfung besonders erschwert wird.

Die Optionsanleihe bringt einen starken Einbruch in das System zur Sicherstellung der Kapitalaufbringung. Einzig bei der Optionsanleihe bestehen gleichsam freischwebende, jederzeit ausübare Rechte auf Bezug von Aktien, die überdies noch in einem Coupon verkörpert werden und deshalb wertpapierrechtlich übertragen werden können. Die Optionsanleihe erfordert eine kontinuierliche Ausgabe von Aktien, so daß die Sicherungsmechanismen der ordentlichen Kapitalerhöhung nicht zur Anwendung gebracht werden können.

Der Vorentwurf von 1975 hat dieses Problem erkannt und in der Weise zu lösen versucht, daß Wandel- und Bezugsrechte zugunsten von Anleihensgläubigern nur eine Gesellschaft einräumen darf, deren Aktien an einer schweizerischen, der öffentlichen Aufsicht unterstellten Börse kotiert sind. Man hoffte, derart die mit den unabhängigen Bezugsrechten und der Schwierigkeit der Liberierungsprüfung verbundenen Gefahren zu umgehen[17]. Der gesetzgeberische Schutz wird demnach ersetzt durch das Vertrauen in die Wirksamkeit der Aufsicht durch die professionellen Investoren und die Finanzpresse. Ein derartiges Vorgehen wird nicht ohne Kritik bleiben.

---

[16] Zu diesen Schutzmaßnahmen gegen Verwässerungen vgl. KORMANN, S.145ff.; NÜSCHELER, S.62ff.; DALLÈVES; P.JÄGGI, Ungelöste Fragen des Aktienrechtes, SAG 31, 1958/59, S.77ff.
[17] Vgl. Art.653h Abs.2 VE und Begleitbericht, S.22.

§ 23. Kapitalherabsetzung

Literatur

P. FORSTMOSER, Schweizerisches Aktienrecht, Bd. I/Liefg. 1, Grundlagen, Gründung und Änderung des Grundkapitals, Zürich 1981; Revisionshandbuch der Schweiz, hrsg. von der Schweiz. Treuhand- und Revisionskammer, Zürich 1971/79, Ziff. 7.1.

Das Prinzip der Festigkeit des Grundkapitals und seine Funktion als Garant eines Mindestreinvermögens und als Ausschüttungssperre[1] verlangen die Beobachtung besonderer Maßnahmen zum Schutze der Gläubiger bei Kapitalherabsetzungen.

Gleich wie bei der Kapitalerhöhung gilt es bei der Kapitalherabsetzung, verschiedene Arten und Formen zu unterscheiden: Die Art der Kapitalerhöhung richtet sich nach der Verwendung des freigewordenen Betrages, die Form danach, wie die Kapitalziffer herabgesetzt wird.

I. Arten der Kapitalherabsetzung

1. Im Mittelpunkt der gesetzlichen Regelung über die Kapitalherabsetzung (Art. 732–735 OR) steht die **Herabsetzung zwecks Rückzahlung**: Hiebei wird das Grundkapital herabgesetzt und die dadurch aus der Bindewirkung gelösten Aktiven werden den Aktionären ausgerichtet. Es liegt demnach eine effektive Kapitalherabsetzung und eine Bilanzverkürzung vor. Der Hauptgrund für die Durchführung effektiver Kapitalherabsetzungen ist die Beseitigung einer Überkapitalisierung, die infolge Einstellung des Betriebes oder einzelner Teile hievon oder infolge Schrumpfung des Geschäftsganges eingetreten ist. Ein weiterer Grund zur Kapitalherabsetzung zwecks Rückzahlung ist die Desinvestition und Liquidierung von Beteiligungen, allenfalls verbunden mit einer Ausschüttung in natura. Schließlich kann durch die Kapitalherabsetzung eine Unternehmensteilung herbeigeführt werden, indem Unternehmensteile mittels Kapitalherabsetzung an einzelne Aktionäre übertragen werden; diese Beispiele zeigen, daß auch der Aktionär bei Kapitalherabsetzungen des Schutzes bedarf, indem sich die Frage stellt, ob auch bei der Kapitalherabsetzung der Grundsatz der Gleichbehandlung der Aktionäre zu wahren ist, was ohne Zögern bejaht werden kann. Heikler und in der Literatur nicht behandelt ist die Frage, ob der Aktionär Anspruch darauf hat, daß ihm der Kapitalherabsetzungsbetrag in bar ausgerichtet wird[2] oder ob ihm Sachwerte, z.B. Liegen-

---

[1] Vgl. vorn § 4 I 2 und II 3 und 4.
[2] Vgl. vorn § 20 III 1.

schaften oder Beteiligungen, gegen seinen Willen übertragen werden können. Gleich wie bei der Gewinnausschüttung ist auch bei der Kapitalherabsetzung die Zulässigkeit eines solchen Vorgehens grundsätzlich zu bejahen.

2. Erst in zweiter Linie behandelt der Gesetzgeber die nominelle **Kapitalherabsetzung zwecks Verlustbeseitigung**. Hiebei handelt es sich um eine rein buchmäßige Sanierung. Das Kapital wird herabgesetzt zur Beseitigung einer Verlustbilanz. Der herabzusetzende Kapitalbetrag (Passivum) wird mit dem Bilanzverlust (bilanzieller Ausgleichsposten auf der Aktivseite) ausgeglichen, gleichsam saldiert; es kommt ebenfalls zur Bilanzverkürzung.

Zweck der nominellen Kapitalherabsetzung ist die Bilanzbereinigung: Der Bilanzverlust wird beseitigt, wodurch Gewinnausschüttungen ermöglicht werden, ohne daß vorher die alten Verluste aufgefüllt werden müssen. Durch die Kapitalherabsetzung zwecks Verlustbeseitigung übernehmen die Aktionäre die entstandenen Verluste endgültig. Dadurch wird die Ausgabe neuer Aktien an neue Aktionäre erleichtert.

3. Die Kapitalherabsetzung zur bloßen Bilanzbereinigung bewirkt meist keine echte Sanierung, da der Gesellschaft keine neuen Mittel zugeführt werden. Bei der **Kapitalherabsetzung zum Zwecke der Sanierung** wird die Verlustbilanz endgültig beseitigt und der Gesellschaft neues Kapital zugeführt. Erfolgt diese Kapitalzuführung in gleichem Umfange, wird also das herabgesetzte Kapital durch neues, voll einbezahltes ersetzt, werden die Gläubigerinteressen nicht tangiert, so daß keine Gläubigerschutzmaßnahmen erforderlich sind. Die Kapitalherabsetzung zum Zwecke der echten Sanierung, also die Kapitalherabsetzung verbunden mit Kapitalerhöhung, bewirkt keine Verkürzung und in der Regel auch keine Verlängerung der Bilanz. Der Gesetzgeber läßt die echte Sanierung ohne Beachtung von Gläubigerschutzmaßnahmen und ohne Statutenänderung zu. Erforderlich ist einzig ein Generalversammlungsbeschluß in öffentlicher Urkunde[3].

4. Seltener sind die Fälle der **Kapitalherabsetzung zwecks Umfinanzierung**: Grundkapital wird in Reserven oder durch Gutschrift des Ausschüttungsbetrages an die Aktionäre in Fremdkapital umgewandelt. Auch diese Kapitalherabsetzung ist teilweise, nämlich bei der Umwandlung in Reserven, nominell, führt nie zu einer Bilanzverkürzung, aber stets zu einer Herabsetzung der Sperrziffer und damit zu einer Abschwächung der Binde-

---

[3] Eine gesetzliche Grundlage für die Pflicht zur öffentlichen Beurkundung fehlt, doch läßt sich argumentieren, daß an sich eine Statutenänderung vorliegt, so daß gemäß Art. 647 Abs. 1 OR eine öffentliche Urkunde verlangt wird. Anderseits verlangt das Gesetz in Art. 736 Ziff. 2 OR für den Auflösungsbeschluß ausdrücklich eine öffentliche Urkunde, so daß ein Umkehrschluß für die echte Sanierung nahe liegt.

wirkung. Die Kapitalherabsetzung zwecks Umfinanzierung ist das Gegenstück zur Kapitalerhöhung aus Gesellschaftsmitteln oder durch Verrechnung.

Auf die Kapitalherabsetzung zwecks Umfinanzierung findet nicht das vereinfachte Verfahren für die Herabsetzung im Falle einer Unterbilanz nach Art. 735 OR Anwendung, denn dieses sogenannte vereinfachte Verfahren ist nach ausdrücklicher Vorschrift nur für Kapitalabsetzungen zwecks Verlustbeseitigung vorgesehen und nicht etwa für jede Kapitalherabsetzung ohne Rückzahlung des Herabsetzungsbetrages. Die rechtliche Lage ist eindeutig und sachgerecht, denn durch die Umfinanzierung wird die Sperrziffer zugunsten von Passiven, die später zur Ausschüttung verwendet werden können, herabgesetzt.

II. Formen der Kapitalherabsetzung

1. Gleich wie die Kapitalerhöhung kann die Kapitalherabsetzung entweder durch Verringerung der einzelnen Aktiennennwerte oder durch Verringerung der Aktienzahl erfolgen. Im Gegensatz zur Kapitalerhöhung steht bei der Kapitalherabsetzung die Verringerung der einzelnen Nennwerte im Vordergrund: Bei der Herabstempelung wird der Nennwert aller oder seltener eines Teils der Aktien herabgesetzt. Dient die Herabsetzung der Verlustbeseitigung, so darf der Mindestnennwert von 100 Fr. unterschritten werden (Art. 622 Abs. 4 Satz 2 OR). Dies führt zu Sanierungsaktien. Das Stimmrecht kann entsprechend dem ursprünglichen Nennwert beibehalten werden (Art. 692 Abs. 3 OR), damit die Stimmkraft, die sich nach dem Nennwert richtet, nicht verschwindend klein wird. Besteht hingegen eine Statutenvorschrift, wonach jede Aktie eine Stimme gibt, so wird die Stimmkraft der Sanierungsaktien potenziert, so daß diesfalls das Stimmrechtsprivileg beseitigt werden kann[4], dies obschon das Stimmrechtsprivileg ein relativ wohlerworbenes Recht ist.

Auch bei Sanierungskapitalherabsetzungen darf das Mindestgrundkapital nicht unterschritten werden (Art. 632 Abs. 5 und 621 OR).

Vor der Herabstempelung werden die Aktien allenfalls zusammengelegt. Die Zusammenlegung bewirkt eine Verringerung der Aktienzahl, verbunden mit einer entsprechenden Erhöhung der Einzelnennwerte und führt damit als solche nicht zu einer Kapitalherabsetzung. Die Aktienzusammenlegung ist einzig Vorbereitungsmaßnahme für eine Herabstempelung und soll verhindern, daß die herabgesetzten Aktien einen Nennwert unter 100 Fr. aufweisen

---

[4] gl. A. BÜRGI, N. 19 zu Art. 693 OR, dies, obschon das Stimmrechtsprivileg ein relativ wohlerworbenes Recht ist.

und somit als aus einer Sanierung hervorgehend erkannt werden. Die Zusammenlegung erheischt eine Statutenänderung und überdies die Einzelzustimmung jedes Aktionärs.

Eine Herabstempelung der Aktien auf 0 Fr. ist vom Bundesgericht ausdrücklich zugelassen worden[5], obschon damit nennwertlose Aktien entstehen und somit kein Maßstab für die Stimmkraft besteht, sofern nicht, wie vom Bundesgericht, die Regel, daß jeder Aktionär zumindest eine Stimme hat (Art. 692 Abs. 2 Satz 1 OR), zur Anwendung gebracht wird.

Bei der Herabstempelung ist der Grundsatz der Gleichbehandlung der Aktionäre zu beachten, was in der Regel keine Schwierigkeiten bereitet, da der Herabsetzungsbetrag *pari passu* auf die Nennwerte verteilt wird.

2. In Kleinaktiengesellschaften können die zu vernichtenden Aktien durch freiwillige Ablieferung bereitgestellt werden: Die sanierungswilligen Aktionäre liefern ihre Aktien zwecks Vernichtung und entsprechender Kapitalherabsetzung ab. Ein Zwang zur Ablieferung ist mit dem Verbot der Nebenleistung (Art. 680 Abs. 1 OR) unvereinbar.

3. Da bei Publikumsgesellschaften die freiwillige Ablieferung nicht in Frage kommt, stellt dort der eigentliche Rückkauf das normale Verfahren für eine Kapitalherabsetzung ohne Herabstempelung dar. Die Gesellschaft schließt mit allen verkaufswilligen Aktionären Kaufverträge über den Erwerb der Aktien ab. Derartige Verträge sind vom Verbot des Erwerbes eigener Aktien ausgenommen (Art. 659 Abs. 2 Ziff. 1 OR).

4. Ein eigentlicher Rückruf von Aktien zwecks Vernichtung ist mit Zustimmung aller Aktionäre oder gestützt auf eine Bestimmung in den Urstatuten möglich. Eine Aktienamortisation ohne Grundlage in den Urstatuten verstößt gegen das absolut wohlerworbene Recht auf Mitgliedschaft[6].

III. Verfahren

Das Verfahren für die Kapitalherabsetzung zwecks Mittelfreigabe erfolgt in fünf Schritten:

1. Revisionsbericht

Eine vom Bundesrat anerkannte Treuhandgesellschaft hat einen besonderen Revisionsbericht zu erstellen und darin festzuhalten, daß die Forderungen der

---

[5] BGE 86 II, 1960, S. 78.
[6] Vgl. vorn § 11 IV 1.

Gläubiger auch nach Herabsetzung des Grundkapitals voll gedeckt sind (Art. 732 Abs. 2 OR). Nach der Kapitalherabsetzung müssen die Aktiven die Verbindlichkeiten weiterhin übersteigen.

Zu welchen Werten diese Kapitalherabsetzungsbilanz erstellt werden soll, ist kontrovers: Für die Anwendung von Fortführungswerten spricht, daß die Gesellschaft, will sie ihr Kapital herabsetzen, den Willen zur Fortführung bekundet. Gegen die Anwendung von Liquidationswerten spricht, daß, wenn Gründe für eine Bewertung zu Liquidationswerten gegeben sind (Wegfall der *going concern*-Grundlage), die Gesellschaft liquidiert werden muß und nicht ihr Grundkapital herabsetzen darf.

Für die Anwendbarkeit von Liquidationswerten kann ins Feld geführt werden, daß auch im Liquidationsverfahren, also in einem Stadium, in welchem ohne Zweifel Liquidationswerte angewendet werden müssen, Kapitalherabsetzungen durchgeführt werden können.

Zugunsten der Liquidationswerte wird zudem angeführt, daß einzig gestützt auf sie mit absoluter Sicherheit die Gläubigerdeckung bestätigt werden könne.

Da, abgesehen vom Liquidationsstadium, die Kapitalherabsetzung die Fortführung der Gesellschaft unterstellt, sind einzig Fortführungswerte maßgebend. Ein Abstellen auf Liquidationswerte ist hier unnötig[7].

Über die Voraussetzungen für die Anerkennung als Kapitalherabsetzungskontrollstelle gibt die Verordnung des Bundesrates vom 5. Juli 1972 über die Anerkennung von Revisionsverbänden und Treuhandgesellschaften als Revisionsstelle für Kapitalherabsetzung bei Handelsgesellschaften und Genossenschaften Auskunft[8].

2. Generalversammlungsbeschluß

Liegt dieser Revisionsbericht vor, so beschließt die Generalversammlung die Kapitalherabsetzung durch entsprechende Änderung der Statuten (Art. 732 Abs. 1 OR). Die Generalversammlung bestimmt Art und Form der Kapitalherabsetzung. Der Generalversammlungsbeschluß über die Kapitalherabsetzung verlangt ebensowenig wie derjenige über die Erhöhung ein Quorum oder ein besonders qualifiziertes Mehr.

3. Schuldenruf

Nach Durchführung der Generalversammlung ist ein Schuldenruf dreimal im Schweizerischen Handelsamtsblatt zu veröffentlichen (Art. 733 OR). Richtigerweise müßte der Schuldenruf vor Erstellung des Revisionsberichtes erfol-

---

[7] Zur Kontroverse vgl. Revisionshandbuch der Schweiz, Abschn. 7.153.
[8] SR 221.302.

gen, um der Kontrollstelle Gewähr über die Vollständigkeit der Passiven zu geben, doch wird niemand einen Schuldenruf durchführen wollen oder können, bevor nicht die Generalversammlung als oberstes Organ die Herabsetzung des Grundkapitals beschlossen hat.

Im Schuldenruf ist den Gläubigern bekanntzumachen, daß sie binnen zwei Monaten unter Anmeldung ihrer Forderung Befriedigung oder Sicherstellung verlangen können. Der gesetzliche Wortlaut gibt die Rechtslage stark verkürzt wieder: Befriedigung können nur Gläubiger mit fälligen Forderungen verlangen, denn die Kapitalherabsetzung bewirkt – anders als der Konkurs, aber gleich wie die Auflösung – nicht die Fälligkeit aller Schulden. Die Gläubiger mit nicht fälligen Forderungen müssen sich mit einer Sicherstellung begnügen.

4. Öffentliche Urkunde

Nach Ablauf der Zweimonatsfrist und nach Befriedigung oder Sicherstellung der angemeldeten Gläubiger wird in öffentlicher Urkunde festgestellt, daß die Vorschriften dieses Abschnittes erfüllt sind. Der Urkunde ist der Revisionsbericht beizulegen (Art. 734 OR).

Diese öffentliche Urkunde ist ein aktienrechtliches Unikum und beinhaltet eine bloße Tatsachenfeststellung durch den Notar. Es handelt sich nicht um die Beglaubigung eines Beschlusses der Generalversammlung oder des Verwaltungsrates. Vielmehr soll verläßlich festgestellt werden, daß die Gesellschaft die gesetzlichen Vorkehren getroffen hat. Die Urkundsperson kann die Beobachtung der Vorschriften allerdings verläßlich nur bestätigen, wenn sie selbst als Empfängerin der Forderungen nach Befriedigung oder Sicherstellung genannt wird.

5. Handelsregistereintragung

Nach Vorliegen der öffentlichen Urkunde wird die Kapitalherabsetzung im Handelsregister eingetragen und damit Dritten und Aktionären gegenüber wirksam.

IV. Sonderfälle

1. Überschuldung

Ist die Gesellschaft überschuldet, übersteigen also die Verbindlichkeiten die Aktiven, so ist der Richter zu benachrichtigen und der Konkurs zu eröffnen oder Konkursaufschub zu verlangen. Eine Kapitalherabsetzung ist ausgeschlossen, es sei denn, daß eine Sanierung als gesichert erscheint, wie das

Bundesgericht in einem erstaunlich großzügigen Entscheid festgehalten hat[9]. Die Kapitalherabsetzung beseitigt eine Überschuldung niemals; hiefür sind à fonds perdu-Beiträge oder andere Kapitaleinlagen erforderlich.

2. Kapitalherabsetzung und Kapitalerhöhung

Wird die Kapitalherabsetzung zwecks Verlustbeseitigung mit einer Kapitalerhöhung in gleichem Umfange verbunden und werden die Aktien voll einbezahlt, so ist keine Statutenänderung erforderlich und die Gläubigerschutzbestimmungen von Art. 732 ff. OR sind nicht anwendbar. Es liegt eine Kapitalherabsetzung zwecks Sanierung vor. Da der Gesetzgeber an der Bonität der Liberierungsforderung zu zweifeln scheint, läßt er die Gläubigerschutzmaßnahmen nur beiseite, wenn die neuen Aktien voll liberiert sind.

3. Unterbilanz

Dient die Kapitalherabsetzung lediglich der Beseitigung einer Unterbilanz und erfolgt sie einzig in der Höhe dieser Unterbilanz, so ist kein Schuldenruf erforderlich und keine Befriedigung oder Sicherstellung der angemeldeten Gläubiger nötig (Art. 735 OR). Eine Unterbilanz im Sinne von Art. 735 OR liegt nach der Praxis nur vor, wenn die Unterbilanz durch Verluste entstanden ist und weder durch offene, noch allenfalls durch stille Reserven gedeckt wird. Wird das Grundkapital einzig in der Höhe derartiger Unterbilanzen herabgesetzt, kommt es nicht zu einer neuen Gefährdung der Gläubiger. Den Gläubigern wird nichts genommen, was sie nicht durch Verluste ohnehin verloren haben, aber es wird ihnen auch nichts ersetzt, was sie schon verloren haben. Immerhin muß auch diesfalls festgestellt werden, daß die Kapitalherabsetzung die Unterbilanz nicht übersteigt. Deshalb wird auch hier das Erstellen des Revisionsberichtes und der öffentlichen Urkunde verlangt. Der Kapitalherabsetzung geht aber keine besondere Publizität voraus. Das sogenannte vereinfachte Kapitalherabsetzungsverfahren nach Art. 735 OR stellt somit eine Unterart der stillen Sanierung dar[10].

---

[9] BGE 76 I, 1950, S. 167.
[10] Bei der echten stillen Sanierung erfolgt die Beseitigung der Unterbilanz mittels Zuschüssen à fonds perdu oder Forderungsverzichten.

Sechstes Kapitel

Auflösung und Verantwortlichkeit

§ 24. Die Auflösung

Literatur

Zur Auflösung mit Liquidation: H. BUDLIGER, Das Recht des Aktionärs auf Anteil am Liquidationsergebnis, Zürich 1954; R. HEBERLEIN, Die Kompetenzausscheidung bei der Aktiengesellschaft in Liquidation. Unter Mitberücksichtigung der Kollektivgesellschaft nach schweizerischem Recht, Zürich 1969; F. MAURER, Das Recht auf den Liquidationsanteil bei der Aktiengesellschaft, Basel 1951; J. PINÖSCH, Die rechtliche Stellung des Liquidators einer Kollektiv- und Aktiengesellschaft nach schweizerischem Recht, Zürich 1976; P. TERCIER, La dissolution de la société anonyme pour justes motifs (art. 736 ch. 4 CO), SAG 46, 1974, S. 67 ff.

Zur Fusion: A. CUENDET, La fusion par absorption, en particulier le contrat de fusion, dans le droit Suisse de la société anonyme, Berne 1974; R. W. FREHNER, Die aktienrechtliche Fusion nach schweizerischem Recht, Zürich 1945; E. IRMIGER, Die fusionsähnliche Vermögensübertragung bei Aktiengesellschaften, Zürich 1952; A. KÜRY, Die Universalsukzession bei der Fusion von Aktiengesellschaften, unter besonderer Berücksichtigung der Fusion ohne Kapitalerhöhung, Basel 1962; TH. LEHNER, Die Einwirkung der aktienrechtlichen Fusion auf Verträge, unter besonderer Berücksichtigung der Lizenzverträge, Zürich 1975; L. MELLINGER, Die Fusion von Aktiengesellschaften im schweizerischen und deutschen Recht, Zürich 1971; P.-A. RECORDON, La protection des actionnaires lors des fusions et scissions des sociétés en droit suisse et en droit français, Genève 1974; M. STEHLI, Aktionärsschutz bei Fusionen, Zürich 1975; J. SUTTER, Die Fusion von Aktiengesellschaften im Privatrecht und im Steuerrecht, Zürich 1966.

I. Voraussetzungen

Die Aktiengesellschaft ist auf die Dauer angelegt, vermag als solche Änderungen im Mitgliederbestand zu überdauern und kann Zweck, Kapital und Aufbau den sich wandelnden Verhältnissen anpassen. Doch können auch im Leben einer Aktiengesellschaft Umstände auftreten, die eine Fortführung erschweren oder verunmöglichen, so daß der Zweckverband sich auflöst, seine Beziehungen zu Dritten beendigt, das Vermögen versilbert, die Schulden tilgt, den Aktionären die Einlage erstattet und ihnen allfällige Überschüsse zuweist.

Seltener wird die Gesellschaft nicht freiwillig und durch Beschluß, sondern durch Urteil des Richters, durch Verfügung des Handelsregisters oder durch Konkurs aufgelöst.

1. Die Generalversammlung kann jederzeit und voraussetzungslos und ohne Beobachtung besonderer Quoren oder qualifizierter Mehrheiten die **Auflösung der Gesellschaft beschließen** (Art. 736 Ziff. 2 OR)[1]. Der Aktionär hat demnach kein wohlerworbenes Recht auf Fortdauer der Gesellschaft. Die Mitgliedschaft kann ihm durch Auflösung der Gesellschaft entzogen werden[2].

Gleich wie für die Gründung und Statutenänderung wird für den Auflösungsbeschluß eine öffentliche Urkunde verlangt (Art. 736 Ziff. 2 OR).

Die Frage, ob der Auflösungsbeschluß unwiderruflich ist, ist in der Lehre kontrovers[3] und wird vom Bundesgericht bejaht[4]. Bei der Beurteilung der Frage sind vor allem die Gläubigerinteressen entscheidend, so daß eine **Rückgründung** jedenfalls so lange nicht ausgeschlossen ist, als noch keine Ausschüttungen an die Aktionäre erfolgt sind. Aus der Beschränkung der Befugnisse der Organe auf die Liquidationszwecke kann keinesfalls auf die Unzulässigkeit des Zurückführens der Gesellschaft ins Aktivstadium geschlossen werden. Art. 639 Abs. 2 OR will nicht die Aufhebung der Liquidation, sondern die Fortführung der Geschäftstätigkeit trotz Liquidation unterbinden und vermag deshalb für das Verbot der Rückgründung keine genügende Rechtsgrundlage abzugeben.

2. Die Gesellschaft wird aufgelöst durch Urteil des Richters, wenn Aktionäre, die zusammen mindestens den fünften Teil des Grundkapitals vertreten, aus wichtigen Gründen die Auflösung verlangen (Art. 736 Ziff. 4 OR). **Die Auflösung der Gesellschaft durch Urteil des Richters aus wichtigen Gründen** gibt der Aktionärsminderheit das Recht, sich gegen die Unterdrückung durch die Mehrheit zur Wehr zu setzen und die Beendigung der Gesellschaft zu verlangen. Die aktienrechtliche Auflösungsklage stellt den einschneidendsten Rechtsbehelf der Minorität dar und darf, da sie auf die Zerschlagung der Gesellschaft abzielt, einzig eingesetzt werden, wenn die andern Rechtsbehelfe nicht zum Ziele führen. Die Auflösung der Gesellschaft und die

---

[1] Einzig für den außerordentlichen Sonderfall, der in der Praxis nie vorkommen dürfte, daß die Gesellschaft ihre Auflösung vor dem in den Statuten festgesetzten Termin beschließt, wird von Art. 649 Abs. 1 OR für die gültige Beschlußfassung die Vertretung von mindestens $2/3$ sämtlicher Aktien verlangt.
[2] Vgl. vorn § 11 I 2, sowie SCHLUEP, Wohlerworbene Rechte, S. 99 ff.
[3] Für die Unwiderruflichkeit sprechen sich insbes. aus: F. VON STEIGER, S. 329 und GUHL/MERZ/KUMMER, S. 641. Für die Widerruflichkeit SCHUCANY, N. 3 zu Art. 736 OR und vor allem W. VON STEIGER, N. 29 ff. zu Art. 820 OR.
[4] BGE 91 I, 1965, S. 438 ff.

Zerbrechung der geordneten Zusammenfassung von Kapital, Arbeit und Wagemut muß mithin ultima ratio bleiben. Die aktienrechtliche Auflösungsklage wird demnach als **subsidiärer Rechtsbehelf** bezeichnet[5]. Diese Subsidiarität der Auflösungsklage verlangt, daß es dem Kläger nicht gelungen ist, den Mißstand durch andere, weniger einschneidende Mittel zu beheben, wie durch die Anfechtungs- oder Verantwortlichkeitsklage[6]. Die Subsidiarität verlangt indessen nicht, daß sich das Auflösungsinteresse des Klägers grundsätzlich dem Fortführungsinteresse der beklagten Mehrheit zu unterziehen habe. Richtig ist vielmehr, daß auch bei der Auflösungsklage die Individualinteressen den Kollektivinteressen als gleichwertig gegenübergestellt werden und unter Bezug auf die konkreten Verhältnisse der Entscheid getroffen wird[7]. Die Minderheiteninteressen haben schon durch den Gesetzgeber eine Bewertung erfahren, wenn er verlangt, daß die Klage nur von Aktionären, die zusammen mindestens den fünften Teil des Grundkapitals vertreten, angehoben werden kann. Für eine weitere, grundsätzliche Hintanstellung der Minderheiteninteressen ist somit kein Raum. Demgegenüber ist festzuhalten, daß an der Fortführung der Unternehmung und der von ihr geführten Gesellschaft nicht nur die Aktionäre, sondern vor allem die Arbeitnehmer und die übrigen Gläubiger ein Interesse haben, das mit zu berücksichtigen ist.

Voraussetzung für die Auflösungsklage ist das Vorliegen wichtiger Gründe. Der Richter wird somit auf die Betrachtung des Einzelfalles und die Abwägung der konkreten im Spiele stehenden Interessen verwiesen.

Das Bundesgericht hat in einem früheren Entscheid festgehalten, daß die Grundsätze, welche in der Literatur und Rechtsprechung über die Auflösung von Personengesellschaften herangebildet wurden, für die Aktiengesellschaften nicht anwendbar seien, mit Rücksicht auf die grundsätzlich verschiedene Struktur der Aktiengesellschaft als reine, unpersönliche Kapitalgesellschaft. Tiefgreifende Änderungen in den Voraussetzungen persönlicher Natur wollte das Bundesgericht nicht als wichtigen Grund für die Auflösung einer Aktiengesellschaft anerkennen, da dies mit der Auffassung von der AG als unpersönlicher Kapitalgesellschaft nicht zu vereinbaren ist[8]. In einem jüngsten Entscheid hingegen hat das Bundesgericht zugelassen, daß auch persönliche Aspekte in Betracht gezogen werden dürfen, insbesondere wenn es um eine kleine Familiengesellschaft geht[9]. Damit hat das Bundesgericht einen wesentlichen Schritt zum Schutze der Minderheiten in Klein- und Familiengesellschaften getan, der dem hier vertretenen Auslegungspluralismus entspricht, wonach

---

[5] BGE 105 II, 1979, S. 124.
[6] BGE 67 II, 1941, S. 165 ff.; 84 II, 1958, S. 47 und 104 II, 1978, S. 35.
[7] Vgl. insbes. BÜRGI, N. 86 ff. zu Art. 698 OR, sowie BGE 105 II, 1979, S. 128 f.
[8] BGE 67 II, 1941, S. 162 ff.
[9] BGE 105 II, 1979, S. 128 oben.

bei Kleingesellschaften das Aktienrecht anders als bei Publikumsgesellschaften, nämlich personenbezogen ausgelegt werden darf[10].

Liegen die Klagevoraussetzungen vor, hat der Richter die Gesellschaft aufzulösen. Zu Minderem ist er nicht berechtigt; er kann insbesondere nicht gestaltend in die Gesellschaftsverhältnisse eingreifen, etwa durch Abberufung von Verwaltungsratsmitgliedern, Änderung von Generalversammlungsbeschlüssen oder anderen Anordnungen. Hieran zeigt sich erneut die Scheu des Gesetzgebers, in Interna der Gesellschaft einzugreifen[11].

3. In zwei besonders geregelten Sonderfällen kann der Richter ebenfalls um Auflösung der Gesellschaft ersucht werden, nämlich beim Fehlen von Organen nach Art. 625 Abs. 2 OR, sowie bei Gründungsmängeln, durch welche die Interessen von Gläubigern oder Aktionären in erheblichem Maße gefährdet oder verletzt werden (Art. 643 Abs. 3 OR). Beide Sonderauflösungsklagen sind praktisch bedeutungslos geblieben.

4. Das Handelsregisterrecht greift zum Mittel der Auflösung der Gesellschaft als Sanktion gegen die Verletzung der Nationalitäts- und Domizilerfordernisse für die Mitglieder des Verwaltungsrates. Bei Verstößen gegen Art. 711 OR wird die Gesellschaft durch Verfügung des Handelsregisterführers aufgelöst (Art. 711 Abs. 4 OR und Art. 86 HRV). Auch diese Bestimmung kommt höchst selten zur Anwendung, da die Wiederherstellung des gesetzlichen Zustandes ein Leichtes ist.

Dieselbe Sanktion erläßt der Gesetzgeber gegenüber Gesellschaften, welche ihre Statuten nicht dem neuen Recht anpassen (Art. 2 Abs. 3 SchlT OR).

Dasselbe gilt für Gesellschaften, die ihren Sitz aus dem Ausland in die Schweiz verlegt haben und ihre Statuten nicht fristgemäß der schweizerischen Gesetzgebung anpassen und ihre Organe neu bestellen (Art. 14 Abs. 3 SchlT OR).

Schließlich kann durch Entscheid der kantonalen Aufsichtsbehörde eine Aktiengesellschaft ohne Aktiven, deren Tätigkeit aufgehört hat und deren Organvertreter in der Schweiz weggefallen sind, von Amtes wegen gelöscht werden (Art. 89 HRV). Diese Löschung von Amtes wegen wird manchmal von der Gesellschaft selbst beantragt, welche auch die Voraussetzungen hierzu selber, durch Demission aller Organe und durch Hinnahme von Verlusten herbeiführt, insbesondere, wenn die Generalversammlung mangels Beschlußfähigkeit die Auflösung nicht selbst beschließen kann.

---

[10] Vgl. vorn § 8 II 2 über die Auslegung der Statuten und § 2 III 2 über die Auslegung des Aktienrechtes.
[11] TERCIER, dissolution; DERSELBE, Besprechung von BGE 105 II, 1979, S. 114 ff., SAG 52, 1980, S. 79 ff.

5. Manchmal bereitet der Konkurs der Gesellschaft ein Ende (Art. 736 Ziff. 3 OR), wobei in der Regel die Gesellschaft selbst die Konkurseröffnung gestützt auf Art. 725 Abs. 3 OR und Art. 192 SchKG beantragt. Wird die Gesellschaft durch Konkurs aufgelöst, so erfolgt die Abwicklung im Rahmen des Konkursverfahrens, also unter Aufsicht des Konkursamtes und nach den Beschlüssen der Gläubigerversammlung. Häufig wird versucht, einen Konkursaufschub zu erwirken (Art. 725 Abs. 3 Satz 2 OR), um einen Nachlaßvertrag mit Vermögensabtretung (Liquidationsvergleich)[12] zu beantragen.

6. Die Statuten können Bestimmungen über die Begrenzung der Dauer des Unternehmens enthalten (Art. 627 Ziff. 4 OR). Sehen die Statuten eine zeitliche Befristung oder eine resolutiv bedingte Dauer vor, so wird die Gesellschaft nach Maßgabe der Statuten bei Ablauf der Frist oder Eintritt der Bedingungen aufgelöst. Es sind keine derartigen Fälle bekannt geworden.

II. Wirkungen

1. Die Auflösung bewirkt nicht das Ende der Gesellschaft, sondern den Beginn des Liquidationsverfahrens. Die Auflösung bringt weder die aktive Gesellschaft zum Erlöschen, noch bewirkt sie das Entstehen einer neuen Gesellschaft. Die Auflösung bringt einzig eine Zweckänderung mit sich: Die Gesellschaft ist nicht mehr auf den Betrieb eines kaufmännischen Gewerbes und auf Gewinnerzielung gerichtet, sondern sie bezweckt einzig noch die Abwicklung. Entsprechendes gilt in den drei Fällen der Auflösung ohne Liquidation: Diesfalls richtet sich der Zweck der Gesellschaft auf die Durchführung einer Fusion, die Umwandlung in eine Gesellschaft mit beschränkter Haftung oder auf die Übernahme durch eine Körperschaft des öffentlichen Rechtes (Art. 748–751 und Art. 824–826 OR).

Die mit dem Eintritt ins Liquidationsstadium verbundene Zweckänderung der Gesellschaft ist Dritten gegenüber zum Ausdruck zu bringen, weshalb das Gesetz die Eintragung der Auflösung im Handelsregister (Art. 737 OR) und die Abänderung der Firma (Art. 739 Abs. 1 OR) verlangt: Die Gesellschaft hat der Firma den Zusatz «in Liquidation» beizufügen. Außenstehende Dritte sollen erkennen können, daß diese Gesellschaft nicht mehr aktiv am Wirtschaftsleben teilnimmt, sondern ihre Beziehungen zur Umwelt abbricht und sich auf die Durchführung der Abwicklung beschränkt.

2. Die Auflösung ist ohne Einfluß auf den Weiterbestand der Struktur: Die Gesellschaft verliert ihre Rechts- und Handlungsfähigkeit nicht

---

[12] Art. 316a ff. SchKG.

(Art. 739 Abs. 1 1. Satzteil OR). Die Gesellschaftsorgane bestehen weiter und behalten grundsätzlich ihre Funktionen. Einzig ihre Befugnisse sind auf die Handlungen beschränkt, die für die Durchführung der Liquidation erforderlich sind[13] und ihrer Natur nach nicht von den Liquidatoren vorgenommen werden können.

Die Generalversammlung bleibt oberstes Organ, behält die Befugnis zur Änderung der Statuten im Rahmen der Liquidation, zur Genehmigung der Liquidationsbilanzen, zur Wahl und Abberufung der mit der Liquidation beauftragten Verwaltung oder der Liquidatoren, sowie zur Festsetzung und Ausschüttung des Liquidationsergebnisses.

Die Verwaltung führt als gesetzliche Liquidatorin die Liquidation durch, sofern diese nicht in den Statuten oder durch Generalversammlungsbeschluß andern Personen übertragen wird (Art. 740 Abs. 1 OR).

Die Kontrollstelle bleibt während der Liquidation im Amte und hat die Liquidationseingangsbilanz, die Liquidationszwischenbilanzen und jedenfalls die Liquidationsschlußbilanz zu prüfen[14].

3. Mit dem Eintritt in das Liquidationsstadium verliert die Gesellschaft ihre Gewinnstrebigkeit. Anstelle der Gewinnerzielung tritt die Vermögenserhaltung. Die Tätigkeit der Gesellschaft ist auf die Erhaltung des Vermögens ausgerichtet. Mit dem Eintritt in das Liquidationsstadium unterliegt die Gesellschaft einer verstärkten **Ausschüttungssperre**: Die Gesellschaft ist nicht mehr befugt, Dividenden und Tantièmen auszurichten. Das Vermögen bleibt bis zur Beendigung der Liquidation, d. h. bis zum Ablauf des Sperrjahres (Art. 745 Abs. 2 OR) gesperrt. Abschlagszahlungen auf den Liquidationsanteil sind nicht zugelassen.

Andererseits ist es der Gesellschaft unbenommen, nach Einleitung des Liquidationsverfahrens eine Kapitalherabsetzung mit Mittelfreigabe durchzuführen. Der Kapitalherabsetzungsschuldenruf (Art. 733 OR) ist hierbei entbehrlich, da ein Liquidationsschuldenruf (Art. 742 Abs. 2 OR) durchgeführt wird, doch ist für Ausschüttungen an Aktionäre vor Ablauf des Sperrjahres die Bewilligung des Richters nach Art. 745 Abs. 2 OR erforderlich. Eine Herabsetzung des Grundkapitals unter die Mindestgrenze ist allerdings nicht zuzulassen, da die Einhaltung dieser Schranke im Liquidationsverfahren ihre Bedeutung für die Gläubiger keineswegs verliert[15].

---

[13] wodurch nichts Neues gesagt, sondern einzig die Beschränkung der Befugnisse betont wird; vgl. BGE 91 I, 1965, S. 445 f.
[14] M. WIDMER, Mandat der Kontrollstelle einer AG in Liquidation, Der Schweizer Treuhänder 4/1980, S. 6 ff.
[15] a.M. BÜRGI, N. 13 zu Art. 739 OR.

4. Mit dem Eintritt in das Liquidationsstadium verliert die Gesellschaft Wille oder Fähigkeit zur Fortführung des Unternehmens. Die *going concern*-Basis fällt dahin, so daß die Bewertung zu Fortführungswerten ihre Grundlage verliert. Die Auflösung erheischt eine **Bilanzumstellung** und damit einen Übergang zu Liquidationswerten. Sämtliche Liquidationsbilanzen sind auf Veräußerungswerten zu errichten. Die stillen Reserven lösen sich auf, fiktive Aktiven und Passiven verschwinden[16], Aktienkapital und Reserven werden zu einem Liquidationskonto zusammengefaßt.

III. Liquidationsverfahren

1. Zuständig zur Durchführung der Liquidation sind die **Liquidatoren**. Von Gesetzes wegen steht die Liquidationsbefugnis der Verwaltung zu, doch können die Funktionen durch Statuten oder Generalversammlungsbeschluß andern Personen übertragen werden (Art. 740 Abs. 1 OR). Bei dieser Regelung hat der Gesetzgeber offenbar die Fälle im Auge, in denen keine sachkundige oder vertrauenswürdige Verwaltung besteht. Überdies ist die Abwicklung einer Gesellschaft eine weitgehend technische Angelegenheit, welche häufig nicht den Geschäftsführern, sondern Fachleuten überlassen wird. Nach Art. 741 OR kann ein einzelner Aktionär aus wichtigen Gründen die Abberufung der Liquidatoren und die Einsetzung neuer Liquidatoren verlangen, dasselbe Recht steht auch Gläubigern zu, wenn kein zur Vertretung berechtigter Liquidator in der Schweiz wohnhaft ist (Art. 741 Abs. 2 OR). Die Einsetzung und Abberufung der Liquidatoren durch den Richter auf Antrag eines einzigen Aktionärs stellt eine Regelung dar, die ihresgleichen bei der Verwaltung und der Kontrollstelle sucht und welche de lege ferenda auch bei Verstößen gegen Nationalitäts- und Domizilvorschriften oder bei Nichterfüllung der fachlichen Anforderungen seitens der Kontrollstelle einen Anwendungsbereich finden könnte.

2. Hauptaufgabe der Liquidatoren ist vorerst die Beendigung der laufenden Geschäfte und die **Versilberung der Aktiven** (Art. 743 Abs. 1 OR). Die Liquidatoren haben insbesondere die noch ausstehenden Aktienbeträge *(non-versé)* einzuziehen, sofern sie zur Tilgung der Schulden erforderlich sein sollten. Die übrigen Handlungen der Liquidatoren im Zusammenhang mit der Verwertung der Aktiven sind im Gesetz einläßlich geregelt, wobei insbesondere der freihändige Verkauf der Aktiven vorgesehen ist (Art. 743 Abs. 4 OR).

---

[16] wie z. B. die aktivierten Organisationskosten und Rückstellungen für Unternehmerrisiken.

Da die Auflösung der Gesellschaft den endgültigen Wegfall eines künstlichen Rechtssubjektes bezweckt, ist dem Schutz der Gläubiger, die ihren Schuldner unwiederbringlich verlieren, besondere Aufmerksamkeit zu schenken: Zu diesem Behuf verlangt das Gesetz die Erstellung einer Liquidationseingangsbilanz, die Durchführung eines Schuldenrufes, die Hinterlegung von Beträgen nicht angemeldeter sowie nicht fälliger oder bestrittener Forderungen, sowie den Ablauf des Sperrjahres.

3. Nach Verwertung aller Aktiven, Bezahlung oder gerichtlicher Hinterlegung aller Schulden sowie nach Ablauf des eben genannten Sperrjahres kann der Liquidationsüberschuß anteilsmäßig den Aktionären zugewiesen werden. Die Verteilung des Liquidationsergebnisses erfolgt dabei nach Maßgabe der einbezahlten Beträge (Art. 745 Abs. 1 und Art. 661 OR). Für die im schweizerischen Schrifttum ebenfalls vertretene Nennwerttheorie ist somit angesichts des eindeutigen Gesetzeswortlautes kein Raum[17]. Für die Berechnung des Liquidationsanteils kann danach kein anderer Grundsatz als für die Berechnung der Dividende gelten, und dort wird die Maßgeblichkeit des einbezahlten Betrages nicht bezweifelt. Der Aktionär hat Anspruch auf Rückzahlung des von ihm eingelegten Betrages, sowie auf den danach berechneten Anteil am Liquidationsüberschuß.

4. Nach Beendigung der Liquidation ist die Gesellschaft im Handelsregister zu löschen (Art. 746 OR). Die Löschung bewirkt den Untergang der Gesellschaft, setzt der Rechtssubjektivität ein Ende, zerstört die Organisation, hebt die Beziehungen zwischen den Aktionären auf und läßt die Firma untergehen.

Die vom Bundesgericht vorgesehene Möglichkeit der Wiedereintragung der Gesellschaft auf Antrag der Liquidatoren, der Verwaltung, der Aktionäre oder der Gläubiger für den Fall, daß neue Verbindlichkeiten oder Aktiven zu Tage treten sollten[18], ist einzigartig und kann nur beantragt werden, wenn ein schutzwürdiges Interesse besteht, das nur durch Wiedereintrag befriedigt werden kann.

5. In der Praxis der deutschschweizerischen Kantone vollzieht sich die Liquidation sehr häufig entgegen der gesetzlichen Regelung: In der stillen Liquidation nimmt der Verwaltungsrat die Liquidationshandlungen vorweg, indem er die Aktiven verwertet und die Passiven begleicht. Erst wenn das Gesellschaftsvermögen in einen völlig liquiden Zustand gebracht wird, beschließt die Gesellschaft die Auflösung, stellt Durchführung der Liquidation fest und beantragt die Löschung im Handelsregister. Von einem Schuldenruf

---

[17] a.M. BÜRGI, N.10 zu Art.745 OR; E. FOLLIET, La répartition des bénéfices et des pertes en l'absence de dispositions statutaires, SAG 19, 1946/47, S.182ff.; BUDLIGER, S.30.
[18] BGE 64 I, 1938, S.334ff.; 78 I, 1952, S.451ff.

wird abgesehen; daher der Name stille Liquidation. Die deutschschweizerischen Handelsregisterbehörden sind bereit, jedenfalls in kleinen und überblickbaren Verhältnissen, ein derartiges, offensichtlich gesetzwidriges, aber häufig äußerst zweckmäßiges Verfahren zuzulassen. Die französischsprechenden Handelsregisterbehörden sind weniger pragmatisch und verlangen auch bei völlig liquiden Verhältnissen die Beachtung der gesetzlichen Liquidationsvorschriften, insbesondere die Durchführung des Schuldenrufes.

IV. Fusion

1. Die Fusion ist der Zusammenschluß von zwei (selten: mehreren) Aktiengesellschaften, von denen eine sich auflöst, Ihre Aktiven und Passiven nach den Regeln der Gesamtnachfolge an die andere überträgt, wobei die Aktionäre der aufgelösten Gesellschaft die Mitgliedschaft in der übernehmenden Gesellschaft fortsetzen. Die Fusion ist somit, jedenfalls in ihrer Hauptform, der Annexion, durch folgende Merkmale gekennzeichnet:

Eine Gesellschaft löst sich auf. Anstelle der Liquidation tritt die Übertragung von Aktiven und Passiven gemäß den Regeln der Universalsukzession; die gesamten vermögensrechtlichen Beziehungen der übertragenden Gesellschaft, alle Forderungen, alle Schulden, das Eigentum an allen Vermögenswerten, jeglicher Vertrag, gehen kraft Gesetzes und ohne Beobachtung der Formvorschriften auf die übernehmende Gesellschaft über. Die übernehmende Gesellschaft erwirbt Aktiven und Passiven meist in der Form der Sacheinlage im Rahmen einer Kapitalerhöhung unter Ausschluß des Bezugsrechtes ihrer Aktionäre und unter Zuweisung der neuen Aktien an die Aktionäre der übertragenden Gesellschaft. Bezeichnend für die Fusion ist demnach die Kontinuität der Beziehungen trotz Subjektwechsel.

Wenn die Definition und Charakterisierung der Fusion keine besonderen Schwierigkeiten bietet, so schafft die dogmatische Begründung dieser Kontinuität etliche Probleme. Dafür, daß die Übertragung der Aktiven und Passiven in Form der Universalsukzession und nicht der Singularsukzession mit Schuldübergang kraft Gesetzes gemäß Art. 181 OR erfolgt, enthält das Gesetz nicht die geringste Grundlage. Die Fusion ist vielmehr der einzige Fall rechtsgeschäftlich begründeter Universalsukzession. Beim wirtschaftlich ähnlich gelagerten Fall der Umgründung, sowie bei der Übertragung eines Vermögens oder eines Geschäftes (Art. 181 OR) oder bei Unternehmensteilungen kommt es nicht zur Universalsukzession, sondern bloß zum Übergang der Schulden kraft Gesetzes infolge Auskündung in den öffentlichen Blättern. Aus den umfangreichen Gläubigerschutzmaßnahmen im Fusionsrecht kann ebenfalls nicht auf die Universalsukzession zurückgeschlossen werden. Die Universalsukzession erscheint somit als Begründung zum Nachhinein eines praktisch unentbehrlichen Vorgehens und befriedigenden Ergebnisses: Ein Zusammenschluß von Aktiengesellschaften unter Auflösung der einen würde praktisch verunmöglicht, wenn die einzelnen Vertragspartner um Zustimmung gefragt werden müßten und die übertragende Gesellschaft während zwei Jahren solidarisch weiterhaften müßte, was nach Art. 181 Abs. 2 OR bei Schuldübergang von Gesetzes wegen der Fall ist. Einzig die Universalsukzession vermag die Begründung eines Subjektwechsels ohne jede Einwirkungsmöglichkeit der Vertragspartner und Gläubiger zu begründen.

Das Gesagte gilt verstärkt für die mitgliedschaftsrechtliche Kontinuität. Auch sie erscheint als petitio principii, denn nur sie ist im Ergebnis geeignet, zu erklären, weshalb den Minderheitsaktionären der übertragenden Gesellschaft die Mitgliedschaft entzogen werden kann, ohne daß ein Anspruch am Liquidationsergebnis oder auf eine anders geartete Abfindung entsteht; nur sie kann begründen, daß dem Minderheitsaktionär eine Mitgliedschaft in einer ihm völlig fremden Gesellschaft aufgenötigt werden kann. In dieser Hinsicht ist die Fusion einzigartig, da einzig sie nicht nur den Gläubigern, sondern auch den Minderheitsaktionären eine neue Gesellschaft aufdrängt.

2. Das Gesetz kennt zwei Arten der Fusion, die Wirklichkeit bloß eine: Bei der Annexion nach Art. 748 OR schlüpft eine Gesellschaft in die andere, währenddem bei der Kombination nach Art. 749 OR zwei oder mehrere Gesellschaften gemeinsam eine neue bilden. Die Annexion ist vorgesehen für die Verschmelzung von kleineren mit größeren Gesellschaften, während die Kombination für den Zusammenschluß gleichartiger und gleichwertiger Gesellschaften bestimmt ist. Da sich bei der Kombination alle beteiligten Gesellschaften auflösen und ihre Aktiven und Passiven auf eine neue übertragen, sind die Kosten, insbesondere die Steuern erheblich, weshalb auch beim Zusammenschluß gleichartiger Gesellschaften die Annexion gewählt wird.

3. Von der Fusion deutlich zu unterscheiden ist die Quasifusion, welche lediglich ein Konzernierungsmittel darstellt und dadurch gekennzeichnet ist, daß eine Gesellschaft die Aktien einer anderen erwirbt und den Kaufpreis nicht in bar, sondern ganz oder zumindest teilweise mit der Hingabe von Aktien oder Partizipationsscheinen entrichtet. Bei der Quasifusion findet keine Verschmelzung statt. Die Quasifusion macht aus einer bis anhin wirtschaftlich unabhängigen Gesellschaft eine vollständig beherrschte, aber rechtlich selbständige Tochtergesellschaft. Bei der Quasifusion werden Aktien erworben, bei der Fusion Aktiven und Passiven. Bei der Fusion und bei der Quasifusion erfolgt der Erwerb regelmäßig als Sacheinlage im Rahmen einer Kapitalerhöhung. Bei der Fusion und bei der Quasifusion werden die Aktionäre der einen Gesellschaft zu Aktionären der andern. Bei der Quasifusion erfolgt dies frei-

willig durch zweiseitiges Rechtsgeschäft, bei der Fusion durch Gesellschaftsbeschluß, allenfalls entgegen dem Willen der Minderheit.

4. Einen Sonderfall der Annexion bildet die **Absorption** einer vollständig beherrschten Tochtergesellschaft. Diese Form der Fusion ist dadurch gekennzeichnet, daß die übernehmende Gesellschaft keine Gegenleistung erbringt, da ihr bereits sämtliche Aktien der zu absorbierenden Gesellschaft zustehen und sie durch die Aufnahme der Aktiven und Passiven ihrer hundertprozentigen Tochter nichts erwirbt, was ihr wirtschaftlich nicht bereits gehört hat.

5. Von der Fusion im eigentlichen Sinne ist die **unechte Fusion** zu unterscheiden, durch welche sich zwei Unternehmen zusammenschließen, ohne Übertragung der Aktiven und Passiven durch Universalsukzession, was insbesondere dann für eine Verschmelzung den einzigen Weg darstellt, wenn nicht beide Fusionspartner Aktiengesellschaften sind. Bei der unechten Fusion überträgt ein Unternehmen Aktiven und Passiven in Singularsukzession an eine Aktiengesellschaft, welche diese als Sacheinlage übernimmt und der übertragenden Gesellschaft hiefür Aktien aushändigt, welche diese als Liquidationsergebnis an ihre Gesellschafter weiterleitet. Damit wird das Ergebnis einer Fusion nachgeahmt, ohne daß das hiefür vorgesehene Verfahren eingeschlagen wird.

6. Das **Fusionsverfahren** erfolgt regelmäßig in folgenden Schritten:
Festlegung der Fusionsbilanz durch den Verwaltungsrat der zu übernehmenden Gesellschaft, Abschluß eines Fusionsvertrages zwischen den Verwaltungen der zu fusionierenden Gesellschaften unter Festsetzung des Austauschverhältnisses und Festlegung der jedem Aktionär der übertragenden Gesellschaft für seine Aktie zukommenden Zahl der Aktien der übernehmenden Gesellschaft, Fassung des Auflösungsbeschlusses durch die Generalversammlung der übertragenden Gesellschaft und Genehmigung des Fusionsvertrages, Erwerb von Aktiven und Passiven durch die übernehmende Gesellschaft als Sacheinlage im Rahmen einer Kapitalerhöhung unter Ausschluß des Bezugsrechtes der bisherigen Aktionäre, Eintragung der Kapitalerhöhung durch die übernehmende Gesellschaft im Handelsregister, Eintragung der Auflösung und Fusion der übertragenden Gesellschaft im Handelsregister mit konstitutiver Wirkung, Durchführung des Aktientausches, Veröffentlichung eines Schuldenrufes durch die übertragende Gesellschaft und Befriedigung oder Sicherstellung der Gläubiger, getrennte Verwaltung der Vermögen während eines Sperrjahres, Vereinigung der Vermögen der beiden Gesellschaften nach Ablauf des Sperrjahres, Löschung der übertragenden Gesellschaft im Handelsregister.

Die gesetzliche Regelung hat vorweg den Gläubigerschutz im Auge und behandelt die Fusion in starker Anlehnung an die Liquidation. Die Aktionäre beider Gesellschaften sind indes ebenso starken Gefährdungen ausgesetzt. Hauptgefahr ist für sie die unangemessene Festsetzung des Austauschverhältnisses. Dieses verlangt eine nach gleichen Regeln erfolgende Bewertung beider Unternehmungen, sowie eine entsprechende Festsetzung des Austauschverhältnisses der Aktien. Weder die Bewertung noch die Begründung für die Festsetzung des Austauschverhältnisses ist den Aktionären darzulegen. Ein Fusionsbericht wird nicht verlangt, eine Fusionsprüfung nicht vorgeschrieben[19].

V. Umwandlung

1. Die zweite Form der Auflösung ohne Liquidation, nämlich die Umwandlung einer Aktiengesellschaft in eine Gesellschaft mit beschränkter Haftung nach Art. 824–826 OR (Auflösung mit Transformation) ist weitgehend toter Buchstabe geblieben.

2. Ebenso selten sind die Fälle der Übernahme einer Aktiengesellschaft durch eine Körperschaft des öffentlichen Rechtes nach Art. 751 OR (Auflösung mit Verstaatlichung).

§ 25. Die Verantwortlichkeit

Literatur

M. ALBERS-SCHÖNBERG, Haftungsverhältnisse im Konzern, Zürich 1980; R. BÄR, Verantwortlichkeit des Verwaltungsrates der Aktiengesellschaft, Probleme bei einer Mehrheit von verantwortlichen Personen, ZBJV 106, 1970, S. 457 ff.; K. BÄTTIG, Die Verantwortlichkeit der Kontrollstelle im Aktienrecht, St. Gallen 1976; H. BIGGEL, Die Verantwortlichkeit des Verwaltungsrates gemäß Art. 673 ff. OR/754 ff. rev. OR unter

---

[19] Zum Aktionärsschutz bei Fusionen vgl. RECORDON; STEHLI.

Berücksichtigung des geltenden und kommenden deutschen, französischen und italienischen Rechts, Zürich 1940; M. BURCKHARDT, Die Pflichten und die Verantwortlichkeit der Verwaltung der AG nach schweizerischem, französischem und deutschem Recht, Basel 1969; P. FORSTMOSER, Die Verantwortlichkeit der Verwaltungsräte, in: Die Verantwortung des Verwaltungsrates in der AG, Zürich 1978, S. 27 ff.; DERSELBE, Die aktienrechtliche Verantwortlichkeit. Die Haftung der mit der Verwaltung, Geschäftsführung, Kontrolle und Liquidation einer AG betrauten Personen, Zürich 1978; E. FREY, Die Verantwortlichkeit der Kontrollstelle, in: Abschlußprüfung und Unternehmensberatung, Festschrift zum 50jährigen Bestehen der Schweiz. Treuhand- und Revisionskammer, Zürich 1975, S. 114 ff.; E. FRICK, Der unmittelbare und der mittelbare Schaden im Verantwortlichkeitsrecht der Aktiengesellschaft, Zürich 1953; CH. VON GREYERZ, Die Verantwortlichkeit der aktienrechtlichen Kontrollstelle, in: Rechtsgrundlagen und Verantwortlichkeit des Abschlußprüfers, Zürich 1980, S. 51 ff.; A. HIRSCH, La responsabilité des administrateurs dans la société anonyme, SemJud 1967, S. 249 ff.; DERSELBE, La responsabilité des contrôleurs envers les créanciers sociaux, ST 9–1976; DERSELBE, La responsabilité civile des contrôleurs, in: Aufgaben und Verantwortlichkeit der Kontrollstelle, Zürich 1979, S. 31 ff.; CH. HOLZACH, Der Ausschuß des Verwaltungsrates der Aktiengesellschaft und die Haftungsverhältnisse bei verwaltungsratsinternen Delegierungen. Das Verhältnis von Art. 714 Abs. 2 zu Art. 717 OR, Basel 1960; B. KLEINER, Die Organisation der großen AG unter dem Aspekt der Verantwortlichkeit, SAG 50, 1978, S. 3 ff.; B. LUTZ, Verantwortlichkeit des Abschlußprüfers bei der Bankrevision, in: Rechtsgrundlagen und Verantwortlichkeit des Abschlußprüfers, Zürich 1980, S. 119 ff.; J. MEIER-WEHRLI, Die Verantwortlichkeit der Verwaltung einer Aktiengesellschaft bzw. einer Bank gemäß Art. 754 ff. OR/41 ff. BaG, Zürich 1968; H. REICHWEIN, Über die Solidarhaftung der Verwaltungsräte der Aktiengesellschaft und ihre Beschränkung, SJZ 64, 1968, S. 129 ff.; M. SCHIESS, Das Wesen aktienrechtlicher Verantwortlichkeitsansprüche aus mittelbarem Schaden und deren Geltendmachung im Gesellschaftskonkurs, Zürich (ohne Datum); F. VISCHER, Zur Stellung und Verantwortung des Verwaltungsrates in der Großaktiengesellschaft, in: Die Verantwortung des Verwaltungsrates in der AG, Zürich 1978, S. 71 ff.; H.-J. ZELLWEGER, Haftungsbeschränkung und Solidarhaftung im Verantwortlichkeitsrecht der AG, Bern 1972; A. ZÜND, Verantwortlichkeit des Revisors bei der Konzernrevision, in: Rechtsgrundlagen und Verantwortlichkeit des Abschlußprüfers, Zürich 1980, S. 101 ff.

Das Aufeinandertreffen von Schadenersatzansprüchen verschiedener Berechtigter gegenüber verschiedenen Verpflichteten aus unterschiedlichen Rechtsgründen ruft nach einer Sonderregelung der aktienrechtlichen Verantwortlichkeit: Als Schädiger treten auf: Verwaltung, Kontrollstelle, Gründer und Liquidatoren. Geschädigt sind: Gesellschaft, Aktionäre oder Gläubiger. Die Ansprüche beruhen teils auf Vertrag, teils auf Delikt. Eine besondere gesetzliche Regelung der verschiedenen Ansprüche und der Haftung mehrerer ist demnach unerläßlich. Das Gesetz hat den Kreis sowohl der Ersatzpflichtigen wie der Anspruchsberechtigten festzulegen und das Verhältnis der verschiedenen Ansprüche zueinander eindeutig zu bestimmen. Diesem Zweck dient der sechste Abschnitt des Aktienrechtes über die Verantwortlichkeit (Art. 752–761 OR).

I. Ersatzpflichtige

Die aktienrechtlichen Verantwortlichkeitsvorschriften nennen fünf verschiedene Ersatzpflichtige: Prospektersteller, Gründer, mit der Verwaltung und der Geschäftsführung betraute Personen, Kontrollstelle und Liquidatoren.

1. Im Vordergrund der aktienrechtlichen Haftung steht die Verantwortlichkeit aller mit der Verwaltung oder Geschäftsführung betrauten Personen. Diese werden sowohl der Gesellschaft als auch den einzelnen Aktionären und Gesellschaftsgläubigern für den Schaden verantwortlich, den sie durch absichtliche oder fahrlässige Verletzung der ihnen obliegenden Pflichten verursachen (Art. 754 Abs. 1 OR). Dieser Haftung sind somit unterworfen alle Mitglieder des Verwaltungsrates, insbesondere auch die fiduziarischen und die stillen, sowie alle andern Personen, denen Organfunktion zukommt, welche also in maßgebender Weise an der Willensbildung der Gesellschaft teilnehmen und korporative Aufgaben selbständig ausüben[1], insbesondere die Mitglieder der Geschäftsleitung, Direktoren, Leiter von Zweigniederlassungen oder Abteilungen, Prokuristen usw. Der Haftung aus Verwaltung und Geschäftsführung können ebenfalls unterworfen werden: der Hintermann, welcher einen fiduziarischen Verwaltungsrat vorschickt und ihm Weisungen erteilt, sowie die Konzernmuttergesellschaft und der private Großaktionär, sofern sie unmittelbar und nachhaltig Einfluß auf die Geschäftsführung nehmen. Neben der Muttergesellschaft, die durch die Einflußnahme auf die Geschäftsführung der Tochter zu deren Organ wird, haften allenfalls auch die Organe der Konzernobergesellschaft persönlich, wenn sie in der Konzernuntergesellschaft tätig werden. Keiner aktienrechtlichen Haftung unterstehen der Minderheitsaktionär, sowie der Hauptaktionär, der sich auf die Ausübung seiner Aktionärrechte beschränkt. Nicht unter die aktienrechtliche Verantwortlichkeit fallen ferner die Angestellten ohne Organfunktion, wozu allenfalls der der Verwaltung nicht angehörende Sekretär gehört[2].

2. Neben der Verwaltung und Geschäftsführung haftet auch die Kontrollstelle für die Verletzung der ihr obliegenden Pflichten, also insbesondere für mangelhafte Prüfung und Berichterstattung. Dieser aktienrechtlichen Haftung unterstehen Mitglieder der Kontrollstelle, nicht hingegen die sogenannten Pflichtprüfer von Art. 723 OR. Wird eine Treuhandgesellschaft oder ein Revisionsverband als Kontrollstelle gewählt, haftet einzig die juristische Person nach den aktienrechtlichen Regeln, es haften nicht auch deren Organe und Mitarbeiter[3].

---

[1] FORSTMOSER/MEIER-HAYOZ, § 25, N. 2.
[2] Für Einzelheiten hier und in der Folge vgl. die sehr einläßlichen Einzelausführungen von FORSTMOSER, Die aktienrechtliche Verantwortlichkeit, § 2.
[3] FORSTMOSER, Die aktienrechtliche Verantwortlichkeit, N. 552 f.

3. Entsprechend der ausführlichen Regelung der Liquidation wird die Haftung der Liquidatoren in Art. 754 Abs. 2 OR besonders hervorgehoben.

4. Einer besonders ausgestalteten Verantwortlichkeit werden schließlich die Gründer unterworfen: Art. 753 OR unterwirft sie drei besonders geregelten Haftungstatbeständen: Unrichtige oder unvollständige Angaben im Zusammenhang mit Sacheinlagen, Sachübernahmen und Gründervorteilen; unrichtige Angaben in Bescheinigungen oder Urkunden zu Handen des Handelsregisters; Annahme von Aktienzeichnungen zahlungsunfähiger Personen. Die Gründerhaftung gemäß Art. 753 OR findet auf Kapitalerhöhungen nicht Anwendung soweit die entsprechenden Mängel bei Kapitalerhöhungen durch die Verantwortlichkeit für Verwaltung und Geschäftsführung abgedeckt werden[4].

5. Schließlich erfaßt Art. 752 OR jeden, der bei der Erstellung oder Verbreitung von unrichtigen oder unvollständigen Prospekten bei der Gründung einer Aktiengesellschaft oder bei der Ausgabe von Aktien oder Obligationen mitgewirkt hat. Die aktienrechtliche Prospekthaftung gilt nicht bloß für Aktienprospekte, sondern auch für Prospekte bei der Ausgabe von Obligationen, findet indessen nur auf Aktiengesellschaften Anwendung[5], und geht demnach der allgemeinen Haftungsnorm von Art. 1156 Abs. 3 OR vor.

II. Anspruchsberechtigte

1. Anspruch auf Schadenersatz hat – außer bei der Prospekthaftung – vorweg die Gesellschaft, denn sie wird in den meisten Fällen durch das pflichtwidrige Verhalten ihrer Organe geschädigt. Ihr steht somit ein Klagerecht gegenüber den Gründern, den mit der Verwaltung, Geschäftsführung oder Revision betrauten Personen, sowie gegenüber den Liquidatoren zu.

Da die Gesellschaft nicht selten zögern wird, Ersatzansprüche gegenüber ihren Organen, die zugleich Hauptaktionäre sein können, anzustrengen, räumt das Gesetz in Art. 755 OR auch den einzelnen Aktionären ein Klagerecht ein. Diese klagen anstelle der untätigen Gesellschaft, aber im eigenen Namen und aus einem eigenen Forderungsrecht. Dennoch geht dieser Schadenersatzanspruch der Aktionäre auch auf Leistung an die Gesellschaft als primär Geschädigte. Der indirekte Schaden wird indirekt ersetzt.

2. Gründer und Organe sind vorweg der Gesellschaft zu Sorgfalt und Treue verpflichtet. Ihnen obliegen daneben aber auch, wenn auch bloß in einge-

---

[4] Wie hier BÜRGI, N. 22 zu Art. 753 OR und FORSTMOSER, Die aktienrechtliche Verantwortlichkeit, N. 575 ff.
[5] FORSTMOSER, Die aktienrechtliche Verantwortlichkeit, N. 638.

schränktem Maße, Verhaltenspflichten gegenüber den Aktionären, so insbesondere bei der Festsetzung und Prüfung von Jahresrechnung und Geschäftsbericht, bei der Auskunftserteilung in der Generalversammlung, bei den Anträgen über die Gewinnverwendung, die Kapitalerhöhung oder die Kapitalherabsetzung sowie bei den Beschlüssen über die Zustimmung zur Übertragung von vinkulierten Namenaktien. In allen diesen Fällen, und grundsätzlich nur in diesen, sind die mit der Verwaltung, Geschäftsführung und Revision betrauten Personen den Aktionären gegenüber aktienrechtlich zu besonderer Sorgfalt und Treue verpflichtet. Durch die Verletzung dieser aktienrechtlichen Pflichten entsteht den Aktionären unmittelbar Schaden. Sie können diesen geltend machen.

Daß den Aktionären daneben auch ein Anspruch auf Ersatz des der Gesellschaft entstandenen Schadens zusteht, wurde soeben ausgeführt. Die Aktionäre können demnach unter zwei Titeln klagen, entweder auf Ersatz des ihnen unmittelbar entstandenen oder auf Ersatz des der Gesellschaft entstandenen Schadens. Nur von diesem Klagerecht auf mittelbarem Schaden handelt Art. 755–57 OR.

Die Verantwortlichkeitsklage des Aktionärs und seine Klage auf Anfechtung von Generalversammlungsbeschlüssen stehen zueinander im Verhältnis der Kumulation: Erfüllt ein Sachverhalt die Voraussetzungen beider Klagen, so ist der Aktionär zur Erhebung beider Klagen berechtigt. Nach der Praxis des Bundesgerichtes ist die Bilanzanfechtungsklage zur Verantwortlichkeitsklage insofern subsidiär, als die Anfechtungsklage dann unzulässig ist, wenn sie sich auf einen Sachverhalt stützt, der Gegenstand einer Verantwortlichkeitsklage bilden kann[6]. Für diese Ansicht lassen sich keine Argumente finden, denn die Klagevoraussetzungen können deutlich auseinandergehalten werden. Es ist selbstverständlich, daß eine Bilanzanfechtungsklage nur am Platz ist, wenn ein Sachverhalt in der Bilanz unrichtig wiedergegeben wird und nicht auch, wenn ein Geschäftsführungsmangel oder eine Gesetzwidrigkeit seitens der Verwaltung in der Bilanz richtig wiedergegeben ist[7].

3. Nur zum Teil ähnlich ist die Rechtslage der Gläubiger. Auch bei ihnen sind die Fälle, in denen sie direkt, und die Fälle, in denen die Gesellschaft geschädigt wird, auseinanderzuhalten. Die Fälle der direkten Schädigung von

---

[6] Vgl. BGE 81 II, 1955, S. 462 und 92 II, 1966, S. 243 ff. Vgl. auch P. JOLIDON, Action en annullation des décisions de l'assemblée générale, ou action en responsabilité contre les administrateurs?, in: Lebendiges Aktienrecht, Festgabe zum 70. Geburtstag von Wolfhart Friedrich Bürgi, Zürich 1971, S. 213 ff.
[7] Vgl. auch CH. VON GREYERZ, Bilanzgenehmigung, in: Recht und Wirtschaft heute, Festgabe für Max Kummer, Bern 1980, S. 143 ff., insbes. S. 158 f.; gl. A. FORSTMOSER, Die aktienrechtliche Verantwortlichkeit, N. 467.

Gläubigern durch mit der Verwaltung oder Geschäftsführung betraute Personen sind selten, denn das Aktienrecht auferlegt Verwaltung und Geschäftsführung nur in sehr geringem Maße Pflichten, deren Einhaltung die Gläubiger verlangen können. Im Vordergrund steht auch hier die Erstellung und Verbreitung von Jahresrechnungen und Geschäftsberichten sowie anderen Angaben über die Gesellschaft.

Die Kontrollstelle als reines Innenorgan hat keine Verpflichtungen den Gläubigern gegenüber und kann von ihnen demnach ohnehin nicht für direkten Schaden ins Recht gefaßt werden, denn es gebricht am Rechtswidrigkeitszusammenhang[8].

Eine Schädigung einzig der Gesellschaft hat für die Gläubiger solange keine Auswirkungen, als ihre Forderungen noch durch Aktiven gedeckt sind. Nimmt die Vermögensschädigung der Gesellschaft ein derartiges Ausmaß an, daß der Verlust Reserven und Grundkapital übersteigt, so sind die Gläubiger zu Schaden gekommen. In diesem Falle ist die Gesellschaft aber überschuldet und gerät somit in Konkurs. Die Gläubiger sind demnach nur im Konkurs an einer Klage auf Ersatz des der Gesellschaft entstandenen Schadens interessiert. Wenn Art. 758 OR bestimmt, daß das den Gesellschaftsgläubigern in Art. 755 OR eingeräumte Klagerecht nur im Konkurs geltend gemacht werden kann, so übersieht der Gesetzgeber, daß der Gesellschaftsgläubiger vorher gar kein Klagerecht geltend machen will. Der Gläubiger bedarf keines Rechts zur Klage auf Ersatz des Schadens an die Gesellschaft außer Konkurs, denn ist der Gläubiger geschädigt, so ist die Gesellschaft notgedrungenermaßen im Konkurs.

4. Nur der Gesellschaft, den Aktionären und den Gesellschaftsgläubigern steht ein Schadenersatzanspruch zu. Keinen aktienrechtlichen Anspruch haben demnach die Partizipanten und die Inhaber von Genußscheinen, denn sie sind weder Gläubiger noch Aktionäre, sondern Beteiligte minderen Rechts.

III. Schaden

Aus der Sicht der Aktionäre und Gläubiger können direkter und indirekter Schaden unterschieden werden:

1. Die Aktionäre und Gläubiger sind direkt, unmittelbar geschädigt, wenn die Organe der Gesellschaft die einzig ihnen gegenüber bestehenden Pflichten verletzt haben und nur ihnen und nicht auch der Gesellschaft ein Schaden entstanden ist. Die Geltendmachung dieses direkten Schadens ist an keine besonderen Voraussetzungen geknüpft und kann von den Aktionären wie von

---

[8] VON GREYERZ, Verantwortlichkeit, S. 151 ff., insbes. S. 155 f.

den Gläubigern sowohl innerhalb wie außerhalb des Konkurses der Gesellschaft geltend gemacht werden. Auch für diesen direkten Schaden gelten, wie aus der Systematik des Verantwortlichkeitsrechtes hervorgeht, die Regeln über Solidarität und Rückgriff, Verjährung und Gerichtsstand (Art. 759–761 OR): Auch der direkte Schaden untersteht sowohl für Gläubiger wie auch für Aktionäre der fünfjährigen Verjährungsfrist. Der direkte Schaden kann beim Richter am Sitze der Gesellschaft geltend gemacht werden.

2. Die Hauptpflichten der Organe sind der Gesellschaft geschuldet. Werden sie verletzt, so entsteht vorweg ihr ein Schaden. Aus der Sicht der Aktionäre und Gläubiger handelt es sich um einen indirekten Schaden. Nur für diesen indirekten Schaden gelten die legislatorisch mißglückten Vorschriften über die Geltendmachung in den Art. 755–758 OR[9]. Demnach sind die Aktionäre außer Konkurs einzig berechtigt, die Leistung des Schadenersatzes an die Gesellschaft zu verlangen (Art. 755 OR), während im Konkurs das Klagerecht der Aktionäre und das nun entstandene Klagerecht der Gläubiger vorweg durch die Konkursverwaltung ausgeübt wird[10].

IV. Rechtswidrigkeit

Die Verantwortlichkeit wird begründet durch Verstöße gegen das Gesetz oder die Statuten. Wichtiger als die Unterscheidung in direkten und indirekten Schaden ist die Unterscheidung der Rechtswidrigkeiten:

1. Wie bereits erwähnt, sind die Hauptpflichten der Organe der Gesellschaft und den Aktionären geschuldet. Das Aktienrecht als Organisationsrecht stellt kaum Vorschriften über die Außenbeziehungen der Gesellschaft auf. Vielmehr regelt es das Innenverhältnis und insbesondere die Pflichten von Verwaltung und Kontrollstelle gegenüber der Gesellschaft und gegenüber der Generalversammlung als dem dritten Organ. Aus der Pflicht der Verwaltung zur sorgfältigen Leitung der Geschäfte der Gesellschaft nach Art. 722 Abs. 1 OR können Außenstehende, insbesondere Vertragspartner und Gläubiger, nichts ableiten, denn die aktienrechtliche Sorgfalt ist nicht ihnen, sondern der Gesellschaft und den Aktionären geschuldet.

2. Handelt ein Organ gemäß den Weisungen, die ihm die Generalversammlung oder der Hauptaktionär erteilt, verliert sein Handeln die Rechtswidrigkeit

---

[9] Mißglückt ist insbesondere die Regelung der Klagerechte der Gläubiger, indem ihnen in Art. 754 OR ein derartiges Klagerecht uneingeschränkt eingeräumt, in Art. 755 OR beschränkt und in Art. 758 OR für die Fälle außer Konkurs gänzlich entzogen wird, obschon ein solcher Entzug unnötig ist, da außer Konkurs dem Gläubiger das Klageinteresse ohnehin abgeht.
[10] Vgl. für die Geltendmachung der Schadenersatzansprüche hinten VII.

gegenüber der Gesellschaft oder dem Hauptaktionär. Die Gesellschaft kann demnach keinen Schadenersatz verlangen, wenn die Organperson in Ausführung von Generalversammlungsbeschlüssen Schaden stiftet[11]. Der Weisungserteilung durch die Generalversammlung kommt demnach déchargierende Wirkung zu. Auch für diese punktuelle Entlastung findet Art. 695 OR Anwendung, so daß Personen, die in irgendeiner Weise an der Geschäftsführung teilnehmen, vom Stimmrecht ausgeschlossen sind.

Der die Instruktion erteilende Aktionär ist ebenfalls von der Schadenersatzklage ausgeschlossen.

3. Widerrechtliche Handlungen seitens der Organe gegenüber Dritten, insbesondere gegenüber Gläubigern, finden aus den eben genannten Gründen höchst selten ihre Grundlage im Aktienrecht, da das Aktienrecht einzig im Gebiete der Information der Verwaltung, nicht aber der Kontrollstelle, besondere Pflichten den Gläubigern gegenüber auferlegt. Aktienrechtlich gesehen schulden die Verwaltung und die Geschäftsführung den Gläubigern wenig, die Kontrollstelle nichts.

V. Verschulden

1. Gehaftet wird im Aktienrecht für **jedes Verschulden**, insbesondere auch für die leichte Fahrlässigkeit (vgl. Art. 754 Abs. 1 OR). Kein Geschäftsführungsentscheid erfolgt in Kenntnis aller Tatsachen, so daß ihm immer ein Risiko und damit eine Spur von Fahrlässigkeit anhaftet. Doch dürfen Risikofreudigkeit und Fahrlässigkeit nicht gleichgesetzt werden. Gehaftet wird nur für fehlerhaft zustandegekommene, nicht für fehlgeschlagene Entscheide: Wer die Fakten sorgfältig sammelt und abwägt und gestützt hierauf einen Entscheid trifft, der sich in der Folge als Fehlentscheid erweist und Schaden stiftet, hat, da er nicht kausal haftet, für die Folgen seines Entscheides nicht einzustehen. Fahrlässig handelt nicht der Wagemutige, sondern der Unbesonnene, also derjenige, der sich über die Voraussetzungen und die Auswirkungen seines Handelns nicht rechtzeitig und sorgfältig Rechenschaft ablegt.

Haftungsbegründend sind in der Praxis weniger Handlungen, sondern vielmehr **Unterlassungen**, so daß sich immer die Frage stellt, ob der Verantwortliche alles zur Vermeidung einer Schädigung Erforderliche getan habe und ob eine Einwirkung den Schaden verhindert oder gemindert hätte. Stillschweigen und Stillehalten befreien auch im Aktienrecht nicht vor Verantwortlichkeit. Hauptursache aktienrechtlicher Haftung ist meist nicht ungestümes und

---

[11] Für Einzelheiten vgl. erneut FORSTMOSER, Die aktienrechtliche Verantwortlichkeit, N. 414.

rücksichtsloses Handeln, sondern häufiger Passivität und Lethargie sowie Versuche zur Vertuschung von Fehlern.

2. Unbestritten ist, daß die Herabsetzungsgründe des Deliktsrechts auch im Aktienrecht zur Anwendung gelangen[12]. Der Schädiger kann sich demnach auf Selbstverschulden des Geschädigten (Art. 44 Abs. 1 OR), auf seine eigene leichte Fahrlässigkeit (Art. 43 Abs. 1 OR) und auf Drittverschulden oder Zufall berufen, um die Ersatzpflicht herabzusetzen. Daß die genannten Herabsetzungsgründe im Falle der solidarischen Mithaftung mehrerer nur eingeschränkt gelten, wird sogleich auszuführen sein.

3. Das Verschulden der Verwaltung als Vertreterin der geschädigten Gesellschaft erscheint der Kontrollstelle als ein Fall von Selbstverschulden, doch ist es Pflicht der Kontrollstelle, Verstöße der Verwaltung gegen das Bilanzrecht aufzudecken, so daß hier die Berufung auf Selbstverschulden nicht voraussetzungslos, sondern nur bei vorsätzlichen oder grobfahrlässigen Handlungen der Verwaltung zuzulassen ist, aber immer dann Anwendung finden soll, wenn die Verwaltung der Kontrollstelle bestimmte Sachverhalte arglistig verheimlicht[13].

VI. Verantwortlichkeit mehrerer

1. Da die Verwaltung als Kollektivorgan konzipiert und häufig als solches ausgestaltet ist, da die Geschäftsführung häufig mehreren Personen obliegt und da im Hauptgebiet der aktienrechtlichen Außenpflichten, Jahresrechnung und Geschäftsbericht, zwei Gesellschaftsorgane: Verwaltung und Kontrollstelle, tätig werden, erhält die Problematik der Verantwortlichkeit mehrerer im Aktienrecht eine besondere Aktualität. Dabei stehen sich zwei Tendenzen gegenüber: Der Verantwortliche will einerseits nur für den Schaden einstehen, den er verschuldet oder den zu verhindern er schuldhaft unterlassen hat. Dem Geschädigten steht anderseits eine große, zum Teil komplexe und für ihn jedenfalls undurchsichtig organisierte Unternehmung gegenüber, so daß er den Verursacher seines Schadens nur schwierig eruieren kann und zufrieden sein muß, wenn er einem einzigen Verantwortlichen ein Verschulden nachweisen kann und ihn so haftbar zu machen vermag.

Diesen Widerstreit entscheidet der Gesetzgeber nur scheinbar, wenn er in Art. 759 OR vorschreibt, daß mehrere Personen, die für denselben Schaden verantwortlich sind, solidarisch haften. Diese Regelung über die Solidarität

---

[12] FORSTMOSER, Die aktienrechtliche Verantwortlichkeit, N. 242 ff.
[13] VON GREYERZ, Verantwortlichkeit, S. 62; a.M. BÜRGI, N. 16 zu Art. 759 OR.

der Haftung kann, da sie für die Haftung innerhalb einer Organisation aufgestellt wird, bedeuten, daß einzig Mitglieder desselben Organs solidarisch haften. Die Vorschrift kann heißen, daß alle, die schuldhaft zur Entstehung des Schadens beigetragen haben, einzig für den von ihnen verschuldeten Teil des Schadens solidarisch mit dem Mitverantwortlichen haften. Die Bestimmung kann bedeuten, dass mehrere Verantwortliche solidarisch mit dem am meisten Schuldhaften haften und somit die Gefahr der Zahlungsunfähigkeit einzelner Verantwortlicher tragen, indem der Geschädigte von jedem Verantwortlichen denjenigen Betrag verlangen kann, den ihm der am meisten Schuldhafte und oft am wenigsten Zahlungsfähige hätte leisten müssen.

Die Lehre ist kontrovers und vertritt drei Theorien: Eine Ansicht geht dahin, daß die Solidarität jede Berufung auf leichtes Verschulden im Außenverhältnis untersage, so daß jeder für den ganzen Schaden aufzukommen hat[14]. Nach der zweiten in der Literatur vorherrschenden Meinung ist die Ersatzpflicht auf das Verschulden jedes einzelnen beschränkt. Jeder haftet somit nur bis zur Höhe seines Verschuldens, einzig für den von ihm verschuldeten Teil des Schadens. Die Solidarität besteht nur in dieser Höhe[15].

Richtig ist indessen die dritte Ansicht, wonach sich die Haftung jedes Schädigers nach der Haftbarkeit des am meisten Belasteten richtet. Diese Theorie ist von REICHWEIN entwickelt[16] und vom Bundesgericht ausdrücklich abgelehnt worden[17]. Einzig diese vermittelnde Theorie bewirkt, daß der Geschädigte durch den Umstand, daß mehrere den Schaden verursacht haben, nicht schlechter, aber auch nicht besser gestellt wird, als wenn nur einer haften würde, und daß die Schädiger und nicht der Geschädigte die Gefahr der Zahlungsunfähigkeit eines Mitverantwortlichen tragen.

Das Bundesgericht vertritt die erste Theorie, hat sie jedoch noch kaum je angewendet[18].

Nach der Ansicht des Bundesgerichtes bedeutet Solidarität in jeder Form Stärkung der Stellung des Gläubigers. Er kann beim gerichtlichen Austrag

---

[14] Vor allem M. KUMMER, Die Verantwortung des Anwalts als Verwaltungsrat einer AG, Mitt. des Schweiz. Anwaltsverbandes, H. 38, 1972, S. 11 ff.; W. VON STEIGER, N. 15 zu Art. 827 OR; ZELLWEGER, S. 68 ff.

[15] Vgl. vor allem W. F. BÜRGI, Probleme differenzierter Schadenersatzpflicht bei der Solidarhaftung von Verwaltungsräten der Aktiengesellschaft, in: Festgabe der juristischen Abteilung der Hochschule St. Gallen zum Schweizerischen Juristentag, Bern 1965, S. 39 ff.; MEIER-WEHRLI, S. 45 ff.

[16] REICHWEIN, a.a.O.

[17] BGE 97 II, 1971, S. 415; vgl. zum ganzen auch FORSTMOSER, Die aktienrechtliche Verantwortlichkeit, S. 75 ff., sowie VON GREYERZ, Verantwortlichkeit, S. 61 ff.

[18] Vgl. VON GREYERZ, Verantwortlichkeit; BGE 93 II, 1967, S. 322; 97 II, 1971, S. 416; vgl. auch das Urteil des Bundesgerichtes vom 11. Nov. 1975, zit. in: Der Schweizer Treuhänder, 9/1976, S. 24 ff., insbes. S. 27.

seines Anspruches den Prozeßgegner auswählen und sich darauf beschränken, nur gegen einen vorzugehen: Welchen Weg er auch einschlägt, sein Anspruch erlischt erst, wenn er voll befriedigt worden ist[19].

Richtig angewendet muß der Grundsatz der Solidarität indessen folgendes bedeuten:

a) Solidarisch haften Personen, die den Schaden verschuldet haben und demselben Organ angehören.

b) Solidarisch haften Personen, die nicht demselben Organ angehören, die aber den Schaden gemeinsam verschuldet haben.

c) Wer solidarisch mit anderen haftet, hat für denjenigen Teil des Schadens voll einzustehen, der von dem am meisten Belasteten verschuldet wurde.

Jeder dieser Sätze kann mit dem Wortlaut, aber auch mit der ratio legis von Art. 759 Abs. 1 OR in Einklang gebracht werden. Eine Intervention des Gesetzgebers erscheint nur insofern notwendig, als die extreme Praxis des Bundesgerichtes einer Korrektur bedarf.

2. Ein typisch aktienrechtlicher Aspekt des Verantwortlichkeitsrechtes bildet die Frage nach der Auswirkung der Kompetenzdelegation. Die Komplexität der Verhältnisse, die Größe der Unternehmung und der Wille zur Selbstverantwortlichkeit jedes einzelnen verlangen, daß die Verwaltung, der nicht nur alle Macht, sondern auch alle Befugnisse zustehen, diese zum Teil weitergibt, wie dies in Art. 714 Abs. 2 OR für die Ausschüsse und in Art. 717 OR für die Geschäftsführung und Vertretung vorgesehen ist. Das Gesetz läßt demnach eine Kompetenzdelegation ausdrücklich zu und verlangt formell lediglich eine Grundlage in den Statuten, in einem Reglement oder in einem GV-Beschluß. Fest steht ferner, daß die Verwaltung die Grundentscheide nicht zu delegieren vermag. Sie hat insbesondere die Vorbereitung der Generalversammlung und die Durchführung von deren Beschlüssen, die Erstellung der Jahresrechnung und des Geschäftsberichtes, den Erlaß des Organisationsreglementes, die Bezeichnung der Zeichnungsberechtigten selber zu besorgen, ebenso die Festlegung der Grundsätze für die Vinkulierung. Die übrigen Kompetenzen kann sie an einzelne Mitglieder (Delegierte) oder außenstehende Dritte (Direktoren) übertragen. Eine formell und materiell richtige Kompetenzdelegation verändert die Haftung des Delegierenden: Er haftet lediglich für die Sorgfalt der Auswahl, Unterrichtung und Überwachung. Seine Pflichten reduzieren sich somit auf die drei Kuren. Infolge der Solidarität der Haftung und des Ausschlusses der Berufung auf geringes Verschulden vermag diese Aufgabeneinschränkung ihre Wirkung nicht zu entfalten und führt nicht

---

[19] Vgl. BGE 97 II, 1971, S. 403 ff.; 93 II, 1967, S. 322; 89 II, 1963, S. 122, E. 5.

zu einer entsprechenden Beschränkung der Verantwortlichkeit[20]. Ein klärender Bundesgerichtsentscheid steht noch aus.

Beschränkt sich die Haftung des delegierenden Organs auf Auswahl, Unterrichtung, Aufsicht, so besteht gleichwohl Solidarität der Haftung zwischen Delegierendem und Delegiertem, wobei jener einzig haftet, wenn ihm Mängel in der Auswahl, Unterrichtung und Aufsicht vorgeworfen werden können.

3. Im Innenverhältnis richtet sich die Verantwortlichkeit nach dem Grade des Verschuldens (Art. 759 Abs. 2 OR): Der **Rückgriff** folgt demnach den zu Art. 50 OR entwickelten Regeln[21].

VII. Geltendmachung

1. Die Geltendmachung direkten Schadens ist im Aktienrecht ebensowenig wie im Vertrags- und Deliktsrecht an besondere Klagevoraussetzungen gebunden.

2. Einzig im Gebiet des indirekten Schadens muß der Gesetzgeber Rangfolge und Verhältnis der einzelnen Klageansprüche ordnen. Im Aktienrecht tut er dies in der bereits genannten Weise, daß außer Konkurs einzig den Aktionären ein Forderungsrecht auf Ersatz indirekten Schadens zusteht und dieses auf Leistung an die Gesellschaft geht und daß im Konkurs sämtliche Klagerechte auf Ersatz des verursachten Schadens vorerst durch die Konkursverwaltung ausgeübt werden. Will die Konkursverwaltung die Verantwortlichkeitsansprüche nicht geltend machen, da ihr die Prozeßaussichten zu gering erscheinen, kann jeder Aktionär und jeder Gläubiger verlangen, daß er die Ansprüche geltend machen kann (Art. 756 Abs. 2 Satz 1 OR). Das Ergebnis ist nach den Bestimmungen des Bundesgesetzes über Schuldbetreibung und Konkurs zu verwenden (Art. 756 Abs. 2 Satz 2 OR), was bedeutet, daß das Ergebnis zur Deckung der Forderung derjenigen Gläubiger dient, an welche die Abtretung stattgefunden hat, nach dem unter ihnen bestehenden Range (Art. 260 Abs. 2 Satz 1 SchKG). Ein allfälliger Überschuß ist an die Masse abzuliefern (Art. 260 Abs. 2 Satz 2 SchKG) und wird an die nicht klagenden Gläubiger verteilt. Erst ein nochmaliger Überschuß stände den klagenden Aktionären zu und würde ihnen im Verhältnis des Nennwertes ihrer Aktien zugewiesen. Daraus ergibt sich deutlich, daß die Aktionäre selten ein Interesse

---

[20] Ebenso F. VISCHER, Die Stellung der Verwaltung und die Grenzen der Delegationsmöglichkeit bei der großen AG, in: Festgabe für Wilhelm Schönenberger, Freiburg 1968, S. 345 ff. Vgl. auch KLEINER.

[21] BÜRGI, N. 19 ff. zu Art. 759 OR.

an einer Verantwortlichkeitsklage haben, während des Konkurses nicht, weil die Leistung an die Gesellschaft erfolgt, im Konkurs nicht, weil sämtliche Gläubiger vorangehen und die Aussicht, daß bei einer konkursiten Gesellschaft Teile des Grundkapitals gleichwohl noch gedeckt sind, wahrlich gering ist.

3. Der Entlastungsbeschluß verhindert eine Verantwortlichkeitsklage der Gesellschaft, denn ein solcher enthält ein negatives Schuldanerkenntnis.
Der Klage eines Aktionärs auf Ersatz des mittelbaren Schadens steht die Entlastung entgegen, wenn er dem Entlastungsbeschluß zugestimmt oder die Aktien seither in Kenntnis der Schlußnahme erworben hat, oder wenn seit dem Entlastungsbeschluß mehr als sechs Monate verstrichen sind. Einzig diese zwei Fälle regelt Art. 757 OR.
Das Recht des Aktionärs zur Geltendmachung unmittelbaren Schadens wird durch die Erteilung der Entlastung nicht berührt[22]. Für die Gläubiger ist die Entlastung ohne jede Wirkung.

4. Vergleiche zwischen Verantwortlichem und Gesellschaft sind ohne Auswirkung für die Geltendmachung unmittelbaren Schadens durch die Aktionäre sowie für die Klageansprüche der Gläubiger. Die Auswirkung eines Vergleiches auf die Rechte von Aktionären aus mittelbarer Schädigung ist kontrovers. Mit FORSTMOSER[23] ist anzunehmen, daß die nicht zustimmenden Aktionäre durch den Vergleich nicht gebunden sind, da ihr Klagerecht nicht aufgehoben wurde.

5. Die Verjährung ist für sämtliche aktienrechtlichen Verantwortlichkeitsansprüche einheitlich auf fünf Jahre seit Kenntnis des Geschädigten vom Schaden und der Person des Ersatzpflichtigen festgesetzt.
Art. 760 OR gilt für die Ansprüche der Gesellschaft, der Aktionäre und der Gläubiger, und zwar sowohl für die Klagen auf Ersatz des mittelbaren als auch insbesondere des unmittelbaren Schadens.

6. Für alle Verantwortlichkeitsklagen gilt ein einheitlicher Gerichtsstand. Nach Art. 761 OR können sämtliche Klagen gegen alle verantwortlichen Personen beim Richter am Sitze der Gesellschaft angebracht werden. Jeder Ersatzpflichtige kann am Sitze der Gesellschaft eingeklagt werden. Jede Verantwortlichkeitsklage der Ersatzberechtigten kann ebendort angebracht werden.

---

[22] FORSTMOSER, Die aktienrechtliche Verantwortlichkeit, N. 353.
[23] ebenda, N. 378.

Siebentes Kapitel

Besondere Aktiengesellschaften

§ 26. Die Kommandit-Aktiengesellschaft

Literatur

    K. Fehr, Die Struktur der Kommandit-Aktiengesellschaft, Bern 1935; L. Fromer, Die Eignung der Kommandit-Aktiengesellschaft als Rechtsform für Familienunternehmungen, SAG 28, 1955/56, S. 149ff. und S. 175f.; R. A. Ikle, Die Kommandit-Aktiengesellschaft nach schweizerischem und deutschem Recht, Bern 1907; Ch. Reinhardt, Die Kommandit-Aktiengesellschaft im schweizerischen Gesellschaftsrecht, Diss. Zürich 1971; C. H. Barz, Kommanditgesellschaft auf Aktien, in: Großkommentar zum Aktiengesetz, 3. Aufl., Berlin/New York 1973, Dritter Bd., S. 585ff.; H. J. Mertens, Kommanditgesellschaft auf Aktien, in: Kölner Kommentar zum Aktiengesetz, Bd. 2, 4. Liefg., Köln usw. 1976, S. 1149; J. Hémard/F. Terre/P. Mabilat, Sociétés commerciales, t. II, Paris 1974, p. 1019.

I. Eigenart

    Wer die Kommandit-Aktiengesellschaft (Art. 764–771 OR) betrachtet, ist vorerst verwundert über den Gegensatz zwischen **vielfacher Verwendbarkeit und geringer Verwendung**. Die Kommandit-Aktiengesellschaft bildet eine coincidentia oppositorum, denn sie nimmt eine Mittelstellung ein zwischen Körperschaft und Gesellschaft, zwischen kapitalistischer und personalistischer Personenverbindung, zwischen starr und flexibel geregelter Unternehmensform. Die Kommandit-Aktiengesellschaft ist keine gemischte Gesellschaft, sondern eine zusammengesetzte, und zwar aus Elementen der Aktiengesellschaft und Kollektivgesellschaft. Sie ist keine abgeänderte Kommanditgesellschaft, sondern eine ergänzte Aktiengesellschaft. Sie ist dadurch gekennzeichnet, daß die Mitglieder der Verwaltung für die Schulden der Gesellschaft gleich Kollektivgesellschaftern haften. In ihr verbinden sich demnach Kommanditaktionäre und Komplementäre zur Erreichung eines gemeinsamen Zweckes. Der Mitgliederkreis ist somit gekennzeichnet durch **Stabilität der Komplementäre und Fluktuation der Aktionäre**.

In der Kommandit-Aktiengesellschaft gilt das Prinzip der **Selbstorganschaft**: Wer einer solchen Gesellschaft als Komplementär beitritt, nimmt als solcher an der Geschäftsführung teil, wird ohne weiteres Mitglied der Verwaltung. Die Verwaltungsratsmitglieder werden nicht gewählt, sondern kooptiert und durch Statutenänderung bestimmt (Art. 765 Abs. 1 Satz 3 OR); sie werden nicht von der Generalversammlung frei abberufen, sondern es wird ihnen aus wichtigen Gründen die Geschäftsführung entzogen und die Statuten werden entsprechend geändert (Art. 767 Abs. 1 und Art. 765 Abs. 3 OR).

Die **Suprematie der Generalversammlung ist beschränkt**, einmal durch die soeben genannte Regelung über Wahl und Abberufung der Verwaltung, dann aber auch durch die Einführung von Zustimmungsvorbehalten zu drei Generalversammlungsbeschlüssen: Umwandlung des Gesellschaftszweckes, Erweiterung und Verengerung des Geschäftsbereiches und Fortsetzung der Gesellschaft über die in den Statuten bestimmte Zeit hinaus bedürfen der Zustimmung der Mitglieder der Verwaltung (Art. 766 OR).

Die aktienrechtliche Kontrollstelle erfährt in der Kommandit-Aktiengesellschaft eine wesentliche Ausweitung ihrer Funktionen, indem sie neben der Abschlußprüfung die Geschäftsführung einer dauernden Überwachung zu unterziehen hat (Art. 768 Abs. 1 OR).

Neben den aktienrechtlichen Auflösungsgründen wird die Gesellschaft beendigt durch Ausscheiden, Tod, Handlungsunfähigkeit oder Konkurs sämtlicher Komplementäre (Art. 770 Abs. 1 OR), sowie durch Kündigung der Gesellschaft durch den einzigen Komplementär (Art. 771 OR).

Firmenrechtlich schließlich ist die Kommandit-Aktiengesellschaft der Kommanditgesellschaft gleichgestellt: Die Firma muß den Familiennamen wenigstens eines Komplementärs mit einem das Gesellschaftsverhältnis andeutenden Zusatz enthalten (Art. 947 Abs. 3 OR).

II. Abgrenzungen

1. Gegenüber der Aktiengesellschaft

Da die Kommandit-Aktiengesellschaft **modifizierte Aktiengesellschaft** ist, sind die Differenzen gering und einfach festzulegen: Im Vordergrund steht die Haftung der Mitglieder der Verwaltung für die Schulden der Gesellschaft. Damit verbunden ist eine Verstärkung der Stellung der Verwaltung, die von der Generalversammlung nicht nach Willkür gewählt und abgesetzt werden kann. Die Kündbarkeit der Gesellschaft durch die Komplementäre bewirkt eine zusätzliche Steigerung des Einflusses. Dieser Machtkonzentration sucht der Gesetzgeber durch Einführung einer Aufsichtsstelle zu begegnen: Die Tätigkeit der Verwaltung wird dauernd überwacht.

2. Gegen die Kommanditgesellschaft

Hier sind die Unterschiede zahlreich und weittragend, denn gemeinsam ist beiden Gesellschaftsformen letztlich nur der Zusammenschluß von beschränkt und unbeschränkt haftenden Gesellschaftern, doch unterscheidet sich die Stellung der Kommanditäre von derjenigen der Kommandit-Aktionäre in zahlreichen und wichtigen Punkten: Die Kommandit-Aktionäre genießen völligen Haftungsausschluß, ihre Beteiligung an der Gesellschaft kann in mehrere Mitgliedschaftsstellen aufgeteilt werden, welche grundsätzlich frei übertragbar sind. Diese Negoziabilität der Anteile tritt an die Stelle der fehlenden Kündbarkeit. Ihre Einlagen in die Gesellschaft werden in einem Grundkapital zusammengefaßt, auf welches die Prinzipien der Bestimmtheit, Festigkeit und Öffentlichkeit Anwendung finden. Die Kontrollrechte der Kommandit-Aktionäre sind gegenüber denjenigen der Kommanditäre eingeschränkt und durch die Überwachung der Aufsichtsstelle ergänzt. Die Formlosigkeit der Willensbildung der Gesellschafter in der Kommanditgesellschaft wird in der Kommandit-Aktiengesellschaft ersetzt durch das geordnete Verfahren der Beratung und Beschlußfassung in der Generalversammlung. An die Stelle der Einstimmigkeit tritt das Mehrheitsprinzip, das Kopfstimmrecht wird durch das Nennwertprinzip ersetzt. Die Handelsregisterpublizität der Kommanditäre fällt weg, die Kommandit-Aktionäre verschwinden in der Anonymität.

III. Stellung der Verwaltung

Entscheidend ist, daß die Mitglieder der Verwaltung für die Schulden der Gesellschaft wie ein Kollektivgesellschafter haftbar sind. Sie haften demnach für die Gesellschaftsschulden persönlich, akzessorisch, unbeschränkt, direkt, mit andern Komplementären solidarisch, aber subsidiär, also erst, wenn die Gesellschaft aufgelöst oder erfolglos betrieben wurde, oder wenn der Komplementär selbst in Konkurs gerät (Art. 568 Abs. 3 Satz 1 OR). Die Haftung des Verwaltungsrats-Komplementärs für die Schulden der Gesellschaft gegenüber den Gesellschaftsgläubigern tritt an die Stelle der aktienrechtlichen Verantwortlichkeit: Die Gläubiger, welche gegen die Mitglieder der Verwaltung vorgehen wollen, haben demnach die Belangbarkeitsvoraussetzungen des Kollektivgesellschaftsrechtes (Auflösung, erfolglose Betreibung der Gesellschaft, Konkurs des Verwaltungsrats-Komplementärs) und nicht die Verantwortlichkeitsvoraussetzungen des Aktienrechtes (Schaden, Widerrechtlichkeit, Verschulden, adäquate Kausalität) darzutun.

Daß der Komplementär auch Aktionär sein muß, ist kontrovers, wird unter Hinweis auf die Materialien bejaht, scheint sich durch die Bestimmung in Art. 768 Abs. 2 OR, wonach bei der Bestellung der Aufsichtsstelle die Mitglieder der Verwaltung kein Stimmrecht haben, zu bewahrheiten, ist aber sachlich in keiner Weise gerechtfertigt: Daß für die Mitglieder der Verwaltung Aktionärseigenschaft verlangt wird (Art. 707 Abs. 1 OR), ist schon für die gewöhnliche Aktiengesellschaft legislatorisch schwer begründbar, für die Kommandit-Aktiengesellschaft aber schlechterdings nicht einzusehen: Keine Einlage auf das Grundkapital kann von einer Person erwartet werden, welche für die Schulden der Gesellschaft wie ein Kollektivgesellschafter einzustehen hat und dadurch den Kredit der Gesellschaft entscheidend fördert. Eine Haftung für Gesellschaftsschulden ohne jede Substanzbeteiligung ist in der Kollektivgesellschaft möglich und praktisch nicht selten, sie ist demnach auch für den unbeschränkt haftenden Gesellschafter der Kommandit-Aktiengesellschaft zuzulassen. Steht es dem Kollektivgesellschafter und dem Komplementär einer Kommanditgesellschaft frei, eine Kapitaleinlage zu leisten, so muß dasselbe für die Kommandit-Aktiengesellschaft gelten: Das schließt aus, daß der Verwaltungsrats-Komplementär Aktionär sein muß, läßt im Gegenteil zu, daß er eine vom Grundkapital getrennte Kapitaleinlage macht. Daß neben das Aktienkapital die Kapitaleinlage des Verwaltungsrats-Komplementärs treten kann, ist durch die Grundstruktur der Kommandit-Aktiengesellschaft gerechtfertigt und kann durch den Hinweis auf eine allenfalls anderslautende Meinung des historischen Gesetzgebers kaum entkräftet werden. Es ist auch zu bedenken, daß die Verwaltungsrats-Komplementäre sich nicht mit dem Dividendenrecht eines Aktionärs zufrieden zu geben haben, sondern angesichts des Risikos ihrer Stellung einen Gewinnanteil außerhalb der Dividende fordern können. Wer aber gleich einem Kollektivgesellschafter oder einem Komplementär am Gewinn beteiligt ist, dem muß es auch frei stehen, diese Gewinne in der Gesellschaft stehen zu lassen und hiedurch das Eigenkapital der Gesellschaft zu vergrößern.

Neben der Haftung ist die Stellung der Verwaltung gekennzeichnet durch die Selbstorganschaft, also durch die Zuwahl durch Kooptation und Statutenänderung, durch die Unmöglichkeit der Abberufung und durch die Zulassung der Aufkündigung der Gesellschaft seitens des Komplementärs. Die dadurch gewonnene Stärke des Verwaltungsrats-Komplementärs ist beträchtlich, doch geht ihm – anders als in der personalistisch strukturierten Aktiengesellschaft – der Rückhalt der Generalversammlung allenfalls völlig ab, da er seine Stelle in der Verwaltung seiner Bereitschaft zur Haftung und nicht seinem Anteil am Grundkapital und seiner Stimmkraft in der Generalversammlung verdankt.

IV. Aufgaben der Aufsichtsstelle

Die Macht der Verwaltung wird in der Kommandit-Aktiengesellschaft durch die Einführung einer Aufsichtsstelle zu mildern versucht, doch hat der Gesetzgeber von der Schaffung eines eigentlichen Aufsichtsrates abgesehen und sich mit dem Ausbau der Aufgaben der Kontrollstelle begnügt. Art. 768 OR weist die Kontrolle, also die Rechnungsprüfung und die **dauernde Überwachung der Geschäftsführung** einem einheitlichen und besonderen Organ, der Aufsichtsstelle, zu. Zur Förderung der Unabhängigkeit dieses Organs und zu seiner Stärkung wird vorgeschrieben, daß bei der Bestellung Mitglieder der Verwaltung kein Stimmrecht haben (Art. 768 Abs. 2 OR) und daß die Mitglieder der Aufsichtsstelle in das Handelsregister einzutragen sind (Art. 678 Abs. 3 OR).

Der Gesetzgeber läßt offen, ob die Geschäftsführungsprüfung Opportunitäts- oder bloße Legalitätsprüfung sei. Der Gesetzgeber entscheidet nicht, ob die Aufsichtsstelle, gleich wie die aktienrechtliche Kontrollstelle, auf Gesetzesverstöße oder Mängel der Geschäftsführung nur mit Offenlegung reagieren kann. Jedenfalls werden der Aufsichtsstelle keine Interventions-, Instruktions- oder Vetorechte eingeräumt, ebensowenig werden wichtige Beschlüsse von ihrer Zustimmung abhängig gemacht. Eine gesetzliche Ordnung, welche eine dauernde Prüfung der Geschäftsführung vorsieht, aber keine Sanktionenordnung aufstellt, erscheint ungenügend. Eine Rechtsordnung, welche Geschäftsführer, die für die Gesellschaftsschulden unbeschränkt haften und damit das letzte Risiko tragen, einer Aufsicht unterwirft, erscheint widersprüchlich.

V. Geringe Verwendung

Die Kommandit-Aktiengesellschaft hat sich auch in der Schweiz nicht einzubürgern vermocht. Im Handelsregister sind zur Zeit bloß drei Kommandit-Aktiengesellschaften eingetragen. Die Aktiengesellschaft mit ihrer Möglichkeit zur stark personalistischen Ausgestaltung hat auch der Kommandit-Aktiengesellschaft den Rang abgelaufen. Die Kommandit-Aktiengesellschaft bringt für die Beteiligten gegenüber der Aktiengesellschaft kaum Vorteile. Der durch die Haftung für die Gesellschaftsschulden bewirkte erhöhte Kredit kann auch in gewöhnlichen Aktiengesellschaften mittels Bürgschaft, Garantie oder Rangrücktrittsvereinbarungen erreicht werden. Die Personenbezogenheit führt zu einer übermäßigen Verstärkung der Verwaltung und bewirkt eine Gebrechlichkeit der Institution, die den Tod des einzigen Verwaltungsrats-Komplementärs nicht zu überstehen vermag. Die Aufsichtsstelle ist schwaches und ungenügend geregeltes Gegenstück zur starken Verwaltung.

Andererseits sind dem Vetorecht der Verwaltung gegen Generalversammlungsbeschlüsse zu enge Grenzen gesetzt, indem praktisch einzig die Zweckänderung nicht ohne Zustimmung der Verwaltung erfolgen kann, währenddem alle andern Statutenänderungen, insbesondere die Kapitalerhöhung, gegen den Willen der Verwaltung durchgesetzt werden können. Die Strukturentscheide treffen weitgehend die Kapitalgeber und nicht die für die Gesellschaftsschulden persönlich haftenden Geschäftsführer.

Neben diesen Inkongruenzen sind es die große Rechtsunsicherheit und die Furcht vor Lücken und Widersprüchen in der gesetzlichen oder statutarischen Ordnung, welche die mangelnde Popularität der Kommandit-Aktiengesellschaft erklären. Wer die rechtliche Struktur der Kommandit-Aktiengesellschaft ergründen, wer eine solche Gesellschaft errichten und gestalten will, ist überdies auf das nackte Gesetz verwiesen und entbehrt der Hilfe durch die Literatur, Judikatur und Kautelarjurisprudenz.

Schließlich bereitet die Bestellung der Aufsichtsstelle Schwierigkeiten, denn es bleibt offen, ob der Revision oder der Geschäftsführungsprüfung der Vorrang gehört, ob also Bücherexperten oder Aufsichtsräte in das Organ entsandt werden sollen.

Zwar läßt die Grundkonzeption der Kommandit-Aktiengesellschaft große Ausgestaltungsmöglichkeiten im finanziellen Bereich zu, doch verlangt sie vom Statutenredaktor eine Maßarbeit, die zu leisten er nicht immer gewillt ist.

Zuletzt wird man sich fragen müssen, ob die Verbindung von Aktionären und unbeschränkt haftenden Geschäftsführern, die Vereinigung von Kapital, Haftung und Management nicht eine Fehlkonzeption darstellt und eine Gesellschaftsform hervorbringt, deren Existenzberechtigung sich in siebzig Jahren nicht zu beweisen vermochte.

§ 27. Gemischtwirtschaftliche Aktiengesellschaften

Literatur

D. DÉNÉRÉAZ, Les entreprises d'économies mixtes et de droit public organisées selon le droit privé, RDS 72, 1953, p. 2a ss; M. FREY, Statutarische Drittrechte im schweizerischen Aktienrecht, Zürich 1979; J. MEYLAN, L'accomplissement par des organismes de droit privé de tâches d'intérêt général et la sauvegarde de l'intérêt général, in: Mélanges Henri Zwahlen, Lausanne 1977, p. 419 ss; L. SCHÜRMANN, Das Recht der gemischtwirtschaftlichen und öffentlichen Unternehmungen mit privatrechtlicher Organisation, ZSR 72, 1953, S. 72a ff.; DERSELBE, Wirtschaftsverwaltungsrecht, Bern 1978; A. STOFFEL, Beamte und Magistraten als Verwaltungsräte von gemisht-wirtschaftlichen Aktiengesellschaften, Dießenhofen 1975.

I. Begriff und Eigenart

Die gemischtwirtschaftliche Unternehmung stellt keine besondere Gesellschaftsform dar. Vielmehr liegt ein Unternehmen vor, in dem sich öffentliche und private Interessen zur gemeinsamen Zweckverfolgung verbinden. Privatpersonen und Gemeinwesen beteiligen sich an einem Unternehmen, so daß dieses sowohl die Erzielung von Gewinn als auch die Förderung des Gemeinwohls bezweckt. Außer den Personengesellschaften kann jede Unternehmensform Trägerin einer gemischtwirtschaftlichen Unternehmung sein. Sondervorschriften werden allerdings nur für die Aktiengesellschaft (Art. 762 OR) und für die Genossenschaft (Art. 926 OR)[1] aufgestellt.

Das gemischtwirtschaftliche Unternehmen wirft verwaltungsrechtliche und gesellschaftsrechtliche Probleme auf; einzig auf die gesellschaftsrechtlichen ist hier einzugehen[2].

Das Gesetz versteht unter gemischtwirtschaftlichen Aktiengesellschaften solche, an denen eine Körperschaft des öffentlichen Rechts als Aktionär beteiligt ist (vgl. Art. 762 Abs. 2 OR). Die Literatur faßt den Begriff indes weiter und bezeichnet auch Gesellschaften, an denen das Gemeinwesen sich nicht beteiligt, bei denen aber Körperschaften des öffentlichen Rechtes ein Recht auf Entsendung von Vertretern in die Verwaltung und in die Kontrollstelle zusteht, als gemischtwirtschaftliche Gesellschaft[3]. Eine gemischtwirtschaftliche Aktiengesellschaft liegt somit immer dann vor, wenn Vertreter des Gemeinwesens im Verwaltungsrat Einsitz nehmen und an der Führung der Geschäfte der Gesellschaft teilhaben.

Somit lassen sich mindestens vier Arten von gemischtwirtschaftlichen Aktiengesellschaften[4] unterscheiden:

– Aktiengesellschaften mit **ausschließlich privaten Aktionären**, «bei denen **Körperschaften des öffentlichen Rechts**, wie Bund, Kanton, Bezirk oder Gemeinde, ein **öffentliches Interesse** besitzen» (vgl. Art. 762 Abs. 1 OR). In solchen Gesellschaften wird die Wahrung des öffentlichen Interesses durch Einräumung eines statutarischen Entsendungsrechtes geschützt. In der Praxis sind sie offenbar selten anzutreffen.

– Aktiengesellschaften, deren Aktionärskreis und deren Verwaltung paritä-

---

[1] Vgl. M. Gutzwiller, Zürcher Kommentar, Bd. V/6: Die Genossenschaft, Bd. 2, Zürich 1974, S. 931 ff.
[2] Zu den verfassungs- und verwaltungsrechtlichen Grundlagen der gemischtwirtschaftlichen Unternehmung vgl. insbes. Schürmann, Wirtschaftsverwaltungsrecht, S. 181–184.
[3] Frey, S. 133; Schürmann, S. 93a; Stoffel, S. 35 ff.
[4] Das Gesetz spricht in Art. 762 Abs. 1 und 2 OR von Unternehmungen, doch bezieht sich die Bestimmung klarerweise einzig auf Aktiengesellschaften.

tisch aus Privatpersonen und aus Vertretern von Körperschaften des öffentlichen Rechts zusammengesetzt ist (vgl. Art. 762 Abs. 2 OR). Dabei werden die Privaten von der Generalversammlung **gewählt**, während die Vertreter des Gemeinwesens von diesem **entsandt** werden. Der Wortlaut von Art. 762 Abs. 2 OR ist insofern offen und unklar, als er einzig vom Recht zur Abberufung der von der Körperschaft abgeordneten Mitglieder spricht, doch ist der Umkehrschluß zwingend, daß, wem ein Abberufungsrecht zusteht, auch das Entsendungsrecht zustehen muß; die Konstruktion, wonach der Körperschaft des öffentlichen Rechtes, die sich an einer Aktiengesellschaft beteiligt, statutarisch ein verbindliches Vorschlagsrecht im Sinne von Art. 708 Abs. 4 OR einzuräumen genügt, ist zu verwerfen.

Derartig paritätisch zusammengesetzte Aktiengesellschaften können als echte gemischtwirtschaftliche Unternehmen bezeichnet werden[5].
- Aktiengesellschaften, in deren Verwaltungsrat und in deren Generalversammlung dem Gemeinwesen die **Minderheit** oder die **Mehrheit** zusteht, so daß keine Parität vorliegt. Auszuschließen, da mit den Grundprinzipien des Aktienrechtes nicht zu vereinbaren, ist allerdings die Konstellation, wonach den Privaten die Mehrheit in der Generalversammlung zusteht, das Gemeinwesen infolge eines überparitätischen Entsendungsrechtes den Verwaltungsrat beherrscht.
- Aktiengesellschaften mit ausschließlicher Beteiligung von Körperschaften des öffentlichen Rechtes; auch eine solche Aktiengesellschaft kann zur Not als gemischtwirtschaftliche bezeichnet werden, insoweit öffentliche Zwecke in privaten Formen verfolgt werden. Allerdings werden derartige Gesellschaften durch Art. 762 OR nicht erfaßt, obschon Aktiengesellschaften in solcher Ausgestaltung offenbar nicht selten sind und insbesondere für Unternehmen, an denen mehrere Kantone sich beteiligen, verwendet werden. Sie sind insofern gemischtwirtschaftliche Unternehmen besonderer Art, als dem Gemeinwesen trotz seiner Interessen an der Verfolgung des Gesellschaftszweckes kein Entsendungs- und Abberufungsrecht eingeräumt werden muß, da es die Zusammensetzung der Verwaltung durch die aktienrechtlichen Mittel der Stimmenmehrheit oder des verbindlichen Vorschlagsrechtes zu verwirklichen vermag.
Fraglich ist einzig, ob auf solche Gesellschaften die Haftungsbestimmung von Art. 762 Abs. 4 OR per analogiam angewendet werden soll oder ob das Gemeinwesen für die Handlungen des von ihm entsandten Verwaltungsrates nach den allgemeinen Grundsätzen des Verantwortlichkeitsrechtes einzustehen hat, weil das Gemeinwesen infolge seiner Einflußnahme auf die Willens-

---

[5] Vgl. STOFFEL, S. 42.

bildung in der Gesellschaft als deren Organ anzusehen ist[6]. Der Anwendung des allgemeinen Verantwortlichkeitsrechtes ist der Vorzug zu geben[7], so daß neben den entsandten Verwaltungsräten das Gemeinwesen haftet, sofern es Organfunktionen ausübt.

Die gemischtwirtschaftlichen Aktiengesellschaften sind – vom Sonderfall der Aktiengesellschaft, deren Aktionäre ausschließlich öffentlich-rechtliche Körperschaften sind, abgesehen – durch die Drittbestimmung ihrer Organe gekennzeichnet und stellen demnach im höchsten Maße atypische Gesellschaften dar.

Die Voraussetzung für die Zulassung solcher Drittbestimmung und damit für die statutarische Einräumung eines Entsendungs- und Abberufungsrechts ist das Vorliegen eines öffentlichen Interesses an der Verfolgung des Gesellschaftszweckes[8]. Liegt in diesem Sinne ein öffentliches Interesse vor, so kann die Grundkompetenz der Generalversammlung zur Wahl und Abberufung der übrigen Organe (Art. 698 Abs. 2 Ziff. 2 OR) eingeschränkt und durch ein Entsendungsrecht des Gemeinwesens ersetzt werden. Art. 762 OR ist allerdings bloß eine Ermächtigungsnorm und gibt dem Gemeinwesen keineswegs einen irgendwie gearteten Anspruch, beim Nachweis eines öffentlichen Interesses die Einräumung eines Entsendungsrechtes zu fordern. Art. 762 OR läßt bloß zu, daß die Statuten ein derartiges Entsendungsrecht einräumen, schreibt aber, anders als die Vorschrift über das verbindliche Vorschlagsrecht von Aktien mit verschiedener Rechtsstellung (Art. 708 Abs. 4 OR), nicht vor, daß die Statuten eine entsprechende Ordnung enthalten müssen. Art. 762 OR legalisiert demnach die außeraktienrechtliche Einwirkung des Gemeinwesens, bildet eine lex specialis zur ansonst zwingenden Kompetenzregelung der Generalversammlung in Art. 698 OR und bildet zusammen mit dem verbindlichen Vorschlagsrecht nach Art. 708 Abs. 4 und 5 OR den einzigen Fall eines echten, gesetzlich zugelassenen, statutarischen Drittrechtes[9].

Gleichzeitig stellt Art. 762 OR auch eine Schranke dar gegen die Einräumung weiterer statutarischer Einwirkungsrechte zugunsten des Gemeinwesens. So ist insbesondere die statutarische Festlegung eines uneingeschränkten Vetorechtes gegenüber Generalversammlungsbeschlüssen vom Bundesgericht als «absolut und total» nichtig bezeichnet worden[10]. Ebensowenig können

---

[6] Für eine analoge Anwendung von Art. 762 Abs. 4 OR tritt insbes. MEYLAN (S. 435) ein, dagegen äußert sich BÜRGI (N. 22 zu Art. 762 OR), der die analoge Anwendung nur im Falle einer Gesetzesumgehung befürwortet.
[7] Ebenso P. FORSTMOSER, Die aktienrechtliche Verantwortlichkeit, Zürich 1978, Anm. 513.
[8] Zum öffentlichen Interesse in diesem Zusammenhang vgl. insbesondere STOFFEL, S. 106 ff. sowie GUTZWILLER, a.a.O. (Anm. 1), N. 34 ff. zu Art. 926 OR.
[9] Vgl. FREY, S. 187 ff.
[10] BGE 97 II, 1971, S. 115; vgl. auch FREY, S. 143 ff.

statutarische Weisungsrechte zugunsten des Gemeinwesens mit dem zwingenden Aktienrecht und der Pflicht der Verwaltung zur eigenverantwortlichen Leitung der Gesellschaft vereinbart werden. In gleicher Weise ist die statutarische Verankerung des Mehrstimmrechtes des Gemeinwesens an der Generalversammlung als mit der Autonomie der Willensbildung und der Suprematie der Generalversammlung unvereinbar abzulehnen. Das Bundesgericht hat das Stimmrecht eines Dritten als mit dem zwingenden Aktienrecht unvereinbar bezeichnet, den Generalversammlungsbeschluß, an dem ein Dritter mitgestimmt hat, aber bloß als anfechtbar erklärt[11]. Anderseits läßt die Literatur die Einräumung von statutarischen Kontrollrechten zugunsten des Gemeinwesens zu[12].

Vom gemischtwirtschaftlichen Unternehmen ist zuletzt die öffentlichrechtliche Aktiengesellschaft abzugrenzen: Eine solche liegt vor, wenn durch ein kantonales Gesetz eine Aktiengesellschaft errichtet und unter Mitwirkung öffentlicher Behörden verwaltet wird, sofern der Kanton die subsidiäre Haftung für die Verbindlichkeiten der Gesellschaft übernimmt (vgl. Art. 763 Abs. 1 OR). Eine derartige öffentlich-rechtliche Aktiengesellschaft untersteht dem öffentlichen Recht des Kantons, so daß die Bestimmung in Art. 763 OR einen unechten Vorbehalt zugunsten des öffentlichen Rechtes der Kantone darstellt[13]. Das Aktienrecht ist auf solche Gesellschaften nicht anwendbar.

II. Entsendung und Abberufung

Kernstück der aktienrechtlichen Regelung der gemischtwirtschaftlichen Aktiengesellschaft ist die Legalisierung des Entsendungsrechtes zugunsten von Körperschaften des öffentlichen Rechtes[14]. Einzige Voraussetzung für die Zulassung eines statutarischen Entsendungsrechtes ist das Vorliegen eines öffentlichen Interesses an der Verfolgung des Gesellschaftszweckes. Eine Kapitalbeteiligung der öffentlichen Hand wird nicht verlangt, steht dem Entsendungsrecht aber auch nicht entgegen.

Das Entsendungsrecht bedarf der statutarischen Grundlage und gehört somit zum bedingt notwendigen Statuteninhalt. Die nachträgliche Einführung eines Entsendungsrechtes bedarf der Einstimmigkeit, da das Stimmrecht, ins-

---

[11] BGE 96 II, 1970, S. 23; vgl. die Kritik hierzu bei KUMMER, ZBJV 108, 1972, S. 132 f.
[12] Vgl. FREY, S. 148 ff.
[13] Vgl. hierzu BÜRGI, N. 2 zu Art. 763 OR.
[14] Die Bestimmung in Art. 762 OR ist insofern redaktionell verunglückt, als in Abs. 1 einzig von Entsendung und in Abs. 2 nur von Abberufung gesprochen wird, währenddem dem Gemeinwesen in beiden Fällen sowohl ein Entsendungs- wie ein Abberufungsrecht zusteht.

besondere das wohlerworbene Recht des Aktionärs auf Wahl und Abberufung der Verwaltung, erheblich eingeschränkt wird und weil infolge der institutionalisierten Berücksichtigung des Gemeinwohls die Gewinnstrebigkeit der Gesellschaft aufgehoben, jedenfalls erheblich tangiert wird[15].

Als entsendungsberechtigt werden im Gesetz Bund, Kanton, Bezirk und Gemeinde genannt[16]. An die Person des Entsandten stellt das Gesetz keine Anforderungen, so daß sowohl Magistraten, Beamte oder Privatpersonen in den Verwaltungsrat eines gemischtwirtschaftlichen Unternehmens abgeordnet werden können.

Nicht unbedenklich ist, daß gemäß dem Wortlaut des Gesetzes die Körperschaften des öffentlichen Rechtes Vertreter sowohl in die Verwaltung als auch in die Kontrollstelle abordnen dürfen. Dies läßt zu, daß sowohl die Verwaltung wie die Kontrollstelle von den Staatsvertretern beherrscht werden, so daß die von Staatsvertretern erstellte Jahresrechnung von Staatsvertretern revidiert wird, was einer unabhängigen Prüfung der Jahresrechnung nicht förderlich ist.

Die Ausgestaltung des Entsendungsrechtes überläßt Art. 762 OR den Statuten, doch wird man ein Entsendungsrecht für eine Mehrheit des Verwaltungsrates nicht zulassen können, wenn dem entsendungsberechtigten Gemeinwesen nicht auch die Kapitalmehrheit zusteht, da ansonst die Kongruenz von Stimmkraft, Kapital, Risiko und Teilhabe an der Verwaltung nicht nur aufgehoben, sondern institutionell, also irreversibel, verändert wird, was zu einer völligen Denaturierung der Aktiengesellschaft führt, und mit den Grundprinzipien des Aktienrechtes nicht mehr zu vereinbaren ist.

Besteht ein Entsendungsrecht des Gemeinwesens, so muß den privaten Minderheitsaktionären ein verbindliches Vorschlagsrecht für eine bestimmte Anzahl von Vertretern eingeräumt werden, denn die im Eigentum der Privaten stehenden Aktien müssen diesfalls im Ergebnis als solche mit besonderer Rechtsstellung angesehen werden, da ihnen bei der Bestellung des Verwaltungsrates insoweit kein Stimmrecht zukommt, als er aus Staatsvertretern zusammengesetzt ist. Jedenfalls empfiehlt sich in gemischtwirtschaftlichen Aktiengesellschaften die Aufnahme besonderer Bestimmungen über die Wahlart zum Schutze der Minderheiten im Sinne von Art. 708 Abs. 5 OR.

---

[15] Unrichtig jedenfalls BÜRGI, der die Verankerung solcher Rechte in den Statuten als gültig erklärt, wenn der Beschluß die einfache Mehrheit auf sich vereinigt (N. 12 zu Art. 762 OR).
[16] Vgl. immerhin STOFFEL, S. 99 ff., der auch den Nichtgebietskörperschaften ein Entsendungsrecht einräumt.

III. Rechtsstellung und Verantwortlichkeit

Die vom Gemeinwesen abgeordneten Verwaltungsräte haben gemäß ausdrücklicher Bestimmung in Art. 762 Abs. 3 OR die gleichen Rechte und Pflichten wie die von der Generalversammlung gewählten; sie sind, da sie keine Haftung trifft, von der Hinterlegung der Pflichtaktien befreit, wie das Gesetz selber festhält, und sie brauchen ebensowenig wie die Vertreter von Holdinggesellschaften Aktionäre zu sein.

Den Vertretern der öffentlich-rechtlichen Körperschaften stehen insbesondere dieselben sehr beschränkten Kontrollrechte zu wie allen übrigen Verwaltungsräten (vgl. Art. 713 OR). Sie haben keinerlei Anspruch auf Sonderinformation, noch sind sie berechtigt, den Geschäftsgang unmittelbar und persönlich zu überwachen.

Vor allem aber unterstehen die Abgesandten des Gemeinwesens derselben Sorgfalts- und Treuepflicht wie die von der Generalversammlung gewählten Verwaltungsräte. Dies bedeutet insbesondere, daß sie auch der aktienrechtlichen Geheimhaltungspflicht unterliegen und somit nicht berechtigt sind, Geschäftsgeheimnisse der Gesellschaft dem sie entsendenden Gemeinwesen offenzulegen. Daß die Geheimhaltungspflicht des Staatsvertreters dem Informationsinteresse des Gemeinwesens Grenzen setzt, wiegt nicht allzu schwer, wird der Begriff der Geschäftsgeheimnisse nicht übermäßig weit gefaßt, kann aber nicht mit dem Hinweis darauf, daß der Informationsinteressent einer öffentlich-rechtlichen Geheimhaltungspflicht unterstehe, verneint werden. Wenn das Gemeinwesen öffentliche Funktionen in privaten Formen erfüllt, muß es sich an die hiefür geltenden Regeln halten und kann nicht unter Hinweis auf die besondere Sachlage eine Sonderbehandlung verlangen.

Schärfer zeigt sich der Konflikt der Treuepflichten bei der Frage, ob die Staatsvertreter verpflichtet werden können, Weisungen zu befolgen, wenn diese für die Gesellschaft schädlich sind. Da der im doppelten Pflichtennexus Stehende durch ausdrückliche Gesetzesvorschrift (Art. 762 Abs. 4 OR) von jeder Verantwortlichkeitspflicht der Gesellschaft gegenüber befreit wird, aber ausdrücklich dem Rückgriff nach dem Recht des Bundes oder der Kantone unterworfen wird, muß geschlossen werden, daß das Gesetz die Befolgung gesellschaftsschädigender Weisungen zuläßt. Der Interessenkonflikt ist vom Gesetz selbst entschieden worden: Verstöße gegen die Interessen der Gesellschaft machen nicht haftbar, wohl aber solche gegen die Interessen von Bund oder Kanton. Diese Haftungsbefreiung des einzelnen, diese völlige Loslösung eines Gesellschaftsorgans von den Verantwortlichkeitsregeln des Aktienrechtes, kann nichts anderes bedeuten, als daß der Betreffende von der Wahrung der Interessen der Gesellschaft befreit ist.

Anstelle des in den Verwaltungsrat der Gesellschaft Abgeordneten haftet die abordnende Körperschaft. Sie übernimmt damit die Verantwortlichkeit nicht nur für unsorgfältiges, sondern auch für interessewidriges Handeln ihres Abgeordneten. Die Haftung des Gemeinwesens ist somit keine zusätzliche, subsidiäre oder solidarische, sondern eine stellvertretende. Entsteht der Gesellschaft infolge von Handlungen oder von Unterlassungen, die ihren Interessen zuwiderlaufen, Schaden, so steht nicht der Schädiger, nicht der Weisungsunterworfene, sondern das die Weisung erteilende Gemeinwesen für den Schaden ein.

Das Gemeinwesen übernimmt die Haftung und tritt damit in die Solidarität mit den privaten Mitgliedern des Verwaltungsrates ein.

Die Gesellschaft
mit beschränkter
Haftung

HERBERT WOHLMANN

Das Manuskript wurde im Herbst 1981 abgeschlossen.

Allgemeines Literaturverzeichnis

Die hier und am Eingang einzelner Paragraphen angeführten Werke werden in der Folge nur mit dem Namen des Verfassers, gegebenenfalls mit einem zusätzlichen Stichwort zitiert.

Bär, R. Die Haftung des Gesellschafters nach schweizerischem GmbH-Recht, in: Wiedemann/Bär/Dabin, Die Haftung des Gesellschafters in der GmbH, Frankfurt/Berlin 1968.
Carry, P. La Sàrl, Fiches Juridiques Suisses, No. 799–804, Genève 1943.
Egger, A. Die Gesellschaft mit beschränkter Haftung nach dem revidierten schweizerischen Obligationenrecht, Zürich 1938 (= Sonderdruck aus der SJZ 34, 1938, Hefte 13 und 14).
Forstmoser, P./Meier-Hayoz, A. Einführung in das schweizerische Aktienrecht, Bern 1976.
Greyerz, Ch. von. Schweizerisches Privatrecht, Bd. VIII/2: Die Aktiengesellschaft, Basel/Frankfurt am Main 1982, S. 1 ff.
Guhl, Th./Merz, H./Kummer, M. Das Schweizerische Obligationenrecht mit Einschluß des Handels- und Wertpapierrechts, 6. Aufl., Zürich 1972.
Janggen, A./Becker, H. Berner Kommentar, Bd. VII/3: Die Gesellschaft mit beschränkter Haftung, Bern 1939.
Kaufmann, O. K. Die Haftungsverhältnisse in der schweizerischen GmbH, Diss. Zürich 1940.
Meier-Hayoz, A./Forstmoser, P. Grundriß des schweizerischen Gesellschaftsrechts, 2. Aufl., Bern 1976.
Patry, R. Schweizerisches Privatrecht, Bd. VIII/1: Grundlagen des Handelsrechts, Basel/Stuttgart 1976, S. 1 ff.
Scherer, V. Die Gesellschaft mit beschränkter Haftung, in: Sieben Vorträge über das Neue Obligationenrecht, Basel 1937, S. 95 ff.
Steiger, F. von. Formulare über Gesellschaftsstatuten, Zürich 1956.
Steiger, W. von. Zürcher Kommentar, Bd. 5, Teilbd. 5c: Die Gesellschaft mit beschränkter Haftung, Zürich 1965 (zit. W. von Steiger, N. zu Art.).
– Schweizerisches Privatrecht, Bd. VIII/1: Gesellschaftsrecht, Basel/Stuttgart 1976, S. 211 ff. (zit. W. von Steiger, Schweiz. Privatrecht, Bd. VIII/1).
– Gesellschaft mit beschränkter Haftung, Schweizerische Juristische Kartothek, Nr. 799–804, Genf 1976 (zit. W. von Steiger, SJK).

§ 28. Zur Aufgabe und Systematik

Vorbemerkung

Die dem Autor im Jahre 1979 gestellte Aufgabe, eine Darstellung der GmbH aus aktueller Sicht zu schreiben, ist ebenso reizvoll wie undankbar, ebenso anspruchsvoll wie leicht. Reizvoll deshalb, weil die GmbH in ihrer heutigen Form wohl kaum bestehen bleiben wird, und eine Würdigung der GmbH wenigstens in Ansätzen sich mit der Frage einer zukünftigen Substitution dieser Gesellschaftsform im schweizerischen Gesellschaftsrecht wird befassen müssen. Soweit es die Darstellung des aktuellen GmbH-Rechts betrifft, ist die Aufgabe allerdings undankbar, weil sie eine Gesellschaftsform betrifft, deren Verbreitung gering ist und bleiben wird und bei der anzunehmen ist, daß der berühmte Satz, ein Federstrich des Gesetzgebers mache ganze juristische Bibliotheken zu Makulatur, in absehbarer Zeit auf die sie betreffenden Darstellungen zutrifft.

Schwer und leicht zugleich ist das Thema einer Darstellung der GmbH, weil die Entwicklung des GmbH-Rechts in Doktrin und Praxis nur mit einer für das Wirtschaftsrecht sonst nicht charakteristischen Langsamkeit[1] vor sich geht, so daß den Gesamtdarstellungen der GmbH, insbesondere in den Kommentaren von JANGGEN/BECKER und WERNER VON STEIGER[2], kapitelweise oft nur wenig Neues oder Kritisches hinzuzufügen ist, obwohl deren Erscheinen schon längere Zeit zurückliegt.

Aus diesen Überlegungen heraus wurde folgende Systematik gewählt:

– In den ersten Abschnitten wird eine nicht zu knappe, aber doch geraffte Übersicht über die geltende Regelung der GmbH gegeben, wobei speziell das GmbH-Recht in seiner doppelten Polarität zum Recht der Kollektivgesellschaft einerseits und zum Aktienrecht andererseits immer wieder konkret aufgezeigt werden soll.
– Anschließend soll in einem Schlußabschnitt eine Würdigung der GmbH vorgenommen werden; aufgrund der rechtlichen Regelung, der historischen Motive für die Einführung der GmbH ins schweizerische Recht, ihrer seitherigen Entwicklung, dem Vergleich mit ähnlichen Instituten in anderen Rechten, ihrer Stellung zwischen Kollektiv- und Aktiengesellschaft und der Untersuchung der wirtschaftlichen Bedürfnisse wird eine selbstverständlich nur vorläufige Beantwortung der Frage versucht, wie eine zukünftige «kleine Kapitalgesellschaft» im schweizerischen Recht geregelt werden sollte und insbesondere, ob und wie weit die Elemente der heutigen GmbH weiterverwendet werden können.

Daß – für die schweizerische Literatur ausnahmsweise – der allgemeine hinter den speziellen Teil gesetzt wird, hat seine Ursache darin, daß meines Erachtens – und dies gilt nicht nur für diese Darstellung – das Verständnis der Ausführungen im allgemeinen Teil die Kenntnis der rechtlichen Regelung der GmbH voraussetzt.

---

[1] Vgl. die Darstellung hinten § 46.
[2] Siehe Literaturverzeichnis und § 46 III; in knapper Form hat W. VON STEIGER die GmbH in den jüngst erschienenen Karten 799–804 der SJK dargestellt.

Erster Abschnitt

Grundfragen des geltenden GmbH-Rechts

§ 29. Begriff und charakteristische Merkmale der GmbH

I. Zur Begriffsbildung

Gemäß EGON SCHNEIDER ist der Begriff die Summe aller Merkmale, die das Wesen eines Gegenstandes ausmachen[1]. Der Begriff darf, um einen Gegenstand zu bestimmen, nicht mehr als die unumgänglich notwendigen Begriffsmerkmale aufweisen, da sonst der Gegenstand eingeschränkt wird oder der Begriff eine Tautologie enthält; der Begriff darf aber auch nicht zuwenig Merkmale umfassen, da sonst der Gegenstand des Begriffs nicht eindeutig definiert ist.

Je komplexer ein Gegenstand ist, desto schwieriger wird seine Definition. Den wirklichen Begriff einer Gesellschaftsform zu bilden, ist deshalb ein außergewöhnlich heikles Unterfangen[2]. So ist es kaum erstaunlich, daß die neusten Begriffsbildungen der GmbH in der Literatur eher eine Aufzählung charakteristischer Merkmale als echte Begriffe darstellen. Dies gilt auch für die Legaldefinition von Art. 772 OR.

II. Der Begriff der GmbH

Die GmbH läßt sich wie folgt definieren[3]:

---

[1] Ich folge hier auszugsweise Ausführungen aus meiner Dissertation, die sich ebenfalls kurz mit dem Begriff des Begriffs auseinandersetzte: H. WOHLMANN, Die Treuepflicht des Aktionärs, Diss. Zürich 1968, S. 75 ff.; E. SCHNEIDER, Logik für Juristen, Berlin/Frankfurt a.M. 1965, S. 23; vgl. auch K. LARENZ, Methodenlehre der Rechtswissenschaft, Berlin/Göttingen/Heidelberg 1960, S. 323 ff.
[2] Vgl. für die AG die Versuche von P. JÄGGI, Ungelöste Fragen des Aktienrechts, SAG 31, S. 66, und von S. CAFLISCH, Die Bedeutung und die Grenzen der rechtlichen Selbständigkeit der abhängigen Gesellschaft im Recht der AG, Diss. Zürich 1961, S. 106; CH. VON GREYERZ hat in seiner Darstellung des Aktienrechts in diesem Bande (§ I 1) diese Schwierigkeiten der Begriffsbildung elegant umgangen.
[3] Begriffsbildung wie bei CAFLISCH, a.a.O., S. 106.

«Die GmbH ist ein durch die Eintragung ins Handelsregister und durch Einhaltung bestimmter Publizitätsvorschriften als solches gekennzeichnetes, durch die zwingenden Vorschriften der Art. 772–827 OR sowohl bezüglich der Organisation als auch des Rechtsverhältnisses zu Dritten geregeltes Sondervermögen, dessen Haftungsgrundlage ein Kapital sowie in der Höhe des nicht erbrachten Teils desselben Verpflichtungen natürlicher oder juristischer Personen bilden.»[4]

III. Vom Begriff zur Beschreibung durch charakteristische Merkmale

Je größer die Abstraktionshöhe eines Begriffs ist, desto inhaltsleerer ist er[5]. So ist es durchaus verständlich, daß die meisten Werke, die sich mit dem Begriff der GmbH befassen, nicht vom logischen Begriff dieser Rechtsform, sondern von der Aufzählung ihrer charakteristischen Merkmale ausgehen. Daran ist so lange nichts auszusetzen, als nur Merkmale aufgeführt werden, die nicht nur charakteristisch sind, sondern auch zwingend bei jeder GmbH vorkommen.

Will man die GmbH durch ihre charakteristischen Merkmale beschreiben, so könnte dies so lauten:

Die GmbH ist eine Körperschaft mit wirtschaftlichem Zweck und eigener Firma, deren Mitglied oder Mitglieder natürliche oder juristische Personen sein können, deren Kapital durch ihr Mitglied bzw. ihre Mitglieder durch Einlagen geäufnet wird, in der die Mitgliedschaft nur erschwert übertragen werden kann, deren Haftungsgrundlage das Kapital darstellt, für dessen Einbringung die Mitglieder (das Mitglied) solidarisch haften, deren Organisation mindestens zwei Organe, nämlich Gesellschafterversammlung und Geschäftsführung kennt, und die im Handelsregister als GmbH eingetragen sein muß.

IV. Die charakteristischen Merkmale der GmbH

Im folgenden seien die charakteristischen Merkmale der GmbH kurz einzeln dargestellt; wo eine detaillierte Darstellung erforderlich ist, wird auf die entsprechenden Abschnitte verwiesen.

---

[4] Selbst diese rechtliche abstrakte Begriffsbildung ist rein logisch immer noch überladen. Ganz abstrakt wäre wohl: «Die GmbH ist die durch die zwingenden Normen der Art. 772–827 OR charakterisierte Körperschaft».
[5] LARENZ, a.a.O. (Anm. 1), S. 325.

1. Die GmbH ist eine Körperschaft[6]

Mit der obligatorischen Eintragung im Handelsregister wird die GmbH eine juristische Person mit einem Vermögen. Als Personenverbindung einerseits und juristische Person andererseits ist die GmbH eine Körperschaft.

2. Die GmbH hat einen wirtschaftlichen Zweck[7]

Gemäß Art. 772 Abs. 3 OR kann die GmbH nur zu wirtschaftlichen Zwecken gegründet werden, d. h. das Ziel der GmbH muß es sein, ihren Mitgliedern materielle Vorteile zu vermitteln.

Es ist außerordentlich umstritten, ob das Gesetz wörtlich ausgelegt werden muß oder ob die GmbH nicht auch ausschließlich ideale Zwecke verfolgen kann. Der Gesetzeswortlaut spricht dagegen; WERNER VON STEIGER als Befürworter auch der Zulässigkeit der Verwendungsmöglichkeit für ideale Zwecke begründet dies damit, daß nicht einzusehen sei, warum die GmbH schlechter gestellt sein solle als die AG (bei der ideale Zwecke nach Art. 620 Abs. 3 OR ausdrücklich zugelassen sind), und daß mit der Zulassung für nichtwirtschaftliche Zwecke keine Gefährdung von Dritten stattfinde[8]. Dennoch: Auch wenn der Wortlaut des Gesetzes nicht gerade einleuchtet, sollte über ihn nicht hinweggegangen werden. Eine andere Betrachtungsweise läßt sich nur de lege ferenda rechtfertigen[9]. Hingegen sind meines Erachtens gemischte Zielsetzungen zuzulassen, da dabei die GmbH (auch) einen wirtschaftlichen Zweck verfolgt.

3. Die GmbH hat Mitglieder (= Gesellschafter)

Da die GmbH eine Körperschaft ist, wird das Vermögen der Körperschaft anteilsmäßig Personen zugeordnet, nämlich den Gesellschaftern, die einen spezifischen Status von Rechten und Pflichten gegenüber der GmbH innehaben. Dieser Rechtsstatus wird Mitgliedschaft genannt[10].

4. Die GmbH hat eine eigene Firma

Jede GmbH wird durch eine Firma bezeichnet, die in den Statuten angegeben sein muß. Diese Firma untersteht den obligationenrechtlichen Bestimmungen über das Firmenrecht, insbesondere Art. 949 OR[11].

---

[6] Zum Begriff «Körperschaft» vgl. M. GUTZWILLER, Schweiz. Privatrecht, Bd. II, Basel 1967, § 51 I; W. VON STEIGER, Schweiz. Privatrecht, Bd. VIII/1, § 18 3.
[7] Vgl. hiezu W. VON STEIGER, Einl., N. 54 ff.; R. VON GRAFFENRIED, Wirtschaftlicher Zweck und nichtwirtschaftlicher Zweck im privaten Körperschaftsrecht, Diss. Bern 1948.
[8] W. VON STEIGER, Einl., N. 56.
[9] Im Ergebnis gleich MEIER-HAYOZ/FORSTMOSER, § 4 N. 14.
[10] Vgl. § 33.
[11] Vgl. hiezu die Ausführungen in § 32 IV 1a.

5. Die GmbH ist im Handelsregister eingetragen

Gemäß Art. 780 OR entsteht die GmbH als Körperschaft durch den Eintrag ins Handelsregister. Der Handelsregistereintrag ist dabei wie bei der AG und der Genossenschaft für die Entstehung der GmbH konstitutiv.

Mit der Eintragung ins Handelsregister sind zwingend Publizitätswirkungen verbunden, indem durch die Veröffentlichung der wesentlichen Teile der Eintragung im Schweizerischen Handelsamtsblatt und im periodisch erscheinenden Ragionenbuch Dritte sich über die Merkmale der GmbH informieren können[12].

6. Die GmbH hat ein Stammkapital, das in Stammanteile aufgeteilt ist

Die GmbH gehört wie die AG zum Typus der Kapitalgesellschaften[13]. Die Gesellschaft mit beschränkter Haftung hat zwingend ein Stammkapital, dessen Mindesthöhe gemäß Art. 773 OR 20000 Fr. und dessen Maximalhöhe 2 Mio. Fr. beträgt.

Das Stammkapital der GmbH erfüllt drei Funktionen:
- Es dient als Garantiefonds zugunsten der Gesellschaftsgläubiger, wobei zu beachten ist, daß es sich um einen Sollbetrag handelt und nicht um wirkliches Vermögen[14].
- Es läßt sich in Stammanteile aufgliedern – so wie das Aktienkapital in Aktien[15] –, die ihrerseits die Mitgliedschaftsstellen der GmbH markieren. Der Gesetzgeber hat den Mindestbetrag eines solchen Gesellschaftsanteils im Vergleich zur Aktie hoch, nämlich auf 1000 Fr. festgesetzt (Art. 774 OR). Der Stammanteil der GmbH ist gemäß Art. 791 OR von Gesetzes wegen vinkuliert; die Übertragung des Anteils ist nicht frei möglich, sondern bedarf zwingend der Zustimmung der Gesellschaft.
- Es gibt den Gesellschaftern den Maximalbetrag ihrer Haftung an; diese Funktion unterscheidet das Stammkapital der GmbH vom Grundkapital der AG.

---

[12] Die wichtigste Information wird den Dritten allerdings durch diese Publizität nicht übermittelt, nämlich diejenige über die finanzielle Lage bzw. die Kreditwürdigkeit der Gesellschaft.

[13] W. von Steiger, Schweiz. Privatrecht, Bd. VIII/1, § 17 II 1, bezeichnet die GmbH als «ausgesprochene» Mischform.

[14] So W. von Steiger (SJK 799, S.5); der vom gleichen Verfasser im Schweiz. Privatrecht, Bd. VIII/1, § 18 II 1, verwendete Begriff «Haftungsfonds» ist ohne weitere Erklärung irreführend.

[15] Ch. von Greyerz, Schweiz. Privatrecht, Bd. VIII/2, § 5.

7. Die Mitglieder der GmbH haften solidarisch und subsidiär für die Schulden der GmbH bis zur Höhe des Stammkapitals

Eines der charakteristischen Merkmale der GmbH ist die Haftungsregelung: Ist das Stammkapital voll einbezahlt worden und sind auch daraus keine Rückleistungen erfolgt, so haften die Gesellschafter nicht für die Schulden der Gesellschaft. Ist allerdings das Stammkapital nicht voll einbezahlt oder sind Rückzahlungen gemacht worden, so haften die Gesellschafter bis zur vollen Deckung des Stammkapitals subsidiär und solidarisch, im Unterschied zur AG, wo jeder Aktionär nur für die Einbringung des allfällig auf ihn lautenden Anteils haftet (Art. 680 Abs. 1 OR).

Bei der GmbH ist der im Aktienrecht geltende Grundsatz der beschränkten Leistungspflicht des Gesellschafters nur dispositiv vorgesehen, indem statutarisch Nachschuß- und Nebenleistungspflichten eingeführt werden können und gemäß allerdings nur dispositiver Vorschrift des Gesetzes die Gründungsgesellschafter zur Geschäftsführung verpflichtet sind.

8. Die GmbH hat zwei obligatorische Organe

Jede GmbH muß über eine Gesellschafterversammlung und eine Geschäftsführung als notwendige Organe verfügen; eine Kontrollstelle wie bei der AG oder andere Organe können durch die Statuten errichtet werden.

Die Durchführung des Prinzips der Selbstorganschaft, d.h. die Wahrnehmung der Geschäftsführung durch Gesellschafter, wird oft als spezifisches Merkmal der GmbH genannt; diese Regel ist aber rein dispositiver Natur und wird auch tatsächlich oft durchbrochen, so daß sie meines Erachtens eigentlich nicht als charakteristisch bezeichnet werden kann. Im Ergebnis unterscheidet sich die GmbH hier wenig von der AG, bei welcher gerade in kleinen Gesellschaften die Verwaltung häufig von den Aktionären besetzt wird; größer ist der Unterschied zur Kollektivgesellschaft, bei der die Gesellschafter zwingend geschäftsführungs- und vertretungsberechtigt sind und eine eigentliche Drittorganschaft (Besetzung der Geschäftsführung nur durch Nichtgesellschafter) nicht möglich ist[16].

---

[16] Differenzierend schon W. VON STEIGER, Schweiz. Privatrecht, Bd. VIII/1, § 18 II 3; zu starkes Gewicht auf die Selbstorganschaft legen FORSTMOSER/MEIER-HAYOZ, N. 11 zu § 14.

§ 30. Typologie im GmbH-Recht?

I. Zur Methode der Typologie im Gesellschaftsrecht

Die Typologie ist eine Methode, die insbesondere etwa in den Jahren 1965–1975 die aktienrechtliche Diskussion beherrscht hat. Zu ihrem Inhalt sei auf die Darstellung von WERNER VON STEIGER in seinen allgemeinen Ausführungen zum Gesellschaftsrecht[1] sowie auf die von ihm zitierte Literatur verwiesen[2]. Hier nur soviel: Die Typologie geht davon aus, daß einer Gesellschaftsform eine bestimmte reale Vorstellung des Gesetzgebers als gesetzlicher Idealtypus zugeordnet werden kann, und stellt dann die Frage, wie Erscheinungen, die zwar unter den Begriff der betreffenden Gesellschaftsform fallen, aber vom gesetzlichen Typus abweichen, behandelt werden sollen. Umstritten ist insbesondere die Frage, ob das dispositive Recht der betreffenden Gesellschaftsform einheitlich im Sinne des gesetzlichen Idealtypus oder differenziert je nach der konkreten Ausgestaltung einer Gesellschaft ausgelegt und angewandt werden soll[3]. Daß diese Frage im Aktienrecht eine große Bedeutung erlangt hat, liegt nicht zuletzt daran, daß die überwiegende Zahl der Aktiengesellschaften atypisch ist, so daß man gewöhnlich dem gesetzlichen Idealtypus der AG als Publikumsgesellschaft[4] geradezu den Realtypus der kleinen personalistischen AG gegenüberstellen kann.

II. Keine sinnvolle Anwendung der Typologie in der GmbH

Noch viel schwieriger als bei der AG ist es, einen gesetzlichen Idealtypus der GmbH zu bestimmen. HONAUER hat dies versucht. Es handle sich um «kleinere und mittlere Unternehmungen, deren Kapital von einem bei der Gründung bereits festgelegten, beschränkten Personenkreis unter Beschränkung des Risikos auf die Höhe des eingetragenen Stammkapitals aufgebracht wird, deren Gesellschafter sowohl nur mit Kapital beteiligt sind, als auch bei der Leitung mitmachen können und deren Nur-Kapitalbeteiligte durch Erschwerung der Übertragbarkeit ihrer Anteile in einem relativ engen Verhältnis zur Unternehmung stehen»[5].

---

[1] W. VON STEIGER, Schweiz. Privatrecht, Bd. VIII/1, § 24.
[2] Vgl. das Lit.verz. am Anfang von W. VON STEIGER, Schweiz. Privatrecht, Bd. VIII/1, § 24.
[3] Vgl. W. VON STEIGER, Schweiz. Privatrecht, Bd. VIII/1, § 24 IV.
[4] Die Frage, ob wirklich die Publikumsgesellschaft den Gesetzestypus der AG darstellt, ist allerdings – wie alles in der Typologie – außerordentlich umstritten (vgl. W. OTT, Die Problematik einer Typologie im Gesellschaftsrecht, Diss. Zürich/Bern 1972, S. 110 ff.).
[5] K. HONAUER, Die wirtschaftliche Bedeutung der Gesellschaft mit beschränkter Haftung in der Schweiz, Diss. Zürich 1951, § 44 (die Sperrungen sind weggelassen).

Schon diese Beschreibung stimmt sicherlich nur bedingt; auf die Eignung der GmbH für Kartelle, die im Gesetzgebungsprozeß eine große Rolle gespielt hat, wird beispielsweise nicht verwiesen. Aber selbst, wenn man von ihr ausgeht, zeigt sich sofort, daß dem GmbH-Typus eine sehr viel größere Bandbreite zukommt als dem Idealtypus der AG[6], der mit dem Wort «Publikumsgesellschaft» recht gut umschrieben werden kann. Die Übergänge zwischen kapitalistisch und personalistisch strukturierter GmbH sind fließend. Ist es aber schon schwierig, überzeugend einen gesetzlichen Typus der GmbH herauszukristallisieren, so dürfte es fast unmöglich sein, sinnvolle Folgerungen bezüglich der einheitlichen Rechtsanwendung zu ziehen. Der Typus als Hilfsmittel der Rechtsanwendung versagt im GmbH-Recht! Damit dürfte die Frage nach der differenzierten Anwendung dispositiver Normen im GmbH-Recht auch viel unbedenklicher als im Aktienrecht positiv beantwortet werden, und der Richter hat eine größere Freiheit, den Einzelfall sachgerecht zu entscheiden, ohne sich dem Vorwurf auszusetzen, von typischen Rechtsregeln unter Mißachtung der Rechtssicherheit abzuweichen. Dies gilt besonders bei der Konkretisierung unbestimmter Rechtsbegriffe, die im GmbH-Recht eine bedeutende Funktion haben, etwa bei Austritt, Ausschluß oder Auflösung **aus wichtigen Gründen** oder bei der Bestimmung der **Treuepflicht** des Gesellschafters.

III. Exkurs: Die GmbH als Basis für die Typologie im Aktienrecht

Gäbe es die GmbH im schweizerischen Gesellschaftsrecht nicht, so wäre dem Postulat der typgerechten Auslegung[7] im Aktienrecht wohl der Boden entzogen. Nur die Tatsache, daß der Gesetzgeber für personalistisch strukturierte Kapitalgesellschaften eine Rechtsform zur Verfügung gestellt hat, erlaubt es, mit aller Härte den Standpunkt einzunehmen, personalistische Aktiengesellschaften hätten sich dabei behaften zu lassen, eine Rechtsform zu gebrauchen, die nach den Intentionen des Gesetzgebers gar nicht für sie bestimmt sei, und hätten damit eben auch die Folgen dieser Wahl der Gesellschaftsform voll zu tragen.

---

[6] Dasselbe gilt übrigens auch für die deutsche GmbH, so U. IMMENGA, in: Die personalistische Kapitalgesellschaft, Bad Homburg 1970, S. 18, unter Berufung auch auf frühere Quellen.
[7] W. VON STEIGER, Schweiz. Privatrecht, Bd. VIII/1, § 24 III, mit weiteren Verweisungen.

Zweiter Abschnitt

Entstehung und Statuten der GmbH

§ 31. Die Entstehung der GmbH

Literatur

R. BÄR, Gründergesellschaft und Vorgesellschaft zur AG, in: Recht und Wirtschaft heute, Festgabe für Max Kummer, Bern 1980, S. 77 ff. (zit. BÄR, Gründungsgesellschaft); M. GELSER, Nichterfüllung der Einlagepflicht des Gesellschafters einer GmbH, Diss. Basel 1939; F. HAUSER, Der Mantel bei der AG und der GmbH, Diss. Freiburg 1939; K. HUBER, Die qualifizierte Gründung der GmbH, Diss. Bern 1939; P. LANZ, Form des Vorvertrages zur Gründung einer GmbH, SAG 39, 1967, S. 185 ff.; A. SYZ, Die Einzahlungsarten der Bareinlage bei der AG und GmbH, Diss. Zürich 1939; M. C. à WENGEN, Die Umwandlung einer AG in eine GmbH, ZSR 1940 I, S. 1 ff.; O. WITH, Eintragung der mangelhaften GmbH im Handelsregister, Diss. Freiburg 1944; K. SCHOOP, Die Haftung für die Überbewertung von Sacheinlagen bei der Aktiengesellschaft und bei der Gesellschaft mit beschränkter Haftung, Diss. Bern, Zürich 1981.

I. Ausgangspunkte

1. Zur Komplexität des Gründungsvorganges

Die Gründung der GmbH ist regelmäßig[1] eine komplizierte, sich über einige Zeit hinziehende Operation, die in verschiedenen Stadien vor sich geht und insbesondere im Hinblick auf die Rechtssicherheit im Geschäftsverkehr in der Gründungsphase wichtige Probleme aufwirft. Als Errichtung einer Körperschaft mit wirtschaftlichem Zweck muß die GmbH-Gründung öffentlich beurkundet und mit konstitutiver Wirkung im Handelsregister eingetragen werden; eine formfreie Errichtung wie bei den Personengesellschaften[2] ist nicht zulässig. Bei den Personengesellschaften hat die Eintragung im Handelsregister zudem nur deklaratorische Wirkung[3].

---

[1] Dies gilt sogar auch für die dogmatisch interessante, praktisch aber unbedeutende Umwandlung der AG in eine GmbH, dazu hinten § 31 III 3b).

[2] Auch wenn es wegen der Anmeldung im Handelsregister de facto doch eines Zwangs zur schriftlichen Niederlegung des wesentlichen Inhalts des Gesellschaftsvertrages bedarf, so W. VON STEIGER, Schweiz. Privatrecht, Bd. VIII/1, § 33 II 4 und § 41 I 3.

[3] Vgl. für die kaufmännische Kollektivgesellschaft W. VON STEIGER, Schweiz. Privatrecht, Bd. VIII/1, § 33 III und für die Kommanditgesellschaft § 41.

Daß die GmbH Körperschaft ist, genügt aber nicht zur Erklärung des komplizierten Gründungsrechts; der Verein, ebenfalls eine juristische Person, kann in einem einfachen Akt durch schriftliche Niederlegung seiner Satzung errichtet werden. Bestimmend bei der GmbH ist wie bei der AG das große Bedürfnis nach Rechtssicherheit, weil die Gesellschaft zu wirtschaftlichen Zwecken errichtet wird und es einer Partei, die am Geschäftsverkehr teilnehmen möchte, zumutbar ist, über die für ihre Geschäftspartner wissenswerten Tatsachen in transparenter Weise Aufschluß zu geben. Dies ist umso mehr gerechtfertigt, weil die GmbH wie die AG grundsätzlich keine Haftung der Gesellschafter über die Beibringung des Stammkapitals hinaus kennt, so daß die Gesellschaft selbst für ihre Partner im Geschäftsverkehr klar charakterisiert sein muß; den Rückgriff auf die Gesellschafter gibt es bei der GmbH nur ausnahmsweise.

Schließlich ist die GmbH so aufgebaut, daß zahlreiche Mitglieder sich an ihr beteiligen können, wenn dies auch sicherlich in vermindertem Maße und mit größeren Schwierigkeiten als in der AG erfolgen kann. Sobald in einer Körperschaft eine größere Zahl von Gesellschaftern vereinigt sind, die darin ihre wirtschaftlichen Interessen bündeln, empfiehlt sich sicherlich die vom Gesetzgeber gewählte komplizierte, aber zu transparenten Verhältnissen führende Gründungsform.

Es sind alle diese Überlegungen, welche dazu geführt haben, daß sich die Gründung einer GmbH nur wenig von der Errichtung einer AG unterscheidet[4].

2. Zur systematischen Analyse des Gründungsvorganges

Die Gründung kann nach verschiedenen Kriterien systematisch gegliedert werden.

Zunächst kann die Gründung im zeitlichen Ablauf betrachtet werden, wobei im wesentlichen die Stadien der Vorbereitung der Vorgesellschaft und der eigentlichen Errichtung durch die Eintragung im Handelsregister unterschieden werden (II).

Ein heikles Problem der Körperschaftsgründung stellt die Behandlung von Gründungsmängeln dar (II 4a). Es handelt sich hier oft um Sachverhalte, in denen an sich legitime Interessen verschiedener Parteien einander gegenüberstehen, wobei aus Erwägungen der Rechtssicherheit regelmäßig den Interessen der unbeteiligten Drittpersonen gegenüber denjenigen der Gründer der Vorzug gegeben werden muß.

Im Rahmen der Betrachtung des zeitlichen Ablaufs ist auch die Frage zu erörtern, inwieweit das rechtsgeschäftliche Handeln der Gründer vor der Ein-

---

[4] Vgl. deshalb zur Gründung der AG in diesem Bande CH. VON GREYERZ, §§ 6 und 7.

tragung im Handelsregister für die zu gründende Gesellschaft dieser nach erfolgter Gründung rechtlich zugeordnet werden kann (II 4b). Sachlich sehr wichtig ist die Unterscheidung nach der Art der Einzahlung des Gesellschafterbeitrags. Erfolgt die Stammeinlage in Geld (III 1), so stellen sich die Probleme der Bewertung nicht, die bei Sacheinlagen oder Sachübernahmen auftreten. Da die Mißbrauchsgefahr bei dieser sogenannten qualifizierten Gründung rapid ansteigt, hat der Gesetzgeber besondere Vorsichtsmaßnahmen getroffen (III 2). Neben der Bargründung und der qualifizierten Gründung sind als Spezialfälle noch die sogenannte Mantelgründung (III 3a) und die Umwandlung einer AG in eine GmbH (III 3b) zu erwähnen.

Das GmbH-Recht kennt nur die Simultangründung; die ins Aktienrecht, insbesondere im Hinblick auf die öffentliche Anbietung von Aktien aufgenommene Sukzessivgründung kommt bei einer GmbH nicht in Frage.

II. Die Stadien der Entstehung der GmbH

Da sowohl die Gründungsgesellschaft als auch die sogenannte Vorgesellschaft durch WERNER VON STEIGER im Schweizerischen Privatrecht[5] ausführlich dargestellt werden, begnügen wir uns mit knappen Angaben:

1. Die Vorbereitungsphase: Gründungsgesellschaft

Bevor die Gründungsurkunde unterzeichnet werden kann, finden regelmäßig zwischen den potentiellen Gesellschaftern der zu gründenden Gesellschaft Verhandlungen und Vereinbarungen über die eventuellen Merkmale der Gesellschaft (Kapital, Beteiligungsverhältnisse, Organisation etc.) statt.

Zwischen den zukünftigen Gründern entsteht dabei eine einfache Gesellschaft, die auch die ersten Verhandlungen mit Dritten, etwa über Kredite, Liegenschaftskauf oder Gutachten, führt oder gar die ersten Verträge schließt.

Sehr umstritten ist die Frage, ob die Errichtung einer die Parteien bindenden Gründungsgesellschaft der öffentlichen Beurkundung bedarf. Das Bundesgericht[6] und neuerdings BÄR[7] verneinen dies im Hinblick darauf, daß die Formvorschrift von Art. 637 und 638 OR (bzw. von Art. 779 OR) zum Schutze von Dritten und nicht der Gründer die öffentliche Beurkundung verlange. Diese Argumentation ist auch deswegen plausibel, weil etwa Kollektivgesellschaften,

---

[5] Schweiz. Privatrecht, Bd. VIII/1, § 27.
[6] Zuletzt in BGE 104 Ib, 1978, S. 265.
[7] R. BÄR, Gründergesellschaft, S. 86 ff.; a. M. W. VON STEIGER, Schweiz. Privatrecht, Bd. VIII/1, § 27 III 4 und SJK 800, S. 6, nachdem er noch im Kommentar zur GmbH, N. 15 zu Art. 779 OR, der Ansicht war, es bedürfe keiner öffentlichen Beurkundung.

in denen die Gesellschafter unbeschränkte Haftungsrisiken eingehen, formfrei abgeschlossen werden können.

Bedenken bestehen meines Erachtens gegen die Annahme eines Anspruchs auf Realerfüllung, wie er für den Fall postuliert wird, daß das kantonale Prozeßrecht die Verurteilung zur Abgabe der entsprechenden Willenserklärung oder gar der Ersatzvornahme vorsieht[8]. Es dient weder der Gesellschaft noch den Gläubigern, wenn eine Person, die vor der Gründung sich von einer Gesellschaft zurückziehen will, in diese Gesellschaft hineingezwängt wird; die Sanktionen des Schadenersatzes und allfällig vereinbarter Konventionalstrafen bei Nichterfüllung des Vorvertrages erscheinen durchaus ausreichend.

2. Die Phase zwischen Unterzeichnung des Gründungsaktes und Eintrag im Handelsregister: Vorgesellschaft[9]

Gemäß Art. 779 OR erfolgt die eigentliche Gründung der GmbH als Simultangründung durch Unterzeichnung und öffentliche Beurkundung des Gründungsaktes durch alle Gesellschafter und gleichzeitige Festsetzung der Statuten, sei es in der Gründungsurkunde selbst oder in einem besonderen Dokument. Der Mindestinhalt der Gründungsurkunde ist in Art. 779 Abs. 2 und 3 OR festgelegt[10].

Nach durchgeführtem Gründungsakt ist die GmbH aber noch nicht endgültig entstanden, da dazu der Eintrag im Handelsregister erforderlich ist. In der Zwischenzeit existiert die Gesellschaft als sogenannte Vorgesellschaft in ihren internen Verhältnissen bereits nach GmbH-Regeln, während für die Beziehungen zu Dritten weiterhin das Recht der einfachen Gesellschaft maßgebend ist. Intern erfolgen Beschlußfassung und Geschäftsführung, ja selbst Auflösung nach dem Recht der GmbH, während etwa für die Vertretung der Gesellschaft oder für die Haftung noch das Recht der einfachen Gesellschaft maßgeblich ist.

Während nach erfolgter Entstehung der GmbH, d.h. nach dem Eintrag ins Handelsregister, Gründungsmängel nur erschwert angefochten werden können (hinten 4a), weil die Handelsregistereintragung eine heilende Wirkung auf solche Mängel ausübt, ist im Stadium der Vorgesellschaft die Geltendmachung von Willensmängeln seitens der Gesellschafter noch zulässig, da die legitimen Interessen Dritter damit noch nicht verletzt werden.

---

[8] So W. VON STEIGER, Schweiz. Privatrecht, Bd. VIII/1, § 27 und SJK 800, S. 6; in meiner Ansicht, daß keine Realexekution möglich ist, werde ich bestärkt durch die Studie von E. BUCHER, Die verschiedenen Bedeutungsstufen des Vorvertrags, in: Berner Festgabe zum Schweizerischen Juristentag 1979, Bern 1979, S. 169ff.
[9] Vgl. hiezu W. VON STEIGER, Schweiz. Privatrecht, Bd. VIII/1, § 27 III 4 und BÄR, Gründergesellschaft, S. 87ff.
[10] Zum notwendigen Statuteninhalt vgl. § 32 IV.

3. Die Eintragung im Handelsregister[11]

a) Wesen und Wirkung der Eintragung

Erst durch die Eintragung im Handelsregister entsteht die GmbH als Körperschaft, die Eintragung im Handelsregister hat konstitutive Wirkung[12]. Da der Inhalt der Eintragung im wesentlichen im Schweizerischen Handelsamtsblatt veröffentlicht wird, erhalten Dritte Kenntnis von der Existenz der GmbH und ihrer wesentlichen Charakteristika, so daß diese damit zum Rechtsverkehr zugelassen werden kann.

Mit der Entstehung der GmbH als juristische Person wird die Gesellschaft rechtsfähig, handlungsfähig und konkursbetreibungsfähig.

b) Vornahme und Inhalt der Eintragung

Gemäß Art. 780 OR haben zunächst die durch den Gründungsakt bestimmten Geschäftsführer – oder, wenn der Gründungsakt über diesen Punkt nichts enthält, alle Gesellschafter – ein Dokument beim Handelsregisteramt des Ortes des Sitzes der GmbH einzureichen, das als Anmeldung der Gesellschaft bezeichnet wird. Die Anmeldung ist entweder auf dem Handelsregisteramt von den Geschäftsführern zu unterzeichnen, oder es sind die Unterschriften von einem Notar zu beglaubigen.

Der Inhalt der Anmeldung ergibt sich aus Art. 780 Abs. 3 Ziff. 1–4 OR. Der Anmeldung sind die Gründungsurkunde und eine beglaubigte Ausfertigung der Statuten beizufügen.

c) Prüfung durch den Handelsregisterführer

Aufgrund der Anmeldung hat der Handelsregisterführer die in Art. 781 OR genannten Merkmale, die er im wesentlichen der Anmeldungs- und der Errichtungsurkunde entnimmt, im Handelsregister einzutragen. Dabei muß der Registerführer aber prüfen, ob die formellen und materiellen Voraussetzungen der Eintragung erfüllt sind; ist dies nicht der Fall, so darf er die GmbH nicht im Handelsregister eintragen, wodurch sie das Recht der juristischen Persönlichkeit bis zur Herstellung der Voraussetzungen des Eintrags nicht erhält.

Prüfungspflicht und Prüfungsrecht des Handelsregisters bei der Prüfung der materiellen Voraussetzungen der Gründung sind allerdings sehr eingeschränkt[13]. Die Prüfung wird sich darauf beschränken müssen, ob der Errich-

---

[11] Vgl. zu diesem Abschnitt insbes. PATRY, Schweiz. Privatrecht, Bd. VIII/1, § 10.
[12] Dazu PATRY, ebd., § 10 II 2.
[13] PATRY, ebd., § 10 II 3; BÄR, S. 66; W. VON STEIGER, N. 15 ff. zu Art. 780 OR; MEIER-HAYOZ/ FORSTMOSER, Gesellschaftsrecht, S. 122 ff.; W. VON STEIGER, SJK 800, S. 7.

tungsakt formrichtig vorgenommen worden ist, ob allenfalls Nebenleistungen, Sacheinlagen oder Sachübernahmen genügend exakt umschrieben worden sind, ob die Statuten nicht offensichtlich und unzweideutig dem Gesetz widersprechen und ob insbesondere kein unsittlicher oder widerrechtlicher Zweck vorliegt. Hingegen ist die materielle Richtigkeit der Angaben, insbesondere auch bei qualifizierten Gründungen, vom Handelsregisterführer nicht zu überprüfen.

Gegen die Verweigerung der Eintragung steht der Rechtsweg, letztinstanzlich mit Verwaltungsgerichtsbeschwerde ans Bundesgericht, offen.

4. Probleme der Gründung der GmbH nach dem Eintrag ins Handelsregister

a) Gründungsmängel

Die Lehre ist sich heute darüber einig, daß die Eintragung der GmbH ins Handelsregister heilende Wirkung hat[14]. Dies gilt, obwohl der Gesetzgeber diese Frage nur im Aktienrecht (Art. 643 Abs. 2 OR) ausdrücklich geregelt hat. Heilende Wirkung des Eintrags bedeutet, daß die Existenz der GmbH trotz allfälliger Gründungsmängel gesichert ist und die Gesellschafter zur Auflösung sich nicht etwa auf Willensmangel berufen können[15]. Will ein GmbH-Gesellschafter wegen Gründungsmängeln die Gesellschaft auflösen, so steht ihm allenfalls die ordentliche Auflösungsklage nach Art. 820 Ziff. 4 OR zur Verfügung[16].

Heilende Wirkung heißt nicht, daß die Gründungsmängel nicht behoben werden müssen, etwa durch Nachholung von Formvorschriften, Berichtigung von Sacheinlagen oder gar durch Kapitalherabsetzung[17].

Nur in außergewöhnlichen Fällen[18], etwa bei einer klar widerrechtlichen Zwecksetzung der Gesellschaft oder einer Gründung der Gesellschaft durch einen bereits gestorbenen Gesellschafter, wobei sich niemand bereit findet, dessen Anteile zu übernehmen[19], kann es zu absoluten Mängeln der Gesell-

---

[14] PATRY, ebd., § 10 II 3; W. VON STEIGER, SJK 100, S. 8, und N. 3 ff. zu Art. 783 OR mit weiteren Angaben.
[15] Anders als vor der Eintragung, vgl. 2.
[16] In der AG ist die Auflösung gemäß Art. 736 OR viel schwieriger durchzusetzen, weshalb das Gesetz in Art. 643 Abs. 3 OR einen speziellen Rechtsbehelf für die Auflösung bei Gründungsmängeln geschaffen hat. Dies erweist sich bei der GmbH als unnötig.
[17] Etwa im Falle, daß ein Gesellschafter bei der Gründung nicht handlungsfähig war.
[18] Die Lehre verneint die Anrufung von Irrtum und Täuschung generell; es ist aber bedenkenswert, ob nicht etwa ein getäuschter Gründungsgesellschafter allenfalls seinen sofortigen Austritt aus wichtigen Gründen geltend machen und damit allenfalls eine Kapitalherabsetzung durchsetzen kann.
[19] Dieses Beispiel aus JANGGEN/BECKER, N. 10 zu Art. 783 OR.

schaftsgründung, die nicht behebbar sind, kommen. Dann können entweder die Handelsregisterbehörden die Gesellschaft im Handelsregister löschen oder Gesellschafter oder Dritte Nichtigkeitsklage gegen die Gesellschaft erheben. Eine Liquidation ist dabei allenfalls nach GmbH-Recht vorzunehmen.

Heilende Wirkung bedeutet schließlich auch nicht, daß durch Gründungsmängel verletzte Gesellschafter oder Gläubiger nicht etwa Schadenersatzansprüche gegen diejenigen Personen erheben können, die vorsätzlich oder fahrlässig den Gründungsmangel verursacht haben[20].

b) Die Übernahme von rechtsgeschäftlichen Handlungen der Gründer vor der Eintragung durch die eingetragene GmbH

Häufig ist es angebracht, daß bereits vor der Entstehung einer Gesellschaft, d.h. im Stadium der Vor- oder Gründungsgesellschaft, rechtsgeschäftliche Handlungen für diese von den Gründern getätigt werden, damit die Gesellschaft kurz nach der Gründung ihre Geschäftstätigkeit auch aufnehmen kann. Typisch sind etwa der Abschluß eines Liegenschaftskaufs, eines Mietvertrags, von Arbeits-, Vertretungs- oder Lizenzverträgen.

Für die GmbH hat der Gesetzgeber die Übernahme solcher Rechtsgeschäfte der Gründer durch die GmbH in Art. 783 Abs. 2 und 3 OR geordnet und dabei wörtlich die Regelung des Aktienrechts (Art. 645 OR) übernommen[21].

Summarisch sei folgendes festgehalten:
– In der Praxis sehr schwierig ist die Abgrenzung gegenüber der Sachübernahmegründung. Wann fällt ein vor der Gründung getätigtes Rechtsgeschäft unter die scharfen Bestimmungen von Art. 778 Abs. 2 OR, wann unter Art. 783 Abs. 2 und 3 OR? Grundsätzlich werden von den Bestimmungen über die Sachübernahmegründung diejenigen Geschäfte erfaßt, welche einen derart wichtigen Beitrag zur Gesellschaftsgründung betreffen, daß die betroffenen Vermögenswerte jeweils zum Gesellschaftskapital gezählt werden müssen[22]. Sachübernahmen treten immer vor dem Gründungsakt auf, während das Handeln für die Gesellschaft gemäß Art. 783 Abs. 2 und 3 OR häufig gerade in der Phase zwischen Gründungsakt und Eintragung stattfinden wird. Nicht zu überzeugen vermögen BÄRs Ausführungen, die von der Interessenlage an der Gründung der Gesellschaft ausgehen und die vom Gesetz klar gewünschte Abgrenzung der beiden Tatbestände verwischen[23].
– Zuständig für die Übernahme des Rechtsgeschäftes sind die Geschäftsführer

---

[20] Dazu PATRY, § 10 II am Ende.
[21] Vgl. deshalb die Darstellung von CH. VON GREYERZ in diesem Bd., § 6 II, sowie BÄR, S. 78 ff.
[22] Der erwähnte Erwerb einer Liegenschaft wird daher gerade bei der GmbH meistens eher Gegenstand einer Sachübernahme sein; eine Beurteilung ist nur im Einzelfall möglich.
[23] BÄR, Gründergesellschaft, S. 80 ff.; W. VON STEIGER, N. 19 zu Art. 783 OR.

der GmbH[24]. Die Übernahme des Rechtsgeschäftes kann auch formfrei erfolgen[25].
- In der GmbH, bei der die Gründer regelmäßig auch die ersten Geschäftsführer sind, werden die «Handelnden» damit auch oft die Geschäftsführer sein, die den Entscheid über die Übernahme des Rechtsgeschäftes treffen müssen. Art. 783 Abs. 2 und 3 OR stellen eine Spezialbestimmung dar, die den sonst geltenden Regeln über das Selbstkontrahieren vorgeht.
- Die Gegenpartei des zu übernehmenden Rechtsgeschäftes kann sich gegen die Übernahme nur zur Wehr setzen, wenn ihr nicht bekannt gegeben wurde, daß das Rechtsgeschäft für die zu gründende GmbH abgeschlossen wurde, so daß sie davon ausgehen mußte, das Rechtsgeschäft werde von den Kontrahenten im eigenen Namen vereinbart[26].
- Entfällt die Übernahme, sei es, weil die Gesellschaftsgründung scheitert oder weil die Geschäftsführer das Rechtsgeschäft nicht übernehmen wollen, haften die «Handelnden» persönlich und solidarisch. Wie bereits ausgeführt, ist dabei der Kreis der «Handelnden» weit zu ziehen: er umfaßt alle bei der Gründung beteiligten Personen, die bei der Vorbereitung, Planung und beim Abschluß des Rechtsgeschäftes mitgewirkt oder dieses sogar nur gebilligt haben.
- Die Übernahme ist innert einer Frist von drei Monaten nach der Eintragung im Handelsregister durch die Gesellschaft vorzunehmen; hernach ist der normale Vertragsweg mittels eines aus Zession und Schuldübernahme zusammengesetzten Rechtsgeschäfts einzuschlagen.

III. Die Gründungsarten

1. Die Bargründung

Die Bargründung ist der unkomplizierte, gewöhnlich problemlose Normalfall einer Gründung. Im Rahmen des Gründungsaktes haben dabei die Gründer zu erklären, daß sie eine Stammeinlage von mindestens 1 000 Fr. oder eines Vielfachen davon gezeichnet haben und mindestens die Hälfte der Stammeinlage in bar der Gesellschaft zur Verfügung gestellt haben (Art. 774 Abs. 2 und 779 Abs. 2 Ziff. 2 OR).

---

[24] Ebenso W. VON STEIGER, N. 23 zu Art. 783 OR; dies entspricht der herrschenden Meinung im Aktienrecht, wo die Verwaltung für die Übernahme zuständig ist.
[25] z.B. durch Bezug der gemieteten Wohnung (JANGGEN/BECKER, N. 7 zu Art. 783 OR).
[26] JANGGEN/BECKER, N. 6 zu Art. 783 OR, sehen in der Tatsache, daß der Gläubiger kein Wahlrecht hat, ob er den Handelnden oder die Gesellschaft zum Schuldner haben wolle, die eigentliche Besonderheit der ganzen Gesetzesbestimmung.

Im Gegensatz zum Aktienrecht ist eine Hinterlegung bei einer kantonalen Depositenstelle nicht notwendig; auch wenn die Bedeutung dieser Hinterlegung fraglich ist, weil die Gründer dieses Geld unmittelbar nach der Eintragung der AG widerrechtlich wieder aus der AG zurückziehen können, stellt sie doch mindestens psychologisch einen Schutz der Gläubiger in der Gründungsphase dar. Das Fehlen dieser Bestimmung bei der GmbH ist sicherlich nicht geeignet, das Vertrauen in die Rechtsform zu erhöhen.

2. Die qualifizierte Gründung

a) Grundsätzliches

Will ein Gesellschafter seine Einlage nicht in bar, sondern in andern Vermögenswerten leisten (Sacheinlagen), oder soll die Gesellschaft gleich nach der Gründung mit ihrem Kapital oder größeren Teilen davon für ihre Zwecke essentielle Vermögenswerte von einem Gesellschafter oder Dritten übernehmen (Sachübernahme), so stellt sich die Frage der Umrechnung dieser Vermögenswerte in Geld, d.h. ihrer Bewertung.

Die korrekte Bewertung ist zwar auch für die Gesellschafter selbst und die Frage ihrer proportionalen Beteiligung am Stammkapital wichtig, obwohl hier auch Vertragsfreiheit denkbar wäre; sie bürgt vor allem dafür, daß das Stammkapital die vom Gesetzgeber zugeordnete Funktion als Garantiekapital auch erfüllt.

Die Regelung der GmbH ist deshalb im wesentlichen derjenigen des Aktienrechts ähnlich, wobei allerdings insbesondere die subsidiäre solidarische Haftung der Gesellschafter bis zur Höhe des Stammkapitals gewisse Abweichungen des GmbH-Rechtes mit sich bringt[27]. Anderseits fallen wegen des geschlossenen Charakters der GmbH die aktienrechtlichen Vorschriften über Gründerbericht und Prospektzwang weg.

Gemäß Art. 786 OR sind die Regeln der qualifizierten Gründung analog auch auf die qualifizierte Kapitalerhöhung anzuwenden.

Wie wichtig es dem Gesetzgeber war, diesen Grundsatz zweifelsfrei festzuhalten, geht daraus hervor, daß er ihm einen speziellen zweiten Satz im ersten Abschnitt von Art. 786 OR widmete, obwohl der erste Satz («Die Gesellschaft kann unter Beachtung der für die Gründung geltenden Vorschriften das Stammkapital erhöhen») vollauf genügt hätte.

Auf die Liberierung einer Stammeinlage durch Verrechnung, die häufig bei der Kapitalerhöhung vorkommt, insbesondere durch Umwandlung von Gesellschafterdarlehen in Eigenkapital, wird bei der Behandlung der Kapitalerhöhung (§ 37 II 2) eingegangen.

---

[27] Vgl. hiezu die ausführlichen Darlegungen von SCHOOP, S. 162 ff.

b) Sacheinlagen

i) Begriff

Sacheinlage ist jeder Gegenstand, der von den Gründungsgesellschaftern in die Gesellschaft als Stammeinlage eingebracht wird und der nicht in Geld besteht, der aber einen Wert besitzt und einerseits der Gesellschaft zur Zweckerfüllung, andererseits den Gläubigern als Haftungssubstrat dienen kann. Dies bedeutet, daß alle Sachen und Rechte als Sacheinlagen eingebracht werden können, die übertragbar sind und einen Wert besitzen[28]. Nicht übertragbar sind etwa die Arbeitskraft eines Gesellschafters und andere höchstpersönliche Rechte, in Ausnahmefällen auch Immaterialgüterrechte[29].

ii) Die Publizitäts- und Bewertungsvorschriften

Bei einer Sacheinlagegründung sind in den Statuten folgende Angaben offenzulegen:
- der Gegenstand der Sacheinlage, d.h. eine genügend bestimmbare und zuverlässige Angabe über die Art des eingebrachten Vermögenswertes;
- der Wert der Sacheinlage, wobei der sorgfältig und nach bestem Wissen und Gewissen der Gesellschafter geschätzte Wert zur Zeit der Sacheinlage genannt werden muß. Die Gesellschafter haben dabei vorsichtig unter Berücksichtigung erkennbarer Mängel «zu bewerten[30]». Wie weit der Handelsregisterführer bei der Prüfung eine Überbewertung feststellen und die Eintragung verweigern kann, ist umstritten[31];
- die Anrechnung auf die Stammeinlage. Diese wird meist dem Wert der Sacheinlage entsprechen, kann aber auch kleiner, jedoch niemals größer als diese sein;
- die Person des Sacheinlegers und der Betrag der ihm dafür zukommenden Stammeinlage; die vom Gesetz geforderte Angabe fällt praktisch mit der Angabe der Anrechnung zusammen.

Im Handelsamtsblatt sind gemäß Art. 90 lit. d HRV und Art. 81 HRV nur der Gegenstand, dessen Bewertung und Anrechnung auf das Stammkapital anzugeben.

---

[28] Eine Forderung gegen die Gesellschaft kann als Sacheinlage eingebracht werden; die Liberierung durch Verrechnung (Art. 80 und 90 HRV) erweist sich als Sonderform der Sacheinlage.
[29] Zur Arbeitskraft vgl. ausführlich JANGGEN/BECKER, N.9 zu Art.778 OR, zur Übertragung von Firmen- und Markenrechten W. VON STEIGER, N.8 zu Art.778 OR; im Gegensatz zu W. VON STEIGER, N.8 zu Art.778 OR, halte ich «spezielle Kenntnisse» als durchaus sacheinlagefähig; sog. Know How-Verträge, d.h. Verträge betreffend die Übertragung von «speziellen Kenntnissen», gehören zu den wichtigsten Verträgen der modernen Wirtschaft, und Know How kann regelmäßig bewertet werden; zur Frage der Einbringung von Kundschaft HUBER, S.29ff.
[30] So wörtlich O.K. KAUFMANN, S.108; ebenso neuerdings SCHOOP, S.175; etwas weniger restriktiv W. VON STEIGER, N.12 zu Art.802 OR.
[31] Vgl. die Angaben in N.13 und W. VON STEIGER, N.19 zu Art.779 OR.

c) Sachübernahmen

i) Begriff

Unter Sachübernahmen versteht man Vereinbarungen der Gründer mit Dritten, wonach diese nach der Gründung gegen Barzahlung wesentliche Vermögenswerte der Gesellschaft überlassen[32].

ii) Der Übernahmevertrag

Da der Handelsregisterführer gemäß Art. 81 Abs. 2 HRV zu prüfen hat, ob die Gesellschaft von Aktionären oder Dritten Vermögenswerte übernimmt, wird meist ein Übernahmevertrag bei der Gründung vorliegen und dem Handelsregisterführer als Beleg vorgelegt werden.

Heftig umstritten ist die Frage, ob auch ohne einen solchen Übernahmevertrag eine Sachübernahme durchgeführt werden kann[33].

Richtig dürfte eine mittlere Auslegung sein, wonach dann eine Sachübernahmegründung ohne Übernahmevertrag zulässig ist, wenn praktisch Gewißheit besteht, daß die Übernahme zustandekommt, zum Beispiel der Veräußerer eine von einem Gesellschafter beherrschte juristische Person ist[34].

iii) Die Publizitäts- und Bewertungsvorschriften (Art. 778 Abs. 2 OR)

Die Publizitäts- und Bewertungsvorschriften entsprechen weitgehend den Regeln bei der Sachübernahmegründung. Die Statuten, das Handelsregister und die Publikation im Schweizerischen Handelsamtsblatt haben Auskunft zu erteilen über:
- den Gegenstand der Übernahme,
- die aus dem Stammkapital zu erbringende Gegenleistung,
- die Person des Veräußerers.

d) Sanktionen bei Mißbrauch

Kaum ein anderes Institut des Gesellschaftsrechts ist so anfällig für Mißbräuche wie die qualifizierte Gründung, dies trotz aller Schutzvorschriften, die der Gesetzgeber aufgestellt hat. Ein solcher Mißbrauch kann allerdings geahndet werden. Auf die Sanktionen sei hier kurz hingewiesen:
- Der Handelsregisterführer kann im Rahmen seiner Kognitionsbefugnis die Eintragung der Gesellschaft zurückweisen, wenn die Angabe der Sacheinlage oder der Sachübernahme in den Statuten fehlt[35]. Diese Rückweisung wird allerdings meist nicht möglich sein, weil dem Handelsregisterführer das

---

[32] Zur Abgrenzung gegenüber Geschäften, die von den Gründern gemäß Art. 783 Abs. 2 und 3 OR für die zu bildende Gesellschaft abgeschlossen werden, siehe vorn II 4b).
[33] Vgl. hiezu W. VON STEIGER, N. 40 ff. zu Art. 778 OR.
[34] W. VON STEIGER, N. 41 zu Art. 778 OR, gestützt auf O. LEHNER, SJZ 44, 1948, S. 158 ff.: wohl zu eng HUBER, S. 61 ff.
[35] PATRY, Schweiz. Privatrecht, Bd. VIII/1, § 8 IV; W. VON STEIGER, N. 17 ff. zu Art. 778 OR.

Wissen über die vorgenommenen Sacheinlagen oder geplanten Sachübernahmen fehlt.
- Vereinbarungen, die gegen Art. 778 OR verstoßen, sind zivilrechtlich nichtig, insbesondere bezüglich der Einbringung von Sacheinlagen oder der Übernahme von Vermögenswerten.
- Bei Überbewertungen von Sacheinlagen kann es zu einer Haftung der Gesellschafter gemäß Art. 802 OR kommen, indem in den dort aufgeführten Fällen, besonders bei erfolgloser Betreibung der Gesellschaft, der Wert der Einlage auf das Stammkapital auf seinen wirklichen Betrag reduziert wird und die Haftung der Gesellschafter auflebt.

Gemäß WERNER VON STEIGER[36] entsteht diese Gesellschafterhaftung bei den Sachübernahmen nicht, weil die Gesellschafter nur für die Deckung des Stammkapitals haften. Diese Ansicht dürfte aber zumindest in den Fällen nicht richtig sein, wo mit Wissen der Gesellschafter ein Vermögenswert zu einem zu hohen Wert übernommen wurde, oder wenn der Vermögenswert von einem Gesellschafter herrührte[37].

Durch die Sanktion der solidarischen Haftung der Gesellschafter unterscheidet sich die Regelung der qualifizierten Gründung bei der GmbH maßgeblich von derjenigen bei der AG. Neben den Ansprüchen aus Gründerhaftung existieren bei der GmbH eben weitere Haftungsnormen. Hinzu kommt, daß Gesellschaftern, die durch falsche Bewertung von Sacheinlagen getäuscht worden sind, allenfalls die Klage auf Austritt aus der Gesellschaft (Art. 822 Abs. 2 OR) oder auf deren Auflösung aus wichtigen Gründen (Art. 820 Ziff. 4 OR) offen steht[38].

3. Spezialfälle

a) Die Mantelgründung und die Mantelverwertung[39]

Unter dem Mantel einer Gesellschaft versteht man das rein formale Gebilde einer wirtschaftlich nicht existierenden, rechtlich aber noch nicht aufgelösten Gesellschaft[40]. Solche GmbH-Mäntel können in zwei verschiedenen Formen auftreten:
- Bei der Mantelgründung wird gewissermaßen eine Gesellschaft auf Vorrat gegründet, ohne daß die Gesellschafter zumindest vorläufig das Unternehmen gemäß dem statutarischen Zweck verwenden wollen.

---

[36] W. VON STEIGER, N. 44 zu Art. 778 OR und SJK 799, S. 16.
[37] Ebenso durch weite Auslegung des Sacheinlagebegriffs, O. K. KAUFMANN, S. 104 ff.; BÄR, S. 23.
[38] Vgl. § 35 III und § 45 II 3; hingegen kann es bei Nichterbringung oder nur teilweiser Erbringung von Sacheinlagen nicht wie bei Bareinlagen eine Kaduzierung geben. GELSER, S. 96.
[39] Zum ganzen Problem detailliert W. VON STEIGER, N. 5 zu Art. 779 OR, siehe auch in diesem Bd. CH. VON GREYERZ, § 3 II 5.
[40] In Abwandlung von BGE 64 II, 1938, S. 362 oder 67 I, 1941, S. 36, wo von einer «wirtschaftlich bereits liquidierten Gesellschaft» gesprochen wird.

– Bei der Mantelverwertung wird ein GmbH-Mantel, sei es, daß er aus einer Mantelgründung herrührt, sei es, daß er den formalen Rest einer ehemals tätigen GmbH bildet, wieder aktiviert, meist zu einem ganz neuen Zweck. Die Mantelverwertung wird deshalb auch als «wirtschaftliche Neugründung» bezeichnet.

Die Verwendung von GmbH-Mänteln ist sehr viel seltener als diejenige von Aktienmänteln, dies insbesondere wegen der Haftungsbestimmungen von Art. 801 und 802 OR, die für ausgeschiedene Gesellschafter eine Haftung für fünf Jahre nach dem Ausscheiden aus der Gesellschaft vorsehen.

Mantelgründungen und Mantelverwertungen werden von der überwiegenden Lehre und Praxis als unzulässig angesehen[41]. Mit Recht plädiert WERNER VON STEIGER aber dafür, beide Arten der Mantelverwendung zivilrechtlich nicht als grundsätzlich rechtswidrig anzusehen, sofern nicht ein eigentlicher Rechtsmißbrauch vorliege. Zusätzlich ist wohl neben der einleuchtenden rechtlichen Beweisführung VON STEIGERS auch der Gesichtspunkt der Rechtssicherheit heranzuziehen, da Mantelverwertungen trotz der Verdammung durch Lehre und Rechtsprechung bei der Aktiengesellschaft nach wie vor häufig und regelmäßig ohne Mißbrauchsabsicht vorkommen und kein Grund zu einer abweichenden Behandlung der GmbH besteht.

b) Die Entstehung der GmbH durch Umwandlung aus einer AG[42]

Im Rahmen der Revision des OR wurde mit der Einführung der GmbH auch das Mindestkapital der Aktiengesellschaft von 20 000 Fr. auf 50 000 Fr. erhöht. Damit schien ein Bedürfnis für kleine Aktiengesellschaften zu entstehen, sich ohne Liquidation in eine GmbH umwandeln zu können.

Das schweizerische Recht hat aber nicht, wie dies möglich gewesen wäre, die direkte Umwandlung mit einfacher Statutenänderung vorgesehen, sondern in den Art. 824–826 OR wird ein recht kompliziertes mehrstufiges Verfahren gewählt, mit dem die Interessen der mit der Umwandlung nicht einverstandenen Minderheit der Aktionäre sowie der Gläubiger geschützt werden sollen.

Dem Schutz der umwandlungswilligen Gesellschafter dienen folgende Bestimmungen:

– Die Umwandlung kommt nur zustande, wenn die Aktionäre sich mit mindestens zwei Dritteln des Grundkapitals an der neuen GmbH beteiligen.

---

[41] Vgl. hiezu BGE 80 I, 1954, S. 30 ff., 60 ff., allerdings bereits mit ersten Einschränkungen; BGE 94 I, 1968, S. 562 ff.; Angaben bei W. VON STEIGER, N. 5 ff. zu Art. 779 OR; in der neueren Literatur: F. VON STEIGER, Das Recht der Aktiengesellschaft, 4. Aufl., Zürich 1970, S. 366; FORSTMOSER/MEIER-HAYOZ, Einführung, S. 272.

[42] Vgl. hiezu À WENGEN, S. 1 ff.; Kommentare W. VON STEIGER und JANGGEN/BECKER zu den Art. 824–826 OR; F. VON STEIGER, a.a.O. (Anm. 41), S. 363 ff.

– Jeder Aktionär hat das Recht, aus der Gesellschaft auszuscheiden; das erhöhte Risiko darf ihm nicht aufgezwungen werden.
– Der ausscheidende Aktionär ist aufgrund einer auf den Tag der Umwandlung zu errichtenden Umwandlungsbilanz zum echten inneren Wert seines Aktienkapitals abzufinden, wobei die ausscheidenden Aktionäre zu Gläubigern der neuen GmbH (allerdings hinter den bisherigen Gläubigern zurückstehend) werden.
– Die Umwandlungsbilanz ist mit einer Mehrheit von drei Vierteln des an der Generalversammlung der AG vertretenen Grundkapitals zu genehmigen, wobei die aktienrechtlichen Rechtsmittel (insbesondere die Anfechtungsklage) offen stehen.

Die Gläubiger ihrerseits werden wie folgt geschützt:
– Die neue GmbH ist zu einem Schuldenruf verpflichtet.
– Jeder Gläubiger, der die neue GmbH nicht als Schuldner annimmt, muß befriedigt oder sichergestellt werden, wobei diesen Gläubigern die Priorität gegenüber den Aktionären zukommt.
– Das Stammkapital der neuen GmbH darf nicht geringer sein als das Grundkapital der AG.
– In aller Regel sind die Vorschriften über die qualifizierte Gründung (Art. 778 OR) anwendbar.
– Die erwähnte Vorschrift, wonach sich mindestens Aktionäre mit einem Anteil von $^2/_3$ am Grundkapital der bisherigen AG an der GmbH beteiligen müssen, stellt auch einen mittelbaren Schutz der Gläubiger dar.

Das Verfahren der Umwandlung wickelt sich in folgenden Etappen ab:
1. Umwandlungsbeschluß der Generalversammlung der AG und Mitteilung dieses Beschlusses an die Aktionäre.
2. Erstellung der Umwandlungsbilanz und Genehmigung durch die GV der AG.
3. Gründung der GmbH (regelmäßig als Sacheinlagegründung).
4. Übergang des Gesellschaftsvermögens durch Universalsukzession von der AG auf die GmbH.
5. Anmeldung der Auflösung der AG im Handelsregister.
6. Durchführung der Abfindung der ausscheidenden Aktionäre sowie des Gläubigerschutzverfahrens.
7. Nach durchgeführtem Gläubigerschutzverfahren erfolgt die Löschung der AG im Handelsregister.

Der Gesetzgeber hat mit der Ermöglichung der Umwandlung der AG in eine GmbH dieser damals neuen Rechtsform zu einem guten Start verhelfen wollen; die Prozedur der Umwandlung ist dabei aber im Bemühen um den

Gläubiger- und Aktionärsschutz so umständlich geraten, daß kaum ein echter Anreiz bestehen blieb.

Es ist auch schade, daß der Gesetzgeber nicht eine direkte Umwandlung aus einer GmbH in die AG vorgesehen hat[43]. Eine solche Möglichkeit hätte die Attraktivität der GmbH, insbesondere für Gesellschaften, deren Kapital in absehbarer Zeit die Grenze von 2 000 000 Fr. überschreiten könnte, erhöht.

§ 32. Die Statuten

I. Ausgangspunkte: Zur Rechtsnatur der GmbH-Statuten

Während die innergesellschaftliche Grundlage einer Personengesellschaft als Gesellschaftsvertrag bezeichnet wird, nennt man das entsprechende Grundgesetz einer Körperschaft «Statuten»[1]. Die schweizerische Lehre hat im wesentlichen darauf verzichtet, die unfruchtbare Diskussion über das Thema voranzutreiben, ob die Statuten einer Körperschaft eher gesetzlicher oder vertraglicher Natur seien[2]. Gerade im Recht der GmbH wird deutlich, daß nur eine differenzierte, Elemente vertraglicher wie auch gesetzlicher Natur kombinierende Betrachtungsweise zutreffend sein kann. Einerseits ist die GmbH eine Körperschaft, deren Grundgesetz aus sich heraus auch Dritten (z.B. künftigen Mitgliedern oder Gläubigern) verständlich sein muß – darum auch die Verpflichtung zur Einreichung der Statuten beim Handelsregisteramt –, andererseits ist sie meist eine Gesellschaft mit geringer Mitgliederzahl, so daß wie bei der Kollektivgesellschaft mindestens zwischen den Gründungsgesellschaftern der vertragliche Charakter der Statuten zu beachten ist.

II. Begriff und Wesen der Statuten

1. Begriff

Statuten sind die aufgrund privatautonomer Rechtssetzung erlassenen Rechtsnormen, die die Grundordnung einer Körperschaft bilden. Aus dieser Definition ist die Doppelstruktur der Statuten ersichtlich:

---

[43] Hiezu B. LUTZ, Die Umwandlung einer GmbH in eine Aktiengesellschaft und ihre steuerliche Belastung, SAG 29, 1957, S. 196 ff.
[1] Ausführlich hiezu W. VON STEIGER, Schweiz. Privatrecht, Bd. VIII/1, § 20; anders die deutsche Terminologie: Satzung einer AG; Gesellschaftsvertrag einer GmbH.
[2] W. VON STEIGER, ebd., § 20 II mit Hinweisen.

- Statuten werden privatautonom gesetzt und beruhen damit auf rechtsgeschäftlicher Grundlage.
- Statuten stellen die Rechtsordnung einer Körperschaft dar, die über einen Komplex rein vertraglicher Normen zu Grundregeln generell-abstrakter Natur hinauswachsen kann.

2. Die Auslegung der Statuten

Aus der Doppelnatur der Statuten als sowohl gesetzes- als auch vertragsähnlicher Normenkomplex geht hervor, daß es ein Universalrezept für die Statutenauslegung nicht geben kann. Als Faustregel kann folgendes ausgeführt werden:
- Im internen Verhältnis der Gesellschafter erfolgt die Auslegung der Statuten wie diejenige von Willenserklärungen nach dem Vertrauensprinzip; je größer die Gesellschaft ist und je mehr Mitgliederwechsel seit der Gründung stattgefunden haben, desto mehr verschiebt sich die Auslegung auf objektive Kriterien[3]. Auch im internen Verhältnis ist aber immer zu beachten, daß Statutenbestimmungen gegenüber allen Gesellschaftern einheitlich auszulegen sind.
- Im Verhältnis zu Dritten sind Statutenbestimmungen objektiv auszulegen, d.h. so, wie sie ein Dritter (ohne Rücksicht auf den Willen der Gesellschafter) verstanden haben muß[4].
- Hat die Statutenbestimmung interne und externe Relevanz, so geht die objektive Auslegung meines Erachtens vor.

Die bei Verträgen anwendbaren Auslegungsgrundsätze werden mithin bei GmbH-Statuten eine größere Rolle spielen als bei Statuten einer Aktiengesellschaft.

3. Die Form der Statuten

Aus Art. 779 OR, Art. 780 OR sowie Art. 784 OR geht hervor, daß Statuten immer schriftlich abgefaßt und öffentlich beurkundet werden müssen.

III. Die Änderung der Statuten (Art. 784 OR)

1. Form der Statutenänderung

Statutenänderungen können nur durch Gesellschaftsbeschluß und in Form einer öffentlichen Urkunde erfolgen.

---

[3] Vgl. hiezu zuletzt BGE 87 II, 1961, S. 95.
[4] So schon BGE 57 II, 1931, S. 522.

Die Kompetenz zur Statutenänderung ist damit unübertragbar der Gesellschafterversammlung (bzw. der schriftlichen Abstimmung der Gesellschafter) zuerkannt (Art. 810 Abs. 1 Ziff. 1 OR). Eine Statutenänderung bedarf der Zustimmung von drei Vierteln aller Gesellschafter, die mindestens drei Viertel des Stammkapitals vertreten, sofern nicht die Statuten selbst ein höheres oder niedrigeres Zustimmungsquorum vorschreiben oder den Gesellschaftern wohlerworbene Rechte entzogen werden sollen.

2. Gegenstand und Schranken der Statutenänderung

Unter Vorbehalt der im folgenden aufgeführten Schranken sind grundsätzlich alle Statutenbestimmungen einer Änderung zugänglich. Diese Schranken können folgender Natur sein[5]:

a) Die Statutenänderung darf nicht gegen zwingende Rechtsvorschriften verstoßen.

b) Sie darf insbesondere keine allgemeinen Rechtsgrundsätze des GmbH-Rechts verletzen (Treu und Glauben, Gleichbehandlungsgrundsatz, Treuepflicht).

c) Sie darf keine unentziehbaren (absolut wohlerworbenen Rechte des Gesellschafters) verletzen, sofern der betroffene Gesellschafter nicht zustimmt.

d) Sie darf relativ wohlerworbene Rechte der Gesellschafter nur verletzen, sofern sich in der Interessenabwägung ein Übergewicht der Gesellschaftsinteressen gegenüber den Interessen der Minderheitsgesellschafter ergibt.

e) Sie darf insbesondere, sofern nicht alle Gesellschafter zustimmen, keine Vermehrung der Leistungen oder Ausdehnung der Haftung statuieren (Art. 784 Abs. 3 OR). Diese Bestimmung wird von der Lehre[6] recht extensiv ausgelegt; sie betrifft nicht nur die Zustimmung zu jeglicher Kapitalerhöhung[7], sogar dann, wenn das erhöhte Stammkapital sofort liberiert wird, sondern auch die Einführung von Nachschuß- oder Nebenleistungspflichten sowie die Verschärfung solcher Leistungspflichten, etwa durch Erhöhung von Konventionalstrafen, Verminderung der Gegenleistung bei einer Nebenleistungspflicht oder durch die Verkürzung von Zahlungsfristen. Wenn die Statuten eine Vermehrung der Leistungspflicht nur einzelnen Gesellschaftern auferlegen, so genügt es, daß die betreffenden Gesellschafter – und nicht, wie es der Gesetzestext suggeriert, alle Gesellschafter – zustimmen[8].

---

[5] Vgl. zu den nachfolgenden Begriffen § 33.
[6] W. von Steiger, N. 35 zu Art. 784 OR und SJK 799, S. 20 f.; Janggen/Becker, N. 4 zu Art. 784 OR.
[7] Da eine Kapitalerhöhung immer alle Gesellschafter betrifft, muß sie stets einstimmig gefaßt werden, so auch Kaufmann, S. 92 ff.
[8] W. von Steiger, N. 36 zu Art. 784 OR und SJK 799, S. 20 f.; a.M. offenbar Guhl/Merz/Kummer, S. 690; Janggen/Becker, N. 5 zu Art. 777 OR, und für die Nachschußpflicht offenbar Mayer, S. 48.

IV. Der Statuteninhalt

Man gliedert den Statuteninhalt regelmäßig[9] in:
- die Bestimmungen, welche die Statuten immer enthalten müssen (absolut notwendiger Statuteninhalt; nachfolgend Ziff.1);
- die Bestimmungen, welche die Statuten enthalten müssen, damit sie verbindliche Regeln für die Gesellschafter werden (fakultativ notwendiger Statuteninhalt; nachfolgend Ziff.2);

sowie in:
- die Bestimmungen, welche in die Statuten aufgenommen werden, aber auch auf anderer Rechtsgrundlage (Reglement, Gesellschaftsbeschluß) geregelt werden könnten (fakultativer Statuteninhalt; nachstehend Ziff.3).

1. Der absolut (unbedingt) notwendige Statuteninhalt (Art.776 OR)

Zum absolut notwendigen Statuteninhalt zählen alle diejenigen Bestimmungen, die in den Statuten mindestens enthalten sein müssen, damit die GmbH entsteht und bestehen bleibt. Es handelt sich damit um eigentliche Begriffsmerkmale der GmbH. Es sind dies:

a) Die Firma der GmbH (Art.776 Ziff.1 OR)

Gemäß den Art.934 OR und 944ff. OR ist die GmbH verpflichtet, eine Firma zu führen und ins Handelsregister eintragen zu lassen. Dabei ist gemäß Art.949 OR die Firmenwahl unter Vorbehalt der allgemeinen Grundsätze des Firmenrechts[10] frei, wobei der Firma immer[11] der Zusatz «GmbH» zugefügt werden muß. Es sind damit sowohl Personennamen, Sachbezeichnungen, Phantasienamen oder gemischte Bezeichnungen als GmbH-Firmen zugelassen; der Zusatz «Gesellschaft mit beschränkter Haftung» kann in ausgeschriebener oder abgekürzter Form (GmbH) vor oder hinter der Firma stehen.

b) Der Sitz der GmbH (Art.776 Ziff.1 OR)

Der Sitz der GmbH ist gemäß einer immer wieder verwendeten Definition «der Ort, wo die Rechtsverhältnisse der Gesellschaft als konzentriert gedacht werden»[12]. Der Sitz einer schweizerischen GmbH kann gemäß Art.56 ZGB in

---

[9] Diese Systematik enthält bereits das Gesetz mit der Aufteilung in Art.776 OR einerseits und Art.777 OR und Art.778 OR andererseits.
[10] Vgl. hiezu Patry, Schweiz. Privatrecht, Bd.VIII/1, § 11 und 12.
[11] Bei Aktiengesellschaften und Genossenschaften ist der entsprechende Zusatz nur erforderlich, wenn die Firma in einem Personennamen besteht.
[12] So Siegwart, N.27 zu Art.626 OR; W. von Steiger, N.16 zu Art.776 OR; M. Gutzwiller, Schweiz. Privatrecht, Bd.II, Basel/Stuttgart 1967, § 52 IV.

der Schweiz frei gewählt werden, wobei in der Regel auf die tatsächlichen Verhältnisse – Ort der Geschäftsführung, der Fabrik, des Verkaufszentrums – abgestellt wird; an sich ist aber die Wahl des Sitzes an einem beliebigen Ort in der Schweiz zulässig[13]. Der Sitz ist in einer bestimmten politischen Gemeinde anzugeben; eine GmbH kann nur einen statutarischen Sitz haben.

Der Sitz dient als mannigfacher Anknüpfungspunkt. Zunächst wird durch ihn der Ort der Eintragung im Handelsregister bestimmt (Art. 780 OR). Der Sitz begründet sodann den allgemeinen Gerichtsstand für Klagen gegen die Gesellschaft (Art. 782 Abs. 3 OR) und für alle Verantwortlichkeitsklagen. Schließlich ist am Ort des Sitzes auch der Betreibungsort der Gesellschaft (Art. 46 Abs. 2 SchKG).

Eine GmbH kann Zweigniederlassungen[14] errichten, die am Orte, an welchem sie sich befinden, im Handelsregister eingetragen werden müssen (Art. 782 Abs. 1 OR). Zweigniederlassungen begründen für Klagen aus ihrem Tätigkeitsbereich einen weiteren Gerichtsstand für Klagen gegen die Gesellschaft neben demjenigen des Sitzes (Art. 782 Abs. 3 OR).

c) Der Gegenstand der GmbH (Art. 776 Ziff. 2 OR)

Unter dem Gegenstand der GmbH ist die Umschreibung des Tätigkeitsbereiches der Gesellschaft zu verstehen[15]. Dieser Begriff ist enger als der in Art. 772 OR für die GmbH verwendete Begriff des Zwecks[16], er verlangt aber keine allzu starre Präzisierung des Tätigkeitsbereichs[17]. Daß das GmbH-Recht eigentlich nur den Begriff «Gegenstand» verwendet – der «Zweck» der GmbH entspricht weitgehend dem sogenannten Endzweck[18] der AG –, hebt es wohltuend vom Aktienrecht ab, wo es nicht möglich ist, die drei verschiedenen Begriffe «Zweck» (in den Art. 626 Ziff. 2 OR und Art. 648 OR), «Gegenstand» (in Art. 626 Ziff. 2 OR) und «Geschäftsbereich» (in Art. 649 OR) voneinander klar abzugrenzen.

Daß der Gegenstand der GmbH in den Statuten obligatorisch aufzuführen ist, hat seinen Grund darin, daß er für die Gesellschafter ein «essentiale» ihrer Mitgliedschaft bedeutet. Damit wird auch erreicht, daß Änderungen der Aktivität der Gesellschaft rechtlich nur mit dem für Statutenänderungen vorgesehe-

---

[13] So m.E. zu Recht W. VON STEIGER, N. 18 zu Art. 776 OR; a.M. JANGGEN/BECKER, N. 5 ff. zu Art. 776 OR.
[14] Vgl. zu allen Einzelproblemen der Zweigniederlassung P. GAUCH, Der Zweigbetrieb im Schweiz. Zivilrecht, Zürich 1974.
[15] So übereinstimmend W. VON STEIGER, N. 26/27 zu Art. 776 OR, und SJK 799, S. 12; JANGGEN/BECKER, N. 10 zu Art. 776 OR.
[16] Siehe dazu § 29 IV 2.
[17] Vgl. die Formulierungsvorschläge bei F. VON STEIGER, Formulare über Gesellschaftsstatuten, Zürich 1956, S. 49.
[18] W. VON STEIGER, N. 28 zu Art. 776 OR.

nen Quorum der Gesellschafter (¾ der Gesellschafter, die ¾ des Kapitals vertreten) vorgenommen werden können.

WERNER VON STEIGER wirft die Frage auf, ob eine Änderung des Gegenstands nicht auch implizit eine Haftungsausweitung darstellen könnte, zum Beispiel, wenn ein Handelsunternehmen seinen Gegenstand auf Warenterminspekulationen ausdehnt. Würde man dies annehmen, so könnten gewisse Gegenstandsänderungen nur einstimmig vorgenommen werden (Art. 784 Abs. 3 OR). Richtigerweise wird die Frage aber verneint, da sich Art. 784 Abs. 3 OR nur auf den quantitativen Haftungsrahmen bezieht.

Nimmt die Geschäftsführung Tätigkeiten außerhalb des Gegenstandes auf, so macht sie sich den Gesellschaftern gegenüber verantwortlich. Die dauernde Aktivität der Gesellschaft außerhalb des Gegenstandes kann auch einen wichtigen Grund für den Entzug der Geschäftsführung, die Auflösung der Gesellschaft oder den Austritt oder Ausschluß eines Gesellschafters darstellen.

Die Frage der Überschreitung der Vertretungsmacht wird an anderer Stelle[19] behandelt.

d) Höhe des Stammkapitals und Betrag der Stammeinlage jedes Gesellschafters

Die Höhe des Stammkapitals[20] und der Betrag der Stammeinlage jedes Gesellschafters[21] müssen in den Statuten aufgeführt sein; hingegen muß der Name des Gesellschafters nicht in den Statuten angegeben werden[22,23].

e) Die Form der Bekanntmachungen der Gesellschaft (Art. 776 Ziff. 4 OR)

In Art. 776 Ziff. 4 OR, der dem Art. 626 Ziff. 7 OR des Aktienrechts entspricht, wird bestimmt, daß die Statuten die Form der von der Gesellschaft an die Gesellschafter offiziell zu erlassenden Mitteilungen, etwa über die Einladung zur Gesellschafterversammlung, die Auszahlung der Dividende, über die Ausübung des Bezugsrechts oder über die Einforderung von Nachschüssen und Nebenleistungen, regeln müssen. Nicht betroffen sind informelle Informationen über den Geschäftsverlauf oder andere Berichte der Geschäftsführer an die Gesellschafter.

Für Bekanntmachungen, welche die im Handelsregister eintragungspflichtigen Daten der Gesellschaft betreffen, wird von Gesetzes wegen die Veröffentlichung im Schweizerischen Handelsamtsblatt vorgeschrieben[24]. Für die son-

---

[19] Vgl. § 42 V.
[20] Zu diesem Begriff § 29 IV 6.
[21] Siehe § 36.
[22] Dies ist deshalb wichtig, weil damit für die Übertragung des Stammanteils nicht unbedingt eine Statutenänderung nötig ist.
[23] Ebenso W. VON STEIGER, SJK 799, S. 13. Auch F. VON STEIGER führt in seinen Formularen der Statuten den Namen der Gesellschafter nicht auf.
[24] Ebenso auch für die Bekanntmachung über den Schuldenruf bei Herabsetzung des Kapitals und bei Auflösung der Gesellschaft (Art. 931 Abs. 2 OR in Verbindung mit Art. 788 Abs. 2 OR und Art. 823 OR).

stigen offiziellen Mitteilungen ist, weil alle Gesellschafter der Gesellschaft bekannt sind, die in der GmbH übliche Form der Bekanntmachung der eingeschriebene Brief. Für die Einberufung der Gesellschafterversammlung ist dies die sogar im Gesetz vorgeschriebene Form, sofern die Statuten nichts anderes bestimmen[25].

2. Der fakultativ (bedingt) notwendige Statuteninhalt[26]

Unter dem fakultativ notwendigen Statuteninhalt werden diejenigen Bestimmungen verstanden, die notwendigerweise in die Statuten aufgenommen werden müssen, sofern die Gesellschaft vom nachgiebigen Gesetzesrecht abweichen will. Werden solche Abweichungen außerhalb der Statuten etwa in einem Reglement oder durch Gesellschaftsbeschluß getroffen, so sind sie gesellschaftsrechtlich nichtig[27]. Hingegen können allenfalls obligatorische Vereinbarungen zwischen einzelnen oder allen Gesellschaftern getroffen werden, die wie Aktionärsbindungsverträge gültig sind, ohne daß in die Sozialsphäre der Gesellschaft unmittelbar eingegriffen wird.

Bestimmungen im Bereich des fakultativ notwendigen Statuteninhalts können durch Statutenänderung angepaßt werden, so daß gemäß Art. 784 Abs. 2 OR ein qualifiziertes Mehr erforderlich ist, wenn die Statuten diese Quorumsregelung nicht abgeändert haben. Handelt es sich um eine Vermehrung der Leistungen der Gesellschafter, ist jedenfalls die Zustimmung des betroffenen Gesellschafters erforderlich[28].

Die einzelnen Bestimmungen des Art. 777 OR, in denen festgelegt wird, was zum fakultativ-notwendigen Statuteninhalt gehört, sowie von Art. 778 OR über Sacheinlagen und Sachübernahmen, dem wichtigsten Sonderfall des bedingt notwendigen Statuteninhalts, werden jeweils im Sachzusammenhang behandelt.

3. Der fakultative Statuteninhalt

Die Gesellschafter können in den Statuten auch Fragen regeln, die sie auf andere Weise etwa in einem Reglement oder durch Gesellschaftsbeschluß für die Gesellschafter hätten verbindlich erklären können. Durch die Regelung eines Sachverhalts in den Statuten, der nicht notwendigerweise darin normiert werden müßte, geben die Gesellschafter zu verstehen, daß sie diese Materie als

---

[25] Diese Bestimmung (Art. 809 Abs. 4 OR) ist nicht ganz logisch, da die Statuten immer die Form der Einberufung angeben müssen.
[26] GUHL/MERZ/KUMMER nennen dies den fakultativen Statuteninhalt (S. 662), was terminologisch ungenau ist und vermieden werden sollte.
[27] Vgl. W. VON STEIGER, N. 4 zu Art. 777 OR.
[28] Vorn III.

besonders wichtig erachten. Gleichzeitig unterstellen sie diese Sachverhalte den Statutenänderungsvorschriften, die häufig eine Abänderung der Regelung[29] erschweren. Eine Auslegung der Statuten wird sogar öfters ergeben, daß die Absicht der Normierung einer Rechtsfrage in den Statuten darin bestand, dem Gesellschafter ein wohlerworbenes Recht zu gewähren, das ihm gar nicht gegen seinen Willen oder nur nach einer Interessenabwägung, in der die Interessen des Gesellschafters gegenüber denjenigen der Gesellschaft eindeutig zurücktreten, entzogen werden kann.

---

[29] Vorn III 1.

Dritter Abschnitt

Mitgliedschaft und Mitgliederbewegung

§ 33. Die Mitgliedschaft

Literatur

H. R. FORRER, Die Mitgliedschaft und ihre Beurkundung, Diss. Zürich 1959; R. GAMMA, Die persönlichen Mitgliedschaftsrechte in der Gesellschaft mit beschränkter Haftung, Diss. Bern 1944; A. MEIER-HAYOZ/M. ZWEIFEL, Der Grundsatz der schonenden Rechtsausübung im Gesellschaftsrecht, in: Festschrift für H. Westermann, Karlsruhe 1974, S. 383 ff.; P. LANZ, Die Rechtsstellung der Erben eines GmbH-Anteils, SAG 39, 1967, S. 40 ff.; R. LECOULTRE, La nature juridique et le transfert des parts sociales dans la société à responsabilité limitée, thèse Genève 1943; W. R. SCHLUEP, Die wohlerworbenen Rechte des Aktionärs und ihr Schutz nach schweizerischem Recht, Diss. St. Gallen 1955; R. SCHWARZENBACH, Die Mitgliedschaft bei der schweizerischen Gesellschaft mit begrenzter Haftung, Diss. Zürich 1949; H. STECKEL, Der erbrechtliche Übergang vinkulierter Namenaktien, Diss. Freiburg 1952; H. TRÜEB, Die Eigentumsübertragung an vinkulierten Namenaktien und Anteilen der Gesellschaft mit beschränkter Haftung, Diss. Bern 1947; H. WOHLMANN, Die Treuepflicht des Aktionärs, Diss. Zürich 1967.

I. Begriff und Inhalt der Mitgliedschaft

Wie bei allen Körperschaften bezeichnet man das Verhältnis zwischen der Gesellschaft und ihren Gesellschaftern auch bei der GmbH als Mitgliedschaft[1]. Ihr Inhalt wird bestimmt durch die sozialrechtlichen Rechte und Pflichten, die einem Mitglied der GmbH zustehen bzw. auferlegt sind.

Es stellen sich drei Fragenkomplexe:
– Welches sind die persönlichen Voraussetzungen der Mitgliedschaft und wieviele Gesellschafter braucht es mindestens (II)?
– Welche Prinzipien beherrschen die Ausübung der Gesellschafterrechte gegenüber der Gesellschaft, die Geltendmachung der Gesellschafterpflichten durch die Gesellschaft gegenüber dem Gesellschafter und damit auch, mindestens mittelbar, das Verhältnis von Gesellschafter zu Gesellschafter (nachstehend III)?

---

[1] Vgl. GUTZWILLER, a.a.O. (§ 32, Anm. 12), § 51; A. HEINI, Schweiz. Privatrecht, Bd. II, Basel/Stuttgart 1967, § 55; FORRER, S. 40.

– Welches sind die Mitgliedschaftsrechte und -pflichten, und wie lassen sie sich systematisch erfassen (nachstehend IV–VI)?

Dabei kann auf Einteilungen zurückgegriffen werden, wie sie bei allen Körperschaften üblich sind, nämlich:
– – nach der Rechtsgrundlage, auf der sie beruhen (IV);
– – nach der Entziehbarkeit der Rechte (V);
– – in vermögensmäßige und nicht vermögensmäßige Rechte und Pflichten (VI).

II. Voraussetzungen der Mitgliedschaft und Zahl der Mitglieder

1. Persönliche Voraussetzungen der Mitgliedschaft

Mitglied einer GmbH kann jede natürliche oder juristische Person und auch jede Handelsgesellschaft (Kollektiv- oder Kommanditgesellschaft) werden. Als Mitglieder sind auch Personen ausländischer Nationalität oder ausländischen (Wohn-) Sitzes unbeschränkt zugelassen.

Grundsätzlich gleich beantwortet wie bei der AG wird die Frage, inwieweit nicht voll Handlungsfähige (Minderjährige, Bevormundete, Verbeiständete und Verbeirätete) einerseits und Ehefrauen andererseits ohne Zustimmung des gesetzlichen Vertreters bzw. der Aufsichtsperson oder des Ehemannes Mitglieder einer GmbH werden können[2].

Immerhin sprechen zwei Elemente für eine restriktivere Betrachtung als bei der AG:
– Der Gesellschafter ist nach dispositivem Recht und häufig auch faktisch Geschäftsführer.
– Das Haftungsrisiko des Gesellschafters einer GmbH ist wesentlich höher als dasjenige des Aktionärs.

So bedarf etwa die Ehefrau für die Mitgliedschaft an einer GmbH, in der sie Geschäftsführungsfunktionen innehat, der Zustimmung des Ehemannes[3].

Im Zusammenhang mit der Mitgliedschaft von Handelsgesellschaften sei noch festgehalten, daß die GmbH ihrerseits nicht Mitglied einer Kollektivgesellschaft (Art. 552 OR) und nur Kommanditär bei einer Kommanditgesellschaft sein darf. Im schweizerischen Recht sind also die in Deutschland so populären Mischformen wie die GmbH & Co. KG, mit denen eine Personen-

---

[2] Vgl. zu diesen Fragen ausführlich W. VON STEIGER, N. 2 ff. zu Art. 772 OR.
[3] Mit der Revision des Eherechts wird diese Gleichstellung von beschränkt handlungsfähigen Personen und Ehefrauen hoffentlich verschwinden!; vgl. W. VON STEIGER, N. 5/6 zu Art. 772 OR.

gesellschaftsform errichtet wird, deren unbeschränkt haftender Gesellschafter seinerseits eine Gesellschaft mit beschränkter Haftung ist, nicht zulässig[4].

2. Die Zahl der Mitglieder

Gemäß Art. 775 Abs. 1 OR muß die Zahl der Mitglieder bei der Gründung mindestens zwei betragen. Nach oben ist die Zahl der Gesellschafter unbegrenzt, doch ist für Kapitalgesellschaften mit einer größeren Zahl von Mitgliedern regelmäßig die Aktiengesellschaft die geeignetere Rechtsform. Art. 775 Abs. 2 OR toleriert die Einmann-GmbH und entspricht damit Art. 625 Abs. 2 OR[5]. Da die Gesellschafter und ihr Stammanteil im Handelsregister eingetragen werden, ist der Tatbestand des «Einzelkaufmanns mit beschränkter Haftung» bei der Wahl der GmbH-Rechtsform publik, was Gläubigern und Aktionären erleichtert, das in Art. 775 Abs. 2 OR vorgesehene Begehren auf Auflösung der Gesellschaft zu stellen.

Die Probleme des Selbstkontrahierens und der Identität von Gesellschaft und Gesellschafter (Durchgriffsproblematik) stellen sich nicht anders als im Aktienrecht[6].

III. Grundprinzipien des mitgliedschaftlichen Verhaltens

1. Allgemeines

Die GmbH ist wie alle Körperschaften ein soziales Gebilde, das sich von der Aktiengesellschaft durch seine starke personalistische Ausprägung unterscheidet. Das Zusammenwirken in einem solchen Verband wird durch die Zuordnung von Rechten und Pflichten an die einzelnen Mitglieder geordnet. Dies kann allein nicht genügen, um die Mitglieder vor willkürlicher Machtausübung durch ihre Mitgesellschafter oder aber vor kleinlicher Schikaniererei zu schützen. Um aus einem privatrechtlichen Verband eine echte Zweckgemeinschaft entstehen zu lassen, dürfen nicht nur formelle Regeln allein, wie etwa die Mehrheitsmacht, gelten, sondern es muß die Ausübung der Rechte zwischen Mitglied und GmbH auf allgemeinen Rechtsgrundsätzen beruhen, die Schranken der Mitgliedschaftsmacht und damit in erster Linie Instrumente des Minderheitenschutzes sind. Allerdings kann auch eine Minderheit, etwa indem sie

---

[4] Zur deutschen GmbH & Co. KG vgl. etwa die fast jährlich in Neuaufl. erscheinenden Handbücher, wie M. HESSELMANN, Handbuch der GmbH & Co. KG, 16. Aufl., Köln 1980, oder H. SUDHOFF, Der Gesellschaftsvertrag der GmbH & Co., 4. Aufl., München 1978.
[5] Vgl. FORSTMOSER/MEIER-HAYOZ, § 46, N. 16.
[6] Zur Durchgriffsproblematik vgl. GUTZWILLER, a.a.O. (§ 32, Anm. 12), § 50 am Ende; W. VON STEIGER, Schweiz. Privatrecht, Bd. VIII/1, § 21, N. 11.

einen Beschluß, der nur mit qualifiziertem Mehr gefaßt werden kann, grundlos verhindert, diese allgemeinen Rechtsprinzipien verletzen.

2. Der Grundsatz der gleichmäßigen Behandlung der Gesellschafter

Der Gleichbehandlungsgrundsatz ist im schweizerischen Gesellschaftsrecht allgemein als wegleitendes Prinzip des Gesellschaftsrechts anerkannt[7]. In der GmbH als Kapitalgesellschaft gilt dabei im wesentlichen der Grundsatz der relativen Gleichbehandlung entsprechend dem Kapitalanteil des einzelnen Gesellschafters[8]. Der Gleichbehandlungsgrundsatz hat zwei Ausprägungen:
– Er schützt jeden Gesellschafter, insbesondere aber die sich in der Minderheit befindlichen Mitglieder, vor Willkür durch Mehrheit oder Geschäftsführung (z.B. gegen ein willkürliches Verbot der Übertragung von Anteilen).
– Er dient als Grundsatz für die Bewertung der Mitgliedschafts- und Vermögensrechte, wobei größtenteils von der Höhe der Stammeinlage, bei gewissen Vermögensrechten (Recht auf Gewinnanteil, Recht auf Liquidationserlös[9]) aber von der auf die Stammeinlage geleisteten effektiven Einzahlung ausgegangen wird.

Die Statuten können, ausgenommen bei den unentziehbaren Rechten, den Grundsatz der Gleichbehandlung durchbrechen, der damit zu einer nur «dispositiven Generalregel»[10] des GmbH-Rechts wird. Die Setzung von Sonderrechten und Sonderpflichten für einzelne Gesellschafter ist im GmbH-Recht, das im kapitalgesellschaftlichen Rahmen weitgehend personalistische Strukturelemente zuläßt, durchaus angebracht, so daß die Bedeutung des Gleichheitsgrundsatzes im Vergleich zum Aktienrecht stark vermindert ist.

3. Treu und Glauben und Treuepflicht

Das in Art. 2 Abs. 1 ZGB aufgeführte Gebot der Ausübung aller Rechte und Erfüllung aller Pflichten nach Treu und Glauben gilt auch für das Verhalten in Personengesellschaft und Körperschaft, ebenso wie das Verbot des Rechtsmißbrauchs in Art. 2 Abs. 2 ZGB[11]. «Treu und Glauben» im Gesellschaftsrecht bedeutet Rücksichtnahme auf den Mitgesellschafter bei der Durchsetzung des

---

[7] So W. von Steiger, ebd., § 23 mit weiteren Angaben; BGE 95 II, 1969, S. 162; vgl. auch unten N. 10; Schluep, S. 320ff.
[8] W. von Steiger, ebd., § 23 II; Schwarzenbach, S. 59ff.; W. von Steiger, SJK 801, S. 19 und N. 32 zu Art. 784 OR.
[9] Vgl. § 38.
[10] So Schwarzenbach, S. 62; die Auffassung Schlueps (S. 324), daß der Grundsatz der Gleichbehandlung dem zwingenden Recht angehöre, läßt sich zumindest für die GmbH in dieser absoluten Form nicht vertreten.
[11] Statt vieler, W. von Steiger, ebd., § 22 I 2.

eigenen Interesses[12]. Es ist kaum bestritten, daß dieses umfassende Prinzip die Basis für alle andern allgemeinen Rechtsgrundsätze bezüglich der Ausübung der Rechte und Erfüllung der Pflichten der Gesellschafter abgibt, daß mithin Gleichbehandlungsgrundsatz, Treuepflicht und Grundsatz der schonenden Ausübung teils Erweiterungen, teils Konkretisierungen des Grundsatzes von Treu und Glauben darstellen[13].

Die Treuepflicht stellt nun eine Erweiterung des Grundsatzes von Treu und Glauben für Rechtsverhältnisse dar, die durch persönliches Vertrauen – und nicht nur objektiviertes Vertrauen, wie etwa bei synallagmatischen Verträgen – geprägt sind[14]. Die GmbH gehört zu diesen auch im Rahmen einer juristischen Person vorkommenden persönlichen Vertrauensverhältnissen, die in der Regel Dauerverhältnisse sind, deren Inhalt in gemeinsamer Forderung eines bestimmten Zweckes besteht, in denen die Rechtsstellung nicht oder nur schwer übertragbar ist und in denen die beteiligten Personen füreinander tätig sein sollen, wie es in der GmbH der Grundsatz der Geschäftsführung durch die Gesellschafter festhält. Auch die solidarische Haftung der Gesellschafter weist auf eine Treuepflicht hin. Inhalt der Treuepflicht ist es gerade, nicht nur sein eigenes Interesse rücksichtsvoll zu wahren (wie bei Treu und Glauben), sondern unmittelbar das Interesse anderer – in der GmbH der Mitgesellschafter – zu wahren[15]. Bei der AG bestehen grosse Zweifel darüber, ob und inwieweit eine Treuepflicht angenommen werden kann. In der Kollektivgesellschaft ist die Existenz der Treuepflicht selbstverständlich. Bei der GmbH, bei der der Gesetzgeber in starker Analogie zur Kollektivgesellschaft in großem Umfang personalistische Elemente zugelassen hat, gilt heute unbestritten[16], daß eine Treuepflicht der Gesellschafter besteht; ihr Umfang bemißt sich allerdings stark nach der konkreten Ausgestaltung der einzelnen Gesellschaft.

4. Der Grundsatz der schonenden Rechtsausübung

Nachdem das Bundesgericht sich im Aktienrecht sehr zurückhaltend bei der Anwendung allgemeiner Rechtsgrundsätze, wie Treu und Glauben oder

---

[12] W. VON STEIGER, ebd., § 22 I 2; WOHLMANN, S. 7 f.
[13] Zum Gleichbehandlungsgrundsatz etwa: W. VON STEIGER, Schweiz. Privatrecht, Bd. VIII/1, § 23 I, und BGE 102 II, 1979, S. 267, worin zu Recht entschieden wurde, daß der Gleichbehandlungsgrundsatz eine Konkretisierung und nicht etwa eine lex specialis zu Art. 2 ZGB sei; so schon SCHLUEP, S. 326 ff.; zum Verhältnis von Treu und Glauben und Treuepflicht WOHLMANN, S. 52 ff.; zum Grundsatz der schonenden Ausübung MEIER-HAYOZ/ZWEIFEL, S. 389.
[14] WOHLMANN, S. 52 ff. mit Darstellung im einzelnen; ebenso W. VON STEIGER, Schweiz. Privatrecht, Bd. VIII/1, § 22; nicht ganz richtig FORRER, S. 50, der die Treuepflicht als nicht vermögensmäßige Pflicht bezeichnet.
[15] Vgl. dazu ausführlich WOHLMANN, S. 146 ff.
[16] W. VON STEIGER, N. 33 zu Art. 784 OR und Schweiz. Privatrecht, Bd. VIII/1, § 22 II 2; WOHLMANN, S. 146 ff.

Treuepflicht, zeigte und der Gleichbehandlungsgrundsatz rein formal angewendet wurde[17], ist diese Rechtsprechung als nicht sachgerecht auf Kritik gestoßen. Von wissenschaftlicher Seite wurde angeregt, im Aktienrecht einen allgemeinen Grundsatz der schonenden Rechtsausübung anzunehmen[18]. Dazu ist folgendes zu bemerken: Daß ein solcher Rechtsgrundsatz im Gesellschaftsrecht, wo Interessen vergemeinschaftet werden, existiert, ist kaum bestritten. Hingegen sagt ein solcher Grundsatz nicht mehr aus, als sich ohnehin aus Treu und Glauben (Rücksichtnahme bei der Wahrung eigener Interessen auf diejenigen des Mitgesellschafters) ergibt, und geht weniger weit als die Treuepflicht, die nicht nur die schonende Rechtsausübung, sondern direkt die Wahrung der Interessen des Mitgesellschafters vorschreibt[19]. Ob der Grundsatz der schonenden Rechtsausübung im Aktienrecht, wo die Treuepflicht mehrheitlich abgelehnt wird, neue Erkenntnisse bringt, ist fraglich; im GmbH-Recht jedenfalls ist er unnötig.

5. Sanktionen bei Verletzung allgemeiner Rechtsgrundsätze

Ein Gesellschaftsbeschluß, der allgemeine Rechtsgrundsätze verletzt, ist anfechtbar, während ein solcher Geschäftsführungsbeschluß allenfalls zu Verantwortlichkeitsansprüchen Anlaß geben kann. Eine gravierende oder wiederkehrende Verletzung dieser Grundprinzipien des gesellschaftlichen Zusammenlebens in der GmbH kann überdies einen wichtigen Grund zum Austritt oder Ausschluß eines Gesellschafters und zur Auflösung der GmbH darstellen.

IV. Einteilung der Mitgliedschaftsrechte nach ihrer Rechtsgrundlage

Man kann die Mitgliedschaftsrechte nach ihrer Rechtsgrundlage einteilen in:

1. Gesetzliche Mitgliedschaftsrechte

Gesetzliche Mitgliedschaftsrechte können auf zwingendem Gesetzesrecht beruhen, wie etwa das Stimmrecht oder das Austrittsrecht aus wichtigen Gründen. Darin stellen sie unentziehbare oder sogar unverzichtbare Rechte dar. Oder sie basieren auf dispositivem Recht, dann sind sie entweder durch Statuten oder gar schon durch einfachen Gesellschaftsbeschluß entweder generell oder nach Interessenabwägung entziehbar.

---

[17] BGE 91 II, 1965, S. 298 ff. und 99 II, 1973, S. 55 ff. (1. Weltwoche-Entscheid), der den eigentlichen Anlaß zur Postulierung des «neuen» Rechtsgrundsatzes gab.
[18] MEIER-HAYOZ/ZWEIFEL, S. 383 ff.; unterdessen hat das BGer zum erstenmal Ansätze zu einer Milderung seiner bisherigen strengen Praxis im Aktienrecht erkennen lassen in BGE 105 II, 1979, S. 144.
[19] Vgl. vorn Ziff. 3 sowie die in Anm. 14 genannten Autoren.

2. Statutarische Mitgliedschaftsrechte

Statutarische Mitgliedschaftsrechte haben ihre Rechtsgrundlage in den Statuten. In der Regel können sie gemäß Art. 784 Abs. 2 OR nur mit einem Mehr von mindestens drei Vierteln aller Gesellschafter, die gleichzeitig drei Viertel des Stammkapitals vertreten, entzogen werden. Dieses Quorum kann allerdings durch die Statuten selbst entweder bis zur Einstimmigkeit verstärkt oder bis zum einfachen Mehr reduziert werden.

3. Auf Gesellschaftsbeschluß beruhende Mitgliedschaftsrechte

Sofern Gesetz und Statuten es zulassen, kann die Gesellschaft auch durch Gesellschaftsbeschluß den Gesellschaftern Rechte zuerkennen. Für die Entstehung von einzelnen Vermögensrechten, wie des Forderungsrechts auf Dividende, ist sogar zwingend ein Gesellschaftsbeschluß notwendig. Nur auf Gesellschaftsbeschluß beruhende Rechte sind meist vorübergehender Art oder können in der Regel den Gesellschaftern relativ leicht, d.h. wiederum mit Gesellschaftsbeschluß, wieder entzogen werden.

V. Einteilung nach der Entziehbarkeit der Rechte[20]

Eine für alle Körperschaften wichtige Einteilung ist diejenige in:

1. Unverzichtbare Rechte

Unverzichtbar sind Rechte, die den Gesellschaftern auch mit ihrem Einverständnis nicht entzogen werden können; hingegen kann der Gesellschafter im Einzelfall auf die Geltendmachung seines Rechtes verzichten. Wichtigste unverzichtbare Rechte im GmbH-Recht sind:
- das Stimmrecht,
- das Anfechtungsrecht,
- das Recht auf Erhebung der Verantwortlichkeitsklage,
- das Recht auf Austritt aus wichtigen Gründen,
- das Recht auf Erhebung der Klage auf Auflösung der GmbH aus wichtigen Gründen.

Als unverzichtbares Minderheitsrecht ausgestaltet ist das Recht auf Einberufung einer außerordentlichen Gesellschafterversammlung, das nur von Gesellschaftern, die zusammen mindestens 10% des Stammkapitals vertreten, ausgeübt werden kann.

---

[20] Die Terminologie ist uneinheitlich. Wir folgen FORSTMOSER/MEIER-HAYOZ, S. 236 ff. Für die wissenschaftliche Erarbeitung im schweiz. Recht nach wie vor wegweisend die Dissertation von SCHLUEP.

2. Unentziehbare Rechte

Unentziehbare Rechte – auch absolut wohlerworbene Rechte genannt – sind solche, die dem Gesellschafter nicht ohne seine Zustimmung entzogen werden können[21]. Wichtigstes unentziehbares Recht des Gesellschafters einer GmbH ist das in Art. 784 OR normierte Vetorecht gegen die Vermehrung von Leistungen (z. B. die Einführung einer Nachschußpflicht) oder die Ausdehnung der Haftung. Auch das Recht, in einer gewinnstrebigen Gesellschaft Mitglied zu sein, kann dem Gesellschafter nicht ohne seine Zustimmung entzogen werden, ebenso wie das Recht auf gesetzes- oder statutenkonforme Gewinnverteilung[22]. Ferner ist das Recht des Gründergesellschafters auf Geschäftsführung grundsätzlich unentziehbar, wobei allerdings eine Abberufung aus wichtigen Gründen möglich ist.

Die Statuten können neben den gesetzlichen weitere absolut wohlerworbene Rechte schaffen.

3. Nur nach Interessenabwägung entziehbare Rechte

Eine grössere Anzahl von Rechten sind zwar dem Grundsatz nach geschützt, im Einzelfall aber entziehbar, sofern eine Interessenabwägung zwischen den Gesellschaftsinteressen und den Gesellschafterinteressen ein Übergewicht der ersteren ergibt und auch keine allgemeinen Rechtsgrundsätze verletzt werden. Man nennt diese Rechte auch relativ wohlerworbene Rechte.

Diese Rechte, die in der Aktiengesellschaft einen grossen Raum einnehmen, treten in ihrer Bedeutung in der GmbH zurück, weil die Beziehung Gesellschafter – Gesellschaft viel unmittelbarer ist und damit vom Gesetzgeber präziser geregelt werden konnte. Typisch ist etwa der Vergleich des Auskunftsrechts des Aktionärs mit dem Kontrollrecht des nicht geschäftsführenden GmbH-Gesellschafters. Während das Auskunftsrecht dem Grundsatz nach zwar besteht, häufig in der Interessenabwägung aber gegenüber dem Geschäftsgeheimnis zurücktreten muß, ist das Kontrollrecht des GmbH-Gesellschafters sehr viel weniger gefährdet[23]. Allerdings kann die GmbH durch Statutenänderung eine aktiengesellschaftsähnliche Lösung einführen, doch scheint fraglich, ob dies gegen den Willen der nicht geschäftsführenden Gesellschafter möglich ist.

---

[21] So Art. 646 OR, der im GmbH-Recht kein Pendant hat. Zur Ungenauigkeit von Art. 646 OR vgl. FORSTMOSER/MEIER-HAYOZ, S. 236 ff.
[22] Vgl. § 38 II 2.
[23] Daß die Gesellschaft einem Mißbrauch des Kontrollrechts entgegentreten darf, wie W. VON STEIGER, N. 7 zu Art. 819 OR, richtig ausführt, zeigt, wie eng die Einschränkungen des Kontrollrechts auszulegen sind, auch wenn es nicht absolut unentziehbar ist.

VI. Einteilung der Rechte und Pflichten nach ihrem Inhalt

Die nachfolgende Übersicht[24] zeigt die inhaltliche Einteilung der Rechte und Pflichten der GmbH-Gesellschafter. Manche der aufgeführten Rechte haben im übrigen eine Doppelfunktion. Das Kontrollrecht des Gesellschafters etwa ist sowohl ein Mitwirkungs- als auch ein Schutzrecht des Gesellschafters und nach der hier vertretenen Auffassung sogar eine nicht vermögensmäßige Pflicht.

Rechte			Pflichten	
Nicht vermögensmäßige Rechte		Vermögensmäßige Rechte	Nicht vermögensmäßige Pflichten	Vermögensmäßige Pflichten
Mitwirkungsrechte	Schutzrechte			
Recht zur Teilnahme an der Gesellschafterversammlung inkl. Stimmrecht und andere an der GV auszuübende Rechte	Kontrollrecht	Recht auf Dividende	Geschäftsführung	Einlagepflicht
	Aufsichtsrecht	Recht auf Liquidationsanteil	Kontrolle	Nachschußpflicht
	Recht auf Anfechtung von GV-Beschlüssen	Bezugsrecht	Konkurrenzverbot	Nebenleistungspflicht
		Recht auf Nichtausdehnung der Haftung und Nichtvermehrung der Leistungen		
Recht auf Geschäftsführung	Recht auf Erhebung einer Verantwortlichkeitsklage	Recht auf Übertragung der Mitgliedschaft		
Aufsichtsrecht	Recht auf Einberufung der GV			
Kontrollrecht	Recht auf Austritt			
Recht auf Ausschließung eines andern	Recht auf Ausschließung eines andern			
	Recht auf Auflösung der GmbH aus wichtigen Gründen			

---

[24] Adaptiert nach FORSTMOSER/MEIER-HAYOZ, S. 240; vgl. etwa auch FORRER, S. 42 ff. und S. 148 ff.

§ 34. Die Aufnahme neuer Mitglieder in die GmbH

I. Der Eintritt eines neuen Gesellschafters anläßlich eines Kapitalerhöhungsverfahrens

Im Rahmen der Erhöhung des Stammkapitals der GmbH können neue Gesellschafter in die GmbH eintreten, ohne daß deswegen bisherige Mitglieder ausscheiden oder einen Teil ihres Stammanteils abtreten müssen. Dieses Prinzip der Zulässigkeit der Teilnahme Dritter an der Kapitalerhöhung hält Art. 786 Abs. 2 OR ausdrücklich fest.

Will eine Gesellschaft Dritte aufnehmen, so muß von der Gesellschafterversammlung, an der die neuen Gesellschafter bereits teilnehmen, ein einstimmiger Beschluß über die Erhöhung des Stammkapitals gefaßt werden[1, 2]. Dieser Kapitalerhöhungsbeschluß beinhaltet gleichzeitig auch einen Verzicht auf die Ausübung des Bezugsrechts, da in ihm immer auch die neuen Gesellschafter genannt werden müssen[3]. Die Bestimmung des Art. 787 OR, wonach der Beschluß über den Entzug des Bezugsrechts unter Vorbehalt entgegenstehender Statutenbestimmungen mit der absoluten Mehrheit der abgegebenen Stimmen gefaßt werden darf, gilt sinnvollerweise nur für die Verteilung von Bezugsrechten innerhalb der Gesellschafter, nicht aber bei der Aufnahme Dritter; der Beitritt eines Dritten erfordert im Falle der Kapitalerhöhung die Zustimmung aller Mitglieder[4].

II. Die Übertragung eines Mitgliedschaftsanteils

1. Ausgangspunkte

Während bei der Kollektivgesellschaft ein neuer Gesellschafter immer nur mit Zustimmung aller Gesellschafter aufgenommen werden darf und auch bei der Kommanditgesellschaft selbst die Zulassung eines neuen Kommanditärs einstimmig erfolgen muß, sofern die Gesellschafter im Gesellschaftsvertrag nicht eine abweichende Regelung vereinbart haben[5], geht das Recht der Ak-

---

[1] W. von Steiger, N. 37 zu Art. 784 OR; vgl. § 32 III 2.
[2] Zur Kapitalerhöhung vgl. § 37 II.
[3] Hingegen braucht der Name der neuen Gesellschafter nicht in die Statuten selbst aufgenommen zu werden.
[4] W. von Steiger weist auf diese sich aufdrängende Konsequenz bei seiner Behandlung des Art. 787 OR nicht hin; aus seiner Bemerkung, zwischen Kapitalerhöhungs- und Bezugsrechtsausschlußbeschluß sei zu unterscheiden, liegt nahe, den m. E. falschen gegenteiligen Schluß zu ziehen; vgl. Janggen/Becker, N. 7 zu Art. 787 OR.
[5] W. von Steiger, Schweiz. Privatrecht, Bd. VIII/1, § 38 II 1 und § 44 I 1.

tiengesellschaft zumindest idealtypisch von der freien Handelbarkeit und Übertragbarkeit der Anteile aus. Allerdings hat die überwiegende Zahl der Aktiengesellschaften von der Möglichkeit der statutarischen Vinkulierung Gebrauch gemacht.

Die gesetzgeberische Lösung bei der GmbH zeigt deutlich die Mittelstellung dieser Gesellschaftsform zwischen Personen- und Kapitalgesellschaft. Einerseits besteht von Gesetzes wegen eine Vinkulierung der Anteile, so daß die Übertragbarkeit von einem Entscheid der Gesellschaft abhängig gemacht wird, andererseits ist aber die Übertragung eines Anteils mit qualifiziertem Mehrheitsentscheid auch gegenüber der ablehnenden Haltung einer Minderheit der Gesellschafter zulässig.

2. Die Voraussetzung der Abtretung

Gemäß der in Art. 791 OR getroffenen einseitig zwingenden Regelung, die nur eine Verschärfung der Abtretungsvorschriften durch die Statuten der Gesellschaft, nicht aber eine Milderung zuläßt, müssen folgende Voraussetzungen für eine gültige Abtretung eines GmbH-Anteils gegeben sein.

a) Die Zession des Gesellschaftsanteils muß gültig vereinbart und öffentlich beurkundet sein. Wird das Grundgeschäft, in dem die Verpflichtung zur Übertragung vereinbart wird, getrennt von der Zession vorher abgeschlossen, so bedarf dieses seinerseits der öffentlichen Beurkundung, ebenso auch etwaige verpflichtende Vorverträge[6].

Umstritten ist, ob bei fehlender öffentlicher Beurkundung des Verpflichtungsgeschäfts, aber öffentlicher Beurkundung der Abtretung der Formmangel geheilt wird. Der Ansicht WERNER VON STEIGERS[7] ist zuzustimmen, daß es dem Zweck des Gesetzes genügt, wenn wenigstens das Abtretungsgeschäft öffentlich beurkundet worden ist. Auch hier zeigt ein Blick auf den Grundstückkaufvertrag, wo in viel unbefriedigenderen Situationen noch eine mögliche Heilung des Formmangels des Grundgeschäfts angenommen werden kann, die Richtigkeit der nicht zu formalistischen Auffassung VON STEIGERS. Meines Erachtens ist selbst für die Frage, ob eine formungültige Abtretung später geheilt werden kann, die langjährige Lehre und Praxis zum nichtigen Grundstückkauf heranzuziehen[8].

b) Die gültige Abtretung muß der Gesellschaft mitgeteilt werden, damit diese ihre Zustimmung zur Abtretung erteilen oder ihre Ablehnung ausspre-

---

[6] Vgl. W. VON STEIGER, N. 7 zu Art. 791 OR; vgl. zuletzt BGE 104 II, 1978, S. 99 ff.; a. M. JANGGEN/BECKER, die nur für die Abtretung öffentliche Beurkundung verlangen, N. 4 zu Art. 791 OR.
[7] W. VON STEIGER, N. 13 zu Art. 791 OR; die von VON STEIGER allerdings gegen JANGGEN/BECKER gerichtete Argumentation verkennt, daß diese für das Verpflichtungsgeschäft gar keine öffentliche Beurkundung verlangen und nur eine nachträgliche Heilung des Verfügungsgeschäftes ausschließen, N. 15 zu Art. 791 OR.
[8] Zuletzt in BGE 104 II, 1978, S. 99 ff. mit ausführlicher Auseinandersetzung mit Praxis und Lehre.

chen kann. Die Abtretung muß der Gesellschaft nachgewiesen werden, was regelmäßig durch Vorlegung der öffentlichen Urkunde erfolgt.

Die Geschäftsführer der Gesellschaft haben hernach die Gültigkeit der Abtretung zu prüfen, da diese Voraussetzung des zu fassenden Gesellschaftsbeschlusses bildet. Diese Prüfung muß nur eine beschränkte sein, wobei WERNER VON STEIGER wohl zu weit geht, wenn er ausführt, daß die Prüfung sich auch auf Fragen wie Willensmängel oder Handlungsfähigkeit erstrecken kann[9].

c) Die Abtretung des GmbH-Anteils wird nur wirksam, wenn ihr mindestens drei Viertel der Gesellschafter, die auch drei Viertel des Stammkapitals vertreten, in einem Gesellschaftsbeschluß zugestimmt haben. Gemäß einmütiger Lehre kann auch der Veräußerer mitstimmen[10], was nicht ohne Bedenken erscheint. Im Gegensatz zum Aktienrecht bedarf die Ablehnung eines neuen Gesellschafters keines Grundes[11] und keiner Begründung. Die Gesellschafter sind völlig frei in ihrer Stimmabgabe und können aus beliebigen Motiven die Übertragung eines Anteils ablehnen. Die Verweigerung zur Übernahme eines Stammanteils gegenüber einem Mitgesellschafter kann allerdings einen wichtigen Grund zum Austritt oder gar zur Auflösung der Gesellschaft bilden[12].

Wenn die Gesellschaft der Übertragung eines Stammanteils zustimmt, so ist dieses Rechtsgeschäft perfekt geworden.

Schwieriger ist die Rechtslage bei Verweigerung der Zustimmung zu beurteilen. Es dürfte nicht richtig sein, die aktienrechtlichen Grundsätze in dieser Frage zu übernehmen, wonach der Wille der Parteien darüber entscheiden soll, ob die Übertragung wenigstens der Vermögensrechte zustande gekommen ist oder nicht[13]. Diese Lehre, die bei der Aktiengesellschaft zur Spaltungstheorie geführt hat, kann im GmbH-Recht keinen Platz haben, weil die Beziehungen personalistisch strukturiert sind und auch der kapitalgesellschaftliche Grundsatz der beschränkten Beitragspflicht (Art. 680 OR) im GmbH-Recht nicht unbedingt gilt. Dementsprechend ist das Übertragungsgeschäft als unwirksam zu bezeichnen, wenn die Gesellschaft den Eintrag ins Anteilbuch verweigert[14], und es muß eine Rückabwicklung dieses Geschäftes stattfinden, soweit es bereits vollzogen worden ist.

---

[9] Richtig JANGGEN/BECKER, N.6 zu Art. 791 OR. Wenn auch VON STEIGERS Auffassung nur die Berechtigung zur Prüfung weiterer Umstände umfaßt, so geht dies doch zu weit und gehört nicht zum Aufgabenbereich der Geschäftsführer, die damit einen Entscheid der Gesellschafter auf lange Zeit hinaus verzögern könnten.
[10] W. VON STEIGER, N.17 zu Art. 791 OR; JANGGEN/BECKER, N.7 zu Art. 791 OR; CARRY, SJK 801, S.2.
[11] Selbst bei der Vinkulierung ohne Grundangabe im Aktienrecht muß ein Grund gegeben sein. Vgl. CH. VON GREYERZ, vorn § 10 IV 3.
[12] So auch W. VON STEIGER, N.18 zu Art. 791 OR.
[13] So W. VON STEIGER, N.23 zu Art. 791 OR.
[14] gl. M. LECOULTRE, S.67.

d) Die Abtretung muß in das Anteilbuch der GmbH eingetragen werden. Diese Eintragung ist von den Geschäftsführern zu vollziehen und kann gegebenenfalls vor Gericht mit einer Leistungsklage durchgesetzt werden[15].

Zu Recht betrachtet die neuere Lehre den Eintrag ins Anteilbuch als deklaratorisch, da mit der Zustimmung der Gesellschaft die materiellen Voraussetzungen für die Abtretung erfüllt sind[16].

e) Der Name der Gesellschafter kann, muß aber nicht in den Statuten angegeben werden. Ist er in den Statuten aufgeführt, so muß bei der Abtretung eines Anteils an einen Dritten eine Statutenänderung durchgeführt werden. Dies gilt dann auch bei der Abtretung an einen Mitgesellschafter, wenn Name des Gesellschafters und Höhe des Stammanteils in den Statuten miteinander verknüpft sind. Bei der Abtretung sind in diesen Fällen die Quoren für die Statutenänderung, die von dem für die Abtretung notwendigen Stimmenmehr abweichen können – z. B. kann in den Statuten Einstimmigkeit vorgeschrieben sein –, anwendbar.

Beim Handelsregister ist aber der Name des neuen Gesellschafters auf jeden Fall in der Anmeldung anzugeben.

3. Die Übernahme durch einen Mitgesellschafter

Da gemäß Art. 796 Abs. 2 OR kein Gesellschafter mehr als einen Gesellschaftsanteil besitzen darf, wird im Falle des Erwerbs eines Anteils durch einen Gesellschafter der Nennwert des bisherigen Anteils um den Nennwert des neu erworbenen Anteils erhöht.

4. Die Abtretung eines Teils einer Stammeinlage (Art. 795 OR)

Die Teilung des Anteils eines Gesellschafters ist nur statthaft, wenn dieser Anteil hernach sofort abgetreten wird. Der Nennwert des Anteils darf auch in diesem Falle nicht unter die Grenze von 1000 Fr. fallen.

Da die Teilung des Anteils ein integraler Bestandteil der Transaktion «Abtretung eines Teiles eines Gesellschaftsanteiles» ist, bedarf sie der gleichen Zustimmung durch Gesellschaftsbeschluß wie die Abtretung des gesamten Anteils sowie der Form der öffentlichen Beurkundung.

---

[15] Vgl. für den Fall der Namenaktie BGE 76 II, 1950, S. 61 ff.
[16] W. von Steiger, N. 26/27 zu Art. 791 OR mit Hinweisen auf die aktienrechtliche Lehre; noch für konstitutive Wirkung etwa Janggen/Becker, N. 12 zu Art. 791 OR; Lecoultre, S. 53; Carry, SJK 801, S. 2.

III. Die Fortsetzung der Gesellschaft mit den Erben (oder Rechtsnachfolgern aus Güterrecht) eines Gesellschafters (Art. 792 OR)

1. Ausgangspunkte

Bei den Personengesellschaften erlischt der Gesellschaftsvertrag mit dem Tod eines Gesellschafters, es sei denn, die Parteien hätten eine Fortsetzungsklausel in den Vertrag aufgenommen[17]. Die Aktiengesellschaft hingegen wird in ihrer Existenz durch den Tod eines Aktionärs nicht berührt, und es kann der Verwaltungsrat bei den einzig in Frage stehenden vinkulierten Namenaktien die Eintragung des Erwerbers aus Erb- oder Güterrecht nur verweigern, wenn Verwaltungsräte oder Aktionäre sich bereit erklären, die Aktien zum wirklichen Wert bzw. Börsenkurs zu übernehmen (Art. 686 Abs. 4 OR).

Die GmbH-Regelung lehnt sich im wesentlichen an diejenige des Aktienrechts an. Der Kontinuität der Körperschaft wurde vom Gesetzgeber mehr Gewicht gegeben als der personalistischen Komponente.

2. Die Regelung im einzelnen

a) Will die GmbH den Erwerb der Mitgliedschaft eines Rechtsnachfolgers infolge Güterrechts oder Erbganges vermeiden, so muß dies speziell in den Statuten vorgeschrieben sein. Die Regelung, daß eine Zustimmung der Gesellschafter zu einer solchen Übertragung erforderlich sei, gehört zum fakultativnotwendigen Statuteninhalt.

b) Zu den Fällen der Rechtsnachfolge infolge Güter- oder Erbrechts sind sowohl gesetzliche (gesetzliche Erbfolge, Güterverbindung) als auch gewillkürte Tatbestände (Testament, Erbvertrag, Vermächtnis bzw. Nachfolge aus einem außerordentlichen Güterstand) zu zählen. Hingegen gilt die erb- oder güterrechtliche Nutznießung nicht als Tatbestand, auf den Art. 792 OR anwendbar ist[18].

c) Die nach herrschender Meinung bei vinkulierten Namenaktien bestehende Rechtslage, wonach bis zur Entscheidung der Gesellschaft über die Aufnahme des Rechtsnachfolgers ein Schwebezustand herrscht[19], gilt auch für die GmbH, sofern die vorgenannte Statutenbestimmung vorliegt. Infolge der vorhergegangenen Universalsukzession der Erben in die Rechte des verstorbenen Gesellschafters und der Gleichstellung des Eheguterrechts mit dem Erbrecht

---

[17] Vgl. ausführlich W. VON STEIGER, Schweiz. Privatrecht, Bd. VIII/1, § 29 V.
[18] W. VON STEIGER, N. 4/5 zu Art. 792 OR; a. M. JANGGEN/BECKER, N. 2 zu Art. 792 OR; LECOULTRE, S. 82; CARRY, SJK 801, S. 3.
[19] Vgl. in diesem Bd. vorn CH. VON GREYERZ, § 10 IV 5, der zu Recht auf die unklare Rechtslage hinweist, ebenso W. VON STEIGER, SJK 801, S. 9.

sind die Rechtsnachfolger resolutiv-bedingt sofort Gesellschafter geworden und haben vorläufig alle Gesellschafterrechte[20].

d) Entscheidet sich die Gesellschaft für die Beibehaltung der neuen Gesellschafter, so wird das Provisorium zur definitiven Lösung; die Gesellschafter werden in das Anteilbuch eingetragen. Diese Eintragung ist deklaratorischer und nicht konstitutiver Natur.

e) Lehnt die Gesellschaft die neuen Gesellschafter ab, so sind diese zum wirklichen Wert der Beteiligung abzufinden[21].

Umstritten ist, ob die Statuten bestimmen dürfen, wie der wirkliche Wert des Gesellschaftsanteils in diesem Falle berechnet werden muß[22], oder ob sie sogar die Höhe der Abfindung beschränken oder diese ganz ausschließen dürfen[23]. Zutreffend ist die am Aktienrecht sich orientierende Auffassung von LANZ, wonach zwar die Statuten Vorschriften über das Verfahren zur Ermittlung des wirklichen Wertes aufstellen und so etwa ein Schiedsgericht bestimmen dürfen, aber die Entschädigung in Höhe des wirklichen Werts zwingend vom Gesetz vorgeschrieben ist[24].

Die Bezahlung der Abfindung kann einige Zeit in Anspruch nehmen, insbesondere, wenn sich kein Gesellschafter zur Übernahme findet und eine Abfindung aus freien Mitteln der Gesellschaft nicht möglich ist, so daß eine Kapitalherabsetzung nötig wird. Es ist deshalb festzuhalten, daß die Einstellung in allen Gesellschafterrechten unmittelbar mit der negativen Entscheidung der Gesellschaft erfolgt. Wie beim Austritt und Ausschluß aus wichtigen Gründen wird die Abfindung zu einer «Drittmannsschuld», einer Schuld der Gesellschaft gegenüber nicht mit ihr verbundenen Dritten, und ist auch in einem allfälligen Konkurs der Gesellschaft wie eine normale 5. Klass-Forderung zu behandeln.

IV. Neue Gesellschafter und Recht auf Geschäftsführung

Im Gegensatz zu den Gründer-Gesellschaftern haben die während des Bestehens der Gesellschaft eintretenden Neumitglieder kein unmittelbares Recht auf Geschäftsführung[25].

Sollen sie in die Geschäftsführung eintreten, so bedarf es hiezu entweder einer Regelung in den Statuten oder eines Gesellschafterbeschlusses, wobei die rechtliche Stellung eines solchen Geschäftsführers je nach Art seiner Bestellung unterschiedlich ist.

---

[20] Vgl. hiezu W. VON STEIGER, N. 10 ff. zu Art. 792 OR; STECKEL, S. 29 ff.
[21] Vgl. hiezu § 35.
[22] JANGGEN/BECKER, N. 6 zu Art. 792 OR.
[23] W. VON STEIGER, N. 68 zu Art. 777 OR.
[24] LANZ, S. 42 ff.
[25] Vgl. dazu § 42 IV a.

§ 35. Austritt und Ausschluß eines Mitglieds der GmbH

I. Ausgangspunkte

Alle Personengesellschaften kennen den Vorgang des Ausscheidens einzelner Gesellschafter. Bei der einfachen Gesellschaft ist allerdings nach der herrschenden Meinung anders als im gegenseitigen Einverständnis ein Ausscheiden eines Gesellschafters nur möglich, wenn der Gesellschaftsvertrag diese Möglichkeit einräumt[1]; Kollektiv- und Kommanditgesellschaft kennen hingegen auch den Ausschluß und Austritt eines Mitglieds aus wichtigem Grund von Gesetzes wegen[2]. Die Aktiengesellschaft als typische Kapitalgesellschaft kennt an sich das Ausscheiden eines Mitglieds ohne Hinzutreten eines neuen Gesellschafters nur im Falle der Kaduzierung, d.h. bei Nichtbezahlung des Ausgabebetrags[3, 4]; dafür ist in der typischen Kapitalgesellschaft die Übertragung der Mitgliedschaft an einen Dritten viel besser möglich als in der Personengesellschaft. Da das Grundkapital in der Aktiengesellschaft anstelle der unbeschränkten Haftung der Gesellschafter zur Sicherung der Gläubiger dient, dürfen Austritte oder Ausschlüsse von Aktionären, die das Grundkapital vermindern würden, nicht zugelassen werden.

Die GmbH ist nun sowohl Personen- wie Kapitalgesellschaft. Das personalistische Moment verlangt gebieterisch die Möglichkeit des Ausscheidens von Mitgliedern, wenn die persönlichen Beziehungen unter den Gesellschaftern objektiv oder sogar subjektiv untragbar geworden sind; die beschränkte Haftung andererseits gebietet spezielle Sicherungen der Gläubiger im Falle des Ausscheidens eines Gesellschafters. Die entsprechende Regelung ist deshalb recht kompliziert und differenziert ausgefallen.

II. Austritt und Ausschluß aufgrund der Statuten

Wie bei den Personengesellschaften der Gesellschaftsvertrag, können die Statuten Voraussetzungen und Wirkungen eines Austritts oder Ausschlusses

---

[1] BGE 94 II, 1968, S.119f.; kritisch dazu W. VON STEIGER, Schweiz. Privatrecht, Bd.VIII/1, § 29 IV 5.
[2] Art.576ff. OR und Art.598 OR; vgl. z.B. W. VON STEIGER, ebd., § 38 III und § 44 I 1a.
[3] Art.681 OR; vgl. dazu auch S. PUGATSCH, Der Austritt aus der Aktiengesellschaft, Diss. Zürich 1978.
[4] Dank der Spaltungstheorie kennt das Aktienrecht allerdings ein weiteres Phänomen, das einem Ausscheiden aus der AG nahekommt; beim Verkauf einer vinkulierten Namenaktie ohne Eintragung des Käufers im Aktienbuch wird regelmässig der Buchaktionär auf die Ausübung seiner Aktionärsrechte verzichten und der Käufer erlangt keine Mitverwaltungsrechte; vgl. VON GREYERZ, vorn § 10 IV 4.

eines GmbH-Gesellschafters regeln. Allerdings ist in Art. 777 Ziff. 9 OR und in Art. 822 Abs. 1 OR nur die Gewährung des Austrittsrechts als fakultativ notwendiger Statuteninhalt vorgesehen; die herrschende Lehre nimmt aber an, daß auch eine Regelung des Ausschlusses in den Statuten möglich ist[5]. Haben die Statuten das Ausscheiden der Gesellschafter nicht geregelt, so bleibt nur noch die Anrufung eines wichtigen Grundes zur Durchsetzung des Ausscheidens. Andererseits dürfen aber die Statuten den Austritt aus wichtigen Gründen nicht verunmöglichen.

Die Statuten können sowohl die Form, die Voraussetzungen und die Wirkungen des Ausscheidens regeln.

Bei der Form können die Statuten beispielsweise bestimmen, daß ein Austritt nur schriftlich erfolgen kann, und daß eine Kündigungsfrist einzuhalten ist.

Beim Ausscheiden eines Mitgliedes aus statutarischen Gründen können die Statuten festhalten, daß trotz des Vorliegens eines gemäß den Statuten genügenden Grundes noch ein Gesellschafterbeschluß gefällt werden muß[6]. Am wichtigsten ist wohl die Festlegung der Voraussetzungen des Ausscheidens. Sowohl für Austritt als auch für Ausschluß können an sich im Rahmen der Gesellschaftsautonomie die Gründe frei gewählt werden, wobei die «wichtigen Gründe» im Falle des Austritts vorbehalten bleiben; hingegen darf die Gesellschaft es sich in den Statuten erschweren, einen Gesellschafter auszuschließen, selbst wenn wichtige Gründe vorliegen, etwa, indem in den Statuten präzisiert wird, wann ein wichtiger Grund gegeben ist. Solange es sich um ein Ausscheiden aus statutarischen Gründen handelt, können die Statuten auch die vermögensrechtlichen Folgen des Ausscheidens für den betreffenden Gesellschafter frei regeln, sofern einerseits der Schutz des Stammkapitals gesichert ist[7] und andererseits nicht auch ein wichtiger Grund im Sinne des Gesetzes vorliegt. Im letzteren Fall wird der Ausscheidende geltend machen können, daß die zwingende Regelung des Art. 822 Abs. 4 OR[8] eingreift, wonach eine Abfindung zum wirklichen Wert des Stammanteils erfolgen muß.

III. Der Austritt aus wichtigen Gründen

Der Austritt aus wichtigen Gründen ist dann der richtige Rechtsweg für einen Gesellschafter, wenn Umstände in seinen persönlichen Verhältnissen auftreten, die ihm ein weiteres Verbleiben in der Gesellschaft unmöglich ma-

---

[5] W. VON STEIGER, N. 21 zu Art. 822 OR; a. M. MEIER, S. 92 ff.
[6] W. VON STEIGER, N. 4 zu Art. 822 OR.
[7] Vgl. hinten V.
[8] Vgl. hinten V.

chen, ohne daß die Gesellschaft selbst in dem Maße in Mitleidenschaft gezogen ist, daß eine Auflösung naheliegt. Die Beurteilung der Frage, ob ein wichtiger Grund vorliegt, ist nicht unähnlich derjenigen im Rahmen der Auflösung.

Die Frage, die gestellt werden muß, lautet, ob die Fortsetzung der Gesellschaft für einen Gesellschafter unzumutbar geworden ist und die gesellschaftlichen Verhältnisse nicht mehr im Rahmen der Gesellschaft korrigiert werden können. Die Unzumutbarkeit muß aus der Sicht des betreffenden Gesellschafters beurteilt werden, wobei deren Ursachen sowohl im Verhalten der Gesellschaft und der anderen Gesellschafter, aber auch in Umständen, die den austretenden Gesellschafter betreffen – insbesondere, wenn sie unabhängig vom Willen des austretenden Gesellschafters eintreten, zum Beispiel Krankheit, Wohnsitzwechsel aus objektiven Umständen etc. –, liegen können.

Der Austritt aus wichtigen Gründen schwächt infolge der notwendig werdenden Abfindungszahlung[9] die Substanz der Gesellschaft. Der Richter muß deshalb prüfen, ob die legitimen Interessen des sein Austrittsrecht geltendmachenden Gesellschafters nicht auch anderswie gewahrt werden können, etwa durch den Verkauf des Anteils an Mitgesellschafter oder Dritte oder durch Entbindung von Gesellschafterpflichten, wie der Geschäftsführungspflicht, oder von Nebenleistungspflichten. Es ist auch denkbar, daß die anderen Gesellschafter lieber die Gesellschaft ganz auflösen möchten, als daß sie diese ohne den austretenden Gesellschafter fortsetzen. Das Austrittsrecht wird vom Gesellschafter gegenüber der Gesellschaft geltend gemacht. Anerkennt die Gesellschaft das Austrittsrecht nicht, so muß der Gesellschafter den Richter anrufen. Wie bei der Auflösung[10] wirkt das Urteil des Richters konstitutiv und ex nunc.

IV. Der Ausschluß aus wichtigen Gründen

1. Voraussetzungen für die Ausschließung eines Gesellschafters aus wichtigem Grund sind:
– das Vorhandensein eines wichtigen Grundes, wobei der wichtige Grund grundsätzlich gleich zu bestimmen ist wie bei Auflösung oder Austritt. Zu beachten ist jedoch, daß beim Austritt die Unzumutbarkeit der Fortführung der Gesellschaft vom austretenden Mitglied her, beim Ausschluß hingegen aus der Sicht der Gesellschaft beurteilt werden muß[11]. Daher wird der wich-

---

[9] Für das deutsche Recht bringt WIEDEMANN (Gesellschaftsrecht) gute Gründe vor, warum ein Austritt ohne Abfindung systemwidrig ist und nicht zugelassen werden sollte. M.E. sollte diese Argumentation bei einer Revision des GmbH-Rechtes Beachtung finden. Hinten V.
[10] So auch W. VON STEIGER, Schweiz. Privatrecht, Bd. VIII/1, § 29 IV 5b und SJK 801, S. 13.
[11] W. VON STEIGER, N. 16 zu Art. 822 OR.

tige Grund fast immer in der Person oder im Verhalten des auszuschließenden Mitglieds liegen (z. B. Unfähigkeit zur Teilnahme an der Geschäftsführung, Verletzung gesellschaftlicher Pflichten, etwa des Konkurrenzverbotes etc.). Ein Verschulden des Gesellschafters ist nicht notwendigerweise Voraussetzung.

– ein Gesellschaftsbeschluß, der mit Mehrheit der Gesellschafter, die zugleich die Mehrheit des Stammkapitals vertreten, gefaßt wird.
Dieses Quorum kann nur erhöht und die Beschlußfassung damit erschwert, nicht aber vermindert werden. Es folgt daraus, daß nie eine zahlenmäßige Minderheit der Gesellschafter die Mehrheit ausschließen kann, noch daß ein Gesellschafter, der die Mehrheit des Kapitals vertritt, aus der Gesellschaft vertrieben werden kann.

2. Eine wichtige Funktion nimmt die Möglichkeit der Ausschließung eines Gesellschafters im Prozeß um die Auflösung der Gesellschaft ein. Ist die Mehrheit der Gesellschafter (und des Kapitals) nicht mit einer Auflösungsklage eines Gesellschafters einverstanden, so wird ihre beste Waffe regelmäßig die Bewirkung eines Gesellschaftsbeschlusses auf Ausschließung des klagenden Gesellschafters und die anschließende widerklageweise Geltendmachung des Ausschlusses im Prozeß sein.

Umgekehrt kann der ausgeschlossene Gesellschafter vor Gericht widerklageweise die Auflösung der Gesellschaft verlangen.

Es obliegt nun dem Richter zu entscheiden, ob Auflösung der Gesellschaft oder Ausschluß des Gesellschafters vorzuziehen ist. Kriterien für die Beantwortung dieser Frage sind einerseits die konkreten Umstände, die zur Unzumutbarkeit der Weiterführung des Gesellschaftsverhältnisses geführt haben, andererseits die Lebensfähigkeit der Gesellschaft nach dem Ausschluß des betreffenden Gesellschafters.

3. Die Gesellschaft muß die Ausschließung gerichtlich durchsetzen, sofern der Ausgeschlossene die Klage nicht anerkennt[12]. Das Gestaltungsurteil wirkt, wie bei Auflösung der Gesellschaft und Austritt eines Gesellschafters, konstitutiv und ex nunc.

4. Auf zwei Sonderfälle der Ausschließung eines Gesellschafters ist noch kurz hinzuweisen.

---

[12] Daß die Anerkennung der Klage genügt, vertreten auch W. VON STEIGER, N. 18 zu Art. 822 OR; SCHÄDLER, S. 79; nicht zuzustimmen ist der Auffassung MEIERS, S. 91, daß es auf jeden Fall einer Gerichtsentscheidung bedürfe, da sonst der Schutz der Gläubiger nicht sichergestellt sei. W. VON STEIGER (Schweiz. Privatrecht, Bd. VIII/1, § 38 IV 2b) ist für die Kollektivgesellschaft ebenfalls der Meinung, daß es aufgrund der Vertragsfreiheit eines Ganges zum Richter nicht bedürfe, sofern die Gesellschafter sich über das Ausscheiden eines Mitgliedes einig werden.

a) Die Kaduzierung (Art. 799 OR)[13]

Wie auch das Aktienrecht (Art. 682 OR), kennt das GmbH-Recht die Möglichkeit der Kaduzierung. Gesellschafter, die ihren Stammanteil oder Nachschüsse trotz zweimaliger Aufforderung nicht innerhalb einer angemessenen Nachfrist von mindestens einem Monat leisten, können ausgeschlossen werden. Ansprüche der Gesellschaft auf den nicht einbezahlten Teil des Stammkapitals, auf Verzugszinsen und auf allenfalls statutarisch festgelegte Konventionalstrafen bleiben unberührt.

b) Der Ausschluß eines Konkursiten oder betriebenen Gesellschafters (Art. 794 OR)

Gemäß Art. 793/94 OR wird die GmbH aufgelöst, wenn ein Gesellschafter in Konkurs geraten ist oder sein Stammanteil gepfändet wurde[14]. Die Auflösung kann «dadurch vermieden werden, daß ein Gesellschaftsbeschluß über den Ausschluß des betreffenden Gesellschafters zustandekommt» (Art. 794 Abs. 1 Ziff. 4 OR). Konkurs eines Gesellschafters sowie Pfändung eines Stammanteils sind damit von Gesetzes wegen immer wichtige Gründe im Rahmen des Ausschlußverfahrens.

V. Vermögensrechtliche Folgen des Ausscheidens

1. Problemstellung

Im wesentlichen sind zwei Problemkreise im Rahmen der Analyse der vermögensrechtlichen Folgen des Ausscheidens eines Gesellschafters zu beachten:
- einerseits: Welche Ansprüche haben Gesellschafter und Gesellschaft gegeneinander, wobei der Abfindungsanspruch des ausgeschiedenen Gesellschafters im Vordergrund steht?
- andererseits: Welches sind die Wirkungen auf das Gesellschaftsvermögen und das Stammkapital und wie werden in diesem Zusammenhang die Interessen der Gläubiger geschützt?

2. Ansprüche zwischen Gesellschafter und Gesellschaft, insbesondere der Abfindungsanspruch des ausscheidenden Gesellschafters

---

[13] Vgl. in diesem Band CH. VON GREYERZ, vorn § 11 II und § 14 I a, und hinten ausführlich § 39 II 3.
[14] Vgl. auch Auflösung, § 45 II.

Für den Fall des Ausscheidens aus statutarischen Gründen können die Statuten den Abfindungsanspruch frei regeln und ihn damit im Extremfall auch völlig ausschließen [15].

Anders beim Ausscheiden aus wichtigem Grund: Obwohl sich das Gesetz über die Höhe des Abfindungsanspruchs des Ausscheidenden ausschweigt, ist sich die herrschende Lehre einig, daß der Abfindungsanspruch in Höhe des aufgrund einer Fortsetzungsbilanz ermittelten wirklichen Werts seines Gesellschaftsanteils besteht [16]. Dieser bestimmt sich nach dem Gesamtwert des Unternehmens einerseits und der Höhe der Beteiligung des Gesellschafters andererseits.

Liegt sowohl ein statutarischer als auch ein gesetzlicher Ausscheidungsgrund vor, so hat die gesetzliche Regelung Vorrang; es besteht ein Anspruch auf Abfindung.

Entgegen der oben vertretenen Meinung kann nach MEIER [17] durch die Statuten der gesetzliche Abfindungsanspruch sowohl beim Ausschluß wie beim Austritt beschränkt werden, wenn es sich um eine kapitalistisch strukturierte GmbH handelt. Dieser Auffassung kann nicht zugestimmt werden: Wenn es auch zutrifft, daß in der GmbH in besonderem Maße die konkreten Umstände mit in Betracht gezogen werden dürfen, so kann doch nicht der Erlaß gültiger Regeln in den Statuten davon abhängig gemacht werden, ob die GmbH personalistisch oder kapitalistisch konzipiert ist. Aus dem Gesichtspunkt der Rechtssicherheit ist bei Vorliegen eines wichtigen Grundes nach Gesetz immer der volle Abfindungsanspruch zuzusprechen [18].

Die Gesellschaft kann gegebenenfalls Schadenersatzansprüche gegen den Ausscheidenden geltend machen und mit dem Abfindungsanspruch ganz oder teilweise verrechnen. Ein solcher Schadenersatzanspruch ist vor allem dann gegeben, wenn der wichtige Grund in schuldhaftem Verhalten des ausscheidenden Gesellschafters, etwa in der Nichtausübung der Geschäftsführung oder in der Verletzung des Konkurrenzverbotes, liegt. In diesem Schadenersatzanspruch liegt die Möglichkeit einer Korrektur einer «ungerecht» hohen Abfindung. Ebenso können noch finanzielle Beziehungen zwischen dem ausscheidenden Gesellschafter und der Gesellschaft (z.B. aus Nebenleistungen, Vertragsverhältnissen etc.) bestehen, die auf den Zeitpunkt des Ausscheidens abzurechnen sind [19].

Der Abfindungsanspruch entsteht mit dem Ausscheiden des Gesellschafters. Es handelt sich aber nicht um ein Verhältnis, das Zug um Zug zu erfüllen ist. Während das Ausscheiden mit der Rechtskraft des Urteils unter Vorbehalt des

---

[15] W. VON STEIGER, N.27 zu Art.822 OR; JANGGEN/BECKER, N.5 zu Art.822 OR; vgl. aber vorn Anm.9. Vgl. auch Auflösung, § 45 II.
[16] W. VON STEIGER, N.23 ff. zu Art.822 OR; MEIER, S.110 ff.; SCHÄDLER, S.82 ff.
[17] MEIER, S.112 ff.
[18] W. VON STEIGER (N.27 zu Art.822 OR) möchte wenigstens beim Austritt differenzieren, vermischt aber m.E. die klare Regelung. Solange nur statutarische Gründe gegeben sind, ist eine Beschränkung des Anspruchs möglich; sobald das Ausscheiden aus «wichtigem Grund» gemäß Gesetz erfolgt, besteht der volle Abfindungsanspruch.
[19] Dazu ausführlich SCHÄDLER, S.84.

Kapitalherabsetzungsverfahrens sofort wirksam wird und die Mitgliedschaftsrechte erlöschen, wird der Abfindungsanspruch zu einer «Drittmannsforderung»; er wird fällig bei seiner endgültigen Feststellung[20] und unter der Voraussetzung, daß der Schutz des Stammkapitals sichergestellt ist.

3. Die Haftung des ausscheidenden Gesellschafters

Die Haftung des ausscheidenden Gesellschafters bleibt gemäß Art. 802 Abs. 1 OR und Art. 591 OR noch für die vor seinem Ausscheiden bestehenden Verbindlichkeiten 5 Jahre nach seinem Ausscheiden bestehen. Dabei bestimmt sich der Betrag der Haftung maximal nach dem Zustand (Höhe, Einzahlung) des Stammkapitals zur Zeit des Ausscheidens, wobei spätere Veränderungen beim Stammkapital nur zugunsten, nicht aber zuungunsten des Ausscheidenden wirken können[21].

4. Der Schutz des Stammkapitals

a) Gemäß Art. 822 Abs. 4 OR wird das Ausscheiden aus einer GmbH nur «wirksam», sofern für die Bezahlung der Abfindung das Stammkapital nicht angetastet werden mußte oder das ordentliche Kapitalherabsetzungsverfahren gemäß Art. 788 OR durchgeführt wurde.

Zunächst ist der Text dieser Bestimmung interpretationsbedürftig: Betrifft das «wirksam» werden das gesamte Ausscheiden oder nur die vermögensrechtliche Seite? Heute wird überwiegend die Ansicht vertreten, daß mit dem rechtskräftigen Entscheid des Richters über die Begründetheit des Ausschlusses oder Austritts die Mitgliedschaft des ausscheidenden Mitglieds in jedem Fall erlischt; die Abfindung darf allerdings erst ausbezahlt werden, wenn der Schutz des Stammkapitals sichergestellt ist[22].

b) In den meisten Fällen wird die Abfindung ausbezahlt werden können, ohne daß das Stammkapital herabgesetzt werden muß:
- Ein Gesellschafter oder ein Dritter übernimmt den Stammanteil des Ausscheidenden zu seinem wahren Wert.
- Die Gesellschaft kann den Ausscheidenden aus ungebundenem Vermögen, vor allem aus den Reserven oder dem Gewinnvortrag entschädigen; die Bestimmung über die Unantastbarkeit der gesetzlichen Reserven, Art. 805 OR in Verbindung mit Art. 671 Abs. 3 OR, hat gegenüber dem klaren Wortlaut der «lex specialis» von Art. 822 Abs. 4 OR, die nur vom Stammkapital spricht, zurückzutreten[23]. Die Gesellschaft besitzt nach Durchführung der

---

[20] W. von Steiger, N. 28 zu Art. 822 OR; Meier, S. 115.
[21] Hiezu ausführlich Meier, S. 118.
[22] W. von Steiger, N. 32 zu Art. 822 OR; Meier, S. 129f.; Schädler, S. 86; anders noch offenbar Janggen/Becker, N. 8 zu Art. 822 OR; so Meier, S. 128.
[23] Ebenso W. von Steiger, N. 31 zu Art. 822 OR.

Abfindung einen eigenen Stammanteil, was gemäß Art. 807 Abs. 2 OR zulässig ist, soweit der Erwerb aus ungebundenem Vermögen erfolgt.
- Die Gesellschaft kann gegen den Ausscheidenden das Kaduzierungsverfahren[24] einleiten, wenn der Ausgeschiedene wegen Nichteinzahlung seiner Stammeinlage oder von Nachschüssen belangt und der Stammanteil verwertet werden kann.

c) Ist keine der obgenannten Möglichkeiten gegeben, so muß die Gesellschaft den unangenehmen Weg des Kapitalherabsetzungsverfahrens gemäß Art. 788 OR gehen[25]. Fällt dabei das Stammkapital unter Fr. 20 000.–, so bleibt nur der Auflösungsbeschluß der GmbH. In den übrigen Fällen kann die Abfindung erst ausbezahlt werden, wenn der Schuldenruf erfolgt ist und die Forderungen der Gläubiger befriedigt oder sichergestellt sind.

VI. Der Eintrag im Handelsregister

Gemäß Art. 781 Ziff. 4 OR ist jeder Gesellschafter mit Namen, Wohnort und Staatsangehörigkeit, bzw. bei juristischen Personen und Handelsgesellschaften mit Firmen und Sitz im Handelsregister einzutragen. Die Gesellschaft ist somit verpflichtet, ausscheidende Mitglieder als Gesellschafter im Handelsregister löschen zu lassen. Erst mit der Publikation wird das Ausscheiden Dritten gegenüber wirksam, und zu diesem Zeitpunkt beginnt die Fünfjahresfrist für die Verjährung der Haftung des ausscheidenden Gesellschafters zu laufen (Art. 802 OR in Verbindung mit Art. 591 OR).

Obwohl das Ausscheiden intern seine Gültigkeit bereits mit der Rechtskraft des Urteils erlangt hat, kann der Handelsregisterführer das Ausscheiden erst eintragen, wenn sichergestellt ist, daß Art. 822 Abs. 4 OR nicht verletzt wird. Die Gesellschaft wird mithin regelmäßig eine Urkunde über das Ausscheiden (Ausscheidungsvertrag, Gerichtsurteil), eine Bilanz der Gesellschaft sowie die Quittung des Ausgeschiedenen der Anmeldung beilegen müssen; beim Kapitalherabsetzungsverfahren sind ohnehin zusätzliche Eintragungen im Handelsregister vorzunehmen.

Der Ausgeschiedene ist regelmäßig interessiert, seine Löschung als Gesellschafter möglichst rasch vornehmen zu lassen. Zu diesem Zweck kann er eine Klage auf Abfindung einreichen, die die Gesellschaft zwingt, eine Entscheidung über das Verfahren der Abfindung vorzunehmen; es muß ihm aber auch zusätzlich möglich sein, nötigenfalls Klage auf Feststellung seines Ausscheidens zu erheben, und das Urteil direkt dem Handelsregister einzureichen, sofern die Gesellschaft keine Anstalten zu einer Löschung trifft.

---

[24] Vgl. vorn IV 4 a.
[25] § 37 III.

Vierter Abschnitt

Die finanzielle Struktur der GmbH

§ 36. Die Stammeinlage und der Gesellschaftsanteil

Literatur

A. FANCONI, Die Haftung des Mitgliedes einer GmbH nach schweizerischem oder deutschem Recht, Diss. Bern 1939; B. FELLMANN, Der Konkurs der GmbH und ihrer Mitglieder nach schweizerischem Recht, Diss. Freiburg 1947; R. LECOULTRE, La nature juridique et le transfert des parts sociales dans la société à responsabilité limitée, thèse Genève 1943; E. MAYER, Die Nachschußpflicht im schweizerischen Recht der Handelsgesellschaften und Genossenschaften, Diss. Zürich 1944; W. MEIER, Austritt und Ausschluß aus der GmbH gemäß Art. 822 OR, Diss. Zürich 1950; S. PUGATSCH, Der Austritt des Aktionärs aus der Aktiengesellschaft, Diss. Zürich 1978; M. SCHÄDLER, Die Abfindung des ausscheidenden Gesellschafters, Diss. Zürich 1963; K. SCHOOP, Die Haftung für die Überbewertung von Sacheinlagen bei der Aktiengesellschaft und bei der Gesellschaft mit beschränkter Haftung, Diss. Bern, Zürich 1981; R. SCHWARZENBACH, Die Mitgliedschaft bei der Schweizerischen Gesellschaft mit beschränkter Haftung, Diss. Zürich 1949.

I. Ausgangspunkte

Schon nach dem Recht der Personengesellschaften ist es möglich, Beiträge, Anteil an Gewinn und Verlust sowie Herrschaftsrechte für die Gesellschafter verschieden auszugestalten, auch wenn die Regelung, wonach alle Gesellschafter gleiche Rechte und Pflichten haben, den gesetzlichen Regelfall darstellt und als dispositives Recht gilt[1]. Die betreffenden Abstufungen sind jeweils unmittelbar zwischen den Gesellschaftern vereinbart; das rechtstechnische Instrument der juristischen Person wird nicht zwischen die Gesellschafter geschoben. Eine Übertragung der Gesellschafterstellung ist lediglich in Ausnahmefällen möglich. In der Aktiengesellschaft bestehen nur aktienrechtliche Beziehungen zwischen Aktionär und Gesellschaft, die eine eigene Rechtsperson darstellt. Die Person des Aktionärs tritt gegenüber der Kapitalbeteiligung in den Hintergrund. Die Kapitalbeteiligung bestimmt über das Maß der Herrschaftsrechte und den Anteil am Gewinn. Die Übertragung des Gesellschaftsanteils

---

[1] MEIER-HAYOZ/FORSTMOSER, S. 156 ff., 212 ff.; W. VON STEIGER, Schweiz. Privatrecht, Bd. VIII/1, § 29 I 3.

ist, zumindest im Prototyp der reinen Kapitalgesellschaft, sehr erleichtert; die Aktien werden meist als Inhaber- oder Ordrepapiere ausgestaltet.

Bei der Regelung der GmbH mußte man davon ausgehen, daß es sich um eine volle juristische Person handelt, und daß auch das kapitalgesellschaftliche Element verschieden hoher Beiträge und Anteile am Gewinn und Verlust als Regelfall ausgestaltet werden sollte. Daneben war aber auch auf den bei der GmbH gegenüber der AG weit stärker relevanten «intuitus personae» Rücksicht zu nehmen, insbesondere durch die Erschwerung der Übertragung und die Ausgestaltung der Verurkundung des Gesellschaftsanteils. Gesamthaft gesehen, steht die Regelung des Gesellschaftsanteils in der GmbH dem Aktienrecht nahe, ist aber in den Einzelheiten mit vielen personalistischen Elementen durchsetzt worden.

II. Begriff und Funktionen von Stammeinlage und Gesellschaftsanteil

Im Aktienrecht werden dem Wort «Aktie» drei verschiedene Begriffe unterlegt[2]:
– die «Aktie» als Teil des Grundkapitals;
– die «Aktie» als Inbegriff der Rechte und Pflichten des Aktionärs;
– die «Aktie» als Urkunde über die Mitgliedschaft.

Im GmbH-Recht werden die Begriffe besser auseinandergehalten:
– Die Stammeinlage bildet einen Teil des Stammkapitals und stellt ein Maß für die Beteiligung des Gesellschafters an der Gesellschaft dar (nachfolgend III);
– Der Gesellschaftsanteil (oft auch Stammanteil genannt) gilt als Inbegriff der Rechte und Pflichten des Gesellschafters (nachfolgend IV);
– Der Gesellschaftsanteil kann in einer Urkunde (Anteilschein) verurkundet werden (nachfolgend V).

III. Die Stammeinlage als Teil des Gesellschaftskapitals

Gemäß Art. 772 Abs. 2 OR ist jeder Gesellschafter mit einer Stammeinlage am Stammkapital beteiligt. Der Betrag der Stammeinlage wird als Nennwert bezeichnet und muß nach Vorschrift von Art. 774 OR auf 1000 Fr. oder ein Vielfaches davon lauten. Der Nennwert der Stammeinlagen der Gesellschafter kann verschieden sein. Schließlich hält Art. 789 Abs. 1 OR fest, daß die Stammeinlage jedes Gesellschafters seinen Gesellschaftsanteil bestimmt. Das Verhältnis von Stammeinlagen zu Stammkapital läßt sich somit als Beteiligungsquote darstellen:

---

[2] Statt vieler: MEIER-HAYOZ/FORSTMOSER, S. 256f.

$$\text{Beteiligungsquote} = \frac{\text{Stammeinlage}}{\text{Stammkapital}} = \frac{\text{Gesellschaftsanteil}}{\text{Gesellschaftsvermögen}}$$

Die Summe der Nennwerte aller Stammeinlagen ergibt das Stammkapital. Die Höhe des Nennwerts der Stammeinlage ist nach der dispositiven Regelung des Gesetzes maßgeblich für die Höhe der dem Gesellschafter zukommenden Vermögensrechte, während bei den Mitverwaltungsrechten die Gleichheit der Gesellschafter die Regel darstellt. Beim Stimmrecht allerdings als wichtigstem Mitverwaltungsrecht wird auf die Höhe der Beteiligung abgestellt, dabei aber durch die Einführung qualifizierter Mehrheiten für wichtige Beschlüsse die Ungleichheit der Gesellschafter wieder gemildert.

Bei folgenden Vermögensrechten und -pflichten wird auf den Nennwert der Stammeinlage abgestellt:
– Bezugsrechte (Art. 787 OR);
– Rückgriffsrecht bei Haftung (Art. 802 Abs. 3 OR);
– Einzahlungspflicht (Art. 798 OR);
– gegebenenfalls Nachschußpflicht (Art. 803 Abs. 3 OR).

Richtigerweise hat der Gesetzgeber bei der Regelung der Vermögensrechte eine differenzierte Lösung getroffen und den Anteil am Reingewinn (Art. 804 Abs. 1 OR) und am Liquidationsergebnis (Art. 823 OR) vom tatsächlich zur Verfügung gestellten Kapital und nicht von dem in diesem Zusammenhang irrelevanten Nennwert der Stammeinlage abhängig gemacht.

Die Gesellschafter können in den Statuten die Regelung des Gesetzes abändern, solange nicht unentziehbare oder unverzichtbare Rechte oder allgemeine Rechtsgrundsätze entgegenstehen. Vor allem wird der Rechtsgrundsatz der Gleichbehandlung der Aktionäre auf die Einführung statutarischer Sonder- oder Vorzugsrechte nur in Ausnahmefällen anwendbar sein.

IV. Der Gesellschaftsanteil als Inbegriff der Rechte und Pflichten

Diese Funktion des Gesellschaftsanteils ist hier pro memoria festgehalten. Wie kaum bei einer anderen Gesellschaftsform besteht bei der GmbH eine Vielfalt von Gesellschaftsrechten und -pflichten, die unter dem Begriff «Mitgliedschaft» eine ausführliche Behandlung verlangen[3].

V. Die Verurkundung der Beteiligung

Sowohl Art. 789 Abs. 3 OR als auch bereits Art. 772 OR («ohne daß eine Beteiligung als Aktie behandelt wird») verbieten die Ausstellung einer Ur-

---
[3] §§ 33, 38 und 39.

kunde über die Gesellschaftsbeteiligung in der Form eines Wertpapiers. Damit soll im wesentlichen die Übertragung von Gesellschaftsanteilen erschwert werden. Nichts spricht hingegen gegen die Ausstellung von Anteilscheinen als Beweisurkunden.

Mit guten Gründen haben JÄGGI und ihm folgend WERNER VON STEIGER argumentiert[4], der rechtspolitische Zweck der Regelung verbiete nur Inhaber- oder Ordrepapiere, während kein Grund ersichtlich sei, warum Anteilscheine nicht als Namenpapiere ausgestaltet werden könnten. Danach könnte der Anteilschein mit einer einfachen Wertpapierklausel versehen werden, wonach die Gesellschaft ihre Leistungen an den Gesellschafter nur gegen Vorweisung (Präsentation) der Urkunde zu erbringen hat. Dennoch kann jedoch diese Auffassung nicht richtig sein. Sie verkennt, daß der Gesellschaftsanteil in der GmbH – und dies im wesentlichen Gegensatz zur AG – auch Gesellschafterpflichten enthält, so daß die Gesellschaft dem ohne Urkunde auftretenden Gesellschafter zwar die Rechte verweigern könnte, aber doch wohl dennoch die Erfüllung seiner Pflichten verlangen müßte – ein Zustand, der nicht befriedigen kann.

VI. Das Eigentum mehrerer Personen an einem Gesellschaftsanteil

Art. 797 OR regelt den Sonderfall, daß einer Mehrheit von Personen, die in einer gegen außen nicht speziell organisierten Gemeinschaft zusammengefaßt sind, ein Gesellschaftsanteil zusteht. Diese Regelung bezieht sich somit namentlich auf die einfache Gesellschaft, die Gütergemeinschaft, die Erbengemeinschaft und andere Fälle von Gesamt- oder Miteigentum, nicht aber auf die Kollektiv- oder Kommanditgesellschaft und a fortiori auch nicht auf eine juristische Person als Eigentümerin eines Gesellschaftsanteils[5].

In diesen Fällen gilt nun folgendes:
– Alle «Mit»-eigentümer sind in das Anteilbuch der GmbH einzutragen;
– Die «Mit»-eigentümer haben gegenüber der Gesellschaft einen Vertreter zu bestimmen, der auch ein Dritter sein kann; nur aus wichtigen Gründen kann ein solcher Dritter von der GmbH an der Ausübung der Rechte der Gemeinschaft, die er vertritt, gehindert werden[6].

Die Bestimmung des Vertreters ist Sache der Gemeinschaft und nicht etwa der GmbH, selbst dann nicht, wenn die Gemeinschaft in der Bestellung des Vertreters uneins ist[7].

---

[4] JÄGGI, N.283 zu Art.965 OR; W. VON STEIGER, N.16 zu Art.789 OR; allerdings ist VON STEIGER offenbar später von seiner Meinung wieder abgekommen: SJK 801, S.3, N.1.

[5] Vgl. W. VON STEIGER, N.2/3 zu Art.797 OR; JANGGEN/BECKER, N.1 zu Art.797 OR.

[6] So W. VON STEIGER, N.3 zu Art.797 OR; JANGGEN/BECKER (N.3 zu Art.797 OR) möchten der GmbH wegen ihrer personalistischen Natur das Recht geben, den Dritten von der Ausübung persönlicher Mitgliedschaftsrechte ganz auszuschließen. Die Ansicht von W. VON STEIGER überzeugt, sofern man bereit ist, den wichtigen Grund im Falle eines Dritten breiter auszulegen als beim Ausschluß eines Gesellschafters (§ 35 IV) und damit der GmbH doch einen gewissen Ermessensspielraum einzuräumen.

[7] JANGGEN/BECKER (N.5 zu Art.797 OR) vertreten die Ansicht, die Gesellschaft könne bei Uneinigkeit der Gemeinschaft über die Bestellung des Vertreters diesen selbst bestimmen, wenn

– Die Mitglieder der Gemeinschaft haften für alle aus dem Gesellschaftsanteil erwachsenden Pflichten (Einzahlungen auf die Stammeinlage, Nachschüsse, Nebenleistungen) solidarisch; der Rückgriff unter den Gemeinschaftern richtet sich nach deren internem Gemeinschaftsrecht.

VII. Beschränkte dingliche Rechte an Gesellschaftsanteilen

An einem Gesellschaftsanteil können sowohl Pfandrechte als auch Nutznießung bestehen.

1. Die Pfandrechte an Gesellschaftsanteilen einer GmbH

Pfandrechte an Gesellschaftsanteilen einer GmbH werden in erster Linie durch die Gesetzesbestimmungen des ZGB über das Faustpfandrecht an Forderungen und andern Rechten (Art. 899–906 ZGB) geregelt.

Gemäß Art. 899 ZGB sind Anteilscheine der GmbH nur dann verpfändbar, wenn ihre Übertragung nicht ausgeschlossen ist. Hat somit die GmbH in ihren Statuten gemäß Art. 777 Ziff. 7 OR und Art. 791 Abs. 3 OR die Übertragbarkeit der Gesellschaftsanteile völlig ausgeschlossen, ist eine Pfändung des Anteils unmöglich[8].

Umstritten ist, ob in den Fällen, in denen die Gesellschaft die Abtretung des Anteils nicht gänzlich verboten hat, die Zustimmung der Gesellschaft für die Verpfändung nötig ist. Die herrschende Lehre verneint dies[9]. Immerhin haben die Bedenken gegen eine Verpfändung ohne Zustimmung der Gesellschaft einiges Gewicht[10]. Gewiß ist richtig, daß, wie WERNER VON STEIGER ausführt, die Verpfändung keinen Mitgliederwechsel zur Folge hat. Es ist aber nicht recht einzusehen, warum im Falle der völligen Unübertragbarkeit durch Regelung in den Statuten die Verpfändung ausgeschlossen wird, während im Falle der Unübertragbarkeit infolge des festen Willens der Gesellschaft, einen Neubewerber nicht aufzunehmen (ein Neubewerber darf z. B. nur aus der Gesellschafterfamilie kommen), die Verpfändung zulässig sein soll[11]. Die Ansicht, es

---

sie sich in den Statuten dazu ermächtigt hat. Diese Auffassung überzeugt nicht; warum sollte die Gesellschaft das Recht haben, sich in die inneren Verhältnisse der betreffenden Eigentümergemeinschaft einzumischen?

[8] Ebenso OFTINGER, N. 41 zu Art. 899 ZGB; W. VON STEIGER, N. 31 zu Art. 791 OR.
[9] OFTINGER, N. 41 zu Art. 899 ZGB; W. VON STEIGER, N. 31 zu Art. 791 OR; JANGGEN/BECKER, N. 6 zu Art. 789 OR.
[10] So LECOULTRE, S. 160 und CARRY, SJK 801, S. 3.
[11] Auch Art. 794 Abs. 2 OR, wonach die Verwertung vermieden werden kann, wenn die Gesellschaft ihre Zustimmung zur Versteigerung des Anteils geben muß, falls sie eine allfällige Auflösung der Gesellschaft verhindern will, spricht nicht eindeutig für die herrschende Meinung. Im Sinne der herrschenden Meinung ausgelegt, bedeutet dies, daß je nach Statuten die Gesellschaft gezwungen werden kann, einen neuen Gesellschafter aufzunehmen oder nicht.

bedürfe einer Zustimmung der Gesellschaft, um den Anteil «übertragbar» im Sinne von Art. 899 ZGB zu machen, hat vieles für sich.

Gegenstand der Verpfändung sind nur die Vermögensrechte, und zwar das Recht auf Gewinnanteil und auf Liquidationsanteil, ebenso auch auf Rückzahlungen aus dem Gesellschaftsvermögen. Andere vermögenswerte Leistungen, die jedoch nicht zeitlich wiederkehrender Natur sind (z.B. die Möglichkeit zum Bezug von Waren zu Vorzugsbedingungen), gelten gemäß Art. 904 ZGB nicht als mitverpfändet.

Für die Herrschaftsrechte gilt Art. 905 ZGB analog, so daß diese Rechte weiterhin durch den seinen Mitgliedschaftsanteil verpfändenden Gesellschafter ausgeübt werden; die Ausnahmebestimmung des Aktienrechts, wonach durch schriftliche Bevollmächtigung der Pfandnehmer sich die Rechte zur Vertretung an der Generalversammlung abtreten lassen kann (Art. 689 Abs. 5 Ziff. 2 OR), ist auf die Pfandnahme in der GmbH wegen deren personalistischer Struktur nicht übertragbar.

Für die Form der Verpfändung des Gesellschaftsanteils gelten folgende Regeln[12]:
- Ist der Gesellschaftsanteil in einer Urkunde verbrieft, so genügt nach Art. 900 Abs. 1 ZGB ein schriftlicher Pfandvertrag[13];
- Ist der Gesellschaftsanteil nicht verbrieft worden, so ist Art. 900 Abs. 3 ZGB anwendbar, die für die Übertragung des Anteils notwendige Form der öffentlichen Beurkundung des Pfandvertrags ist einzuhalten.

2. Nutznießung an einem Gesellschaftsanteil

Nutznießung an einem Gesellschaftsanteil kann durch rechtsgeschäftliche Bestellung (Art. 745 ZGB) oder durch güter- oder erbrechtliche Auseinandersetzung zustande kommen.

Die Wirkungen der Nutznießung an einem GmbH-Anteil unterscheiden sich wesentlich von derjenigen an einer Aktie (Art. 690 OR) und der gesetzlichen Regelung im Sachenrecht (Art. 755 ZGB). Infolge der spezifischen persönlichen Natur der Mitverwaltungsrechte in der GmbH, die bis zum Recht auf Geschäftsführung reichen, gehen die Herrschaftsrechte nicht auf den Nutznießer über. Auch die weitreichenden Verpflichtungen des GmbH-Gesellschafters, die ihm im Falle der Nutznießung verbleiben, erlauben es nicht, diesem im Falle der Nutznießung seine Herrschaftsrechte wegzunehmen[14].

---

[12] Da nach der hier geäußerten Auffassung ein GmbH-Anteil nie ein Wertpapier sein kann (vgl. vorn V), kommt eine Übertragung gemäß Art. 901 OR ohne Pfandvertrag nie in Frage.

[13] K. OFTINGER, Zürcher Kommentar, Bd. IV/2c: Das Fahrnispfand, Art. 884-918 ZGB, Zürich 1952, N. 39 zu Art. 900 ZGB.

[14] So mit ausführlicher Begründung W. VON STEIGER, N. 38 ff. zu Art. 791 OR; diese sinnvolle Auslegung des Gesetzes stellt wohl eines der markantesten Beispiele einer geglückten Gesetzes-

Damit hat der Nutznießer eines GmbH-Anteils eigentlich nur das Recht auf periodisch wiederkehrende Leistungen der Gesellschaft, namentlich auf die Dividende.

Gemäß Art. 774 ZGB sind Rückzahlungen aus dem Gesellschaftsvermögen oder Liquidationsanteile mangels einer vom Gesellschafter oder vom Nutznießer für den anderen ausgestellten Vollmacht an beide zusammen zu bezahlen oder zu hinterlegen[15].

Sofern man, wie hier ausgeführt, der Auffassung ist, daß die Mitverwaltungsrechte und alle Pflichten beim Gesellschafter verbleiben, besteht kein Grund, wie bei Übertragung oder Verpfändung des Gesellschaftsanteils die Zustimmung der Gesellschaft zu verlangen[16]. Hingegen muß die Form der öffentlichen Beurkundung für die rechtsgeschäftliche Bestellung der Nutznießung (Art. 746 ZGB in Verbindung mit Art. 791 Abs. 4 OR) eingehalten werden.

VIII. Die Übertragung von Gesellschaftsanteilen

Die Übertragung von Gesellschaftsanteilen ist ausführlich in § 34 II besprochen.

IX. Die Teilung von Gesellschaftsanteilen

Die Teilung von Gesellschaftsanteilen ist in § 34 II 4 dargestellt.

X. Das Anteilbuch (Art. 790 OR)

Gemäß Art. 790 OR ist über alle Stammeinlagen ein Anteilbuch zu führen. Die Führung des Anteilbuches obliegt den Geschäftsführern, die auch für Schäden aus einer mangelhaften Führung des Anteilbuches persönlich und solidarisch verantwortlich sind (Art. 790 Abs. 4 OR).

In das Anteilbuch einzutragen sind:
- die Namen der Gesellschafter, so daß ihre Identität eindeutig feststeht;
- der Betrag der einzelnen Stammeinlagen;
- die auf die Stammeinlagen erfolgten Leistungen;

---

auslegung praeter legem dar; a.M. noch L. von Planta, Das Stimmrecht in der GmbH, Diss. Basel 1939.
[15] So W. von Steiger, N. 38 zu Art. 791 OR; Lecoultre, S. 108.
[16] Vgl. W. von Steiger, N. 37 zu Art. 791 OR.

- Änderungen in den vorerwähnten Tatsachen (z.B. Rückzahlungen, Gesellschafter- oder auch nur Namenswechsel etc.).

Daneben können weitere Angaben freiwillig im Anteilbuch festgehalten werden, wie etwa beschränkt dingliche Rechte oder Nachschuß- und Nebenleistungspflichten.

Die neuere Lehre betrachtet die Wirkung von Eintragungen im Anteilbuch als lediglich deklaratorischer und nicht rechtsbegründender Natur[17]. Das Anteilbuch ist ein privates Register; der Gegenbeweis, daß die Eintragungen im Anteilbuch unrichtig sind, ist jederzeit möglich. Nötigenfalls kann von einem Gesellschafter oder von der Gesellschaft eine Berichtigungsklage angestrengt werden.

Schließlich bestimmt Art. 790 OR noch, daß zu Beginn jedes Kalenderjahres die Geschäftsführer dem Handelsregister eine Mitgliederliste mit den Namen der Gesellschafter, deren Stammeinlagen und den darauf erbrachten Leistungen einzureichen oder gegebenenfalls mitzuteilen haben, daß die letzte früher eingereichte Mitgliederliste unverändert richtig ist. Auch hier sind die Geschäftsführer verantwortlich für die Einhaltung und konkrete Durchführung dieser Mitteilungspflicht; die dem Handelsregister eingereichten Listen entfalten nur deklaratorische Wirkung; der Beweis ihrer Unrichtigkeit bleibt vorbehalten.

XI. Der Erwerb eigener Anteile (Art. 807 OR)

1. Die Problematik des Erwerbs eigener Anteile

Kapitalgesellschaften besitzen grundsätzlich die Fähigkeit, ihre eigenen Gesellschaftsanteile zu erwerben. Ein solcher Erwerb ist indessen aus zwei Gründen problematisch:
- Einerseits kann durch den Erwerb eigener Anteile den Gläubigern das Haftungssubstrat entzogen werden;
- Andererseits könnte der Erwerb eigener Anteile zur von sich selbst beherrschten Gesellschaft oder gar zur «Keinmann-Gesellschaft» führen, einem anstaltsähnlichen Rechtsgebilde, in dem alle grundlegenden Prinzipien des Gesellschaftsrechts ad absurdum geführt werden.

Das Aktienrecht hat deshalb in Art. 659 OR den Erwerb eigener Aktien durch die AG unter Vorbehalt einiger Ausnahmen untersagt. Diese Vorschrift

---

[17] So W. VON STEIGER, N.4 zu Art. 790 OR und N.27 zu Art. 791 OR, gleich wie die herrschende Lehre im Aktienrecht; W. BÜRGI, Zürcher Kommentar, Bd. V/5b: Die Aktiengesellschaft, Art. 660ff. OR, Zürich ab 1957, N.4 zu Art. 685 OR; anders noch die ältere Lehre: CARRY, SJK 801, S.2; JANGGEN/BECKER, N.12 zu Art. 791 OR; LECOULTRE, S.53.

wird allerdings nur als Ordnungsvorschrift verstanden, so daß ihre Durchsetzung praktisch nur in der Krise der AG mit Hilfe von Verantwortlichkeitsansprüchen möglich ist.

Im Recht der GmbH ist die Regelung des Erwerbs eigener Anteile differenzierter ausgefallen. Einerseits ist die Kontrolle der Einhaltung der Vorschrift leichter als in der AG, weil die Gesellschafter einmal jährlich dem Handelsregister gemeldet werden müssen und somit nicht anonym sind. Andererseits mußte inhaltlich das GmbH-Recht jedoch der Tatsache Rechnung tragen, daß Austritt und Ausschluß aus der Gesellschaft zulässig sind, und daß das Ausscheiden aus der Gesellschaft erschwert oder oft gar verunmöglicht worden wäre, wenn der Erwerb eigener Aktien unter gewissen Voraussetzungen nicht erlaubt worden wäre.

2. Die Regelung in der GmbH im einzelnen

a) Solange nicht alle Stammeinlagen vollständig einbezahlt sind, ist der Erwerb eigener Anteile nur zur Befriedigung eigener Forderungen, die nicht aus der Beteiligung am Stammkapital herrühren (z. B. Warenlieferungen an einen Gesellschafter), gestattet.

b) Sind alle Stammeinlagen voll einbezahlt, so ist der Erwerb eigener Anteile in dem Maße zulässig, als das Gesellschaftsvermögen das Stammkapital übersteigt. In diesem Rahmen wird nämlich das den Gläubigern gebundene Haftungskapital nicht berührt.

c) Die «Keinmann-Gesellschaft» ist unzulässig. Meines Erachtens sollte die Grenze der Zulässigkeit bereits dann gezogen werden, wenn eine Gesellschaft über die Hälfte ihrer Stimmrechte erworben hat, weil bereits zu diesem Zeitpunkt die Merkmale der Anstalt diejenigen der Gesellschaft überwiegen.

d) Umstritten ist, ob die Gesellschaft ihr Kapital erhöhen und die neuen Stammeinlagen selbst übernehmen und aus das Stammkapital übersteigenden Gesellschaftsmitteln liberieren kann. Das Bundesgericht hat dies zugelassen, WERNER VON STEIGER lehnt diesen originären Erwerb eigener Stammeinlagen ab[18]. Meines Erachtens ist diese Frage nicht generell zu beantworten. Zeichnet die Gesellschaft anläßlich einer Kapitalerhöhung einen kleinen Anteil selber, z.B. in Ausübung des proportionalen Bezugsrechts des ihr gehörenden Anteils, so scheint dies zulässig. Führt die Übernahme des Anteils dazu, daß die Gesellschaft ihr eigener Hauptgesellschafter wird, so ist ein Mißbrauch des Rechtsinstitutes anzunehmen und der Eintrag vom Handelsregisterführer abzulehnen.

---

[18] W. VON STEIGER, N. 7b und 7c zu Art. 807 OR.

e) Der Erwerb und die Veräußerung eigener Gesellschaftsanteile bedürfen der Zustimmung von drei Vierteln der Gesellschafter, die drei Viertel des Stammkapitals vertreten, sowie der öffentlichen Beurkundung (Art. 791 OR). Von der Gesellschaft bereits gehaltene Anteile sind dabei nicht mitzuzählen.

f) Die mit dem Gesellschaftsanteil verknüpften Herrschaftsrechte bleiben in analoger Anwendung von Art. 659 Abs. 5 OR suspendiert, solange die Gesellschaft ihr eigener Gesellschafter ist; hingegen kann das Recht auf Dividende und in der Regel auch das Bezugsrecht ausgeübt werden. Regelmäßig ruhen die mit dem Anteil verknüpften Pflichten.

§ 37. Veränderungen des Stammkapitals

I. Ausgangspunkte

Veränderungen des Stammkapitals einer GmbH sind immer Statutenänderungen, da die Angabe der Höhe des Stammkapitals zum absolut notwendigen Statuteninhalt gehört.

Wie bei der AG (Art. 647 OR) wird auch bei der GmbH für die Kapitalerhöhung auf die Vorschriften bei der Gründung verwiesen. Ob diese Verweisung an sich glücklich ist, ist sehr zweifelhaft. Anders als bei der AG stellt aber die Kapitalerhöhung in der GmbH eine schwerwiegende Veränderung der Gesellschafterposition dar, indem in der GmbH die (potentielle) Haftung des Gesellschafters vergrößert wird.

Berührt die Kapitalerhöhung das Risiko der Gesellschafter, so greift die Kapitalherabsetzung in die Rechte der Gläubiger ein. Das diesen zugeordnete Haftungssubstrat und damit auch die Deckungspflicht der Gesellschafter für dieses Haftungskapital werden verringert. Hauptaufgabe des Gesetzgebers mußte es demnach sein, Kapitalerhöhung und Kapitalherabsetzung so zu gestalten, daß die legitimen Interessen der Gesellschafter und Gläubiger gewahrt bleiben.

II. Die Kapitalerhöhung

1. Der Beschluß über die Kapitalerhöhung

a) Der Beschluß über eine Kapitalerhöhung der GmbH ist von den Gesellschaftern einstimmig zu fassen, da gegen den Willen eines Gesellschafters die

Haftung nicht erhöht werden darf[1]. Sollen mit der Kapitalerhöhung neue Gesellschafter der GmbH beitreten, so haben diese an der Gesellschafterversammlung mitzuwirken, da sie in die neue Gesamthaftungssumme im Betrag des neuen erhöhten Stammkapitals mit eintreten[2].

b) Der Kapitalerhöhungsbeschluß bedarf der öffentlichen Beurkundung und hernach der Anmeldung als Statutenänderung und Eintragung ins Handelsregister.

c) Inhaltlich muß der Kapitalerhöhungsbeschluß so bestimmt sein, daß er den Vorschriften der Art. 778 und 779 OR genügt. Er muß also beinhalten, wie und von wem das neue Kapital übernommen und gedeckt worden ist, und ob allenfalls eine Erhöhung auf dem Wege über eine Sacheinlage oder Sachübernahme oder gar aus freien Gesellschaftsmitteln erfolgt ist.

2. Die Arten der Kapitalerhöhung

Die Kapitalerhöhung kann erfolgen durch:

a) Barzeichnung,

b) Sacheinlage und Sachübernahme,

c) durch Verrechnung oder durch Umwandlung von Forderungen gegen die Gesellschaft.

Gemäß den Art. 80 und 90 HRV gilt die Kapitalerhöhung durch Verrechnung bzw. Umwandlung einer Forderung gegen die Gesellschaft nicht als Unterfall der qualifizierten Kapitalerhöhung, so daß weder eine spezifische Statutenklausel noch ein Gründerbericht gefordert werden.

Hingegen muß aus der öffentlichen Urkunde über die Kapitalerhöhung hervorgehen, daß die Forderung nachgewiesen ist, und es muß im Handelsregistereintrag der Gesamtbetrag des so eingebrachten Kapitals genannt werden.

Diese auch durch das Bundesgericht geschützte Regelung[3] ist durch MOSIMANN[4] angefochten worden. Es ist MOSIMANN zwar darin zuzustimmen, daß die Kapitalerhöhung durch Verrechnung zwanglos als Sacheinlage aufgefaßt werden könnte und dann Art. 80 HRV nicht durch den Gesetzestext gedeckt wäre. Anderseits unterscheidet sich die Kapitalerhöhung durch Verrechnung doch von den andern qualifizierten Erhöhungsformen durch den völligen Wegfall der Bewertungsfragen, so daß die jetzige Praxis nicht unhaltbar erscheint.

d) aus freien Reserven.

In diesem Fall erhöht sich das Gesellschaftsvermögen nicht, hingegen wird die Kreditwürdigkeit der Gesellschaft verbessert.

---

[1] Gemäß Art. 784 Abs. 3 OR; ebenso W. VON STEIGER, N. 8 zu Art. 786 OR; KAUFMANN, S. 93; a. M. teilweise JANGGEN/BECKER, N. 6 zu Art. 786 OR, und VON PLANTA, a.a.O. (§ 36, Anm. 14), S. 97; vgl. auch hinten § 41 IV 2b iv.
[2] W. VON STEIGER, N. 9 zu Art. 786 OR; etwas unbestimmt JANGGEN/BECKER, N. 10 zu Art. 786 OR.
[3] BGE 99 Ib, 1973, S. 145.
[4] P. MOSIMANN, Die Liberierung von Aktien durch Verrechnung, Basel/Stuttgart 1978.

3. Das Bezugsrecht der Gesellschafter (Art. 787 OR)

Das «Bezugsrecht» des GmbH-Gesellschafters auf proportionale Beteiligung an der Kapitalerhöhung ist – wie dasjenige des Aktionärs – ein entziehbares Recht, soweit es nicht durch die Statuten zu einem statutarisch wohlerworbenem (d.h. unentziehbarem) Recht verstärkt worden ist. Da aber der Beschluß über die Erhöhung des Stammkapitals einstimmig gefaßt werden muß, ist faktisch das Bezugsrecht nur mit Zustimmung eines Gesellschafters entziehbar.

Es erübrigt sich deshalb meines Erachtens, sehr detailliert auf die Frage einzugehen, wie das Bezugsrecht in den Statuten gesichert werden kann. Es sei nur erwähnt, daß die Lehre festhält, daß die Einführung des unentziehbaren Rechts auf Bezug neuer Anteile bei Kapitalerhöhung des für Statutenänderungen vorgesehenen Mehrs von ³/₄ der Gesellschafter und ³/₄ des Kapitals bedarf, es sei denn, die Statuten selbst hätten diese Mehrheitsvorschrift abgeändert (Art. 784 OR). Enthalten die Statuten keine Bestimmungen über das Bezugsrecht, so kann es durch Gesellschafterbeschluß mit der absoluten Mehrheit der abgegebenen Stimmen (Art. 808 Abs. 2 OR) entzogen werden[5].

Übt der Gesellschafter sein Bezugsrecht aus, so erhält er nicht einen neuen Stammanteil, sondern sein bisheriger Anteil wird um die Bezugsquote erhöht, da ein Gesellschafter nach Art. 774 Abs. 2 OR nur über einen Anteil verfügen darf. Auf die Frage, ob die Gesellschaft anläßlich einer Kapitalerhöhung eigene Anteile erwerben kann, ist im Rahmen des Abschnitts über den Erwerb eigener Anteile eingegangen worden[6].

4. Die Stellung neu eintretender Gesellschafter bezüglich der Geschäftsführung

Im Gegensatz zu den Gründungsgesellschaftern haben später eintretende Gesellschafter keinen gesetzlichen Anspruch auf Geschäftsführung[7].

III. Die Kapitalherabsetzung

1. Anwendbarkeit des Aktienrechts

Art. 788 Abs. 2 OR verweist für die Kapitalherabsetzung im wesentlichen auf das Aktienrecht. In weiten Teilen sind somit die Art. 732–734 OR analog anzuwenden, von den unten zu behandelnden Sonderfällen abgesehen.

---

[5] Eine detaillierte Analyse nimmt W. von Steiger in seinem Kommentar zu Art. 787 OR vor.
[6] Vgl. § 36 XI.
[7] Vgl. hinten § 42.

a) Die Kapitalherabsetzung bedarf eines Gesellschaftsbeschlusses; wird das Kapital nicht wieder auf den alten Betrag erhöht, liegt gar eine Statutenänderung vor, und es sind sowohl deren Quoren beim Beschluß[8] als auch die Form der öffentlichen Beurkundung zu beachten.

b) Der Beschluß darf erst gefaßt werden, wenn der Revisionsbericht, der gemäß Art. 732 Abs. 2 und 3 OR zu erstellen ist, vorliegt.

c) Nach dem Beschluß der Gesellschafterversammlung hat die Aufforderung an die Gläubiger gemäß Art. 733 OR zu erfolgen.

d) Die Herabsetzung darf erst erfolgen, wenn nach Ablauf der Frist allfällige Gläubiger befriedigt oder sichergestellt sind und hierüber eine öffentliche Urkunde vorliegt (Art. 734 OR).

2. Sonderregeln für die GmbH

Die Sonderregeln ergeben sich teils direkt aus Art. 788 OR, teils aus der in den persönlichen Beziehungen der Mitglieder und der Haftung gegenüber der AG stark abweichenden GmbH-Struktur.

a) Das Stammkapital der GmbH darf nicht unter 20000 Fr., die einzelne Stammeinlage nicht unter 1000 Fr. gesenkt werden[9].

b) Ausdrücklich von der Verweisung auf das Aktienrecht ausgenommen ist gemäß Art. 788 Abs. 2 OR die aktienrechtliche Regelung von Art. 735 OR, wonach der Gläubigerruf und die Befriedigung oder Sicherstellung der Gläubiger im Falle der Sanierung durch Beseitigung einer Unterbilanz unterbleiben können.

c) Beim Ausscheiden eines Gesellschafters aus der GmbH, sei es infolge Austritts oder Ausschlusses, kann es zur Kapitalherabsetzung kommen, wenn eine Abfindung zu zahlen ist und die Anteile nicht aus freien und offenen Reserven von der Gesellschaft selbst erworben werden.

d) Umstritten ist die Frage, ob bei Forderungen, die vor der Kapitalherabsetzung bereits bestanden haben, die alte Haftungsgrenze weiter anzuwenden ist oder die neue tiefere Haftungssumme nun gültig wird. Mit Recht weist WERNER VON STEIGER auf die umfassenden Gläubigerschutzbestimmungen (Gläubigerruf, Möglichkeit zur Befriedigung oder Sicherstellung) hin, die es als angebracht erscheinen lassen, am Ende des ohnehin langwierigen Kapitalher-

---

[8] Art. 784 Abs. 2 OR, vgl. vorn § 32 III.
[9] Art. 788 Abs. 1 OR.

absetzungsverfahrens einen Schlußstrich zu setzen und die Haftung generell auf die Höhe des herabgesetzten Kapitals zu beschränken[10].

3. Die Amortisation einzelner Stammanteile

Die Amortisation, das heißt die Einziehung und Vernichtung einzelner Stammanteile, ist nur im Rahmen einer Kapitalherabsetzung zulässig; dies gilt auch für im Eigentum der Gesellschaft selbst stehende Anteile.

Falls die Amortisation nicht im voraus in den Statuten geregelt ist, etwa für den Fall des Ausscheidens eines Mitglieds, bedarf sie der Zustimmung des betreffenden Gesellschafters und eines Beschlusses der Gesellschafterversammlung.

Die Aufführung von Gesellschaftsanteil bzw. Stammeinlage in den Statuten gehört zu deren unbedingt notwendigen Inhalt; somit ist das für Statutenänderungen vorgesehene gesetzliche Quorum von Art. 784 Abs. 2 OR einzuhalten, sofern die Statuten dieses Quorum nicht selbst abgeändert haben.

Auch wenn der Anteil nach erfolgter Amortisation nicht mehr existiert, haftet sein letzter Inhaber gemäß Art. 802 OR in Verbindung mit Art. 568 OR noch für fünf Jahre für bereits bestandene Schulden der Gesellschaft weiter[11].

§ 38. Vermögensrechte der Gesellschafter

I. Ausgangspunkte

Da die GmbH trotz ihrer personalistischen Struktur Körperschaft ist und damit auch im Verhältnis gegenüber ihren Gesellschaftern eine andere Rechtsperson darstellt, lehnt sich die Regelung der Vermögensrechte der Gesellschafter nicht an die Lösung der Gewinn- und Verlustbeteiligung an, wie sie im Personengesellschaftsrecht ausgeführt worden ist[1], sondern übernimmt im wesentlichen die Grundsätze des Aktienrechts.

Man unterscheidet demnach im wesentlichen drei Vermögensrechte:
– das Recht auf Gewinn (nachstehend II),
– das Recht auf Liquidationsanteil (nachstehend III),
– das Bezugsrecht (IV).

---

[10] W. von Steiger, N. 12 zu Art. 788 OR; ebenso Kaufmann, S. 127, 143 f., und Bär, S. 73.
[11] Ebenso W. von Steiger, N. 16 zu Art. 807 OR.
[1] Vgl. W. von Steiger, Schweiz. Privatrecht, Bd. VIII/1, § 29 II und § 34 II–IV.

II. Das Recht auf Gewinn

Das Recht auf Gewinn läßt sich systematisch in drei Teilrechte aufspalten, die kaskadenförmig hintereinander gelagert sind.

1. Das Recht auf Gewinnstrebigkeit

Gemäß Art. 772 Abs. 3 OR muß die GmbH wirtschaftlichen Zwecken dienen[2]. Dies bedeutet aber nicht, daß die Gesellschaft selbst gewinnstrebig sein muß. Gerade bei Kartellen, die ja einen vom Gesetzgeber besonders in Betracht gezogenen Verwendungszweck der GmbH darstellen sollen, ist es durchaus denkbar, daß die Gesellschaft zu Selbstkosten arbeitet und mögliche Gewinnanteile in Form etwa von Preisreduktionen (bei einem Einkaufssyndikat) oder in anderer Gestalt den Mitgliedern zukommen läßt. Damit ein Gesellschafter erkennen kann, ob eine GmbH erwerbswirtschaftlichen Zielen dient und gewinnstrebig ist, ist gemäß extensiver Auslegung von Art. 777 Ziff. 8 OR – der Wortlaut spricht nur von Gewinnverteilung – in den Statuten in geeigneter Weise anzugeben, wenn die Gesellschaft nicht gewinnstrebig sein soll[3].

Das Recht auf Gewinnstrebigkeit ist ein unentziehbares Recht jedes Gesellschafters; eine Gesellschaft kann deshalb nicht gegen den Willen eines Gesellschafters von einer gewinnstrebigen in eine nicht erwerbswirtschaftliche GmbH umgewandelt werden[4].

2. Das Recht auf Gewinnverteilung

Jeder Gesellschafter hat bei einer erwerbswirtschaftlichen GmbH grundsätzlich das Recht auf Ausschüttung des auf ihn entfallenden Gewinnanteiles. Dabei ist folgendes zu beachten:

a) In der Jahresbilanz muß ein Reingewinn oder ein Gewinnvortrag ausgewiesen sein, damit eine Gewinnverteilung vorgenommen werden kann.

b) Die Gesellschafterversammlung muß zunächst einen Feststellungsbeschluß über Gewinn- und Verlustrechnung und Bilanz fassen.

c) Anschließend faßt die Gesellschafterversammlung einen Gewinnverteilungsbeschluß, wobei sie nicht den ganzen Gewinn verteilen muß. Sie kann – wie die Generalversammlung der AG gemäß Art. 674 Abs. 2 OR – außerordentliche Zuweisungen an die Reserven vornehmen, sofern dies das dauernde

---

[2] Vgl. dazu § 29 IVa mit ausführlicher Erörterung der betreffenden Kontroverse.
[3] Ebenso W. VON STEIGER, N. 23 zu Art. 784 OR; GUHL/MERZ/KUMMER, S. 685.
[4] W. VON STEIGER, N. 24 zu Art. 784 OR.

Gedeihen des Unternehmens und die gleichmäßige Dividendenpolitik erfordert. Im Aktienrecht ist allerdings der Kompetenzrahmen der Generalversammlung höher, da in der GmbH mit ihrem typisch geringeren Mitgliederbestand das existentielle Interesse an der Auszahlung einer ansehnlichen Dividende regelmäßig höher einzuschätzen ist und damit der auszuschüttende Gewinnanteil nicht zu niedrig sein sollte[5].

Neben der Bildung außerordentlicher Reserven ist noch die Zuwendung von Geldern an Wohlfahrtseinrichtungen für das Personal zu erwähnen, die den zu verteilenden Gewinn schmälert[6].

d) Der zur Verteilung gelangende Gewinn wird, wenn nicht die Statuten einen anderen Verteilungsschlüssel vorsehen, im Verhältnis der auf die Stammeinlagen einbezahlten Beträge, wobei Sacheinlagen mit einbezogen werden, an die Gesellschafter ausgeschüttet. Die Statuten können von der Lösung des Gesetzes (Art. 804 OR) grundsätzlich beliebig abweichen; ob allerdings für einen Gesellschaftsanteil das Recht auf Anteil am Gewinn ganz ausgeschlossen werden kann, erscheint zweifelhaft.

e) Das Recht auf Gewinnverteilung ist ein unentziehbares Recht und kann in keiner gesetzlichen oder statutarischen Ausgestaltung gegen den Willen eines Gesellschafters geschmälert werden. Dem Gesellschafter, der sich durch einen Gewinnverteilungs- oder Statutenänderungsbeschluß über die Modalitäten der Gewinnbeteiligung verletzt fühlt, stehen die Anfechtung des Gesellschafterbeschlusses, in gravierenden Fällen die Klage auf Austritt oder Auflösung der Gesellschaft aus wichtigen Gründen zur Verfügung.

f) Im Gegensatz zu den Personengesellschaften, wo eine Verzinsung des eingebrachten Kapitals vereinbart werden darf[7], gilt im GmbH-Recht ausdrücklich (Art. 804 Abs. 2 OR) die aktienrechtliche Regelung, daß mit Ausnahme von Bauzinsen – und dies auch nur bei ausdrücklicher statutarischer Regelung (Art. 777 Ziff. 8 OR) – keine Zinsen auf das Kapital bezahlt werden dürfen.

3. Das Forderungsrecht auf die Dividende

Durch den Gewinnverteilungsbeschluß der Gesellschafterversammlung entsteht aus dem Gewinnbeteiligungsrecht nun ein frei übertragbares, selbständi-

---

[5] Ähnlich auch W. VON STEIGER, N. 4 zu Art. 804 OR.
[6] Da diese Zuwendungen an Pensionskassen im Rahmen der Gesetzgebung über die «2. Säule» immer mehr obligatorischen Charakter erhalten, wäre es wohl zukünftig richtiger, sie direkt als Sozialkosten über die Gewinn- und Verlustrechnung abzudecken.
[7] Art. 558 Abs. 2 OR, Art. 559 OR, Art. 598 Abs. 2 OR, Art. 611 OR; vgl. W. VON STEIGER, Schweiz. Privatrecht, Bd. VIII/1, § 29 II 2c und § 34 II 4.

ges und unbedingtes Gläubigerrecht des Gesellschafters gegenüber der Gesellschaft[8].

Im Gegensatz zu JANGGEN/BECKER und SCHWARZENBACH[9] ist dieses Recht als eine ganz normale Forderung zu betrachten. Die beiden Autoren möchten dieses Gläubigerrecht im Konkurs der GmbH gewissermaßen als 6. Klass-Forderung hinter den Forderungen aller anderen Gesellschaftsgläubiger zurückstellen, doch ist ein solcher gesetzlicher Rangrücktritt nirgends im Gesetz vorgesehen. Ist die Forderung zu Unrecht entstanden, z.B. weil der Gewinn nur fiktiv war, so sind die Bestimmungen über die Rückerstattung zuviel erhaltener Gewinnbeträge (Art. 817 OR) oder gegebenenfalls über die Verantwortlichkeit (Art. 806 OR) anzurufen. Allenfalls kommt auch eine Haftung der Gesellschaft in Frage[10].

4. Die Pflicht zur Rückerstattung ungerechtfertigt bezogener Gewinnanteile

An zwei Stellen regelt das Gesetz die Rechtsfolge des Bezugs ungerechtfertigter Gewinnbeträge, eingeschlossen Zinsen und Tantièmen:
- In Art. 802 Abs. 2 OR wird festgehalten, daß der ungerechtfertigte Bezug von Gewinnbeträgen eine Verminderung des Stammkapitals darstellt, die *extern* zur solidarischen Haftung der Gesellschafter gegenüber den Gläubigern führen kann;
- In Art. 806 OR wird *intern* eine Rückerstattungspflicht des Gesellschafters oder Geschäftsführers, der solche Gewinnbeträge bezogen hat, gegenüber der Gesellschaft statuiert.

Art. 806 OR ist eine Sondervorschrift zu den allgemeinen Bestimmungen über die ungerechtfertigte Bereicherung, indem nicht nur die Bereicherung, sondern der ganze erhaltene Betrag zurückzugeben ist. Gemildert wird für den gutgläubigen Gesellschafter oder Geschäftsführer die Rechtsfolge insofern, als die Rückerstattungspflicht nur soweit besteht, als die Gesellschaft dies zur Befriedigung ihrer Gläubiger benötigt, und daß die Rückerstattungspflicht bereits zwei Jahre (anstatt fünf Jahre beim bösgläubigen Gesellschafter oder Geschäftsführer) nach Erhalt der Zahlung verjährt[11].

Zur Klage auf Rückerstattung ist nur die Gesellschaft legitimiert, nicht aber der einzelne Gesellschafter oder gar der Gläubiger. Dabei hat die Gesellschaft den Bezug der Gewinnanteile und das Fehlen der dafür notwendigen Voraussetzungen nachzuweisen, wobei häufig der Klage auf Rückerstattung eine Anfechtungsklage gegen den Gewinnverteilungs- und den Gewinnfeststellungsbeschluß vorangegangen sein muß.

---

[8] Ebenso W. VON STEIGER, SJK 801, S. 21; SCHWARZENBACH, S. 36.
[9] SCHWARZENBACH, S. 36; JANGGEN/BECKER, N. 13 zu Art. 804 OR.
[10] Vgl. dazu § 39 V.
[11] Die Verjährung der Haftung erfolgt ja hingegen erst 5 Jahre nach Auflösung der Gesellschaft (vgl. § 39 V 4). Die Kommentare nehmen m. E. zu Recht an, daß die kurze Verjährungsfrist der internen Rückerstattungspflicht nicht auf die Haftung für ungerechtfertigten Bezug von Gewinnanteilen auszudehnen ist. W. VON STEIGER, N. 17 zu Art. 802 OR; JANGGEN/BECKER, N. 16 zu Art. 802 OR; a. M. KAUFMANN, S. 140 ff.; CARRY, SJK 802, S. 4.

Seit den Debatten im Parlament ist umstritten, ob die Gesellschaft für den bösen oder der Gesellschafter für den guten Glauben die Beweislast trägt. WERNER VON STEIGER und KAUFMANN sind aufgrund der parlamentarischen Diskussion der Ansicht, Art. 806 OR stelle eine Ausnahme zu Art. 3 ZGB dar, und der Gesellschafter habe seinen guten Glauben nachzuweisen[12]. Die Ansicht JANGGEN/BECKERS[13], daß Art. 3 ZGB, wonach der gute Glaube vermutet wird, auch im Falle von Art. 806 OR Anwendung findet, ist aber zutreffend. Zunächst ist nicht ersichtlich, warum eine andere Lösung als im Aktienrecht[14], in dem der Gutgläubige noch weit mehr begünstigt wird als im GmbH-Recht, getroffen werden soll. Hinzu tritt die Erwägung, daß sich diese Frage des guten Glaubens ja nicht auf die Haftung gegen außen bezieht, sondern nur auf die Rückerstattungspflicht gegenüber der Gesellschaft, und daß es dieser doch recht leicht fallen sollte, die Tatsache des guten Glaubens bei einem Gesellschafter oder Geschäftsführer widerlegen zu können. Die aufgrund der Meinungsäußerungen der Referenten in der Parlamentsdebatte entgegenstehende historische Auslegung muß hinter die systematische Auslegung zurücktreten.

III. Das Recht auf Beteiligung am Liquidationserlös

1. Wohlerworbenheit des Rechts

Das Recht des Gesellschafters auf Beteiligung am Liquidationserlös entsteht erst bei Auflösung der Gesellschaft. Stellen die Statuten keine abweichenden Bestimmungen auf – sie können die Auszahlung des Liquidationserlöses ganz oder teilweise verbieten bzw. die Verteilung auf die Gesellschafter anders vornehmen –, so erfolgt die Verteilung des Liquidats unter die Gesellschafter gemäß den von ihnen auf ihre Stammeinlage einbezahlten Beträgen.

Ebenso wie das Recht auf Gewinnanteil ist das gesetzliche oder statutarische Recht auf Liquidationsanteil wohlerworben, d.h. es kann nicht ohne Zustimmung des betroffenen Gesellschafters geschmälert werden.

2. Die drei Stufen des Rechts auf Liquidationsanteil

Auch beim Recht des Gesellschafters auf Liquidationsanteil können drei Stufen unterschieden werden:

a) Anwartschaft auf Liquidationsanteil

Vor der Auflösung besteht nur eine Anwartschaft auf den Liquidationsanteil, die aber den Vermögenswert der Mitgliedschaft maßgebend bestimmt. Konkreten Ausdruck findet diese Anwartschaft im Anspruch des aus wichti-

---

[12] W. VON STEIGER, N. 7 zu Art. 806 OR; KAUFMANN, S. 139, unter Hinweis auf die Referenten im Nationalrat.

[13] JANGGEN/BECKER, N. 4 zu Art. 806 OR.
Auch die Werke zu Art. 3 ZGB (z. B. Kommentar JÄGGI oder H. DESCHENAUX, in: Schweiz. Privatrecht, Bd. II, Basel/Stuttgart 1967, erwähnen eine Ausnahme bei Art. 806 OR mit keiner Silbe, ebensowenig wie GUHL/MERZ/KUMMER, S. 682.

[14] Art. 678 OR kennt keine Rückzahlungspflicht des gutgläubigen Aktionärs.

gen Gründen ausscheidenden Gesellschafters auf den wirklichen Wert seines Stammanteils[15].

b) Recht auf den Liquidationsanteil

Es entsteht mit der Auflösung, konkretisiert sich aber erst nach Durchführung der Liquidation mit der Schlußabrechnung, sofern zu diesem Zeitpunkt ein Liquidat, d.h. ein Überschuß des Vermögens über die Schulden vorhanden ist.

c) Forderungsrecht auf den Liquidationsanteil

Mit der Schlußabrechnung entsteht ein Forderungsrecht des einzelnen Gesellschafters auf den auf ihn entfallenden Liquidationsanteil, das gemäß Art. 745 Abs. 2 OR in der Regel nicht vor Ablauf des «Sperrjahres», d.h. eines Jahres seit der dritten Bekanntmachung der Liquidation, fällig wird.

IV. Das Bezugsrecht der Gesellschafter

Vgl. § 37 II 3.

§ 39. Die vermögensmäßigen Verpflichtungen des Gesellschafters

I. Ausgangspunkte

Die GmbH in ihrer Mischstellung zwischen Personen- und Kapitalgesellschaft kennt sowohl finanzielle Verpflichtungen der Gesellschafter gegenüber der Gesellschaft als auch gegenüber Dritten.

Anstelle der personengesellschaftlichen Beitragspflicht der Gesellschafter tritt wie im Aktienrecht intern die Einzahlungspflicht auf den übernommenen Anteil, zu der fakultativ noch Nachschuß- und Nebenleistungspflichten treten können, während im Aktienrecht strikt der Grundsatz der beschränkten Beitragspflicht (Art. 680 OR) gilt.

Auch extern wird ein Mittelweg zwischen Personen- und Kapitalgesellschaft eingeschlagen. Im Kollektivgesellschaftsrecht haften die Gesellschafter unbe-

---

[15] Vgl. § 35 V.

schränkt für die Schulden der Gesellschaft; die Aktionäre hingegen tragen überhaupt keine Haftung der Mitglieder über ihren eigenen Anteil hinaus. Die GmbH ist zwar wie die AG eine Gesellschaft mit **beschränkter Haftung**, doch reicht die Haftung über den eigenen Anteil hinaus bis zur Höhe des gesamten Stammkapitals. Das Risiko des GmbH-Gesellschafters ist somit viel größer als dasjenige des Aktionärs, sofern das Stammkapital nicht voll einbezahlt wurde, und kann sich in extremen Fällen demjenigen des Kollektivgesellschafters wieder annähern. Die externe solidarische Haftung wird allerdings in den meisten Fällen durch die Bestimmung des Art. 802 Abs. 4 OR, wonach die Haftung in eine Deckungspflicht gegenüber Liquidatoren und Konkursverwaltung umgewandelt wird, wieder gemildert. Die Bemerkung des nationalrätlichen Referenten[1], daß die Deckung des GmbH-Kapitals nach kapitalgesellschaftlichen, die persönlichen Haftungen jedoch nach kollektivgesellschaftlichen Normen geregelt seien, stellt somit eine allzusehr vereinfachte Darstellung einer im einzelnen recht komplexen Regelung dar, in der personen- und kapitalgesellschaftliche Elemente sehr differenziert ineinander verzahnt sind.

II. Die Einzahlungspflicht des Gesellschafters

1. Die Höhe der Einzahlung

Gemäß Art. 772 Abs. 2 OR und Art. 774 OR ist jeder Gesellschafter gehalten, eine Stammeinlage zu übernehmen. Damit ist er verpflichtet, seine Stammeinlage gegenüber der Gesellschaft zu liberieren. Dabei schreibt Art. 774 Abs. 2 OR vor, daß jeder Gesellschafter mindestens die Hälfte seiner Stammeinlage bei der Gründung (oder einer Kapitalerhöhung) einzahlen muß.

Wenn bei der Gründung oder Kapitalerhöhung nicht die ganze Stammeinlage eingefordert worden ist, so sind spätere Einzahlungen, sofern die Statuten nicht davon abweichende Bestimmungen enthalten, im Verhältnis der Nominalbeträge der Stammeinlagen (Art. 798 OR) vorzunehmen. Diese Regelung ist zu Recht von CARRY[2] bemängelt worden, der eine Einzahlungspflicht im Verhältnis der noch nicht geleisteten Einzahlungen als glücklichere Lösung erachtet hätte.

Abgesehen von der Mindesteinzahlung von 50% der Stammeinlage, vom Ausschluß des Verzichts der Gesellschaft auf Einzahlungspflicht des Restbetrags überhaupt oder von der Stundung der Einzahlung im voraus, können die Statuten die Einzahlungspflicht frei regeln, also etwa bestimmen, von welchen Gesellschaftern die Restbeträge in welcher Reihenfolge und unter welchen Umständen durch die Gesellschaft eingefordert werden können.

---

[1] Nationalrat AEBY, StenBull NR 1934, S. 746.
[2] CARRY, SJK 800, S. 4.

2. Die Form der Einzahlung

Einzahlungen auf die Stammeinlage sind als Barzahlungen, Sacheinlage oder auch mittels Verrechnung möglich[3].

3. Verzug in der Einzahlung

a) Ausgangspunkt

In den Art. 799–801 OR werden die Folgen des Verzugs für den in seiner Einzahlungspflicht (oder Sachleistungspflicht)[4] säumigen Gesellschafter geregelt; dieses Ausschlußverfahren wird Kaduzierung genannt und entspricht im wesentlichen der aktienrechtlichen Regelung der Art. 681/82 OR[5].

Allerdings ist der Gesetzgeber von der starren Regelung des Aktienrechts zugunsten des säumigen Gesellschafters abgewichen, worin erneut zum Ausdruck kommt, daß in der Kapitalgesellschaft GmbH auch personalistische Elemente stecken.

Anstelle des Ausschlußverfahrens kann die Gesellschaft auch ein normales Betreibungsverfahren gegen den Gesellschafter durchführen, Verzugszinsen, Schadenersatz und, falls in den Statuten vorgesehen (Art. 777 Ziff. 1 OR), eine Konventionalstrafe vom Gesellschafter verlangen[6].

b) Das Ausschlußverfahren (Kaduzierung) im einzelnen

Um das Ausschlußverfahren durchführen zu können, muß die Gesellschaft zunächst den säumigen Gesellschafter zweimal zur Zahlung (oder Sachleistung) auffordern, wobei bei der zweiten Mahnung dem Gesellschafter angedroht werden kann, ihn bei Nichtzahlung innert einer ihm anzusetzenden Frist von mindestens einem Monat aus der Gesellschaft auszuschließen. Ist der Gesellschafter nach Ablauf dieser Frist immer noch säumig, so kann die Gesellschaft ihn ausschließen; sie kann aber immer noch vorläufig darauf verzichten und den Weg der Betreibung gehen. Zuständiges Organ für den Ausschluß ist, wenn die Statuten diese Kompetenz nicht einem anderen Organ zusprechen, die Gesellschafterversammlung[7].

Der Ausschluß bewirkt für den säumigen Gesellschafter, daß er alle seine Mitgliedschaftsrechte einschließlich der bereits geleisteten Einzahlungen ver-

---

[3] Vgl. vorn § 31 III.
[4] Die Sachleistungspflicht bei Sacheinlagen wird auch beim Verzug der Einzahlungspflicht bei Bareinlagen gleichgestellt; W. VON STEIGER, N. 1 zu Art. 799/800 OR; BÄR, S. 68.
[5] Vgl. hiezu CH. VON GREYERZ, vorn § 11 II.
[6] Es ist auch möglich, beide Verfahren hintereinanderzuschalten, so schon JANGGEN/BECKER, N. 5 zu Art. 799 OR; hingegen ist eine gleichzeitige Durchführung des Betreibungs- und des Kaduzierungsverfahrens nicht angängig.
[7] Vgl. W. VON STEIGER, SJK 801, S. 24 und N. 8 zu Art. 800 OR; JANGGEN/BECKER, N. 7/8 zu Art. 791 OR; a. M. die ältere Literatur, vgl. CARRY, SJK 801, S. 5.

liert, dennoch aber weiterhin für den ganzen nicht einbezahlten Betrag seiner Stammeinlage haftbar bleibt; als ein ausgeschiedener Gesellschafter muß er im übrigen noch für fünf Jahre für Gesellschaftsschulden extern weiter haften. Der Gesellschaftsanteil wird mit dem Ausschluß zur Verfügung der Gesellschaft gestellt[8], die nun versuchen muß, den Gesellschaftsanteil bei einer anderen Person wieder unterzubringen und den bisherigen Gesellschafter zu ersetzen. Gemäß Art. 800 Abs. 1 OR soll dabei zunächst versucht werden, daß ein anderer Gesellschafter den Anteil zum wirklichen Wert übernimmt. Sodann ist ein freihändiger Verkauf oder eine private Steigerung zulässig, die allerdings nur bei Zustimmung aller Gesellschafter einschließlich des ausgeschlossenen Gesellschafters vorgenommen werden dürfen, um Manipulationen gegen den ausgeschlossenen Gesellschafter zu verhindern, der ein großes Interesse am Ergebnis des Verkaufs hat, um den Kaduzierungsverlust möglichst klein zu halten. Kommt es gar zu einem Kaduzierungsgewinn, so steht dieser dem ausgeschlossenen Gesellschafter zu. Schließlich hält das Gesetz den Weg der öffentlichen Versteigerung als Notlösung offen, ohne daß der ausgeschlossene Gesellschafter zustimmen muß. Führt die Verwertung des Gesellschaftsanteils nicht zur vollen Deckung der Stammeinlage, so ist für den entstandenen Differenzbetrag weiterhin der ausgeschlossene Gesellschafter haftbar. Bezahlt dieser nicht innert einem Monat, so räumt Art. 801 OR der Gesellschaft das Recht ein, die Haftung für den Ausfall gegenüber dem Rechtsvorgänger des Ausgeschlossenen, d. h. dem früheren Eigentümer des Gesellschaftsanteils, geltend zu machen, und gegebenenfalls, jeweils nach Ablauf einer Monatsfrist, auch weitere Vorgänger zu belangen. Von diesen muß dabei der ausstehende Betrag in der Reihenfolge ihres Eintrags im Anteilbuch eingefordert werden[9]. Keine Haftung der Vorgänger besteht für Verzugszinsen, Schadenersatz oder Konventionalstrafe. Ein Vorgänger, dessen Eintragung im Anteilbuch länger als 10 Jahre zurückliegt, oder der vor mehr als 5 Jahren aus der Gesellschaft ausgeschieden ist, kann dabei nicht mehr belangt werden.

In der Lehre der Kaduzierung sind zwei Fragen umstritten:
– Kann der Vorgänger, der nach Ablauf einer Monatsfrist belangt wird, einredeweise geltend machen, sein Nachfolger sei zahlungsfähig gewesen? Die herrschende Lehre verweigert dem Vorgänger diese Einrede, erlaubt ihm aber den Regreß auf seine Nachfolger, die innert Monatsfrist nicht bezahlt haben[10]. Zu Recht. Ein Streit um die Zahlungsfähigkeit von Gesellschaftern würde die finanzielle Krise der Gesellschaft auf ungewisse Zeit verlängern, was unerwünscht sein muß.
– Kommt es zur Kaduzierung des Gesellschaftsanteils und nachfolgender öffentlicher Versteigerung, so stellt sich die Frage, ob gegen die früheren Inhaber des Gesellschaftsanteils vorgegangen

---

[8] W. VON STEIGER, SJK 801, S. 50; a. M. noch CARRY, SJK 800, S. 5.
[9] Ein «Überspringen» eines Vormannes wie beim Wechsel ist damit nicht zulässig.
[10] W. VON STEIGER, N. 10 zu Art. 801 OR, ebenso CARRY, SJK 800, S. 6; JANGGEN/BECKER (N. 4 zu Art. 801 OR) wollen hingegen dem Vorgänger den Gegenbeweis der Zahlungsfähigkeit des Nachfolgers gestatten.

werden kann, wenn der neue Gesellschafter später ebenfalls säumig wird. Die überwiegende Lehre verneint dies, indem sie CARRY folgt, der argumentiert, daß ein Ersteigerer ein originärer Erwerber des Gesellschaftsanteils sei und diesen von der Gesellschaft erworben habe[11]. Dieser Meinung kann nicht zugestimmt werden. Wenn man mit WERNER VON STEIGER annimmt, der Gesellschaftsanteil falle bei der Kaduzierung nicht in das Eigentum der Gesellschaft zurück, sondern stehe nur zur Verfügung der Gesellschaft[12], so ist der Argumentation CARRYS, der ersteigernde Gesellschafter habe seinen Anteil von der Gesellschaft gekauft, der Boden entzogen. Die Haftung der Vorgänger und des ausgeschlossenen Gesellschafters selbst ist auch in diesem Fall anzunehmen.

III. Die Nachschußpflicht

1. Ausgangspunkt

Im Personengesellschaftsrecht stellt sich die Frage nach einer Nachschußpflicht nicht, da die Gesellschafter nicht juristische Personen sind und den Gläubigern zumindest subsidiär die Möglichkeit gegeben ist, aufgrund der unbeschränkten Haftung der Gesellschafter (Ausnahme: Kommanditäre) gegen diese vorzugehen, so daß sich eine Nachschußpflicht der Gesellschafter aus der vereinbarten Beitragspflicht mittelbar ergibt. Selbstverständlich können aber die Personengesellschafter im Rahmen ihrer Beitragsvereinbarung (Art. 531 OR) auch die Pflicht zur Deckung von Bilanzverlusten im voraus vereinbaren.

Im Aktienrecht gilt der Grundsatz der beschränkten Beitragspflicht (Art. 680 OR); eine aktienrechtliche Nachschußpflicht kann nicht entstehen, sondern es können höchstens die Aktionäre obligatorische Vereinbarungen über die gemeinsame Finanzierung der Gesellschaft abschließen.

Das Gesetz lehnt sich für die GmbH in seiner dispositiven Regelung ans Aktienrecht an, erlaubt es aber, in den Statuten Nachschußpflichten einzuführen.

2. Der Begriff der Nachschußpflicht

Nachschußpflicht ist die Pflicht des Gesellschafters, sich zur Deckung von Bilanzverlusten an der Sanierung der Gesellschaft durch Leistung von Zahlungen zu beteiligen[13].

Nachschüsse dürfen somit gemäß Art. 803 Abs. 1 OR nur zur Deckung von Bilanzverlusten eingefordert werden. Sie können aber bei Bilanzverlust schon dann verlangt werden, wenn das Stammkapital noch nicht voll einbezahlt ist,

---

[11] CARRY, SJK 800, S. 6; GUHL/MERZ/KUMMER, S. 679; W. VON STEIGER, SJK 801, S. 26; VON PLANTA, a.a.O. (§ 36, Anm. 14), S. 10.
[12] Siehe vorn N. 8 und W. VON STEIGER, N. 9 zu Art. 800 OR.
[13] Vgl. auch MAYER, S. 41.

so, wenn etwa das noch nicht eingeforderte Stammkapital in Reserve gehalten werden soll[14].

3. Die Einführung des Prinzips der Nachschußpflicht in den Statuten

Die Einführung der Nachschußpflicht bedarf der Verankerung in den Statuten; dabei muß die Nachschußpflicht entweder mit einem Betrag oder in einer Verhältniszahl zum Grundkapital begrenzt werden. Ist die Nachschußpflicht in den Statuten nicht begrenzt worden, so ist die betreffende Verpflichtung ungültig.

Die Nachschußpflicht kann in den Statuten an zusätzliche Bedingungen geknüpft werden oder, wie erwähnt, auf einzelne Gesellschafter beschränkt werden.

Ist die Nachschußpflicht nicht bereits in den Urstatuten enthalten, so kann sie nur mit Zustimmung der betroffenen Gesellschafter eingeführt werden (Art. 784 Abs. 3 OR). Dasselbe gilt für jede Erhöhung der Nachschußpflicht.

4. Die Geltendmachung der Nachschußpflicht

Nachschüsse können von den Gesellschaftern nur eingefordert werden, wenn ein Gesellschafterbeschluß über die Einforderung der Nachschüsse gefaßt worden ist.

Der Gesellschafterversammlung ist von den Geschäftsführern eine Bilanz vorzulegen, aus der hervorgeht, daß das Stammkapital durch die Aktiven nicht mehr gedeckt ist. Gemäß der herrschenden Lehre sind dabei allfällig vorhandene stille Reserven nicht zu berücksichtigen[15].

Nach Einsicht in diese Bilanz der Gesellschaft fällt es in die alleinige Kompetenz der Gesellschafterversammlung, im Rahmen der Begrenzung der Nachschußpflicht in den Statuten den Beschluß über die Einforderung der Nachschüsse zu fassen. Ist durch die Statuten das Quorum nicht verändert worden, so entscheidet die Gesellschafterversammlung gemäß Art. 808 Abs. 3 OR mit der absoluten Mehrheit der abgegebenen Stimmen. Sofern die Statuten nicht eine andere Regelung festsetzen, erfolgt die Belastung der Gesellschafter im Verhältnis ihrer Stammanteile.

Da der Beschluß zur Einforderung von Nachschüssen in die alleinige Kompetenz der Gesellschafterversammlung fällt, können weder die Geschäftsführer noch die Konkursverwaltung die Einforderung von Nachschüssen be-

---

[14] SCHWARZENBACH, S. 25; JANGGEN/BECKER, N. 15 zu Art. 803 OR.
[15] SCHWARZENBACH, S. 26; W. VON STEIGER, N. 7 zu Art. 803 OR; JANGGEN/BECKER, N. 5 zu Art. 803 OR.

schließen; es ist jedoch Aufgabe der Geschäftsführer und allenfalls auch der Konkursverwaltung, bereits beschlossene Nachschüsse von den Gesellschaftern einzufordern[16].

5. Folgen bei Nichterfüllung der Nachschußpflicht durch einen Gesellschafter

Das Gesetz regelt in Art. 803 Abs. 4 OR ausführlich die Folgen bei Nichterfüllung der Nachschußpflicht durch einen Gesellschafter. Da die Bestimmungen über den Verzug bei Einzahlungspflicht analog zur Anwendung kommen[17], kann die Gesellschaft entweder die Gesellschafter betreiben oder das Kaduzierungsverfahren in Gang bringen; im Gegensatz zum normalen Kaduzierungsverfahren wird eine Haftung der Rechtsvorgänger für die Nachschüsse vom Gesetz allerdings ausdrücklich verneint.

Da gemäß Art. 803 Abs. 1 OR die Nachschußpflicht nicht unter den Vorschriften über das Stammkapital steht, haftet ein Gesellschafter für nicht erbrachte Nachschüsse eines andern Gesellschafters nicht. Art. 802 Abs. 3 OR (Rückgriff der Gesellschafter unter sich für nicht bezahlte Stammeinlagen) ist nicht anwendbar; die Begleichung von Nachschußpflichten ist eine individuelle Schuld des einzelnen Gesellschafters[18].

IV. Die Pflicht des Gesellschafters zu weiteren Leistungen (sogenannte Nebenleistungspflicht)

1. Ausgangspunkt

Während im Recht der Personengesellschaften grundsätzlich beliebige Beitragspflichten der Gesellschafter vereinbart werden können, ist die aktienrechtliche Verankerung von über die Aktienliberierung hinausgehenden weiteren Leistungen der Aktionäre im schweizerischen Recht gemäß Art. 680 OR untersagt[19].

Diese Ausgangslage wurde als Lücke empfunden, indem im schweizerischen Recht eine als Handelsgesellschaft konzipierte juristische Person nicht exi-

---

[16] So überzeugend W. VON STEIGER, N. 10 zu Art. 803 OR und KAUFMANN, S. 121; MAYER (S. 41, N. 171) will der Konkursverwaltung das unmittelbare Recht zur Einzahlung von Nachschüssen geben, sofern dies in den Statuten vorgesehen ist, während JANGGEN/BECKER der Konkursverwaltung jede Kompetenz zur Einforderung von Nachschüssen absprechen (N. 1 zu Art. 803 OR).
[17] Vorn II 3.
[18] MAYER (S. 28) bezeichnet sie als «Einzelpflicht».
[19] Hingegen kennt das deutsche Recht die sog. «Nebenleistungsaktiengesellschaft», §§ 55, 61, 180 dAktG.

stierte, in der die Nebenleistungspflicht der Gesellschafter gesellschaftsrechtlich verankert werden konnte. Insbesondere, weil die GmbH sich als Rechtsform für Kartelle eignen sollte, bei denen die Nebenleistungen oft wichtiger sind als die Stammeinlage und die Haftung, wurde in Art. 777 Ziff. 2 OR eine Bestimmung aufgenommen, wonach in den Statuten einer GmbH Nebenleistungspflichten der Gesellschafter verankert werden können.

Die Möglichkeit zur Verankerung weiterer Leistungspflichten hat nie die Bedeutung erlangt, die ihr in den Jahren der Gesetzgebung zugedacht war. Dies mag einerseits daran liegen, daß der Verein[20] und sogar die Genossenschaft die gleichen Vorteile für die Verwendung als Kartell wie die GmbH aufweisen, ohne deren Publizität zu haben, und daß andererseits die Kartelleuphorie der Zeit vor dem Zweiten Weltkrieg einer kritischen und zuweilen gar kartellfeindlichen Haltung gewichen ist, so daß der mit der GmbH verbundenen Publizität ausgewichen wird.

2. Der Begriff der Nebenleistungspflicht

Nebenleistungspflicht ist die gesellschaftlich verankerte Einzelpflicht des Gesellschafters, gegenüber der Gesellschaft weitere Leistungen als die Deckung der Stammeinlage und allfällige Nachschüsse zu erbringen.

Nebenleistungen können sowohl Geld-, Sach- als auch Dienstleistungen sein. Beispiele sind etwa die Verpflichtung zur Belieferung oder zur Abnahme von Waren, zur Befolgung von Preisvorschriften, aber auch zur Verrichtung von Arbeiten für die Gesellschaft.

Die Nebenleistungspflicht ist zwar sozialrechtlich verankert, aber dennoch eine Individualpflicht des Gesellschafters.

Auch für die Nebenleistungspflicht gilt Art. 784 Abs. 3 OR, wonach die Einführung oder die Vermehrung der Nebenleistungspflichten nur mit Zustimmung der betroffenen Gesellschafter beschlossen werden kann.

3. Die Einführung der Nebenleistungspflicht in den Statuten und in einem Reglement

Die Einführung der Nebenleistungspflicht bedarf gemäß Art. 777 Ziff. 2 OR der statutarischen Grundlage (sog. fakultativ-notwendiger Statuteninhalt). Ist eine statutarische Grundlage, aus der im wesentlichen für den Gesellschafter Art und insbesondere Begrenzung seiner Pflicht mit hinreichender Klarheit

---

[20] Nur während 2 Jahren, als das Bundesgericht in BGE 88 II, 1962, S. 109 ff. die Verwendung des Vereins als Rechtsform für Kartelle untersagte, schien die GmbH als Rechtsform für Kartelle in Frage zu kommen. Mit der Rückkehr des Bundesgerichts zur alten Praxis (BGE 90 II, 1964, S. 333 ff.) war die größere Attraktivität des Vereins wieder deutlich hergestellt.

erkennbar sein müssen, gegeben, so kann die Detailregelung in einem Reglement erfolgen[21].

Im übrigen gelten für die statutarische Einführung der Nebenleistungspflichten die Ausführungen über die Einführung der Nachschußpflicht.

4. Sozial- und individualrechtliche Komponenten der Nebenleistungspflicht, insbesondere bei Nichterfüllung

Die Nebenleistungspflichten sind nicht nur gesellschaftsrechtlich verankert, sondern auch an den Stammanteil gebunden und gehen mit ihm auf neue Gesellschafter über. Da Nebenleistungspflichten nicht die Funktion haben, den Kredit der Gesellschaft sicherzustellen, besteht weder eine Haftung der Rechtsvorgänger noch der Mitgesellschafter bei Nichterfüllung. Ebenso kann die Gesellschaft den Anteil auch nicht durch Kaduzierung an sich ziehen. Hingegen kann sie Realerfüllung auf ordentlichem Vollstreckungswege durchsetzen.

In den Statuten kann die Gesellschaft die Erfüllung der Nebenleistungspflichten zwar durch Konventionalstrafe sichern. Sie kann auch bei Nichterfüllung der Nebenleistungspflichten in der Regel den säumigen Gesellschafter aus wichtigen Gründen ausschließen[22].

V. Die Haftung des Gesellschafters

1. Ausgangspunkte

Die Regelung der Haftungsverhältnisse in der schweizerischen GmbH ist das eigentliche spezifische Merkmal dieser Gesellschaftsform, wie bereits aus ihrem Namen hervorgeht. Der Gesetzgeber ging dabei im wesentlichen vom Gedanken aus, eine Personengesellschaft zur Verfügung zu stellen, in der die Gesellschafter die Möglichkeit haben, das Privileg der beschränkten Haftung und damit eines zum vornherein bestimmten Risikos zu genießen. Wenn alle Stammeinlagen voll geleistet sind und damit das Stammkapital voll einbezahlt ist und keine Rückleistungen aus dem Stammkapital erfolgt sind, fällt eine Haftung der Gesellschafter sogar ganz weg.

Können die Gesellschafter den Beweis der Kapitaldeckung nicht oder nur teilweise erbringen, so haften sie solidarisch und subsidiär für die Schulden der

---

[21] Vgl. zum gleichen Problem im Genossenschaftsrecht BGE 93 II, 1967, S. 31 ff.
[22] Die ältere Lehre nimmt die Zulässigkeit der Einführung der Kaduzierung in den Statuten an; so JANGGEN/BECKER, N. 13 zu Art. 777 OR; CARRY, SJK 800, S. 8; richtig schon SCHWARZENBACH, S. 29, der allerdings seinerseits die Möglichkeit des Ausschlusses überbewertet, und W. VON STEIGER, N. 30 zu Art. 777 OR.

Gesellschaft für den ungedeckten Teil des Stammkapitals nach den Regeln der Kollektivgesellschaft (Art. 802 OR). Da aber in den häufigsten Fällen die Geltendmachung der Haftpflicht in die Hände der Liquidatoren bzw. der Konkursverwaltung gelegt ist, gehen auch hier Deckungspflicht des Gesellschafters und Haftung ineinander über. Praktisch wird dann die Haftung in einem Umlageverfahren von der Konkursverwaltung oder den Liquidatoren gegenüber den Gesellschaftern geltend gemacht[23].

Gemäß dem Gesetz ist die solidarische Haftung wie in der Kollektivgesellschaft als Regel, deren Wegfall (Situation wie in der AG) als Ausnahme anzusehen. In der Praxis dürfte es allerdings eher der Regelfall sein, daß infolge voller Kapitaldeckung eine Haftung der Gesellschafter nicht mehr besteht.

2. Der Wegfall der Haftung bei voller Kapitaldeckung

a) Volle Kapitaldeckung

Art. 802 Abs. 2 OR befreit die Gesellschafter von ihrer Haftung insoweit, als das Stammkapital einbezahlt worden ist. Dabei ist unter Einzahlung jede Art der Kapitaldeckung, also auch Verrechnung oder Sacheinlage zu verstehen. Bei Sacheinlagen haben die Gesellschafter gemäß den Art. 778 und 779 OR nachzuweisen, daß diese tatsächlich eingebracht wurden und zum Zeitpunkt der Einbringung auch den ihnen zugeschriebenen Wert hatten. Bei Verrechnung gilt Art. 80 HRV, wonach die Forderung, mit der verrechnet wurde, nachzuweisen ist. Die Beweislast, daß das Stammkapital voll eingebracht wurde, obliegt in jedem Fall den Gesellschaftern[24].

b) Das Dahinfallen der Befreiung bei Schmälerung des Stammkapitals

Wird die Deckung des Stammkapitals durch Rückleistungen oder durch den ungerechtfertigten Bezug von Gewinnbeträgen geschmälert, so lebt in diesem Umfang die beschränkte Haftung (hinten Ziff. 3 ff.) wieder auf. Rückleistungen sind dabei alle Vergütungen, die der Gesellschafter aus dem Gesellschaftsvermögen bezieht und die nicht Gewinnbezüge sind[25]. Ungerechtfertigte Gewinnbezüge sind unter beliebigen Titeln erfolgte Gewinnausschüttungen, so-

---

[23] Zu den mit diesem Umlageverfahren im einzelnen verbundenen Schwierigkeiten hat sich ausführlich BÄR, S. 72 f. geäußert.
[24] W. VON STEIGER, N. 16 zu Art. 802 OR; KAUFMANN, S. 132 f.; JANGGEN/BECKER, N. 24 zu Art. 802 OR; FANCONI (Lit.verz. vor § 36), S. 48 und 92; der Grund für diese Beweislastverteilung liegt darin, daß gemäß der Konzeption des Gesetzes die Tatsache der vollen Deckung des Stammkapitals als haftungsbefreiende Einrede zu verstehen ist. Es muß deshalb jedem Gesellschafter einer GmbH geraten werden, dafür besorgt zu sein, sich die notwendigen Beweisstücke schon frühzeitig zu sichern.
[25] z. B. Rückgabe von Sacheinlagen, Schenkungen der Gesellschaft an die Gesellschafter, Darlehenserlasse etc.

fern überhaupt kein Gewinn erwirtschaftet wurde oder in dem Umfang, als die Ausschüttungen höher als der Gewinn waren; ebenso ist ein Gewinnbezug ungerechtfertigt, wenn er gegen einen Gewinnverteilungsbeschluß der Gesellschafterversammlung verstößt. Das Gesetz erwähnt hier ausdrücklich die gemäß Art. 804 Abs. 2 OR verbotene Zinszahlung (mit Ausnahme der Bauzinsen) an die Gesellschafter.

Die Lehre ist einmütig der Ansicht, daß es für das Wiederaufleben der Haftung unwesentlich ist, ob die Gesellschafter die Rückleistungen oder ungerechtfertigte Bezüge in gutem Glauben erhalten haben oder nicht[26]. Zu Recht! In der Interessenwertung muß das Interesse der Gläubiger am intakten Stammkapital als höher eingeschätzt werden als die Frage der Gut- oder Bösgläubigkeit des Gesellschafters; der Schutz des Stammkapitals muß Priorität genießen.

3. Die persönliche, subsidiäre, solidarische Haftung der Gesellschafter bei Nichtbestehen der vollen Deckung des Stammkapitals bis zu dessen Höhe

a) Persönliche Haftung

Ist das Stammkapital der GmbH nicht voll gedeckt worden, bzw. haben Rückleistungen aus dem Stammkapital (vorn 2b) stattgefunden, so sind die Gesellschafter gegenüber den Gläubigern unmittelbar für die Schulden der Gesellschaft haftbar. Nicht nur die aktuellen Gesellschafter haften, sondern ebenso die ausgeschiedenen Gesellschafter, sofern deren Ausscheiden nicht mehr als fünf Jahre zurückliegt. Der Gesellschafter kann dabei sowohl sämtliche Einreden erheben, die die Gesellschaft geltend machen könnte, als auch diejenigen, die nur ihm persönlich gegenüber dem Gläubiger zustehen. Ist allerdings in einem Rechtsstreit gegen die Gesellschaft ein Urteil gefällt worden, so gilt die materielle Rechtskraft dieses Urteils bezüglich der Forderung auch gegenüber dem Gesellschafter[27].

b) Subsidiäre Haftung

Wie im übrigen auch bei der Kollektivgesellschaft[28], ist die Haftung der Gesellschafter für die Gesellschaftsschulden subsidiär, d.h. sie ist zunächst nur latent vorhanden und wird nur unter besonderen Voraussetzungen akut:
- Im Falle der Auflösung der Gesellschaft: Umlageverfahren
  Gemäß Art. 802 Abs. 4 OR haben bei Auflösung der Gesellschaft die Liquidatoren oder allenfalls die Konkursverwaltung die Haftungssummen der Gesellschafter festzustellen und einzufordern. Der Gläubiger der Gesell-

---

[26] So etwa W. VON STEIGER, N. 15 zu Art. 802 OR; JANGGEN/BECKER, N. 16 zu Art. 802 OR.
[27] So überzeugend W. VON STEIGER, N. 5 zu Art. 802 OR.
[28] W. VON STEIGER, Schweiz. Privatrecht, Bd. VIII/1, § 37 III 1.

schaft kann also nicht direkt gegen die Gesellschafter vorgehen, sondern die Liquidatoren oder die Konkursverwaltung sind allein zur Einforderung befugt, wobei sie nach einer umstrittenen Entscheidung des Bundesgerichts[29] – die fast einstimmige Lehre hätte wie im Genossenschaftsrecht das Umlageverfahren befürwortet – nach den Grundsätzen der Solidarität vorgehen dürfen. Zumindest in einer ersten Phase sollten die Liquidatoren oder die Konkursverwaltung gemäß dem Umlageverfahren handeln; allerdings sollte bereits nach erfolgloser Mahnung jeder Gesellschafter nach den Grundsätzen der Solidarität ins Recht gefaßt werden können, ohne daß das ganze Vollstreckungsverfahren abgewartet werden müßte.

– **Im Falle der erfolglosen Betreibung**
Da die GmbH konkursfähig ist, tritt dieser Fall nur ein, wenn Steuern und andere öffentliche Abgaben von der GmbH nicht bezahlt werden (Art. 113 SchKG)[30]. BÄR will auch in diesem Fall auf die externe Haftung der Gesellschafter verzichten und an ihrer Stelle nur eine interne Deckungspflicht annehmen. Jedenfalls bedarf es eines Verlustscheines, um die Gesellschafter belangen zu können[31].

– **Im Falle des Konkurses eines Gesellschafters**
Da im Konkurs auch Eventualforderungen eingegeben werden können, ist in der Kollokation eines konkursiten Gesellschafters von der Gesellschaft auch seine Verpflichtung zur Haftung für die Gesellschaftsschulden einzugeben[32]. Die Korrektur dieser naturgemäß zu hohen Forderung erfolgt durch das in den Art. 793 und 794 OR geregelte Verfahren der Auflösungsklage der Konkursverwaltung, das zur Folge haben sollte, daß der auf den konkursiten Gesellschafter fallende Liquidationsanteil wieder in die Konkursmasse zurückfließt.

c) *Solidarische Haftung bis zur Höhe des gesamten Stammkapitals*

Gegenüber den Gläubigern haften die Gesellschafter für die Schulden der Gesellschaft solidarisch – d. h. nach den Regeln von Art. 151 OR – bis zur Höhe des gesamten Stammkapitals[33]. Intern allerdings erfolgt gemäß Art. 802 Abs. 3 OR eine Verteilung der Haftung nach Maßgabe der Stammanteile. Dies

---

[29] Vgl. hiezu BGE 70 III, 1954, S. 86 ff.; weitergehend als dieser Entscheid will ein großer Teil der Lehre das Umlageverfahren des Genossenschaftsrechts (Art. 873 OR) analog anwenden, vgl. hiezu W. VON STEIGER, Einleitung GmbH, N. 78 und N. 20 zu Art. 802 OR; KAUFMANN, S. 157 ff.; FANCONI, S. 86 ff.; BÄR, S. 74. Vgl. dazu auch neuestens SCHOOP, S. 170.
[30] BÄR, S. 74.
[31] W. VON STEIGER, Einleitung, N. 80 f.; a.A. JANGGEN/BECKER, N. 22 zu Art. 802 OR.
[32] KAUFMANN, S. 174 ff.; FELLMANN, S. 148 ff.; BÄR, S. 75 f.
[33] In diesem Punkte unterscheidet sich die Regelung der deutschen GmbH entscheidend vom schweizerischen Recht, weil nach deutschem Recht die Solidarität unter den Gesellschaftern nicht existiert. Vgl. §§ 13 und 22 GmbHG.

bedeutet, daß ein Gesellschafter für den Betrag, den er aufgrund seiner Haftung gegenüber den Gläubigern zuviel geleistet hat, Regreß gegen seine Mitgesellschafter nehmen kann. Für die Regreßforderung haften die Mitgesellschafter nicht solidarisch, sondern individuell gemäß ihrem Anteil. Zulässig ist es, die Regreßregelung statutarisch zu ändern und etwa einem Gesellschafter intern die ganze Haftung aufzubürden.

4. Die Verjährung der Haftung

Die Haftung verjährt gemäß dem anwendbaren Recht der Kollektivgesellschaft (Art. 591 OR) fünf Jahre nach der Auflösung der Gesellschaft, bzw. für den ausgeschiedenen Gesellschafter fünf Jahre nach seinem Ausscheiden[34]. Die Veröffentlichung im Schweizerischen Handelsamtblatt ist maßgebend.

Diese Verjährungsfristen gelten auch für die Haftung bei der Verminderung des Stammkapitals durch ungerechtfertigte Gewinnbezüge. Die kürzere Frist von Art. 806 OR im Falle des gutgläubigen Bezugs von Gewinnanteilen ist auf die externe Haftung nicht anwendbar.

§ 40. Die Jahresrechnung der GmbH

I. Übernahme der aktienrechtlichen Regelung[1]

Art. 805 OR verweist für die rechtlichen Bestimmungen über die Aufstellung der Jahresrechnungen und die Reservebildung auf das Aktienrecht. Damit sind die Art. 622–673 OR[2] sowie die allgemeinen Buchführungsvorschriften der Art. 957–964 OR[3], soweit ihnen nicht die aktienrechtlichen Bestimmungen als lex specialis vorgehen, auch im GmbH-Recht anzuwenden. Da die Vorschriften über die Bilanzierung und die Bildung von Reserven allerdings Wertungen verlangen, sind die besonderen Verhältnisse der GmbH dabei angemessen zu berücksichtigen.

---

[34] Diese Weiterhaftung nach dem Ausscheiden ist ein weiterer Grund für die mangelnde Attraktivität der GmbH.
[1] Der Autor verzichtet deshalb im Gebiet der Rechnungslegung auf die Wiederholung all dessen, was zu diesem Thema bei der Behandlung der Aktiengesellschaft schon geschrieben worden ist, und begnügt sich mit der Darstellung einiger GmbH-spezifischer Punkte.
[2] Vgl. hiezu CH. VON GREYERZ, in diesem Band, vorn § 19.
[3] Vgl. zu den Art. 957–973 OR: E. HIS, Berner Kommentar, Bd. VII/4: Handelsregister, Geschäftsfirmen und kaufmännische Buchführung, Bern 1940; K. KÄFER, Berner Kommentar, Bd. VIII/2: Die kaufmännische Buchführung, 1. Abt., Bern 1976ff.

Dies gilt insbesondere für die Bildung von stillen Reserven[4]. Es ist hier davon auszugehen, daß die GmbH regelmäßig darauf beruht, daß Gesellschafter in der Gesellschaft aktiv tätig sind und die Gesellschaft damit für die Gesellschafter von existentieller Bedeutung ist. Bei der Abwägung der Interessen kann deshalb dem Interesse der Gesellschafter an einem Gewinnausweis größeres Gewicht zukommen als im Aktienrecht, bei welchem regelmäßig dem Interesse der Gesellschaft am dauernden Gedeihen des Unternehmens und gleichmäßiger Dividende der Vorzug gegeben wird. Schließlich ist noch darauf hinzuweisen, daß, solange bei der GmbH keine Kontrollstelle eingerichtet worden ist, gegenüber allen Gesellschaftern überhaupt keine stillen Reserven gebildet werden können, sondern nur gegen außen, weil die Gesellschafter entweder in ihrer Eigenschaft als Geschäftsführer oder zur Erfüllung ihres Kontrollrechtes über die Bildung und Auflösung stiller Reserven orientiert werden müssen; auch wenn eine Kontrollstelle als statutarisches Organ gebildet wird, sind die Überwachungskompetenzen der Gesellschafter großzügig zu bemessen.

Zur Zeit der Niederschrift dieses Beitrages sind Arbeiten an einer Revision des Aktienrechts im Gang, die insbesondere auch Bilanzierungsfragen betreffen sowie die Zulässigkeit der Bildung von stillen Reserven in Frage stellen. Dabei sollte meines Erachtens in die Prüfung mit einbezogen werden, ob an der Verweisung des GmbH-Rechts auf das Aktienrecht festgehalten werden kann, ob diese Verweisung dahingehend ergänzt werden soll, daß sie auch nach der Revision für das heute bestehende Aktienrecht gilt, oder ob GmbH-spezifische Vorschriften erlassen werden sollten[5].

II. Sonderfragen

1. Das Stammkapital ist bei den Passiven, nicht voll einbezahlte Beiträge auf die Stammeinlage, sowie eigene Anteile der Gesellschaft sind bei den Aktiven einzusetzen, letztere zu ihrem mutmaßlichen Veräußerungswert[6].

2. Nachschußforderungen gegen Gesellschafter werden erst in die Bilanz aufgenommen, wenn die Gesellschafterversammlung ihre Einforderung beschlossen hat; bei Nebenleistungspflichten werden nur die zur Zeit des Abschlusses der Jahresrechnung konkret bestehenden Forderungen oder Verpflichtungen in die Jahresrechnung aufgenommen.

---

[4] Vgl. hiezu CH. VON GREYERZ, vorn § 19 VI 6.
[5] Hiezu siehe auch P. FORSTMOSER, Das Genossenschaftsrecht, das Recht der GmbH und die Teilrevision des Aktienrechtes, SAG 1976, S. 46 ff.
[6] Hiezu ausführlich W. VON STEIGER, N. 5 ff. zu Art. 805 OR.

III. Die mit den Jahresrechnungen befaßten Organe

Die Erstellung der Jahresrechnungen ist Aufgabe der Geschäftsführung, die Genehmigung erfolgt durch die Gesellschafterversammlung, die Kontrollrechte schließlich werden von den nicht geschäftsführenden Gesellschaftern, oder falls die Statuten dies vorsehen, durch eine Kontrollstelle ausgeübt.

Fünfter Abschnitt

Die Organisation der GmbH

§ 41. Die Gesellschafterversammlung

Literatur

E. BUCHER, Organschaft, Prokura, Stellvertretung, zugleich Auseinandersetzung mit BGE 95, 1969 II, S.442 «Prospera GmbH», in: Lebendiges Aktienrecht, Festgabe W.F. Bürgi, Zürich 1971; K. SIEGER, Das rechtlich relevante Wissen der juristischen Person des Privatrechtes und seine Auswirkungen auf die aktienrechtlichen Organschaften, Diss. Zürich 1980; F. WIELER, Die rechtliche Stellung des Geschäftsführers in der GmbH., Diss. Bern 1939; P. FORSTMOSER, Die aktienrechtliche Verantwortlichkeit, Zürich 1978 (zit. Verantwortlichkeit).

I. Die Gesellschafterversammlung als «oberstes Organ»

1. Gewaltentrennung und Selbstorganschaft

Art. 808 OR bezeichnet, gleich wie Art. 698 Abs. 1 OR für die Generalversammlung der AG, die Gesellschafterversammlung der GmbH als oberstes Organ der Gesellschaft.

Einigkeit besteht in der aktienrechtlichen Doktrin[1] insoweit, daß dies nicht heißen könne, daß die Generalversammlung der AG alle Kompetenzen, insbesondere diejenigen der Geschäftsführung, an sich ziehen kann. Aber ob nun die eingeschränkte Omnipotenztheorie – Eingriffe der Generalversammlung in die Geschäftsführung sind nur unter besonders strengen Voraussetzungen zulässig – oder die Paritätstheorie – in der Aktiengesellschaft besteht Gewaltentrennung und deshalb kann die Generalversammlung keine Geschäftsführungsbefugnise an sich ziehen – die richtige ist[2], bleibt umstritten.

Das GmbH-Recht zeigt nun deutlich, daß es nicht richtig sein kann, von Gewaltentrennung[3] im Gesellschaftsrecht zu sprechen und damit staatsrechtliche Assoziationen zu wecken, da «Gewaltenteilung» ja davon ausgeht, daß die verschiedenen Organe mit verschiedenen Personen besetzt sein sollen. In der

---

[1] So vor allem BÜRGI, a.a.O. (§ 36, Anm. 17), Vorbem. zur Organisation der AG, N. 38 ff.
[2] W. VON STEIGER, N. 5 zu Art. 808 OR und SJK 803, S. 4.
[3] So W. VON STEIGER, Vorbem. zu Art. 808 OR, N. 5.

GmbH, wenigstens in ihrer dispositiven Ausgestaltung im Gesetz, gilt das Prinzip der Selbstorganschaft; alle Gesellschafter sind geschäftsführungsberechtigt. Dies kann zu einer Verwischung der Organe führen, indem das gleiche Gremium innerhalb derselben Sitzung Beschlüsse fassen kann, die teils als Gesellschafterbeschlüsse, teils als Geschäftsführungsbeschlüsse qualifiziert werden können. Auch wenn die rechtlichen Unterschiede zwischen Gesellschafterversammlung und Geschäftsführung sowohl bezüglich des Stimmrechtes als auch etwa der Ungültigkeit der Beschlüsse oder der Formbedürftigkeit durchaus existieren, scheint die Optik der Gewaltentrennung in der GmbH des Gesetzes fehl am Platz.

2. Die Übernahme von Kompetenzen durch die Gesellschafterversammlung bei der Geschäftsführung durch Dritte

Die Frage, inwieweit die Gesellschafterversammlung Kompetenzen der Geschäftsführung durch Statutenänderung an sich ziehen kann, wird erst dann wirklich aktuell, wenn die Geschäftsführung teilweise oder ganz durch Nicht-Gesellschafter erfolgt. Die Paritätstheorie sollte hier nicht herangezogen werden, da sie zu einer wirklichkeitsfremden Lösung führt. Es kann doch durchaus legitim sein, daß ein Gesellschafter sich zwar nicht mit den operationellen Geschäftsführungsfragen beschäftigen will, daß er aber bei einigen zentralen Fragen der Unternehmensstrategie – etwa dem Eintritt in einen neuen Markt, dem Kauf oder Verkauf einer Tochtergesellschaft, der Aufnahme der Tätigkeit des Unternehmens in einem neuen Territorium oder dem Abschluß eines die Gesellschaft langfristig bindenden Vertrags – ein Mitentscheidungsrecht behalten will. In einem solchen Umfang dürfte die Übernahme von Kompetenzen der Geschäftsführung durch die Gesellschafterversammlung einer GmbH durchaus legitim sein. Auch der Einwand der Verwischung der Verantwortlichkeit ist unbegründet; Verantwortlichkeitsfragen tauchen fast immer im Zusammenhang mit konkreten Operationen und nicht mit langfristigen Unternehmensstrategien auf. Daß bei der Gesellschafterversammlung eine Anfechtung des Beschlusses sowohl durch Gesellschafter als auch durch die Geschäftsführung möglich ist, ist für grundsätzliche und langfristige Entscheidungen nicht systemwidrig. Somit ist bei der GmbH eine eingeschränkte Omnipotenztheorie am Platz, indem wichtige Entscheide von der Geschäftsführung an die Gesellschafterversammlung gezogen werden können.

3. Die Ernennung von Prokuristen und Handlungsbevollmächtigten

Schließlich ist darauf hinzuweisen, daß die Gesellschafterversammlung der GmbH eine Kompetenz besitzt – sofern sie ihr nicht durch die Statuten entzogen wird –, die typischen Geschäftsführungscharakter hat, nämlich die Bestellung von Prokuristen und Handlungsbevollmächtigten (Art. 810 Abs. 2 OR).

Die von WERNER VON STEIGER und JANGGEN/BECKER geäußerte Ansicht, diese Kompetenz habe nur internen Charakter und die Ernennung etwa eines Prokuristen sei extern auch ohne Zustimmung der Gesellschafterversammlung wirksam, ist nicht recht einzusehen[4]; in der von JANGGEN/BECKER vorgebrachten Form, daß der Handelsregisterführer eine Eintragung eines Prokuristen im Handelsregister selbst dann vornehmen würde, wenn er wisse, daß kein Gesellschafterbeschluß vorliege und die Statuten die Kompetenzen in diesem Punkt nicht abgeändert haben, ist ihr sogar eindeutig entgegenzutreten[5]. Dem Gesetzeswortlaut, der offenbar einen Schutz der Gesellschafter anstrebt, wird nur Folge geleistet, wenn sich der Handelsregisterführer auch vergewissert, daß der Ernennungsbeschluß vom zuständigen Unternehmensorgan ausgeht.

II. Möglichkeit der Ersetzung der Gesellschafterversammlung durch die Urabstimmung

Das Recht der GmbH erlaubt es, die Gesellschafterversammlung in den Statuten ganz oder teilweise durch die Urabstimmung der Gesellschafter zu ersetzen (Art. 777 Ziff. 3 und Art. 808 Abs. 2 OR).

Dabei ändert sich die Berechnung des absoluten Mehrs; wird bei der Gesellschafterversammlung vom absoluten Mehr der abgegebenen Stimmen ausgegangen, so tritt bei der schriftlichen Abstimmung an dessen Stelle die Mehrheit aller den Gesellschaftern zustehenden Stimmen.

Selbstverständlich empfiehlt es sich, bei der Einführung der Urabstimmung die Modalitäten des Verfahrens genau zu regeln, da im Gesetz derartige Bestimmungen großenteils fehlen. Die für die Einberufung der Gesellschafterversammlung vorgesehene Frist von fünf Tagen gilt in Ermangelung einer Statutenbestimmung auch für die Urabstimmung.

Auch wenn die Statuten die Gesellschafterversammlung gänzlich durch die Urabstimmung ersetzt haben, bleibt das Institut der Gesellschafterversammlung für außerordentliche Fälle bestehen, nämlich für die Einberufung durch die Kontrollstelle oder die Liquidatoren oder auch durch eine qualifizierte Minderheit der Gesellschafter (Art. 809 Abs. 2 OR).

Da das Institut der schriftlichen Abstimmung aber zum Schutz von im fernen Ausland ihren Wohnsitz habenden Gesellschaftern eingeführt werden kann, ist, auch wenn außerordentlicherweise eine Gesellschafterversammlung durchgeführt wird, die Abstimmung hernach auf schriftlichem Wege vorzunehmen.

Die Regelung, die schriftliche Abstimmung in der GmbH, aber nicht in der AG, anstelle der Gesellschafterversammlung treten zu lassen, erscheint ver-

---

[4] W. VON STEIGER, N. 24 zu Art. 810 OR; JANGGEN/BECKER, N. 14 zu Art. 810 OR; dies schließt nicht aus, daß ein fälschlicherweise eingetragener Prokurist extern als solcher gilt.
[5] JANGGEN/BECKER, N. 8 zu Art. 808 OR; CARRY, SJK 808 I D.

fehlt. Im Recht der AG könnte man sich insbesondere bei Publikumsgesellschaften durchaus mit dem Gedanken der Urabstimmung befreunden. In der personalistischen GmbH jedoch sollte einem Gesellschafterbeschluß in der Regel eine Diskussion vorausgehen, in der die Gesellschafter ihre Meinungsverschiedenheiten austragen und durch persönliche Überzeugung auch beilegen könnten.

III. Die Kompetenzen der Gesellschafterversammlung beziehungsweise der Urabstimmung (Art. 810 OR)

Die nachstehend aufgeführte Systematik gibt einen Überblick über die Kompetenzen der Gesellschafterversammlung.

1. Operative Kompetenzen

Diese Kompetenzen umfassen:
a) die Festsetzung bzw. Änderung der Statuten;
b) die Bestellung der anderen Organe der Gesellschaft und von Prokuristen und Handlungsbevollmächtigten;
c) die Fassung von anderen Gesellschaftsbeschlüssen.

2. Überwachungskompetenzen

Hiezu sind zu zählen:
a) ebenfalls die Bestellung und Abberufung der anderen Organe der Gesellschaft (diese Kompetenz hat sowohl den Charakter eines üblicherweise dem Gesetzgeber eingeräumten Rechts als auch Überwachungsfunktion);
b) die Abnahme der Jahresrechnung;
c) die Entlastung der Geschäftsführer;
d) die Geltendmachung von Schadenersatzansprüchen der Gesellschaft gegen deren Organe;
e) die Bestellung und Abberufung von Prokuristen und Handlungsbevollmächtigten (siehe hiezu I).

3. Regelung von direkt die Gesellschafter betreffenden Fragen

a) Verwendung des Reingewinns;
b) Teilung von Gesellschaftsanteilen;
c) Einforderung der in den Statuten vorgesehenen Nachschüsse;
d) Geltendmachung von Schadenersatzansprüchen der Gesellschaft gegen einzelne Gesellschafter;

e) Einforderung von Einzahlungen auf die Stammeinlage. Dieses Recht kann durch die Statuten anderen Organen übertragen werden.

IV. Zur Durchführung der Gesellschafterversammlung

1. Einberufung

a) Zeitpunkt und Zuständigkeit

Die Regeln für die Einberufung entsprechen weitgehend dem Aktienrecht.
i) Eine Einberufung erfolgt (Art. 809 Abs. 1 OR):
- jährlich, im Halbjahr nach dem Ende des Geschäftsjahres (ordentliche Gesellschafterversammlung). Diese Gesellschafterversammlung nimmt insbesondere die sich aus der Überwachungsfunktion ergebenden Kompetenzen wahr;
- gemäß den in den Statuten enthaltenen Vorschriften;
- «so oft es im Interesse der Gesellschaft liegt»;
- wenn die Hälfte des Gesellschaftskapitals nicht mehr gedeckt ist. Art. 817 OR verweist für diesen Fall auf Art. 725 OR;
- wenn ein oder mehrere Gesellschafter, die mindestens einen Zehntel des Gesellschaftskapitals vertreten, dies unter Angabe der gewünschten Traktanden verlangen. Das Quorum darf nicht erhöht, wohl aber gesenkt werden (z. B. in der Form, daß jeder Gesellschafter das Recht hat, die Einberufung einer Gesellschafterversammlung zu verlangen).

ii) Zuständig zur Einberufung der Gesellschafterversammlung sind:
- die Geschäftsführung;
- die Liquidatoren;
- der Richter, wenn die Geschäftsführung oder die Liquidatoren ihre Pflicht zur Einberufung nicht erfüllen;
- die Kontrollstelle (soweit eine solche von den Statuten vorgesehen ist, wenn die Geschäftsführung dem Begehren der Kontrollstelle nach Einberufung nicht innert nützlicher Frist gefolgt ist);
- von den Statuten geschaffene zusätzliche Organe, namentlich ein Aufsichtsrat, sofern ihnen statutarisch eine solche Kompetenz eingeräumt wird;
- die Gesellschafterversammlung selbst, wenn sie etwa an einer Sitzung ihr nächstes Treffen festlegt.

b) Die Form der Einberufung

Die Frist zur Einberufung beträgt, sofern sie nicht durch die Statuten verlängert worden ist, mindestens fünf Tage. Die Frist wird dabei so berechnet, daß die Einladungen mindestens fünf Tage vor dem Versammlungstag beim Empfänger eintreffen müssen. Diese Art der Fristberechnung ist gerechtfertigt, weil der Zeitraum von fünf Tagen an sich schon außerordentlich kurz ist.

Die Form der Einberufung bestimmt sich nach den Statuten; mangels einer ausdrücklichen Anordnung hat sie durch eingeschriebenen Brief zu erfolgen; alle Gesellschafter sind ja der Geschäftsführung bekannt.

Die Einladung zur Gesellschafterversammlung muß die Verhandlungsgegenstände bezeichnen. Anträge müssen nur bei den Statutenänderungen im voraus bekanntgegeben werden, wobei aber den Gesellschaftern die Möglichkeit zu konnexen Gegenanträgen offen steht. Im Gegensatz zu einer für das Aktienrecht geäußerten Auffassung[6] ist es nicht zulässig, den Verhandlungsgegenstand so eng – etwa in der Form eines Antrages – zu umschreiben, daß Gegenanträge zum gleichen Thema verunmöglicht werden. Die Diskussion und Beschlußfassung in der Gesellschafterversammlung muß sämtliche Aspekte eines Traktandums umfassen können, darf aber selbstverständlich nicht auf nicht angekündigte Gegenstände übergreifen.

Wie in der Aktiengesellschaft (Art. 701 OR) kann eine **Universalversammlung** sämtlicher Gesellschafter unter Befreiung von allen Formvorschriften erfolgen (Art. 809 Abs. 5 OR).

2. Die Abhaltung der Gesellschafterversammlung

a) Organisation und Teilnahme

Wie im Aktienrecht (Ausnahme: Protokollführung in Art. 702 OR) stellt das Gesetz keine Regeln über die Abhaltung der Gesellschafterversammlung auf. Deshalb empfiehlt es sich, in die Statuten Bestimmungen über die Organisation der Versammlung aufzunehmen. Andernfalls muß die Gesellschafterversammlung sich zu Beginn ihrer Sitzung selbst konstituieren.

Aus allgemeinen Erwägungen kann folgendes festgehalten werden:
– Teilnahmeberechtigt ist der Gesellschafter oder an seiner Stelle sein gesetzlicher oder bevollmächtigter Vertreter. Die Vertretung durch Vollmacht kann allerdings in den Statuten eingeschränkt werden. Beteiligt sich ein Nicht-Gesellschafter ohne Vertretungsbefugnis an der Beschlußfassung oder ihrer Vorbereitung (z. B. mit Voten in der Diskussion) und hat seine Beteiligung entscheidende Auswirkungen auf das Ergebnis, so ist der Beschluß anfechtbar.
– Die Versammlung braucht einen Leiter. Sofern dieser nicht durch die Statuten bestimmt wird, ist er aus dem Kreis der Gesellschafter zu wählen. Die Wahl eines Nicht-Gesellschafters, z. B. des Geschäftsführers, zum Leiter der Versammlung ist unzulässig.

---

[6] M. BRUNNER, Streifzug durch die Statuten schweizerischer Publikumsgesellschaften, Bern 1976, S. 66.

– Der Leiter hat Ordnungsgewalt und ist beispielsweise berechtigt – allerdings nicht ohne Grund –, einem Gesellschafter das Wort zu entziehen. Er kann auch geheime Abstimmung anordnen.
– Trotz des Fehlens der Vorschrift von Art. 702 Abs. 2 OR im GmbH-Recht ist ein Protokoll zu erstellen, das die Beschlüsse wiedergeben soll[7].
– Für Beschlüsse, bei denen die Form der öffentlichen Beurkundung vorgeschrieben ist, muß eine Urkundsperson (z. B. Notar) beigezogen werden.

Die gesetzliche Vertretung richtet sich nicht in jedem Fall nach den Regeln des Aktienrechts. Zwar treten Personengemeinschaften, sofern kein Vertreter bevollmächtigt ist, durch ihre gesetzlichen Vertreter auf, und bei der Verpfändung von Gesellschaftsanteilen verbleibt das Teilnahme- und Stimmrecht dem Gesellschafter. Bei der Nutznießung aber verbleibt es in Ermangelung einer analogen Bestimmung zu Art. 690 Abs. 2 OR beim Gesellschafter[8].

b) Zur Beschlußfassung in der Gesellschafterversammlung

i) Wie bei den andern Gesellschaftsformen, werden auch Entscheidungen der Gesellschafterversammlungen der GmbH als Beschlüsse bezeichnet. Beschlüsse sind mehrseitige Rechtsgeschäfte, die durch Stimmabgabe der Gesellschafter zustande kommen und zur Willensbildung des Gesellschaftsorgans führen. Auch die Bestellung der Organe (sog. «Wahlen») erfolgt in Form von Beschlüssen[9].

ii) Beschlüsse der Gesellschafterversammlung der GmbH werden, soweit das Gesetz oder die Statuten nicht etwas anderes vorschreiben, mit der absoluten Mehrheit der abgegebenen Stimmen gefaßt (Art. 808 Abs. 3 OR); Stimmenthaltungen sind bei der Bestimmung des absoluten Mehrs mitzuzählen. Hingegen besteht in der Regel kein Anwesenheitsquorum, so daß die Gesellschafterversammlung auch bei Anwesenheit nur eines Gesellschafters beschlußfassungsberechtigt ist.

Für die Urabstimmung gilt ein Beschluß dann als zustandegekommen, wenn die Mehrheit aller Stimmen zugestimmt hat (Art. 808 Abs. 3 OR).

iii) Für gewisse Entscheidungen hat der Gesetzgeber strengere Kriterien für die Bestimmung der Mehrheit, bzw. des Anwesenheitsquorums (bei der Urabstimmung: des Beteiligungsquorums) gesetzt. Die Abtretung und Teilung von Gesellschaftsanteilen (Art. 791, bzw. Art. 795 OR) kann nur mit einer Mehrheit von ¾ aller Gesellschafter, die ¾ des Kapitals vertreten (Art. 822 Abs. 3 OR), beschlossen werden. Der Ausschluß eines Gesellschafters bedarf der Mehrheit der Gesellschafter, die zugleich die Mehrheit des Kapitals vertreten.

---

[7] Ebenso W. von Steiger, N. 11 zu Art. 809 OR und Janggen/Becker, N. 15 zu Art. 809 OR.
[8] Vgl. hiezu die Ausführungen in § 36.
[9] Zum Beschluß vgl. ausführlich W. von Steiger, Schweiz. Privatrecht, Bd. VIII/1, § 20 III und SJK 803, S. 10.

Diese zum Schutz der Gesellschafter getroffenen Gesetzesnormen sind zwingend und damit die betreffenden Quoren nicht herabsetzbar. Von Gesetzes wegen vorgeschrieben, aber durch die Statuten herabsetzbar sind die Vorschriften, wonach bei einer Statutenänderung und Auflösung der Gesellschaft ¾ der Gesellschafter, die ¾ des Kapitals vertreten, zustimmen müssen.

iv) Eine Kernbestimmung des GmbH-Rechts[10] ist Art. 784 Abs. 3 OR, wonach «Gesellschaftsbeschlüsse, mit denen eine Vermehrung der Leistungen oder eine Ausdehnung der Haftung der Gesellschafter verbunden ist», nur mit Zustimmung aller Gesellschafter gefaßt werden können.

Dies gilt zunächst einmal für Nachschußpflichten, Einführung oder Verstärkung von Konventionalstrafen und Konkurrenzverboten, Verzugszinsen oder Nebenleistungspflichten, wobei allerdings genügt, daß nur die betroffenen Gesellschafter zustimmen, sofern die Mehrheit von ¾ der Gesellschafter, die ¾ des Kapitals vertreten, erreicht wird. Die andern Gesellschafter sind durch die ratio legis von Art. 784 Abs. 3 OR nicht erfaßt; ihr Schutz liegt in der Quorumsbestimmung.

Schon bei der Gesetzgebung war umstritten, ob auch Kapitalerhöhungen nur mit Zustimmung aller Gesellschafter beschlossen werden können. Dabei überzeugt die zuletzt von WERNER VON STEIGER vertretene Auffassung, wonach Kapitalerhöhungen immer der Zustimmung aller Gesellschafter bedürfen, weil sie zumindest potentiell die Haftung jedes Gesellschafters betreffen können. Dies trifft sogar dann zu, wenn eine Bareinzahlung des erhöhten Stammkapitals erfolgt, weil auch Rückleistungen oder ungerechtfertigte Bezüge denkbar sind und die erhöhte Haftung dann zum Tragen kommen könnte[11].

Die Regelung der Beschlußfassung bei Erhöhung der Leistungspflicht bzw. Haftung trifft den Zwittercharakter der GmbH sehr ausgewogen; durch die Übernahme von Elementen des Einstimmigkeitsprinzips der Kollektivgesellschaft einerseits und des Verbots der Leistungspflicht des Aktionärs andererseits hat der Gesetzgeber eine adäquate Lösung für die speziellen Probleme der GmbH gefunden.

v) Soweit die Regelungen der Mehrheitsberechnung bzw. des Anwesenheitsquorums nicht zwingender Natur sind, können die Statuten die Schranken der Beschlußfassung herauf- oder herabsetzen; aus Gründen der Logik sollte bei Sachabstimmungen nicht unter das einfache Mehr der abgegebenen Stimmen (ohne Stimmenthaltungen) gegangen werden; beim Heraufsetzen der betreffenden Quoren sollte die Gefahr berücksichtigt werden, daß die Gesellschaft unfähig werden könnte, überhaupt noch wichtige Entscheide zu treffen.

---

[10] Vgl. dazu JANGGEN/BECKER, N. 4 zu Art. 784 OR und W. VON STEIGER, N. 37 zu Art. 784 OR, wo auch die Geschichte der Gesetzgebung festgehalten ist.
[11] W. VON STEIGER, N. 37 zu Art. 784 OR; die von JANGGEN/BECKER entworfenen differenzierten Lösungen (z.B. Haftung nur für die zustimmenden Gesellschafter) sind im Interesse der Rechtssicherheit abzulehnen; vgl. auch vorn § 37 II 1.

c) *Die Ungültigkeit von Beschlüssen der Gesellschafterversammlung*

i) Allgemeines[12]

Beschlüsse, die gegen das Gesetz, die Statuten oder allgemeine Rechtsgrundsätze verstoßen, sind ungültig. Dabei unterscheidet die Lehre zwei Arten der Ungültigkeit, die mildere der Anfechtbarkeit und die schärfere der Nichtigkeit. Anfechtbar sind in der Regel Beschlüsse, die zwar zwingendes, aber für den Gesellschafter verzichtbares Recht verletzen (z.B. Einberufung der Versammlung erst zwei Tage vor dem Termin), während Nichtigkeit dann anzunehmen ist, wenn Beschlüsse gegen die «Fundamentalordnung» oder gegen Bestimmungen zum Schutze Dritter verstoßen (Beispiel: Entzug des Stimmrechts; Erhöhung des Stammkapitals über 2 000 000 Fr.).

Beschlüsse der Geschäftsführung sind grundsätzlich nicht anfechtbar. Viele Entscheide sind hier kurzfristig zu treffen, und es ist bei Ungültigkeit nur die Sanktion der Nichtigkeit vorgesehen, allenfalls die Verantwortlichkeitsklage. Für Beschlüsse der Gesellschafterversammlung hingegen hat das Gesetz in Art. 808 Abs. 6 OR die Anfechtung geregelt.

ii) Anfechtbarkeit: Verweis auf das Aktienrecht

Art. 808 Abs. 6 OR verweist auf die Regeln über die Anfechtbarkeit im Aktienrecht (Art. 706 OR). Damit sind selbstverständlich nur die formellen Elemente gemeint. Die Anfechtungsklage in der GmbH richtet sich somit immer gegen die Gesellschaft, sie kann von Gesellschaftern oder Geschäftsführern ergriffen werden, ihre Wirkungen gelten gegenüber allen Gesellschaftern; das Recht zur Anfechtung erlischt, wenn die Klage nicht innert zwei Monaten nach der Gesellschafterversammlung erhoben wird. Hat der angefochtene Beschluß bereits Wirkungen gegenüber Dritten gezeigt, so ist er diesen gegenüber gültig, sofern das ausführende Organ über die notwendige Vertretungsbefugnis verfügte. Es versteht sich, daß die materielle Frage der Rechtswidrigkeit des Beschlusses nach GmbH- und nicht etwa nach Aktienrecht zu beurteilen ist.

iii) Nichtigkeit

Die Nichtigkeit eines Beschlusses kann von den Gesellschaftern, der Geschäftsführung, von betroffenen Dritten oder auch von Amtes wegen geltend gemacht werden. Mittel zur Durchsetzung ist regelmäßig die Feststellungsklage, die nicht an eine kurze Verwirkungsfrist gebunden ist.

Der Handelsregisterführer darf nichtige Beschlüsse nicht eintragen; gemäß herrschender Meinung kann sich auch ein Dritter nicht auf die Gültigkeit eines fälschlicherweise eingetragenen nichtigen Beschlusses berufen[13].

---

[12] W. VON STEIGER, Schweiz. Privatrecht, Bd. VIII/1, § 20 III Ziff. 3.
[13] So etwa W. VON STEIGER, N. 11 zu Art. 808 OR.

iv) Anfechtbarkeit der Einzelstimme

Theoretisch denkbar, wenn auch praktisch sehr selten ist die Anfechtung der eigenen Stimmabgabe wegen Willensmangels. Es kommen die Grundsätze des Allgemeinen Teils des OR zur Anwendung; insbesondere beträgt die Frist zur Anfechtung ein Jahr seit Entdeckung des Irrtums oder der Täuschung (bzw. ein Jahr seit Beseitigung der Furcht). War die irrtümlich abgegebene Stimme entscheidend, so kann der Beschluß hinfällig werden.

Meines Erachtens sind an den Beweis des Willensmangels hohe Anforderungen zu stellen, da Beschlüsse, die grundsätzlich rechtskonform sind und vielleicht längere Zeit ihre Wirkungen entfaltet haben, mit der Anfechtung der Stimmabgabe zerstört werden können. Es dürfte sogar fraglich sein, ob Art. 26 OR, wonach eine Vertragspartei auch bei eigenem fahrlässigem Irrtum den Vertrag rückgängig machen kann – allerdings mit Schadenersatz –, überhaupt auf das Beschlußrecht analog angewendet werden darf.

V. Das Stimmrecht der Gesellschafter

1. Bemessung des Stimmrechts

Das Stimmrecht der Gesellschafter bemißt sich gemäß den nachgiebigen Regeln von Art. 808 Abs. 4 OR nach deren Stammeinlage, wobei je 1000 Fr. Stammeinlage eine Stimme zugerechnet wird. Das ist reines kapitalgesellschaftliches Vorgehen. Die Statuten können davon abweichen und beispielsweise ein Kopfstimmrecht einführen.

2. Entzug des Stimmrechts

Ein Entzug des Stimmrechts, bzw. ein genereller Verzicht auf das Stimmrecht ist nicht zulässig; jeder Gesellschafter muß mindestens eine Stimme haben können.

Werner von Steiger hält es für zulässig, in den ursprünglichen Statuten (oder mit Zustimmung aller Gesellschafter wohl auch später) den Ausstand eines Gesellschafters festzulegen, d.h. für spezifizierte Geschäfte, die das Interesse eines Gesellschafters besonders berühren, den Entzug des Stimmrechts vorzusehen[14]. Diese Auffassung weckt Zweifel und die klare Regelung wie bei der AG, daß ein Ausstand nur bei der Entlastung anzunehmen ist, ist vorzuziehen[15]. Hingegen sind privatrechtliche Abreden mit anderen Gesellschaftern erlaubt, doch bestehen bei ihrer Verletzung nur zivilrechtliche Sanktionen (Konventionalstrafe, Schadenersatz); die betreffende Stimme bleibt so gültig, wie sie abgegeben wurde.

Bei seiner eigenen Entlastung darf der Gesellschafter nicht mitwirken (Art. 808 Abs. 5 OR).

3. Mitwirkungspflicht?

Aus der Treuepflicht des Gesellschafters läßt sich keine Mitwirkungspflicht an den Gesellschaftsbeschlüssen herleiten. Insofern ist die GmbH Kapitalge-

---

[14] W. von Steiger, N. 7 zu Art. 808 OR.
[15] Ebenso wie hier von Planta, a.a.O. (§ 36, Anm. 14), S. 76.

sellschaft. Eine dauernde Hemmung der Geschäfte der GmbH durch Nichtmitwirkung von Gesellschaftern kann aber Anlaß zum Ausschluß eines Gesellschafters aus der GmbH geben, eventuell sogar zur Auflösung der GmbH.

§ 42. Die Geschäftsführung in der GmbH

I. Begriff der Geschäftsführung und Terminologie[1]

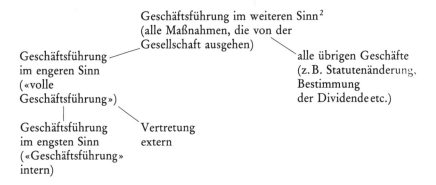

Alle Beschlüsse und Maßnahmen tatsächlicher oder rechtlicher Art, die von Organen einer Gesellschaft ausgehen, stellen im weitesten Sinne Geschäftsführungsakte dar. Bereits etwas eingeschränkt ist der Begriff der Geschäftsführung im engeren Sinn, worunter jede auf die Erreichung des konkreten Gesellschaftszwecks gerichtete Maßnahme zu verstehen ist.

Die Geschäftsführung im engeren Sinne – auch volle Geschäftsführung genannt – zerfällt in einen internen und einen externen Teil:

– Die interne Seite betrifft die Ausübung der gesellschaftsinternen Funktionen, wie Administration, Einberufung von Gesellschafterversammlungen, Entscheide über Investitionen, Verkaufsstrategie, Budgetierung etc.

Man nennt diese Funktion Geschäftsführung im engsten Sinne; das Gesetz spricht kurz von «Geschäftsführung» (auch wir verwenden nachstehend diesen Begriff).

– Die externe Seite beschlägt alle Handlungen im Verkehr mit Dritten: diese Tätigkeit ist die «Vertretung» der Gesellschaft. Für den Rechtsverkehr ist sie

---

[1] Die Terminologie wechselt häufig: im Interesse der Einheit dieses Bandes sowie auch in Übereinstimmung mit dem GmbH-Kommentar halten wir uns an die Terminologie von W. VON STEIGER, Schweiz. Privatrecht, Bd. VIII/1, § 29 und N. 2 zu Art. 811 OR.

[2] Tabelle in Anlehnung an H. WOHLMANN, Die Treuepflicht des Aktionärs, Diss. Zürich 1968, S. 115.

problematischer als die Geschäftsführung, da von ihrer präzisen Umschreibung sowohl in persönlicher als auch in sachlicher Hinsicht dessen Sicherheit abhängt.

In der Regel fallen Kompetenz zur Geschäftsführung und Vertretung in einem Organ zusammen. Die Ausnahmen sind aber zahlreich, und die hieraus entstehenden Spannungsverhältnisse sind rechtlich oft nicht einfach zu beurteilen. Die Ausübung der Funktion der vollen Geschäftsführung ist in der GmbH den «Geschäftsführern» überlassen (Aktiengesellschaft und Genossenschaft: Verwaltung; Verein: Vorstand), was die terminologischen Schwierigkeiten noch verstärkt.

II. Flexible Ordnung der Geschäftsführung

Die Geschäftsführung in der GmbH entbehre einer einheitlichen Ordnung, führen GUHL/MERZ/KUMMER[3] aus. Jedenfalls hat das Gesetz bei der Bestellung und Rechtsstellung der Geschäftsführer eine dispositive gesetzliche Regelung geschaffen, die sich stark an die Kollektivgesellschaft anlehnt, aber durch Statuten und Gesellschaftsbeschluß in verschiedener Weise variiert werden kann. Man kann sogar eine Lösung wählen, die «kapitalgesellschaftlicher» ist als bei der Aktiengesellschaft, indem im Organ der Geschäftsführung nur noch Dritte und keine Gesellschafter mehr Einsitz nehmen, während die Mitglieder der Verwaltung der AG immer – zumindest auf dem Papier – Aktionäre sein müssen (Art. 707 Abs. 1 und 2 OR).

III. Die Bestellung der Geschäftsführer

1. Dispositives Recht: Gemeinsame Geschäftsführung

Gemäß dispositivem Recht (Art. 811 Abs. 1 OR) sind alle Gesellschafter zur gemeinsamen Geschäftsführung berechtigt und verpflichtet. Dies gilt allerdings nur für diejenigen Gesellschafter, die bereits bei der Gründung der GmbH Stammanteile übernommen haben; für später hinzutretende Gesellschafter bedarf es eines Beschlusses der Gesellschafterversammlung zur Übertragung der Geschäftsführung und Vertretung.

2. Möglichkeiten der Abänderung des dispositiven Rechts

Die Gesellschafter können die dispositive Ordnung auf verschiedene Arten, nämlich durch Statutenbestimmung oder durch Gesellschaftsbeschluß oder

---

[3] GUHL/MERZ/KUMMER, 6. Aufl., S. 687.

eine Kombination (Art. 811 Abs. 2 OR) derselben, abändern. Allerdings ist dabei auf das wohlerworbene Recht (Art. 784 OR) des Gesellschafters auf Geschäftsführung Rücksicht zu nehmen. Es ist daher beispielsweise unzulässig, durch Statutenänderung oder Gesellschafterbeschluß einem Gesellschafter gegen seinen Willen das Recht zur vollen Geschäftsführung zu entziehen[4].

Das Bundesgericht hat allerdings in einem Entscheid[5] die Ansicht vertreten, Art. 811 Abs. 2 OR gestatte es in Verbindung mit Art. 808 Abs. 3 OR, schon mit Mehrheitsbeschluß einem Gesellschafter die Geschäftsführung zu entziehen. Dieses Argument war aber für den Entscheid nicht tragend, da der betreffende Gesellschafter bereits in einer früheren Gesellschafterversammlung, die einen einstimmigen Entscheid gefällt hatte, auf sein Recht zur Geschäftsführung verzichtet hatte. Die von der herrschenden Meinung vertretene Auffassung der Unentziehbarkeit des Rechts auf Geschäftsführung, es sei denn aus wichtigen Gründen, ist richtig.

Die Gründungsgesellschafter haben aber kein wohlerworbenes Recht zur ausschließlichen vollen Geschäftsführung, so daß neuen Gesellschaftern oder Dritten das Recht zur Geschäftsführung durch Mehrheitsbeschluß der Gesellschafterversammlung übertragen werden kann[6]; etwas anderes gilt nur dann, wenn die Statuten ein ausschließliches Recht einem oder mehreren Gesellschaftern ausdrücklich zusprechen.

3. Die Berufung von Nicht-Gesellschaftern als Geschäftsführer

Die Gesellschafter können auch Nicht-Gesellschafter allein oder neben Gesellschaftern zu Geschäftsführern berufen. Anders als bei den Gesellschaftern braucht es zu einer gültigen Bestellung eine Annahmeerklärung durch den Dritten.

Eine Verletzung wohlerworbener Rechte der Gesellschafter auf die Geschäftsführung ist in der Regel nicht gegeben; nur wenn die Statuten festhalten, daß ausschließlich bestimmte Gesellschafter Geschäftsführer seien, könnte eine solche Verletzung wohlerworbener Rechte vorliegen.

4. Persönliche Voraussetzungen der Geschäftsführer

a) Umstritten ist, ob volle Handlungsfähigkeit für den Posten des Geschäftsführers verlangt werden muß. Die überwiegende Lehre[7] nimmt an, daß auch

---

[4] Ebenso W. VON STEIGER, N. 12 zu Art. 811 OR.
[5] ZR 62, 1963, N. 91, S. 299.
[6] a.M. W. VON STEIGER, N. 19 zu Art. 784 OR; die Argumentation, die Gesellschafter, die vorher auf die Geschäftsführung verzichtet hätten, hätten dies nur zugunsten der bisherigen, nicht aber der neuen Gesellschafter gemacht, überzeugt nicht; sie schafft die Rechtsfigur des Verzichts auf ein wohlerworbenes Recht, der sich dann doch nicht als Verzicht herausstellt.
[7] E. BUCHER, Berner Kommentar, Bd. I/2, 1. Teilbd.: Die natürlichen Personen, Bern 1976, N. 352 ff. zu Art. 19 ZGB mit vielen Verweisen; a.M. W. VON STEIGER, N. 7a zu Art. 811 OR und SJK 803, S. 16; vgl. für die GmbH den Entscheid des RR des Kantons Bern, SAG 25, 1953, S. 185–187.

ein Unmündiger oder Entmündigter zum Organ einer Körperschaft gewählt werden kann. Allerdings braucht es vor der Übernahme der Organfunktion die Zustimmung des gesetzlichen Vertreters; der gesetzliche Vertreter ist aber nicht befugt, nach gegebener Zustimmung sich in die einzelnen konkreten Organhandlungen einzuschalten[8]. Richtig dürfte es wohl auch sein, daß bei Entmündigten und Unmündigen neben dem Vormund auch die Vormundschaftsbehörde ihr Jawort zur Übernahme der organschaftlichen Stellung geben muß[9].

b) Gemäß Art. 815 Abs. 2 OR können nur natürliche Personen die Geschäftsführung und Vertretung ausüben. Mitglieder der GmbH können aber auch Personengesellschaften oder juristische Personen sein. In diesem Fall ist ein Vertreter dieser Kollektivmitglieder als Geschäftsführer zu bestimmen und ins Handelsregister einzutragen, wobei die Bestimmung des Geschäftsführers in die Kompetenz der Gesellschafter fällt.

c) Gemäß Art. 813 Abs. 1 OR muß mindestens ein Geschäftsführer in der Schweiz wohnhaft sein. Mit dieser Regelung soll ermöglicht werden, die Gesellschaft in der Schweiz einklagen zu können und gegen die Geschäftsführung die Verantwortlichkeitsklage, die am Sitz der Gesellschaft durchgeführt werden muß, auch effektiv zu vollstrecken[10]. Die Passivvertretung der GmbH in der Schweiz wird durch diese Regelung generell sichergestellt[11].

Im Gegensatz zum Aktienrecht (Art. 711 OR) kennt das GmbH-Recht keine Nationalitätsbestimmungen für das Geschäftsführungsorgan.

Die im Vergleich zur AG bei der GmbH wesentlich liberaleren Wohnsitz- und Nationalitätsvorschriften stellen theoretisch einen für Ausländer nicht unerheblichen Vorteil der GmbH bei der Wahl der Gesellschaftsform dar, indem Treuhand- und Strohmannverhältnisse weitgehend vermieden werden könnten. Allerdings wird dieser Vorteil nur selten ausgenutzt.

---

[8] BUCHER, a.a.O., N. 357 zu Art. 19 ZGB; unklar in SAG 25, 1953, S. 185–187.
[9] BUCHER, a.a.O., N. 359 zu Art. 19 ZGB.
[10] Diese Vorschrift erinnert an das Aktienrecht (Art. 711 OR). Allerdings muß bei der AG die Aktivvertretung durch in der Schweiz wohnhafte Verwaltungsräte gesichert sein, während bei der GmbH die Passivvertretung genügt.
[11] Nicht richtig ist die Auffassung von MEIER-HAYOZ/FORSTMOSER, N. 69, daß mindestens ein Gesellschafter vertretungsberechtigt bleiben müsse (korrigiert in der nach Abschluß des Manuskripts erschienenen 4. Aufl.); ebenso wie hier W. VON STEIGER, N. 1 zu Art. 812 OR.

IV. Die Rechtsstellung der Geschäftsführer

1. Organstellung

Die Geschäftsführer sind Organ der GmbH. Als Exekutivorgan ist es ihre Aufgabe, den inneren Haushalt der Gesellschaft zu besorgen und die Gesellschaft nach außen zu vertreten. Die Organstellung ist den Geschäftsführern gegeben, ob sie nun als Gesellschafter unmittelbar oder als Gesellschafter oder Dritte durch Wahl der Gesellschafterversammlung zu ihrem Amte auserkoren worden sind.

2. Das Verhältnis der Geschäftsführer zur Gesellschaft

a) Die möglichen Varianten des Verhältnisses zwischen Geschäftsführer und Gesellschaft.

Das Verhältnis der Geschäftsführer zur Gesellschaft kann entweder aufgrund eines Gesellschafterrechts oder aufgrund eines Vertrags zustandekommen[12].

i) Gründergesellschafter haben, soweit sie nicht darauf ausdrücklich verzichten, ein gesetzliches Gesellschafterrecht und eine entsprechende Pflicht zur Geschäftsführung.

ii) Neu hinzutretenden Gesellschaftern kann eine mitgliedschaftsrechtliche Gesellschafterstellung durch die Statuten eingeräumt werden. Es ist auch möglich, daß die Statuten die Geschäftsführungsstellung für alle Gesellschafter regeln; eine solche statutarische Regelung ersetzt durch ihren generellen Charakter die gesetzliche Lösung. Sie bedarf deshalb, da sie einem Verzicht des Gründungsgesellschafters auf die gesetzlich vorgesehene Geschäftsführerstellung und damit auf ein wohlerworbenes Recht gleichkommt, der vorherigen Zustimmung aller betroffenen Gründungsgesellschafter.

iii) Von den Statuten und vom Gesetz her nicht geschäftsführungsberechtigte Gesellschafter können durch Wahl der Gesellschafterversammlung zu Geschäftsführern ernannt werden.

iv) Nicht-Gesellschafter können ebenfalls durch Wahl zum Geschäftsführer ernannt werden; es entsteht ein dem Auftrag ähnlicher Vertrag sui generis zwischen Gesellschaft und Geschäftsführer.

Besondere Schwierigkeiten bei der Einordnung bereitet die Kategorie iii) der durch Gesellschaftsbeschluß gewählten Geschäftsführer-Gesellschafter. Sind auf sie die Regeln der Geschäftsführer-Gesellschafter anwendbar, die aus eigenem Mitgliedschaftsrecht diese Stellung innehaben, oder müssen sie wie Dritte, die zu Geschäftsführern gewählt wurden, behandelt werden? Die Beantwor-

---

[12] So schon WIELER, S. 22.

tung dieser Frage ist bezüglich Annahme der Stellung des Geschäftsführers, Entschädigung und vor allem Entzug der Geschäftsführerbefugnis wichtig. Soweit es das Gesetz nicht ausdrücklich anders bestimmt, sollten meines Erachtens beim zum Geschäftsführer gewählten Gesellschafter die gleichen Regeln gelten wie beim Dritten.

b) Das Entgelt des Geschäftsführers

Beim Entgelt ist die Unterscheidung zwischen gesellschaftlichem und erkorenem Geschäftsführer nur Ausgangspunkt der Überlegungen. Ein gewählter Geschäftsführer, ob Gesellschafter oder Dritter, wird in der Regel Anspruch auf eine angemessene Salarierung haben. Hingegen wäre der Umkehrschluß falsch[13], der aus Mitgliedschaftsrecht bestimmte Geschäftsführer habe keinen Anspruch auf Salarierung, es sei denn Gesetz oder Statuten billigten ihm einen solchen zu. Die richtige Auffassung dürfte diejenige sein, wonach auf eine angemessene Salarierung nur dann kein Anspruch besteht, wenn alle Gesellschafter an der Geschäftsführung teilhaben. Wird die Geschäftsführung aber einzelnen Gesellschaftern überlassen, so ist im Einzelfall abzuklären, ob nicht ein Recht auf eine Salarierung besteht. Es kommt vor, daß ein Gesellschafter das Kapital bringt, ein anderer die Arbeitsleistung; wenn der geschäftsführende Gesellschafter kein Salär erhielte, so würde er bei der Verteilung des Gewinnes nach Art. 804 OR praktisch leer ausgehen.

Vorzuziehen und anzuraten ist es jedenfalls, die Frage des Entgelts in den Statuten oder durch Vertrag unter den Gesellschaftern eindeutig zu regeln.

Die Geschäftsführer können auch in Form von Tantièmen am Gewinn beteiligt werden. Hierauf sind die aktienrechtlichen Vorschriften (Art. 677 OR) anzuwenden.

3. Die Pflichten der Geschäftsführer

Konkrete Aufgaben der Geschäftsführer sind die Erfüllung der Geschäftsführungsfunktion und die Vertretung. Diese Tätigkeiten selbst werden an anderer Stelle charakterisiert; in diesem Zusammenhang wichtig ist hingegen die Erörterung der Frage, auf welche Weise diese Pflichten erfüllt werden müssen. Leitsatz: Der Geschäftsführer der GmbH hat die ihm übertragene Aufgabe persönlich, gemeinsam mit allfälligen andern Geschäftsführern, sorgfältig und genau auszuführen.

---

[13] WIELER, S. 73 ff., zieht allerdings diesen Schluß selbst nicht, sondern übernimmt die Regelung der Kollektivgesellschaft, wonach die Gesellschafter keinen Anspruch auf ein Salär haben; ebenso W. VON STEIGER, N. 29 zu Art. 811 OR, der allerdings diese Regelung mit einem starken Vorbehalt akzeptiert.

a) Die Pflicht zur persönlichen Ausübung

Wird jemandem, sei es aufgrund seiner Gesellschafterstellung oder durch Vertrag, die Geschäftsführerstellung eingeräumt, so wird auch anzunehmen sein, daß dies aufgrund seiner persönlichen Fähigkeit zu diesem Amte geschieht. Das schließt nicht aus, daß eine Delegation, insbesondere in größeren Unternehmungen, zulässig ist; der mögliche Umfang derselben sollte durch Statuten oder Gesellschaftsbeschluß eindeutig bestimmt werden. Eine unzulässige Delegation führt im Verantwortlichkeitsprozeß zur direkten Annahme eines Verschuldens beim Geschäftsführer, während bei einer durch Statuten oder Geschäftsführung zugelassenen Substitution der Geschäftsführer sich durch den Nachweis genügender Sorgfalt bei der Auswahl, Unterweisung und Überwachung des Substituten entlasten kann.

b) Die Sorgfalts- und Treuepflicht

Der Geschäftsführer hat die Interessen der Gesellschaft getreu zu wahren und seine eigenen Interessen zurückzustellen. Dies ist der Inhalt seiner Treuepflicht. Insbesondere ergibt sich daraus, daß Selbstkontrahieren und Doppelvertretung nur dann zulässig sein können, wenn für die Gesellschaft kein Nachteil aus dem Geschäft erwachsen kann. Der Geschäftsführer hat seine Aufgabe mit aller Sorgfalt zu erfüllen und haftet für jede Fahrlässigkeit[14]. Fahrlässig ist es insbesondere, wenn jemand das Amt eines Geschäftsführers einnimmt, ohne die dazu notwendigen kaufmännischen oder technischen Fähigkeiten zu haben[15].

c) Die gemeinsame Ausübung der Geschäftsführung

Gemäß Art. 811 Abs. 1 OR üben die Geschäftsführer ihre Tätigkeit gemeinsam aus, «soweit nicht etwas anderes bestimmt wird».

«Gemeinsame Geschäftsführung» heißt, daß grundsätzlich alle Geschäftsführer gemeinsam für ihre Tätigkeit verantwortlich sind. Zwar ist auch bei der gemeinsamen Geschäftsführung eine Arbeitsteilung möglich, und im Rahmen des täglichen Geschäftes sind auch Entscheide des zuständigen Geschäftsführers allein zulässig, doch müssen alle bedeutenden Entscheide durch Geschäftsführungsbeschlüsse gefaßt werden. Eine gemeinsame Geschäftsführung beinhaltet auch ein umfassendes Informations- und Widerspruchsrecht eines Geschäftsführers gegenüber seinen Kollegen. Gemäß einmütiger Lehre entscheidet die Geschäftsführung bei Widerspruch eines Geschäftsführers durch

---

[14] Vgl. § 44.
[15] Zum Konkurrenzverbot speziell, vgl. hinten VII.

Mehrheitsentscheid[16]; wie es im Körperschaftsrecht allgemein gilt, gibt es kein Anfechtungsrecht gegen Beschlüsse der Exekutive.

Durch Statuten oder Gesellschaftsbeschluß kann anstelle der gemeinsamen Geschäftsführung eine «echte» Arbeitsteilung treten, wobei allenfalls das wohlerworbene Recht eines Gesellschafters auf Geschäftsführung beachtet werden muß; dann kann ihm gegen seinen Willen die volle interne Geschäftsführung nicht entzogen werden.

V. Die Vertretung im besonderen

1. Die klare Regelung der Vertretung als Postulat der Rechtssicherheit

Für die Stellung einer juristischen Person im Rechtsverkehr ist die Regelung der Vertretung von entscheidender Bedeutung. Die Körperschaft muß wissen, wer sie verpflichten kann; der Dritte, der mit der Körperschaft in Rechtsbeziehungen tritt, muß wissen, ob die natürliche Person, mit der er zuhanden der juristischen Person ein Rechtsgeschäft eingeht, auch die Kompetenz hat, die Körperschaft verbindlich zu vertreten. Die Vertretungsverhältnisse der GmbH werden deshalb im Handelsregister offengelegt.

2. Vertretungsbefugnis und Vertretungsmacht

Zunächst einmal sind Vertretungsbefugnis und Vertretungsmacht in der GmbH zu bestimmen[17].

a) Die **Vertretungsbefugnis**, d.h. die Ermächtigung eines Gesellschafters, die Gesellschaft nach außen zu verpflichten und zu berechtigen, steht gemäß Art. 811 Abs. 1 OR allen Geschäftsführern gemeinsam zu. Durch Statuten oder Gesellschaftsbeschluß kann eine Abänderung dieser Vertretungsbefugnis gleich wie bei der AG (Art. 718 OR) erfolgen:
– Es kann einem oder mehreren Geschäftsführern alleinige Vertretungsbefugnis eingeräumt werden.
– Es können zwei Geschäftsführer zusammen die sogenannte kollektive Vertretungsbefugnis zugeteilt erhalten.
– Die Vertretung kann auf die Haupt- oder eine Zweigniederlassung beschränkt werden.

Die genannten vier Arten der Gestaltung der Vertretungsbefugnis können im Handelsregister eingetragen werden und sind nach außen hin wirksam. Alle

---

[16] Vgl. W. von Steiger, N. 16 zu Art. 811 OR mit Verweisen.
[17] Zu diesen Begriffen W. von Steiger, Schweiz. Privatrecht, Bd. VIII/1, § 35 II.

übrigen Bevollmächtigungen können zwar intern durch die Statuten oder das Geschäftsreglement begrenzt werden, wirken jedoch nicht nach außen, es sei denn, dem Dritten fehle der gute Glaube. Die Gesellschaft wird durch einen Geschäftsführer, der sich an eine solche Begrenzung nicht hält, verpflichtet, hat aber gegenüber dem Geschäftsführer einen Anspruch auf etwaigen Schadenersatz.

Neben den Geschäftsführern als Organ können auch Prokuristen gemäß Art. 458 OR, Handlungsbevollmächtigte gemäß Art. 462 OR oder Spezialbevollmächtigte mit einer Handlungsvollmacht die Gesellschaft vertreten. Ist Kollektivzeichnungsberechtigung vorgesehen, so gilt die mindere Vertretungsbefugnis für beide Vertreter zusammen; ein Geschäftsführer und ein Prokurist können dann beispielsweise keine Veräußerungen von Grundstücken vornehmen.

b) Die Vertretungsmacht ist die rechtliche Fähigkeit, die Gesellschaft nach außen zu vertreten. Ihre eine Seite ist oben behandelt worden; sie beschlägt die Frage, auf wessen Vertretungsbefugnis sich der Dritte verlassen kann. Die andere Seite der Vertretungsmacht ist der objektive Umfang der Vertretungsfähigkeit. Gemäß Art. 718 OR, auf den Art. 814 OR (allerdings mit veralteter Terminologie) verweist, sind die Vertreter befugt, alle Rechtshandlungen im Namen der Gesellschaft vorzunehmen, die der Zweck der Gesellschaft mit sich bringen kann. Dabei ist der Begriff des Zwecks weit auszulegen, und nicht etwa nur vom oft zu knappen statutarischen Zweck auszugehen. Gemäß der umfassenden Analyse von BUCHER[18] sind dabei die Rechtshandlungen vom Typus ausgehend zu untersuchen, ob sie im Rahmen des Zwecks geblieben sind, oder ob eine «ultra vires»-Konstellation, wonach die Gesellschaft wegen Überschreitung der Vertretungsmacht nicht verpflichtet wäre, vorliegt.

Im Gegensatz zu der hier im Anschluß an BUCHER und die überwiegende Lehre[19] vertretenen Auffassung hat das Bundesgericht im Prospera-Fall[20] entschieden, daß es für die Beurteilung der Rechtshandlung nicht auf ihren Typus, sondern auf das konkrete Geschäft ankommt. Im erwähnten Entscheid hatte ein Geschäftsführer die Gesellschaft mit einer Bürgschaft zu seinen eigenen Gunsten verpflichtet. Das Bundesgericht entschied, daß dem Bürgschaftsempfänger hätte klar sein müssen, daß die Vertretungsmacht überschritten sei; nach der hier vertretenen Auffassung hätte die Bürgschaft als gültig betrachtet werden müssen, da eine Handelsgesellschaft wie die Prospera GmbH im Rahmen ihres Zwecks ohne weiteres Bürgschaften eingehen kann; es genügt, daß die gesetzliche Vertretungsmacht vorlag. Es ist anzunehmen, daß das Bundesgericht bei nächster Gelegenheit auf seinen Fehlentscheid zurückkommt[21].

---

[18] BUCHER (zit. in Lit.verz. vor § 41).
[19] BUCHER, a.a.O.; W. VON STEIGER, Schweiz. Privatrecht, Bd. VIII/1, § 35 1b und die dort aufgeführte Literatur.
[20] BGE 95 II, 1969, S. 442.
[21] Auch ein «obiter dictum» in BGE 105 II, 1979, S. 296 scheint darauf hinzuweisen.

c) Die Passivvertretung

Im Gegensatz zur Aktivvertretung, der Ausführung von Rechtshandlungen für die Gesellschaft, gilt bei der Passivvertretung das Prinzip der Einzelvertretung[22]. Die Kenntnis eines Geschäftsführers von einer für die Gesellschaft bestimmten Willenserklärung oder auch von einer Tatsache (beispielsweise eines Mangels einer Kaufsache) genügt dafür, daß der Eingang der Willenserklärung oder die Kenntnis der Tatsache der Gesellschaft zugerechnet wird.

3. Die Haftung der Gesellschaft für deliktische Handlungen eines Geschäftsführers[23]

Gemäß Art. 814 Abs. 4 OR haftet die Gesellschaft für den Schaden aus unerlaubter Handlung, die eine zur Geschäftsführung oder Vertretung befugte Person in Ausübung ihrer geschäftlichen Verrichtungen begeht. Damit wird im Grunde genommen nur ein allgemeiner Grundsatz des Körperschaftsrechts wiederholt, der in Art. 55 ZGB seine allgemeine Ausprägung gefunden hat. Die Haftung der Gesellschaft für ihre Organe setzt voraus, daß die schädigende Handlung im Rahmen der Organkompetenz und in Ausübung einer gesellschaftlichen Verrichtung erfolgte.

Auch die Abgrenzung des Organs von der Hilfsperson – für diese haftet die GmbH nach Art. 55 OR – erfolgt nach allgemeinen Kriterien[24]. Als Organ wird jedermann betrachtet, der eine geschäftsführende Funktion innerhalb der Gesellschaft selbständig ausübt. Das Bundesgericht hat in einer viel zitierten Faustregel diejenigen Personen als Organ bezeichnet, «qui tiennent les leviers de commande de l'entreprise»[25]. Somit kann auch ein Prokurist, etwa ein Bauführer ohne Zeichnungsberechtigung oder ein Meister, unter den Organbegriff gemäß Art. 55 ZGB fallen.

VI. Der Entzug der Geschäftsführungsbefugnis

Die Entziehung der Geschäftsführungsbefugnis ist in Art. 814 Abs. 2 und 3 OR geregelt. Entsprechend den verschiedenen Rechtsstellungen des Gesellschafters und des Dritten als Geschäftsführer gegenüber der Gesellschaft ist auch die gesetzliche Regelung unterschiedlich.

---

[22] W. von Steiger, N. 18 zu Art. 811 OR; Bürgi, N. 10 zu Art. 718 OR; ausführlich neuestens dazu die im Lit.verz. zum 5. Abschnitt erwähnte Arbeit von Kurt Sieger.
[23] Vgl. statt vieler: M. Gutzwiller, in: Schweiz. Privatrecht, Bd. II, § 52 III 3.
[24] So in den Entscheiden BGE 65 II, 1939, S. 6; 81 II, 1955, S. 226; 87 II, 1961, S. 188.
[25] Zitat aus BGE 61 II, 1935, S. 342.

1. Die Entziehung gegenüber dem Gesellschafter

Der Gründungsgesellschafter sowie Gesellschafter, denen statutarisch Geschäftsführung eingeräumt wurde, haben ein wohlerworbenes Recht auf die Geschäftsführung. Dieses kann ihnen nur aus wichtigen Gründen entzogen werden, es sei denn, daß die Statuten ausdrücklich auch andere Gründe zum Entzug der Geschäftsführerbefugnis aufführen, wobei auf das Recht der Kollektivgesellschaft (Art. 539 OR) verwiesen wird. Wichtige Gründe können sowohl in persönlichen Umständen des Geschäftsführers als auch in objektiven Kriterien liegen. Die Entziehung der Geschäftsführungsbefugnis fällt in die unübertragbare Kompetenz der Gesellschafterversammlung[26]; in dringenden Fällen kann aber jeder Geschäftsführer oder Gesellschafter beim Richter den vorläufigen Entzug der Geschäftsführungsbefugnis verlangen[27]. Widersetzt sich der Geschäftsführer dem Beschluß der Gesellschafterversammlung, so kann die Gesellschaft mit Feststellungsklage die Gültigkeit des Beschlusses verlangen.

Anders liegt die Sachlage, wenn der Gesellschafter nur aufgrund eines Gesellschaftsbeschlusses Geschäftsführer geworden ist. Ein solcher Gesellschaftsbeschluß impliziert einen vorausgegangenen Verzicht des Gesellschafters auf die Einräumung eines statutarischen Geschäftsführungsrechts. In einem solchen Fall muß meines Erachtens angenommen werden, daß trotz des entgegenstehenden Wortlauts von Art. 814 Abs. 2 OR die Entziehung des Geschäftsführungsrechts gleich wie bei einem Dritten, das heißt ohne Geltendmachung wichtiger Gründe, zulässig ist[28].

2. Die Entziehung der Geschäftsführungsbefugnis gegenüber Dritten

Gegenüber Dritten ist der Entzug der Geschäftsführungsbefugnis jederzeit und ohne Begründung möglich, er kann allerdings zu Schadenersatz führen. Diese Regelung entspricht Art. 404 OR und Art. 705 OR[29]. Die häufigsten

---

[26] Ebenso W. von Steiger, N.13 zu Art. 814 OR; a.M. Wieler, S.50, der Art. 810 Ziff. 2 OR übersehen hat.

[27] Vgl. die entsprechenden Ausführungen von W. von Steiger zur Kollektivgesellschaft, Schweiz. Privatrecht, Bd. VIII/1, § 35 II/3, ebenso Wieler, S.50; a.M. Janggen/Becker, N.24 zu Art. 814 OR.

[28] Ausführlich in dieser Kontroverse W. von Steiger, N.21/22 zu Art. 784 OR; auch er neigt wie der Verfasser zur Ansicht, daß das Kriterium für die Beantwortung der Frage, ob ein Entzug der Geschäftsführungsbefugnis jederzeit möglich sei oder nicht, bei der Rechtsgrundlage der Bestellung zu finden sei und nicht bei der Unterscheidung, ob es sich um einen Gesellschafter oder einen Dritten handelt.

[29] Der Rückgriff Wielers auf Art. 97 ff. OR (S.52) ist nicht angebracht; die Analogie mit Art. 404 OR liegt hier doch weit näher; gleich wie hier im Ergebnis Bürgi, N.16 zu Art. 705 und Art. 561 OR.

Fälle einer Ersatzleistung werden die Kündigung zur Unzeit und die Lohnzahlung aus einem parallel mit der Gesellschaft abgeschlossenen Arbeitsvertrag sein. Der Anspruch auf Schadenersatz ist nicht an ein Verschulden der Gesellschaft gebunden; hingegen dürfte ein Verschulden des Geschäftsführers oder ein wichtiger Grund in den persönlichen Umständen des Geschäftsführers selbst den Schadenersatz ausschließen, ausgenommen bei der nach Arbeitsvertrag zu beurteilenden Frage der Lohnfortzahlung.

VII. Das Konkurrenzverbot der Geschäftsführer

Ein wichtiger Ausfluß der Treuepflicht der Geschäftsführer ist das Konkurrenzverbot. Es ist separat in Art. 818 OR geregelt worden. Die geschäftsführenden Gesellschafter dürfen in der Branche, in der die GmbH tätig ist, weder selbst noch als Kollektiv- oder Kommanditgesellschafter noch als Mitglied einer anderen GmbH auf eigene oder fremde Rechnung Geschäfte machen; sinnvollerweise muß das Konkurrenzverbot auf die Mehrheitsbeteiligung in einer AG und auf die Mitgliedschaft in den geschäftsführenden Organen einer AG und Genossenschaft mitausgedehnt werden.
In bezug auf die durch das Konkurrenzverbot betroffenen Personen versucht das Gesetz einen eigenständigen Mittelweg zwischen Kollektivgesellschaft[30] und Aktiengesellschaft zu beschreiten, der auch von der Regelung in der Kommanditgesellschaft[31] abweicht. Nur die geschäftsführenden Gesellschafter unterstehen dem Konkurrenzverbot; dieses kann allerdings durch Statutenänderung auf alle Gesellschafter ausgedehnt oder durch nicht formbedürftige Zustimmung aller Gesellschafter eingeschränkt oder gar aufgehoben werden.
Zwei Probleme stellen sich noch in diesem Zusammenhang:
– Gilt das Konkurrenzverbot auch für Dritte, die Geschäftsführer sind? Gemäß dem klaren Gesetzeswortlaut muß dies verneint werden. Da Dritte mit der Gesellschaft durch einen Geschäftsführungsvertrag verbunden sind[32], werden sie in der Regel aufgrund dieses Rechtsverhältnisses einem Konkurrenzverbot unterliegen.

---

[30] Vgl. W. von Steiger, Schweiz. Privatrecht, Bd. VIII/1, § 34 V.
[31] W. von Steiger, Schweiz. Privatrecht, Bd. VIII/1, § 42/V, insbes. N. 48 mit weiteren Verweisen; die Regelung der Kommanditgesellschaft für Kommanditäre beinhaltet grundsätzlich ein Konkurrenzverbot, obwohl die Interessenlage sehr ähnlich wie beim nicht geschäftsführenden Gesellschafter einer GmbH ist.
[32] Vgl. ebenso Wieler, S. 64 ff.; unentschieden W. von Steiger, N. 2 zu Art. 818 OR; dann aber für Ausdehnung des Konkurrenzverbotes auf alle Geschäftsführer, W. von Steiger, in SJK 801, S. 31; Janggen/Becker, N. 1 zu Art. 818 OR; Carry, SJK 803, S. 7.

– Stehen Gesellschafter, die nicht aufgrund eines Rechtes, sondern wie Dritte durch Wahl der Gesellschafterversammlung zur Geschäftsführung berufen werden, unter einem Konkurrenzverbot?
Auch wenn einiges dafür spricht, diesen Geschäftsführer wie einen Dritten zu behandeln, ist der Gesetzestext so klar, daß eine interpretatio contra legem unangebracht ist; auch für diese Geschäftsführer gilt das Konkurrenzverbot des Art. 818 OR.
Ohne abändernde Vereinbarung erlischt das Konkurrenzverbot mit dem Ausscheiden des Geschäftsführers aus der Geschäftsführung der GmbH.

§ 43. Die Kontrolle in der GmbH

I. Zum Begriff der Kontrolle

Das Kontrollrecht des Gesellschafters ist das Recht, selbst oder durch ein spezielles Gesellschaftsorgan die Richtigkeit der Informationen aus dem Rechnungswesen zu überprüfen[1]. Davon zu trennen ist das Recht auf Überwachung, das eine unmittelbare Aufsicht über die operationellen Akte der Geschäftsführung ermöglicht (nachstehend IV).

II. Die Organisation der Kontrolle in der GmbH

1. Der Gesetzgeber hat der GmbH ein Wahlrecht eingeräumt, ob sie die Kontrolle gleich wie in der Personengesellschaft oder wie in der Aktiengesellschaft organisieren will.

2. Hat die GmbH in ihren Statuten nichts festgehalten, so gilt folgendes:
– Sind alle Gesellschafter an der Geschäftsführung beteiligt, so besteht ein gegenseitiges volles Kontrollrecht der Gesellschafter; es ist inbegriffen im Überwachungsrecht.
– Sind nicht alle Gesellschafter an der Geschäftsführung beteiligt, so üben die nicht geschäftsführenden Gesellschafter die Kontrolle aus. Obwohl die Stellung des nicht geschäftsführenden Gesellschafters in der GmbH ähnlich derjenigen des Kommanditärs ist, richten sich seine Befugnisse nicht nach

---

[1] Vgl. dazu ausführlich R. PATRY, Schweiz. Privatrecht, Bd. VIII/1, § 15 I 3.

Art. 600 OR, sondern nach der schärferen Bestimmung für die einfache Gesellschaft (Art. 541 OR). Insbesondere kann das Kontrollrecht jederzeit ausgeübt werden, und die Gesellschaft muß auch Dritte, die vom Gesellschafter beauftragt sind, normalerweise als Kontrolleure zulassen. Da nicht geschäftsführende Gesellschafter einer GmbH keinem Konkurrenzverbot unterliegen, hätte sich die zurückhaltende Regelung des Kontrollrechts des Kommanditärs auch für den nicht geschäftsführenden GmbH-Gesellschafter aufgedrängt. Unter der geltenden Regelung sollte die Kontrollbefugnis des nicht geschäftsführenden Gesellschafters eher einschränkend, anlehnend an die Kommanditgesellschaft ausgelegt werden.

3. Die GmbH kann statutarisch eine Kontrollstelle gleich derjenigen der AG einrichten. In diesem Falle verlieren die nicht geschäftsführenden Gesellschafter ihre starke Kontrollstellung und werden in die Position des Aktionärs zurückgestuft. Hier gilt nun allerdings gerade das Gegenteil von Ziff. 2; während beim vollen Kontrollrecht des nicht geschäftsführenden Gesellschafters eine einschränkende Auslegung des Kontrollrechts angebracht erscheint, ist das verbleibende Kontrollrecht des nicht geschäftsführenden Gesellschafters bei Bestehen einer Kontrollstelle aufgrund der personalistischen Struktur der GmbH eher ausdehnend zu interpretieren; wo dem Aktionär bereits das Auskunftsrecht verweigert werden dürfte, kann dasjenige des GmbH-Gesellschafters durchaus noch zu Recht geschützt werden.

Daß das Gesetz der Kontrollstelle der GmbH die Prüfung des Anteilbuches überträgt, ist kaum erwähnenswert, weil ein Streit über eine Beteiligung ohnehin nicht von der Kontrollstelle entschieden werden könnte; speziell aufgeführt wird es hier nur, weil in der AG der Kontrollstelle keine Pflicht zur Prüfung des Aktienbuches übertragen worden ist.

4. Nach JANGGEN/BECKER[2] ist das Kontrollrecht der Gesellschafter eine reine Befugnis; eine Kontrollpflicht besteht nicht. Diese Regelung der Kontrolle ist nicht unproblematisch; sie entzieht auch allfälligen Verantwortlichkeitsansprüchen gegen die nicht geschäftsführenden Gesellschafter wegen Unterlassung der Kontrolle die rechtliche Basis.

III. Beurteilung der Regelung der Kontrollrechte

Nach neuerer Auffassung hat die Kontrollstelle nebst der Sicherung der Gesellschaftsinteressen immer mehr auch eine Funktion im Interesse der Gläubiger, ja sogar der Allgemeinheit erhalten[3]. Dies wirkt sich auch dahingehend

---

[2] JANGGEN/BECKER, N. 28 zu Art. 819 OR.
[3] So MEIER-HAYOZ/FORSTMOSER, S. 309.

aus, daß die Kontrollstelle der AG, und wo eine solche gebildet wird, der GmbH, auch den Gläubigern gegenüber verantwortlich ist[4]. Die herrschende Lehre, die die Kontrolle durch die nicht geschäftsführenden Gesellschafter als reine Befugnis und nicht als Pflicht auffaßt und demgemäß auch eine Verantwortlichkeit der nicht geschäftsführenden Gesellschafter beim Unterlassen einer genügenden Kontrolle nicht kennt, sollte gründlich neu überdacht werden. Hinzu kommt, daß, wenn in einer GmbH die Kontrollstelle eingeführt wird, diese mit der nötigen Unabhängigkeit und den entsprechenden Kompetenzen ausgestattet werden sollte, wie es den modernen Auffassungen über die Stellung der Kontrollstelle im Aktienrecht entspricht.

Exkurs

IV. Die Überwachung in der GmbH

1. Unter Überwachung verstehen wir das Recht, die geschäftsmäßigen Handlungen der Geschäftsführer der GmbH auf ihre operationelle Richtigkeit und Angemessenheit zu überprüfen. Die Überwachung geht somit weit über die Kontrolle, die sich mit der Ergebniserfassung durch das Rechnungswesen befaßt, hinaus.

2. Vergegenwärtigen wir uns kurz, wie die Überwachungsfunktion in den anderen Gesellschaftstypen ausgestaltet ist:
- In der einfachen Gesellschaft und der Kollektivgesellschaft hat der nicht geschäftsführende Gesellschafter ein durch seine unbeschränkte Haftung und das ihm auferlegte Konkurrenzverbot legitimiertes volles Überwachungsrecht.
- Bereits in der Kommanditgesellschaft wird dieses Recht empfindlich eingeschränkt, indem der Kommanditär in den gewöhnlichen Geschäftsführungsangelegenheiten trotz Konkurrenzverbot kein Überwachungsrecht hat, ihm allerdings in außerordentlichen Angelegenheiten – Entscheidungen, die nicht zum normalen Geschäftsbetrieb gehören – ein Widerspruchsrecht und in existentiellen Fragen sogar ein Mitspracherecht zukommt.
- In der AG schließlich ist das Überwachungsrecht an die Mitwirkungsrechte in der GV, insbesondere an das Recht auf Abnahme des Geschäftsberichts gebunden, mit Ausnahme des schwach entwickelten individuellen Auskunftsrechts des Aktionärs; das Überwachungsrecht existiert nur noch als Torso.

---

[4] Offenbar gleicher Meinung P. FORSTMOSER, Das Genossenschaftsrecht, das Recht der GmbH und die Teilrevision des Aktienrechts, SAG 1976, S. 48 und 50.

3. In der GmbH ist zunächst kurz der Sachverhalt abzuhandeln, bei dem alle Gesellschafter an der Geschäftsführung teilhaben. In einem solchen Fall besteht ein gegenseitiges unbeschränktes Überwachungsrecht, und dies auch für den Fall, daß die Geschäftsführer ihre Funktionen aufgeteilt haben. Dieses Überwachungsrecht gilt unbekümmert darum, ob die Gesellschaft statutarisch eine Kontrollstelle eingerichtet hat oder nicht. Wenn es in einer GmbH neben Geschäftsführern auch nicht geschäftsführende Gesellschafter gibt und eine Kontrollstelle nicht geschaffen worden ist, so gibt die herrschende Lehre den nicht geschäftsführenden Gesellschaftern ein sehr weites Überwachungsrecht[5]. Hier gelten die beim Kontrollrecht des nicht geschäftsführenden Gesellschafters geäußerten Bedenken noch verstärkt. Es ist nicht einzusehen, warum der GmbH-Gesellschafter besser gestellt werden soll als der Kommanditär, der einem Gläubiger unmittelbar haftbar ist und auch dem Konkurrenzverbot untersteht[6]. Auch aus dem Wortlaut des Art. 819 OR läßt sich eine so weitgehende Überwachungsbefugnis, wie sie von der Lehre postuliert wird, nicht herleiten.

4. Führt die GmbH eine statutarische Kontrollstelle ein, so werden die Überwachungsrechte des nicht geschäftsführenden Gesellschafters auf diejenigen eines Aktionärs reduziert, wenn auch, wie WERNER VON STEIGER[7] richtig ausführt, das Auskunftsrecht im Vergleich zu demjenigen des Aktionärs infolge der personalistischen Struktur der GmbH eher ausdehnend zu interpretieren ist.

5. Eine gute Lösung der Praxis für das Problem der Überwachung stellt die Bildung eines Aufsichtsrates dar. An dieses Organ, das statutarisch gebildet werden kann, kann die Gesellschafterversammlung alle Überwachungskompetenzen delegieren; es ist allerdings darauf zu achten, daß der Aufsichtsrat nicht unmittelbar in die Geschäftsführung eingreift, da dies die Verantwortlichkeiten verwischen würde. Ist ein Aufsichtsrat gebildet worden, so verbleiben dem einzelnen Gesellschafter nur die Überwachungsbefugnisse des Aktionärs in der AG.

---

[5] W. VON STEIGER, N. 1 zu Art. 819 OR.
[6] Vgl. die Ausführungen zum Kontrollrecht unter III; bei der Überwachungsfunktion drängen sich die dort gemachten Überlegungen noch weit mehr auf.
[7] W. VON STEIGER, N. 17 zu Art. 819 OR.

§ 44. Die Verantwortlichkeit von Geschäftsführung und Kontrolle

Art. 827 OR verweist auf die Regelung des Aktienrechts. Somit sind auch für die GmbH grundsätzlich die Ausführungen von CHRISTOPH VON GREYERZ in diesem Band[1] zur Verantwortlichkeit der Verwaltung in der AG anwendbar.

Immerhin sei, mehr im Faktischen als im Rechtlichen, auf einige typische Unterschiede der Rechtslage zwischen der Verantwortlichkeit bei der AG und der GmbH hingewiesen:

1. Gesetzlicher Regeltatbestand bei der AG ist Drittorganschaft, bei der GmbH Selbstorganschaft. Gleichzeitig bestehen bei der AG keine Rechtsbeziehungen unter den Aktionären, während bei der GmbH auch die Gesellschafter selbst rechtlich untereinander verbunden sind[2]. Dies hat zur Folge, daß in der GmbH, in der alle oder zumindest ein Teil der Geschäftsführer Gesellschafter sind, die Ausgangslage für eine Klage der Gesellschafter wesentlich komplexer sein dürfte als in der AG. Die Beantwortung der Frage, wo eine Pflichtverletzung und damit ein Verschulden vorliegt und wo allenfalls eine Einwilligung des klagenden Gesellschafters oder ein Selbst- oder Mitverschulden gegeben ist, dürfte häufig außerordentlich heikle Probleme aufwerfen.

2. Die GmbH-Gesellschafter sind von der GmbH als Körperschaft weit weniger getrennt als die Aktionäre von der AG. Nicht nur Dividende, Bezugsrecht und Kapitalerhöhung, sondern auch Ein- und Austritt von Gesellschaftern, Nachschuß- und Nebenleistungspflichten sowie die Haftung für das Stammkapital führen oft zu einer direkten finanziellen Wirkung eines Geschäftsführungsaktes auf den einzelnen Gesellschafter. Der unmittelbare Schaden des Aktionärs spielt im Verantwortlichkeitsrecht der AG eine sehr geringe Rolle; in der GmbH ist das direkte Schädigungspotential der Geschäftsführung gegenüber dem Gesellschafter viel größer und damit eine unmittelbare Gesellschafterschädigung viel wahrscheinlicher.

3. Wenn die GmbH keine statutarische Kontrollstelle hat, üben die nicht geschäftsführenden Gesellschafter das Kontrollrecht aus. Da es sich nach herrschender Lehre nur um eine Befugnis, nicht aber um eine Pflicht zur Kontrolle seitens der nicht geschäftsführenden Gesellschafter handelt[3], werden diese insbesondere gegenüber den Gläubigern für mangelnde Kontrolle nicht verantwortlich. Umgekehrt dürfte sich ein Gesellschafter gegen Treu und Glauben verhalten, wenn er eigene Verantwortlichkeitsansprüche durchsetzen will und von seiner Kontrollbefugnis nicht Gebrauch gemacht hat.

---

[1] Vgl. CH. VON GREYERZ, vorn § 25 und FORSTMOSER, Verantwortlichkeit.
[2] Dies gilt zumindest potentiell im Falle der Haftung für einen allfälligen Regreß.
[3] Vgl. hiezu die Bedenken, vorn § 43 III.

4. Werden freiwillig zusätzliche Organe gebildet, wie z. B. ein Aufsichtsrat, und greifen diese in die Geschäftsführung ein, so können diese Organe verantwortlich werden, unabhängig davon, ob sie statutarisch verankert sind oder nicht. Dasselbe gilt für Personen, die, ohne eine formelle Organstellung zu besitzen, in die Geschäftsführung eingreifen, etwa für den Gesellschafter, der kraft seiner Stellung dem Geschäftsführer Weisungen über die Geschäftsführung erteilt[4].

5. Der Entlastungsbeschluß stellt einen Verzicht der Gesellschaft auf Verantwortlichkeitsansprüche gegen die Geschäftsführung dar. Da er nur soweit Wirkung hat, als die Gesellschafterversammlung von den Geschäftsführungsakten Kenntnis hat, und da er ohnehin auf die Ansprüche der Gläubiger keinen Einfluß hat, ist die Bedeutung der Décharge recht gering.

Bei der GmbH kommt hinzu, daß die Gesellschafter regelmäßig Geschäftsführer sind. Wird einem Gesellschafter-Geschäftsführer die Entlastung von seinen Mitgesellschaftern verweigert, so dürfte hierin ein Mißtrauensvotum zu sehen sein, das zu Mitgliederveränderungen oder zur Auflösung der Gesellschaft Anlaß geben könnte.

---

[4] Dies ergibt sich aus dem materiellen Organbegriff im Rahmen der Verantwortlichkeit (vgl. FORSTMOSER, Verantwortlichkeit, N. 5 und VON GREYERZ, vorn § 25 I 1).

Sechster Abschnitt

Die Beendigung der GmbH

§ 45. Auflösung und Liquidation der GmbH

Literatur

O. DIETHELM, Grundsätzliches zur Auflösung handelsrechtlicher Körperschaften, Diss. Zürich 1953; H. MERZ, Der maßgebende Zeitpunkt für die Auflösung der einfachen Gesellschaft und der Kollektivgesellschaft aus wichtigem Grund, in: ius et lex, Festschrift für Max Gutzwiller, Basel/Stuttgart 1959; P. STAEHELIN, Die Rückgründung aufgelöster Gesellschaften und Genossenschaften, BJM 1973, S. 217 ff.

I. Die Einleitung des Liquidationsstadiums durch die Auflösung

Mit dem Rechtsakt der Auflösung tritt die GmbH in ein neues Stadium ein; aus einer lebensfähigen, aktiven, «werbenden» wird eine zum Tod bestimmte Gesellschaft, deren wichtigster Zweck es ist, ihre hängigen Rechtsverhältnisse abzuwickeln (sich zu liquidieren), bis der endgültige Tod eingetreten ist und die Gesellschaft im Handelsregister gelöscht werden kann[1].

Diesem Bild entspricht auch die meines Erachtens richtige Identitätstheorie, die besagt, daß die aktive und die in Liquidation befindliche Gesellschaft die gleiche Gesellschaft seien. Die Sukzessionstheorie, wonach es sich dabei um zwei verschiedene Gesellschaften handle, wird heute nicht mehr vertreten.

Wir werden uns zunächst mit den Auflösungsgründen und -verfahren und hernach mit der GmbH im Liquidationsstadium und der Liquidation an sich befassen.

Eine interessante Kontroverse hat sich um die Frage ergeben, ob eine aufgelöste Gesellschaft wieder ins Stadium der aktiven Gesellschaft zurückgeführt werden kann. Mit der herrschenden Meinung ist entgegen dem Bundesgericht anzunehmen, daß eine solche «Genesung» der Gesellschaft zulässig ist, sofern nicht Gläubigerinteressen verletzt werden und sofern die Liquidation nicht

---

[1] M. GUTZWILLER, Schweiz. Privatrecht, Bd. II, Basel/Stuttgart 1967, § 52 VI; HEINI, Schweiz. Privatrecht, Bd. II, § 54 III; VON GREYERZ, vorn § 24 II 1; DIETHELM, S. 7, vermerkt zu Recht, daß der juristische Begriff «Auflösung» zum normalen Sprachgebrauch in Widerspruch steht; W. VON STEIGER, N. 1 zu Art. 820 OR, N. 4 zu Art. 823 OR.

soweit fortgeschritten ist (die GmbH befindet sich im «Koma»), daß eine Wiedererweckung einer verbotenen Mantelgründung gleichkommen würde[2].

Die Auflösung ist von den Geschäftsführern beim Handelsregister anzumelden (Art. 821 OR); im Falle der Auflösung durch Konkurs teilt der Konkursrichter dem Handelsregister die Eröffnung des Konkurses mit.

Die Auflösung der Gesellschaft, insbesondere diejenige aus wichtigen Gründen, kann durch Austritt oder Ausschließung eines Gesellschafters abgewendet werden. Wir haben diese Regelungen, die GmbH-spezifisch sind, im Rahmen der Erläuterungen des Mitgliederwechsels bei der GmbH behandelt[3].

II. Auflösungsgründe

1. Ausgangspunkte

Art. 820 OR unterscheidet gleich wie Art. 736 OR für das Aktienrecht zwischen statutarischen (Ziff. 1) und gesetzlichen Auflösungsgründen (Ziff. 2–5). Die gesetzlichen Auflösungsgründe sind zwingenden Rechts und können durch die Statuten nicht aufgehoben, sondern höchstens erweitert werden. Eine Ausnahme bildet die Heraufsetzung des Quorums für die Auflösung durch Gesellschaftsbeschluß.

Trotz der fast wörtlichen Übereinstimmung von Art. 820 und Art. 736 OR sind die Auflösungsgründe von AG und GmbH sehr verschieden. Während bei der AG personalistische Elemente bei der Beurteilung der Auflösungsgründe nach der bundesgerichtlichen Praxis keine Rolle spielen sollten[4], kommt bei der GmbH immer wieder sehr stark der persönliche Charakter der Beziehungen unter den Gesellschaftern zum Ausdruck; sind diese Beziehungen gestört, so wird häufig ein Auflösungsgrund gegeben sein.

2. Statutarische Auflösungsgründe

a) Die Statuten können festhalten, wann eine Auflösung der GmbH stattfindet (Art. 777 Ziff. 11 OR). Am häufigsten werden Bestimmungen über die Dauer der Gesellschaft (Art. 777 Ziff. 10 OR), den Tod oder die Arbeitsunfä-

---

[2] W. VON STEIGER, N. 29 zu Art. 820 OR; ebenso STAEHELIN, BJM, S. 217 ff.; VON GREYERZ, vorn § 24, insbes. N. 3; a.M. BGE 91 I, 1965, S. 438 ff.; BÜRGI, N. 19 zu Art. 736 OR; DIETHELM, S. 63 ff.
[3] Vgl. vorn § 35 IV 2.
[4] Vgl. die konstante Praxis des BGer, etwa in BGE 91 II, 1965, S. 298 ff. oder BGE 104 II, 1978, S. 32 ff.; ob die etwas weniger starke Haltung in BGE 105 II, 1979, S. 114 ff. eine Praxisänderung anzeigt oder als Billigkeitsentscheidung in einem besonders krassen Fall von Mehrheitsmißbrauch anzusehen ist, bleibt abzuwarten.

higkeit eines Gesellschafters sein. Ist der Konkurs eines Gesellschafters ausdrücklich als Auflösungsgrund in den Statuten verankert, so findet Art. 794 Ziff. 4 OR, wonach die Auflösung der GmbH bei Konkurs eines Gesellschafters durch eine qualifizierte Mehrheit der Gesellschafter in einen Ausschluß des betroffenen Gesellschafters umgewandelt werden kann, keine Anwendung[5].

b) Die Statuten können ein Kündigungsrecht der Gesellschafter enthalten[6], worin wieder die personalistische Natur der GmbH-Körperschaft zum Ausdruck kommt. Bei einer Kündigung tritt die Auflösung nicht bereits mit der Abgabe der Kündigungserklärung, sondern erst mit dem Ablauf der Kündigungsfrist ein. Das Kündigungsrecht kann allen oder auch nur einzelnen Gesellschaftern zustehen.

3. Gesetzliche Auflösungsgründe

a) Auflösung durch Gesellschaftsbeschluß

Während bei den Personengesellschaften der Auflösungsbeschluß der Einstimmigkeit bedarf, und bei der Aktiengesellschaft das Mehr der Aktienstimmen für das Zustandekommen des Beschlusses notwendig ist, hat das GmbH-Recht eine Mittellösung angestrebt. Die Gesellschaft wird aufgelöst, wenn drei Viertel der Gesellschafter, die drei Viertel des Gesellschaftskapitals vertreten, zustimmen. Dieses Quorum kann durch die Statuten beliebig verändert werden, von der Erschwerung der Auflösung durch die Einführung der Einstimmigkeit bis zum Recht jedes Gesellschafters, die GmbH durch Kündigung aufzulösen[7]. Der Gesellschaftsbeschluß bedarf der öffentlichen Beurkundung.

2. Auflösung durch Konkurs und Nachlaßvertrag mit Vermögensabtretung

i) Wie alle Körperschaften wird auch die GmbH durch die Eröffnung des Konkurses automatisch aufgelöst und tritt ins Liquidationsstadium. Die Liquidation erfolgt gemäß SchKG (Art. 820 Ziff. 3 OR). Im Falle des Widerrufs des Konkurses (Art. 195 und 317 SchKG) lebt die Gesellschaft wieder als aktive Gesellschaft auf.

Gemäß Art. 64 HRV wird der Konkurs im Handelsregister eingetragen und

---

[5] So zu Recht JANGGEN/BECKER, N. 29 zu Art. 777 OR; denn solche statutarische Auflösungsgründe stellen unentziehbare Rechte des einzelnen Gesellschafters dar, wie W. VON STEIGER (N. 95 zu Art. 777 OR) darlegt.
[6] W. VON STEIGER, N. 94 zu Art. 777 OR und N. 6 zu Art. 820 OR.
[7] Vgl. vorn II 2.

nach Schluß des Konkursverfahrens die Gesellschaft im Handelsregister gelöscht.

ii) Gerät ein Gesellschafter in Konkurs, so kann die Konkursverwaltung unter Beobachtung einer sechsmonatigen Kündigungsfrist die Auflösung der Gesellschaft verlangen. Dasselbe Recht hat der Gläubiger eines Gesellschafters, der dessen Gesellschaftsanteil gepfändet hat (Art. 793 OR). Allerdings haben die übrigen Gesellschafter verschiedene, in Art. 794 OR aufgeführte Möglichkeiten, die Auflösung abzuwenden; alle diese Varianten laufen darauf hinaus, daß der in die Konkursmasse fallende (oder gepfändete) Anteil durch eine dessen wirklichem Wert entsprechende Zahlung ausgelöst wird.

iii) Unbestritten ist, daß der gewöhnliche Nachlaßvertrag nicht zur Auflösung der GmbH führt. Kontrovers ist indessen die Frage, ob der Nachlaßvertrag mit Vermögensabtretung (Art. 316 und ff. SchKG) die Auflösung zur Folge hat.

Während das Bundesgericht in zwei älteren Entscheiden es abgelehnt hat, den Nachlaßvertrag mit Vermögensabtretung als Auflösungsgrund zu betrachten[8], haben FRITZ VON STEIGER und WOLFHART BÜRGI für das Aktienrecht einen solchen Vertrag, der ja auch als «Liquidationsvergleich» oder privater Konkurs bezeichnet wird, als Auflösungsgrund bezeichnet[9].

Es ist VON STEIGER und BÜRGI zuzustimmen; auch wenn, wie das Bundesgericht in den genannten Entscheiden ausführt, Unterschiede zwischen der Eröffnung des Konkurses und dem Abschluß eines Nachlaßvertrages mit Vermögensabtretung bestehen, so sind diese im Zusammenhang mit der Auflösung nicht relevant, handelt es sich doch in beiden Fällen um den Auftakt einer Prozedur, die zur Liquidation des Unternehmens führt.

Ergänzend sei festgehalten, daß der Nachlaßvertrag mit Vermögensabtretung von der Liquidationskommission zur Eintragung im Handelsregister angemeldet werden muß (Art. 64 Abs. 2 HRV), die Firma den Zusatz «in Nachlaßliquidation» erhält und die Liquidationskommission gemäß Art. 66 Abs. 3 HRV nach beendeter Liquidation die Löschung der Gesellschaft im Handelsregister anmelden muß.

3. Auflösung aus wichtigem Grund durch Gerichtsurteil

Alle Handelsgesellschaften können aus wichtigem Grund aufgelöst werden[10]. Die Geltendmachung des wichtigen Grundes erfolgt durch eine Klage vor Gericht; stimmen alle Gesellschafter darin überein, daß aus wichtigem Grund eine Auflösung der Gesellschaft zu erfolgen hat, so kommt es zu einer Auflösung durch Gesellschaftsbeschluß.

Während bei der Kollektivgesellschaft und im Prinzip auch bei der Kommanditgesellschaft jeder Gesellschafter die Auflösung aus wichtigem Grund verlangen kann[11], müssen bei der AG gemäß Art. 736 Ziff. 4 OR die die Auflö-

---

[8] BGE 60 I, 1934, S. 35; BGE 64 II, 1938, S. 368; ebenso DIETHELM, S. 55 ff.
[9] F. VON STEIGER, Aktienrecht, S. 334; BÜRGI, N. 35 zu Art. 736 OR; ohne Stellungnahme W. VON STEIGER, N. 11 zu Art. 820 OR.
[10] Vgl. W. VON STEIGER, Schweiz. Privatrecht, Bd. VIII/1, § 31 II e).
[11] W. VON STEIGER, ebd., § 31 II e), § 39 I b), § 45 II.

sung verlangenden Aktionäre über mindestens 20% des Aktienkapitals verfügen, bevor sie das Recht zur Auflösungsklage ausüben können. Der Gesetzgeber hat die GmbH bei der Auflösung wie eine Personengesellschaft behandelt; jeder Gesellschafter ist zur Auflösungsklage berechtigt, ohne daß es einer Mindestbeteiligung am Stammkapital bedarf.

Ein wichtiger Grund ist dann gegeben, wenn die wesentlichen Voraussetzungen persönlicher und sachlicher Natur, unter denen der Gesellschaftsvertrag eingegangen wurde, nicht mehr vorhanden sind, so daß die Erreichung des Gesellschaftszweckes verunmöglicht, wesentlich erschwert oder gefährdet wird, und die Fortsetzung der Gesellschaft dem Gesellschafter nicht mehr zugemutet werden kann[12]. Wichtige Gründe können zunächst also objektiver Natur sein, z.B. in einer Änderung der Marktverhältnisse oder dem Ablauf eines für die Gesellschaft zentralen Patentes liegen. Häufiger sind aber wohl wichtige Gründe persönlicher Natur. Im Gegensatz zum Aktienrecht, bei dessen Anwendung das Bundesgericht es immer wieder abgelehnt hat, Gründe persönlicher Natur als wichtige Gründe anzuerkennen, ist bei der als personalistische Körperschaftsform betrachteten GmbH die Auflösung aus wichtigen, in der Person des Gesellschafters liegenden Gründen zulässig[13]. Wie weit die personalistische Komponente berücksichtigt wird, wie weit Gründe wie die Unfähigkeit eines Gesellschafters, die schikanöse Behandlung von Mitgesellschaftern oder der Wegzug, die Invalidität oder der Tod eines Gesellschafters berücksichtigt werden können, hängt von den konkreten Verhältnissen der einzelnen GmbH ab. Eine allgemeingültige Regel läßt sich nicht aufstellen, weil das Recht weder Ideal- noch Realtypen der GmbH kennt[14]. Auch wenn damit eine Prognose für den Einzelfall sehr schwierig ist, dürfte regelmäßig eine persönliche Beziehung zwischen den GmbH-Gesellschaftern, sei sie enger oder loser, mit zu berücksichtigen sein.

Sofern das Bundesgericht an seiner strikten Auffassung der Ablehnung persönlicher Gründe für das Aktienrecht festhält, und der TOGAL-Entscheid eine Ausnahme bleibt[15], hat die Rechtsform der GmbH in diesem Bereich den Vorteil der größeren Flexibilität. Daß die GmbH dennoch nicht vermehrt gewählt wird, dürfte daran liegen, daß bei der Gründung einer GmbH die Möglichkeit persönlicher Inkompatibilität nur selten mit in Betracht gezogen wird, und selbst in diesen Fällen eher eine vertragliche Lösung über die Ausgestaltung von Vorkaufsrechten angestrebt wird. Immerhin stellt die Auflösung

---

[12] Vgl. die Ausführungen des BGer im TOGAL-Entscheid (BGE 105 II, 1979, S.114ff.), wo faktisch GmbH-Grundsätze auf die Auflösung einer personalistischen AG angewandt worden sind.
[13] Vgl. vorn II und N.4.
[14] Vorn § 30.
[15] Siehe N.4 und 12.

der Gesellschaft auch im GmbH-Recht die ultima ratio dar. Anders als im Aktienrecht hat der Gesetzgeber für Unstimmigkeiten zwischen den Gesellschaftern die Möglichkeit des Austritts oder der Ausschließung aus wichtigen Gründen (Art. 822 Abs. 2 und 3 OR) geschaffen.

Die Auflösungsklage richtet sich gegen die Gesellschaft, nicht gegen die Mitgesellschafter. Nach herrschender Meinung wirkt das Gestaltungsurteil des Richters konstitutiv und ex nunc[16].

4. Weitere Auflösungsgründe

Als weitere Auflösungsgründe werden regelmäßig aufgezählt[17]:
- Klage eines Gläubigers, wenn die GmbH zu einer Einmanngesellschaft geworden ist (Art. 775 Abs. 2 OR);
- Unmöglichkeit der Zweckerreichung;
- Entzug der notwendigen behördlichen Konzession, z. B. bei einer Bank oder einer Versicherung; dies aber nur, wenn die GmbH ihren Zweck nicht den veränderten Umständen anpaßt;
- Sitzverlegung ins Ausland, sofern nicht gemäß Art. 51 HRV auf Auflösung und Liquidation verzichtet werden kann.

WERNER VON STEIGER hat Bedenken, auch die nachträgliche Unsittlichkeit oder Widerrechtlichkeit eines Zweckes als Auflösungsgrund zu bezeichnen[18]. Dies meines Erachtens zu Unrecht; der wesentliche Unterschied zu den anderen Auflösungsgründen liegt nicht im Stadium der Auflösung, sondern erst am Ende der Liquidationsphase, indem gemäß Art. 57 Abs. 3 ZGB ein etwaiger Aktivenüberschuß nicht an die Gesellschafter verteilt wird, sondern dem Staat verfällt.

III. Die Liquidation der GmbH

1. Grundsatz: Anwendung des Aktienrechts

Die Liquidation der GmbH unterscheidet sich grundsätzlich nicht wesentlich von derjenigen anderer Körperschaften. Nach Art. 823 OR gelten die

---

[16] Ebenso die Gerichtspraxis: BGE 74 II, 1948, S. 73; SJZ 46, 1950, S. 43; a.M. vor allem MERZ, Der maßgebende Zeitpunkt, S. 686, wobei dessen Argumente bezüglich der Personengesellschaften nicht ohne weiteres auch bei der GmbH Geltung haben können, weil die Haftung und damit der Schutz der Gläubigerinteressen doch weniger ausgebaut sind; vgl. auch W. VON STEIGER, Schweiz. Privatrecht, Bd. VIII/1, II 2 e) B.

[17] W. VON STEIGER, N. 22 zu Art. 820 OR; CARRY, SJK 804 I e); JANGGEN/BECKER, N. 1 zu Art. 820 OR.

[18] W. VON STEIGER, N. 24 zu Art. 820 OR; als Auflösungsgrund wird die Widerrechtlichkeit und Unsittlichkeit unter anderem bezeichnet von JANGGEN/BECKER, N. 2 zu Art. 820 OR, und CARRY, N. 24 zu Art. 820 OR; zu beachten ist, daß bei ursprünglicher Widerrechtlichkeit oder Unsittlichkeit die Gesellschaft gemäß Art. 52 Abs. 3 das Recht der Persönlichkeit gar nicht erlangt.

Bestimmungen des Aktienrechts. In diesem Zusammenhang sei auf die Darstellung der Liquidation der Verbandspersonen von MAX GUTZWILLER und der Aktiengesellschaft von CHRISTOPH VON GREYERZ[19] verwiesen.

Allerdings sind doch einige spezifische Regeln des GmbH-Rechtes zu beachten.

2. Spezifische Fragen des GmbH-Rechtes

a) Das wohlerworbene Recht der Gesellschafter auf den Posten des Liquidators

Während im Aktienrecht wohlerworbene Rechte der Mitglieder der AG auf einen Sitz im Verwaltungsrat nicht existieren, haben die Gründergesellschafter einer GmbH von Gesetzes wegen und andere Gesellschafter allenfalls aufgrund der Statuten einen Anspruch auf Geschäftsführung. Nachdem als Liquidatoren normalerweise die bisherigen Geschäftsführer bestimmt werden, haben die obgenannten Personen ein wohlerworbenes Recht auf Durchführung der Liquidation[20]. Auch eine Abberufung der Gesellschafter-Geschäftsführer von ihrem Liquidatorenposten kann nur aus wichtigen Gründen erfolgen; es gelten die Regeln für den Entzug der Geschäftsführung[21].

b) Die Regelung von Ansprüchen gegen die Gesellschafter

Während im Aktienrecht mit Ausnahme der nicht voll einbezahlten Namenaktie gegenüber dem Aktionär der Grundsatz der beschränkten Leistungspflicht (und der fehlenden Haftung) des Aktionärs gilt, ist die Lage in der GmbH wesentlich komplizierter.

i) Die Deckungspflicht für die Stammeinlagen[22]

Die Liquidatoren haben allenfalls die noch ausstehenden Beträge bis zur vollständigen Deckung der Stammeinlagen mindestens in dem Umfange einzufordern, als dies zur Befriedigung der Gläubiger notwendig ist. Allenfalls ist sogar noch das Kaduzierungsverfahren durchzuführen.

ii) Die Pflicht zur Einforderung «weiterer Leistungen»[23]

Die Liquidatoren haben, soweit dies im Rahmen der Liquidation noch geboten erscheint, die «Nebenleistungen» im Sinne von Art. 777 Ziff. 2 OR, handle es sich um Geld-, Waren- oder Arbeitsleistungen, einzufordern.

iii) Die Pflicht zur Geltendmachung von Nachschußpflichten[24]

Soweit die Gesellschafterversammlung gemäß Art. 802 OR die Einforderung

---

[19] Vgl. GUTZWILLER, a.a.O. (Anm. 1), § 52 VI 4, und VON GREYERZ, vorn § 24 II.
[20] Ebenso W. VON STEIGER, N. 15 zu Art. 823 OR.
[21] W. VON STEIGER, N. 18 zu Art. 823 OR; vgl. § 42 VI.
[22] Vgl. hiezu vorn § 39 II.
[23] Vgl. hiezu vorn § 39 IV.
[24] Vgl. hiezu vorn § 39 III.

von Nachschüssen beschlossen hat, ist es Pflicht der Liquidatoren, diese von den Gesellschaftern einzufordern.

iv) Die Feststellung der Haftungssummen

Gemäß Art. 802 Abs. 4 OR ist es schließlich Aufgabe der Liquidatoren, die Haftungssummen der Gesellschafter festzustellen und einzufordern, wenn das Stammkapital nicht voll einbezahlt ist und soweit die Gläubiger nicht voll befriedigt werden können. Diese Aufgabe der Liquidatoren ist eine unmittelbare Konsequenz der solidarischen Haftung der Gesellschafter bis zur vollen Höhe des Stammkapitals, soweit dieses nicht einbezahlt wurde. Ist der Konkurs bereits eröffnet, so teilt die Konkursverwaltung als Liquidator den einzelnen Gesellschaftern die noch zu bezahlende Summe mit, gibt den Gläubigern von der Haftungsverteilung Kenntnis und setzt diese Verteilung gegenüber opponierenden Gesellschaftern auf dem normalen Klageweg durch[25].

c) Das Einsichtsrecht in die hinterlegten Geschäftsbücher

Während zehn Jahren müssen die Liquidatoren die Geschäftsbücher an einem sicheren Ort hinterlegen. Das Einsichtsrecht in die Geschäftsbücher richtet sich gemäß herrschender Lehre nach personengesellschaftlichen Grundsätzen[26]. Daher steht das Einsichtsrecht den früheren Gesellschaftern und ihren Erben zu, nicht aber Dritten[27].

3. Keine Fusion bei der GmbH

Während sowohl das Aktien- als auch das Genossenschaftsrecht die Möglichkeit der Fusion kennen (Art. 740 ff. bzw. Art. 914 OR), schweigt sich das GmbH-Recht hierüber aus. Die Lehre ist sich einig darüber, daß eine GmbH keine Fusion eingehen kann[28]. Auch dies ist wohl eine Folge der auf enge Verhältnisse zugeschnittenen, personalistischen Struktur der GmbH. Infolge der oft komplizierten Haftungsverhältnisse, der Nebenleistungs- und Nachschußpflichten würde die Fusion zweier Gesellschaften mit beschränkter Haftung oder einer GmbH mit einer AG oder Genossenschaft auf große Schwierigkeiten stoßen[29]. So müssen die Zwecke der Fusion bei der GmbH durch die ordentliche Liquidation erreicht werden, wobei im Falle einer AG als übernehmende Gesellschaft das Geschäft der GmbH gemäß Art. 181 OR von der

---

[25] Vgl. hiezu vorn § 39 V 3.
[26] W. VON STEIGER, N. 39 zu Art. 823 OR.
[27] Im Aktienrecht ist die Rechtslage offenbar unklar; vgl. F. VON STEIGER, S. 349, wonach der Depositär entscheiden könne, ob er einem von privater Seite gestellten Begehren um Einsichtnahme folgen wolle oder nicht.
[28] W. VON STEIGER, N. 42 zu Art. 823 OR; JANGGEN/BECKER, N. 28 zu Art. 823 OR.
[29] Allerdings scheinen diese Schwierigkeiten nicht unüberwindlich, nachdem in der deutschen GmbH-Revision die Fusion zugelassen worden ist.

erwerbenden Körperschaft gegen Hingabe von Aktien, die dann an die Gesellschafter ausgeschüttet werden, übernommen werden kann[30].

4. Übernahme durch eine öffentliche Körperschaft

Auch zur Übernahme der GmbH durch eine öffentliche Körperschaft analog Art. 751 OR wird im Gesetz nichts ausgeführt. Es besteht allerdings kein Grund, Art. 751 OR im GmbH-Recht nicht anzuwenden[31]. Der Beschluß der Gesellschafterversammlung, sich durch die öffentliche Hand übernehmen zu lassen, ist einem Auflösungsbeschluß gleichzusetzen und ist nur gültig, wenn die Voraussetzungen des Auflösungsbeschlusses erfüllt sind, wobei auch die Anfechtbarkeit gegeben sein muß. Allfällige Haftungen der Gesellschafter werden durch eine Staatsgarantie abgelöst. Die Fälle einer solchen Übernahme dürften allerdings sehr selten sein.

---

[30] W. von Steiger, N. 44 zu Art. 823 OR.
[31] W. von Steiger, N. 41 zu Art. 823 OR; Janggen/Becker, N. 26 zu Art. 823 OR.

Siebenter Abschnitt

Würdigung der GmbH und Ausblick

§ 46. Die Geschichte der schweizerischen GmbH

Literatur

K. HONAUER, Die wirtschaftliche Bedeutung der Gesellschaft mit beschränkter Haftung in der Schweiz, Diss. Zürich 1951; F. RAMMELMEYER, Die aktienrechtlichen Einschläge in der Gesellschaft mit beschränkter Haftung, Diss. Bern 1950; R. WENGLE, Die Verbreitung der schweizerischen GmbH. Vergleich zwischen den Bedürfnissen der Rechtspraxis und dem Handelsrecht, Diss. Zürich 1969.

I. Die GmbH als Neuschöpfung des Gesetzgebers, zunächst in Deutschland

Im Gegensatz zu den meisten Rechtsinstituten auch des Gesellschaftsrechts, deren gesetzgeberische Gestaltung eine Kodifikation bereits überlieferten Rechts bedeutete, ist die GmbH eine eigentliche Neukonstruktion des Gesetzgebers. Bahnbrechend in der Entwicklung der GmbH war der deutsche Gesetzgeber. In Deutschland war seit 1884 die Gründung von Aktiengesellschaften erheblich erschwert worden. Um dem Bedürfnis, auch kleineren Unternehmen einen Gesellschaftstypus mit beschränktem Haftungsrisiko und dennoch großer Flexibilität zur Verfügung zu stellen, zu genügen, wurde dort 1892 die Rechtsform der GmbH eingeführt. In der Diskussion, ob die neue Gesellschaftsform sich mehr an die AG oder die offene Handelsgesellschaft anschließen sollte, setzte sich dabei die Richtung durch, welche einen Kapitalgesellschaftstypus bevorzugte.

In Österreich erfolgte die Einführung der GmbH im Jahre 1906, in Frankreich 1925, in Italien 1941 (wobei in einigen Provinzen die österreichische GmbH-Regelung schon viel früher Geltung hatte). Überall ist der deutsche Einfluß unverkennbar.

II. Die Entwicklung in der Schweiz bis 1937

Bereits vor Inkrafttreten des deutschen GmbH-Gesetzes, und wieder aufgenommen durch C. WIELAND[1] kurz nach der Einführung der GmbH in Deutschland, begann auf Anregung von Wirtschaftskreisen die Diskussion, ob die neue Gesellschaftsform auch ins schweizerische Recht eingeführt werden sollte. Die Meinungen darüber waren durchaus geteilt, wie auch die Diskussion am Schweizerischen Juristentag im Jahre 1904 zeigte[2].

EUGEN HUBER[3] verneinte im Rahmen seines Berichtes zur Revision des OR das Bedürfnis nach einer Einführung der GmbH; in der Schweiz genüge die kleine AG durchaus, die übrigens im Entwurf HUBERS eine sich von der Publikums-AG durch Erleichterungen unterscheidende Gestaltung erhielt. HUBER fügte aber für den Fall, daß die Bedürfnisfrage für die GmbH bejaht werde,

---

[1] C. WIELAND, ZSR 14, 1895, S. 205.
[2] ZSR 23, 1904, S. 567 ff.; Referate von REHFOUS und von WALDKIRCH.
[3] Bericht EUGEN HUBER, vom März 1920, S. 168 ff.

einen ersten Entwurf eines GmbH-Rechts als Anhang seinem Entwurf des Gesellschaftsrechts hinzu.

Bereits drei Jahre später sprach sich Dr. A. HOFFMANN für die Regelung einer GmbH im revidierten Gesellschaftsrecht aus[4], wobei gleichzeitig auf die Differenzierung zwischen großen und kleinen Aktiengesellschaften verzichtet wurde. Rückblickend muß dies als folgenschwerer Fehlentscheid betrachtet werden, und die Frage einer künftigen Revision wird nicht zuletzt eine Rückbesinnung auf die Ideen EUGEN HUBERS sein. Wichtigste Gründe für die Befürwortung der GmbH lagen in ihrer Einführung in den umliegenden Staaten und in ihrer Eignung für Kartelle.

Die Expertenkommission schloß sich überwiegend der Meinung Dr. HOFFMANNS an[5], wobei aber vor allem die Eignung für Kartelle umstritten war. So schloß die Botschaft des Bundesrats vom Jahre 1928 auch die GmbH ein[6]. Begründet wurde der Antrag mit dem Bedürfnis, zwischen den reinen Kapitalgesellschaften und den reinen Personengesellschaften eine Zwischenform zur Verfügung zu stellen; der Wirtschaft sollten möglichst viele Rechtsformen zur Verfügung gestellt werden. Die Beratung in den Eidgenössischen Räten übernahm im wesentlichen den Entwurf der Expertenkommission, wobei allerdings noch im Jahre 1934 der Nationalrat die Einführung der GmbH nur sehr lau befürwortete (Eintretensentscheid mit 57 ja gegen 40 nein)[7].

Am 1. Juli 1937 trat das neue Gesellschaftsrecht mit der Gesellschaftsform der GmbH schließlich in Kraft.

An der Geschichte der GmbH bis zum Jahre 1937 ist bemerkenswert, daß alle Entwürfe von einem stärker personalistischen Konzept ausgingen als das deutsche Vorbild. Dies gilt besonders für die Einfügung der solidarischen Haftung aller Gesellschafter für die Gesellschaftsschulden. Immer wieder bestand ein Mißtrauen gegen diese Rechtsform, welches dazu führte, daß scharfe Kautelen gegen die mißbräuchliche Verwendung der GmbH eingeführt wurden. Dennoch waren die Meinungen über die Einführung der GmbH bis zuletzt geteilt. Die GmbH stand daher auch aus geschichtlicher Sicht von ihrer Entstehung an unter einem schlechten Stern.

III. Die weitere Entwicklung der GmbH und des GmbH-Rechts

Die GmbH ist in der schweizerischen Rechtsentwicklung ein Mauerblümchen geblieben. Während die Zahl der Aktiengesellschaften bis 1980 auf 107 643 zunahm, wovon über 90% eigentliche Klein-Aktiengesellschaften waren, erreichte die Zahl der GmbH bis 1980 bescheidene 3035[8].

Die Absicht des Gesetzgebers, die GmbH würde die Rechtsform für Kartelle werden, hat sich nicht erfüllt. Nachdem das Bundesgericht den Verein als Rechtsform für Kartelle in einem viel beachteten Entscheid zuließ[9], bestand

---

[4] Bericht Dr. A. HOFFMANN, 1923, S. 88 ff.
[5] Protokolle der Expertenkommission, S. 473 ff.
[6] Botschaft des BR, 1928, S. 67–80.
[7] StenBullStR 1931, S. 619–625 und StenBullNR 1934, S. 733–740.
[8] Vgl. § 47 über die wirtschaftliche Bedeutung.
[9] BGE 90 II, 1964, S. 333 nach einer vorübergehenden Praxisänderung in BGE 88 II, 1962, S. 209; BÄR, (S. 87) stellt richtig fest, daß hier das BGer für die GmbH entscheidende Weichen gestellt hat.

für die Kartelle kein Grund, die GmbH mit den damit verbundenen Nachteilen der solidarischen Haftung und der Publizität im Handelsregister zu wählen. Sodann hat sich das vor dem Zweiten Weltkrieg herrschende Klima der Kartellfreudigkeit in Skepsis, ja in ein ausgesprochenes Mißtrauen gegenüber Kartellen verwandelt. Daß die GmbH als ausländisches Rechtsinstitut betrachtet wurde, mag mit zur mangelnden Verwendung beigetragen haben.

Auch Theorie und Praxis des GmbH-Rechts haben eine außerordentlich statische Entwicklung genommen. Die Zahl der publizierten Entscheide ist gering, so daß in vielen wichtigen Fragen die Gerichte noch nicht Stellung genommen haben. Bereits sehr kurz nach der Einführung der GmbH erschien der prägnante Kommentar von JANGGEN/BECKER[10]; der Zürcher Kommentar von WERNER VON STEIGER, der in den Jahren 1950–1965 ausgeliefert wurde, behandelt nicht nur das GmbH-Recht ausführlich und mit großer Sicherheit, sondern äußert sich auch zu wesentlichen Fragen des Gesellschaftsrechts. Weitere Gesamtdarstellungen der GmbH erfolgten in der Schweizerischen Juristischen Kartothek durch CARRY und VON STEIGER sowie – in knapper Form – in den Lehrbüchern von GUHL/MERZ/KUMMER, MEIER-HAYOZ/FORSTMOSER, BROSSET und PATRY. Themen aus dem GmbH-Recht wurden in einer ersten Welle im Jahrzehnt vor der Einführung der GmbH, in einer zweiten Welle in den Jahren danach in Dissertationen behandelt. In den letzten dreißig Jahren wurde hingegen nur noch selten ein Thema des GmbH-Rechts von einem Studenten für seine Dissertation gewählt.

Gesamthaft kann also festgehalten werden, daß sich das GmbH-Recht in den vergangenen 25 Jahren praktisch nur durch die Herausgabe des Kommentars von WERNER VON STEIGER weiterentwickelt hat. Somit ist auch der kurz nach Inkrafttreten des Gesetzes publizierte Kommentar von JANGGEN/BECKER noch heute als «aktuelles» Standardwerk zu betrachten.

§ 47. Die wirtschaftliche Bedeutung der GmbH in der Schweiz

I. Statistik[1]

Im Jahre 1980 bestanden in der Schweiz 3035 GmbH. Ihre Zahl hat damit in den letzten 15 Jahren stetig, aber doch nur sehr schwach zugenommen (1965: 2491 GmbH).

Demgegenüber existierten 1980 10854 Kollektiv-, 3495 Kommandit- und 107643 Aktiengesellschaften. Von diesen über 100000 Aktiengesellschaften hatten rund die Hälfte ein Kapital von 50000 Fr. und ca. 95% ein Kapital von unter 1000000 Fr., standen also in direkter Konkurrenz zur GmbH.

Bei den Gesellschaften mit beschränkter Haftung hatten mehr als die Hälfte

---

[10] Die hier aufgeführten Werke sind im Lit.verz. enthalten.
[1] Quellen: Statistisches Jahrbuch der Schweiz 1981, S. 393 ff.

ein Stammkapital von 20000 Fr. und mehr als zwei Drittel ein solches von unter 50000 Fr.

Interessant ist auch die geografische Verbreitung der GmbH: Einen relativ großen Bestand weisen die Kantone Zürich (546), Zug (407), Basel-Stadt (256), Bern (258) und Waadt (256) auf, wobei allerdings im Kanton Waadt das Verhältnis zwischen GmbH und AG 1:40 beträgt, im Kanton Basel-Stadt aber nur 1:15. In Glarus (85) und Graubünden (124) sind ebenfalls relativ viele GmbH eingetragen. Alle übrigen Kantone weisen sehr kleine Bestände auf, wobei insbesondere die tiefen Zahlen in der lateinischen Schweiz auffallen; in Genf etwa beträgt das Verhältnis zwischen GmbH und AG annähernd 1:100 und im Tessin 1:80.

Eine Sonderstellung nehmen offensichtlich die steuergünstigen Kantone Zug, Glarus und Graubünden ein, nicht nur, weil in ihnen der Zahl nach viele GmbH ihren Sitz haben, sondern weil auch das Durchschnittskapital relativ hoch ist (z.B. in Zug ca. 240000 Fr., in Glarus ca. 300000 Fr.). Zug war auch im Jahre 1980 der einzige Kanton, der mehr Gesellschaften mit beschränkter Haftung als Personengesellschaften aufwies. Als Kuriosum sei Appenzell-Innerrhoden vermerkt, wo erst seit 1976 eine einzige GmbH registriert ist.

Ende 1978 waren 434 Gesellschaften mit beschränkter Haftung Holdinggesellschaften; ihre Zahl hat sich seit 1971 um 173 reduziert. Die Summe des Stammkapitals dieser Holdinggesellschaften ist aber immer noch höher als die Hälfte des Totals des Stammkapitals aller GmbH.

II. Folgerungen[2]

Die GmbH ist in den ersten vierzig Jahren ihres Bestehens in der Schweiz eine Randfigur des Gesellschaftsrechts geblieben. Für Personen, die vor der Wahl einer Gesellschaftsform standen, war sie offenbar zu wenig attraktiv, um dem Vergleich mit anderen Gesellschaften standzuhalten. Bezeichnend ist, daß über zwei Drittel der Gesellschaften ein Stammkapital von unter 50000 Fr. aufweisen; allein in diesem Segment, in dem die Konkurrenz der Aktiengesellschaft nur begrenzt spielt, ist eine ansehnliche Zahl von Gesellschaften mit beschränkter Haftung gegründet worden.

Was die Verwendung der GmbH als Holdinggesellschaft angeht, so war diese durch Art. 3 Abs. 4 des Doppelbesteuerungsabkommens mit Deutschland von 1931/59 bis 1971 gegenüber der AG steuerlich privilegiert. In diesem Jahre wurde die Sondernorm aufgehoben und die GmbH steuerlich der AG gleich-

---

[2] Ausführlich mit der Frage der wirtschaftlichen Bedeutung haben sich die Dissertationen von HONAUER und WENGLE (beide im Lit.verz. zum 7. Abschnitt) beschäftigt, deren Schlußfolgerungen im wesentlichen mit denjenigen des Verfassers übereinstimmen.

gestellt[3], was den Rückgang der GmbH-Holdinggesellschaften verständlich macht.

Schließlich wird die GmbH als Kartellform überhaupt nicht verwendet, während der Gesetzgeber gerade hier große Verwendungsmöglichkeiten vorauszusehen[4] glaubte.

Zusammengefaßt darf die wirtschaftliche Bedeutung der GmbH als außerordentlich gering eingeschätzt werden. Diese Bedeutung wird ohne Gesetzesrevision weiterhin abnehmen, was die Frage nach sich zieht, wie die Rechtsform «GmbH» zukünftig aussehen soll.

§ 48. Rechtsvergleichung

I. Ausgangspunkt

Ziel der folgenden rechtsvergleichenden Betrachtung soll es sein, kurz einen Blick darauf zu werfen, wie in anderen Rechtssystemen das Problem gelöst wurde, auch kleinen und mittleren Unternehmen das Privileg einer Gesellschaftsform zukommen zu lassen, deren Gesellschafter nur beschränkt haften und damit gegenüber den Gesellschaftern einer Personengesellschaft nur ein begrenztes Risiko eingehen. Dieser Ausblick soll uns auch Anhaltspunkte liefern, warum in anderen Rechtsordnungen analoge Gesellschaftsformen sich weit mehr durchgesetzt haben als die GmbH in der Schweiz.

Hingegen ist es im Rahmen der vorliegenden Arbeit nicht möglich, einen umfassenden Überblick über die ausländischen Formen der personalistischen Kapitalgesellschaft zu geben[1].

Auf die Behandlung von zwei wesentlichen Gesichtspunkten kann im folgenden nicht eingegangen werden: unzweifelhaft ist die «AG des kleinen Mannes» in anderen Ländern steuerlich gegenüber der Groß-Aktiengesellschaft privilegiert worden, wie dies wohl am deutlichsten die bizarre Rechtsform der deutschen GmbH & Co. KG zeigt, und ebenso gewiß hat der vorläufige oder teilweise Verzicht der Einführung der für die Unternehmer abschreckenden

---

[3] Doppelbesteuerungsabkommen Deutschland–Schweiz, abgedruckt in AS 1972, S. 3085, Art. 10 Abs. 6.
[4] Mit Ausnahme vor allem von AUGUST EGGER, der bereits in der Expertenkommission der GmbH auf diesem Gebiete eine ungünstige Prognose stellte, Prot. der Expertenkomm. 1928, S. 481.
[1] Einige knappe Hinweise auf weiterführendes, ausländisches Schrifttum finden sich bei den einzelnen Darstellungen.

Konzernrechts- und Mitbestimmungsvorschriften in anderen Ländern zu einer Flucht der Unternehmen in die GmbH geführt. Diese Gesichtspunkte gilt es bestimmt mitzuberücksichtigen, wenn das GmbH-Recht in der Schweiz neu konzipiert wird.

II. Kleine AG oder GmbH

Es gibt zwei verschiedene Möglichkeiten für eine Rechtsordnung, um eine Gesellschaftsform mit beschränkter Haftung der Gesellschafter für den Mittelstand zu schaffen:
– Der Gesetzgeber kann eine spezielle Gesellschaftsform für diesen Zweck konstruieren, eben eine «Gesellschaft mit beschränkter Haftung» (nachstehend III 1.).
– Der Gesetzgeber kann von der Gesellschaftsform der AG ausgehen und für Kleinunternehmen in dieser Form besondere Bestimmungen, meist als Erleichterungen gegenüber den schärferen Rechtsregeln der Publikumsgesellschaft schaffen. Häufig werden solche Gesellschaften «private» oder «geschlossene» Aktiengesellschaften genannt (nachstehend III 2.).

III. Ausländische Lösungen[2,3]

Im folgenden werden einige typische Lösungen aus beiden Formenarten kurz dargestellt:

1. Durch den Gesetzgeber geschaffene spezielle Gesellschaftsformen

a) Die GmbH in Deutschland[4]

Die wirtschaftliche Bedeutung der GmbH-Rechtsform in Deutschland ist sehr groß. Die Rechtsform der Aktiengesellschaft gilt als kompliziert, sie ist

---

[2] Die von J. BOCOURECHLIEV in ZSR 90 I, 1971, S. 247 ff. vertretenen Tendenzen zur Bildung eines europäischen GmbH-Rechts haben bisher keine Resonanz gefunden.
[3] Alle wichtigen Gesetzestexte des ausländischen GmbH-Rechts sind abgedruckt im Großkommentar von HACHENBURG (zit. unten N. 4), S. 3–481.
[4] Vgl. BAUMBACH/HUECK, GmbH-Gesetz, 13. Aufl., München 1970; HACHENBURG/BARZ u. a., Großkommentar zum Gesetz betreffend die Gesellschaften mit beschränkter Haftung, Berlin 1975 ff. (noch nicht abgeschlossen); H. SUDHOFF, Der Gesellschaftsvertrag der GmbH, 4. Aufl., München 1978; knappe Übersichten etwa bei A. HUECK, Gesellschaftsrecht, 17. Aufl., München 1973, § 36, oder F. KÜBLER, Gesellschaftsrecht, Karlsruhe 1981, § 17; rechtsvergleichende Ausführungen zur deutschen GmbH finden sich auch bei BÄR, S. 63 ff.

mit großer Publizität, Mitbestimmung und einem Konzernrecht verbunden, und ihre Verwendung ist denn auch im wesentlichen auf Publikumsgesellschaften beschränkt. Rund 250000 GmbH stehen etwa 2100 Aktiengesellschaften gegenüber.

Die wesentlichen Merkmale der deutschen GmbH sind die folgenden:
– ein Mindestkapital von 50000 DM (Schweizerische GmbH 20000 sFr., deutsche AG 100000 DM);
– eine einfache Organisation mit nur zwei Organen: Geschäftsführer und Gesamtheit der Gesellschafter, wobei den Gesellschaftern eine gegenüber den Geschäftsführern sehr starke Stellung zukommt;
– die Übertragung der Mitgliedschaft bedarf der notariellen Beurkundung;
– der Geschäftsanteil darf nicht in einem Wertpapier verbrieft werden;
– eine Haftung jedes Gesellschafters proportional zu seinem Anteil am gesamten Stammkapital bis zum gesamten auf das Stammkapital rückständigen Betrag;
– diese Haftung kann zwar im ungünstigsten Fall eine Deckungspflicht für das ganze ausstehende Kapital bedeuten (zwei Gesellschafter, wovon einer zahlungsunfähig ist und seinen Beitrag ans Stammkapital nicht einbezahlt hat); in der Regel ist jedoch damit die Haftung wesentlich weniger streng als im schweizerischen Recht, wo nicht nur für einen proportionalen Anteil an der Ausfallsumme, sondern solidarisch bis zur Höhe des Stammkapitals gehaftet wird. Hinzu kommt, daß diese Haftung erst in Anspruch genommen werden darf, wenn alle anderen Rechtsmittel ausgeschöpft sind;
– die Möglichkeit der Einführung von Nachschuß- und Nebenleistungspflichten.

Eine starke Bedeutung hat die GmbH auch in ihrer Verbindung mit einer Personengesellschaft in Form einer GmbH & Co. KG[5] erlangt. Diese Kombination ist sowohl durch die zivilrechtliche Konstruktion – die GmbH ist unbeschränkt haftende Komplementärin, ihre Gesellschafter sind beschränkt haftende Kommanditäre – als auch steuerrechtlich attraktiv.

Das Recht der deutschen GmbH ist im Jahre 1980 revidiert worden[6]. Dabei wurden vor allem das Mindeststammkapital von 20000 DM auf 50000 DM hinaufgesetzt, die Prüfungsbefugnis der Registerbehörden bei Sacheinlagegründungen erweitert und bestimmt, daß ein Darlehen der Gesellschafter im Konkurs der GmbH je nach den Umständen als Haftungskapital betrachtet werden kann. Daneben wurde die Einmann-GmbH gesetzlich zugelassen und das Einsichts- und Auskunftsrecht der Gesellschafter verbessert. Insgesamt

---

[5] M. H. HESSELMANN, Die GmbH & Co. KG, 16. Aufl., Köln 1980.
[6] Vgl. etwa: Das neue GmbH-Recht in der Diskussion, Köln 1980; neuestens F. RITTNER, Die deutsche GmbH nach der Reform von 1980, ZSR 1982 I, S. 170 ff.

zeigt die Reform eine nicht unbeträchtliche Erweiterung des Gläubiger- und Minderheitenschutzes.

Trotzdem kann festgehalten werden, daß das deutsche GmbH-Recht im Gläubigerschutz wesentlich weniger weit geht als die schweizerische Lösung. Da gleichzeitig das deutsche Aktienrecht wesentlich strengere Anforderungen an die Aktionäre stellt, als sie bei schweizerischen Aktiengesellschaften gelten, ist leicht erklärlich, weshalb die GmbH in Deutschland so attraktiv geworden ist. Eine ganz andere Frage ist, ob es tatsächlich erwünscht ist, eine Gesellschaftsform zur Verfügung zu stellen, die deswegen bei Mehrheitsgesellschaften so populär ist, weil nur in geringem Ausmaß Minderheiten und Gläubiger geschützt werden.

b) Die GmbH in Österreich[7]

Die österreichische GmbH ist im wesentlichen gleich geregelt wie in Deutschland. Auch in Österreich haftet der Gesellschafter pro rata, die Übertragung des GmbH-Anteils ist ebenfalls formal erschwert (nur durch Notariatsakt). Das Kapital einer österreichischen GmbH muß mindestens 500 000 öS (AG: 1 000 000 öS) betragen, es besteht keine Höchstgrenze.

Eine Revision des GmbH-Rechts[8] in Österreich ist am 1. Januar 1981 in Kraft getreten. Das Mindeststammkapital wurde dabei von 100 000 öS auf 500 000 öS erhöht, die Sacheinlagegründung wesentlich erleichtert und die Publizitäts- und Rechnungslegungsvorschriften verschärft und dem Aktienrecht stark angeglichen. Auch in Österreich ist somit die Tendenz zur Verschärfung des Gläubiger- und Minderheitenschutzes unverkennbar.

Die Zahl der Gesellschaften mit beschränkter Haftung ist viel größer als diejenige der Aktiengesellschaften, die auf Großunternehmen beschränkt ist.

Auch in Österreich wird die GmbH oft mit einer Kommanditgesellschaft zur GmbH & Co. KG verbunden.

c) Die GmbH in Frankreich[9]

Die französische GmbH ist letztmals in den Jahren 1966 und 1967 revidiert worden. Sie ist die am häufigsten benutzte Gesellschaftsform in Frankreich und umfaßt mehr als die Hälfte aller Gesellschaften.

---

[7] HÄMMERLE/WÜNSCH, Handelsrecht, 3. Aufl., Graz 1980, § 40–51; W. KASTNER, Grundriß des österreichischen Gesellschaftsrechts, Wien 1979, S. 244–291; KOSTNER, Die Gesellschaft mit beschränkter Haftung, 3. Aufl., Wien 1981; M. GELLIS, Kommentar zum GmbH-Gesetz, 1960, mit zwei Nachträgen 1965 und 1970.

[8] Hiezu W. JUD, Zur Erneuerung des Rechts der GmbH, in: Reformen des Rechts, Festschrift der rechtswissenschaftlichen Fakultät der Universität Graz, Graz 1979.

[9] G. RIPERT/R. ROBLOT, Traité Elémentaire de Droit Commercial, 10ᵉ éd., Paris 1979, Tome I; F. LEMEUNIER, Pourquoi et comment constituer une SARL, IIᵉ éd., Paris 1976; J. HÉMARD/F. TERRÉ et P. MABILAT, Sociétés Commerciales, Paris 1972, t. 1, Nos 373ss.

Eine französische GmbH muß mindestens zwei (AG sieben) und kann maximal fünfzig Gesellschafter umfassen. Ihre Stammanteile sind frei übertragbar und können nicht als Wertpapiere ausgestellt werden; die GmbH kann auch nicht an den öffentlichen Kapitalmarkt gelangen. Ihr Stammkapital beträgt mindestens 20000 fFr. (AG: 100000 fFr.); auch ihre Gründung ist wesentlich einfacher als diejenige einer AG, und es genügt ein Geschäftsführer, während die Organisation der aktienrechtlichen Exekutive wesentlich aufwendiger ist. Schließlich ist die Haftung des Gesellschafters gegenüber den Gläubigern auf den Betrag seiner persönlichen Einlage beschränkt.

2. Die private Aktiengesellschaft

Als Beispiele privater Aktiengesellschaften seien die englische, die niederländische und schließlich die amerikanische Gestaltungsart herausgegriffen.

a) Die englische «private company» [10]

Eine englische *private company* ist eine Aktiengesellschaft, die sich in folgenden wesentlichen Punkten von der Publikums-AG (*public company*) unterscheidet:
– Beschränkung in der Aktienübertragung;
– maximale Zahl der Aktionäre (fünfzig);
– keine Möglichkeit, an den Kapitalmarkt zu gelangen.

Liegen diese Voraussetzungen vor, so genießt die private company wesentliche Vorteile (aus der Sicht des Gesellschafters) gegenüber der public company. Zur Gründung bedarf es nur zweier Aktionäre (public company sieben), bloß eines «directors» (bei der public company mindestens zwei) und einer geringeren Publizität. Seit einer Gesetzesrevision im Jahr 1967 sind allerdings gewisse Vorteile bezüglich der Veröffentlichung des Geschäftsberichts, der Bilanzen und des Revisorenberichts hinfällig geworden. Schließlich fallen einige bei der public company zu erfüllende Formalitäten bei der Gründung der Gesellschaft und der Abhaltung der Generalversammlungen weg. Die Zahl der englischen private companies ist außerordentlich groß, insgesamt gab es 1973 650000 companies, davon die überwiegende Zahl Kleinst- und Kleinunternehmen.

Das englische Recht hat die Rechtsform der Aktiengesellschaft – die private company gilt nur als Sonderform der company schlechthin – im weitesten Maß der Wirtschaft zugänglich gemacht.

---

[10] Vgl. etwa PENNINGTON's Company Law, 4th ed., London 1976, Part IV; L.C.B. GOWER, The principles of modern company law, 3rd ed., London 1969, chapter 12; PALMER's Company Law, 22nd ed., London 1976, § 4.06 – § 4.13; CH. VON GREYERZ, Die englische private company, in: Lebendiges Aktienrecht, Festschrift W. Bürgi, Zürich 1971, S.163ff., zeichnet die Schwierigkeiten auf, mit denen sich der englische Gesetzgeber bei den Problemen der Regelung der kleinen Kapitalgesellschaft konfrontiert sah.

b) Die niederländische «Beslooten Vennootschap» (B.V.)[11]

Im Jahre 1971 ist im holländischen Recht die *Beslooten Vennootschap* (geschlossene Aktiengesellschaft) eingeführt worden. Die spezifischen Unterschiede dieser Rechtsform zur Groß-AG (*Namenlooze Vennootschap*) beschränken sich auf zwei Punkte:
– Die Anteile der B.V. sind bloß beschränkt übertragbar, da sie nur als Namenanteile ausgegeben und nicht als Wertpapier ausgestaltet werden können;
– Die B.V. sind nicht publizitätspflichtig, es sei denn, sie hätten mehr als 8 Millionen Gulden Aktiven oder mehr als 100 Arbeitnehmer. Aber selbst für große B.V. gelten gewisse Erleichterungen, indem etwa die Gewinn- und Verlustrechnung nicht hinterlegt werden muß.

Für sehr große Gesellschaften gelten gewisse Bestimmungen über die Organisation und die Beziehungen zu den Gewerkschaften, unabhängig davon, ob sie als geschlossene oder Publikums-AG konzipiert worden sind.

Die Umwandlung einer B.V. in eine N.V. oder umgekehrt ist durch einfache Statutenrevision und ohne Steuerfolgen möglich. Mit einfachen Mitteln hat das holländische Recht den mittelständischen und kleineren Unternehmen eine Rechtsform mit beschränkter Haftung und namhaften Erleichterungen gegenüber der Groß-AG zur Verfügung gestellt.

c) Die «close corporation» in den USA[12]

Bis zum Beginn des achten Jahrzehnts dieses Jahrhunderts gab es in den Gliedstaaten der USA – das Gesellschaftsrecht ist in den USA einzelstaatlich geregelt; einzig bei den börsenkotierten Großgesellschaften gilt zusätzlich das wichtige einheitlich geregelte Börsenaufsichtsrecht (security exchange law) – nur eine gesetzliche Form der *business corporation*.

Die Rechtsprechung unterschied allerdings dennoch zwischen «öffentlichen» *(public issue corporations)* und «geschlossenen» *(close corporations)* Aktiengesellschaften. Die wesentlichen Merkmale der «close corporation» werden dabei regelmäßig in der geringen Zahl der Aktionäre, der beschränkten Möglichkeit eines Beteiligungsverkaufs an außenstehende Dritte und in einer maßgebenden Beteiligung der Mehrheitsaktionäre an der Geschäftsleitung gesehen. Liegen diese Merkmale mehr oder weniger ausgeprägt vor, so paßt der

---

[11] Vgl. hiezu den Aufsatz von A. STRUB, Die Beslooten Vermootschap (closed corporation) des niederländischen Rechts und die schweizerische Aktienrechtsreform, in: Aspekte der Rechtsentwicklung, Festschrift A. Meier-Hayoz, Zürich 1972, S. 103 ff.
[12] Vgl. etwa HENN, Law of Corporations, 2nd ed., St. Paul 1976, chapter 10; JENNING/BUXBAUM, Corporations, 5th ed., St. Paul 1979, chapter 5. In deutscher Sprache hat sich zur close corporation geäußert U. IMMENGA, in: Die personalistische Kapitalgesellschaft, Bad Homburg v. d. Höhe 1970, insbes. S. 29 ff.

amerikanische Richter seine Auslegung und Anwendung des Rechts diesem Sachverhalt an, indem er etwa an die Rechenschaftspflicht der Geschäftsleitung oder die Treuepflicht der Gesellschafter andere, der personalistischen Struktur angepaßte Maßstäbe ansetzt. Er behandelt die «close corporation», zumindest was die innere Struktur betrifft, nicht aber bei der Haftung, wie eine Personengesellschaft in Form einer Körperschaft[13].

Im Jahre 1969 hat der Staat Delaware sein Aktiengesetz revidiert und ein spezielles Kapitel über die «close corporation» eingeführt, in welchem die obgenannten Charakteristika der «close corporation» als Begriffsmerkmale wieder auftauchen (nicht mehr als dreißig Gesellschafter; Übertragungsbeschränkungen für die Mitgliedschaft; keine öffentlichen Angebote der Aktien gemäß dem Börsenaufsichtsgesetz). Andere Staaten wie Maryland, Florida und vor allem Californien sind dem Beispiel von Delaware gefolgt. In den USA wird somit die Tendenz ebenfalls sichtbar, Kleingesellschaften eine ihnen angepaßte Rechtsbehandlung zu ermöglichen.

IV. Folgerungen aus der Rechtsvergleichung

Die Rechtsvergleichung zeigt, daß die schweizerische GmbH einen Sonderfall darstellt[14]. Im Gegensatz zur Schweiz hat sich in allen besprochenen Ländern die Rechtsform der «kleinen Kapitalgesellschaft» erfolgreich durchgesetzt. Dafür sind wohl zweierlei Gründe maßgebend:
– Einmal ist die Rechtsform der AG praktisch nirgends so flexibel und damit eben insbesondere auch als «private» Kapitalgesellschaft verwendbar wie in der Schweiz, so daß die GmbH durch die AG – und dies trotz deren Nachteile – stark verdrängt wurde;
– In allen besprochenen Ländern ging es darum, für Kleingesellschaften gegenüber der AG Erleichterungen zu schaffen und sie somit zu privilegieren. Nur der schweizerische Gesetzgeber, im an sich lobenswerten Bemühen um den Publikums- und vor allem Gläubigerschutz, hat der GmbH mit soviel Mißtrauen in der Haftungsfrage gegenübergestanden, daß bei der Abwägung der Vorteile und Risiken durch Gesellschaftsgründer regelmäßig die Aktiengesellschaft als Rechtsform vorgezogen wird.

Damit zeigt die Rechtsvergleichung deutlich das Dilemma des Gesetzgebers: Konzipiert er die personalistische Kapitalgesellschaft dadurch ausgewogen,

---

[13] Drei typische Beispiele solcher Rechtsanwendung sind in RIW/AWD 1977, S.364ff. abgedruckt.
[14] Zur Problematik der Rechtsvergleichung im GmbH-Recht vergleiche auch neuestens: H. WOHLMANN, Anmerkungen zum Artikel «Die deutsche GmbH nach der Reform von 1980», von F. RITTNER, aus schweizerischer Sicht, ZSR 1982 I, S.193ff.

indem er die Interessen der Gläubiger und Minderheiten adäquat berücksichtigt, wie dies der schweizerische Gesetzgeber getan hat, so wird diese Rechtsform nur «faute de mieux» benutzt, d.h. nur wenn die Gesellschaftsgründer nicht auf ihnen besser geeignet erscheinende Gesellschaftsformen (wie in der Schweiz die Aktiengesellschaft) ausweichen können. Gestaltet er diese Gesellschaftsform aber vor allem im Hinblick auf den Mehrheitsgesellschafter, so wird sie zwar sehr attraktiv, doch bleibt ein Unbehagen im Blick auf den mangelnden Gläubiger- und Minderheitenschutz zurück.

§ 49. Die GmbH im Verhältnis zur AG

I. Die GmbH als rechtliche Mischform von Kollektivgesellschaft und AG

In den Ausführungen zum Recht der GmbH ist wiederholt darauf hingewiesen worden, daß mit der GmbH eine Rechtsform geschaffen wurde, die sowohl die Wesensmerkmale der Personengesellschaft als auch diejenigen der Kapitalgesellschaft in sich vereinigt[1]. Die Versuche nachzuweisen, die GmbH sei eher Personen- als Kapitalgesellschaft oder umgekehrt, vermögen dabei nicht zu überzeugen, weil sie sich an quantitativen Aufzählungen orientieren[2].

Bei qualitativer Betrachtungsweise ist die GmbH in bezug auf die finanzielle Struktur weitgehend Kapitalgesellschaft, in bezug auf die Rechtsbeziehungen zwischen ihren Mitgliedern weitgehend Personengesellschaft, während die Organisation der Gesellschaft gemischten Charakter hat: Die Organe sind ähnlich gebildet wie bei der AG, während der Grundsatz der Selbstorganschaft deutlich auf die Personengesellschaften hinweist; allerdings ist die Geschäftsführung durch Dritte allein zulässig, was in der Personengesellschaft nicht möglich ist.

---

[1] Schon 1937 hat SCHERER, S. 100, die GmbH wie folgt charakterisiert: «So erscheint die GmbH als das Kreuzungsprodukt einer individualistischen Personenverbindung und einer Kapitalgesellschaft, als der Bastard einer Kollektivgesellschaft und einer Aktiengesellschaft, als eine Art «juristisches Maultier».

[2] So etwa RAMMELMEYER, S. 104ff.; Die Schlußfolgerung, es handle sich bei der schweizerischen GmbH (z.B. SCHERER, S. 100) um eine abgewandelte Kollektivgesellschaft, dürfte deshalb sehr fragwürdig sein.

II. Vor- und Nachteile der GmbH im Verhältnis zur AG[3]

Faktisch verschiebt sich jedoch das Bild. In den Klein-Aktiengesellschaften mögen rechtlich die Beziehungen zwischen den Aktionären zugunsten der Beziehung Aktionär-Gesellschaft zurückgedrängt worden sein[4], die überwiegend anzutreffende Vinkulierung einerseits sowie die Zulässigkeit von obligatorischen Aktionärbindungsverträgen[5] anderseits ermöglichen es, auch in Aktiengesellschaften personenbezogene Elemente zu verankern. In der AG gilt ebenfalls rechtlich das Prinzip der Drittorganschaft; dies schließt faktisch nicht aus, daß in den meisten Kleinaktiengesellschaften die Aktionäre die aktive Geschäftsführung innehaben.

Als theoretischer Vorteil der GmbH vom Standpunkt des Kleinunternehmers aus wird auch betrachtet, daß die Errichtung einer Kontrollstelle nicht vorgeschrieben ist. Da die Regelung über die Kontrollstelle in der AG bei allen Gesellschaften, auf welche Art. 723 OR nicht anwendbar ist – und dies sind die Gesellschaften, die für die Wahl der GmbH-Form in Frage kämen –, so schwach ausgefallen ist, daß effektiv eine echte Kontrolle auch bei der AG nicht stattfinden muß, stellt dies keinen Anreiz für die Wahl der GmbH dar.

Als Vorteil der GmbH verbleibt, daß in der Geschäftsführung nur eine Person mit Wohnsitz in der Schweiz Einsitz nehmen muß und somit eine klare Ausländermehrheit in der Geschäftsführung zulässig ist. Damit fallen auch die bei der AG üblichen fiduziarischen Verwaltungsverhältnisse (Strohmännertum) in der GmbH weg. Ebenso wird die GmbH bevorzugt werden, wenn Nebenleistungen der Gesellschafter eine ausschlaggebende Rolle spielen, obligatorische Aktionärbindungsverträge nicht genügen und nicht die Rechtsform der Genossenschaft gewählt werden soll.

Infolge der konstanten Wertverminderung des Schweizer Frankens ist das Mindestkapital der AG von 50 000 Fr. heute so bescheiden, daß der Anreiz, die GmbH-Rechtsform in Anspruch zu nehmen, nur bei einer kleineren Zahl kapitalmäßig schwach bestückter Gesellschaften besteht. Dies wiederum verleiht der GmbH einen schlechten Ruf, was sich auch auf die Kreditwürdigkeit auswirkt. Es ist nicht auszuschließen, daß bei einer Erhöhung des Mindestak-

---

[3] BÄR kommt in seinem rechtsvergleichenden Aufsatz (S. 84ff.) zu den ungefähr gleichen Schlußfolgerungen wie der Verfasser: «Der Erfolg der GmbH hängt weniger vom mehr kapitalgesellschaftlichen oder mehr personalistischen Konzept ab als vom Platz, den man der AG als potentiell beliebteste Gesellschaftsform einräumt» (S. 90).
[4] Vgl. zur personenbezogenen Aktiengesellschaft A. MEIER-HAYOZ, Der Zug zur personalistischen Kapitalgesellschaft in der Schweiz, in: Gedenkschrift Franz Gschnitzer, Aalen 1969, S. 303ff.; DERSELBE, Personengesellschaftliche Elemente im Recht der Aktiengesellschaft, in: Festschrift Walther Hug, Bern 1968, S. 377ff.
[5] Hiezu die Referate am Juristentag 1959 von H. GLATTFELDER, ZSR 1959 II, S. 141aff. und R. PATRY, ZSR 1959 II, S. 1aff.

tienkapitals auf 100 000 Fr. die GmbH vermehrt als Rechtsform gewählt werden wird.

Da die AG somit praktisch mit den theoretischen Vorteilen der GmbH ausgestattet werden kann, verbleibt für die GmbH der große Nachteil der unbefriedigenden Haftungsregelung. Diese bleibt selbst bei voller Deckung des Stammkapitals ein potentielles Risiko für den Gesellschafter, z.B. bei Rückbezügen anderer Gesellschafter aus dem Kapital. Es ist deshalb nicht erstaunlich, daß die AG soviel attraktiver ist als die GmbH. Wer sein Unternehmen von der Personen- in eine Kapitalgesellschaft umwandeln will, wird regelmäßig den direkten Sprung zur AG vollziehen, anstatt die GmbH zu wählen.

III. Die Rechtsprechung des Bundesgerichts zur Klein-AG und die GmbH

Die bundesgerichtliche Rechtsprechung hat es wiederholt abgelehnt, in der AG personalistische Elemente zu berücksichtigen[6]. Ob der Togal-Entscheid[7], dem offenbar ein besonders krasses Verhalten des Mehrheitsaktionärs zugrundelag, eine Änderung dieser grundsätzlichen Haltung darstellt, darf bezweifelt werden. Diese Rechtsprechung konnte nur deswegen so strikt durchgehalten werden, weil ausdrücklich oder stillschweigend darauf hingewiesen werden konnte, daß anstelle der AG den Parteien die GmbH als Rechtsform offengestanden hätte, wenn diese eine personalistische Struktur ihrer Kapitalgesellschaft gewünscht hätten. Es ist meines Erachtens evident, daß das Bundesgericht zu einer Änderung seiner Rechtsprechung gezwungen würde, wenn die Rechtsform der GmbH im schweizerischen Recht eines Tages aufgehoben würde.

§ 50. Die Zukunft der personalistischen Kapitalgesellschaft

Der heutige Rechtszustand ist unbefriedigend. Die AG wird, obwohl nicht dafür vorgesehen, von kleineren Unternehmen sehr häufig verwendet; die GmbH, obwohl als personalistische Kapitalgesellschaft gedacht, findet keinen

---

[6] BGE 91 II, 1965, S. 298 ff.; 67 II, 1941, S. 162; vgl. hiezu auch die Kritik bei BÜRGI, N. 47 zu Art. 736 OR.
[7] BGE 105 II, 1979, S. 114 ff.; vgl. auch § 45 II N. 4 und 12.

Anklang. In diesem Abschnitt soll deshalb unter Würdigung der bisher gefundenen Ergebnisse eine Skizze der meines Erachtens notwendigen Revisionsbestrebungen in Thesen erfolgen.

1. Das schweizerische Recht benötigt, wie schon MEIER-HAYOZ[1] eindrücklich festgehalten hat, eine Rechtsform der personalistischen Kapitalgesellschaft.

2. Als Rechtsform der Zukunft kommt wohl nur eine modifizierte AG in Frage. Hiezu ebenfalls MEIER-HAYOZ[2]: «Nachdem heute (1969)[3] bereits über 30 000 personenbezogene Unternehmen in der Rechtsform der AG existieren, wäre es unverantwortlich, diese Gebilde bei einer Revision des Gesellschaftsrechts wieder zur Umwandlung in eine Personengesellschaft oder auch nur in eine GmbH oder eine Kommanditaktiengesellschaft zu zwingen.»

Damit dürften die Modelle des englischen und des niederländischen Rechts als Vorbild dienen können.

3. Die personalistische AG würde definiert werden müssen durch:
- Höchstbetrag des Kapitals; bei Überschreitung dieses Betrags wäre eine einfache Umwandlung in eine Publikums-AG zu ermöglichen;
- beschränkte Mitgliederzahl;
- beschränkte Übertragungsfähigkeit (gesetzliche Vinkulierung) der Aktie; keine Ausgestaltung der Aktien als Wertpapiere zulässig;
- der Kapitalmarkt sollte für den Handel mit Aktien dieser Unternehmen nicht zugänglich gemacht werden.

Ob die Geschäftsführung durch die Gesellschafter zu diesen Kriterien gehören sollte, scheint zweifelhaft; selbst die heutige GmbH anerkennt die Möglichkeit der reinen Geschäftsführung durch Dritte.

4. Die Unterschiede zwischen der personalistischen und der Publikums-AG würden in folgenden Punkten bestehen, welche Anreiz für die Benutzung der personalistischen AG sein könnten:
- für die kleine AG könnte das Mindestkapital etwa bei 50 000 Fr. oder 100 000 Fr. belassen werden, während für die Publikums-AG wohl mindestens ein Grundkapital von 1 000 000 Fr. bestehen würde.
- Die Rechnungslegungsvorschriften könnten bei der Klein-AG wesentlich einfacher aussehen als bei der Publikums-AG. Sollte durch Aktienrechtsrevisionen eine Verschärfung dieser Vorschriften ins Auge gefaßt werden, so

---

[1] Vgl. die in Anm. 4 zu § 49 angeführten Aufsätze von MEIER-HAYOZ.
[2] MEIER-HAYOZ, in: Gedenkschrift Gschnitzer, a.a.O. (§ 49, Anm. 4), S.314; die damals von MEIER-HAYOZ vorgenommene Analyse erweist sich auch heute noch als weitgehend zutreffend.
[3] Datum vom Verfasser eingeschoben.

wäre genau zu prüfen, ob nicht Klein-AG von einer solchen Verschärfung ausgenommen sein sollten.
- Bei der Groß-AG bedarf das Recht der Kontrollstelle einer gründlichen Überarbeitung; hingegen dürfte es in der Klein-AG sinnvoller sein, die individuellen Kontrollrechte der Aktionäre auszubauen. Dabei könnte das heutige Recht der GmbH als Modell dienlich sein.
- Der wesentliche Unterschied würde aber darin bestehen, in der personenbezogenen AG die personalistische Komponente auch rechtlich zu anerkennen und die Beziehungen zwischen den Gesellschaftern bei der Auslegung der Rechtsnormen voll zu berücksichtigen.

Vieles spricht auch dafür, wie im derzeitigen Recht der GmbH die Auflösung aus wichtigen personenbezogenen Gründen, den Austritt und den Ausschluß eines Aktionärs zuzulassen.Weniger wichtig ist wohl die von MEIER-HAYOZ ebenfalls erwähnte vermehrte Zulassung von personenbezogenen Klauseln in den Statuten (wie Kaufs- und Vorkaufsrecht, Nebenleistungen etc.)[4].

Nicht verändert werden sollten die Gründungs- und Kapitalerhöhungsvorschriften. Der Kredit der neuen Rechtsform wird weitgehend davon abhängen, ob Mißbräuche hier verhindert werden können.

Zusammengefaßt läßt sich festhalten, daß die personalistische Kapitalgesellschaft des schweizerischen Rechts eine modifizierte Aktiengesellschaft sein sollte, bei deren Gestaltung auch die bisherige Gestaltung der Beziehungen zwischen den Gesellschaftern in der GmbH, die zu wenig Kritik Anlaß geboten hat, berücksichtigt werden sollte.

---

[4] MEIER-HAYOZ, in: Gedenkschrift Gschnitzer, a.a.O. (§ 49, Anm. 4), S.316.

Gesetzesregister

Sachregister

Gesetzesregister

I. Schweizerisches Zivilgesetzbuch, vom 10. Dezember 1907

Art. 2	79, 127, **175f.**, 192, 352$_{N13}$
	Abs 1: 351
	Abs. 2: 351
Art. 3	388
Art. 30	106
Art. 52	*Abs. 3:* 107
Art. 53	11
Art. 55	423
	Abs. 1: 212
	Abs. 2: 210f.
Art. 56	106$_{N19}$, 343
Art. 57	*Abs. 3:* 437
Art. 65	*Abs. 1:* 198
Art. 67	*Abs. 2:* 190
Art. 68	147
Art. 89bis	237
Art. 335	9
Art. 488	*Abs. 2:* 9
Art. 745	376
Art. 746	377
Art. 755	376
Art. 774	377
Art. 899	375
Art. 899	376
Art. 899–906	375
Art. 900	*Abs. 1:* 376
Art. 904	376
Art. 905	376
Art. 933	118
Art. 935	118

II. Schweizerisches Obligationenrecht, vom 30. März 1911/ 18. Dezember 1936

Art. 20	194
Art. 22	*Abs. 2:* 81
Art. 26	413
Art. 31	189
Art. 32	*Abs. 2:* 83
Art. 43	*Abs. 1:* 297
Art. 44	*Abs. 1:* 297
Art. 50	300
Art. 52	*Abs. 3:* 437$_{N18}$
Art. 55	211
Art. 64	252f.
Art. 77	*Abs. 1, Ziff. 3:* 193
Art. 82	*Abs. 2:* 108
Art. 97 ff.	424$_{N29}$
Art. 151	400
Art. 165	*Abs. 1:* 92
Art. 170	*Abs. 2:* 128
Art. 181	96, 286, 439
	Abs. 2: 287
Art. 322a	*Abs. 2:* 263$_{N1}$
Art. 331	*Abs. 1:* 237
Art. 331–331c	29
Art. 404	424, 424$_{N29}$
Art. 458	422
Art. 460	*Abs. 2:* 409$_{N32}$
	Abs. 3: 409$_{N32}$
Art. 462	422
Art. 530 ff.	81

Art. 531   393
Art. 539   424
Art. 541   263$_{N1}$, 427
           Abs. 1: 153$_{N31}$, 200
Art. 543   83
Art. 544   83
Art. 552   349
Art. 555   409$_{N32}$
Art. 557   Abs. 2: 153$_{N31}$
Art. 568   384
           Abs. 3: 304
Art. 591   369f., 401
Art. 596   Abs. 2, Ziff. 5: 209$_{N32}$
Art. 598   Abs. 2: 153$_{N31}$
Art. 600   427
           Abs. 3: 153$_{N32}$, 263$_{N1}$
Art. 603   209$_{N32}$
Art. 620   9$_{N5}$
           Abs. 1: 8f., 59, 72
           Abs. 2: 14f., 163$_{N2}$
           Abs. 3: 17, 107, 321
Art. 621   60$_{N5}$, 273
Art. 622   75$_{N11}$
           Abs. 1: 118, 244
           Abs. 2: 75, 145
           Abs. 3: 75$_{N12}$
           Abs. 4: **73**, 80, 273
Art. 622–673 401
Art. 623   Abs. 2: 80, 144
Art. 624   62$_{N11}$
           Abs. 1: 67
           Abs. 2: 162, 235f., 256
Art. 625   Abs. 1: 53, 88
           Abs. 2: 53, 143$_{N5}$, 204, 281, 350
Art. 626   8, 103, 105
           Ziff. 1: 112
           Ziff. 2: 106, 344
           Ziff. 3: 60$_{N3}$, 72, 75, 75$_{N11}$, 131$_{N50}$
           Ziff. 7: 187, 345
Art. 626–628 101, 182
Art. 627   104, 108
           Ziff. 2: 252
           Ziff. 4: 282
           Ziff. 5: 89, 110
           Ziff. 7: 145

Ziff. 8: 76$_{N19}$, 120, 127, 145, 160$_{N8}$
Ziff. 9: 77, 263
Ziff. 10: 148
Art. 628   68, 83, **93**, 104, 108
           Abs. 1: 93
           Abs. 1 und 2: 33, 109, 254
           Abs. 2: 94
           Abs. 3: 95
Art. 629   Abs 1: 85
Art. 629–637 85
Art. 630   86
Art. 631   Abs. 2, Ziff. 6: 162
Art. 632   89, 256
           Abs. 3: 162
           Abs. 5: 60$_{N4}$, 273
Art. 633   60
           Abs. 1: 62, 90
           Abs. 1 und 2: 67, 89
           Abs. 3: 67, **89**, 257
           Abs. 4: 67, 91
Art. 635   Abs. 2: 66$_{N23}$, 88, 257
           Abs. 3: 86, 90, 100
Art. 636   68, 78, 83, **93ff.**, 111, 111$_{N4}$, 168, 191, 191$_{N26}$, 254
Art. 637   328
           Abs. 1: 101
Art. 638   328
           Abs. 1: 81, 90, 100f.
           Abs. 2, Ziff. 1: 61$_{N10}$, 66$_{N23}$, 88f.
           Ziff. 2: 89
           Ziff. 3: 257
Art. 639   Abs. 2: 279
Art. 640   Abs. 1 und 2: 96$_{N26}$
           Abs. 3: 96$_{N26}$
Art. 641   96$_{N26}$, 101
           Ziff. 3: 106
           Ziff. 4: 60$_{N3}$
           Ziff. 5: 75$_{N11}$, 77$_{N21}$
           Ziff. 6: 68, 83, 93ff., 254
           Ziff. 7: 209
           Ziff. 9: 187
Art. 643   Abs. 1: 97
           Abs. 2: 98, 331
           Abs. 3: 68, 143$_{N5}$, 281, 331$_{N16}$
           Abs. 3 und 4: 98
Art. 644   Abs. 1: 144$_{N10}$
Art. 645   332

	Abs.1: 82f.	Art.663–670	224
	Abs.2: 82	Art.664	*Abs.2:* 227
Art.646	355$_{N21}$	Art.664–669	69, 231
	Abs.1: 170, 172	Art.665	231
	Abs.2: 170		*Abs.2:* 227
	Abs.3: 135, 143, 155, 158, 170	Art.666	231, 233
Art.647	380	Art.667	234
	Abs.1: 101, 109, 111, 258, 272$_{N3}$		*Abs.1:* 233
	Abs.2: 101, 111	Art.668	*Abs.1:* 60$_{N3}$, 62$_{N12}$, 64, 68, 89, 228
	Abs.3: 111, 258		*Abs.2:* 89
Art.648	78, 111, 111$_{N4}$, 168, 191, 344	Art.669	*Abs.1:* 240
	Abs.1: 106, 191$_{N26}$	Art.670	*Abs.1:* 228, 240
Art.649	106$_{N18}$, 110, 111$_{N4}$, 112, 135$_{N1}$, 169, 189, 344		*Abs.2:* 240
	Abs.1: 107, 143$_{N4}$, 279$_{N1}$	Art.671	69, 247
	Abs.2: 169		*Abs.1:* 235, 247
	Abs.2 und 3: 190		*Abs.1 und 2:* 235
Art.650	93		*Abs.2, Ziff.1:* 62$_{N11}$, 235
	Abs.1: 256		*Ziff.2:* 137
	Abs.3: 256		*Ziff.3:* 248
Art.652	14, 66, 109$_{N27}$, 160, 184		*Abs.3:* 236, 245$_{N3}$, 248, 259, 369
Art.653	*Abs.1:* 256f.		*Abs.4:* 248
	Abs.2: 258	Art.672	157, 237
Art.654	*Abs.2 und 3:* 77		*Abs.1:* 249
Art.654f.	78		*Abs.2:* 249
Art.655	110, 111$_{N4}$, 169, 189		*Abs.2, Ziff.3:* 235
Art.656–658	251	Art.673	157, 237, 246, 249
Art.657	40	Art.674	184
	Abs.4: 140, 263		*Abs.1:* 247
	Abs.5: 29, 264		*Abs.2:* 157, 237, 246, 249, 385
Art.657f.	34		*Abs.3:* 157$_{N4}$, 246
Art.658	110, 111$_{N4}$, 169, 189, 263	Art.675	69
Art.659	61, **138**, 140, 265, 267, 378		*Abs.1:* 59, 64, 250
	Abs.1: 138		*Abs.2:* 63f., 226, 244, 250
	Abs.2: 138	Art.676	64
	Abs.2, Ziff.1: 274	Art.677	65, 252, 419
	Abs.5: 138ff., 147, 380	Art.678	70, 252, 388$_{N14}$
Art.660	*Abs.1:* 155, 244		*Abs.3:* 306
	Abs.2: 158	Art.678f.	15
	Abs.3: 77$_{N21}$	Art.679	70, 253
Art.661	14, 66, 248f., 285		*Abs.2:* 253
Art.662	*Abs.1:* 226	Art.680	359, 389, 393, 395
	Abs.2: 224		*Abs.1:* 14f., 62$_{N11}$, 84, 90, 163, 163$_{N2}$, 274, 323
Art.662–670	225		*Abs.2:* 16, 53, 62$_{N13}$, 63f., 69, 138
Art.663	*Abs.1:* 226	Art.681	137, 143$_{N6}$
	Abs.2: 36, 156, 224, 233$_{N23}$, 238, 246		
	Abs.3: 238		

Art. 681 f. 14, 162, 391
Art. 682 90, 143$_{N6}$, 367
Art. 683 *Abs. 1:* 67, 118
  Abs. 1 und 2: 75$_{N13}$
  Abs. 2: 144$_{N10}$
Art. 684 *Abs. 1:* 76, 126, 145
  Abs. 2: 76, 119
Art. 685 **119**
  Abs. 2: 119
  Abs. 3: 120, 144$_{N10}$
  Abs. 4: 76, **119**
Art. 686 16, 76$_{N19}$, 126, 145
  Abs. 4: 130f., 134f., 143, 361
Art. 687 *Abs. 4:* 73$_{N4}$
Art. 689 122$_{N24}$
  Abs. 1: 148, 152, 182
  Abs. 2: 109$_{N26}$, 132, 148
  Abs. 4: 118, 121, 123, 148
  Abs. 5, Ziff. 1: 121f., 134
    Ziff. 2: 122f., 376
Art. 690 376
  Abs. 1: 132
  Abs. 2: 133, 410
Art. 691 *Abs. 1:* 122
  Abs. 3: 188
Art. 692 *Abs. 1:* 14, 66, 78$_{N23}$, 107, 147
  Abs. 2: 146f., 264, 274
  Abs. 3: 273
Art. 693 *Abs. 1:* 78, 131
  Abs. 2: 75, 78
  Abs. 3: 78
Art. 694 147, 162, 257
Art. 695 186, 296
  Abs. 1: 118, 122, 147, 184
Art. 696 **150**
  Abs. 1: 150
  Abs. 1 und 2: 150, 242, 263
  Abs. 1, 3 und 4: 107
  Abs. 3: 187
Art. 697 *Abs. 1:* 151, 219, 219$_{N21}$
  Abs. 1 und 2: 150, 242
  Abs. 2: 152f.
  Abs. 3: 150, 152f., 178, 242
  Abs. 4: 150f.
Art. 698 310
  Abs. 1: 182, 404
  Abs. 2: 172$_{N27}$, 182, 185
  Abs. 2, Ziff. 1: 109
    Ziff. 1–4: 109$_{N27}$
    Ziff. 2: 182, 200, 213, 310
    Ziff. 3: **183**, 225, 229, 236, 245, 252
    Ziff. 4: 184
    Ziff. 5: 184
Art. 699 107
  Abs. 1: 186f., 220f.
  Abs. 2: 188
  Abs. 3: 149, 169
  Abs. 4: 149, 179
Art. 700 107
  Abs. 1: 107, 110, 187
  Abs. 2: 187
Art. 701 409
Art. 702 409
  Abs. 1: 118
  Abs. 2: 188, 199, 410
Art. 703 107, 110, 164, 169$_{N13}$, 190, 256
Art. 704 242, 243$_{N55}$
Art. 705 424
  Abs. 1: 182, 203
Art. 706 9$_{N5}$, 103, 179, 189, 194f., 412
  Abs. 1: 191
  Abs. 2: 78$_{N24}$, 192
  Abs. 3: 193
Art. 707 *Abs. 1:* 108, 200, 204, 305
  Abs. 1 und 2: 415
  Abs. 2: 200
  Abs. 3: 201
Art. 708 *Abs. 1:* 182, 200, 203
  Abs. 4: **78**, 202, 309f.
  Abs. 4 und 5: 310
  Abs. 5: 201, 312
Art. 709 *Abs. 1:* 108
Art. 709 f. 204
Art. 711 **201**, 281, 417, 417$_{N10}$
  Abs. 2: 201
  Abs. 3: 208
  Abs. 4: 143$_{N5}$, 201, 204, 281
Art. 712 206
  Abs. 1: 204
  Abs. 2: **205**
  Abs. 3: 205
Art. 713 313
  Abs. 1: 120, 200
Art. 714 *Abs. 1:* 204
  Abs. 2: 205, 299

Art. 715	*Abs. 1:* 206	Art. 734	276, 383
	Abs. 2: 206	Art. 735	273, 277, 383
Art. 716	206	Art. 736	14, 331_{N16}, 433
Art. 717	299		*Ziff. 2:* 109_{N27}, 184, 272_{N3}, 279
	Abs. 1: **204 ff.**		*Ziff. 3:* 282
	Abs. 2: 205 f.		*Ziff. 4:* 135, 143_{N5}, 169, 180,
	Abs. 3: 108, 204, 208		279, 435
Art. 718	209_{N32}, **422**	Art. 737	282
	Abs. 1: 186, 210	Art. 739	*Abs. 1:* 282 f.
	Abs. 2: 209, 209_{N32}	Art. 740	184
	Abs. 3: 210 f.		*Abs. 1:* 183, 283 f.
Art. 720	**209**	Art. 740 ff.	439
Art. 721	221_{N25}	Art. 741	284
	Abs. 1: 105		*Abs. 1:* 180
	Abs. 2: 89, 119, 182, 182_{N1}, 198		*Abs. 2:* 283 f.
	Abs. 3: 199	Art. 743	*Abs. 1:* 284
Art. 721 f.	197		*Abs. 4:* 184, 284
Art. 722	*Abs. 1:* 198, 204, 295	Art. 744	400
	Abs. 2: 188, **199**	Art. 745	158
	Abs. 2, Ziff. 1–3: 199		*Abs. 1:* 65, 285
	Ziff. 2: 101, 207		*Abs. 2:* **283**, 389
	Abs. 3: 199, 207, 225, 229	Art. 746	285
Art. 723	199, 291	Art. 748	287
	Abs. 1: 213_{N2}	Art. 748–751	282
Art. 724	199, 207, 230	Art. 749	287
Art. 725	**221**, 408		*Abs. 3, Ziff. 3:* 184
	Abs. 1: 70, 221, 245	Art. 751	289, 440
	Abs. 1–3: 199	Art. 752	292
	Abs. 2: 221	Art. 752–761	290
	Abs. 2 und 3: 218	Art. 753	68, 82, 292
	Abs. 3: 222, 245_{N5}, 282	Art. 754	295_{N9}
Art. 727	*Abs. 1:* 108, 182, 213		*Abs. 1:* 291, 296
	Abs. 2: 213 f.		*Abs. 2:* 292
	Abs. 3: 213	Art. 754 ff.	210
Art. 728	*Abs. 1:* 69, 215, 225, 229	Art. 755	16, 292, 294 f.
Art. 729	*Abs. 1:* 216 ff., 247	Art. 755–758	293, 295
	Abs. 2: 183	Art. 756	*Abs. 2:* 300
	Abs. 3: 218, 221	Art. 757	301
	Abs. 4: 219_{N21}	Art. 758	204_{N19}, 294, 295_{N8}
Art. 730	152, 222	Art. 759	297
Art. 731	*Abs. 1:* 184, 214		*Abs. 1:* 299
	Abs. 2: 183, 214		*Abs. 2:* 300
Art. 732	*Abs. 1:* 275	Art. 759–761	295
	Abs. 2: 275	Art. 760	301
	Abs. 2 und 3: 383	Art. 761	301
Art. 732 ff.	71_{N29}, 267, 277		
Art. 732–735	271, 382		
Art. 733	275, 283, 383		

Art. 762	104, **308ff.**, 312		Art. 782	$Abs.1$: 344
	$Abs.1$: 183, 308			$Abs.3$: 344
	$Abs.1$ und 2: 311_{N14}		Art. 783	$Abs.2$ und 3: **332f.**, 336_{N32}
	$Abs.2$: 308f.		Art. 784	341, 355, 382, 416
	$Abs.3$: 313			$Abs.2$: 346, 354, 383_{N8}, 384
	$Abs.4$: 309, 310_{N6}, 313			$Abs.3$: 342, 345, 381_{N1}, 394, 396, 411
Art. 763	311			
	$Abs.1$: 311		Art. 786	334
Art. 764–771	302			$Abs.2$: 357
Art. 765	$Abs.1$: 303		Art. 787	357, 373
	$Abs.3$: 303		Art. 788	369f., **383**
Art. 766	303			$Abs.1$: 383_{N9}
Art. 767	$Abs.1$: 303			$Abs.2$: 345_{N24}, 382f.
Art. 768	306		Art. 789	$Abs.1$: 372
	$Abs.1$: 303			$Abs.3$: 373
	$Abs.2$: 305f.			$Abs.4$: 72_{N1}
Art. 770	$Abs.1$: 303		Art. 790	377f.
Art. 771	301			$Abs.4$: 377
Art. 772	319, 344, 373		Art. 791	322, 358, 380, 410
	$Abs.2$: 372, 390			$Abs.3$: 375
	$Abs.3$: 321, 385			$Abs.4$: 377
Art. 772–827	320		Art. 792	361
Art. 773	60_{N6}, 322		Art. 793	400, 435
Art. 774	322, 372, **390**		Art. 793f.	367
	$Abs.2$: **333**, 382, 390		Art. 794	367, 435
Art. 775	$Abs.1$: 350			$Abs.1$, $Ziff.4$: 367, 434
	$Abs.2$: 350, 437			$Abs.2$: 375_{N11}
Art. 776	343		Art. 795	410
	$Ziff.1$: 343		Art. 796	$Abs.2$: 72_{N1}, 360
	$Ziff.2$: 344		Art. 797	374
	$Ziff.4$: 345		Art. 798	373, 390
Art. 777	343_{N9}, 346		Art. 799	367
	$Ziff.1$: 391		Art. 799–801	391
	$Ziff.2$: 396, 438		Art. 800	$Abs.1$: 392
	$Ziff.3$: 406		Art. 801	338, 392
	$Ziff.7$: 375		Art. 802	337f., 370, 384, 398, 438
	$Ziff.8$: 385f.			$Abs.1$: 369
	$Ziff.9$: 364			$Abs.2$: 387, 398
	$Ziff.10$: 433			$Abs.3$: 373, 395, 400
	$Ziff.11$: 433			$Abs.4$: 390, 399, 439
Art. 778	337, 339, 343_{N9}, 346, 381, 398		Art. 803	$Abs.1$: 393, 395
	$Abs.2$: **332**, 336			$Abs.3$: 373
Art. 779	**328f.**, 341, **381**, 398			$Abs.4$: 395
	$Abs.2$, $Ziff.2$: **333**		Art. 804	**386**, 419
	$Abs.2$ und 3: 329			$Abs.1$: 373
Art. 780	322, 341, 344			$Abs.2$: 386, 399
	$Abs.3$, $Ziff.1$–4: 330			
Art. 781	$Ziff.4$: 370			

Art. 805	369, 401		Art. 842	114
Art. 806	387f., 401		Art. 873	400_{N29}
Art. 807	378		Art. 888	*Abs. 1:* 190
	Abs. 2: 370		Art. 899	*Abs. 2:* 209_{N32}
Art. 808	404		Art. 901	376_{N12}
	Abs. 2: 190, 382, 406		Art. 914	33, 439
	Abs. 3: 394, 410, 416		Art. 926	308
	Abs. 4: 78_{N23}, 413		Art. 930	97_{N28}
	Abs. 5: 413		Art. 931	*Abs. 1:* 60_{N3}, 68, 93, 101, 254
	Abs. 6: 412			*Abs. 2:* 108, 345_{N24}
Art. 809	*Abs. 1:* 408		Art. 932	97_{N27}
	Abs. 2: 406			*Abs. 2:* 97_{N32}, 111
	Abs. 4: 346_{N25}		Art. 933	*Abs. 1:* 104, 209
	Abs. 5: 409		Art. 934	343
Art. 810	407			*Abs. 1:* 224
	Abs. 1, Ziff. 1: 342		Art. 937	101
	Abs. 2: 406		Art. 940	97
Art. 811	*Abs. 1:* 415, 420f.		Art. 944	105_{N16}
	Abs. 2: 416		Art. 944ff.	343
Art. 813	*Abs. 1:* 417		Art. 947	*Abs. 3:* 303
Art. 814	422		Art. 949	321, 343
	Abs. 1: 209_{N32}		Art. 950	*Abs. 2:* 105
	Abs. 2: 424		Art. 951	105_{N16}
	Abs. 2 und 3: 423			*Abs. 2:* 105
	Abs. 4: 423		Art. 956	97_{N30}
Art. 815	*Abs. 2:* 417		Art. 957	224
Art. 817	387, 408		Art. 957–964	401
Art. 818	425f.		Art. 957–973	401_{N3}
Art. 819	429		Art. 958	*Abs. 1:* 225
Art. 820	**433**			*Abs. 1 und 2:* 229
	Ziff. 1: 433		Art. 958–963	224
	Ziff. 2–5: 433		Art. 959	224, 228f.
	Ziff. 3: 434		Art. 960	*Abs. 1:* 224, 229
	Ziff. 4: 331, 337			*Abs. 2:* 230
Art. 821	433			*Abs. 3:* 224
Art. 822	136		Art. 961	224
	Abs. 1: 364		Art. 962f.	224
	Abs. 2: 337		Art. 965	72_{N2}
	Abs. 2 und 3: 437		Art. 967	*Abs. 1:* 118
	Abs. 3: 410			*Abs. 2:* 119_{N11}
	Abs. 4: 364, **369f.**		Art. 978	*Abs. 1:* 75
Art. 823	373, 345_{N24}, 437		Art. 981	*Abs. 1:* 118_{N7}
Art. 824	135		Art. 1006	*Abs. 2:* 119f.
Art. 824ff.	83_{N10}			
Art. 824–826	95, 282, 289, 338			
Art. 827	430			
Art. 839	114			

Art. 1146	120
Art. 1156	*Abs. 3:* 292
Art. 1156 ff.	268
Art. 1157 ff.	264
Art. 1176	264_{N4}

Schluß- und Übergangs-
bestimmungen, vom Dezember 1936

Art. 2	59_{N2}
	Abs 3: 201_{N10}, 281
Art. 14	112
	Abs. 3: 112_{N9}, 281

III. Bundesgesetz über das Obligationenrecht, vom 14. Juni 1881

Art. 626 f.	25
Art. 640	25
Art. 642	25
Art. 644	25
Art. 654	25
Art. 656	25

IV. Bundesgesetz über Schuldbetreibung und Konkurs, vom 11. April 1889/28. September 1949

Art. 39	*Ziff. 7:* 97_{N31}
Art. 46	*Abs. 2:* 344
Art. 113	400
Art. 192	245_{N5}, 282
Art. 195	434
Art. 260	*Abs. 2:* 300
Art. 316 ff.	435
Art. 316a ff.	282_{N12}
Art. 317	434

V. Verordnung über das Handelsregister, vom 7. Juni 1937

Art. 9	97_{N28}
Art. 11 f.	97_{N27}
Art. 19	97_{N27}

Art. 25	106
Art. 25a	203
Art. 42	106_{N21}, 107
Art. 50	*Abs. 2:* 113
Art. 51	437
	Abs. 1: 113
	Abs. 2: 113
Art. 52	155_{N2}
Art. 53	*lit. c:* 18
Art. 64	434
	Abs. 2: 435
Art. 78	86, 96_{N26}
Art. 79	89_{N12}
Art. 80	87, 258, 259_{N17}, 335_{N28}, **381**, 398
	Abs. 1: 259
Art. 81	335
	Abs. 2: 94, 336
Art. 83	89, 110
	Abs. 2: 258
Art. 84	*Abs. 4:* 141
Art. 85	242_{N46}
Art. 86	281
Art. 89	204, 281
Art. 90	335_{N28}, **381**
	lit. d: 335
Art. 113 ff.	97_{N27}

VI. Vorentwurf für eine Teilrevision des Aktienrechtes, vom September 1975

Art. 622	*Abs. 4:* 73_{N7}
Art. 627	*Ziff. 8:* 146_{N17}
Art. 636	93_{N18}, 111_{N4}
Art. 646a	146_{N17}
Art. 647	*Abs. 1:* 111_{N4}
Art. 648	*Abs. 1:* 111_{N4}
Art. 652	*Abs. 2:* 160_{N12}
Art. 653a ff.	260_{N23}
Art. 653g ff.	261_{N25}
Art. 653h	*Abs. 2:* 270_{N17}
Art. 656a	*Abs. 2:* 59_{N2}, 60_{N5}, 193_{N36}, 267_{N8}
	Abs. 3: 267_{N11}

Gesetzesregister

Art. 656a ff.	266_{N7}
Art. 656c	*Abs. 3:* 193_{N36}
Art. 656d	*Abs. 2:* 202
Art. 656e	267_{N10}
Art. 656g	247_{N13}
Art. 659	*Abs. 2, Ziff. 6:* 139_{N7}
Art. 663a	241_{N42}
Art. 666	*Abs. 2:* 233_{N24}
Art. 670	234_{N26}
Art. 685	130_{N45}
	Abs. 3: 133_{N54}
Art. 686	130_{N45}
Art. 686a	146
Art. 693	*Abs. 2:* 79_{N26}
Art. 696	*Abs. 1:* 151, 187
Art. 704	243_{N55}
	Abs. 2: 243_{N55}
Art. 706	*Abs. 5:* 194_{N42}
Art. 727a	*Abs. 1:* 214_{N3}
Art. 727b	214_{N4}
Art. 727c	214_{N5}
Art. 730	*Abs. 1:* 230_{N18}

VII. Bundesgesetz über die Banken und Sparkassen, vom 8. November 1934/11. März 1971

Art. 6 *Abs. 4:* 242_{N48}

Verordnung zum Bundesgesetz über die Banken und Sparkassen, vom 17. Mai 1972

Art. 8	*Abs. 2:* 208_{N28}
Art. 27	242_{N48}
Art. 43	*Abs. 3:* 215_{N8}

Bankenverordnung, vom 1. Dezember 1980

Art. 11 *Abs. 1:* 66_{N21}

Baslerisches Kotierungsreglement, vom 11. Dezember 1944

§ 6 *Ziff. 6:* 242_{N51}

Zürcherisches Kotierungsreglement, vom 2. Oktober 1972

§ 6 *Ziff. 7:* 242_{N51}

VIII. Bundesgesetz über die Ausgabe von Pfandbriefen, vom 25. Juni 1930

Art. 38 242_{N49}

Vollziehungsverordnung zum Bundesgesetz über die Ausgabe von Pfandbriefen, vom 23. Januar 1931

Art. 21 242_{N49}

IX. Bundesgesetz betr. die Aufsicht über die privaten Versicherungseinrichtungen, vom 23. Juni 1978

Art. 21 *Abs. 2:* 242_{N50}

X. Bundesbeschluß über den Erwerb von Grundstücken durch Personen im Ausland, vom 23. März 1961

Art. 2 *lit. c:* 31_{N22}

Verordnung über den Erwerb von Grundstücken durch Personen im Ausland, vom 21. Dezember 1973

Art. 1 31_{N22}

XI. Schweizerisches Strafgesetzbuch, vom 21. Dezember 1937

Art. 253	95_{N21}
Art. 321	*Abs. 1:* 222

XII. Bundesrepublik Deutschland
Aktiengesetz, vom 30. Januar 1937/6. September 1965

§1	9_{N5}
§7	60
§8	Abs.3: 79_{N27}
§§15–22	42
§19	140
§§76ff.	198_{N2}
§§95ff.	198_{N2}
§§125ff.	149_{N24}
§§142–146	154_{N35}
§152	Abs.7: 240, 240_{N38}
§179	Abs.2: 111
§243	Abs.2: 174_{N39}
§§258–261	154_{N35}
§§291–338	42
§315	154_{N35}

GmbH-Gesetz, von 1980

§13	400_{N33}
§22	400_{N33}

Gesetz über die Rechnungslegung bestimmter Unternehmen und Konzerne, vom 15. August 1969

§7a	20_{N31}

XIII. Österreich
Verordnung zur Durchführung des Kreditwesensgesetzes, vom 5. Dezember 1979

§§1–5	66_{N21}

XIV. Frankreich
Loi sur les sociétés commerciales, vom 24. Juli 1966

Art. 71	60
Art. 73	9_{N5}

Art. 89ff.	198_{N3}
Art. 113	Abs.2: 208_{N30}
Art. 118ff.	198_{N3}
Art. 226	154_{N35}

XV. Italien
Codice civile, von 1942

Art. 2325–2461	47
Art. 2359f.	140

XVI. Europäische Wirtschaftsgemeinschaft
Vertrag von Rom zur Gründung der Europäischen Wirtschaftsgemeinschaft, vom 25. März 1957

Art. 54	Abs.3, lit.f: 48
Art. 58	Abs.2: 52
Art. 220	52

2. EWG-Richtlinie, vom 13. Dezember 1976

Art. 6	Abs.1: 60

4. EWG-Richtlinie, vom 25. Juli 1978

Art. 8–10	228_{N14}
Art. 11	243_{58}
Art. 22–26	229_{N16}
Art. 27	243_{N58}
Art. 43	230_{N17}
Art. 47	253_{N58}

Statut für die europäische Aktiengesellschaft (Vorschlag) von 1975

Art. 82	Abs.5: 117

Sachregister

Abberufung aus wichtigen Gründen
– bei der GmbH 355
Abfindung; siehe auch Stammanteil 364, 369
– Anspruch 367 f.
– Zahlung 365
Abschreibungen 232
– Methode 233
– Prinzip 232
Absorption 288
Abtretung
– eines GmbH-Anteils
– – Voraussetzungen **358 ff.**
à conto-Dividende 250
à fonds perdu-Beiträge 62
Agio 62, 89, 268
Aktien **71 ff.**, 322
– Arten 75 f., 107, 145
– Begriff 71
– couponlose 251
– eigene, Verbot des Erwerbes 137 f.
– – Ausnahmen 138
– – Gefahren 138
– – Grundsatz 138
– Gattungen 77
– Gratisaktien 133, 255
– Handelbarkeit 115
– Mitgliedschaftspapier 16
– Mitgliedschaftsstelle 71
– Namenaktien 76
– nennwertlose 74
– nicht verbriefte 76
– Pflichtaktien 108
– Prioritätsaktien 77
– Rückkauf 274
– Rückruf 274
– rückrufbare 135
– Stammaktien 77
– Stimmrechtsaktien 78
– stimmrechtslose 265
– Teilsumme 72
– Unteilbarkeit 79, 131
– Urkunde 72
– – deklaratorische 72, 144
– Verpfändung 134
– Vorzugsaktien 77
– Zerlegung 79, 132
– Zusammenlegung 80, 131, 273
Aktienart 75, 107, 145
Aktienbuch 119

Aktienerwerb, originärer 114
Aktiengesellschaft
– Abberufung der Verwaltung 182, 200
– Basis- 18
– Definition 8
– Einmann- 11, 52
– Errichtung 327
– Familien- 31, 34, 56 f.
– gemischtwirtschaftliche **307 ff.**
– – Entsendungsrecht 311
– Holding- 55
– Immobilien- 19, 30, **54 f.**
– Kleingesellschaften 30
– Mantelgesellschaft 57 f.
– multinationale 33, 106
– öffentlich-rechtliche 311
– paritätische 309
– personalistische 325
– Rechtshandlungen vor der Entstehung 82
– Umwandlung in eine GmbH 95 f., 289, 328, 338 f.
– Verhältnis zur GmbH **452 ff.**
– Zweck 17, **106 f.**
– – Änderung 191, 282
– – Allgemeines **106 ff.**
– – Freiheit 17, 107
– – Gegenstand 106
– – Geschäftsbereich 107
Aktienkapital siehe Grundkapital
Aktienmantel 57 f.
Aktienrecht
– Auslegung 37
Aktienrechtsrevision **38 ff.**
Aktienspaltung 128
Aktiensplit 79, 132
Aktientausch 32
Aktionärrechte **114 ff.**
– Auskunftsrecht 355
– Einsichtsrecht 153
– Mitwirkungsrechte **141 ff.**
– Vermögensrechte **154 ff.**
Aktionärsdarlehen 63
Aktionärsgruppen 202
Aktionärspflicht 90
Aktionärsschutz **164 ff.**
Aktiven und Passiven 225
Aktivvertretung 423
Aktivierungs-
– Fähigkeit 226

– Pflicht 226
– Wahlrecht 226
Amortisation 140f., 274, 384
– mit Kapitalherabsetzung 140
– ohne Kapitalherabsetzung 140f.
Amtsdauer 203, 213
Anfechtung 191
– Aktivlegitimation 193
– Gestaltungsurteil 194
– Gründe **192f.**
– Klagefrist 193
– Passivlegitimation 193
– Streitwertberechnung 194
Anfechtungsklage
– bei der AG 179
– – und Verantwortlichkeitsklage 293
– bei der GmbH 354, 405, 412
Annexion 96, 287
Anonymisierung 75
Anschaffungskosten 231
Anteil siehe GmbH-Gesellschaftsanteil
Anteilbuch **377ff.**
– Eintrag
– – der Abtretung 360
– – der neuen Gesellschafter 362
– Eintragungspflicht **377ff.**
– Prüfung 427
Anteilschein 374
Antragsrecht 148, 189
Anzeigepflicht bei Kapitalverlust 70
Arbeitnehmer siehe Mitbeteiligung
Auflösung
– der AG 135, **278ff.**
– – Klage 180, **279f.**
– der GmbH 345, 353, 411, **432ff.**
– – Beschluß 370
– – Gründe **433ff.**
– – – gesetzliche **434ff.**
– – – statutarische **433f.**
– – – wichtige **435ff.**
– – Klage 331, 337, 354
Aufsichtsrat 429, 431
Aufsichtsratssystem 197
Aufsichtsstelle siehe Kommanditaktiengesellschaft
Aufwertung 234
Ausgabepreis 256
Ausgründung 96
Auskunftsrecht
– bei der AG 151
– – Gegenstand 151
– – Klageberechtigung 153
– – Schranken 152
– bei der GmbH 355

Auslegung siehe Aktienrecht, Statuten
Ausschüttungssperre 232
– verstärkte, im Liquidationsverfahren 283
Ausschluß
– bei der AG 135
– bei der GmbH; siehe auch Kapitalherabsetzung, Statuten 325, 345, 353, **363ff.**, 379, 410
– – auch wichtigem Grund **364ff.**, 437
Ausstandsgründe 147
Austritt
– bei der AG 136
– bei der GmbH; siehe auch Kapitalherabsetzung, Statuten 325, 345, 353, **363ff.**, 379
– – aus wichtigen Gründen 354, **364f.**
– – vermögensrechtliche Folgen **367ff.**
Ausweisstetigkeit 226

Banken
– Depotstimmrecht 93, 123
Bargründung 328, **333f.**
Barzeichnung 381
Basisgesellschaften 18
Begleitbericht 39
Beherrschung 19
Beitragspflicht 15, 162
– Beschränkung 15
Bekanntgaberecht 150f.
Bekanntmachungen 108
Belgien 47
Beschlußfähigkeitsvoraussetzungen 110, 189
Beschlußfassung siehe Generalversammlung, GmbH-Gesellschafterversammlung
Beteiligung 55
– wechselseitige 139
Beteiligungsfinanzierung 254
Beteiligungsübernahme 20, 31
Betreibung
– bei der GmbH 400
– – Ort 344
Beurkundung, öffentliche siehe GmbH
Bewertung **230ff.**
Bewertungsstetigkeit 226
Bezugsrecht
– bei der AG **159ff.**
– – Begriff 159
– – Beschränkung 159
– – Übertragbarkeit 162
– – Zweck 159
– bei der GmbH 373, 380, 382, 430
– – Entzug 357
Bilanz **225ff.**
– Gewinnermittlungsbilanz 226
– Unterbilanz 245, 277

Bilanzgenehmigung 183
Bilanzgewinn 63, **244 ff.**
Bilanzierungsgrundsätze **223 ff.**
Bilanzierungszeitpunkt 227
Bilanzklarheit 36, 228
Bilanzkontinuität, formelle und materielle 226
Bilanzumstellung 284
Bilanzverlust 245
Bilanzvermerk 228
Bilanzwahrheit 36
Bindewirkung
– des Grundkapitals 62
– der Reserven 236
Board-System 197
Bruttoprinzip 229
Buchaktionär 129
Buchführungspflicht 224
Büchersachverständige, unabhängige 213
Bundesrepublik Deutschland 42 f., **446 ff.**

Coupons 251

Darlehen
– an Aktionäre 63
– von Aktionären 92
Debatterecht 148, 189
Décharge
– bei der AG 184, 301
– bei der GmbH 431
– – Beschluß 431
Deckungspflicht 390
– für Stammeinlagen 438
Delegierter 208
Depotstimmrecht der Banken 93, 123
Dividende
– bei der AG 63, **155 ff.**, **249 ff.**
– – à conto 250
– – außerordentliche 250
– – Berechtigung **155 ff.**
– – Coupons 251
– – Interimsdividende 249
– – Mindestdividende 250
– – Verwässerung 265
– – Vorrecht 77
– – Vorzugsdividende 251
– bei der GmbH 430
– – Berechtigung 380
– – Forderungsrecht 386 f.
Domizil- und Nationalitätsvorschriften 201, 281, 417
Doppelgesellschaft 84

Drittorganschaft
– bei der AG 13, 165
– bei der GmbH 323
Durchgriff 12
Durchgriffsproblematik 350

EG-Richtlinien **48 ff.**
Eigenkapital 235
Eigentum, gemeinschaftliches
– an Aktien 132
Einheitstheorie 127
Einlagepflicht, Verbot des Erlasses 67
Einlagerückgewähr, Verbot 62 f., 69, 138
– Gefahren 53
– Zulassung 53
Einmannaktiengesellschaft 11, 52
Einmann-GmbH 350
Einsichtsrecht siehe Aktionärrechte
Einzelrechte 143, 150
Einzelzustimmung 80
Elemente, personalistische 14, 16
Entgelt siehe Geschäftsführer
Entlastung siehe Décharge
Entsendungsrecht
– in gemischtwirtschaftlichen Gesellschaften 311
Entzug
– der Geschäftsführungsbefugnis **423 ff.**
Erbschaftsplanung 56, 72
Erhöhungsbeschluß 256
Ermessensüberprüfung durch den Richter 174
Europäische Gemeinschaft **48 ff.**; siehe auch Gesetzesregister unter EWG

Fakultativer Statuteninhalt siehe Statuteninhalt
Familiengesellschaft 31, 34, **56 f.**
Feststellungsbeschluß 257
Fick Heinrich, Entwurf (1875) 24
Firma
– der AG 105, 282
– der GmbH 320 f., 343
Fortführungswerte 234, 284
Fortsetzung der Gesellschaft
– bei der AG 361
– bei der GmbH **361 f.**
– – Ablehnung des neuen Gesellschafters 362
Frankreich 44 f., **448 f.**
Fremdverwaltung 165

Fusion
- bei der AG 135 **286 ff.**
- bei der GmbH **439 f.**
- unechte 288

Garantiekapital siehe Stammkapital
Gautschi Georg, Bericht 39
Gegenstand siehe Gesellschaftszweck
Gemeinschaftsunternehmen 84 f.
Gemischtwirtschaftliche Aktiengesellschaft **307 ff.**
- Entsendungsrecht 311
Generalversammlung **182 ff.**
- Befugnisse **182 ff.**
- Beratung 182
- Beschlußfähigkeit 189
- Beschlußfassung **189 ff.**
- Einberufung **186 ff.**
- - durch die Kontrollstelle 220
- - Klage 179
- - Recht 149
- Leitung 188
- qualifiziertes Mehr 191
- Quorum 189
Genußscheine 263 f.
Gerichtsstand
- der GmbH 344
Gesamtakt 88
Gesamtbefugnis 204
Geschäfte, schwebende 227
Geschäftsbericht 230
Geschäftsbücher der GmbH
- Einsichtsrecht 439
- Hinterlegung 439
Geschäftsführer der GmbH
- Begriff **414 ff.**
- Bestellung **415 ff.**
- deliktische Handlungen
- - Haftung der GmbH 423
- Entgelt 419
- Entlastung 407
- Konkurrenzverbot **425 f.**
- Organstellung 418, 423
- Pflichten **419 ff.**
- - zur gemeinsamen Ausübung der Geschäftsführung 420 f.
- - zur persönlichen Ausübung 420
- - Sorgfaltspflicht 420
- - Treuepflicht 420
- Rechtsstellung **418 ff.**
- Voraussetzungen, persönliche 416 f.
Geschäftsführung in der GmbH 323, **414 ff.**
- Begriff 414 f.

- Entzug 345, **423 ff.**
- durch Gründungsgesellschafter 323, 332 f., 355
- Nichtausübung 368
- Übernahme der Kompetenzen durch die Gesellschafterversammlung 405
- Verantwortlichkeit 353, **430 f.**
Gesellschaft mit beschränkter Haftung siehe GmbH
Gesellschaft, einfache 328 f.
Gesellschaften, multinationale 33, 106
Gesellschafter siehe GmbH-Gesellschafter
Gesellschafterversammlung siehe GmbH-Gesellschafterversammlung
Gesellschaftsanteil siehe GmbH-Gesellschaftsanteil
Gewinnausschüttung 157
- verdeckte 70
Gewinnausweis 156
Gewinnbeteiligung 157
Gewinnbezüge, ungerechtfertigte 398
- Rückerstattung 387 f.
Gewinnermittlungsbilanz 226
Gewinnerzeugung 155
Gewinnmaximierung 156
Gewinnstrebigkeit 155
Gewinn- und Verlustrechnung **229 ff.**
Gewinnverwendung 183, 216, **244 ff.**
- Beschluß 245
Gewinnvorwegnahme 246
Gleichbehandlung
- der Aktionäre 138, 160, 175
- der Gesellschafter in der GmbH
- - Grundsatz 342, **351**
Gliederungsvorschriften 228, 229
GmbH
- als Alternative zur AG 30
- Auflösung; siehe auch dort 325, 345, 353, 366, 411, **432 ff.**
- Ausblick **454 ff.**
- Ausschluß siehe dort
- Austritt siehe dort
- Bedeutung, wirtschaftliche 443 f.
- Bekanntmachungen, Form 345 f.
- Begriff **319 ff.**
- Beurkundung, öffentliche **326 ff.**
- Charakteristika **320 ff.**
- Entstehung 322, **328 ff.**
- Gegenstand 344 f.
- Geschichte **441 ff.**
- Gründung **326 ff.**, **333 ff.**
- Haftung für deliktische Handlungen der Geschäftsführer 423
- Jahresrechnung **401 ff.**

Sachregister

– – Kontrolle **426 ff.**
– – – Organisation **426 f.**
– – – Verantwortlichkeit **430 f.**
– Liquidation 332, **432 ff.**
– Mitgliedschaft siehe dort
– Organisation 320 f., 404 ff.
– Rechtsvergleichung **445 ff.**
– – Deutschland **446 ff.**
– – Frankreich **448 f.**
– – Großbritannien **449**
– – Niederlande **450**
– – Österreich **448**
– – USA **450 f.**
– Reingewinn
– – Anteil 373
– – Verwendung 407
– Sitz 343
– Statuten; siehe auch dort **340 ff.**
– Struktur, finanzielle **371 ff.**
– Typologie **324 f.**
– Übernahme durch öffentliche Körperschaft 440
– Vermögen
– – Rückzahlungen 377
– Zweck 320 f., 327, 344, 385
– – unsittlicher 331
– – widerrechtlicher 331
– Zweigniederlassungen 344
GmbH & Co. AG 349
GmbH-Gesellschafter **348 ff.**
– Ausscheiden **363 ff.**
– – vermögensrechtliche Folgen **367 ff.**
– Bezugsrecht **382**
– Einzahlungspflicht **389 ff.**
– Haftung 327, **397 ff.**
– – Wegfall 398 f.
– Konkurs 434 f.
– – Widerruf 434
– Kontrollrecht 355
– Mitverwaltungsrechte 376 f.
– Nachschußpflicht 389, **393 ff.**
– Nebenleistungspflicht 389, **395 ff.**
– Stimmrecht 354, 373, **413 f.**
– – Bemessung 413
– – Entzug 413
– Überwachungsrecht 426, **428 f.**
– vermögensmäßige Pflichten **389 ff.**
– Vermögensrechte 373, **384 ff.**
GmbH-Gesellschafterversammlung 323, 394, **404 ff.**
– Beschluß 346, 353, 407
– Beschlußfassung **404 ff.**, **410 f.**
– – Ungültigkeit von Beschlüssen 412
– Durchführung **408 ff.**

– Einberufung 346, 354, 408 f.
– Ersetzung durch Urabstimmung **406 f.**
– Kompetenzen **407 f.**, 424
– – operative 407
– – Überwachungskompetenzen 407
– Protokoll 410
GmbH-Gesellschaftsanteil 322, **371 ff.**
– Abfindung 364, 369
– – Zahlung 365
– Abtretung **358 ff.**, 410
– Amortisation 384
– Begriff 372
– Erwerb eigener Anteile **378 ff.**
– Herrschaftsrechte 380
– bei Mehrheit von Personen 374 f.
– Mindestbetrag 322
– Teilung 377, 407, 410
– Übertragung 377
– Verurkundung **373 f.**
GmbH-Holdinggesellschaften 444
Going concern 234, 284
Gratisaktien 133, 255
von Greyerz, Kommission 40
Großbritannien **45 ff.**, 449
Gründung
– der AG **85 ff.**
– – Ausgründung 96
– – einfache **87 ff.**
– – Gründer **88 ff.**
– – Gründerbericht 86
– – Gründervorteile 95
– – Haftung 68, 292
– – Mängel 98, 281
– – qualifizierte 87, **91 ff.**
– – Rückgründung 97
– – rückwirkende 97
– – Simultangründung 87
– – Sukzessivgründung 85 f.
– – treuhänderische 81
– – Umgründung 95, **98 ff.**
– – Wirkung der Handelsregistereintragung 97
– der GmbH **326 ff.**
– – Arten **333 ff.**
– – Gründungsbericht 334
– – Mängel 327, **330 f.**
– – – Anfechtbarkeit 329
– – qualifizierte 328, 339
Gründergesellschafter
– bei der GmbH 323, 362, 416
– – Abberufung aus wichtigen Gründen 355
– – Recht auf Geschäftsführung 355
Gründungsgesellschaft
– bei der AG **81 ff.**

– bei der GmbH **328f.**
– – öffentliche Beurkundung **328f.**
– – qualifizierte **334ff.**
– – rechtsgeschäftliche Handlungen der Gründer vor der Eintragung im Handelsregister 332
Grundkapital 14, 322
– Aufbringung **66ff.**
– Begriff 59
– Bestimmtheit 59, 134
– Erhaltung **68ff.**, 232
– Funktionen 61
– – Ausschüttungssperrziffer 64
– – Garantie eines Mindestreinvermögens 62
– – Maßstab der Mitverwaltungsrechte 66
– – Risikokapital 65
– – Summe
– – – aller Einlagen 62
– – – aller Nennwerte 61
– Garant eines Mindestreinvermögens 15
– Maßstab der Mitverwaltungsrechte 14
– Mindesthöhe 60
– nicht einbezahltes 62, 68, 89, 110
– Offenlegung 60
– Passivierungspflicht 68
– Statuteninhalt 107
– Unverletzlichkeit 59
– Vermögensbindung 14, 62

Haftung siehe Verantwortlichkeit
Haftungsausschluß 15
Haftungsdurchgriff 12f.
Handelbarkeit der Aktie 115
Handelsregister, AG 96
– Anmeldung 96
– heilende Wirkung 98
– konstitutive Wirkung 97
Handelsregister, GmbH
– Einreichen der Mitgliederliste 378
– Eintrag **320ff.**, **326ff.**, 344, **370**
– – Anmeldung 330, 360
– – Inhalt 336
– – konstitutive Wirkung 326, 330
– – Löschung 370
– – Prüfung **330f.**
Handelsregisterführer
– Kognition 97
Handlungsbevollmächtigte
– Ernennung 405f.
Handlungsfähigkeit 416f.
Harmonisierung des Gesellschaftsrechtes in der EG 48
Herabsetzungsgründe 297

Herabstempelung 273
Herstellungskosten 231
Hilfsperson
– Haftung 423
Höchstbewertungsvorschriften 69, 231
Hoffmann Arthur, 2. Entwurf (1923) 27, 442
Holdinggesellschaften 55f.
Holdingstiftung 35f.
Huber Eugen, 1. Entwurf (1920) 26, 441f.

Identität, wirtschaftliche 11
Immobiliengesellschaften 19, 30, 54f.
Imparitätsprinzip 231
Inhaberaktien 67, **75f.**
– Verbot der Ausgabe nicht voll einbezahlter 67
Insidertransaktionen 116
Interimsdividende 249
Italien 47
Jahresrechnung
– der AG; siehe auch Bilanz **225**
– Prüfung **215ff.**
– – Gegenstand 215
– – Ziel 215
– Offenlegung **242f.**
– der GmbH **401ff.**
– – Abnahme 407
– – Organe 403
Joint-venture 85f.
Juristische Person 11

Kaduzierung 90, 135, 137, 162, 363, 367, 391ff., 397
– Verfahren 370, 438
Kapital; siehe auch Grundkapital
– autorisiertes 260
– bedingtes 261f.
Kapitalaufbringung, Sicherung 66
Kapitaleinlage, Sicherung 67
Kapitalerhaltung **68ff.**, 232
Kapitalerhöhung
– bei der AG 166, **253ff.**
– – durch Ausgabe neuer Aktien 254
– – bedingte 261
– – gegen Einlage 254
– – genehmigte 260f.
– – aus Gesellschaftsmitteln 254, 258f.
– – materielle 254
– – durch Nennwerterhöhung 254
– – nominelle 255, 258
– – mit Verrechnung 259

Sachregister

– bei der GmbH 334, 342, 379, **380 f.**, 430
– – qualifizierte 334
Kapitalgesellschaft 14, 59
– personalistische siehe personalistische Kapitalgesellschaft
Kapitalherabsetzung
– bei der AG 71, 166, **271 ff.**
– – Herabsetzungsbilanz 275
– – Herabsetzungskontrollstelle 275
– – Rückzahlung 271
– – Sanierung 272
– – Umfinanzierung 272
– – Verlustbeseitigung 272
– bei der GmbH 331, **382 ff.**
– – Verfahren 370
Kapitalsammlung 17
Kapitalumstellung 258
Kapitalverlust 70, 221, 245
– Anzeigepflicht 70
Kapitalverwässerung 255
Kartelle 325, 385, 396, 442 f., 445
Kautelarjurisprudenz 40
Keinmanngesellschaft 379
Klage
– auf Abberufung der Liquidatoren 180
– auf Auskunftserteilung 178 f.
– Rechte **178 ff.**
– – auf Auskunftserteilung 153
Kleinaktien 73
Kleingesellschaften 30
Körperschaft 9
Kognition siehe Handelsregisterführer
Kognitionsbeschränkung der Gerichte 173
Kombination 287
Kommanditaktiengesellschaft **302 ff.**
– Aufsichtsstelle 306
Kompetenzdelegation **206 ff.**, 299 f.
– Grenzen 207
– Grundlage 207
– Verantwortlichkeit 299
– Wirkung 207
Konkurrenzverbot 368, 411, **425 f.**
Konkurs
– bei der AG 222, 282
– – Aufschub 282
– bei der GmbH 367, 400
Konsolidierung 240 f.
Kontrollrechte 142, **149 ff.**
Kontrollstelle
– bei der AG **211 ff.**
– – Anforderungen, fachliche 213
– – Aufgaben **214 ff.**
– – Auskunftspflicht 219
– – Bericht **217 ff.**

– – – Hinweise 218
– – – Vorbehalte 217
– – – Zusätze 219
– – Berichterstattung **217 ff.**
– – Einberufung der Generalversammlung 220
– – Empfehlung 217
– – Hilfsorgan 212
– – Innenorgan 212
– – Rechnungsprüfung **214 ff.**
– – Stellung **212 ff.**
– – Unabhängigkeit 214
– – Verschwiegenheit 222
– – Wahl 213
– bei der GmbH 323, 427, 429 f.
– – Organisation **426 f.**
Konventionalstrafe 411
Konzentrationsfähigkeit 115
Konzerngesellschaft 13, 19, 31
Konzernierung 166
– Wirkung 32
Konzernierungsinstrument 20
Konzernrechnung **240 f.**
Konzernrecht 40
Konzessionensystem 22
Kopfstimmrecht 206

Legaldefinition 8
Legalitätsprüfung 215
Leistungspflicht, beschränkte
– Grundsatz 323
Leistungsklage 178
Liberierung **66 ff.**, 89
– Betrag 89
Liechtenstein, Fürstentum 48
Liquidation
– der AG **284 ff.**
– – Anteil 158
– – Ergebnis 285
– – stille 285
– – Verfahren 285
– der GmbH **432 ff.**, **437 ff.**
– – Ansprüche gegen die Gesellschafter 438
– – Anteil 377, 388 f.
– – Ergebnis 373
– – – Beteiligung **388 f.**
– – Kommission 435
Liquidator der GmbH **438 ff.**
Löschung der Gesellschaft; siehe auch Handelsregister, Verwaltungsrat 285
Löschung von Amtes wegen 281

Majorzsystem 201
Mantelgesellschaft **57 f.**

Mantelgründung 328, **337f.**
Mantelverwertung **337f.**
Mehrheit
– qualifizierte 93, 110
– Sonderinteressen 173
Mehrheitsprinzip 10, 83, 165
Minderheitenrechte 143, 168
– Mißbrauch 169
– negative 168
– positive 169
Minderheitenschutz **167ff.**
Mindestdividende 250
Mindesteinzahlung 67
Mindestkapital 60
Mindestnennwert 73
Mitarbeiteraktien 261
Mitbeteiligung der Arbeitnehmer 266
Mitglieder der GmbH
– Liste 378
– Neuaufnahme **357ff.**
– – Recht auf Geschäftsführung 362
Mitgliedschaft bei der AG 16, **141ff.**
– Beschränkung der Übertragbarkeit siehe Vinkulierung
– Maßstab 66
– Rechte **142ff.**
– Stellen, Konstanz der Zahl 134
– Übertragbarkeit 16, 145
– Übertragung **114ff.**
– – Art 121
– – – fiduziarische 121
– – – Legitimationsübertragung 121
– – – Vollübertragung 121
– – Form 118
– – – Inhaberaktien 118
– – – Namenaktien 119
– – – Rektaaktien 120
– – – unverbriefte Aktienrechte 121
– Unentziehbarkeit 135, 143
– Verurkundung 144
Mitgliedschaft bei der GmbH 320, **348ff.**
– Begriff 348f.
– von Handelsgesellschaften 349f.
– Voraussetzungen 349
Mitgliedschaftsanteil bei der GmbH
– Abtretung **358ff.**
– – Gültigkeit 358f.
– – Voraussetzungen 358f.
– Übertragung **357f.**
Mitgliedschaftsrechte bei der GmbH
– Einteilung **353ff.**
– auf Gesellschaftsbeschluß beruhende 354
– gesetzliche 353
– Rechtsgrundlage **353ff.**

– statutarische 354
– unverzichtbare 354
Mitverwaltungsrechte 14
Mitwirkungsrechte 142
Mobilisierung des Bodenwertes 20
Monismus 197
Multinationale Gesellschaften 33, 106
Munzinger, Entwurf (1864) 23

Nachbezugsrecht 251
Nachlaßvertrag 435
– mit Vermögensabtretung 435
Nachliberierung 90
Nachschuß
– bei der AG 15, 163
– bei der GmbH 407
– – Forderung 402
– – Pflicht 323, 342, 373, **393ff.**, 411, 430, 438f.
– – – Begriff 393f.
– – – Geltendmachung 394f.
– – – Nichterfüllung 395
– – – und Statuten 394
Namenaktien 76
Nationalitätsvorschriften 201, 281, 417
Nebenleistung
– bei der AG
– – Verbot 163
– bei der GmbH 438
– – Pflichten 323, 342, **395ff.**, 411, 430
– – – Begriff 396
– – – Nichterfüllung 397
– – – und Statuten 396f.
Nennwert 107
Nennwertsystem 73
Nichtigkeit 412
– relative 196
Nichtigkeitsklage 180, **194ff.**, 332
Niederlande 47, 450
Niederstwertprinzip 233
Non-versé 62, 68, 89, 110
Normentheorie 102
Nutznießung 132, 361
– Bezugsrechte 133
– an Gratisaktien 133
– Vinkulierung 133

Observanz 101
Öffentlich-rechtliche Aktiengesellschaft 311
Österreich 43f., 448
Omnipotenztheorie 185
Optionsanleihen 262, 270

Organ
- Abgrenzung von Hilfspersonen 423
- oberstes 182
- Stellung der Geschäftsführer 418
Organgesellschaft 84
Organhaftung 210
Organisation
- der GmbH 320, **426 f.**
OR-Geschäftswert 230

Paritätstheorie 83, 185
Partizipationsschein 34, 259, 263
Passivvertretung 423
Patronatserklärungen 229
Perpetual succession 9
Perpetuierung des Aktionärkreises 126
Personalistische Elemente 14, 16
Personalistische Kapitalgesellschaft **454 ff.**
- Abgrenzung zur AG 455 f.
- Definition 455
Pflichtaktien 108, 204
Prioritätsaktien 77
Prospekthaftung 292
Prospektzwang 334
Protokoll 188, 206, 410
Publikumsgesellschaft 325
Publizität siehe Jahresrechnung, Offenlegung
Publizitätsvorschriften 242, 320

Quasi-Fusion 32, 287
Quorum 110, 189

Rangrücktrittsvereinbarung 65, 92
Realerfüllung
- Anspruch 329
Realisationsprinzip 231
Rechnungsprüfung 214
Rechte
- beschränkte dingliche 375
- - Nutznießung **376 f.**
- - Pfandrecht **375 f.**
- auf Gewinn **385 ff.**
- nicht vermögensmäßige 142
- unentziehbare 351, 355, 385
- unverzichtbare 172
- wohlerworbene **170 ff.**, 347
- - absolut 355
- - relativ 355
Rechtsausübung, schonende
- Grundsatz 177, **352 f.**
Rechtsmißbrauch, Verbot 12, **172 ff.**, 351

Rechtswidrigkeit, qualifizierte 195
Reform des Aktienrechtes, siehe Aktienrechtsrevision
Reglement
- bei der AG 101
- bei der GmbH; siehe auch Statuten 346
Reingewinn der GmbH
- Anteil 373
- Verwendung 407
Reserven 69, **235 ff.**, 385 f.
- beschlußmäßige 237
- Ermessensreserven 237
- gesetzliche **235 f.**
- statutarische 237
- stille 237 f., 402
- - Auflösung 238
- - Bildung 237
- - Realisierung 238
- Verwaltungsreserven 237
- Zuweisung **247 ff.**
- - erste Zuweisung 247
- - zweite Zuweisung 248
- Zwangsreserven 237
Revision 69, **211 ff.**
Revisionsbericht 383
Richter
- Ermessensüberprüfung 174
Rückerstattung ungerechtfertigter Dividenden, Bauzinsen und Tantièmen 70, 252, **387 f.**
Rückgriff; siehe auch Verantwortlichkeit 300
Rückgriffsrechte siehe Verantwortlichkeit
Rückgründung, Verbot 96
Rücklagen siehe Reserven
Rückstellungen **239 f.**
- für ungewisse Verbindlichkeiten und drohende Verluste 239
- für zukünftigen Aufwand 240

Sacheinlage, bei der AG **91 ff.**
- Überbewertung 92
- bei der GmbH; siehe auch Gründung, Kapitalerhöhung 328, 331, **334 ff.**, 346
- - Begriff **335**
- - Berichtigung 331
- - Bewertung **334 f.**
- - - Überbewertung **337**
- - Publizitätsvorschriften 335
- - und Statuten 335
Sachübernahme
- bei der AG **93 ff.**
- bei der GmbH; siehe auch Gründung, Kapitalerhöhung 328, 331, 334, **336 f.**, 346

– – Begriff **336**
– – Bewertung **334ff.**
– – Publizitätsvorschriften 336
– – Sanktionen bei Mißbrauch **336f.**
– – und Statuten 336
– – Übernahmevertrag 336
Sanierung 383
– stille 235
Sanierungskapitalherabsetzung 80
Sanktionsrechte 143, 153
Schaden
– direkter 294, 300
– indirekter 295, 300
Schuldenruf 275, 339
Schuldverpflichtungen, nachrangige 66
Schutzrechte 142, 150
Selbstfinanzierung, stille 36
Selbstorganschaft 323, 405, 430
Selbstverschulden 297
Simultangründung 87, 328
Sitz 106
Sitzverlegung 112
– ins Ausland 113
– im Inland 112
– ins Inland 112
– im Kriegsfall 113
Societas Europaea 51
Sonderprüfer 154
Sondervermögen 18
Spaltungstheorie 128, 359
Staatsvertreter 312
Stammanteil siehe GmbH-Gesellschaftsanteil
Stammeinlage **333f.**, 345, **371ff.**
– Abtretung 360
– Begriff **372**
– Deckungspflicht 438
– Eintragungspflicht; siehe auch Anteilbuch 377
– Einzahlung
– – Form 391
– – Höhe 390
– – Pflicht 373
– – Verzug 391f.
– Hinterlegung 334
– Liberierung 334
– – durch Verrechnung 334
– Mindestbetrag 333
– als Teil des Gesellschaftskapitals **372f.**
Stammkapital **322f.**, 339, 345
– Deckung 398f.
– – Schmälerung 398f.
– als Garantiekapital 334
– Haftung 398f., 430
– Mindestbetrag 370, 383

– Schutz **369f.**
– Veränderung **380ff.**
Stampa-Erklärung 95
Statistik
– zur AG 21, 29
– zur GmbH **443f.**
Statuten der AG 10, **100ff.**
– Änderung **109ff.**, 182
– – Verfahren **110ff.**
– – Wirksamkeit 111
– – Zuständigkeit
– – – der Generalversammlung **109f.**
– – – der Verwaltung 110
– Auslegung **101f.**
– Aussenwirkung 104
– Begriff **100**
– Eintragung im Handelsregister 111
– Festsetzung 90
– Formvorschriften 101
– Funktion 100
– Inhalt **103ff.**
– – absolut notwendiger 103, **105ff.**
– – bedingt notwendiger 104, **108f.**
– Innenwirkung 104
– Konstitution 100
– Organisation 100
– Programmfunktion 101
– Rechtsnatur 101
– Schutzfunktion 101
– Verletzung 103
Statuten der GmbH **340ff.**
– Änderung **341f.**, 344f., 407, 411
– Auslegung **341**
– Begriff **340f.**
– Festsetzung 407
– Form 341
– Inhalt **343ff.**, 358f., 406f.
– – absolut notwendiger **343ff.**
– – fakultativ notwendiger **346f.**, 358f., 360f., 363f., 396
– Rechtsnatur 340
– Zuständigkeit 407
Stichentscheid 191, 206
Stille Sanierung siehe Sanierung
Stimmrecht; siehe auch GmbH-Gesellschafter **146ff.**
– Entstehung 147
– Beschränkungen 147
– – gesetzliche 147
– – statutarische 147
– Umfang 147
Stammaktien 77
Stimmrechtsaktien 78
Subordinated loans 66

Sachregister

Substanzerhaltung 232
Sukzessivgründung 17, **85f.**, 328
Suppleanten 202

Tantièmen
– bei der AG 65, **252f.**
– – verschleierte 253
– bei der GmbH 387, 419
Teilliquidation 136
Teilnahmerecht 148
Traktanden 187
Traktandierungsrecht 149
Trennung
– von Besitz und Herrschaft 10
– von Gesellschafts- und Privatvermögen 15, 18
Treuepflicht
– bei der AG 163, 177
– bei der GmbH 325, 342, **351ff.**, 413f.
Treu und Glauben 351f.
Tschopp Hans, Kommission 39
Typologie 37, **324f.**

Überfremdung 34
Übernahme von Vermögenswerten siehe Sachübernahme
Übernahmerechte, statutarische 131
Übernahmevertrag siehe Sachübernahme
Überpari-Emission 62
Überschuldung 222, 276
– Gefahr 221
Überschuldungsbilanz 245
Ultra vires-Lehre 46
Umfinanzierung 21, 254
Umgründung 95, **98ff.**
Umwandlung in eine AG 21
– Folgen **98ff.**
Umwandlung einer AG in eine GmbH 95, 289, **338f.**
– Schuldenruf 339
– Umwandlungsbilanz 339
– Verfahren 339f.
– neues Stammkapital 339
Unabhängige Büchersachverständige 213
Universalversammlung 409
Unterbilanz 245, 277
Untergesellschaft **52ff.**
Unterkapitalisierung 54
Unterlassung, Haftung 296
Unternehmenserhaltung 156
Unternehmenskonzentration 20, 115
Unternehmensstiftung 35

Unternehmensträgerstiftung 36
Unterpari-Emission, Verbot 67
Urabstimmung **406f.**, 410
– Kompetenzen 407f.

Veräußerungswerte 234
Verantwortlichkeit
– bei der AG **289ff.**
– – Anspruchsberechtigung **292ff.**
– – Entlastung 300
– – Ersatzpflicht **291ff.**
– – Geltendmachung **300ff.**
– – Gründer 292
– – Gerichtsstand 301
– – Kompetenzdelegation **299f.**
– – Kontrollstelle **291f.**
– – Prospekt 292
– – Rückgriff 300
– – Schaden
– – – direkter 294
– – – indirekter 295
– – Solidarität **297f.**
– – Unterlassung 296
– – Verantwortlichkeit mehrerer **297ff.**
– – Verantwortlichkeitsklage 180
– – – und Anfechtungsklage 293
– – Vergleich 301
– – Verjährung 301
– – Verschulden 296
– – Verwaltung und Geschäftsleitung 291
– bei der GmbH 334, **397ff.**, 411
– – Ansprüche 427
– – Aufleben 337
– – des ausscheidenden Gesellschafters **369f.**
– – Ausdehnung 342
– – Dauer 338
– – für deliktische Handlungen des Geschäftsführers 423
– – bei erfolgloser Betreibung 400
– – von Geschäftsführung und Kontrolle **430f.**
– – Grundlage 320
– – bei Konkurs eines Gesellschafters 400
– – Maximalbetrag 322
– – persönliche 399
– – subsidiäre und solidarische 323, 334, 352, **399ff.**
– – Risiko 349
– – Rückgriffsrecht 373
– – Umfang 430, 439
– – Verantwortlichkeitsklage 344, 417
– – – Berechtigung 354
– – Verjährung 401

– – Wegfall **398 f.**
Verbindlichkeiten, bedingte 228
Vergangenheitswert 232, 233
Verhältnismäßigkeit, Grundsatz 161, 176
Verhandlungsgegenstände 187
Vermögensrechte 142, **154 ff.**
Vernehmlassungsverfahren 39
Verpfändung von Aktien 134
Verrechnung, Liberierung durch 259, 334, 381
Versilberung 284
Verstaatlichung 289
Vertragstheorie 102
Vertretung bei der GmbH 414, 417, 419, **421 ff.**
– Offenlegungspflicht 421
Vertretungsbefugnis bei der GmbH **421 ff.**
– kollektive 421 f.
– Umfang 421 f.
Vertretungsmacht
– bei der AG **208 ff.**
– – Beschränkungen 209
– bei der GmbH **421 ff.**
– – Übertretung 345
– – Umfang 422 f.
Verwässerungsschutz 269
Verwaltung der AG
– Abberufung 182, 200
Verwaltungsrat **196 ff.**
– Abberufung 200
– Amtsdauer 203
– Ausschüsse 205
– Befugnisse 199
– Beschlußfassung 189, 206
– Kompetenzauffangbecken 198
– Kompetenzdelegation 208
– Kompetenzen 198
– Kopfstimmrecht 206
– Löschung des ausgeschiedenen Verwaltungsrates 203
– Organhaftung 210, 211
– Organisation **204 f.**
– Pflichtaktien 204
– Protokoll 206
– Rücktritt 203
– Vorschlagsrecht, verbindliches 202
– Wahl 200
– Zirkulationsbeschlüsse 206
Verwaltungsratsausschüsse 205
Verwaltungsratsmitglied

– Befugnisse 200
– Domizil- und Nationalitätsvorschriften 201, 281
– stille 202
Verzinsungsverbot 69
Vetorecht
– gegen die Vermehrung von Leistungen 355
Vinkulierung
– von Aktien 16, **126 ff.**
– – Aktienspaltung 128
– – Ausgestaltung 127
– – nachträgliche 145
– – Systemwidrigkeit 126
– – Übernahmepflicht, gesetzliche 130
– – Wirkung 127
– – Zuständigkeit 127
– – Zweck 126
– von Stammanteilen 358
Vorentwurf 1975 39
Vorgesellschaft
– bei der AG 83
– bei der GmbH 327, **328 ff.**
Vorschlagsrecht, verbindliches 78, 202
Vorvertrag für die Gründung 81
Vorzugsaktien 77
Vorzugsdividende 251

Wahlen 182
Wandelobligationen 261, 268
Wandelrechte, Sicherstellung **268 f.**
Wechselseitige Beteiligungen 139
Wertbestimmtheit 231
Wertschriften
– mit Kurswert 233
– ohne Kurswert 234
Wirtschaftliche Zugehörigkeit, Grundsatz 227
Wirtschaftskriminalität, Bekämpfung 92
Wohlfahrtseinrichtungen 249

Zeichnungsschein 88 f.
Zirkulationsbeschlüsse 206
Zugehörigkeit, wirtschaftlicher Grundsatz 227
Zweck siehe Gesellschaftszweck
Zweckänderung 191, 282
Zweigniederlassungen der GmbH 344
Zwischenbericht 39

Schweizerisches Privatrecht

Inhalt des Gesamtwerkes

	Band I	**Geschichte und Geltungsbereich**
		Herausgegeben von Max Gutzwiller
Ferdinand Elsener		Geschichtliche Grundlegung
Marco Jagmetti		Vorbehaltenes kantonales Privatrecht
Gerhardo Broggini		Intertemporales Privatrecht
Frank Vischer		Internationales Privatrecht

	Band II	**Einleitung und Personenrecht**
		Herausgegeben von Max Gutzwiller
Henri Deschenaux		Der Einleitungstitel
Jacques-Michel Grossen		Das Recht der Einzelperson
Ernst Götz		Die Beurkundung des Personenstandes
Max Gutzwiller		Die Verbandspersonen – Grundsätzliches
Anton Heini		Die Vereine
Max Gutzwiller		Die Stiftungen

	Band III	**Familienrecht**
		Herausgegeben von Hans Hinderling
		unter Mitarbeit von Henri Deschenaux, Cyril Hegnauer, Bernhard Schnyder

	Band IV	**Erbrecht**
		Herausgegeben und bearbeitet von Paul Piotet

	Band V	**Sachenrecht**
		Herausgegeben von Arthur Meier-Hayoz
		Erster Halbband
Peter Liver		Das Eigentum
Hans Hinderling		Der Besitz
Paul Piotet		Dienstbarkeiten und Grundlasten
		Zweiter Halbband
Hans Peter Friedrich		Das Pfandrecht
Henri Deschenaux		Das Grundbuch

Band VI **Obligationenrecht –
Allgemeine Bestimmungen**

Herausgegeben und bearbeitet von HANS MERZ

Band VII **Obligationenrecht –
Besondere Vertragsverhältnisse**

Herausgegeben von
FRANK VISCHER

Erster Halbband

PIERRE CAVIN	Kauf, Tausch, Schenkung
CLAUDE REYMOND	Gebrauchsüberlassungsverträge
FRANK VISCHER	Der Arbeitsvertrag
MARIO M. PEDRAZZINI	Werkvertrag, Verlagsvertrag, Lizenzvertrag
RENÉ J. BAERLOCHER	Der Hinterlegungsvertrag

Zweiter Halbband

JOSEF HOFSTETTER	Auftrag, Geschäftsführung ohne Auftrag
BERNHARD CHRIST	Der Darlehensvertrag
KURT AMONN	Der Kollektivanlagevertrag
GEORGES SCYBOZ	Garantievertrag und Bürgschaft
KURT AMONN	Spiel und spielartige Verträge
WILLY KOENIG	Der Versicherungsvertrag
HELLMUTH STOFER	Leibrentenversprechen und Verpfründungsvertrag
WALTER R. SCHLUEP	Innominatverträge

Band VIII **Handelsrecht**

Herausgegeben von
WERNER VON STEIGER

Erster Teilband

ROBERT PATRY	Grundlagen des Handelsrechts
WERNER VON STEIGER	Gesellschaftsrecht – Allgemeiner Teil
	Besonderer Teil – Die Personengesellschaften

Zweiter Teilband

CHRISTOPH VON GREYERZ	Die Aktiengesellschaft
HERBERT WOHLMANN	Die Gesellschaft mit beschränkter Haftung

Dritter Teilband

Herausgegeben von
CHRISTOPH VON GREYERZ

JACQUES ANDRÉ REYMOND	Die Genossenschaft
PETER JÄGGI	Allgemeines Wertpapierrecht
JEAN NICOLAS DRUEY	Wechsel- und Checkrecht